DEBUT D'UNE SERIE DE DOCUMENTS
EN COULEUR

MARSEILLE

A LA FIN DE

L'ANCIEN RÉGIME

PAR

F. Dollieule — Dom Th. Bérengier, o. s. b.
H. Alezais — F. de Marin de Carranrais — J.-B. Sardou
Ch. Vincens — L. Gibbal — A. Artaud — G. de Rey

MARSEILLE
LIBRAIRIE M. LAFFITTE
1, BOULEVARD DU MUSÉE, 1

1896

MARSEILLE — IMPRIMERIE MARSEILLAISE, RUE SAINTE, 39

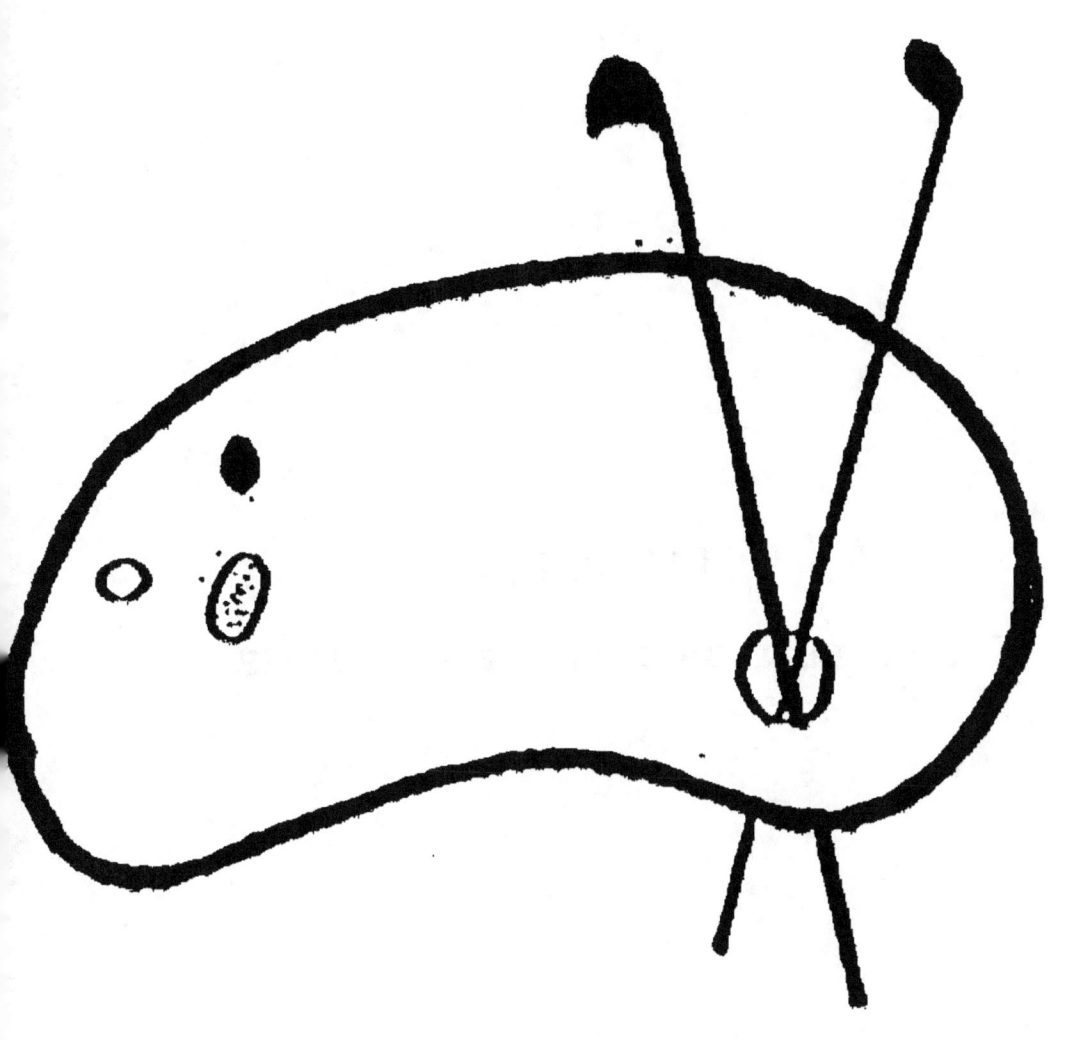

FIN D'UNE SERIE DE DOCUMENTS EN COULEUR

MARSEILLE

A LA FIN DE L'ANCIEN RÉGIME

Il a été tiré, de cet ouvrage, 375 exemplaires,
dont 15 sur papier de Hollande.

MARSEILLE

A LA FIN DE

L'ANCIEN RÉGIME

PAR

F. Dolliéule — Dom Th. Bérengier, o. s. b.
H. Alezais — F. de Marin de Carranrais — J.-B. Sardou
Ch. Viscens — L. Gibbal — A. Artaud — G. de Rey

MARSEILLE
LIBRAIRIE M. LAFFITTE
1, BOULEVARD DU MUSÉE, 1
—
1896

AVANT-PROPOS

A la veille du centenaire de 1789, au milieu des apprêts d'une commémoration qui ne devait être que la glorification d'une idée politique, l'Œuvre des Cercles catholiques d'Ouvriers, fidèle à son programme social, prit l'initiative des assemblées libres et représentatives qui se tinrent, au cours de cet anniversaire, dans la plupart de nos anciennes provinces, avec la forme organique des réunions d'État autrefois ordonnées par les rois de France.

Les intérêts actuels du pays furent étudiés, dans ces assemblées indépendantes, au triple point de vue moral, politique et économique. De graves doléances y furent exprimées par les représentants de toutes les classes sociales; elles furent discutées sans passion, sans parti pris, et de ce loyal examen sortit un programme de réformes, manifestement inspiré par un véritable esprit de liberté. Ce mouvement tout pacifique, dégagé de toute théorie systématique, répondait aux préoccupations certaines, sinon précises et bien caractérisées, de la nation, toujours pliée sous le joug du fonctionnarisme et opprimée par une abusive centralisation. Il ne tendait pas moins à mettre en relief les avantages du régime représentatif, en l'état d'impuissance démontrée du régime parlementaire.

La Provence ne resta point étrangère à cette manifestation de politique sociale. Dans notre ville, où les exigences des affaires absorbent tant d'activité et captivent, à l'excès, un si grand nombre d'esprits distingués, ces réunions ne frappèrent pas vivement l'opinion publique. Pourtant, un certain nombre de notabilités, représentant les diverses branches de l'organisme social, voulurent bien prendre part à l'assemblée provinciale et y apporter, avec l'autorité que donne l'expérience, leurs appréciations et leurs vœux (1).

Ce fut dans ces circonstances qu'il parut utile aux propagateurs du mouvement en Provence de publier la monographie d'une ville de la province, observée dans son état à la fin de l'Ancien Régime. Leur désir était de présenter un tableau de la constitution communale au siècle dernier, à côté du relevé des plaintes qui, de nos jours, s'élèvent de toutes parts,

---

(1) Ces vœux ont été textuellement insérés dans le Compte rendu de l'Assemblée provinciale de Provence, tenue à Aix les 11 et 12 mai 1889, à l'occasion du Centenaire de 1789, publié à Marseille en 1890. Outre le texte des lectures qui ont été faites dans les diverses séances de l'Assemblée, des discours qui y ont été prononcés, le lecteur trouvera, dans le Compte rendu, toutes les données qu'il pourra désirer sur la manifestation d'ordre social provoquée, en 1889, par l'Œuvre des Cercles.

justifiées par les troubles constitutionnels dont le corps de la société souffre si vivement. Au XVIIIe siècle, malgré les funestes empiétements du pouvoir royal, la commune était encore le centre où les familles et les corps professionnels organisés trouvaient leur épanouissement naturel dans la vie publique. Aussi, la commune dut-elle servir de base à cette dernière consultation du pays, qui se résuma dans la tenue des États généraux en 1789.

Marseille, par son origine, ville d'indépendance, avait conservé, plus que toute autre, dans sa constitution, les vestiges de l'autonomie communale et de l'organisation corporative. Ses vivaces franchises demeuraient comme le reflet d'un passé plus heureux. L'admirable accord de la Monarchie chrétienne du Moyen Age avec les aspirations de la bourgeoisie, issue de l'affranchissement des communes, n'avait-il pas ménagé à la France une magnifique ère de saine liberté ? Aussi bien, à la fin de l'Ancien Régime, subsistait encore au cœur des Marseillais de naissance ce franc amour du Roi, qui n'était certes point exclusif d'un ardent amour de la liberté.

Notre ville se trouvait ainsi toute désignée pour servir de sujet au tableau qu'il s'agissait de produire pour un public libre d'idées préconçues et attentif à tout ce qui intéresse l'avenir de notre pays.

Bien que, dans la pensée du Comité d'initiative, cette étude ne dût être qu'une simple publication populaire, l'élaboration en fut demandée à un certain nombre d'érudits, versés dans notre histoire locale. L'attachement de ces obligeants collaborateurs à notre antique cité n'a pas tardé à les entraîner au delà du cadre restreint qui leur avait été proposé. L'ensemble de leurs travaux devait faire de l'ouvrage une monographie plus complète, utile aux hommes d'étude et attrayante pour tous. A travers de douloureuses circonstances et quelques contretemps, l'œuvre s'est poursuivie et achevée ; elle paraît, aujourd'hui, non moins actuelle, au milieu des vives inquiétudes de l'heure présente.

Dans la distribution des matières à traiter, les auteurs se sont naturellement réservé les sujets vers lesquels les portaient de préférence leurs connaissances spéciales, leur profession, leurs occupations habituelles et leurs goûts.

M. Frédéric DOLLIEULE *a donné le* Chapitre préliminaire, *le* Vieux droit marseillais, *les* Tribunaux, *les* Hommes de loi, *les* Prisons ;

Dom Théophile BÉRENGIER, *le* Tableau religieux *et le* Clergé ;

M. Henri ALEZAIS, *l'*Assistance publique ;

M. François DE MARIN DE CARRANRAIS, *l'*Administration civile, *les* Forces publiques ;

M. Jean-Baptiste SARDOU, *les* Écoles élémentaires, *les* Collèges, *l'*Enseignement spécial. *C'est au moment où il mettait la dernière main à ces trois* *chapitres, que cet écrivain dévoué s'est senti mortellement atteint par le mal auquel, peu de mois après, il devait succomber (1). M. Dollieule, qui se trouvait particulièrement lié avec M. Sardou et initié aux secrets de ses patientes recherches, s'est chargé de revoir ses dernières pages, avant l'impression.*

M. Charles VINCENS *a traité les* Lettres *et les* Arts;
M. Louis GIBBAL, *le* Commerce *et l'*Agriculture;
M. Adrien ARTAUD, *l'*Industrie;
M. Gonzague DE REY, *les* Usages *et les* Coutumes.

L'ordre dans lequel se trouvent placés les chapitres, à peu près celui que nous venons de suivre, répond peut-être plus encore à l'importance relative des matières, à la hiérarchie des institutions et des choses, telle qu'elle était reconnue au siècle dernier, qu'à un classement logique. Quoi qu'il en soit, les sujets qui y sont traités représentent bien les divers aspects sous lesquels la vie publique d'une cité, aussi bien que d'un pays, doit être envisagée.

La religion, l'enseignement, l'assistance publique,

---

(1) M. Jean-Baptiste Sardou est décédé à Marseille, le 14 septembre 1890; il y était né le 3 mai 1821. Son existence fut tout entière consacrée à l'étude et à la mise en lumière de tout ce qui se rattache au passé de Marseille et de la Provence, et tout particulièrement de leurs souvenirs religieux. Il s'était offert à traiter, dans cet ouvrage, les Lettres et les Arts, aussi bien que la partie de l'Enseignement; mais il n'eut que le temps de recueillir, sur ce sujet, une longue suite de notes. C'est à l'aide de ces matériaux que M. Ch. Vincens, ainsi qu'il a tenu à le rappeler lui-même, a rédigé le chapitre qui restait à faire.

les lettres, les arts, les usages et les coutumes nous révèlent l'état moral.

L'administration, la justice, les forces publiques correspondent à l'état politique.

L'agriculture, l'industrie et le commerce constituent l'état économique.

Les rédacteurs des divers chapitres ont été heureusement inspirés en nous faisant connaître, au cours de leurs mémoires, toutes les notabilités marseillaises, les personnalités les plus en vue à des titres quelconques, au moment même de la disparition de l'Ancien Régime. Les traditions domestiques se rattachent aux souvenirs locaux, comme ceux-ci se soudent à l'histoire générale. Grâce à ces listes, nos anciennes familles, celles-ci restées dans la région, celles-là transportées ailleurs par les événements, pourront retrouver, avec des noms qui leur sont chers, les preuves de la part prise par quelques-uns des leurs à l'administration d'une grande cité, à l'extension de ses œuvres, à sa vie intellectuelle et morale, à la gestion et à la défense de ses multiples intérêts.

La table alphabétique, très soigneusement dressée, que l'on trouvera à la fin du volume, rendra cette recherche et cette vérification des plus faciles.

MARSEILLE

A LA FIN DE L'ANCIEN RÉGIME

CHAPITRE PRÉLIMINAIRE

Situation géographique. — Le Port. — La Ville. Le Terroir. — Population.

Avant d'examiner la constitution de Marseille à la fin de l'Ancien Régime, de rechercher les conditions de la vie qui lui était propre, il y a lieu de déterminer l'importance que notre ville avait alors par elle-même, en dehors de son rôle politique.

Nous rappellerons, à cet effet, sa position géographique et les avantages que cette situation a, de tout temps, assurés à son commerce et à son industrie. Nous observerons les transformations progressives de son port, les accroissements de la ville, les limites de son territoire et le développement de ses agglomérations rurales.

Nous noterons encore, très rapidement, le mouvement de la population, depuis le commencement de notre ère jusqu'au temps présent.

§ 1er. — *Situation géographique.*

Marseille est située au pied des premières ramifications du versant occidental des Alpes, dans une baie large et profonde ouverte sur le golfe du Lion, à dix lieues de la bouche du Grand-Rhône.

Indépendamment des agréments qui naissaient d'un sol accidenté et varié, du voisinage immédiat de plusieurs petits cours d'eau, de la douceur du climat, d'un ciel presque aussi pur que celui de l'Orient, cette situation judicieusement choisie par les chefs de l'expédition qui, au dire de Justin (1), précéda et détermina l'émigration des Phocéens, eût peut-être suffi à assurer le développement de leur colonie. Les émigrants s'y trouvèrent à égale proximité de l'Espagne, dont les côtes n'avaient encore été explorées que par les Carthaginois et les Phéniciens, et de l'Italie, où commençait à s'étendre le peuple conquérant avec lequel, au rapport du même historien (2), ils venaient de contracter alliance ; non loin de la Corse, de la Sardaigne et de l'Afrique occidentale. Au couchant, comme au levant, des plages abritées et d'excellentes calanques, échelonnées le long de leur rivage, s'offraient comme autant d'abris à ceux de leurs navires qui ne devaient pas s'éloigner de la terre ferme. Leur rade, défendue contre les flots de la haute mer par une série de petites îles, « ce lieu où », suivant l'expression de Montesquieu (3), « les vents, les bancs de la mer, la « disposition des côtes ordonnent de toucher », ne pouvait qu'attirer les barques étrangères qui venaient dans ces parages.

D'autre part, la vallée du Rhône, dont ils s'étaient rapprochés le plus qu'ils avaient pu, leur ouvrait, à l'intérieur

---

(1) Liv. XLIII, ch. 3.
(2) *Ibid.*
(3) *Esprit des Lois*, liv. XX, ch. 5.

de la Gaule, ces voies de communication naturelles dont l'heureuse disposition a si vivement frappé l'esprit profond de Strabon. « Ce qui mérite surtout d'être remarqué dans « cette contrée », fait-il observer dans un passage où se retrouve l'empreinte de son génie (1), « c'est la parfaite « correspondance qui règne entre ces divers cantons, par « les fleuves qui les arrosent et par les deux mers (l'Océan « et la Méditerranée) dans lesquelles ces derniers se « jettent ; correspondance qui, si l'on y fait attention, « constitue en grande partie l'excellence de ce pays, par « la grande facilité qu'elle donne aux habitants de commu- « niquer les uns avec les autres, et de se procurer récipro- « quement tous les secours et toutes les choses nécessaires « à la vie. Cet avantage devient surtout sensible en ce « moment où, jouissant du loisir de la paix, ils s'appliquent « à cultiver la terre avec plus de soin et se civilisent de « plus en plus. Une si heureuse disposition des lieux, par « cela même qu'elle semble être l'ouvrage d'un être intel- « ligent plutôt que l'effet du hasard, suffirait pour prouver « la Providence. Ainsi on peut remonter le Rhône bien haut « avec de grosses cargaisons qu'on transporte en divers « endroits du pays par le moyen d'autres fleuves navigables « qu'il reçoit, et qui peuvent également porter des bateaux « pesamment chargés. Ces bateaux passent du Rhône sur la « Saône, et ensuite sur le Doubs, qui se décharge dans ce « dernier fleuve : de là les marchandises sont charriées par « terre jusqu'à la Seine qui les porte à l'Océan à travers le « pays des Lexoviens et des Calètes, distant de l'île de « Bretagne de moins d'une journée. » Marseille s'est trouvée assez bien placée pour accaparer la plupart de ces débouchés éloignés. D'autres villes du même littoral ont pu, il est vrai, les lui disputer quelque temps, avec plus ou moins de succès ; mais, par un surcroît d'heureuse fortune pour Marseille, elles n'avaient pas aussi bien choisi leur em-

---

(1) *Géographie*, liv. IV, ch. 1er, p. 188-189.

placement. Etablies près des estuaires, sur des côtes livrées aux envahissements des sables, elles ont vu, peu à peu, leurs ports se combler, la mer s'éloigner de leurs murs.

Quant aux autres rivages de la Méditerranée, tout au moins dans tout l'ouest, ainsi que Strabon nous l'a donné à penser, ce serait en vain que l'on y chercherait des avantages semblables à ceux qu'il a observés dans la correspondance de nos fleuves. Le littoral espagnol ne dispose que de quelques vallées relativement peu considérables, sans communication naturelle avec les régions centrales de l'Europe. Les places commerciales de l'Italie s'échelonnent le long d'une chaîne ininterrompue qui leur barre la route vers le nord. Il en est de même des ports septentrionaux de l'Adriatique.

Seule, dans l'étendue que nous venons d'indiquer, Carthage pourrait, peut-être, être considérée comme ayant eu, sur son continent, une situation comparable à celle de Marseille. Encore, ainsi que M. Pardessus l'a fait remarquer en développant l'observation de Strabon, ce rapprochement serait-il à l'avantage de notre ville. « La Gaule et
« les vastes contrées qui en sont limitrophes étaient peu-
« plées, fertiles, et les communications de Marseille avec
« les habitants n'étaient pas arrêtées par les difficultés que
« Carthage éprouvait pour pénétrer dans l'intérieur de
« l'Afrique. » (1).

Grâce à ces circonstances presque exclusivement géographiques, le principal courant commercial de la Méditerranée s'est porté du Levant vers le nord-ouest de l'Europe, en passant par notre port. Marseille est devenue, pour les marchandises de l'Asie-Mineure, de la Grèce, de l'Egypte et même de la Perse et des Indes, aussi bien que pour les produits des Iles Britanniques, un lieu de transit et

---

(1) *Collection de Lois maritimes antérieures au XVIII° siècle.* Introduction, p. XXXII.

d'échange obligé. Les étroites affinités d'intérêts qui rattachent la production au trafic en ont ensuite fait un centre industriel de plus en plus actif.

La double importance qu'elle a ainsi acquise a été soumise à bien des épreuves. Nous rappellerons seulement les entraves que les Romains, eux-mêmes, ont essayé, sur le tard, d'apporter aux développements de leur ancienne alliée, après lui avoir donné l'appui de leurs flottes et de leurs légions ; les invasions et les pillages qu'elle a eus à subir de la part des Visigoths, des Bourguignons, des Ostrogoths, des Lombards et des Sarrasins ; l'occupation des ports du Levant par les Arabes ; l'hostilité mal déguisée des empereurs de Constantinople, entièrement gagnés à la cause des Génois et des Vénitiens ; enfin, les fléaux de toute sorte qui ont si souvent frappé notre ville. La vitalité dont Marseille a fait preuve, au milieu de ses crises et de ses difficultés, semblerait devoir donner la certitude qu'elle conservera indéfiniment sa supériorité sur ses rivales. On connaît cependant les tentatives qui se poursuivent, depuis quelques années, de la mer du Nord à l'Archipel et à l'Adriatique, pour faire reporter dans ces directions la voie commerciale qui a été le premier élément de sa prospérité. Ces efforts atteindront-ils jamais leur but ? Les percées du Simplon, du Brenner et du Saint-Gothard, le raccordement du chemin de fer de Salonique avec le réseau allemand, la prodigieuse transformation des installations maritimes d'Anvers et de Hambourg, d'autres grands travaux à l'état de projet ou en voie d'exécution parviendront-ils à déplacer les voies de communication normales entre la Méditerranée et l'Océan ? Il est permis d'en douter, avec les autorités les plus compétentes.

Au surplus, à l'époque sur laquelle nous devons nous arrêter, sur le déclin du dernier siècle, les éventualités qui inspirent aujourd'hui, à une partie du commerce marseillais, des alarmes plus ou moins vives, n'étaient pas même à prévoir. Dans tout l'occident de l'Europe, aussi bien que dans la région méditerranéenne qui a été si longtemps son domaine, Marseille n'avait alors à redouter, de longtemps encore, aucune concurrence sérieuse.

Avec un mouvement commercial et industriel qui était de beaucoup inférieur à celui qu'elle a atteint aujourd'hui, elle demeurait sans conteste la première ville commerciale maritime, non seulement de la France, mais encore de toute l'Europe occidentale, un centre industriel de premier ordre.

§ 2. — *Le Port.*

Marseille a eu, au Moyen Age, jusqu'à trois ports, simultanément affectés aux opérations d'embarquement et de débarquement :

1° Le *port de Porte Galle*, *Portus de Porta Gallica*, le port de la ville haute ou ville épiscopale, remblayé en 1844, lors de la création des bassins du Nord;

2° Le *port de Saint-Lambert*, l'ancien port de la ville abbatiale, c'est-à-dire de l'abbaye de Saint-Victor, aujourd'hui l'anse des *Catalans*, au sud-ouest de la ville;

3° Le *port Antique*, notre Vieux-Port, entre le port de Porte Galle et le port de Saint-Lambert, s'ouvrant à l'ouest par un étroit goulet et pénétrant assez profondément au cœur de la ville moderne.

A l'époque qui nous occupe, le port de Porte Galle était depuis longtemps absolument impraticable pour les navires, même pour ceux du plus petit tonnage. « Ce n'est plus
« aujourd'hui qu'une plage sabloneuse », écrivait, en 1773, J.-B. Grosson (1), « presque entièrement exposée à la
« pleine mer, par la dégradation qu'elle a occasionnée aux
« rochers qui soutenaient les terrains du côté du Lazaret
« actuel; nous en avons vu, et nous en voyons encore déta-

(1) *Recueil des Antiquités et Monumens marseillais qui peuvent intéresser l'Histoire et les Arts*, Marseille 1773, p. 11.

« cher de nos jours, des parties considérables, malgré les
« jetées des décombres, pour conserver le chemin qui
« conduit au Lazaret. » On ne l'appelait déjà plus que
l'anse de la Joliette. C'est sous ce nom qu'on le retrouve
dans le *Plan routier de la ville et faubourg de Marseille*,
dressé par Campen, en 1791, et gravé par Denis Laurent,
en 1792.

Le port de Saint-Lambert était également délaissé comme
bassin d'opérations. Il était occupé par des pêcheurs étrangers, la plupart Catalans, qui étaient venus s'établir dans
ce quartier après la peste de 1720.

Le seul port ouvert à la navigation se trouvait être ainsi
le Vieux-Port, le seul qui ait jamais pu être, d'ailleurs, un
abri excellent pour les navires, « le plus assuré de la mer
« Méditerranée », nous dit Ruffi (1), « soit pour son embou-
« chure resserrée entre deux rochers et rétrécie par trois
« piliers bâtis dans la mer depuis quelques siècles, d'où
« l'on tend une chaîne qui le ferme à clef; soit pour être
« tellement à l'abri des injures du temps que les galères
« et autres navires, durant les plus grands orages, y demeu-
« rent en assurance. » Nous n'examinerons aucun des
systèmes qui se sont produits sur son état originaire. Nous
tiendrons encore pour établie son identité avec le port de la
ville grecque, le Lacydon, identité souvent contestée, mais
suffisamment justifiée par les textes de Strabon (2), de
Pomponius Mela (3), de César (4), de Denis le Périégète (5)
et du rhéteur Eumène (6), ainsi que par des vestiges de
quais, — de gros blocs en pierre de taille régulièrement
assis, — qui ont été découverts sur la rive septentrionale,
dans les substructions mêmes de l'hôtel de ville et au bas de

(1) *Histoire de Marseille*, tome I, p. 4.
(2) *Géographie*, liv. IV, ch. Ier, p. 179.
(3) *De situ orbis*, liv. II, ch. 5.
(4) *De bello civili*, liv. II, ch. 1.
(5) *Description du Monde*, vers 74, 75.
(6) *Eumenii Panegyricus Constantino Augusto*.

la rue de la République. Ces quais, ruinés par le temps, ont dû être abandonnés et disparaître sous les atterrissements dans les premiers siècles de notre ère, au cours des invasions des barbares.

Le port perdit alors, pour un temps, avec le mouvement qui l'animait, son aspect matériel. Sur la plage qui venait de se reconstituer les murailles de la ville furent continuées, de manière à enfermer dans l'enceinte fortifiée toute l'agglomération urbaine. Des tours s'élevèrent sur les autres rives, des deux côtés du goulet et jusque sur les récifs qui n'avaient pas encore disparu de l'entrée du chenal. Tout cet appareil de défense, que l'insécurité des temps exigeait, n'en était pas moins une entrave aux opérations du port, au chargement et au déchargement des navires. Il disparut enfin avec les circonstances qui l'avaient imposé, ou se modifia sensiblement. Il est même certain que les murailles élevées sur le port étaient déjà abandonnées, en 1423, lorsque Alphonse V d'Aragon vint attaquer la ville, avec sa flotte : les Aragonais n'eurent qu'à briser la chaîne du port et forcer le chenal pour se trouver maîtres de la place (1).

Ce ne fut cependant qu'au commencement du siècle suivant que les anciens quais furent relevés. La reconstruction en fut ordonnée par Louis XII, par lettres patentes données à Blois le 9 avril 1511 : les travaux furent aussitôt entrepris et terminés l'année suivante. La rive méridionale était toujours occupée par des salines que l'empereur Louis l'Aveugle avait concédées aux religieux de Saint-Victor, en l'an 904. Louis XII les acquit de l'abbaye, les fit combler et annexa ces terrains, désignés depuis lors sous le nom de *Rive-Neuve*, à l'Arsenal des galères, qui ne disposait encore que d'un emplacement restreint, vers le point où se trouve le Grand-Théâtre.

Des quais y furent construits en 1566.

---

(1) Ruffi, *Histoire de Marseille*, t. I, p. 253 et suiv.

En 1667, un nouvel agrandissement de l'Arsenal envahit toute la rive orientale, dont la plus grande partie avait été jusque-là affectée à la construction des bâtiments marchands. Des quais y furent établis et aménagés pour le service de la marine de guerre. Un siècle plus tard, lorsque les progrès de l'art naval eurent fait abandonner les navires à rame, le ministre de la marine résolut de transférer à Toulon, avec les galères qui existaient encore, les divers services de l'Arsenal. La vente des terrains qu'il comprenait fut décidée et, après quelques négociations, consentie à l'administration municipale, au prix de sept millions, par contrat du 3 décembre 1781, passé entre le maire et les échevins, d'une part, et l'intendant de Provence, M. des Galois de la Tour, agissant au nom du Roi, par-devant M⁰ˢ Chauvol et Sard, notaires. Le contrat fut approuvé par lettres patentes données à Versailles le même mois (1).

Par cette acquisition, la Ville, qui eût pu, peut-être, sur la foi d'anciens titres, revendiquer la pleine propriété du port, eut du moins, en fait, la libre et entière jouissance des quais, dans des conditions peu onéreuses pour ses finances, avec des charges qui n'étaient inspirées que par le souci des intérêts commerciaux. Le 6 juillet 1784, suivant acte reçu par les notaires Grosson et Solomé, elle revendit les terrains, moyennant le prix de sept millions deux cent mille livres, à une société d'actionnaires constituée par le marquis Jean-Baptiste de Rapalli. Cette compagnie, substituée à la Ville dans les clauses et articles du contrat de vente, acheva les démolitions commencées par la municipalité, prolongea la Cannebière jusqu'au port, donna au quai est une largeur de six toises, c'est-à-dire de près de douze mètres, et créa, à travers tous les terrains cédés, d'une superficie totale de vingt-quatre mille toises, les voies et les places tracées sur les plans du gouvernement.

(1) *Lettres patentes du Roi, contenant approbation, ratification et confirmation du contrat de vente de l'ancien Arsenal des Galères de Marseille*, etc. Aix, J. David, 1782.

Entre autres obligations imposées à la Ville, un arrêt du Conseil d'État, du 12 novembre 1782, relatif à la vente des terrains, exigeait qu'elle continuât un canal qui avait été ouvert dans l'Arsenal, sur le quai de Rive-Neuve, et n'était autre qu'une branche de notre canal des Douanes. « Le « canal actuellement subsistant dans l'Arsenal », est-il dit dans l'arrêt, « sera achevé sur une longueur de deux cent « soixante-sept toises, en trois parties, dont deux, venant « du port, pénétreront dans le terrain jusqu'à la dernière « île des maisons; la troisième partie sera intermédiaire « aux deux autres et les réunira à angles droits. Sa lar- « geur sera de cinq toises, sa profondeur de dix pieds. Il « sera bordé, des deux côtés, d'un quai large de trois toises, « et les rues qui le traverseront seront continuées par des « ponts-levis (1). » Par les soins de la compagnie, ces tra- vaux s'effectuèrent, comme tous les autres, rapidement.

Dès lors, le Vieux-Port revêtit l'aspect qu'il a gardé jus- qu'aux grandes transformations que la génération actuelle a vues se produire dans notre ville, et par conséquent celui sous lequel la Révolution l'a trouvé.

La configuration du bassin était, à peu de chose près, la même qu'aujourd'hui, avec moins de régularité dans les lignes.

Le quai de la vieille ville, ou quai du Port, d'une longueur de près de cinq cents toises, ne mesurait pas plus de quatre à cinq toises en largeur. Tel il était depuis l'*agrandis- sement* de 1631 : antérieurement à cette réfection, il n'avait que quatre pans de largeur, à ce que nous assure Ruffi (2). Grâce aux îles de maisons en façade, construites intention- nellement en regard des rues perpendiculaires au port, grâce encore aux hauteurs de la Tourette qui le fermaient complètement à son extrémité ouest, ce quai était plus

(1) *Arrêt du Conseil d'État du Roi concernant la distribution du terrain de l'Arsenal et les recettes*, du 12 novembre 1782. A Mar- seille, chez Brebion, in-4°.
(2) *Histoire de Marseille*, t. I, p. 5.

abrité des vents du nord qu'il ne l'est actuellement. Expilly rapporte qu'il était « bordé de belles maisons, ainsi que de « boutiques très bien fournies », que, dans toute sa longueur, il était carrelé de briques mises verticalement, « ce qui », ajoute-t-il, « le rend très propre, même dans les années les « plus pluvieuses (1). » Le carrelage qui a eu l'honneur de cette mention dans le *Dictionnaire des Gaules et de la France* était sans doute celui-là même que Millin a remarqué une quarantaine d'années plus tard, lors de son voyage dans le Midi, et dont il a cru devoir reproduire le dessin dans sa relation (2) ; la figure qu'il en donne représente les briques posées obliquement sur la tranche, en forme d'arêtes de poisson. Dans cette disposition, alors peu usitée en France, le savant antiquaire n'avait pas eu de peine à reconnaître un procédé antique, tel que Pline et Vitruve nous l'ont décrit.

La Consigne, également désignée sous le nom de Bureau de santé, Bureau des intendants, se trouvait, depuis 1719, sur l'emplacement où nous la voyons aujourd'hui, à l'extrémité ouest du quai, près du fort Saint-Jean.

Le quai de l'est était le *quai de Monsieur*. Nous avons déjà dit que, lors de la suppression de l'Arsenal, sa largeur fut portée à six toises. Malgré cet élargissement, il ne dépassait pas l'alignement de la rue de Glandevès : ce n'est qu'en 1855, une dizaine d'années après la réfection des autres quais, qu'il a pris l'alignement actuel, à peu près celui de la rue Breteuil, par un empiétement de vingt-huit mètres sur le port.

Les quais de Rive-Neuve comprenaient, sous des dénominations particulières que le zèle révolutionnaire a fait disparaître pour la plupart, les cinq quais, ou sections de quais, que voici :

(1) *Dictionnaire géographique, historique et politique des Gaules et de la France*, t. IV, p. 572.
(2) *Voyage dans les départements du midi de la France*, t. III, p. 218.

1° Le *quai de Calonne*, d'une largeur de quatre à six toises, entre les deux branches extrêmes du canal des Douanes. Au centre de ce quai, sur le petit môle dessiné par le plan de Campen, était installée la grue à mâter les vaisseaux, avec son immense roue à claires-voies, vraie cage d'écureuils, que des condamnés ou des hommes de peine faisaient mouvoir.

2° La *place aux Huiles*, ou palissade aux huiles, entre la deuxième branche du canal des Douanes et le quai du Marquisat.

3° Le *quai du Marquisat*, d'une largeur de six à dix toises.

4° Le *quai de la Construction*, avec une largeur à peu près constante de douze toises sur toute sa longueur. En arrière de ce quai se trouvaient les chantiers de construction pour les navires.

5° Le *quai de la Pierre de Marbre*, d'une largeur de sept à dix toises, limité, à l'ouest, par les escarpements du fort Saint-Nicolas.

La longueur totale des quais que nous venons de parcourir s'élevait à neuf cents toises environ, soit moins de dix-huit cents mètres.

Le bassin proprement dit, alors plus étendu qu'aujourd'hui, avait une superficie de vingt-sept hectares et demi. Son tirant d'eau était de quatre à six mètres, vers la Cannebière ; ailleurs il variait entre six, huit et dix mètres.

Le canal de Rive-Neuve, seule annexe du port, ne recevait que les bateaux de service, employés dans le port au mouvement des marchandises, et les navires jaugeant moins de cinquante tonneaux. Un certain nombre d'immeubles élevés sur ses quais servaient d'entrepôts aux marchandises débarquées.

On se demandera peut-être comment un bassin unique, avec les dimensions et les aménagements restreints que nous venons d'indiquer, a pu faire face au mouvement d'extension que le commerce de Marseille a pris dans les dernières années qui ont précédé la Révolution. Les difficultés que l'on y trouve, à première vue, s'éclaircissent si l'on se reporte aux conditions dans lesquelles se faisaient autrefois, et à cette époque encore, toutes les opérations des ports. « Autrefois », fait justement observer un ingénieur de haut mérite, dans une très intéressante étude d'ensemble sur le commerce maritime de Marseille, « quand la navigation s'exerçait au moyen de voiliers, « que les transports dans l'intérieur s'effectuaient sur des « charrettes, on se préoccupait presque exclusivement « d'abriter les surfaces d'eau de la mer et du vent, d'éviter « les atterrissements ; on n'attachait qu'une importance « secondaire au développement des quais et on ne voyait « pas grand avantage à avoir autour des bassins d'opéra- « tions des terre-pleins étendus. Le navire, une fois dans le « port, débarquait son équipage et attendait patiemment « que le réceptionnaire vint prendre livraison de la car- « gaison. Les débarquements étaient opérés à bras d'hom- « mes, sur allèges : les marchandises arrivant à terre « subissaient les vérifications de la douane, et étaient « chargées au fur et à mesure sur des charrettes au moyen « desquelles elles étaient camionnées dans les magasins « qui étaient généralement installés dans l'intérieur de la « ville (1). » Étant données ces pratiques, qui se sont partout maintenues jusqu'à la création de la marine à vapeur, le port de Marseille pouvait, à la rigueur, suffire aux exigences du commerce. Dans les années où les transactions amenaient dans notre vieux bassin un nombre anormal de navires, les capitaines marins se résignaient d'avance à y prendre, à l'entrée, la dernière file réservée aux nouveaux arrivants, parfois le quatrième, ou le cinquième rang. Mais il importait de prévoir, dans l'avenir, un mouvement commercial encore plus considérable.

(1) Ad. Guérard, *La Chambre de Commerce et le Port de Marseille à l'Exposition de 1889*. Marseille, 1889, p. 27.

Ni la municipalité, ni la Chambre de commerce ne s'en désintéressèrent. Lors de la suppression de l'Arsenal, il avait été un moment question d'agrandir le port, en affectant à l'élargissement une partie des terrains abandonnés par cet établissement. Malheureusement les difficultés qui se présentèrent tout aussitôt, au sujet de la propriété du bassin, entravèrent les bonnes volontés ; le projet se réduisit à des vœux stériles. Quelques années plus tard, on résolut d'élargir, au moins, une partie des quais. « En 1788, » dit Augustin Fabre, « l'administration municipale, dégagée
« de l'affaire des terrains de l'Arsenal, s'occupa de l'élar-
« gissement des quais du nord, sans vouloir rien entre-
« prendre sur le bassin. Elle chercha, avant tout, à s'en-
« tendre avec les propriétaires qui avaient le plus à gagner
« à l'exécution du projet, et la plus grande partie d'entre
« eux s'était engagée à concourir, pour la moitié, à la
« dépense générale, lorsque la Révolution vint tout suspen-
« dre (1). »

Tandis que la municipalité s'occupait de l'agrandissement du quai de la vieille ville, la Chambre de commerce mettait à l'étude un autre projet qui devait donner au port une seconde annexe des plus utiles, le projet d'un bassin de carénage à creuser « sur les terrains des prud'hommes pêcheurs, de la dame Corail, et du chemin entre deux. » D'après le devis déposé à la Chambre le 30 septembre 1788, la dépense totale était évaluée à 1,220,556 livres (2). Ce projet sombra comme le précédent, au milieu des bouleversements politiques dont l'ère allait s'ouvrir.

Repris en 1803, par M. Defougères, ingénieur en chef du département, il n'a été mis à exécution que vingt-six ans plus tard, en 1829.

---

(1) *Les Rues de Marseille*, t. V, p. 315, 316.
(2) Archives de la Chambre de commerce, série DD, art. 3.

§ 3. — *La Ville.*

Les anciens auteurs sur la foi desquels nous avons tenu pour certaine l'identité du Vieux-Port avec le port primitif nous montrent encore l'emplacement de la ville grecque sur le petit groupe montagneux qui sert d'assise aux vieux quartiers, entre ce même port et les nouveaux bassins du nord conquis sur la mer.

Il résulte du texte de Jules César (1), le plus précis et le plus sûr de tous, que la ville y était, de son temps, tout entière située, qu'elle n'avait pas encore envahi l'intérieur des terres. Tout porte à croire que le mur qui la fermait du côté de la campagne s'appuyait sur le revers oriental de la butte des Carmes, ainsi que l'ont admis les auteurs de la *Statistique des Bouches-du-Rhône* (2) et, après eux, le commandant Rouby (3) et M. Ernest Desjardins (4). Il s'y serait relié de l'extrémité du Vieux-Port et de l'anse de la Joliette, en côtoyant les deux ravins, aujourd'hui presque entièrement remblayés, de Saint-Martin et de la Joliette. En restituant à la portion de la ville actuelle délimitée par ce tracé les terrains que la mer a enlevés sur son ancien rivage, par un empiétement continu observé sur toute la côte, on peut approximativement évaluer à plus de soixante et dix hectares la superficie totale de l'agglomération urbaine au temps de César.

Un emplacement de cette étendue s'accorde avec ce que

---

(1) *De Bello civili*, liv. II, ch. 1.
(2) *Statistique du département des Bouches-du-Rhône*, avec atlas, dédiée au Roi par M. le comte de Villeneuve, t. II, p. 210. Voir aussi la planche VII de l'atlas.
(3) *Le Siège de Marseille par Jules César, l'an 49 avant Jésus-Christ, Etude d'archéologie topographique et militaire*. Extrait du « Spectateur militaire », Paris 1871, p. 52-57 et les deux planches.
(4) *Géographie historique et administrative de la Gaule romaine*, t. II, p. 158 et pl. III.

l'on sait de l'importance commerciale et politique de Marseille, dans les derniers temps de son autonomie, avec le texte de Strabon, qui lui attribue une grandeur assez considérable (1), et la qualification de grande ville que lui donnent Plutarque (2) et Scymnus de Chio (3). Plus tard, il pouvait être considéré comme amplement suffisant. Aussi ne relève-t-on, jusqu'au déclin du Moyen Age, aucune extension sensible. En 1262, dans un remaniement nécessité par le siège que la ville venait de soutenir contre Charles d'Anjou, les remparts furent reculés quelque peu du côté du plan Fourmiguier, vers la Cannebière, et reportés jusqu'au bout de la rue des Fabres. Une réfection plus complète, commencée au milieu du XIV° siècle, n'assigna pas à l'enceinte fortifiée un périmètre beaucoup plus étendu. Les murailles continuèrent à avoir leur point d'attache, sur le front de mer, près de l'anse de la Joliette. De là elles allaient, en passant par la tour de Sainte-Paule, vers l'Annonerie, ou halle au blé, située à l'extrémité de la rue des Grands-Carmes; elles prenaient ensuite les directions des rues Sainte-Barbe et des Incurables, remontaient vers la Halle-Puget et descendaient le long du Cours, qui était alors une lice, jusqu'au haut de la rue des Fabres, pour gagner de ce point le bas de la Cannebière. Elles se prolongeaient encore sur le côté nord du port et tout le long du rivage de la mer, jusqu'à l'angle de la Joliette auquel nous les avons vues se rattacher.

Trois siècles plus tard, après quelques changements partiels peu importants, il fallut nécessairement reculer ces limites.

On résolut alors de comprendre dans le périmètre des fortifications, avec le vieux quartier de Roubaud et celui de Sainte-Claire-la-Vieille, ou des Récollets, situés l'un et

---

(1) *Géographie*, liv. IV, ch. 1er, p. 179.
(2) *Vie de Solon*.
(3) *Description du Monde*, vers 209 et 210.

l'autre à l'est du Cours, les arsenaux établis près du Plan Fourmiguier et toute la rive sud du port. Cette nouvelle enceinte fortifiée, ordonnée par lettres patentes du mois de juin 1666 et terminée seulement en 1694, est celle-là même qui existait à la veille de la Révolution : elle n'a disparu que sous le Consulat.

La ligne comprise entre l'anse de la Joliette et le couvent des Présentines n'avait pas été changée. A partir du couvent, les remparts suivaient le même tracé que les boulevards, les places et les voies publiques qui séparent aujourd'hui, comme par un grand arc de cercle, la vieille ville de la nouvelle : la place d'Aix, les boulevards de la Paix et du Nord, la place des Capucines, les boulevards Dugommier et du Musée, le cours Julien, la place d'Aubagne, le boulevard de Rome, la place de Rome, le boulevard du Muy, la place Paradis, la partie inférieure du cours Pierre-Puget, la rue de l'Arsenal et la partie la plus haute du cours Pierre-Puget; ces voies et ces places ont été ouvertes sur l'emplacement même des fortifications, lors de leur démolition. Du haut du cours Pierre-Puget, les murailles gravissaient la colline Puget, dans la direction de la montée de l'Oratoire et de la rue des Marseillais et descendaient la rue des Lices, où on les retrouve conservées en partie sur une longueur de deux cents mètres environ, servant de mur de soutènement au jardin public et de mur de clôture à la cour du Campement militaire. Elles allaient ensuite se relier à la citadelle Saint-Nicolas, par la rue du Rempart, à travers le boulevard de la Corderie et la montée Saint-Maurice.

En 1789, dix portes s'ouvraient sur la campagne :

1° La *Porte de la Joliette*, construite par Pierre Puget et Dominique Gonsollin, dans les derniers mois de 1666, à quelque distance de l'ancienne *porte Galle*, en regard de la rue Française, aujourd'hui rue de l'Évêché.

2° La *Porte d'Aix*, à l'extrémité de la rue d'Aix.

3° La *Porte Saint-Lazare* ou de *Bernard-du-Bois*, à

l'extrémité de la rue Bernard-du-Bois, vis-à-vis de l'abbaye de Saint-Sauveur.

4° La *Porte des Fainéants*, appelée tout d'abord par l'administration municipale *Porte de la Magdeleine*, sur la place dite des Fainéants, rendez-vous préféré des vieillards et des oisifs.

5° La *Porte de Noailles*, ouverte quelques années après l'achèvement de l'enceinte fortifiée, à l'extrémité de la rue de Noailles.

6° La *Porte de Notre-Dame du Mont*, ou *d'Aubagne*, à la place d'Aubagne, vis-à-vis de l'église de Notre-Dame du Mont.

7° La *Porte de Rome*, à la place de Rome.

8° La *Porte Paradis*, ouverte au milieu du siècle dernier, sur la rue Paradis, à la hauteur du boulevard du Muy.

9° La *Porte de Notre-Dame de la Garde*, de la même date, en face de la rue du Fort-Notre-Dame.

10° La *Porte Saint-Victor*, au-dessus du jardin de l'abbaye, au point où se trouve aujourd'hui la place Dumarsais.

Cette enceinte, qui avait tout d'abord paru trop étendue à la plupart des habitants et même aux échevins, était déjà insuffisante. Les terrains à bâtir ne faisaient pas encore défaut dans l'intérieur des nouveaux remparts; mais ils atteignaient des prix trop élevés pour que les particuliers et les entrepreneurs de bâtisses ne fussent pas tentés de construire hors des murailles. De nouvelles constructions s'élevaient donc, de plus en plus nombreuses chaque année, tout autour de la nouvelle ville.

Les anciens centres ruraux qui s'étageaient autour de Marseille, dans la zone la plus rapprochée, bénéficiaient également de l'excédent de l'agglomération urbaine. Par leur propre extension, ainsi que par le nombre croissant des habitations éparses, certains de ces bourgs devaient tôt ou tard se souder à la ville.

Nous en nommerons les plus importants :

1° Le faubourg *Saint-Lazare*, ou la *Bourgade*, qui avait pris sa première appellation d'un établissement hospitalier fondé dans ce quartier antérieurement au XIII° siècle. Le grand chemin d'Aix, qui le traverse, fut ouvert sur le point où il se trouve aujourd'hui, en même temps que la place Pentagone, en suite des arrêts du Conseil des 9 mars 1726 et 11 janvier 1727. Des maisons s'élevèrent aussitôt sur les deux côtés de l'avenue. L'ancien chemin d'Aix et quelques voies transversales se transformèrent peu à peu en rues.

2° *Saint Charles*, autrefois *Garbiers*, sur le mamelon qui est occupé aujourd'hui par l'ancien cimetière de la ville, la gare, le pensionnat des Frères, la manufacture des tabacs, le parc d'artillerie, la caserne d'infanterie et une partie de la Belle-de-Mai.

3° La *Magdeleine*, à l'embranchement des chemins de La Bourdonnière et de Saint-Barnabé. Le boulevard qui en porte le nom n'a été ouvert qu'en 1788 : la route suivait auparavant les rues Consolat et de la Madeleine. Les Allées de Meilhan et des Capucines, qui ont relié ce quartier à la ville, datent de 1775.

4° Les *Chartreux*, au delà de la Magdeleine, sur le chemin de la Bourdonnière et le long du Jarret.

5° La *Plaine*, ou le *Plan Saint-Michel*, au sommet de la colline Saint-Michel. La colline et l'esplanade, désignées au XI° siècle sous le nom de *Campus Martius*, Champ de Mars, doivent la dénomination qui leur est restée à une chapelle élevée en l'honneur du saint archange, sur les terrains occupés plus tard par les Minimes. Les constructions avaient déjà envahi, en 1789, toutes les pentes de la colline, du côté de la ville.

6° *Le Camas*, dont le nom évoque peut-être le souvenir de l'ancien Champ de Mars, sur le versant nord-est de la colline Saint-Michel.

7° La *Loubière*, sur le versant méridional du même mamelon. Le chemin qui y conduisait de la ville, en longeant l'église Notre-Dame du Mont, est devenu la rue de la Loubière.

8° Le quartier de la *Porte de Rome*, au-delà de cette porte, traversé par le grand chemin de Rome. Le plan de Campen nous montre, des deux côtés de cette voie bordée d'arbres, un certain nombre de rues, entre autres les rues Puget, Sylvabelle, Saint-Jacques et Dragon. La place Castellane, créée par les soins et aux frais du marquis de Castellane-Majastre, sur ses terrains, remonte à 1774.

9° *Saint-Lambert*, ou les *Catalans*, aux pieds de la colline de Notre-Dame de la Garde, près du petit port de Saint-Lambert.

§ 4. — *Le Territoire Communal.*

Ce territoire, plus étendu que celui de la sénéchaussée depuis l'incorporation du quartier de Saint-Marcel, qui, après avoir passé à la Communauté de Marseille, continuait de ressortir à la sénéchaussée d'Aix, se trouvait avoir, à la fin de l'Ancien Régime, absolument les mêmes limites que la Commune actuelle.

Ainsi que notre banlieue communale, il s'étendait, du côté de la mer, depuis la pointe de Corbière, au fond du golfe de l'Estaque, jusqu'à la calanque de Portmiou, près de Cassis. Grandes ou petites, toutes les îles qui s'échelonnent le long du rivage faisaient partie de son district.

Nous indiquerons, en suivant la même direction, du nord-ouest au sud-est :

1° *Ratoneau*, sans doute la dernière des *Stœchades*, désignée par Pline sous le nom de *Phila*(1), au Moyen Age l'île de Saint-Etienne, à trois quarts de lieue de Marseille.

---

(1) Livre III, ch. II.

2° *Pomègues*, ou l'*Ile de Saint-Jean-Baptiste*, probablement *Phœnice* de Pline, au sud-ouest de Ratoneau, dont elle était séparée par le détroit du Frioul. Le petit port de Pomègues servait de mouillage aux bâtiments en quarantaine.

3° *If*, bien plus connue aujourd'hui qu'elle ne l'était autrefois, grâce aux créations fantaisistes que son château-fort a inspirées à Alexandre Dumas.

4° Les deux petites *Iles de Daume*, en face de la pointe de Daume, ou d'Endoume. Le mouillage de ces îles, offrant de six à huit brasses d'eau, fond d'herbes vaseux, était fréquenté.

5° *Planier*, dont la tour servait de phare depuis 1774, à l'entrée du golfe de Marseille.

6° *Mayre*, que l'on suppose être l'*Immadras positio* de l'Itinéraire maritime d'Antonin, près du cap Croisette, à l'extrémité sud du golfe.

7° *Jarre* ou *Jayre*, au sud-est de l'île de Mayre et à un quart de lieue de la côte.

8° *Calaseraigne*, aujourd'hui *Caleseragne*, au sud-est de Jarre.

9° *Riou*, probablement l'*Iturium* de Pline, au sud de Caleseragne. Il s'y trouvait une tour de garde.

A l'intérieur, le territoire de Marseille avait pour limites, en retournant de Portmiou à Corbière, les terres de Cassis, d'Aubagne, d'Allauch, de Septèmes, des Pennes et de Gignac. Ces limites, qui représentent une superficie de près de vingt-trois mille hectares, étaient à peu près celles du Moyen Age. Peut-être faudrait-il y voir encore, sur des conjectures qui ne sont pas sans valeur, le territoire primitif de la colonie phocéenne, tout au moins le territoire marseillais de l'époque romaine (1).

---

(1) Voir, à ce sujet, l'intéressante monographie de M. Camille Jullian, *Inscriptions de la vallée de l'Huveaune*, Vienne, 1886, p. 35 et suiv.

Il est plus certain que cette longue bande de terre fut cultivée dès les temps les plus reculés.

D'après Strabon (1), le terroir de Marseille, trop aride pour les céréales, était complanté de vignes et d'oliviers. Au rapport de Pline (2), il produisait deux vins, dont l'un, plus épais et, comme on disait, succulent, servait au coupage. Les viticulteurs marseillais ne se contentaient pas de cette pratique, employée de tout temps ; suivant un usage général dans la Narbonnaise, ils chargeaient leurs vins de fumée. On connaît la plaisante épigramme dans laquelle Martial nous a dépeint sa répulsion pour un tel breuvage (3). Son goût sur ce point ne devait pas être partagé par ses contemporains. Les *poisons perfides* que Munna expédiait au-delà des monts ne pouvaient qu'y être très appréciés, puisqu'ils se vendaient, s'il faut en croire le poète, à des prix aussi élevés que les meilleurs crus de Falerne et de Sétia.

Pline (4) nous apprend encore que le séséli qui se cultivait à Marseille était, de son temps, tenu pour le meilleur, le plus efficace contre les nombreuses affections pour lesquelles il était fait usage de cette plante médicinale.

De ces faits, attestés par les écrivains de l'antiquité, il faut nécessairement conclure que les Massaliotes eurent dans les champs, sinon des maisons de plaisance, du moins des bâtiments destinés à l'exploitation. En eurent-ils jamais un grand nombre ? La rareté des vestiges qui ont été découverts, se rattachant à cette époque, permet d'en douter.

Vraisemblablement, le terroir de Marseille, même dans ses

---

(1) *Géographie*, liv. IV, ch. 1ᵉʳ, p. 179.
(2) *Histoire naturelle*, liv. XIV, ch. 8, § 8. Voir aussi Athénée, liv. IV, 36.
(3) Livre X, épigr. 35. Conférez livre III, épigr. 81 ; livre XIII, épigr. 123 et liv. XIV, épigr. 118.
(4) *Histoire naturelle*, liv. XX, ch. 18. Voir également, sur le séséli de Marseille, Dioscoride, livre III, ch. 58.

limites les plus restreintes, ne commença à se peupler que dans des temps plus rapprochés de nous, seulement au Moyen Age, à la faveur du morcellement des terres, à la suite des grands travaux de desséchement et de canalisation qui se firent dans ces siècles si longtemps décriés. Dès lors, le mouvement qui portait vers les champs l'excédent de la population urbaine s'accentua. Les habitations rurales se multiplièrent. Çà et là, sur des points favorisés par la nature ou les circonstances, à la rencontre des routes, sur les bords d'un cours d'eau, près d'une source, dans le voisinage d'un grand domaine, le plus souvent à l'ombre d'une modeste chapelle, des agglomérations plus ou moins semblables à celles que nous avons notées sous les murs de la vieille ville se formèrent peu à peu.

A la veille de la Révolution, ces centres ruraux, villages, simples hameaux ou petits groupes de bastides, couvraient déjà, de leur réseau, tout le terroir.

Les plus importants étaient :

1° Au nord :

Notre-Dame de Bon Secours, au-delà du hameau de Saint-Charles, près du ruisseau de Plombières ;

Arenc, devenu depuis lors un faubourg populeux, à une demi-lieue de la porte de la Joliette, sur la plage sablonneuse où se déversaient les ruisseaux de Plombières et des Aygalades ;

Les Crotes, jadis *les Grotes*, au-delà d'Arenc, entre le rivage de la mer et le grand chemin d'Aix ;

Le Canet, à la hauteur des Crotes, sur la droite de la route d'Aix ;

Saint-Barthélemy, antérieurement au siècle dernier *Mignas*, *Migos* et *Mingo*, plus à l'est, sur la rive gauche du ruisseau de Plombières ;

La Palud, également sur la rive gauche de Plombières, en amont ;

Sainte-Marthe, sur l'une des dernières ramifications de la chaîne de l'Etoile, non loin de la source de Plombières ;

Château-Gombert, à l'est de Sainte-Marthe, au pied du massif de l'Étoile, sur les limites d'Allauch ;

Saint-Joseph, au nord-ouest de Sainte-Marthe, sur le chemin de Saint-Louis ;

Les Aygalades, sur le même chemin, dans la fraîche et charmante vallée qu'arrose le ruisseau dit des Aygalades ;

Saint-Louis, sur le grand chemin d'Aix, au pied du contrefort qui sépare le bassin de Marseille du vallon de Séon, à peu de distance du ruisseau des Aygalades ;

La Viste, sur le grand chemin d'Aix, au-dessus de Saint-Louis, au sommet d'une côte d'où se découvrent, en un très beau panorama, Marseille, toute sa banlieue et la mer ;

Saint-Antoine, primitivement *les Baumes*, puis *les Baumes-Saint-Antoine*, au-delà de la Viste, sur la droite de la route d'Aix ;

Saint-André, autrefois *Saint-André de Séony*, aujourd'hui *Séon-Saint-André*, à l'entrée du pittoresque vallon de Séon ;

Saint-Henri, actuellement Séon-Saint-Henri, au delà de Saint-André, dans le même vallon ;

L'Estaque, à l'extrémité de ce vallon, au fond du golfe auquel le village a donné son nom ;

La Nerthe, dans les montagnes, au-dessus de Corbière, sur les limites de Marseille et des Pennes.

2° À l'est :

Saint-Just, sur le chemin de La Bourdonnière et la rive droite du Jarret, à un quart de lieue des Chartreux ;

Montolivet, au milieu de collines couvertes d'oliviers et de bois de pins, sur la gauche du Jarret ;

Malpassé, jadis *Malpassetum* et *Mal-Passet*, le long du Jarret et du chemin de la Bourdonnière, en amont de Saint-Just ;

La Rose, sur le chemin de La Bourdonnière et le Jarret, au nord-est de Malpassé ;

Saint-Jérôme, sur la gauche du chemin de La Bourdonnière, au-dessus de la Rose ;

Les Martégaux, à l'est de la Rose. Ce hameau a pris le surnom de ses premiers habitants, les Audibert dits les Martégaux ;

Les Olives, à l'est des Martégaux ; il s'y trouve aujourd'hui encore plusieurs familles de ce nom ;

Les Aurengues, au nord des Martégaux et des Olives ;

Saint-Barnabé, antérieurement au XV° siècle, *les Paizac, les Payrácx* et *les Payans*, à la bifurcation des chemins de Saint-Julien et des Caillols ;

Saint-Julien, à l'extrémité sud d'un vaste plateau, sur une barre de rochers, avec des restes de remparts et une tour massive qui date du Moyen Age ;

Les Caillols, au-dessous de Saint-Julien, dans le voisinage de carrières de gypse, au milieu d'une plaine qui a été appelée la *Soleirade* ou la *Solleiilade* ;

Saint-Pierre, à une demi-lieue de la ville, sur le petit chemin d'Aubagne ;

Saint-Jean-du-Désert, sur la gauche du petit chemin d'Aubagne, au penchant d'un coteau, dans un site pittoresque ;

La Pomme, au-delà de Saint-Pierre, sur le même chemin, non loin de la rivière de l'Huveaune ;

Saint-Dominique, au-dessus de la Pomme, sur les bords du grand béal de l'Huveaune ;

Les Comtes, à l'est de Saint-Dominique, près de la prise du grand béal ;

Saint-Marcel, à trois quarts de lieue de La Pomme, entre les deux chemins d'Aubagne ;

La Valentine, anciennement *Les Balmettes*, au nord de Saint-Marcel, sur le chemin des Olives et de Saint-Julien à Saint-Menet ;

Saint-Menet, à une lieue de Saint-Marcel, sur le petit chemin d'Aubagne ;

Les Camoins, village bien connu à cause de la source d'eau minérale froide qui jaillit au pied de la colline sur laquelle il est situé, au nord de Saint-Menet ;

Eoures, porté sur quelques plans du territoire sous le nom de *Neoules*, à l'est des Camoins, sur un petit chemin conduisant à Aubagne ;

La Treille de Corporières, au nord des Camoins, sur les limites d'Aubagne et d'Allauch.

3° Au sud :

Saint-Laurent ou *La Capelette*, sur la grande route d'Aubagne, entre le Jarret et le grand béal de l'Huveaune ;

Saint-Loup, anciennement Saint-This, au-delà de la Capelette, sur la grande route d'Aubagne et la rive gauche de l'Huveaune ;

Saint-Tronc, au sud de Saint-Loup, au-dessous d'une ancienne chapelle élevée sur les hauteurs de Carpiagne et placée sous le vocable de Sainte-Croix ;

Sainte-Marguerite, au sud de Saint-Tronc, sur la rive gauche de l'Huveaune, dans une plaine particulièrement fertile ;

Saint-Giniez, près du confluent du Jarret et de l'Huveaune ;

Notre-Dame de Bonneveine, à l'embouchure de l'Huveaune ;

Mazargues, sur l'ancienne route de Cassis, près d'un petit affluent de l'Huveaune.

D'après le dénombrement de 1765, le nombre total des habitations rurales aurait été, à cette époque, de 4,182 (1).

Papon indique un chiffre approximatif plus élevé. « Si « quelque chose doit frapper », écrit-il à propos de notre terroir (2), « c'est cette quantité de maisons de campagne, « dont le nombre est d'environ cinq mille, et qui, étant « fort multipliées dans le voisinage de Marseille, font une « sorte d'illusion au voyageur, qui croit voir une autre « ville. Elles coupent d'une manière agréable la verdure

---

(1) Expilly, *Dictionnaire des Gaules et de la France*, tome V, p. 969.

(2) *Histoire générale de Provence*, tome I, p. 337.

« dont la terre est couverte toute l'année ; et quand on est
« sur quelque hauteur d'où l'on peut découvrir tout à la
« fois la mer, la ville et la campagne, l'on jouit d'un
« spectacle qui paraît toujours nouveau. »

§ 5. — *Population.*

La population de Marseille, dans l'antiquité et même au Moyen Age, ne peut être relevée que d'une manière conjecturale, à l'aide de calculs basés sur quelques faits locaux, certains ou présumés, notamment sur l'étendue de la ville.

En se basant sur cette donnée, ainsi que sur le nombre d'hommes en état de porter les armes qu'il y aurait lieu d'attribuer aux Marseillais, eu égard soit à l'armée de 16,000 à 18,000 hommes que César employa au siége de la ville, soit à la garnison de 11,000 à 12,000 hommes qui y fut laissée après la reddition, le commandant Rouby (1) a fixé approximativement le nombre total des habitants, lors du siége, à soixante mille. La *Statistique des Bouches-du-Rhône* (2) l'avait évalué à quatre-vingt mille ; M. Augustin Fabre (3) à cent mille. Si l'on s'en tient à l'enceinte que les critiques s'accordent à donner à Marseille, du temps de César, ce dernier chiffre, pour le moins, est fort exagéré : il représenterait, en effet, une densité de population de 14 habitants par cent mètres carrés. Tout en rejetant les inductions fort hasardées que l'on a cru pouvoir tirer d'un passage de Vitruve (4), d'après lesquelles les édifices privés

---

(1) *Le Siége de Marseille par Jules César*, p. 83-85.
(2) Tome III, p. 13.
(3) *Les Rues de Marseille*, tome I, p. 110
(4) *De l'Architecture*, livre II. ch. 1ᵉʳ, § 5. Vitruve se borne à y faire observer que les toitures étaient faites, à Marseille, non pas avec des tuiles, mais avec de la terre mêlée à de la paille. Cette terre était vraisemblablement de la terre argileuse, de la terre à brique, telle qu'il s'en trouvait en abondance dans le terroir de Marseille, notamment dans la vallée de Séon.

de Marseille auraient été de médiocre apparence, peu élevés, il est évident qu'une telle proportion est inadmissible pour les temps anciens.

Elle n'a pas même dû être atteinte au Moyen Age, aux époques les plus prospères pour le commerce et l'industrie, au XII° siècle et au siècle suivant, lors des premiers agrandissements dans la direction de la Cannebière et du cours Belsunce.

Au XIV° siècle, la peste noire et les guerres intestines amenèrent une diminution de population qui ne saurait être évaluée d'une manière à peu près exacte, mais qui dut être considérable, à en juger par les lettres patentes du 20 juin 1409 aux termes desquelles Louis II réduisit le conseil de ville à 37 membres, par le motif que « la guerre « et les maladies avaient fait de si grands ravages, qu'il « était difficile d'élire chaque année quatre-vingt trois « conseillers (1). » Dans d'autres lettres patentes du même jour, relatives au taux de l'intérêt dont le maximum fut fixé au dix pour cent, le même prince disait encore que « la ville « avait perdu, par le fait des guerres, non seulement ses « richesses, mais encore ses habitants (2). » A la fin du XV° siècle, ou au commencement du XVI°, la décroissance s'arrêta. Il se produisit même une nouvelle progression que des données assez certaines permettent de constater. En 1524, lors du siège de la ville par les Impériaux, tous les habitants en état de prendre les armes formèrent une milice bourgeoise de neuf mille hommes, à ce que nous apprend Ruffi (3). Avec M. Aug. Fabre (4), on peut voir dans cet effectif environ le cinquième de la population générale et porter, par conséquent, celle-ci à quarante-cinq mille âmes, au maximum à cinquante mille ; c'est le chiffre

---

(1) *Livre noir*, fol. 25, aux archives de la ville.
(2) *Livre noir*, fol. 20.
(3) *Histoire de Marseille*, tome I, p. 308.
(4) *Les Rues de Marseille*, tome I, pp. 120, 121.

admis par Papon (1). Ruffi nous assure plus loin que, durant la peste qui affligea Marseille, au siècle suivant, en 1640, cinquante mille habitants en sortirent et quinze mille environ y restèrent (2) : l'agglomération urbaine aurait donc été, à cette époque, de soixante-cinq mille habitants. Le même historien nous fait connaître ailleurs que la population totale était, au moment où il écrivait, c'est-à-dire en 1696, de soixante-quinze mille âmes (3).

Etant donnée la progression que ces chiffres permettent d'établir, il y a lieu de supposer que l'effectif de la population était d'environ quatre-vingt mille habitants, lors de l'invasion de la dernière peste, en 1720. On sait que le fléau enleva, cette année-là et au cours des deux années suivantes, près de quarante mille personnes ; les relevés qui furent faits, par quartiers, portent le nombre des victimes à 30,139 pour la ville et 8,976 pour la campagne, en tout 39,115. La population dut se trouver réduite à quarante mille habitants.

Les vides causés par le fléau furent bientôt comblés, soit par l'accroissement naturel de la population, soit encore par l'affluence des habitants peu aisés de la région qui furent attirés à Marseille par le taux élevé de la main-d'œuvre. La preuve s'en trouve dans le dénombrement général qui fut fait en Provence, par ordre de l'intendant, au mois d'août 1765.

Ce recensement, opéré par communautés et à l'aide de feuilles individuelles établies sur un modèle identique, releva à Marseille et dans son terroir 90,056 personnes domiciliées, ou seulement de passage en ce moment-là dans notre ville, dont 44,325 du sexe masculin et 45,731 du sexe féminin.

---

(1) *Histoire de Provence*, tome IV, p. 41.
(2) *Histoire de Marseille*, tome I, p. 476.
(3) *Histoire de Marseille*, tome II, p. 296.

Dans une première classification portée sur les tableaux de recensement, ces 90,056 se distribuaient ainsi qu'il suit :

1° Hommes..................................	22.184
2° Femmes..................................	21.791
3° Garçons au-dessus de douze ans......	8.530
4° Filles au-dessus de douze ans.........	9.762
5° Garçons au-dessous de douze ans.....	10.105
6° Filles au-dessous de douze ans........	9.723
7° Valets, domestiques, garçons de travail et apprentis......................	3.206
8° Servantes et autres domestiques du sexe féminin...............................	4.455
Total...........	90.056

Un autre classement les répartissait ainsi :

1° Habitants de la ville..................	67.459
2° Habitants des quartiers ruraux.......	18.987
3° Hommes de troupes réglées composant la garnison des forts................	1.049
4° Provençaux, de passage à Marseille...	949
5° Étrangers non provençaux, de passage	1.612
Total égal.......	90.056

Nous avons déjà dit que ce dénombrement avait relevé dans la banlieue de Marseille 4,182 maisons. Les maisons situées à l'intérieur des remparts s'élevaient à 7,458. Le chiffre total des habitations était donc de 11,640 (1).

L'auteur du *Dictionnaire des Gaules*, auquel nous venons d'emprunter ces relevés officiels, suppose que des omissions s'y étaient glissées. « Que la ville de Marseille », dit-il dans ses commentaires sur le dénombrement général (2), « con-

---

(1) *Dictionnaire des Gaules et de la France*, t. V, p. 960.
(2) *Ibid*, p. 924.

« tienne plus de 67,459 habitants effectifs, c'est l'opinion
« générale des habitants même les mieux instruits et des ad-
« ministrateurs de cette ville, malgré les recherches faites
« lors du recensement par têtes, où actuellement on est
« assuré qu'il y eut des omissions. » Un peu plus loin,
l'abbé Expilly se borne à affirmer qu' « il y a eu quelques
« omissions à l'article du dénombrement de Marseille (1). »
Une année avant le recensement, en calculant la population
« d'après les relevés des naissances des cinq paroisses de la
« ville », à ce qu'il nous apprend dans sa notice sur Marseille (2), il avait cru pouvoir l'évaluer approximativement
à « 88,500 personnes de tout âge, de tout sexe et de tout
« état. » L'écart entre les données du calcul et le chiffre
fourni par le recensement est, en fait, très sensible.

Il nous semblerait difficile de l'expliquer par les conditions dans lesquelles le recensement de 1765 aurait été fait.
Tout indique que ce recensement s'est effectué avec soin,
avec toute l'exactitude que l'on peut attendre d'une opération de ce genre. Vraisemblablement, le multiplicateur
dont l'abbé Expilly s'est servi dans ses calculs, quelque
exact qu'il fût pour l'ensemble de la Provence, était trop
fort pour Marseille.

Nous arrivons au début de la Révolution. A l'approche
des élections aux États généraux, en vue de certaines dispositions de détail qu'il y avait lieu de prendre à ce sujet,
le garde des sceaux avait demandé au lieutenant général
civil de la sénéchaussée, M. de Demandolx, un état
des feux, ou familles, de son ressort, par paroisses. Le
lieutenant général civil ne se trouvait pas en mesure de
lui donner ce relevé qui n'avait pas été dressé; dans sa
réponse en date du 20 avril 1789, il lui indique seulement,
comme un fait constant, que « la ville, composée de cinq
« paroisses, et son territoire, qui comprend trente-deux suc-

---

(1) *Dictionnaire des Gaules et de la France*, t. V, p. 925.
(2) *Ibid*, t. IV, p. 570.

« cursales de ces paroisses de la ville et deux paroisses
« rurales, sont peuplés d'environ cent vingt mille âmes(1). »
Quelques jours auparavant, dans son ordonnance du 18 mars,
relative à la convocation des trois Ordres (2), il avait présenté ce chiffre de cent vingt mille âmes comme étant le
minimum de la population de son ressort. En admettant
que l'évaluation fût exacte, le chiffre de la population
communale eût été, d'une manière assez sensible, plus élevé.
Nous avons déjà dit, en effet, que notre circonscription
judiciaire était moins étendue que le territoire de la commune : elle comprenait, en moins, tout le quartier de
Saint-Marcel, dans lequel se trouvaient, avec le village de
ce nom, divers centres ruraux, tels que La Valentine,
Saint-Menet, La Treille, Les Camoins, que nous avons cités,
et d'autres moins peuplés.

D'après le docteur Achard, la population urbaine se serait,
à elle seule, élevée au chiffre indiqué par M. de Demandolx.
« On compte à Marseille », écrivait-il en 1789, « 120,000
« personnes, quoique dans le dernier dénombrement on
« n'en ait trouvé que 75,000. Il est difficile de donner une
« notice exacte du nombre des étrangers qui y abondent.
« Ce nombre varie tous les jours (3). » Le chiffre approximatif de soixante-quinze mille, mis en regard de celui de
cent vingt mille, nous prouve bien qu'Achard ne faisait pas
entrer dans ses calculs les habitants des quartiers ruraux. Il
y a encore lieu de croire que son évaluation de la population
urbaine était généralement admise à Marseille, si l'on s'en
rapporte aux termes dans lesquels Mirabeau décrivait sa
sortie de la ville, le 19 mars 1789, dans sa lettre au comte

(1) Archives nationales, B III. 82, pp. 839-840.
(2) *Ordonnance de M. le Lieutenant-Général en la sénéchaussée de Marseille, relativement à la convocation des trois Ordres de cette sénéchaussée, du 18 mars 1789. Extrait du greffe du Séné-chal.* A Marseille, de l'imprimerie de Jean Mossy, 20 p.
(3) *Tableau historique de Marseille*, Lausanne (Marseille, Joseph Roustan), 1789, p. 326.

de Caraman : « Figurez-vous, Monsieur le comte, cent vingt
« mille individus dans les rues de Marseille, toute une ville
« si industrieuse et si commerçante ayant perdu sa journée
« ....; cent vingt mille voix, depuis le mousse jusqu'au
« millionnaire, poussant des acclamations et criant : Vive
« le Roi !... (1) ». Dans un discours prononcé à la Chambre des députés, le 3 décembre 1814, en faveur de la franchise de notre port (2), le chevalier de Girard a porté la population de Marseille, avant la Révolution, jusqu'à cent quarante mille âmes.

Ces indications se trouvent, il est vrai, plus ou moins en désaccord avec les chiffres donnés par la *Statistique des Bouches-du-Rhône*, dans un tableau de la « Population du
« département dans le XVIII° siècle, depuis 1700 jusqu'en
« 1790, d'après les états officiels fournis par les com-
« munes (3) ». La commune de Marseille y figure, pour 1790, avec une population de 106,585 habitants. D'après M. Augustin Fabre (4), ce chiffre aurait été obtenu dans un recensement effectué, cette année-là, au mois de janvier, en vue des opérations électorales. En l'absence de tout autre éclaircissement, des détails que l'auteur des *Rues de Marseille* eût certainement reproduits, s'il avait eu entre les mains un document officiel, n'y a-t-il pas lieu de se refuser à y voir le total de la population communale?

Ajoutons que les auteurs de la *Statistique* (5) ont voulu calculer la population totale, pour l'année 1791, d'après les actes de l'état-civil et que cette supputation a donné un chiffre sensiblement plus élevé, celui de 117,468 habitants.

(1) Lucas de Montigny, *Mémoires biographiques, littéraires et politiques de Mirabeau*, t. V, pp. 279-280; Lourde, *Histoire de la Révolution à Marseille et en Provence*, t. I, pp. 368-370.
(2) *Opinion de M. le chevalier de Girard sur la franchise du port de Marseille*, imprimée par ordre de la Chambre, séance du 3 décembre 1814, p. 7.
(3) Tome III. p. 36.
(4) *Les Rues de Marseille*, t. I, p 131.
(5) Tome III, p. 64.

La Révolution avait déjà suscité dans nos murs bien des troubles. Peut-être y avait-elle amené, des régions voisines et même de l'étranger, un certain nombre de ces hommes de violence qui devaient, aux plus mauvais jours, compromettre l'honneur du nom marseillais. En retour, elle avait sans doute éloigné un plus grand nombre d'habitants. Quoi qu'il en soit, par les proscriptions et plus encore par la longue crise qu'elle infligea au commerce et à l'industrie, elle poursuivit son œuvre néfaste. Même après le retour de la plupart des émigrés, en 1796, le recensement officiel ne constatait dans toute la commune que 111,378 habitants (1). On n'en trouvait plus que 102,219, en 1801 ; 99,169, en 1806 ; 96,271, en 1811 (2). La progression décroissante s'est enfin arrêtée à la Restauration, pour faire place à un mouvement ascendant qui s'est exprimé, au début, par les chiffres suivants : 103,279 habitants, au recensement de 1816 ; 109,483, à celui de 1820 ; 115,913, en 1826 ; 132,300, en 1831 ; 183,186, en 1846 ; etc. (3). Ce mouvement n'a cessé de s'accentuer.

On sait que le recensement de 1886 avait porté le total de la population communale à 375,378 habitants ; le dénombrement qui s'est effectué du 11 au 12 avril dernier vient de le fixer à 406,919 habitants.

F. D.

---

(1) *Statistique des Bouches-du-Rhône*, t. III, p. 63.
(2) D' Mireur, *Le Mouvement comparé de la population à Marseille, en France et dans les Etats d'Europe*, 2e édition, p. 14.
(3) *Ibid*.

CHAPITRE PREMIER

Tableau religieux de Marseille à la fin de l'Ancien Régime.

Un grand évêque de notre cité, Mgr Eugène de Mazenod, qui a restauré et renouvelé, on peut l'affirmer, tout notre diocèse, durant son long épiscopat, disait, avec ce sentiment de foi vive et éclairée qui était la plus belle de ses vertus : « On parle beaucoup des nouvelles for-« tifications de Paris ; eh bien ! ma ville épiscopale est en-« core mieux défendue que la capitale de la France. » Puis, le zélé pontife énumérait avec complaisance, et non sans fierté, les nombreuses maisons religieuses qui du nord au sud, de l'est à l'ouest, entourent Marseille comme une ceinture de prières et de puissantes intercessions contre ses ennemis visibles et invisibles.

Nous croyons que l'on pourrait encore mieux appliquer cette heureuse comparaison au Marseille de l'Ancien Régime. En effet, il suffit de jeter un coup d'œil sur la magnifique vue perspective de notre cité dessinée, vers 1713, par Aulagnier (1), et sur le plan de 1785 ou celui de Campen, pour en être pleinement convaincu.

§ 1er.

Commençons notre pèlerinage par ce que nous appelons, aujourd'hui, la vieille ville. Voici d'abord l'antique cathédrale Sainte-Marie Majeure, ou la Major, assise sur le rivage,

---

(1) Cette vue en perspective, qui mesure 2m85 de longueur sur 0,67

occidental de la Méditerranée. On la disait construite sur les restes d'un temple de Diane. Au temps qui nous occupe, le doux et pieux Mgr de Belloy, successeur de Belsunce, y présidait aux grandes solennités de l'année liturgique, entouré de son chapitre de seize chanoines de premier rang et de vingt-quatre bénéficiers (y compris ceux appelés *Numérotos*), sans parler des prêtres et servants du bas chœur. A peu de distance s'élevait le palais épiscopal, reconstruit, vers la fin du XVIIe siècle, par Mgr de Puget et Mgr de Forbin-Janson presque dans le même lieu que celui du XIIIe siècle, qui avait été rasé à l'époque du siège de Marseille par le connétable de Bourbon. Le nouvel évêché, orné, en 1736, par Mgr de Belsunce, d'une belle galerie, passait pour l'un des plus remarquables palais de la Provence (1). Non loin de l'évêché, se voyait le monastère des Religieuses du T. S. Sacrement, établies à Marseille en 1559, par le P. Le Quien, de l'ordre de Saint-Dominique.

A côté de ce monastère nous rencontrons la maison des Carmélites, venues à Marseille en 1623 et dont l'église fut construite en 1686. Le couvent des Observantins en était fort rapproché, et peu éloigné aussi de la mer ; ces religieux arrivèrent dans notre cité dès 1424, et leur belle église fut construite sous l'épiscopat de Mgr de Belsunce, qui la consacra en 1746. Dans le voisinage se trouvaient les Jésuites de Sainte-Croix, venus en 1616. Une rue à traverser va nous conduire au premier monastère de la Visitation Notre-Dame, établi du vivant même de sainte Jeanne de Chantal (1622),

---

de hauteur, a été gravée par le Sr Le Bas, graveur du cabinet du roi, et dédiée au duc de Penthièvre. Le plan géométral de 1785 dressé, sous l'inspection du lieutenant-colonel du génie M. de Pierron, fut dédié au maréchal prince de Beauvau.

(1) Ces détails historiques ou topographiques sont pris, comme ceux qui suivront, dans le *Calendrier spirituel* d'Agneau, dans les *Almanachs* de Grosson, dans l'*Armorial des Evêques de Marseille* du chanoine Albanès, dans la *Statistique des Bouches-du-Rhône*, dans les *Rues de Marseille* d'Augustin Fabre, etc., etc.

et où vécut et mourut la sœur Anne-Magdeleine Remuzat, que Dieu favorisa de si grandes révélations et qui fut la coopératrice de Mgr de Belsunce dans la divulgation et la propagation du culte du Sacré-Cœur de Jésus.

Au nord-ouest, mais toujours sur les hauteurs qui dominent la Méditerranée, nous apparait le couvent des Clarisses, qui habitèrent d'abord, en 1254, dans un faubourg, et dont l'église fut reconstruite à la fin du XVIIe siècle. Plus loin, et dans la direction du nord, c'est le grand monastère des Ursulines de la Présentation, aujourd'hui la caserne des Présentines, qui touchait les remparts. Nous les franchirons pour visiter dans le faubourg, appelé la Bourgade, la nouvelle église consacrée au Sacré-Cœur par les prêtres du Bon-Pasteur, fondés en 1729 par MM. Truillard et Dandrade et approuvés par Mgr de Belsunce. En rentrant par la porte d'Aix, nous trouvons les Récollets qui, en 1633, construisirent leur maison où est l'église de Saint-Théodore.

Maintenant, si nous tournons nos yeux du côté du levant, nous rencontrons d'abord, près des remparts, le second monastère de la Visitation (rue des Petites-Maries), établi en 1651 ; la vénérée sœur Remuzat y passa ses jeunes années. Un peu plus loin, les Capucines, fondées là par la baronne d'Allemagne, en 1623 ; elles vinrent, plus tard, aux allées qui portent encore leur nom. Presque à leur côté se trouvaient les Religieuses de la Miséricorde dont le saint P. Yvan, qui s'agrégea à l'Oratoire, fut l'instituteur, vers l'année 1632 ; placées d'abord auprès de l'église de Saint-Martin, elles construisirent leur couvent et leur église à la rue des Convalescents, en 1678. La place des Fainéants les séparait de la Mission-de-France occupée par les Lazaristes, disciples de saint Vincent de Paul qui, outre leurs missions dans les villes et les campagnes, dirigeaient le grand Séminaire.

Si nous sortons, à présent, hors des murailles de la ville, par la porte de Noailles, nous rencontrerons à l'extrémité des nouvelles allées de Meilhan, près de l'ancienne fontaine

Beauvau et à l'entrée du cours Devilliers, l'église des Augustins réformés ou Petits Pères. Ces religieux, arrivés à Marseille en 1605 et établis d'abord au Rouet, vinrent, en 1613, construire leur nouvelle maison sur le terrain occupé aujourd'hui par la belle église de Saint-Vincent de Paul.

En tournant vers le sud, pour continuer notre promenade religieuse, nous verrons les Tertiaires franciscaines de Sainte-Elizabeth, appelées aussi les Lyonnaises parce que ce fut la maison de Lyon qui envoya une colonie à Marseille en 1634 ; elles habitaient dans les environs du local où se trouve aujourd'hui un théâtre de second ordre, le Gymnase. A leur suite se trouvaient les Bernardines dont le vaste monastère, construit vers 1743, est occupé de nos jours par le Lycée.

Avant de rentrer dans les murs de la cité, il nous faut monter à la plaine Saint-Michel pour y trouver, à son extrémité méridionale, le couvent des Minimes. Etablis au Rouet en 1578, ils obtinrent des moines de Saint-Victor l'ancienne église de saint Michel, qui avait donné son nom à l'esplanade, et y construisirent leur belle maison conventuelle en 1617. A quelque distance, mais toujours vers le sud, se voit encore l'église de N.-D. du Mont, devenue l'une de nos paroisses les plus populeuses. Ce temple est aussi l'un des plus anciens qui furent consacrés au Très-Haut par les Marseillais, puisqu'en l'année 576 Gondulphe, lieutenant de Childebert, roi d'Austrasie, y eut une entrevue avec Dinamius, gouverneur de Provence pour le roi Gontran de Bourgogne. Il portait jadis le nom de Saint-Etienne du Plan et fut réédifié en 1588. C'était un prieuré rural de l'abbaye de Saint-Victor.

Après cette excursion hors des remparts, nous apercevrons, en rentrant dans la ville, le couvent des Capucins à l'extrémité de la longue rue qui porte encore leur nom. Ces dignes enfants de saint François avaient eu pour fondatrice la reine Catherine de Médicis, qui posa elle-même, en 1579, la première pierre de leur couvent, en présence du cardinal de Bourbon revêtu, dans cette circonstance solennelle, des habits pontificaux du B. Urbain V, en présence aussi des princes du sang et des plus hauts seigneurs de la cour. Leur église fut consacrée par Mgr de Vintimille en 1684. Au milieu du siècle suivant (1756) avait lieu, dans le même quartier, la bénédiction du nouveau sanctuaire des Trinitaires réformés ou déchaux, dont on a fait, de nos jours, la paroisse de la Trinité et qui étaient venus à Marseille quelques années auparavant ; l'abbaye bénédictine de Sainte-Magdeleine occupe, aujourd'hui, une partie de leur couvent et de leur jardin.

De là à la paroisse de Saint-Ferréol, qui s'élevait, au midi, à peu près sur l'emplacement de la nouvelle préfecture, la distance n'est pas considérable. C'était, avant le XII⁰ siècle, une chapelle de la dépendance de Saint-Victor, et jusqu'à la Révolution le chapitre de l'insigne abbaye y allait officier le jour de la fête du patron, comme curé primitif. Ce sanctuaire, plusieurs fois reconstruit, fut transféré à l'extrémité de la rue actuelle de Saint-Ferréol, et Mgr de Belsunce bénit, en 1716, la première pierre que posa le maréchal de Villars. Le grand évêque y mit un curé de son choix, le vénérable Matthieu Olive, l'apôtre de ce nouveau quartier, qui fut pendu sur le Cours par les révolutionnaires.

En nous dirigeant ensuite vers le quartier de Rive-Neuve, nous ne rencontrons jusqu'à la puissante abbaye de Saint-Victor, avec la maison des Jésuites de Saint-Régis (1727), que deux maisons religieuses : les Tertiaires réguliers de Saint-François, appelés *Picpus*, et les Frères de la Doctrine chrétienne. Les premiers s'établirent, en 1740, à côté du palais de justice actuel ; et les seconds, appelés en 1706, se placèrent à l'extrémité de l'esplanade du Camp-Major, au bout de la Corderie. Les agrandissements successifs de l'arsenal des galères avaient, en effet, obligé plusieurs communautés à quitter ces parages, où d'ailleurs elles se trouvaient fort gênées par l'encombrement du commerce, les bruits incessants et les odeurs répugnantes de plusieurs industries, comme aussi par les exigences militaires du Camp-Major.

§ 2.

Mais, si cette partie du nouveau Marseille semblait un peu dégarnie de ce que nous avons appelé, avec Mgr de Mazenod, les forteresses spirituelles de notre cité, il suffisait, pour être rassuré, de lever les yeux vers la colline de N.-D. de la Garde, si heureusement appelée : *Custodia civitatis*. En effet, depuis que Pierre, l'oblat de l'abbaye de Saint-Victor, eut construit, en 1218, la chapelle qui est demeurée longtemps à côté de l'ancienne garde et vigie placée sur cette hauteur, il serait difficile d'énumérer les grâces spirituelles et temporelles dont Marseille lui est redevable ; rappelons, par-dessus toutes, la conservation de la foi catholique aux époques néfastes du Calvinisme et du Jansénisme.

En redescendant du sanctuaire de N.-D. de la Garde, nous nous trouvons en face de l'abbaye de Saint-Victor. Elle était bien déchue, à la fin du XVIIIe siècle, de son antique ferveur, et ses moines, après leur sécularisation de 1751, étaient devenus les nobles et riches chanoines-comtes de Saint-Victor. Les premières familles de Provence y avaient, presque toutes, quelqu'un de leurs membres, et ces chanoines formaient un des plus puissants et des plus illustres chapitres de la Chrétienté. Si nous déplorons justement la décadence de l'esprit religieux dans ce grand monastère, nous ne devons pas cependant oublier qu'il fut pendant de longs siècles, depuis Cassien son fondateur en 413, l'un des foyers les plus ardents du monachisme occidental et le chef d'une congrégation religieuse qui compta, à certaines époques, plus de cent monastères sous sa crosse abbatiale. Ajoutons, pour être impartial, que sans le fléau de la commende et l'introduction, souvent forcée, des cadets de famille, une salutaire réforme aurait pu s'y opérer, comme dans tant d'autres monastères bénédictins.

Pour ne rien omettre dans l'énumération des maisons religieuses qui formaient, en 1789, une ceinture merveilleuse autour de notre cité, il nous faut, par la pensée, franchir l'entrée du port et, après avoir dépassé le fort Saint-Jean où se trouvait une vieille commanderie de l'ordre de Malte, ainsi que la paroisse de Saint-Laurent située sur le point culminant de l'esplanade de la Tourette, redescendre sur le port et suivre les quais jusqu'à l'église des Grands Augustins dont le clocher élégant s'élève encore à l'extrémité orientale de l'ancien Lacydon. Ces religieux, établis, vers 1258, au faubourg Saint-Pierre, avaient acquis, en 1363, l'église et le cloître des malheureux Templiers et les avaient reconstruits vers le milieu du XVIe siècle.

§ 3.

Dans l'intérieur du vieux Marseille plusieurs églises de paroisse et de communautés religieuses dressaient, çà et là, leurs clochers aigus ou leurs tours massives, et paraissaient comme autant de châteaux-forts de la prière et de la louange divine qui s'unissaient au chant et à la psalmodie des couvents ou monastères disséminés tout autour de l'enceinte des remparts.

C'étaient la collégiale de Saint-Martin, seconde paroisse de la cité, composée d'un prévôt, de huit chanoines et de plusieurs prébendiers; la collégiale des Accoules, la troisième paroisse, dont la large et très haute tour s'élève encore presque en face de l'ancien palais de justice. Celle-ci fut longtemps une dépendance de l'abbaye de Saint-Sauveur et était desservie par un doyen, dix-neuf chanoines, trois vicaires et une dizaine de bénéficiers. La quatrième paroisse, Saint-Laurent, que nous avons déjà citée, possédait un prieur-curé à la nomination du chapitre de la cathédrale, trois vicaires, six chapelains et un prêtre sacristain.

Après les paroisses, nous devons mentionner rapidement la grande abbaye de Saint-Sauveur, à la place de Lenche, sur la prison romaine de saint Lazare, dont les religieuses cassianites, et depuis bénédictines, avaient habité, hors de la ville, le monastère illustré par le glorieux martyre de sainte Eusébie et de ses compagnes. Elles se transportèrent, vers la fin du XVIII° siècle, au local occupé jadis par les Récollettes et qui est, aujourd'hui, l'École Belsunce. Une autre abbaye royale, celle des Cisterciennes de Mont-Sion, fondée au XIII° siècle, fut transférée, en 1769, près de Saint-Martin, dans l'ancien hôpital des Convalescents.

En nous avançant dans la vieille ville, de l'est à l'ouest, nous apercevons la maison des chanoines de la Sainte-Trinité, vulgairement appelés les Mathurins, que saint Jean de Matha, leur fondateur, établit à son retour de Rome, en 1202, et dont une tour carrée et démantelée indique encore la place, non loin de l'ancienne Visitation ; après eux paraît la commanderie des religieux de Saint-Antoine, qui avaient un hôpital en ce lieu avant l'année 1180 ; plus bas, du côté du midi, le couvent et l'église des Frères Prêcheurs, qui, dès 1215, avaient à Marseille un hospice pour leurs confrères. Leur maison, démolie lors du siège de Marseille par le connétable de Bourbon, fut reconstruite peu après, ainsi que leur vaste et belle église (aujourd'hui Saint-Cannat), qui fut consacrée en 1619. Dans leur voisinage, les Pères de la Mercy établirent, en 1690, leur commanderie, après avoir occupé quelque temps le monastère des Béguines de Roubaud où s'était sanctifiée l'admirable Douceline ; mais au XVIII° siècle, ils vinrent occuper l'ancien local des Franciscaines Récollettes. Enfin plus au nord, sur les hauteurs de la vieille ville, se voyait le clocher des Grands Carmes, arrivés dans notre cité dès l'année 1228 et dont l'église, construite en 1603, sert encore de paroisse à ce quartier sous le nom de N.-D. du Mont-Carmel.

Après eux, nommons seulement les Récollettes établies à Marseille en 1610, dans la rue qui porte leur nom ; les religieuses de Saint-Dominique ; les Servites appelés à Marseille, en 1555, par le comte de Tende, gouverneur de Provence, et qui placèrent leur maison sous le patronage de Notre-Dame de Lorette ; les Prêtres du Saint-Sacrement fondés, en 1632, par le pieux Mgr d'Authier de Sisgau, moine de Saint-Victor, qui mirent leur congrégation des artisans sous le titre de *Saint Hommebon*, au sommet du Cours (aujourd'hui, hélas ! l'Alcazar) ; les Carmes déchaux dont l'église, située entre les rues Paradis, Saint-Ferréol et de la Darse, dans le district de Saint-Victor, fut bénite par Marc-Antoine Martin, prieur de la noble abbaye ; enfin les Cisterciens Feuillants, dont le monastère, construit vers 1618, s'ouvrait sur la rue qui leur a emprunté sa dénomination.

§ 4.

Nous ne pouvons, on le comprendra, parler en détail de toutes les confréries et chapelles de pénitents qui, vers 1789, se pressaient autour des paroisses et des monastères, surtout dans la vieille ville ; nous nous contenterons de les énumérer à nos lecteurs, en indiquant, si l'on nous permet cette expression, leur spécialité. Les plus anciens, qui datent du XIVe siècle, étaient ceux de sainte Catherine ; après eux les Pénitents blancs de la paroisse de Saint-Martin, établis d'abord au Rouet, en 1506 ; les Pénitents blancs de la Trinité vieille, qui se réunirent, en 1514, auprès des Grands Trinitaires et qui se livraient au rachat des captifs, surtout des Marseillais : ils se recrutaient particulièrement dans le corps des officiers et dans celui des galères ; les Pénitents noirs sous le vocable de la Décollation de saint Jean-Baptiste, qui remontent à l'année 1521 ; les Pénitents gris de Saint-Antoine, qui prirent naissance en 1550 auprès de la Commanderie de ce nom ; les Pénitents de la Trinité nouvelle qui se réunirent, en 1677, sous le titre de Notre-Dame de la Miséricorde, sur un terrain donné par les Trinitaires ; les Pénitents de Sainte-Croix dont la cagoule était rougeâtre et qui furent institués en 1607 par un Minime, le P. Binans ; les Pénitents du Bon-Jésus, appelés *Bourras* par le peuple, à cause de leur sac qui est de la bure la plus grossière : ils se chargeaient, et le font encore aujourd'hui, de consoler les criminels condamnés au dernier supplice et de les ensevelir après leur exécution ; ce furent les Antonins qui leur construisirent une chapelle en 1597. Comme eux, les Carmelins ensevelissaient les pauvres morts à l'hospice de la Charité ; les marguilliers de la confrérie du Scapulaire, chez les Grands Carmes, les établirent en 1621. Les deux dernières confréries étaient les Pénitents de Saint-Maur, qui sont de l'année 1662 et qui ensevelissaient les défunts de la ville et, enfin, les Pénitents de Saint-Henri, fondés par Mgr Henri de Belsunce, en 1720, pour donner la sépulture aux morts de l'Hôtel-Dieu.

Ces pieuses confréries comprenaient la majorité des bons ouvriers de Marseille, qui s'y groupaient volontiers par corps de métier. Ils se rattachaient presque tous, comme nous l'avons vu, à quelque grand ordre religieux, dont ils portaient souvent les couleurs et dont ils étaient comme les tertiaires. Parmi ces ouvriers si chrétiens on trouvait parfois, même dans les plus humbles *Gazettes* de Pénitents, des personnes de haute naissance ou jouissant d'une grande fortune, à côté de simples travailleurs ou de rustiques cultivateurs.

Disons aussi quelques mots des Tiers-Ordres d'hommes et de femmes. Chaque ordre religieux possédait le sien, sauf quelques rares exceptions. Ils avaient toujours pour directeurs, comme de notre temps, un des Pères du monastère ou du couvent auquel ils se rattachaient.

Après les Tiers-Ordres, il faut au moins mentionner les nombreuses Confréries pour toutes les classes de la société : messieurs et dames de la noblesse, du haut commerce, hommes et femmes du peuple, jeunes gens et jeunes filles, grands ou petits artisans, écoliers ou apprentis, etc., etc. Chacune des paroisses, chacun des ordres religieux énumérés plus haut, avait ses congrégations particulières et il était vraiment difficile, dans la ville de Marseille, jusqu'à la fin de l'Ancien Régime, d'échapper à la contagion du bon exemple des confrères, et à la sollicitude de tant de pieux directeurs. Nous ne parlerons d'aucune en détail ; mais nous devons faire deux exceptions. C'est d'abord pour la confrérie de N.-D. de Bon-Secours, érigée, en 1632, dans l'église des Accoules et qui se chargeait de l'éducation et de l'entretien des enfants pauvres de cette paroisse. Par-dessus tout, nous ne pouvons omettre la vénérable confrérie de N.-D. de Confession dans les cryptes de Saint-Victor, qui est, sans conteste, la plus ancienne du diocèse et qui avait pour but, après le culte rendu à la Mère de Dieu, le soulagement des pauvres honteux, surtout pendant les rigueurs de l'hiver. Douze prieurs-directeurs avaient la charge de ces aumônes, en même temps que l'entretien du sanctuaire de l'antique madone appelée par les anciens Marseillais la Vierge noire. On cherche, de nos jours, à la rétablir dans tous ses services.

Enfin, disons un mot des cinq principales chapelles de la vieille ville : à la Grand'Rue, celle de Saint-Victor, au lieu même où la tradition veut qu'il subit le martyre ; près de la Major, ce qui restait de celle de Sainte-Magdeleine et que l'on avait élevée à la place des Treize Coins, en mémoire de la première prédication de saint Lazare et de sa bienheureuse sœur ; celle de Sainte-Barbe, dans la rue de ce nom, fondée en 1611 par la confrérie des Canonniers, Fondeurs et Salpêtriers ; celle de Sainte-Françoise Romaine, siège d'une pieuse congrégation ; et celle de Saint-Roch, à la rue Sainte.

§ 5.

La charité chrétienne, toujours si généreuse et si puissante à Marseille, savait y secourir toutes les infortunes, même les plus cachées, avec un zèle admirable et une délicatesse bien touchante (1). Nous donnerons, comme il convient, la première place au grand hôpital du Saint-Esprit, l'Hôtel-Dieu de Marseille. En 1789, il avait réuni dans ses dépendances les anciens hôpitaux de Saint-Jacques de Galice, de Saint-Michel, de l'Annonciade, des Convalescents et de Saint-Lazare pour les lépreux. Sa fondation remonte à 1188.

Nous citerons ensuite l'hôpital général de la Charité pour les pauvres de l'un et de l'autre sexe : il s'ouvrit en 1640 ; l'hôpital général de la Miséricorde qui, depuis 1578, répandait de grandes aumônes, soulageait les pauvres honteux, soignait les malades et jusqu'aux petits enfants à la mamelle ; l'hôpital général des Enfants abandonnés, institué en 1672 pour les apprentis, qui y trouvaient un refuge la nuit, avec le souper, et surtout l'instruction religieuse ; l'hôpital des Incurables, établi en 1699 au faubourg Saint-Lazare et dont le nom indique l'objet.

Mais en dehors de ces cinq principaux hospices, et de ceux de Saint-Eutrope (1550) pour les paralytiques et de Saint-Lazare (1692) pour les insensés, que d'autres maisons charitables pour toutes les misères morales et corporelles de la pauvre humanité ! l'œuvre de la Providence (1678) pour la préservation des jeunes filles ; celles des Repenties (1630) pour les pécheresses qui veulent revenir à résipiscence ; le Refuge (1640), maison de force pour les femmes de mauvaise vie, qui sont un danger pour la morale publique et que l'on gardait à l'*Entrepôt* jusqu'à leurs couches. Ajoutons à ces œuvres, régies par les citoyens les plus honorables et les dames du meilleur monde, le Mont-de-Piété (1695), la maison des Orphelines de la classe aisée ; le Bureau charitable pour la défense judiciaire des pauvres,

---

(1) Nous faisons cette énumération sommaire pour compléter notre *Tableau religieux*. — Tout ce qui touche à la justice et aux hôpitaux forme l'objet, dans cet ouvrage, de plusieurs chapitres distincts. Il en est de même pour l'enseignement, dont notre § 6 résume seulement les traits principaux.

présidé par l'Evêque, celui de la Rédemption dirigé par les Trinitaires, et celui de la Propagation de la Foi, établi, en 1751, par Mgr de Belsunce.

§ 6.

Si la charité était grande à Marseille, le zèle pour l'instruction des ignorants, pour l'éducation de la jeunesse et pour la formation des élus du sanctuaire ne laissait, non plus, rien à désirer.

Parlons d'abord de l'éducation des enfants du peuple. L'Eglise, on le sait, a, de tout temps, veillé avec un grand soin à l'instruction de ses moindres enfants. Les pontifes successeurs de saint Lazare n'y avaient jamais manqué, et dans leur chapitre cathédral, comme dans l'abbaye de Saint Victor, il y avait toujours eu un chanoine et un moine revêtus de la charge de *capiscol (caput scholæ)* et dont la fonction consistait à enseigner les lettres et le chant liturgique, mais aussi à surveiller les petites écoles qui existaient, presque toujours, auprès de chaque paroisse et de chaque monastère. Au XVIII° siècle, Mgr de Belsunce, si zélé pour le bien de son peuple, établit, en 1712, le noviciat des Frères de la Doctrine chrétienne, qui depuis 1706 avaient quatre écoles populaires à Marseille, et favorisa de tout son pouvoir la fondation d'un pensionnat (1728) dirigé par ces religieux pour des enfants de la classe aisée (1).

Pour la noblesse et pour la haute bourgeoisie, il y avait dans notre cité le collège des Pères de l'Oratoire qui reçurent du chapitre de la cathédrale, dès 1620, l'église et l'hôpital de Sainte-Marthe, afin d'y établir des classes en faveur de la jeunesse marseillaise. On sait que plusieurs de ces excellents maîtres en pédagogie ayant glissé dans les erreurs du jansénisme, Mgr de Belsunce, très vigilant gardien de la foi de ses ouailles, fonda, en 1727, dans le but de combattre leur

(1) Voir la *Vie de Mgr de Belsunce*, t. II, pp. 129, 130.

malheureuse influence, un collège pour les Jésuites près de l'ancienne église de Saint-Jaume ; ce collège jouit d'une grande réputation de science et de piété jusqu'à la suppression en France de cet ordre célèbre.

L'illustre prélat, voulant aussi fortifier dans son diocèse les études théologiques, y fonda encore les *Conférences ecclésiastiques* peu de temps après la disparition de l'horrible peste de 1720 (1). Mais près d'un siècle auparavant, en 1643, la duchesse d'Aiguillon, la pieuse nièce du cardinal de Richelieu, avait envoyé à Marseille les fils de Saint-Vincent de Paul, qui dirigèrent le séminaire de notre cité jusqu'à la Révolution. En 1747, les prêtres du Sacré-Cœur en établirent un second dans la Bourgade. Il y avait aussi chez les Dominicains l'école de Saint-Thomas pour la philosophie et la théologie. La maison des Jésuites de Saint-Régis fut fondée en 1724, au Camp-Major, par les missionnaires qui se rendaient en Orient et qui y trouvaient des cours des diverses langues parlées dans les échelles du Levant. L'Observatoire royal de la marine était annexé à la maison des Jésuites de Sainte-Croix (2), et le savant P. Laval en fut le premier directeur ; ces religieux dirigeaient aussi l'école d'hydrographie. Il y avait enfin un bel observatoire chez les Minimes, qui se livraient avec succès à l'étude des sciences exactes.

§ 7.

Il nous reste, après avoir exposé le tableau religieux de Marseille en 1789, à montrer l'état de la religion et des mœurs publiques dans la grande cité commerçante du Midi. La noblesse et le haut commerce avaient participé, on doit le reconnaître, à cet esprit de philosophisme et même d'impiété qui égarait alors tant d'esprits en France ; mais c'était en une proportion bien moindre que dans les pro-

---

(1) *Vie de Mgr de Belsunce*, t. I, pp. 379-381. — T. II, p. 177.
(2) Grosson, *Almanach* de 1770.

vinces du Centre et du Nord, et l'on peut croire que la grande distance qui séparait alors la Provence de la capitale, et l'usage presque exclusif de la langue provençale dans la population les avaient préservés, jusqu'à un certain point, de l'esprit d'irréligion et d'indépendance qui égarait, à Paris, tant de têtes et les rendait déjà très accessibles aux idées révolutionnaires. Dans la classe moyenne composée de bourgeois, de modestes rentiers, de petits commerçants ou industriels, ces idées si dangereuses avaient fait peu de progrès, et dans le peuple encore moins. Les paysans, soit fermiers, soit métayers, les pêcheurs et les marins avaient presque tous conservé intégralement la foi de leurs pères et la simplicité des vieux âges.

La licence des mœurs avait pourtant exercé, dans d'autres milieux, d'assez profonds ravages.

De tout temps les Marseillais se sont laissé plus ou moins entraîner par l'attrait du plaisir; les réunions mondaines, les bals et les spectacles ont constamment joui auprès d'eux d'une grande faveur. Toutefois les pernicieux effets de ces divertissements ne s'étaient jamais fait sentir aussi vivement que dans le courant du siècle dernier. Ils se traduisirent alors, dans les classes élevées et particulièrement dans la riche bourgeoisie, par de tels désordres, que Mgr de Belsunce, dès son arrivée à Marseille, eut comme un pressentiment des calamités dont la colère divine devait quelques années plus tard accabler notre ville. La lettre pastorale qu'il publia, après sa prise de possession, nous fait connaître, avec son affliction, les premières exhortations qu'il adressa à ses diocésains pour les détourner de la fréquentation des théâtres. Combien de fois, au cours de son long épiscopat, ne réitéra-t-il pas ses avertissements et ses instances afin de les ramener à une vie plus honnête et plus chrétienne, à la pratique rigoureuse de la loi divine!

Peut-être ses efforts et ceux de son successeur auraient-ils atteint leur but si la détestable hérésie du jansénisme n'avait pas fait de si grands progrès dans notre ville, non seulement dans les classes élevées et opulentes, mais encore dans le sanctuaire. Comment leurs conseils pouvaient-ils être écoutés, lorsque de perfides sectaires, quelques-uns prêtres et religieux, enseignaient aux fidèles à mépriser la voix de leur pasteur et même celle du Pasteur suprême, le Vicaire de Jésus-Christ? Ceux de ces partisans de Jansénius qui n'allaient pas jusqu'à l'hérésie formelle, ne craignaient pas de s'autoriser des principes du gallicanisme, pour refuser leur obéissance aux décisions du Père commun des fidèles, quand elles n'étaient pas acceptées par le pouvoir royal ; tandis que les membres des Parlements, engagés en grand nombre dans le parti janséniste, refusaient même d'obéir aux arrêts du Conseil royal, lorsqu'ils étaient contraires à leurs opinions erronées : ils s'habituaient ainsi, à la fois, à la révolte contre l'Eglise et à la résistance au monarque, en attendant que les pires révolutionnaires, leurs disciples, les missent en accusation pour les livrer peu après au bourreau.

Si tristes que soient ces constatations, gardons-nous d'en tirer des conclusions qui, pour être trop générales, seraient dénuées de toute justice. Quelque déplorables que fussent les scandales dont la religion et la morale eurent alors à gémir, n'oublions pas qu'ils ne furent que des excès isolés : malgré toutes ces misères, la population marseillaise était, au moins en grande majorité, demeurée fidèle à sa foi religieuse. On le vit bien, lorsque la tourmente révolutionnaire vint s'abattre sur la Provence et sur notre cité.

L'énergie avec laquelle la plupart de nos prêtres repoussèrent le serment schismatique, le dévoûment de Dom Joseph et de ses intrépides auxiliaires, l'héroïsme des Nuirate, des Taxy, des Mathieu Olive, des Donnadieu et de tant d'autres Marseillais morts pour la cause du Christ, attestèrent hautement tout ce qu'il y avait encore de piété et de force chrétienne dans l'âme des vrais fils de saint Lazare.

Dom Th. B.

CHAPITRE II

Le Clergé.
Les Supérieurs des Communautés.
Les Directeurs d'Associations.
(En 1789)

Après avoir, dans le rapide aperçu qui précède, essayé de mettre en lumière la part d'influence que l'Eglise avait conservée dans notre vie sociale, nos institutions et nos mœurs jusqu'aux approches de la Révolution, nous pensons être agréable au lecteur en donnant ici un état détaillé de tous les dignitaires du Clergé et des autres ecclésiastiques, curés, bénéficiers, vicaires ou desservants, des supérieurs des communautés religieuses, des marguilliers, des prieurs des pénitents et des directeurs de quelques œuvres de zèle, qui étaient en place en 1789.

Ces simples nomenclatures seront empruntées à l'*Almanach historique* de Grosson (1).

I. — Evêché

Monseigneur JEAN-BAPTISTE DE BELLOY, évêque de Marseille, abbé de Cormeilles, sacré évêque de Glandevès le 30 janvier 1752, transféré à Marseille le 22 juin 1755.

Vicaires généraux (suivant leur rang d'ancienneté).— MM. Charles-Augustin-André de MAZENOD, licencié en théologie, sacristain de la Métropole d'Aix et archidiacre honoraire de l'Eglise de

---

(1) *Almanach historique de Marseille..... pour l'année de grâce 1789*, Marseille, Jean Mossy, in-12 de 368 pages. Les listes que nous reproduisons y occupent les pages 57-98 et 131-135.

Marseille ; — Lazare-Victor de Jarente la Bruyère, docteur en théologie, abbé commendataire de l'abbaye royale d'Ainay, ancien trésorier de Saint-Victor ; — Louis de Georges d'Olières de Lussy, licencié en théologie de la Faculté de Paris, chanoine de l'Eglise de Marseille, official du diocèse, (demeurant à Paris) ; — Louis-Auguste de Thomassin de Peynier, docteur en théologie, abbé commendataire d'Aiguebelle, chanoine-comte de Saint-Victor ; — Charles de Sade, abbé commendataire de l'abbaye d'Issoudun, licencié en l'un et l'autre droit, prévôt, comte de Saint-Victor ; — François de Montolon, prêtre du diocèse de Paris, licencié en l'un et l'autre droit, doyen et prieur de Gasicourt, (demeurant à Paris) ; — Joseph Balthazar de Robineau de Beaulieu, licencié en théologie de la Faculté de Paris, chanoine de l'Eglise de Marseille ; — Jacques-Augustin Martin, prévôt de l'Eglise de Marseille ; — Jean-François de Demandolx, théologal de l'Eglise de Marseille ; — Thomas-Malo Dudemaine-Girard, docteur de la maison et société de Sorbonne, professeur royal de théologie en Sorbonne, (demeurant à Paris).

Secrétaires de l'Evêché. — Michel Audigier, bénéficier de la Cathédrale ; — François-Sylvestre Arnaud.

II. — Paroisses de la Ville

1° La Cathédrale

Dignités et Chanoines. — MM. Jacques-Augustin Martin, *prévôt ;* — Charles-Auguste-André de Mazenod, chanoine sacristain de la Métropole d'Aix, archidiacre honoraire de l'Eglise de Marseille ; — M..., *archidiacre ;* — Jacques-Thomas Rambaud, *sacristain ;* — Jacques Sarrebourse de Pontleroi, *sacristain honoraire ;* — Charles-Marc Martin, *capiscol ;* — André Martin ; — Louis-François de Georges d'Olières de Lusiny, (à Paris) ; — Joseph-Balthazar de Robineau de Beaulieu ; — Hyacinthe-Marie Remuzat ; — Pierre Micaly, *honoraire ;* — Jean-François de Demandolx, *théologal ;* — Marc-Antoine Deidier ; — François-Xavier Martin ; — Jean-Baptiste Pinatel ; — Jean-Joseph-Michel de Montmurat, (à Paris).

Bénéficiers. — MM. Augustin Rebuty ; — Antoine Peiron, *honoraire ;* — Jean-André Girard ; — Jacques Doxat ; — André-Pierre

Martin; — Jacques-Philippe Jaubert; — Jean-Antoine Chevalier; — Pierre-André Peiron; — Michel Audigier; — Augustin Berluc; — Honoré Boisson. — *Curés* : Jacques Sarmet; — Gaspard Aillaud. — *Bénéficier-diacre :* Henri Martin.

Prêtres habitués, *dits numérotes.* — MM. Jean-Joseph Lambert; — Pierre Favet; — Joseph-Bernard Bernard; — François Faure; — Joseph Simon, *agonisant ;* — Vincent Simon; — Jean-François Rimbaud; — François Mallet; — Jean-Pierre Latil; Jean-Jacques-Joseph Gide.

Ecclésiastiques desservants. — MM. Gabriel-Joseph Mottet, *sous-sacristain ;* — Vincent-Etienne Reynaud, *maître de cérémonies.*

Sous-diacres. — MM. Aubert; — Reynier.

Vicaires. — MM. Jean-André Féraud; — Gastinel.

Pour le clocher. — MM. Naguan; — Daumas.

Maître de chapelle. — MM. Vincent Mille; — Pierre Ville, *sous-maître.*

Organiste. — M. l'abbé Audiffren.

Marguilliers de la Cathédrale. — MM. Jean-Baptiste Dudemaine; — Muraire; — Rostan; — Joseph Bronde.

2° *Saint-Martin*

Prévôt. — M. François Olivier.

Chanoines. — MM. Antoine Nicolas; — Joseph Long; — Jean Laplane; — Henri Davin, *administrateur ;* — François Julien; — François Martin, *sacristain.*

Chanoines-Curés. — MM. Joseph-Antoine Olivier; — Pierre-Melchior Canton.

Vicaires. — MM. François Plumier; — Butot; — Lebat; — François-Lazare Jaubert.

Prêtres pour accompagner le Saint-Viatique. — MM. Jean Collomp, *vicaire, desservant les Allées de Meilhan ;* — Louis Aubert; — Gautier; — J.-Et. Isnardon.

Diacres. — MM. Durandy; — J.-B. Achard.

Sous-Diacres. — MM. Pierre-Bernard Baille; — Elige Levezy.

Prêtres honoraires du Saint-Sacrement. — MM. Blaise Imbert; — Jean-Jacques Amphoux; — Arnaud.

Prêtre de l'Adoration. — M. Jean-Jacques Amphoux.

Prêtre pour la Petite Miséricorde. — M. Cravi.

Marguilliers de la Paroisse. — MM. de Bompard, chevalier de Saint-Louis ; — Pierre Bagarry ; — Du Puget ; — Simon Laflèche, échevin.

3° *Notre-Dame des Accoules*

Doyen. — M. Jean-Gaspard Fauchier.

Chanoines. — MM. Jean Chabrand ; — Dominique Garcin ; — Simon Allionan ; — Pierre Aubert ; — Barthélemy-François Bertrand ; — Charles-Antoine Aubin, *sacristain* ; — Jean-Rosalie Latour ; — Louis Caffarel, *administrateur*.

Chanoine-Curé. — M. Antoine-Benoit Nicolas.

Vicaires. — MM. Jean-Baptiste Cayras ; — Henri-Michel Gayon ; Joseph Moulard.

Aubier. — M. Bonaventure Fau, prêtre.

Chantres. — MM. Pierre Faubet, prêtre ; — Esprit Teyssère.

Sous-Diacres. — MM. Joseph Tolozan ; — Joseph Turrier.

Prêtres pour accompagner le Saint-Viatique. — MM. Bonaventure Fau ; — Pierre Faubet.

Prêtre de l'Adoration du Saint-Sacrement. — M. Esprit Teyssère.

Prêtre de la Petite Miséricorde. — M. Joseph Borie.

Catéchiste. — M. Esprit Teyssère.

Marguilliers de la Paroisse. — MM. Rostan ; — Grenier ; — Simon Devoulx ; — Pierre Bonnardel.

Organiste. — M. Boisson.

4° *Saint-Laurent*

Prieur-Curé. — M. Raymond Levesy.

Vicaires. — MM. Antoine-Bonaventure Pellet ; — Jean-Baptiste Castinel ; — Joseph Delonb.

Prêtres habitués. — MM. Jean-Baptiste Gassin ; — Jean-Baptiste Berthe ; — Jean-Joseph Meifredy ; — Etienne Textoris ; — Joseph Pastoret ; — Jérôme-Emmanuel Margotti.

Prêtre sacristain. — M. Jean-François Rochas.

Marguilliers de la Paroisse. — MM. Corail ; — Fiastre ; — Antoine Patot ; — François Jauvas.

5° *Saint-Ferréol*

Curé.— M. Mathieu Olive.

Vicaires. — MM. Noël-Joseph Arnoux; — Gaspard Caudière; Jean-Antoine Touache; — Louis-Marseille Auberti; — Bérard.

Vicaire externe. — M. Joseph-Bonaventure Martin.

Prêtres desservants.— MM. Maximin Brémond, *sacristain;* Louis Baudin, *premier prêtre des agonisants;* — Fr. Murris, *prêtre de l'Adoration.*

Marguilliers de la Paroisse. — MM. de Sinéty, chevalier de Saint-Louis; — Alexis Pascal; — Louis Lejeans; — Philibert Lenoir.

Syndics. — MM. Jean-François Rostan; — Agarba.

III. — La très-insigne, noble, abbatiale, collégiale Église de Saint-Victor-lès-Marseille

Abbé. — (Vacant depuis le décès du prince Louis-François-Camille de Lorraine, grand doyen de Strasbourg.)

Chanoines-Comtes et Dignités. — MM. Charles de Sade, abbé commendataire de l'abbaye royale d'Issoudun, *prévôt;* — Barthélemy-Joseph de Villeneuve-Bargemont, docteur de Sorbonne, *chantre;* — Lazare-Victor de Jarente la Bruyère, docteur en théologie, abbé d'Ainay, ancien trésorier, honoraire; — Antoine-Gaspard d'Arbaud de Chateau-Vieux, trésorier; — Louis-Joseph de Laugier de Beaucouse, docteur en théologie; — Balthazar de Sabran; — Jacques-Louis-Auguste de Thomassin de Peynier, abbé d'Aiguebelle; — Fr.-Jos. de Damian, prévôt de Pignans; — Joseph de Glandevès, abbé de Sauve; — Jean-Antoine d'Hostager, licencié de Sorbonne; — Charles-François-Romée de Villeneuve-Tourrette, abbé de Saint-Laurent-des-Aubas, prieur de Saint-Denis-de-Pille, vicaire général du diocèse de Nevers; — Alphonse-Constance de Pontevès, aumônier du Roi, doyen et grand vicaire de Mgr l'Évêque de Blois, honoraire (à la cour); — Jean-Paul de Villeneuve Saint-Auban; — Emmanuel-François-Paul-Gabriel-Hilaire de Bausset-Roquefort, vicaire général de Dijon; — Augustin de Fabre de Mazan; — Paul-Ambroise de Barras de Vallecriche; — Melchior de Forbin la-Barben, vicaire général d'Aix ; — Guillaume-Charles de Raousset-Seillons ; — André-Elzéar-Alexandre de Clapiers ; — de Clapiers Saint-Jean (à Paris).

Chanoines-Comtes honoraires. — Mgr Louis-Jérôme de Suffren de Saint-Tropez, évêque de Sisteron, ancien prévôt de l'abbaye ; — Mgr Emmanuel-François de Bausset-Roquefort, évêque de Fréjus ; — Mgr Jean-Baptiste de Belloy, évêque de Marseille.

Places nobles amovibles. — MM. de Thomas de Gignac ; — de Pontevès-Gien ; — de Suffren ; — Bernardy de Sigoyer ; — de Barras-Melan ; — de Villeneuve d'Esclapon.

Prêtres et ecclésiastiques habitués. — MM. Jacques Pèbre ; — Antoine Andravy ; — Philippe Megy ; — Jean Aude ; — Jean-Élie Boule ; — Hyacinthe Bernard ; — François Gras ; — J.-E. Richaud ; — Pierre Cotta ; — Joseph Pascal ; — Antoine Decroiset ; — Joseph-Véran Piquet ; — Serre, *sacristain* ; — Fr. Cadière ; — Alexandre Emeric ; — Joseph-Marie Forcade ; — Hippolyte Beaume ; — Jean-Joseph Daumas.

Pour le clocher. — M. Olivier.

Maître de chapelle. — M. Joseph-Véran Piquet.

Organiste. — M. Genoyer.

Marguilliers. — MM. Etienne Catalan ; — Reynaud ; — Victor Geffrier ; — Victor Chaulan.

IV. — Eglises et Chapelles

1° *Eglise prieurale de Notre-Dame du Mont*

Prieur. — M. Alphonse-Constance de Pontevès.
Prêtres desservants. — MM. Sardou ; — Barthélemi.

2° *Eglise de Notre-Dame de la Garde*

Aumônier. — M. Boissière.

Prieurs anciens. — MM. François Jacquet ; — Joseph Moulet ; Jean-Laurent Sibilly ; — Christophe Moniardin.

Prieurs en exercice. — MM. Jean Bouès ; — Etienne Vaille ; Jean Bonnefoi ; — Louis Valentin.

Secrétaire. — M. Toussaint-Balthazar-Marseille Peisson.

3° *Chapelle Saint-Victor*

Aumônier. — M. François Gras, prêtre habitué de Saint-Victor.

4° *Chapelle Sainte-Barbe*

Aumônier. — M. Gambini.

V. — Séminaires

1° *Grand Séminaire*
(Sous la direction des Prêtres de la Mission)

Supérieur. — M. Jean-Baptiste Moissonnier.
Professeur de théologie. — M. Figon.

2° *Séminaire du Sacré-Cœur ou Petit Séminaire*
(Sous la direction des Prêtres du Sacré-Cœur)

Supérieur. — M. Toussaint Rogiers.
Professeurs de théologie. — MM. Noël Eymin; — Tavernier.
Professeur de philosophie. — M. Ricaud.

VI. — Congrégations séculières

1° *Congrégation des Prêtres du Saint-Sacrement*

Supérieur. — M. Jacques de Suffise de la Croix.
Econome. — M. Amic.

2° *Congrégation de l'Oratoire*

Supérieur. — M. de Tende.

VII. — Ordres religieux d'Hommes
Suivant le rang d'ancienneté de leurs établissements.

1° *Ordre de Saint-Jean de Malte*

Commandeur de Marseille. — Le bailli de Rességuier.
Sacristain. — L'abbé de Rayberty, prêtre, chapelain conventuel et commandeur de Bayonne.

Procureur général et Receveur de l'Ordre. — Le bailli de Foresta, commandeur de la Favillane.
Secrétaire de l'Ordre et de la Recette. — M. Maurin.

2° *Chanoines réguliers de la Sainte-Trinité*

Provincial. — M⁰ Félix Moutte.
Ministre. — M⁰ Perrin.
Procureur. — M⁰ Joseph d'Escrivan.

3° *Dominicains*

Prieur. — R. Père Martelly.
Sous-Prieur. — R. Père Maunier.
Econome. — R. Père Dominique Gazan.

4° *Grands-Augustins*

Prieur. — R. Père Jaubert, cadet, docteur en Sorbonne.
Sous-Prieur. — R. Père Jaubert, aîné.
Procureur. — R. Père Tarlet.

5° *Grands-Carmes*

Provincial. — R. Père Monet.
Prieur. — R. Père Michel Peyronnet.
Sous-Prieur. — R. Père Richaud.

6° *Grands-Cordeliers*

Provincial. — R. Père Joseph Faivre, docteur en théologie.
Assistant au Provincial. — R. Père Clément Arnaud, docteur en théologie.
Gardien. — R. Père Bonaventure Topin, bachelier.
Syndic. — R. Père Blaise Lager, bachelier.

7° *Capucins*

Provincial. — R. Père Jean-Joseph, de la Garde.
Gardien. — R. Père Agathange, des Martigues.

Vicaire et Maître des Novices. — R. Père Antoine, de Toulon.
Professeur. — R. Père Maximin, d'Aups.
Agent. — R. Père Justinien, de Grasse.

8° Minimes

Provincial. — R. Père Constans.
Correcteur. — R. Père Jauvas.
Procureur. — R. Père Laurent Sarraire.

9° Augustins-Réformés

Prieur. — R. Père Antoine Baude.
Econome. — R. Père Rougier.
Sacristain. — R. Père Jeune.

10° Récollets

Provincial. — R. Père Justin Valeton.
Gardien. — R. Père Martin Martin.
Vicaire. — R. Père Juste Tronc.
Commissaire de la Terre-Sainte. — R. Père Genest Henry.

11° Carmes Déchaussés

Provincial. — R. Père Bertin.
Prieur. — R. Père Joachim.
Définiteur. — R. Père Didier.

12° Feuillants

Prieur. — Dom Bruzetin.
Econome. — Dom Michel.

13° Chartreux

Prieur. — Dom Lenfant.
Vicaire. — Dom Fournier.
Procureur. — Dom Richelme.

Courrier. — Dom Gautier.
Coadjuteur. — Dom Alouet.

14° Picpus

Gardien. — R. Père Laurent Bellenet.
Vicaire. — R. Père Barnabé Charvas.
Procureur. — R. Père Joseph Eustache.

15° Les Frères des Ecoles chrétiennes

Supérieur de la maison de la Roquette. — Le Frère Gontran.
Supérieur de la pension. — Le Frère Macaire.

VIII. — Communautés de femmes

Suivant leur rang d'ancienneté.

1° Abbaye royale de Saint-Sauveur

Abbesse. — Mme Anne-Gabrielle-Françoise de Suarez d'Aulan.
Aumônier. — M. l'abbé Eustache.

2° Abbaye royale de Notre-Dame du Mont-de-Sion

Abbesse. — Mme de Sinéty.
Prieure. — Mme de Beaupré.
Directeur. — M. l'abbé Joseph Borie.

3° Monastère de Sainte-Claire

Abbesse. — Mme Morel.
Vicaire. — Mme Jullien.
Directeur. — Le R. Père Norbert Cayras, récollet.

4° Carmélites

Prieure. — Mme de Piolenc.
Sous-Prieure. — Mme Martin.

Econome. — M⁰⁰ de Sufret.
Directeur. — M. l'abbé Arnoux.

5° *Premier Monastère de la Visitation.*

Supérieure. — M⁰⁰ Duluc.
Assistante. — M⁰⁰ Piquet.
Econome. — M⁰⁰ de Rosoy.
Directeur. — M. l'abbé Roux.

6° *Capucines*

Abbesse. — La Mère Marie de Saint-Joseph, de Romans.
Vicaire. — La Mère Marie de l'Enfant Jésus, de Saint-Tropez.
Portière. — La Mère Marie-Angélique, de Marseille.
Confesseur. — Le R. Père Théodose, du Roves.

7° *Les Dominicaines*

Prieure. — Sœur Pinatel.
Sous-Prieure. — Sœur Jouve.
Aumônier. — Le R. Père Edouard Pacquier, récollet.

8° *Bernardines*

Supérieure. — M⁰⁰ Raud.
Assistante. — M⁰⁰ Roussier.
Maîtresse des novices. — M⁰⁰ Beaupré.
Directeur. — Le R. Père Genier, récollet.

9° *Religieuses de la Miséricorde*

Supérieure. — M⁰⁰ Comps.
Assistante. — M⁰⁰ de Boades.
Maîtresse des novices. — M⁰⁰ Salade.
Econome. — M⁰⁰ Bernard.
Directeur. — M. l'abbé Rogiers, supérieur du Petit-Séminaire.

10° *Présentines ou Ursulines*

Supérieure.— M™ Guichard.
Assistante.— M™ Trabuc.
Econome.— M™ de Saint-Régis Rouvière.
Directeur.— M. l'abbé Sibon.

11° *Second Monastère de la Visitation dit des Petites-Maries*

Supérieure.— M™ Deschamps.
Assistante.— M™ d'Agay.
Econome.— M™ Long.
Directeur.— M. l'abbé Voulonne.

12° *Religieuses de Sainte-Elisabeth ou les Lyonnaises*

Prieure.— M™ Segond.
Vicaire.— M™ Pellicot.
Econome.— M™ Gay.
Directeur.— Le R. Père Moreri, augustin réformé.

13° *Religieuses du Saint-Sacrement*

Supérieure.— M™ Blanc.
Assistante.— M™ Bastide.
Econome.— M™ Pons.
Portière.— M™ Vidal.
Directeur.— M. l'abbé Tavernier.
Aumônier.— M. l'abbé Féraud, vicaire de la Cathédrale.

14° *Sœurs des Ecoles charitables du Saint-Enfant Jésus*

Supérieure.— Sœur Saint-Charles Malachane.
Assistante.— Sœur Saint-Laurent.
Econome.— Sœur Saint-Bernard.
Directeur.— M. l'abbé Chassaigne.

IX. — Confréries de Pénitents (1)

1° Pénitents blancs de Saint-Lazare, du Saint-Esprit et de Sainte-Catherine réunis

Aumônier. — M. l'abbé Simon.

2° Pénitents bleus de Saint-Martin, sous le titre de Notre-Dame de Piété

Prieur. — M. Chaix.
Sous-Prieur. — M. Jouque.
Aumônier. — Le Chapitre de Saint-Martin.

3° Pénitents bleus des Grands-Carmes, sous le titre de Notre-Dame de Piété

Prieur. — M. Reynaud, chevalier de Saint-Louis.
Sous-Prieur. — M. Jourdan.
Aumônier. — M. l'abbé Jean-Jacques Amphoux-Parroye.

4° Pénitents blancs de la Trinité Vieille

Prieur. — M. Jean-François Paul, ainé.
Sous-Prieur. — M. J.-A. Colomb.
Aumônier. — M. l'abbé Gaspard Guieu.

5° Pénitents noirs de Saint-Jean-Baptiste

Prieur. — M. Antoine Pieuzin.
Sous-Prieur. — M. Jean-Baptiste Payan.
Aumônier. — M. l'abbé Gués.

---

(1) Les six confréries de pénitents qui suivent sont les seules don Grosson nous fasse connaitre les « officiers ».

6° *Pénitents gris de Saint-Antoine*

Prieur. — M™ COLLA de PRADINE, vicaire général de Senez.
Sous-Prieur. — M. COURDIÈRE.
Aumônier. — Le R. Père BRIGNOL, dominicain.

X. — AUTRES ASSOCIATIONS PIEUSES

1° *Congrégation de Sainte-Françoise*
(Dans la chapelle Sainte-Françoise)

Supérieure. — M™ Françoise BERNARD-DAUPHIN.
Assistante. — M™ Marie BLEYARD-GILLES.
Mère des Novices. — M™ Marguerite PEYRE.
Directeur. — M. l'abbé Joseph-Bonaventure MARTIN.

2° *La vénérable confrérie de Notre-Dame de Confession*
(Dans la crypte de Saint-Victor)

Prieurs. — MM. JOURDAN de SÉRANE, maître d'hôtel; — NOUVEL de FERRÉOL, sacristain; — Barthélemy PERAGALLO, trésorier; — DALLET; — André-Hilarion MILLOT; — BARTHÉLEMY; — Jacques d'HERCULÈS; — Gaspard-François AUDA; — Joseph-Laurent PHILIP, aîné; — Louis-Fabien GILLY; — Nicolas BELLEVILLE; — Pierre-Honoré DEVOULX, aîné; — François-Michel ANTELMY, cadet; — Jean-Baptiste DANIEL; — Jean-Baptiste DUDEMAINE; — Bernard ACHARD; Jean-François PAUL, aîné; — VERDILHON-CORÉARD; — Jean-Baptiste MORERI; — CRUDÈRE, fils.

3° *La vénérable confrérie de Notre-Dame de Bon-Secours*
(Dans l'église inférieure des Accoules)

Prieurs-Directeurs. — MM. Louis GILLY; — Jean-Louis SICARD; — Hilarion REY; — RAUT.
Fondateurs. — MM. André DALLET (admis en 1763); — Jean-Antoine MESTRE-D'AYGALADE, trésorier-général de France (1768); — Pierre RAYSAUD-POURRIÈRE (1771); — Jean-François CABLAT (1777); Fr. CAMPOU, écuyer (1773); — MICHEL de LÉON, trésorier-général de

France (1779); — Barthélemy de CORRÉARD, avocat du Roi (1780); — Jean-Fr. JULLIEN (1781); — Louis DAUMAS (1783); — Jean-Joseph VAGUE (1783); — Honoré SAVY (1784); — Mathieu LOMBARDON (1786); — Jean-Baptiste-Augustin-Marie BÉRENGIER (1786); — François-Marie ROUX (1786); — Charles-Honoré AUDIBERT (1786); — Lazare FERRARI, ancien échevin (1787).

Syndics. — MM. Nicolas-Antoine AILLAUD de CASENEUVE; Etienne REY (1788).

4° La Propagande
(Dans l'église du Petit-Séminaire)

Directeurs anciens. — Messire Simon ALLIGNAN, chanoine; — MM. Jean-Paul GOUIRAN; — CHRISTOPHE, avocat; — Joseph PRAT; François MAJASTRE; — Jean-Baptiste-Vincent LIONCY, *secrétaire*, Augustin VAILLE, *trésorier*.

Directeurs nouveaux. — Messire Jean-Rosalie LATOUR, chanoine; — MM. Joseph AUBERT; — Charles SIGNORET; — Jean-Honoré ROUX; — Gaspard COURBEAU, cadet; — Xavier BAS; — DEVILLE.

DOM TH. B.

CHAPITRE III

L'Assistance publique

Le bon renom que Marseille s'est acquis, à des points de vue si divers, ne paraît pas moins justifié sous le rapport de la charité que sous celui de la religion, quand on considère combien sont nombreuses les Œuvres de bienfaisance qui ont pris naissance dans notre ville.

Du XII⁰ siècle à la Révolution, nous ne compterions pas moins de vingt-neuf hôpitaux destinés à recevoir les malheureux, sans faire entrer dans ce nombre les Œuvres multiples qui, sous toutes les formes, s'ingéniaient à subvenir à leurs besoins. Il est, d'ailleurs, presque superflu d'ajouter que ces établissements, comme toutes les institutions charitables de ce temps-là, furent dus à une inspiration pieuse. C'est pour Dieu que tel riche bourgeois donne un abri à l'enfance, fonde un hôpital pour les malades, ou s'enrôle dans ces confréries qui visitent les pauvres ou portent leurs dépouilles en terre. La plupart des Œuvres de bienfaisance n'étaient même, dans leur principe, que des Œuvres de piété, dont les statuts obligeaient à la pratique des vertus chrétiennes, ou à certains devoirs de religion.

Aussi le pouvoir civil n'apparaît-il que pour les approuver, à leur fondation; il reste volontairement étranger à un grand nombre d'entre elles (1), en soutient quelques-

---

(1) A. Fabre, *Histoire des Hôpitaux et des Institutions de bienfaisance de Marseille*. 1854. T. I, p. 33. — Cette importante monographie, que nous mettrons largement à profit, a été écrite d'après les documents des Archives hospitalières et municipales.

unes de ses ressources, nomme leurs recteurs, ou se contente de se faire représenter dans leurs bureaux(1); ce n'est que rarement qu'il prend une part prépondérante dans leur direction, comme il le fit pour l'Hôtel-Dieu, qui, bien que d'origine privée, ne tarda pas à relever assez étroitement de l'autorité municipale.

Un caractère plus particulier de nos Œuvres de charité, qui se dessine assez nettement à nos yeux, c'est leur destination essentiellement locale. A Marseille, ville de tout temps cosmopolite, le passage de nombreux étrangers suscita des hôpitaux spéciaux pour les pèlerins au temps des Croisades, plus tard pour les pauvres passants. Les autres Œuvres, sauf l'Hôtel-Dieu et le Refuge, n'y sont pas seulement réservées aux Français : elles sont encore exclusivement fondées pour les Marseillais.

On désignait anciennement sous le nom commun d'Hôpital tout établissement en faveur des pauvres, quels qu'en fussent l'usage, le titre de fondation et la nature.

Nous nous occuperons d'abord des Hôpitaux destinés aux malades, ensuite des Hôpitaux où l'on recueillait les malheureux, enfin de diverses Œuvres de charité.

§ 1er. — *Hôpitaux destinés aux malades.*

On comptait au XVIIIe siècle huit hôpitaux destinés aux malades indigents : l'Hôtel-Dieu, — Saint-Eutrope, — l'Hôpital du Sauveur, — l'Hôpital de l'Arsenal des Galères, — l'Hôpital des Pauvres Paralytiques et Incurables, — l'Hôpital Saint-Lazare pour les Insensés, — et le Lazaret.

(1) A la fin du XVIIIe siècle, l'Evêque et les échevins étaient directeurs-nés de la plupart des hôpitaux. C'est à l'*Almanach historique* de Grosson pour 1789 que, sauf indication contraire, nous empruntons les listes des administrateurs qui dirigeaient, à cette époque, les diverses institutions d'assistance établies et encore existantes à Marseille. On trouvera ces listes à la suite de chaque notice.

I. — Hôtel-Dieu

L'hôpital le plus important, celui qui mérite la plus longue mention, est l'Hôtel-Dieu, auquel étaient déjà venus se réunir plusieurs des anciens hôpitaux de la ville, et qui aujourd'hui, après avoir résisté aux changements des choses et des hommes, forme encore un de nos grands établissements d'assistance publique.

Il fut fondé, en 1188, par les Hospitaliers du Saint-Esprit, que Maître Guy venait d'établir à Montpellier, et porta longtemps le nom d'*Hôpital général Saint-Esprit*. Les malades étaient peu nombreux et ses affaires furent assez prospères jusqu'au XVI° siècle; il avait fondé l'Hôpital Saint-Geniez aux Martigues, et une maison à Aubagne (XIV° siècle).

En 1593, le malheur des temps avait rendu si critique la situation des hôpitaux, qu'il fallut le réunir à l'*Hôpital Saint-Jacques de Galice*, qu'un riche marchand de la ville, Bernard Garnier, avait fondé en 1344, aux environs de Saint-Martin, pour les femmes malades. A partir de 1597, il prit le nom d'*Hôtel-Dieu* ; mais on continua à le désigner sous ses anciens titres d'*Hôpital général Saint-Esprit et Saint-Jacques de Galice*.

L'ancien local, situé rue de la Roquette, ne contenait que deux salles de malades et 80 lits. On dut lui faire subir alors quelques agrandissements, que l'on compléta en 1692 du côté de la rue de la Roquette, et en 1719 sur la rue des Cartiers. Ce ne fut qu'en 1753, après avoir longtemps débattu le projet d'abandonner ce vieux bâtiment, qu'on aborda sérieusement sa reconstruction, dont les plans, tracés par Mansard, ne furent exécutés que peu à peu, au fur et à mesure des dons reçus. C'est dans une des salles de l'Hôtel-Dieu que le Conseil de Ville tint longtemps ses séances au XIV° siècle, et que la Chambre des Grands Jours vint siéger en 1587.

Quoiqu'il fût à son origine une institution privée, l'hôpital Saint-Esprit ne tarda pas à dépendre de l'autorité municipale qui, dès le XIII° siècle, nommait, le 10 novembre, les recteurs. Ceux-ci étaient libres dans leur administration intérieure ; mais le Conseil de Ville put toujours intervenir à son gré dans les affaires extérieures et dans les circonstances importantes. Au XIV° siècle, il avait autorisé les recteurs à prendre, avec les personnes au profit desquelles les propriétés de l'hôpital étaient serviles, tels arrangements amiables qui paraîtraient les plus convenables pour s'affranchir mutuellement ; mais, à la suite d'abus, il leur interdit, en 1560, de passer aucun acte perpétuel sans la présence des Consuls de la Ville (1).

Le nombre des recteurs varia beaucoup. D'abord fixé à deux, il était de quatre en 1593, et, Saint-Jacques de Galice en ayant deux, il y en eut six pour l'Hôtel-Dieu, renouvelables par moitié chaque année, trois *vieux* et trois *nouveaux*, deux nobles et quatre roturiers. Ils étaient huit à la fin du XVII° siècle, puis successivement douze, seize et dix-huit en 1788, nommés pour trois ans, renouvelables par tiers chaque année. Ils étaient tour à tour semainiers et se réunissaient en bureau ; ils tenaient des procès-verbaux depuis le 25 mars 1597.

On trouve parmi eux les noms des familles les plus illustres de la noblesse, de la bourgeoisie et du commerce de Marseille. Cette charge, toujours gratuite (2), fut toujours considérée comme un honneur ; honneur qui bien souvent ne laissait pas que d'être très onéreux, car le recteur trésorier, vers la fin du XVII° siècle, et plus tard les recteurs nouveaux avec lui, devaient faire sur leurs propres fonds les avances à l'hôpital. La mauvaise situation financière de celui-ci rendait quelquefois ces avances considérables ; en

(1) Registre des délibérations du Conseil municipal, du 11 janvier 1558 au 28 octobre 1562, folio 61, verso.
(2) Saint-Jacques de Galice était le seul hôpital où le principe de la gratuité des fonctions de recteur n'ait pas été observé. Voir A. Fabre, *loc. cit.*, t. I, p. 127.

1685, Porry, recteur trésorier, était en avance de plus de 11,000 livres.

La charge de recteur n'engageait pas seulement la bourse : elle demandait quelquefois une abnégation plus complète, dans ces temps d'épidémies fréquentes et meurtrières. Bruno Garnier, recteur, sur le point de sortir de charge au moment où éclata la peste de 1720, demanda, alors que tous fuyaient autour de lui, à s'enfermer dans l'Hôtel-Dieu avec Charles Peyssonel, doyen des médecins, qui avait alors 80 ans. Dans l'espoir de préserver les malades de la contagion, on avait la coutume de fermer les portes aux pestiférés. Le fléau eut bientôt franchi ces faibles barrières et emporta, avec tant d'autres, ces deux nobles victimes du dévouement.

L'Hôtel-Dieu eut de tout temps un double but : le traitement des malades et le soin des enfants trouvés.

Malades. — On recevait les malades des deux sexes (1) sur un billet des recteurs, au moins de l'un d'eux (2), à l'exclusion des scorbutiques, des cancéreux, des malades atteints de la rage (3) qui n'habitaient pas Marseille et son terroir, des hydropiques, des vénériens, des femmes grosses de plus de cinq mois. On exigea, en 1671, qu'ils eussent au moins une chemise : jusque-là on les apportait nus, et il fallait les habiller à leur convalescence. Tout malade devait se confesser à son entrée; mais il était défendu au prêtre confesseur d'accepter des legs des malades (1656). Il y avait un prêtre sacristain et des aumôniers ou *agonisants*, dont le nombre varia de deux à cinq.

Tandis qu'au XVe et au XVIe siècles la population hospi-

---

(1) On a faussement prétendu que les femmes n'y étaient pas admises ; peut-être ne le furent-elles pas quand on eut créé Saint-Jacques de Galice spécialement pour elles : l'interdiction ne fut que temporaire. Voir A. Fabre, *loc. cit.*, t. I, p. 125.

(2) Archives hospitalières. — Registre des délibérations (années 1604-1670).

(3) *Ibid.* (1773-1780).

talière fut très peu nombreuse, — il n'y avait que 1 ou 2 malades en 1592, — elle s'accrut rapidement au XVIII° siècle et fut en moyenne de 250 à 300 blessés ou fiévreux. De 1753 à 1769, on en reçut 63,610, et il en mourut 8,303, plus d'un septième (1).

On sait que, jusqu'aux premières années de notre siècle, les hôpitaux, même ceux de Paris, avaient le déplorable usage de faire coucher jusqu'à quatre malades dans le même lit. Il faut dire à l'honneur de l'Hôtel-Dieu de Marseille que, dès 1770, il y eut un lit par malade (2).

Les religieux du Saint-Esprit furent remplacés au XIV° siècle, dans le service des malades, par l'Association des *Frères donats* et des *Sœurs donates*, qui étaient le plus souvent mariés ensemble, et que l'on appelait ainsi parce qu'ils donnaient tout ou partie de leurs biens en entrant dans l'Institut. Au XVI° siècle, ils furent à leur tour remplacés par des employés à gages ; et en 1713, on plaça, dans la salle des femmes, quatre religieuses qui n'y restèrent que peu de temps. Quelques années auparavant, deux confréries s'étaient établies, avec l'agrément des recteurs, pour peigner et laver les malades et leur faire des lectures de piété : la *Confrérie de Saint-Louis* pour les hommes (1669), et celle de *Sainte Élisabeth* pour les femmes (1677) (3).

La nourriture des malades, confiée aux soins d'un « maistre d'hostel », consista surtout, jusqu'au XVII° siècle, en poisson et en chevreau, dont on faisait grande consommation en Provence. Il reçut dès lors de notables améliorations. Nous voyons figurer dans les livres des maîtres d'hôtel (4) : du lait,

---

(1) D' Raymond, *Mémoire sur la topographie médicale de Marseille*, dans l'*Histoire de la Société royale de médecine*, années 1777-1778, avec les *Mémoires de médecine et de physique médicale, pour les mêmes années, tirés des registres de cette Société*. Paris, 1780, 2™ partie, p. 121.

(2) A. Fabre, *loc. cit.*, t. I, p. 251.

(3) A. Fabre, *loc. cit.*, t. I, p. 179.

(4) « Livre journalier de la despanse de l'hospital Saint-Esprit et

du beurre, des œufs, du riz, des pâtes de Gênes, du vin blanc, des têtes et des pieds de mouton, des dindes pour la Noël (1625), des fruits, même des dattes, qui étaient très chères. Le 25 août, les confrères de Saint-Louis donnaient à dîner aux malades; le jour de l'Assomption et la seconde fête de Pentecôte les échevins les régalaient et allaient les visiter(1).

Le service médical fut assuré au XVI° siècle par les deux chirurgiens-barbiers communaux. En 1595, on en nomma quatre, plus quatre médecins qui firent le service de l'Hôtel-Dieu par quartier. Médecins et chirurgiens tenaient à ce système, qui leur permettait de servir à tour de rôle l'hôpital. Le bureau préférait un médecin à poste fixe. Après de longs débats, celui-ci l'emporta et nomma, en 1758, un médecin et un chirurgien aux honoraires de 1,200 et de 1,000 livres chacun, avec un suppléant qui en recevait 300 et 200. Un garçon chirurgien gagnant-maîtrise, choisi par les recteurs, dirigeait cinq à six élèves. Après six ans de stage, le gagnant-maîtrise passait un examen devant les médecins et chirurgiens de l'Hôtel-Dieu, en présence des recteurs et des premiers magistrats de la Ville, et le corps des maîtres en chirurgie était tenu de le recevoir, ce qu'il ne fit pas souvent sans résistance, parce que cet usage dérogeait aux statuts de ce corps.

Au début, l'hôpital eut recours à un apothicaire de la ville, pour la fourniture des médicaments; puis, on établit à l'Hôtel-Dieu un dépôt de matières pharmaceutiques et un laboratoire. Au XVII° siècle, nous y trouvons à poste fixe un garçon apothicaire gagnant maîtrise en quatre ans, et des élèves. Enfin, en 1765, après plusieurs changements, on choisit parmi les maîtres apothicaires de la ville un apothicaire-major, qui devait faire au moins quatre visites par semaine à l'hôpital.

Saint-Jacques de Galice, accompagné par moy Delmas, maistre d'ostel, le 23 septembre 1625 ». — Arch. hospit. VI, E. 8.

(1) *Recueil des principaux droits et usages des Conseils de la ville de Marseille*. Marseille 1651, p. 146.

Enfants trouvés. — Les enfants trouvés formaient la seconde partie de la population de l'Hôtel-Dieu : ils furent une de ses plus lourdes charges.

Très peu nombreux aux XIII° et XIV° siècles (1), on en reçut une cinquantaine par an au début du XVII° siècle. Ce nombre tripla vers la fin du siècle, et s'accrut au XVIII° dans des proportions énormes, jusqu'à atteindre 604 en 1790 (2).

Le plus souvent, ces malheureux enfants étaient exposés soit sur le seuil de l'église Saint-Martin, soit à la porte de l'hôpital (3). On apportait aussi à l'Hôtel-Dieu les enfants nés à l'*Entrepôt*, qui était une dépendance du Refuge (4).

La plupart étaient envoyés dans les villages pauvres et montagneux de la Provence, où ils étaient placés sous la surveillance du curé. Chacun d'eux avait au cou un cordon de soie bleue, avec un plaque de plomb portant l'effigie du Saint-Esprit et la légende de Marseille, et, de l'autre côté, le numéro sous lequel il était enregistré. Après le sevrage, plusieurs d'entre eux, surtout les garçons, restaient chez leurs nourriciers, qui les employaient aux travaux de la campagne. On cherchait à encourager ces tendances, qui allégeaient d'autant l'hôpital, par des gratifications de 50 livres à tout père qui gardait une fille jusqu'à son mariage ; par l'exemption de la milice ou une diminution d'impôts pour ceux qui se chargeaient d'un enfant de l'hôpital.

Ceux que l'on ramenait annuellement à l'Hôtel-Dieu y étaient élevés, ou placés en apprentissage chez des maîtres, auxquels on donnait 30 livres de rétribution. Quelques-uns étaient dirigés vers la chirurgie ou la pharmacie. Cent ou cent cinquante d'entre eux étaient embarqués

---

(1) Les hôpitaux de l'Annonciade et de Saint-Jacques de Galice en recevaient aussi.

(2) Arch. hospit. — Reg. de réception des enfants trouvés, *passim*.

(3) Les procès-verbaux de réception font mention du *trou de la porte*, de la *fenestre accoustumée* (1625) ; rien n'indique l'existence d'un tour.

(4) Sur le *Refuge* et l'*Entrepôt*, voir ci-après, pp. 89-90 et 280-283.

tous les ans comme mousses. L'hôpital leur donnait une *couffe* renfermant quelques vêtements, des hardes, et retenait leurs salaires, qui s'élevaient à 9 ou 15 livres suivant les voyages ; depuis 1726, on en laissait le quart à ceux qui le méritaient.

Quant aux filles, elles travaillaient aux bas, à la buanderie, ou à la cuisine, sous la surveillance d'une *mère*. Elles servaient les malades, ou étaient placées comme domestiques par les soins des recteurs, qui leur cherchaient des maîtres recommandables. Enfin, l'hôpital accordait une dot de 150 à 200 livres aux filles mineures qui se mariaient. Jusqu'en 1789, le repas de noces se fit à l'Hôtel-Dieu et à ses frais, et le recteur semainier était tenu d'assister à la cérémonie.

En 1762, l'hôpital avait à sa charge 479 enfants en nourrice, 1360 enfants de 21 mois à 15 ans placés chez des nourriciers, 101 filles ou garçons occupés dans la maison, 70 placés en ville ou en voyage, soit un total de 2,010 enfants, qui lui coûtaient annuellement 76,632 livres (1).

Pour suffire à ces lourdes charges, l'Hôtel-Dieu fut largement aidé par la charité publique ; il est impossible d'énumérer même ses bienfaiteurs (2). La Ville lui vint très souvent en aide par d'importants secours en argent. Il jouissait, de plus, de nombreux privilèges : exemption des droits en matière de procédure, du droit de piquet sur la farine qu'il consommait ; fourniture des draps mortuaires, des cercueils, tentures, bois pour catafalques et armoiries (1695); droit d'*once de la chair* (3); monopole de l'achat et de la

(1) Arch. hospit. — Etat de la situation de l'Hôtel-Dieu de Marseille, remis aux commissaires nommés par le Conseil municipal pour en connaître en 1762.

(2) Citons pourtant Guillaume du Vair, dont la statue se trouve dans la chapelle de l'Hôtel-Dieu, et Mgr Jacques de Matignon, abbé de Saint-Victor, qui lui fit, en 1725, un legs de 120,000 livres.

(3) Augmentation, variant de quelques deniers à 1 sou par livre, sur le prix de la viande pendant le carême.

vente des brusques pour les calfats (1706); adjudication des emplacements publics du Cours pour la foire Saint-Lazare (1765); des chaises du grand Cours et des allées de Meilhan. Le fermier du tabac de Provence lui donnait 1,750 liv. (1674); les théâtres 15,000 liv. (1780). Le Roi lui payait les journées des soldats de terre sur le pied de 20 sous, et de 16 sous pour les matelots et soldats de marine (1773). Saint-Victor lui faisait une pension de 1,020 livres. Les *Dames rectoresses* (1) quêtaient annuellement du linge pour les malades. Un certain nombre de lits étaient fondés par des personnes charitables. En 1598, chaque corps de métier fut tenu d'en fonder un et de l'entretenir à ses frais, moyennant une redevance annuelle (1617) qui fût proportionnée à ses ressources.

Malgré tout, l'état financier de l'Hôtel-Dieu fut une des grandes préoccupations de ses recteurs, surtout à partir de la fin du XVIIe siècle. L'état calamiteux de la France, l'altération des monnaies (2), le nombre croissant des malades et surtout des enfants trouvés, ne leur laissèrent qu'un moyen de subvenir à leurs dépenses : celui de faire des emprunts successifs. Une fois entrés dans cette voie trop facile et dangereuse, ils se trouvèrent aux prises avec des difficultés toujours croissantes. Malgré les legs et les donations, malgré les secours continuels de la Ville, qui, en quatre ans, avait donné 656,000 livres (1761-1765), malgré l'aliénation de leurs immeubles, ils en arrivèrent, en 1761, à une situation désespérée.

Les recettes, calculées sur une moyenne de vingt ans, étaient de 126,544 livres, et les dépenses de 366,577 livres, dont :   79,803   »   pour les malades,
    87,923   »   pour les enfants trouvés,
    198,847   »   pour les intérêts d'emprunts et autres charges (3).

(1) C'était, au XVIe siècle, une association de dames pieuses. Elle disparut au XVIIe siècle, et le titre fut pris par les femmes des recteurs, qui continuèrent la quête.
(2) A. Fabre, *loc. cit.*, t. I, p. 489.
(3) Arch. hospit. — Etat des revenus et des dépenses de l'Hôtel-Dieu.

La Ville sauva l'Hôtel-Dieu en prenant ses dettes à sa charge (1766), et elle lui accorda une subvention annuelle de 50,000 à 60,000 livres, qui fut souvent encore insuffisante ; mais elle combla les nouveaux déficits.

Directeurs-nés. — Mgr l'Évêque ; — MM. les Maire, Échevins et Assesseur.

Directeurs. — MM. Antelmy cadet ; — Antoine-Michel Dragon ; Antoine Garcin ; — Jean-Joseph-Gabriel Grimaud ; — Vincent Lioncy ; — Claude Cotton ; — Léon Audibert ; — Augustin Girard-Dudemaine ; — Blanchard ; — Lazare Couturier ; — Alphonse Devoulx ; — Ange Rambaud ; — Samatan, avocat ; — Thubert fils aîné.

Aumôniers. — Mrs Bugelles, sacristain ; — Payan ; — Guieu ; — Le R. P. Hivert, grand-carme ; — Me Faure.

Médecins ordinaires. — MM. Moulard ; — Bocor.

Chirurgiens ordinaires. — MM. Pierre Milley ; — Louis-Bruno Gros ; Jourdan, démonstrateur aux élèves en chirurgie de l'hôpital.

II. — Hôpital Saint-Eutrope

Plusieurs hôpitaux furent destinés aux malades que l'Hôtel-Dieu refusait.

Il y a peu à dire de l'*Hôpital Saint-Eutrope*, dont la première mention remonte à 1377, et qui, sous l'administration des PP. Trinitaires, recevait les hydropiques indigents, dont on considérait la maladie comme contagieuse.

Il n'avait plus de malades vers la fin du XVIIIe siècle.

III. — Hôpital du Sauveur (1)

En 1765, Antoine Aubert, médecin marseillais aussi célèbre par sa charité que par son talent, obtint du Roi des

---

des aumônes et charités faites à son profit depuis vingt ans, du montant des biens-fonds qu'il possède, de tout ce qu'il doit.... de tout ce qui lui est dû..... 10 août 1765.

(1) A. Fabre, *loc. cit.*, t. II, p. 95. — Ruffi, t. II, p. 97.

lettres patentes l'autorisant à fonder un hôpital pour les pauvres malades atteints du scorbut, d'écrouelles et de syphilis, que l'on refusait ailleurs, et il les abrita sous cette belle devise : *Christo in œgrotis derelictis.*

Il établit son hôpital sur le terrain qui forme l'angle de l'île des allées de Meilhan, le dota richement et finit par lui laisser tous ses biens. Il mourut en 1779, à l'âge de 86 ans, avant d'avoir pu achever les règlements qu'il projetait. Son buste, sculpté par Foucou, est aujourd'hui dans le pas-perdu de l'hôpital de la Conception.

L'hôpital du Sauveur, quoique augmenté par la fondation de plusieurs lits, eut peu d'extension et peu de durée. On n'y admettait les malades qu'avec un petit trousseau ; ils étaient bien soignés, mais peu nombreux.

Administrateurs perpétuels. — MM. Honoré BORELY ; — Jean-Baptiste-Ignace ROUX ; — Lazare FERRARI.

Directeurs. — MM. le commandeur Augustin DE JARENTE ; — Pierre-Nicolas TESTAR ; — François-Lazare CAMPOU ; — Claude BLANCHARD, ancien échevin ; — Pierre BAGARRY, ancien échevin ; — Louis-Ignace FABRE.

Aumônier. — Le R. P. Thomas TURRIER, augustin réformé.

Chirurgien. — M. Jean-Fr. FABRE.

IV. — HÔPITAL DE L'ARSENAL DES GALÈRES

L'*Hôpital de l'Arsenal des Galères*, ou hôpital royal des forçats malades, fut fondé par Philippe-Emmanuel de Gondy, général des galères de France, et fut terminé par Mgr J.-B. Gault et le chevalier de La Coste, qui s'y dévoua. Cet hôpital était situé dans l'Arsenal, au-dessus de la salle d'armes. Les malades y étaient servis par d'autres forçats, sur lesquels veillaient des infirmiers de condition libre (1).

---

(1) A. Fabre. *Les Rues de Marseille*, t. III, pp. 191-192. Cet hôpital disparut en 1781, au moment du transfert de l'Arsenal à Toulon.

V. — Hôpital des Pauvres Paralytiques et Incurables (1)

Fondé en 1700 par deux hommes charitables, l'un prêtre, l'autre bourgeois, avec l'approbation de l'Evêque et l'autorisation du Roi, cet hôpital fut l'un des établissements les plus florissants dus à la charité privée. La Ville ne l'avait accepté qu'à condition de ne rien lui donner.

D'abord établi au faubourg Saint-Lazare, il fut transporté, en 1711, près la poissonnerie vieille dite la Halle-Puget. Son nom indique son but. On y recevait les pauvres honteux des deux sexes, qui étaient nés à Marseille ou sur son territoire, ou y étaient domiciliés depuis dix ans au moins sans interruption, et qui ne pouvaient travailler *ni se traîner pour mendier*.

Deux aumôniers logeaient dans la maison.

Ce que cet hôpital offrait de particulier était son organisation, que l'on retoucha en 1753, sans en modifier l'esprit.

On appelait *fondateur* toute personne qui fondait un lit aux conditions prescrites. Celles-ci furent, au début, de donner 70 livres pour le lit et les accessoires, et d'assurer une rente annuelle et viagère de 150 livres pour le malade; la dotation des lits fut portée plus tard à 5,000 livres (1768). Si la fondation était faite à perpétuité, le fondateur avait le droit de désigner les malades à chaque vacance du lit, et pouvait transmettre ce droit par testament ou acte authentique; sans quoi, il revenait au bureau.

Celui-ci était composé de sept (1700), puis de neuf recteurs (1753), dont un, choisi parmi les fondateurs, ne servait qu'un an, tandis que les autres, nommés pour deux ans, étaient pris parmi les personnes charitables de la ville. L'Œuvre se répandait ainsi, se faisait connaître en s'adressant au dévouement de tous. Elle en recueillit la sympathie générale et de larges libéralités, qu'une sage administration

(1) A. Fabre, *Histoire des Hôpitaux*, t. II, pp. 82 et suiv.

rendit fructueuses. En 1790, elle possédait 165 lits avec un actif de 1,087,450 livres et un passif de 718,050 livres.

Fondateurs. — MM. Jean REISSOLET ; — Maurice JULLIEN ; — ROZAN ; — D'ALBERTAS-VELLAU ; — Honoré DE BORELY ; — DE FONTAINIEU ; — DE MAZARGUES ; — FERRARY.

Directeurs. — MM. GEORGES D'OLLIÈRES ; — CADIÈRE ; — Pierre RAYNAUD-POURRIÈRES ; — François JOURDAN ; — le chevalier D'ALBERTAS ; — CHARBONNIER ; — DE RIANS ; — ACHARD fils aîné.

Aumôniers. — Mrs CASTELAN ; — BARTHÉLEMY.

VI. — Hôpital Saint-Lazare

Situé près du chemin d'Aix, à une petite distance de la ville, cet hôpital, dont la première mention remonte à 1210, fut d'abord affecté aux lépreux. Il n'avait que très peu d'importance au XVIIe siècle, ne renfermait que deux ou trois lépreux, et, du consentement de l'Evêque, on y admit des incurables. La léproserie avait toujours été indépendante de l'autorité municipale, qui n'intervenait que pour nommer un quêteur, un commissaire et, depuis le XVe siècle, les recteurs ; elle fut réunie à l'Hôtel-Dieu en 1696.

Deux ans après, l'Evêque et les échevins résolurent d'y installer, en l'érigeant en hôpital général, l'Œuvre qu'un prêtre, Antoine Garnier, avait fondée en 1671, pour les insensés. Il avait réuni chez lui, moyennant une faible pension, quelques aliénés qu'il soignait : peu après, les échevins lui avaient confié le soin des aliénés indigents, à raison de 10 sous par jour, et l'avaient installé dans deux vieilles maisons hors de la ville.

Saint-Lazare fut adapté à sa nouvelle destination, à laquelle il se prêtait bien peu. Deux cours étroites et sombres étaient entourées de 19 réduits de 7 à 8 pieds de profondeur sur 6 de largeur, percés d'une ouverture étroite d'environ 2 pieds et fermés d'une lourde porte verrouillée. Une chaîne de fer de 10 pieds de long était suspendue à côté de chaque lit, dont les pieds étaient scellés dans le parquet (1). Des agrandissements effectués en 1755, 1757 et 1769, lui permirent de recevoir plus facilement, non seulement les insensés de la ville et de son territoire, mais encore ceux qui lui étaient envoyés par les diverses communes de Provence : la pension annuelle qu'elles avaient à lui payer pour chaque hospitalisé, fixée par un arrêt du Parlement, en 1708, à cent livres, fut élevé plus tard à deux cent cinquante livres. En 1769 l'hôpital renfermait 96 aliénés, dont 58 de Marseille. Le 31 décembre 1788, il s'y trouvait 80 indigents des deux sexes, tous de Marseille ou de son terroir, et 34 malades payants, à la charge de leurs familles ou des communes.

Douze recteurs, renouvelables annuellement par moitié, étaient chargés de l'administration intérieure, des informations à prendre pour les admissions et les renvois, qui n'avaient lieu que par ordre exprès du maire et des échevins.

Directeurs. — MM. Joseph BREULLE ; — Jean-Baptiste GIRON ; — GUEYRARD, notaire royal ; — François-Marius MALVILLAN ; — André-Victor NATTE ; — Jean VAILLE ; — Michel-Balthazar CHAIX ; — COURBEAU, aîné ; — J.-J. CROZE-MAGNAN ; — Louis NITARD ; — Jacques REYNAUD ; — Gabriel-Antoine RICHARD, avocat.

Aumônier. — Messire ICARD.
Médecin. — M. VIDAL.
Chirurgien. — M. Pierre-Balthazar DESANS.

VII. — LAZARET (2)

Les fréquentes apparitions de la peste à Marseille, depuis le XVe siècle (3), entraînèrent la formation de lazarets, qui

(1) Lautard, *La maison des fous de Marseille*, 1840, p. 69. — Les chaînes ne furent supprimées qu'en 1806, sur les instances du docteur Lautard, médecin de l'asile.
(2) Sur le Lazaret, voir ch. IV, pp. 125-126.
(3) La plus ancienne invasion dont les archives de la Ville fassent mention est celle de 1476. — Archives de la Ville, 4e div., 15e section.

ne furent d'abord que des maisons louées en ville ou dans la banlieue par la municipalité pour servir d'abri aux pestiférés. En 1526, le Conseil de Ville fit bâtir un lazaret près de la porte de l'Ourse, entre l'anse de l'Ourse et la Joliette. Celui-ci devint bientôt insuffisant ; il fut remplacé par l'Hôpital de Peste de Saint-Lambert (1557), au quartier des Catalans, qui, avec l'agrandissement de 1567, comprenait 37 salles (1).

Lors de la construction du fort Saint-Jean (1662), la proximité de ce foyer pestilentiel fut considérée comme dangereuse ; l'infirmerie Saint-Lambert fut cédée à l'Etat, et la Ville jeta à Saint-Martin d'Arenc les fondations du nouveau Lazaret, qui fut achevé en 1663. C'était le plus grand établissement de ce genre sur la Méditerranée : il mesurait 1,179 mètres de longueur sur la mer, 2,923 mètres de circonférence intérieure et couvrait une superficie de 25 hectares (2). Il fut entouré, en 1724, d'un second mur d'enceinte, pour rendre plus difficiles toutes communications avec le dehors.

En temps d'épidémie, on construisait des baraquements provisoires, ou bien on affectait aux pestiférés d'autres hôpitaux de la ville, comme on le fit en 1720 de l'hôpital des Convalescents, ou tout autre local qui s'y prêtait (3).

§ 2. — *Hôpitaux où l'on recueillait les malheureux.*

Les Œuvres multiples où l'on recueillait les malheureux comprenaient : l'Hôpital général de la Charité, — l'Hôpital des pauvres Enfants abandonnés et orphelins, — l'Hôpital des Convalescents et des pauvres Passants, — la Maison

(1) A. Fabre, *Les Rues de Marseille*, t. V, p. 343.
(2) Méry et Guindon, *Histoire de la Commune de Marseille*, t. V, p. 432.
(3) L'hôpital de Rive-Neuve fut établi par le chevalier Roze, sous la voûte d'une corderie, le long des remparts (1720).

des Filles grises, — celle des Filles orphelines, — celle des Filles de la Providence, — l'Hôpital des Servantes, — le Refuge, — enfin la Maison des Repenties.

I. — Hôpital général de la Charité

L'hôpital de la Charité, qui subsiste à peu près seul, avec l'Hôtel-Dieu, des anciens hôpitaux de Marseille, fut fondé pour recevoir les pauvres qui mendiaient en grand nombre dans les rues et dans les maisons de la ville.

Le Conseil de Ville s'était ému à plusieurs reprises de cette situation fâcheuse, sans pouvoir y porter remède. Il accueillit volontiers, en 1639, les propositions d'Emmanuel Pachier, chanoine théologien de la Major, qui s'offrit à fonder une Œuvre pour les mendiants nés à Marseille. La mendicité fut interdite, et des mesures sévères furent prises pour l'expulsion des étrangers. Mais l'histoire nous apprend qu'elles eurent peu d'effet et que les mendiants furent toujours nombreux dans notre ville.

Le chanoine Pachier choisit six personnes pieuses par quartier, qui firent une quête générale, et il établit son hôpital sur la place de l'Observance, sous le vocable de Notre-Dame Mère de la Charité. Louis XIV l'érigea en hôpital général (1687), et s'en déclara le protecteur (1689).

La population de l'hôpital augmenta rapidement (1), jusqu'à atteindre un millier de personnes (1760), et nécessita des agrandissements successifs en 1672, 1687, 1729, qui ne furent que lentement achevés faute de ressources. La chapelle, dont on remarque la coupole, est due à Puget et date de 1679.

Cette population, comprise sous le nom de *famille*, se composait de pauvres, de mendiants et d'enfants au-dessus de 7 ans.

Les pauvres auxquels il répugnait de mendier venaient

(1) De 300 personnes (1655), elle s'éleva à 500 ou 600 (1687).

d'eux-mêmes ; on recevait à 60 ans les hommes, à 50 ans les femmes qui étaient originaires de Marseille ou y habitaient depuis sept ans. Ils pouvaient, s'ils se confessaient dans le mois, sortir tous les quinze jours, et même deux fois par semaine, si leurs conjoints étaient en ville.

Les mendiants, les vagabonds étaient ramassés dans les rues par les archers ou *chasse-gueux*, que la ville entretenait et qui portaient un habit rouge, l'épée et la bandoulière aux armes du Roi. Le peuple, toujours frondeur, n'épargnait pas les quolibets à ces agents, malgré les services qu'ils rendaient.

Tous les pensionnaires de la Charité étaient occupés à faire de l'étoupe, à dévider de la soie, ou à travailler aux ateliers de cordonnerie, de tissanderie, etc., dont les produits étaient consommés dans la maison. Les enfants étaient confiés à un prêtre précepteur(1), et à six *mères* que les recteurs n'acceptaient qu'après un mûr examen de leurs qualités. On leur donnait des leçons de lecture, d'écriture, d'arithmétique, de musique et de plain-chant, et même, si on leur trouvait quelques aptitudes, des cours d'hydrographie et de pilotage. Les édits de la marine de 1681 et 1689 obligeaient les capitaines à prendre leurs mousses, soit parmi ces enfants, soit parmi les enfants trouvés de l'Hôtel-Dieu. D'autres étaient placés en apprentissage, surtout chez les calfats : en exécution des lettres-patentes du 23 novembre 1726, portant règlement pour cette corporation, ils étaient reçus apprentis calfats, par préférence à tous autres, après les fils de maîtres.

Les filles étaient mises en condition, et, grâce aux fondations faites en 1682 par Jean Curiol, trésorier général de France, et de Félix, ancien trésorier général, dix-huit d'entre elles recevaient tous les ans une petite dot en se mariant(2).

(1) Primitivement, il y avait de plus un aumônier, logé comme lui dans l'hôpital.

(2) Archiv. hospit. — Reg. 22, Délib. du bureau de la Charité, p. 55.

La situation financière de la Charité fut longtemps précaire ; malgré les donations, les legs et les expédients auxquels on recourait pour faire de l'argent : assistance aux enterrements, loterie (1), travail des pauvres, etc., le déficit, en 1762, excédait 77,000 livres, et la Ville dut sauver la Charité, comme elle l'avait fait pour l'Hôtel-Dieu, en prenant ses dettes à sa charge (2).

Quelques legs importants (3), vers la fin du XVIIIᵉ siècle, achevèrent d'améliorer la position.

Le bureau se composait, en dernier lieu, de deux fondateurs de service et de vingt quatre directeurs, dont douze anciens et douze nouveaux.

Fondateurs de service. — MM. François MICHEL DE LÉON ; — Jean Baptiste Ignace ROUX.

Directeurs anciens. — MM. Marc-Jean-Baptiste AGNEL ; — Jean-Baptiste ALBOUYS ; — Jean-François ARNAUD, notaire royal ; — Fr. Antoine AUBERT ; — Charles-Esprit BLASE ; — Jean-Baptiste François CONSTANTIN ; — Joseph DECORMIS ; — Jean-Joseph FRAUDIN ; — Jean-Marie-Théodore FRESNEDAY aîné ; — Jean-Joseph-Lazare JAUFFRET ; — Pierre-Joseph LION ; — Alexis PASCAL.

Directeurs nouveaux. — MM. Augustin BARRY ; — Joseph CHRISTOPHE, avocat ; — Jean-Baptiste CROZE-MAGNAN ; — Jacques D'HERCULÈS ; — Georges MASENT ; — Noël-Étienne OLIVE ; — Pierre OLIVE ; — Barthélemy PLAUCHALLO ; — Jean-Louis ROBERT ; — Louis-Barthélemy ROGUIER ; — Louis SALLES ; — Joseph-André ESTELLE.

Aumônier. — Messire Ant. Et. ARNOUX, prêtre-précepteur.

Médecin. — M. MONTAGNIER.

Chirurgien. — M. MURAIRE.

---

(1) Arch. hospit. — Charité, vii. 4 25 (1700-1767). Il y avait des lots de 200 à 250 louis.

(2) Registre 164 des délibérations municipales, année 1762, fol. 51 et suivants. Les revenus de la maison étaient de 74,238 livres, et les dépenses de 151,400 livres.

(3) Legs de la dame Eydin, veuve Gilly, 30,000 livres ; de la Chambre de Commerce, 15,000 livres ; de Rémusat, 30,000 livres.

II. — Hôpital général des Pauvres Enfants Abandonnés et Orphelins (1)

Établie dans la rue des Enfants-Abandonnés, cette institution intéressante avait un double but :

Depuis 1742, elle recevait les *Orphelins*, et plus tard les enfants que leurs parents ne pouvaient entretenir, de 3 à 7 ans. La Grande Miséricorde ne les assistait plus, et la Charité ne les prenait pas encore. On pourvoyait à leurs besoins ; on leur apprenait à lire et à écrire.

L'autre Œuvre, dite la *Retraite des Enfants abandonnés*, avait été fondée en 1672 par quelques officiers des galères, pour abriter, la nuit, les jeunes enfants abandonnés, dits *Passegavètes*, qui erraient sur le Port, servaient les forçats et souvent couchaient dans leurs baraques. Un homme était choisi pour aller à leur recherche et les amener le soir. On leur donnait la soupe, des vêtements ; l'aumônier de la maison leur faisait le catéchisme, et ils couchaient dans l'hôpital. On cherchait à les mettre en apprentissage, au service domestique ou dans la marine. Quand ils avaient couché régulièrement à l'œuvre pendant quelques années et que leur conduite était bonne, on leur procurait un établissement selon leur inclination.

Directeurs. — MM. Marc-Antoine Demoux, chanoine de l'église cathédrale ; — Nicolas Clary fils ; — Jean-Joseph Corail ; — Henri de Féraud-Lagnasor ; — Jean-François Paul, aîné ; — Étienne-François Pellicot ; — Dominique Sicardy ; — Charles Signoret ; — Joachim-Luc Thoubert ; — Jean-Joseph Bossiosoura, notaire royal ; Louis-Hilarion Cassand ; — Jean-Joseph Glaphen ; — Pierre-Auguste-Marie Guérin ; — Pierre-François-Marie de Michel de Léon ; — Guillaume Pagnaire ; — Antoine Patot ; — Barthélemy Stravorello.

Fondateurs du service. — MM. Jean-Pierre d'Isnard ; — Balthazar-Marseille Bardon.

— Messire François Liotard.

(1) A. Fabre, *Histoire des Hôpitaux*, t. II, pp. 227-243. — Associa-

III. — Hôpital des Convalescents et des Pauvres Passants

On réunit sous ce nom, en 1665, deux Œuvres fondées séparément quelques années auparavant sous l'inspiration d'Elzéar de Beaulieu, prêtre séculier. Un local fut bâti hors des remparts, près les arcs de la Porte d'Aix.

Les convalescents et, un peu plus tard, les convalescentes y étaient reçus pendant trois jours, et, à partir de 1707, pendant six jours entiers (1); s'ils rechutaient, on les renvoyait à l'Hôtel-Dieu. Le Roi payait 10 sous par jour pour les matelots, et 5 sous pour les soldats.

Une autre partie du même local était destinée à abriter les pauvres passants, les vagabonds, les étrangers des deux sexes, que des gardes étaient chargés de ramasser (1658).

L'Œuvre fut longtemps négligée.

En 1758, le bureau délibéra de donner à ses hôtes, en conformité d'anciens règlements, outre le gîte, une soupe et une portion de pain pendant trois jours, et 5 sous si les circonstances l'exigeaient.

En 1766, on réunit cet hôpital à l'Hôtel-Dieu, qui garda les convalescents.

Les passants furent logés dans l'ancien *Hôpital de Saint-Jacques des Épées*, que l'Hôtel-Dieu possédait depuis 1696. Cet hôpital avait été fondé en 1200, pour loger les nombreux pèlerins qu'amenaient les Croisades.

Le soin en fut désormais confié à un hospitalier aux gages de 85 livres par an, sous la surveillance des recteurs de l'Hôtel-Dieu. Il recevait les passants sur un billet de ces derniers, et devait, à ses frais, faire blanchir les draps et fournir l'huile.

---

tion religieuse des Hommes de la Providence; Orphelinat des Pauvres Enfants de la Providence, enfants de l'Étoile; leur origine. Marseille, 1895, in-8° de 32 pages.

(1) Legs de la dame Dimanche de Grainat, veuve de François de Mazenod, à cette intention. — A. Fabre, *loc. cit.*, t. II, p. 17.

En 1784, on vendit ce vieux bâtiment, et les passants furent logés dans une maison de la rue des Bannières qui appartenait à l'Hôtel-Dieu.

IV. — Maison des Filles Grises

Trois Œuvres étaient destinées aux filles pauvres (1). La plus ancienne, fondée en 1576 par Antoine de Glandevès, sous le titre d'*Hôtel-Dieu Marie*, « pour y estre norries et entretenues treize pauvres filles orphelines », fut dite *des Filles grises* à cause de la couleur de leurs vêtements. Cette maison, administrée et soutenue par les patrons pêcheurs, qui y tenaient beaucoup parce qu'elle ne reçut guère que des filles de pêcheurs, eut peu d'importance. Elle finit par profiter seule des legs de Jacques Busson et de Louis Ricard, destinés à doter des filles pauvres.

Directeurs. — Les Prud'hommes des Patrons Pêcheurs.

V. — Maison des Filles Orphelines

Une première maison de filles orphelines, établie en 1635, sous le titre de Notre-Dame de Grâce, fut supprimée à la fondation de la Charité.

La seconde, fondée en 1714 par Joseph Tardivy, vicaire des Accoules, eut pour vocable N.-D. de Bon-Secours. Ce fut d'abord l'analogue de la retraite des enfants abandonnés. On y recevait le soir, pour leur donner des instructions morales et leur faire passer la nuit, les filles orphelines sans moyen d'existence et sans domicile assuré. Douze dames directrices et un prêtre, remplissant les fonctions de supérieur, étaient à la tête de l'Œuvre, que soutenaient les aumônes de cent fondatrices choisies parmi les dames et les jeunes filles de la ville. Peu après, on arriva à loger les

---

(1) A. Fabre, *loc. cit.*, t. II, pp. 198 et suiv.

orphelines, même le jour, et le produit de leur travail fait dans la maison leur fut réservé, sauf les frais de nourriture et d'entretien.

A l'âge voulu, elles étaient remises à leurs parents ou établies suivant leurs goûts. Les legs Ollivier permettaient d'en marier une tous les ans. On leur donnait jusqu'à 300 livres, si l'on était content d'elles.

Supérieur. — Messire LAPLANE, chanoine de Saint-Martin.

Directrices anciennes. — M*mes* RAYMOND ; — D'HERCULÈS ; — DRAY ; — LONG-ROUSSIER ; — PÉLICOT ; — CHEVALIER ; — CHASSAGNE ; — BOISSELIER.

Directrices nouvelles. — M*mes* FERRARY ; — FREMENDITY ; — LATOUR ; — LAURENCY-MARTIN ; — NARDY ; — RICHERME ; — ROUX-MILLE ; — TAUREL ; — MOULTOU, trésorière.

Aumôniers. — Le R. P. ARNAUD, grand-cordelier ; — Messire CASTANET, vicaire de la cathédrale.

VI. — MAISON DES FILLES DE LA PROVIDENCE

Fondée en 1684, sous le titre de N.-D. de Bon-Rencontre, dans la rue de la Providence, par quelques personnes pieuses, cette Œuvre avait pour but d'assurer un refuge aux jeunes filles, nées à Marseille et appartenant à la classe au-dessus des artisans, qui étaient en danger de se perdre par la mort ou les mauvais exemples de leurs parents. Douze directrices se partageaient la ville par quartier : elles se renseignaient auprès des gens pieux, des prêtres, sur les filles de 7 à 12 ans qui étaient exposées à la corruption du siècle. On tâchait, par adresse, de les amener à l'Œuvre, et on les retenait ; puis, on prévenait leurs familles. Le travail manuel, les exercices de piété occupaient leur temps. A l'âge voulu, on les plaçait suivant leurs goûts.

Administrateurs. — MM. Georges DE ROUX, marquis de Brue, conseiller d'Etat, *à Aix* (reçu en 1747) ; — DE GODET DUPERET (1754) ; DEVILLIER DE SAINT-SAVOURNIN, procureur du roi en la Sénéchaussée (1756) ; — Alphonse-Rodolphe d'Albertas, chevalier de l'ordre de Saint-Jean de Jérusalem ; — Mathieu Lombardon (1765) ; Blaise de la Selle ; — Barthélemy Sauvaire, ancien échevin ; — De Foresta de Collongue, chevalier de Saint-Louis, — Georges d'Ollières (1769) ; — Balthazar Mille (1771) ; — Pierre Reynaud de Trets ; — Lazare Ferrari, ancien échevin (1773) ; — François-Marie Roux ; — Antoine-Paul Charbonnier ; — Dudemaine Girard, aîné (1775) ; — Pierre-Simon Gignoux, avocat (1776) ; — Joseph-Claude Cezan ; — Pierre Aubran ; — Xavier Reynaud (1777) ; — Louis-François de Georges d'Ollières de Luminy, chanoine de l'église cathédrale, vicaire-général (1778) ; — Benoît-Innocent de Canonge, chevalier de Saint-Louis ; — Louis Olive (1781) ; — Paul Donnadieu (1782) ; — Honoré de Borély (1784) ; — De Gérard, chevalier de Saint-Louis ; — Louis-Jean-François Igard (1785) ; — Michel-Ignace Greling, chevalier de Saint-Louis ; — Jacques Borély ; — François Jourdan ; — Martin-Nicolas Reynaud (1786).

Supérieure. — M⁰⁰ Marie Clément.
Assistante. — M¹¹ᵉ Marguerite-Justin Garcin.
Aumônier. — Le R. P. Meyffred, récollet.

VII. — Hôpital des Servantes

En 1770, on établit sur la paroisse des Accoules un hôpital spécialement destiné aux servantes sans condition, ou renvoyées à des heures indues. On les logeait, on les nourrissait jusqu'à ce qu'elles aient pu se placer (1).

VIII. — Maison du Refuge

On verra, dans le chapitre sur les prisons(2), dans quelles conditions cet établissement à la fois pénitentiaire et hospitalier fut fondé à Marseille. Bornons-nous à dire qu'en dehors des débauchées qui y étaient placées d'autorité,

(1) Grosson, *Almanach historique*, année 1771, p. 132.
(2) Ch. IX, pp. 280-283.

par mesure de justice ou de police, des pensionnaires volontaires pouvaient y être reçues.

Adossée au Refuge et relevant du même bureau, se trouvait la *Maison de l'Entrepôt*, où l'on enfermait les femmes débauchées enceintes, pour prévenir les infanticides. Après leur accouchement, on les faisait passer dans la Maison du Refuge (1).

Directeurs. — MM. François-Simon Devoulx, ancien juge-consul ; — Jean-François Martin, fils de César, juge-consul ; — Antoine-Alexandre Ramadier ; — Pierre-Nicolas Testar, ancien juge-consul ; — Jean-François Crudère, ancien échevin ; — Jean-Baptiste Ferrandy ; — Martin-Nicolas Reynaud ; — Jean-Baptiste Pastoret, conseiller du roi en l'Amirauté ; — Simon Laflèche, échevin ; — Joseph-Paul Bertrand ; — Pierre-Honoré Devoulx ; — Jean-Paul Gouiran ; — Lazare Icard ; — Jacques d'Herculès ; — Pierre Siau, juge-consul ; — Pierre Bagarry, ancien échevin.

Directeurs honoraires. — MM. François Michel de Léon, président-trésorier général de France ; — Paul-Nicolas Gravier ; — Louis-Michel Gimon ; — Pierre-Gaspard Roman, ancien échevin ; — Jean-Joseph Remuzat ; — Pierre Raynaud.

Supérieure. — Sœur Louise Bouisset.

Aumônier. — Messire Blaise Fabry.

IX. — LES REPENTIES

Tout à côté du Refuge, dans la rue des Repenties, était la Maison des Repenties, ou des *Filles pénitentes de Sainte-Magdeleine* (2), que les échevins avaient fondée, à la suite d'un vœu fait pendant la peste de 1630, pour les femmes qui venaient volontairement chercher une retraite à l'abri de toute rechute. Plus tard, l'Évêque de Marseille, adhérant à une demande qui lui fut faite, convertit cette maison en couvent et lui imposa une règle monastique. Un certain

---

(1) Méry et Guindon, t. VI, p. xiii.
(2) Grosson, *Almanach historique* de 1770, p. 96.

nombre de repenties faisaient des vœux et étaient reçues dans un local séparé (1).

Directeurs. — MM. Toussaint ROUGIER, supérieur du séminaire du Sacré-Cœur (nommé directeur en 1753); — François-Blaise DE BLONDEL (1754) : — Pierre-Barthélemy DE GROSSON, avocat du roi (1758) ; — Jean-Baptiste BOURRIER, négociant; —Joseph-Pierre DE JOBLOT (1759) ; — Etienne DE SAINT-JACQUES-SYLVABELLE ; — Alexandre LESBROS, négociant (1761) ; — François-Lazare CAMPOU, écuyer ; —Jean-Antoine MESTRE, seigneur des Aygalades (1762) ; — Claude IMBERT ; — Laurent-Fr. GRAVIER (1764) ; — Jean-François D'ISNARD, ancien maire (1765); — Jean-François CLARY, ancien échevin (1766); — Simon ROLAND, ancien échevin (1767) ; — Joachim-Elzéar GUITTON DE MAZARGUES, ancien maire ; — Honoré-César RICAUD (1768) ; — Pierre SAYRAS ; — Joseph MIRAILLET ; — BORÉLY-TELMONT ; — Pierre MAGY (1770) ; — Lazare FERRARY, ancien échevin (1772) ; — Antoine LANTIER ; — Honoré GAZAN ; — Jean-Jacques SALVA (1773) ; — Antoine-Paul CHARBONNIER (1774) ; — Jean-Baptiste-Ignace ROUX, écuyer ; — Honoré FERRÉOL (1775) ; — Jean-Fr. REYNIER-MANOLY ; — Jean-Mathieu BARBARIN ; — Jean-Fr. CABLAT (1777) ; — Louis-Fabien GILLY ; — Jean-Nicolas GIMON (1779) ;— Simon-Joseph CROZET (1780) ; — Alphonse D'ALBERTAS ; — Benoît-Innocent DE CASONGE ; — Jean-Baptiste CONSTANTIN ; — Louis-Joseph LATIL ; — André MICHEL ; — Balthazar-Antoine REY ; — Joseph THULIS (1784); — Etienne DANTOINE ; — Jean PELLEGRIN ; — Pierre REYNAUD, chevalier de Saint Louis ; — Victor-Joseph VERDILHON (1787) ; — Jean-Louis MILLOT, aîné (1788).

Aumônier. — Messire Jean-Baptiste BRUN.

§ 3. — *Œuvres de charité.*

Sous ce titre, il faut comprendre : les Œuvres de la Rédemption des Esclaves, — de l'Association de la Pénitence, — de la Grande Miséricorde, — de la Petite Miséricorde, — diverses Œuvres ou Associations analogues, — le Mont-de-Piété, — et le Bureau charitable pour les pauvres prisonniers et les pauvres oppressés.

(1) Méry et Guindon, t. VI, p. x.

I. — Œuvre de la Rédemption des Esclaves
Œuvre des Religieux de la Merci

Si, de nos jours, la plaie de l'esclavage fait encore de trop nombreuses victimes et suscite d'éloquents appels à l'humanité, elle sévit du moins loin de nous. Aux siècles derniers, elle frappait nos concitoyens. La Méditerranée était infestée de corsaires turcs, marocains et même chrétiens, qui pillaient les navires et emmenaient les équipages en captivité.

Les Trinitaires, établis dès 1202 à Marseille, firent de nombreux rachats, que le manque de ressources diminua au XV° siècle. Vers 1570, ils firent faire, par les Pénitents de N.-D. d'Ayde, des quêtes périodiques, qui ravivèrent l'activité de leur Œuvre et la rendirent même prospère. Au XVIII° siècle, le bureau de l'Œuvre de la Rédemption était composé du Père ministre de la Trinité, du prieur des Pénitents et de recteurs quêteurs pris parmi eux. La rançon des Marseillais ou des étrangers ayant épousé des Marseillaises était fixée à 300 livres, celle d'un parent des Religieux ou celle des Pénitents à 400 livres.

Les Religieux de la Merci, établis une première fois à Marseille en 1418, puis en 1652, se partagèrent la ville avec les Trinitaires pour les quêtes, qu'ils faisaient faire par les Pénitents bleus. Ils rendirent de grands services au XVII° siècle et au commencement du XVIII° siècle ; mais leur importance diminua beaucoup dans la suite (1).

En 1750, le P. Gairoard, des Trinitaires, débarqua avec 106 captifs ; en 1785, la *Minerve* amena 316 esclaves délivrés par les PP. Trinitaires et les Religieux de la Merci.

Cette circonstance était toujours l'occasion d'une procession solennelle qui parcourait les principales rues de la ville, depuis le Port jusqu'à l'église de la Trinité. Après les religieux et les pénitents, venaient les captifs revêtus du

---

(1) Cet ordre fut supprimé en 1787.

scapulaire, portant tous une longue barbe, et tenant des palmes dans leurs mains liées de longs rubans de soie. Le peuple se pressait en foule sur leur passage, et souvent le canon mêlait ses salves aux sons des cloches et aux chants pieux (1).

Directeurs. — Messire Gaspard PERRIN, ministre des chanoines réguliers de la Très-Sainte Trinité ; — MM. Jean-François PAUL, aîné ; — REBOUL, aîné ; — Simon DEVOULX ; — COUSINÉRY, notaire royal ; — Antoine PATOT.

II. — Œuvre de l'Association de la Pénitence (2)

Cette Œuvre fut fondée en 1772 par les membres de l'*Association de la Pénitence du Bon Jésus*, dont les membres sont connus sous le nom populaire de *Bourras*. Son but était de donner des secours aux enfants des deux sexes et de toute condition, dont les parents étaient pauvres et domiciliés dans la ville ou le terroir de Marseille ; mais elle s'occupait de préférence des enfants des marins, et surtout de ceux dont les parents étaient morts au service du roi ou du commerce. Ces enfants devaient être âgés de trois ans, plus tard de seize mois au moins et de sept ans au plus.

L'Œuvre était administrée par un bureau de douze membres nommés par l'Association. Approuvée par lettres patentes du mois de mars 1775, elle fut autorisée à recevoir des legs, successions et aumônes, à la condition toutefois qu'elle demeurât toujours rattachée à l'Association de la Pénitence. Elle obtint, en décembre 1786, de l'Évêque de Marseille, le droit d'assister aux convois funèbres, et, de l'Hôtel-de-Ville, la permission de faire une quête générale. Ce double privilège, homologué par le

---

(1) A. Fabre, *Histoire des Hôpitaux*, t. II, p. 316.
(2) Voir Grosson, *Almanach historique* de 1787, pp. 137-140 ; — de 1788, pp. 128-132 ; — de 1790, pp. 127-133.

Parlement de Provence le 28 février 1787, permit à l'Œuvre de développer ses ressources, réduites à l'origine aux cotisations des membres.

Le 9 juin 1789, l'Œuvre reçut de Mgr de Belloy un nouveau règlement. Elle devait être administrée désormais, sous la haute autorité de l'Évêque, par quatorze directeurs choisis parmi les membres de l'Association de la Pénitence : deux de ces directeurs devaient être prêtres, les autres d'un état honorable et, tout au moins, négociants ou bourgeois ; élus pour deux ans, ils devaient être renouvelés par moitié chaque année, le lundi de Pâques. L'Œuvre prenait le nom de *Bureau de l'Œuvre des Pauvres Enfants des Marins ;* elle conservait le droit d'assister aux convois funèbres, moyennant une rétribution minimum de 15 livres.

Le bureau se réunissait chaque dimanche après les vêpres de la paroisse, au siège de l'Association, rue des Lisses intérieures de Saint-Cannat, près de la porte de la Joliette. Le premier dimanche du mois était fixé pour la distribution des secours : 4 livres pour la nourriture et l'entretien de chaque enfant étaient remises aux parents. Les offrandes destinées à l'Œuvre, ainsi que les demandes d'admission au secours, devaient être adressées à Messire Gaspard Aillaud, curé de la Cathédrale, qui semble avoir été, depuis la fondation, l'âme de cette Œuvre intéressante.

Par son ordonnance du 9 juin, l'Évêque avait relevé de leurs fonctions les administrateurs alors en exercice et nommé d'office leurs successeurs : les uns, avec le titre et le rang de *directeurs anciens*, devant sortir de charge à la seconde fête de Pâques de l'année suivante ; les autres, en leur qualité de *directeurs nouveaux*, appelés à rester en fonctions les deux années réglementaires. La nouvelle administration comprenait cinq membres du bureau précédent.

Directeurs anciens. — MM. Gaspard AILLAUD, curé de la cathédrale ; — Vital PRADÈRE ; — Jean-Louis CHAIX ; — Louis

Muraire ; — Joseph-Antoine Chabréry, trésorier ; — Jean Meffre ; — Pierre-Noël Villecrose, avocat.

Directeurs nouveaux. — MM. André-Pierre Martin, bénéficier de la cathédrale ; — André Cannis-Reysaud ; — Dominique Bon ; — Balthazar-François Julien, avocat ; — Balthazar Jullien ; — Gaspard Auda ; — Pierre Mauras.

Aumônier. — Le R. P. Sauveur, capucin (1).

III. — Hôpital général de la Grande Miséricorde ou de Notre-Dame de Miséricorde

Avant la fondation de cette Œuvre, en 1578, par sept hommes charitables, on avait déjà songé à secourir les pauvres à domicile : tel était, par exemple, le but de la maison de l'aumône, de l'abbaye de Saint-Victor, en 1318. Mais c'est l'hôpital de la Grande Miséricorde qui prit vraiment pour mission la distribution régulière des secours à domicile.

D'abord établie à Notre-Dame des Accoules, puis à l'Hôtel-Dieu, enfin dans la maison de Sainte-Croix (1770), après l'expulsion des Jésuites, cette Œuvre, qui fut érigée en hôpital général en 1692, eut un développement rapide et jouit d'une grande sympathie, comme le prouvent les legs nombreux qu'elle reçut. Mgr de Belsunce lui laissa le tiers de sa fortune.

Son but principal était de secourir, sous le voile du secret, les pauvres honteux, les familles honorables tombées dans le besoin ou que menaçait la ruine, depuis la noblesse jusqu'aux professions du Tiers-Etat inclusivement.

Les membres du bureau étaient au nombre de treize : un fondateur et douze électifs, dont un gentilhomme. Ils s'ingéniaient à prévenir la misère. S'ils apprenaient qu'un négociant était sur le point de suspendre ses paiements, ils signalaient sa détresse à la Grande Miséricorde, qui, discrètement, et souvent sans demander le nom du négociant, lui

---

(1) Grosson, *Almanach historique* de 1790, pp. 132-133.

faisait parvenir, à titre de secours gratuit ou d'avance, des sommes plus ou moins importantes (1).

Les malades étaient soignés, à la charge de l'Œuvre, par des médecins et des chirurgiens qui se divisaient la ville par quartiers exactement délimités et désignés sous le nom de *départements*; des apothicaires donnaient les remèdes à prix réduits.

L'Œuvre faisait nourrir les enfants jusqu'à 13 mois. Elle faisait porter les malades indigents à l'Hôtel-Dieu, en chaise à porteur, et elle payait leur enterrement. Enfin, elle jouissait de plusieurs fondations pour les filles pauvres à marier. Outre celle de Jean Curiol, qu'elle partageait avec la Charité, elle tenait de César Lambert (1682) une rente de 300 livres à répartir entre six jeunes filles, et de Jean Gardet, maître vitrier (1729), le revenu d'une maison pour une pauvre fille. Le nombre des demandes était si grand qu'on tirait les noms au sort.

En 1790, le bureau secourait en argent 500 familles, soignait à domicile 1200 malades, en faisait porter à l'Hôtel-Dieu 500, fournissait des nourrices à 150 enfants, et payait les frais d'enterrement de 600 pauvres (2).

Fondateur de service. — M. Pierre-Nicolas TESTAR.

Directeurs anciens. — MM. Charles SALLES, trésorier; — Antoine D'ANTHOISE, chargé des affaires et du secret; — Jean-Joseph-Frédéric DALLET, préposé au département de Saint-Jean, du côté des Moulins; — Jean-André HENRI, préposé au département de l'agrandissement du côté des Arcs; — Jean-Joachim SURIAN, cadet, préposé au département de l'agrandissement du côté des Allées de Meilhan; — Auguste VAILLE, préposé au département de Blanquerie.

Directeurs nouveaux. — MM. Basile SAMATAN, aîné, adjoint

(1) Octave Teissier, *La Charité à Marseille*. Discours de réception à l'Académie de Marseille. 1876, p. 14.

(2) Arch. hospit. — Bureau de bienfaisance. Reg. 12. Extrait du discours prononcé par M. d'Antoine, directeur-trésorier, le 8 décembre 1790.

aux affaires : — Honoré AGARRAT, préposé au département de l'agrandissement du côté de Saint-Ferréol ; — Claude BLANCHARD, préposé au département du Corps-de-Ville ; — André D'ESTIENNE, préposé au département de Cavaillon ; — Honoré LIEUTAUD, préposé au département de Saint-Jean, du côté de Saint-Laurent.

Aumônier. — Messire Jean-J. CAILLOL.

Médecins. — MM. MOULARD (Saint-Jean, côté de Saint-Laurent) ; — Jean-Marie MAURIN (Blanquerie) ; — Louis ARNAUD (Saint-Jean, du côté des Moulins) ; — Lambert CHEVALIER (Corps de Ville) ; — Eugène-Pascal LEMASSON (l'agrandissement du côté des Arcs) ; — Pierre-Marie MERCURIN (Cavaillon) ; — Claude-François ACHARD (l'agrandissement du côté de Saint-Ferréol) ; — Jacques-Fr. ROUX (les Allées de Meilhan).

Chirurgiens. — MM. Louis-Honoré ROUX (l'agrandissement du côté de Saint-Ferréol) ; — Jean CLERGUE (l'agrandissement du côté des Arcs) ; — Jean-Fr. FABRE (Blanquerie) ; — Antoine-Noël NOUVEL (l'agrandissement du Corps de Ville) ; — Antoine HELLIÉS (Cavaillon) ; — Honoré SECOND (Saint-Jean, du côté de Saint-Laurent) ; — Jean GANDY (allées de Meilhan) ; — Laurent TARDIEU (Saint-Jean, du côté des Moulins) ; — OLLION, chirurgien-oculiste, pensionné pour les opérations et le traitement des maladies des yeux.

Mère de l'Hôpital ayant soin de procurer des nourrices aux enfants de l'Œuvre. — Mme Marguerite MAGNAN-EYDIN (1).

IV. — ŒUVRES DE LA PETITE MISÉRICORDE
POUR LE SOULAGEMENT DES PAUVRES HONTEUX

Ces œuvres étaient destinées aux ouvriers et aux artisans, que la Grande Miséricorde ne secourait pas. D'autre part, elles ne donnaient rien aux mendiants, aux gens sans aveu et sans domicile, aux étrangers, aux domestiques, et généra-

---

(1) Grosson, *Almanach historique* de 1790, pp. 103-105. Le renouvellement de ce bureau n'ayant lieu qu'à la fin de l'année, Grosson n'avait pas les nouvelles listes assez à temps pour les insérer dans l'almanach en cours d'impression : il donnait celles de l'année précédente.

lement à tous ceux qui n'avaient pas d'habitation et qu'on devait renvoyer à l'Hôtel-Dieu, « n'étant que pour ceux qui, suivant l'Évangile, ne sont pas bons pour bêcher la terre, et qui ont honte de demander l'aumône (1). » Elles acceptaient, cependant, ceux que l'Hôtel-Dieu n'avait pas reçus.

D'abord installée à Saint-Martin, en 1641, par cinq hommes pieux que dirigeait le chanoine Ollivier, la Petite Miséricorde fut complétée, en 1690, par l'*Œuvre du Bouillon*, fondée par des Dames charitables. Peu après, le clergé établit des œuvres analogues dans chaque paroisse, et même à Saint-Victor, quoique ce ne fût point une paroisse ; mais le district de cette abbaye était habité « par un nombre prodigieux d'artisans et de gens de mer (2) » dignes de secours.

Ces Œuvres vivaient d'aumônes et de legs, sous l'administration de commissaires qui s'assuraient par eux-mêmes du domicile des pauvres, auxquels ils remettaient un billet valable d'une Saint-Michel à l'autre.

On secourait surtout les pauvres malades, qu'un prêtre, entretenu par l'Œuvre, visitait tous les deux jours. Ils recevaient une demi-livre de viande par jour, trois écuelles de bouillon, que préparait une femme payée par l'Œuvre, trois sous en argent, un drap de lit et une chemise. Vers la fin du XVIII° siècle, un chirurgien fut chargé de les soigner.

Dans la paroisse de Saint-Martin, une congrégation de jeunes filles, fondée en 1690 sous le titre du *Cœur de la Sainte-Vierge*, les assistait, les peignait, les pansait et avertissait les recteurs de la Miséricorde afin de les faire secourir (3).

La Petite Miséricorde procurait encore aux accouchées les secours de la paroisse, des habillements aux enfants pour la première communion, et, aux pauvres les plus honteux, pour la Noël, des draps, des paillasses. Mais elle ne soignait

(1) Règlement pour l'administration de l'Œuvre de la Petite Miséricorde de la Cathédrale. Marseille, 1788. In-4° de 36 p. — Art. 30.
(2) Grosson, *Almanach historique*, année 1771, p. 128.
(3) A. Fabre, *Histoire des Hôpitaux*, t. II, p. 369.

jamais qu'un malade par famille; les autres devaient être portés à l'Hôtel-Dieu (2).

1° Petite Miséricorde de la Cathédrale

Directeur. — Monseigneur L'Évêque.
Trésorier. — M. Jean-Baptiste Pinatel, chanoine de la cathédrale.
Curés. — MM. Jacques Sarmet et Gaspard Aillaud, curés de la cathédrale.
Commissaires en exercice. — MM. Vincent Mazet ; — Maurice Julien ; — Elzéar Lyon ; — Louis Muraire ; — Pierre Bérenger, cadet ; — Icard ; — Pierre Rebec ; — Ange Capry ; — Jean Vaille ; — Joseph Segond, fils ; — Jean-Joseph Brousset ; — Joseph Bronde.
Commissaires honoraires. — MM. Jean-Joseph Bressan, père ; — André d'Etienne ; — Joseph-Honoré Bressan, fils ; — Antoine Bérenger, aîné ; — Sébastien Bon ; — Jean-Paul Gouiran.
Aumônier. — Messire Vincent Simon, prêtre.

2° Petite Miséricorde de Saint-Martin

Commissaires généraux. — MM. De Foresta-Collongue, *trésorier* ; — Chomel, avocat, *trésorier adjoint* ; — De la Selle ; — Roux, aîné ; — Long, chanoine de Saint-Martin ; — Duperet ; — Simon-Joseph Crozet.
Commissaires des Pauvres honteux. — MM. Chomel, avocat en la Cour (pour le quartier des Récollets et des Convalescents) ; — Vaille (pour le quartier des Dominicains) ; — Siméons, aîné (pour le quartier de Saint-Martin) ; — Jacques-Claude Bertrand (pour le quartier de la Poissonnerie neuve) ; — Boyer, aîné (pour le quartier du Grand-Mazeau) ; — Laurency, cadet (pour le quartier des Augustins et de Saint-Jaume) ; — Mazières, aîné (pour le quartier de Saint-Homobon) ; — Lyoncy (pour le quartier de la place des Hommes) ; — Deidier (pour le quartier des Capucins) ; — Cravy, prêtre de l'Œuvre (pour le quartier des Présentines) ; —

---

(1) Règlement pour l'administration de l'Œuvre de la Petite Miséricorde, *passim*.

Gimon (pour le quartier de la Mission-de-France); — Naud (pour le quartier de la plaine Saint-Michel).

Prêtre chargé d'accompagner les Commissaires à la visite des malades. — Messire Cravy.

3ᵉ *Petite Miséricorde des Accoules*

Administrateur. — M. le Chanoine curé.
Trésorier. — M. Charbonnier.
Distributeurs des aumônes. — MM. Dauvergne; — Hardouin; — Amic; — Grimaud; — Maurel; — Audibert; — Chastras.
Administrateurs-Visiteurs des malades. — Angleys, aîné; — Comps; — Degaye; — Devieux; — Emerigon; — Gilly, aîné; — Gilly, cadet; — Icard; — Jullien; — Latour; — Mallet; — Mouttet; — Olive; — Seyras; — Raymond Capefigue.

4ᵉ *Petite Miséricorde de Saint-Laurent*

Commissaires. — MM. Gazan; — Martin; — Marin; — Beaussier; — Jourdan; — Aycard; — Ferrandy; — Eyssautier; — Castelas.

5ᵉ *Petite Miséricorde de Saint-Ferréol*

Administrateurs-Distributeurs des aumônes. — MM. Honoré Agarrat, *trésorier de l'Œuvre*; — Bonnefoy; — Louis Barthélemy; — Philibert Lenoir; — De Polenceau; — Louis-Victor Verdilhon, échevin.
Administrateurs-Visiteurs des malades. — MM. D'Anjou, chevalier de Saint-Louis; — Blondel de Jouvancourt; — Michel de Léon, trésorier général de France; — De Corréard avocat du Roi; — De Fabron de Chaudelle; — Greling, aîné; — De Catelin, ancien lieutenant particulier civil; — Achard, aîné; — Devoulx, aîné; — De Seguier; — De Cipières, chevalier de Saint-Louis, ancien maire; — De Gérard, chevalier de Saint-Louis; — Barthélemy-Ant. de Rey; — D'Icard, aîné; — De Barbarin, aîné; — Gimon, aîné; — Blanchard-Veyrier; — Cathalan, fils; — D'Icard, cadet; — Alphonse Devoulx; Martin Fourrat; — De Gaillard, maire; — De Jorlot; — Lejeans, aîné, député aux États-généraux; — Constantin; — Castelan; — Paul, aîné;

6° *Petite Miséricorde de Saint-Victor*

Commissaires. — M^res Jacques Pèdre et Antoine Andravy, prêtres habitués de l'abbaye, délégués par le Chapitre.

V. — ŒUVRES DIVERSES

D'autres œuvres moins importantes concouraient au même but que celles de la Miséricorde.

Les recteurs de la Charité avaient établi en 1680, avec le concours de la Ville (1), la *Distribution de pain externe*, qui venait en aide à un certain nombre de malheureux nés à Marseille, ou domiciliés depuis cinq ans, que l'on ne pouvait recevoir à l'hôpital.

Informations prises sur les demandes qu'ils adressaient, le bureau statuait sur le nombre de pains à accorder par semaine, et, tous les dimanches au matin, les recteurs en faisaient la distribution dans un local particulier pour chaque quartier : une distribution spéciale avait lieu, le samedi soir, pour les pauvres honteux.

La confrérie de *Notre-Dame de Bon-Secours* distribuait chaque année, en décembre, des vêtements aux enfants que l'extrême indigence de leurs parents désignait à sa charité. Les confrères de *Notre-Dame de Confession* quêtaient au cœur de l'hiver afin de fournir du pain aux malheureux. Des distributions de pain étaient encore faites par les consuls (2) ainsi que par l'abbaye de Saint-Victor (3), aux pauvres de Rive-Neuve, pour la valeur de 30 livres, à Pâques et à Noël.

---

(1) A. Fabre, *loc. cit.*, t. II, p. 182. — La Ville donna d'abord 6,000 livres par an, qu'elle porta en 1757 à 8,000 livres en temps de paix et 9,000 livres en temps de guerre. — Arch. hospit., Charité. VII. G. 16-28.

(2) Deux exemplaires de bons de pain aux armes de la Ville, datés de 1720, sont conservés à la Bibliothèque de la Ville.

(3) Arch. départementales. — Saint-Victor. Reg. 64 (1752). Aumônes annuelles.

C'était, du reste, une tradition à Marseille, de célébrer le dernier jour des fêtes de Noël, qui était le premier jour de l'an, par des charités extraordinaires (1).

Rappelons aussi l'Œuvre pour les pauvres malades du faubourg de N.-D. du Mont, qui se fonda vers la fin du XVIIIe siècle, alors que ce faubourg prenait de l'importance ; — les rentes que de généreux citoyens laissaient pour les pauvres de leur quartier (2).

On trouvait encore, dans notre ville, quelques pratiques charitables ou institutions de bienfaisance d'un caractère différent, mais non moins intéressant.

Tel était d'abord l'usage des *Consultations gratuites* données, suivant leurs statuts, par les maîtres en chirurgie. Tous les lundis, on célébrait une messe dans l'église des PP. Dominicains, en l'honneur de leurs patrons saint Cosme et saint Damien. Tous les maîtres, « à peyne de 10 sols pour chascung qui se trouvera défaillir, sauf excuse légitime », étaient tenus d'y assister, « et icelle finie, faire consulte et visite charitable de tous les mallades et pauvres nécessiteux qui se voudront présenter (3). » En 1780, le collège de chirurgie institua à l'Hôtel-Dieu, où il venait de rétablir son siège, un bureau de consultations gratuites en faveur des indigents. Ce bureau, composé du lieutenant, des quatre prévôts, du greffier et de quatre maîtres nommés toutes les années par le collège, siégeait tous les jeudis (4).

Tel était l'ensevelissement des indigents, auquel se dévouaient plusieurs confréries de pénitents, qui se parta-

---

(1) F. Marchetti, *Explication des usages et coutumes des Marseillais*. 1683, t. I, p. 253.

(2) A. Fabre, *loc. cit.*, t. II, p. 376. — Rente de 100 livres, laissée par Joseph Rambert, avocat, aux pauvres de La Valentine ; rente de 50 livres, laissée par Antoine Genés, à ceux de Château-Gombert.

(3) Archives départementales. — Règlement sur l'état et mestier des chirurgiens de cette ville de Marseille. 1627. Registre 7 des Insinuations de la Sénéchaussée.

(4) A. Fabre, *Les Rues de Marseille*, t. II, p. 195.

geaient les hôpitaux et les quartiers de la ville (1). Les pénitents bleus de la Trinité nouvelle, sous le titre de N.-D. de Miséricorde, ensevelissaient pour Dieu les pauvres de l'hôpital du Sauveur et les filles des Orphelines. Les pénitents de Sainte Croix, à la chape de couleur tannée, ensevelissaient les pauvres de la Charité. Les pénitents Carmelins, à la chape grise, ceux de la Miséricorde de la paroisse Saint-Ferréol, des faubourgs de Saint-Michel, de N.-D. du Mont et de Sylvabelle. Les pénitents de Saint-Maur, ceux de la ville, des faubourgs du Bon-Pasteur et de Saint-Lazare. Les pénitents de Saint-Henri, ceux de l'Hôtel-Dieu. Les pénitents du Bon-Jésus, dits Bourras, les condamnés au dernier supplice.

Telles étaient, enfin, deux œuvres importantes, nées presque simultanément au déclin du XVIIᵉ siècle : le Mont-de-Piété fondé, en 1695, par Jean de Puget (2), gentilhomme marseillais ; et le Bureau charitable pour la défense des procès des pauvres (1674).

VI. — Mont-de-Piété

Le Mont-de-Piété était placé sous le haut patronage de l'Évêque. Ses administrateurs, en nombre illimité, étaient nommés à vie : le bureau, renouvelé chaque année en assemblée générale, comprenait un recteur président, un vice-président, un trésorier, un secrétaire, un contrôleur et deux estimateurs, tous servant gratuitement, avec l'assistance d'un très petit nombre de commis à gages, deux seulement jusqu'en 1738, puis trois, quatre à partir de 1783. Des dames charitables aidaient soit à ouvrir et à plier les paquets, soit à fixer la valeur exacte du linge, des dentelles.

On prêtait sur gages, jamais au-delà de 100 livres, et au

---

(1) Grosson, *Almanach historique*. 1790, pp. 96-98.
(2) Voir, sur les essais qui ont précédé cette fondation, A. Fabre, *Histoire des Hôpitaux*. t. II, p. 410.

terme ordinaire de six mois, que l'on doublait le plus souvent. Le bureau faisait alors vendre les objets, et, après s'être remboursé, rendait au propriétaire l'excédent de la vente.

D'abord fixé à l'Hôtel-Dieu, le bureau fit bâtir en 1703-1705 un local près de Saint-Martin. Il lui fut alors permis de retenir un intérêt de 2, 1/2 0/0 sur le produit des ventes.

En 1782, les prêts étaient gratuits jusqu'à 5 livres; on retenait 4 0/0 jusqu'à 15 livres, et 5 0/0 au delà.

Le Mont-de-Piété eut toujours le caractère d'œuvre privée, et l'on s'accorde à reconnaître que son fonctionnement était bon (1).

Administrateurs. — MM. Laurent-Fr. Gravier ; — Paul-Nicolas Gravier ; — Pierre Reynaud de Trets. — François-Lazare Campou ; — André-Antoine-Marie Malaval ; — André Dallet ; — Fr.-Simon Devoulx ; — Jean-François Billon ; — Fr.-César Ricaud ; Lazare Ferrari ; — Honoré Gazan ; — Michel de Léon ; — Joseph Barbarin ; — Mathieu-Paulin Barbarin ; — Fr.-Michel Antelmi ; Louis Antelmi aîné ; — Louis Olive ; — Jean-Laurent Gravier fils.

VII. — Bureau charitable
pour les Pauvres Prisonniers et Oppressés (2)

L'Œuvre des prisons fut fondée en 1674, et, au XVIIIe siècle, elle entreprit l'assistance des pauvres oppressés.

Déjà au XIVe siècle, l'Hôtel-Dieu avait été chargé, par le testament de Julien de Casaulz, de donner quelques secours aux prisonniers. Les pénitents de Jésus avaient un tronc dans leur chapelle, dans le but de délivrer tous les ans un prisonnier pour dettes (3). D'autre part, jusqu'en 1720, l'Évêque tenait tous les quinze jours, dans son palais, un

---

(1) A. Fabre, *loc. cit.*
(2) On désignait ainsi les indigents opprimés par des procès injustes ou qui n'avaient pas les moyens de poursuivre leurs légitimes prétentions.
(3) Ruffi, *Histoire de Marseille*, t. II, p. 86.

bureau où l'on réglait les différends et où l'on cherchait à terminer les procès sans frais.

L'Œuvre des prisonniers et des oppressés était composée de toutes sortes de personnes : prêtres, magistrats, procureurs, bourgeois, marchands. Le bureau, formé de tous les membres qui voulaient bien y assister, se tenait tous les dimanches, à deux heures, sous la présidence du Recteur, au Palais de Justice. Si, après examen, les prétentions des pauvres paraissaient justes, on cherchait à terminer l'affaire par la conciliation ; sinon, le bureau la poursuivait à ses frais.

Les membres de service visitaient tous les jours les prisonniers civils et criminels, sollicitaient pour eux prompte justice et contribuaient, grâce aux fonds de l'Œuvre, à l'élargissement de ceux qui étaient retenus pour dettes. Ils faisaient distribuer aux prisonniers du linge, du combustible, et leur procuraient tous les secours spirituels et temporels.

Directeurs. — Mgr L'Évêque de Marseille ; — MM. Dieudé, avocat, doyen (*à Paris*) (reçu en 1739) ; — Pierre-Barthélemy de Grosson, avocat du Roi en la Sénéchaussée (1743) ; — Jean-Joseph Remusat (1744) ; — Barthélemy de Corréard, avocat du Roi en la Sénéchaussée ; — Guillaume de Saint-Jacques-Sylvabelle, directeur de l'Observatoire ; — François Berrin, avocat, ancien assesseur (1747) ; — Jean-Baptiste-Augustin Devillier de Saint-Savournin, procureur du Roi (1750) ; — Laurent-François Gravier (1751) ; — Lazare Lieutaud ; — Scipion Sabatier, ancien directeur de la Monnaie (*à Aix*) (1753) ; — Blondel de Jouvancourt (1756) ; — Jean-Baptiste Pastoret, conseiller du Roi, lieutenant particulier civil et criminel au Tribunal de l'Amirauté (1757) ; — Jean-Pierre Carles ; — Dominique de Demandolx, lieutenant général civil en la Sénéchaussée (1758) ; — François-Lazare Campou, écuyer ; — François Miguel de Léon, trésorier général de France, recteur président du Bureau ; — Mathieu Olive, curé de Saint-Ferréol (1759) ; — Jean Laplane, chanoine de Saint-Martin (1761) ; — Jean-Paul Izoard, ancien échevin (1764) ; — Nicolas-Joseph-Marie Samatan, avocat (1765) ; — Jean-Jos.-Nic. Armand — Joseph Lavabre, avocat (1766) ; — Silvy, avocat, conseiller en la Sénéchaussée (1767) ; — Robert-

Prosper MARIAGE, aîné (1769) ; — Jean-Baptiste-Fr. DE COMBIS ; — Gabriel-Antoine RICHARD, avocat (1770) ; — Joseph CAPUS, ancien assesseur, précédent président du Bureau (1772) ; — Joseph VITALIS, avocat (1773) ; — Jean-Fr. BILLON, négociant ; — Antoine-Paul CHARBONNIER ; — OLLIVIER DU PUGET, ancien officier de cavalerie ; — DULARD (1774) ; — Joseph RIGORDY, avocat (aux Antilles) ; — Claude-Emmanuel-Joseph-Pierre DE PASTORET, maître des requêtes (à Paris) (1775) ; — BÉRENGER DE LA BAUME, chevalier de Saint-Louis ; — D'ORTIGUE, chevalier de Saint-Louis (à Avignon) ; — le comte DE CAIRE DU LAUSEL, chevalier de Saint-Louis, lieutenant des Maréchaux de France (1777) ; — DEVILLIER DE SAINT-SAVOURNIN fils, avocat, (1779) ; — Louis-Fabien GILLY, négociant (1780) ; — Bonaventure ESTUBY, procureur (1781) ; — André MICHEL (1782) ; — EMERIGON, procureur (1783) ; — CORTÈS, capitaine des milices gardes-côtes ; — François JOURDAN, négociant ; — Paul ROLLAND, procureur ; — Joseph PASTORET, prêtre ; — ESTUBI, notaire royal, secrétaire du Bureau ; — Joseph BOISSON, avocat ; — AGARRAT, trésorier du Bureau (1785) ; — le marquis DE CANDOLE ; — Jean-François JULLIEN, greffier audiencier en la Sénéchaussée (1786) ; — Pierre SIAU, juge-consul ; — CHÉRY, avocat ; — Maurice JULLIEN ; — DAGEVILLE, avocat ; — Jean-Baptiste-François CONSTANTIN ; — Jean-Joseph CRAVY, prêtre ; — Joseph CHRISTOPHE, avocat ; — Marie-Michel Denis COUSINÉRY, notaire ; — VILLECROSE, avocat (1787) ; — Louis DE RIANS ; — FAUCHIER, chanoine, doyen des Accoules ; — Jean-Baptiste DANIEL, négociant ; — LAURENCY VIVIAN ; — D'HERCULÉS, négociant (1788) ; — Pierre BAGARRY, ancien échevin ; — François-Simon DEVOULX négociant ; — CAPUS fils, avocat (1789) (1).

Nous venons d'exposer, très sommairement, les principales ressources que la charité, inspirée par la foi religieuse, souvent soutenue par les pouvoirs civils, avait peu à peu créées dans notre ville en faveur de l'indigence.

Elles répondaient à peu près à toutes les formes de la misère : aussi les cahiers que les trois Ordres de Marseille en-

---

(1) Grosson, *Almanach historique* de 1790, pp. 119-123.

voyèrent aux États Généraux de 1789 s'occupèrent-ils peu des questions d'assistance publique. Ils se bornèrent à demander des mesures répressives contre la mendicité.

On ne trouve dans le cahier de la Noblesse qu'un vœu concernant les enfants trouvés ; et encore ne porte-il que sur un détail d'intérêt secondaire :

« Art. 23. — Le droit que le gouvernement a donné à l'Hôtel-Dieu de se décharger des enfants trouvés, en forçant les capitaines de les embarquer en qualité de mousses, contrarie tout à la fois le bien de l'État et l'avantage du peuple. L'État perd sans retour des sujets que le préjugé de leur naissance fait mépriser et déserter ; et le peuple est privé d'un débouché certain pour leurs enfants trouvés qui, confiés en bas âge à nos paysans, deviendraient une ressource pour l'agriculture, qui manque de bras dans toute l'étendue du royaume (1). »

Le cahier du Tiers-État contient l'article suivant :

« Art. 16. — Extirper la mendicité, et à cet effet, renvoyer les mendiants dans leurs provinces respectives ; multiplier les maisons de charité et les ateliers pour les rendre utiles (2). »

H. A.

(1) *Cahier des doléances et instructions arrêtées dans l'assemblée de la Noblesse de Marseille, remis à ses députés aux États Généraux, le 2 avril 1789.* — Cahiers des États Généraux, imprimés par ordre du Corps législatif, sous la direction de Mavidal et Laurent. Paris. 1868, t. III, p. 701.

(2) *Plaintes et doléances de la ville de Marseille, délibérées à l'assemblée générale du Tiers État de ladite ville, tenue les 30, 31 mars et 1er avril 1789.* — Loc. cit., p. 703.

CHAPITRE IV

L'Administration civile

§ 1er. — *Autorités constituées. — Personnel. — Attributions.*

A. — AGENTS DU POUVOIR ROYAL

I. — L'INTENDANT DE PROVENCE

Nous avons à considérer particulièrement le rôle de cet administrateur à Marseille. — Ce rôle était beaucoup plus important dans cette ville et dans celles qui constituaient les *Terres adjacentes*, que dans la Provence proprement dite. Dans la province, l'intendant s'effaçait en quelque sorte devant les Consuls d'Aix, Procureurs du pays, qui s'occupaient de toutes les affaires d'administration intéressant jusqu'aux communautés les plus éloignées de la capitale du comté. Les terres adjacentes, au contraire, étaient soumises à un régime à part : elles ne contribuaient pas aux charges de la province, excepté aux dépenses concernant des objets d'intérêt commun, comme, par exemple, la solde des milices, les travaux de fortifications; et, n'étant pas représentées aux États et autres assemblées du pays, elles étaient imposées à part et subvenaient seules aux charges spéciales qui leur incombaient.

« Les Intendants dans les pays d'État », — écrivait, en 1786, l'abbé de Coriolis (1), — « n'ont pas la même autorité que

(1) *Traité sur l'Administration de la Provence*, tome Ier, p. 15.

« dans les pays d'élection. En Provence surtout, l'Inten-
« dant n'a que très peu de part à notre administration ; il
« ne connaît en aucune manière des impositions ; la capi-
« tation est le seul objet dont la répartition lui soit dévo-
« lue ; encore est-il obligé d'appeler les procureurs du pays
« pour y travailler ; les communautés ne sont soumises à
« son inspection que lorsqu'elles veulent faire quelque
« dépense extraordinaire qui n'est point comprise dans les
« arrêts du Conseil qui ont réglé ce qui leur est permis de
« faire annuellement ; et c'est véritablement à l'Intendant
« de Provence qu'on peut appliquer la disposition de la
« déclaration du 13 juillet 1648 et dire de lui que ses fonc-
« tions se bornent à seconder le Gouverneur dans l'exécu-
« tion de ses pouvoirs, ne devant se mêler en aucune ma-
« nière de la levée des deniers du Roi, encore moins de
« ceux du pays.

« L'Intendant n'a par sa place aucune juridiction en
« Provence, et si quelquefois on a vu la connaissance de
« certaines matières ou de certains objets lui être attri-
« buée, les cours et le pays n'ont cessé de réclamer contre
« ces attributions. »

Marseille, à proprement dire, n'était pas classée parmi les *Terres adjacentes ;* mais l'antique cité phocéenne, autrefois république, n'avait consenti à se soumettre à Charles d'Anjou qu'en déclarant qu'elle était indépendante de la Provence, et qu'en faisant consacrer par ce prince, dans les fameux Chapitres de Paix de 1257, ses vieilles franchises et ses immunités. L'Intendant y jouissait donc, comme dans les *Terres adjacentes*, de droits multiples, bien plus importants que dans le reste de la Généralité d'Aix. Ainsi, non seulement il représentait le pouvoir royal dans toutes les affaires d'administration ; mais encore il fixait la part de contribution afférente à cette ville. Il avait encore des attributions fort étendues comme inspecteur du commerce.

Le dernier Intendant de Provence, celui que la Révolution trouva à son poste, était Charles-Jean-Baptiste des Gallois de La Tour, marquis de Saint-Aubin, vicomte de Glené, seigneur de La Tour, Chazelles, Dompierre, etc., maître des requêtes, qui réunissait depuis 1747 la charge de premier Président du Parlement d'Aix à celle d'Intendant, qu'il exerçait dès 1744. Son père, Jean-Baptiste des Gallois de La Tour, avait déjà cumulé ces hautes fonctions judiciaires et administratives.

M. de La Tour, dans sa longue magistrature, se concilia beaucoup d'amis. Il avait même su mériter la confiance du Tiers-État de Provence, qui, dans son assemblée générale, tenue le 5 mai 1788, lui décerna une médaille avec cette inscription flatteuse :

LE TIERS-ÉTAT DE PROVENCE

A CHARLES-JEAN-BAPTISTE DES GALLOIS DE LA TOUR

INTENDANT DU PAYS

SON AMI DEPUIS PLUS DE QUARANTE ANNÉES (1).

Plus tard, le peuple, oubliant les services de M. de La Tour, pour ne plus voir en lui que l'homme qui avait voulu contenir sa fureur et réprimer ses excès, brisa les coins de cette médaille et répandit l'outrage et la calomnie contre ce magistrat. On alla jusqu'à l'accuser de prévarications et d'odieuses concussions. Le roi Louis XVI voulut lui écrire lui-même pour le venger de ces imputations (2).

II. — Subdélégués de l'Intendant

L'Intendant avait sous lui des *subdélégués*, officiers qui n'existaient qu'en vertu d'une simple commission de leur supérieur. Un arrêt du Conseil du 9 juin 1704 en avait créé en titre d'offices formés et héréditaires ; mais ils furent sup-

(1) *Archives départementales des Bouches-du-Rhône* ; série C, registre 58 des États de Provence, f° 38.
(2) Cabasse, *Histoire du Parlement de Provence*, tome IX, p. 476.

primés par un autre arrêt du 22 juin 1706, à la prière des communautés, moyennant le remboursement des titulaires de ces charges.

Menacées de voir renaître cette institution en 1714, les communautés rachetèrent ces offices et en obtinrent la suppression en 1715. A partir de cette époque, les subdélégués devinrent de simples commis de l'Intendant, qui leur confiait l'expédition des affaires.

En 1789, M. de La Tour avait à Marseille deux subdélégués :

M. Vitalis, avocat et procureur du Roi de la police, pour les affaires administratives et contentieuses ;

M. Salze, négociant, pour les affaires commerciales.

III. — Capitaine-Gouverneur-Viguier de Marseille

Depuis 1660, les fonctions de viguier étaient héréditaires dans la maison de Fortia de Pilles.

Le Viguier de Marseille autorisait par sa présence au nom du Roi les délibérations du Conseil de ville. Il présidait aux élections municipales qui se faisaient chaque année le 23 octobre, jour de la fête des saints Simon et Jude, apôtres. Les lettres-patentes du mois de mars 1660, par lesquelles Louis XIV abolit le consulat de Marseille pour réduire la noblesse, le remplacèrent par des échevins pris généralement en dehors de ce corps, et retirèrent aux magistrats municipaux les clés de la ville pour les confier au Viguier, qui seul pouvait mettre des gardes à la porte Royale et à la chaîne du port.

Le Viguier, aux termes des dites lettres, était « gouverneur de la ville, avec pouvoir de commander tant aux habitants que gens de guerre qui seront en icelle. »

Il avait la place d'honneur dans les cérémonies publiques ; les échevins et les membres du conseil, après les assemblées du corps de ville, où il « tenait le bâton du Roi », le reconduisaient jusqu'à la porte de la salle et même au premier degré de l'escalier. Il jouissait de certains privilèges, notamment de celui d'affermer des emplacements sur les lices des remparts.

En 1789, Toussaint-Alphonse de Fortia, marquis de Pilles, duc de Baumes, baron de Peyruis, seigneur de Piolin, Augés et Montfort, chevalier de Saint-Louis et de Saint-Jean-de-Jérusalem, était capitaine-gouverneur-viguier et commandant pour le roi à Marseille.

Son fils, le comte de Fortia de Pilles, maréchal de camp, gouverneur de la tour de Balaguier près de Toulon, était son adjoint en exercice, commandant en son absence.

Son petit-fils, le marquis de Fortia de Pilles, ancien officier au régiment du roi, avait la survivance de son père et de son aïeul (1).

En tête de ces diverses autorités, nous aurions peut-être dû mettre N. d'André, député aux États-généraux, que le Roi et l'Assemblée nationale envoyèrent en Provence et particulièrement à Marseille comme *commissaire extraordinaire*, lors des troubles qui se produisirent en 1789. Mais sa mission avait un caractère tout exceptionnel et transitoire; aussi ne le mentionnons-nous ici que pour mémoire.

B. — DÉPUTÉS AUX DIVERSES ASSEMBLÉES

I. — Députés aux États-généraux

Nous n'avons pas à faire l'historique du rétablissement des États-généraux par Louis XVI. Bornons-nous à dire que l'assemblée des trois Ordres de Marseille se réunit le 2 avril 1789 (2) et que les députés élus par cette ville furent :

---

(1) Grosson, *Almanach historique de Marseille*, 1789, pp. 150 et 151.
(2) Voir notamment le *Catalogue des Gentilshommes de Provence ayant pris part aux élections des députés aux États-généraux*, par MM. de La Roque et de Barthélemy, p. 15.

l'abbé de Villeneuve-Bargemon, chanoine-comte et chantre de l'abbaye de Saint-Victor de Marseille et l'abbé Davin, chanoine de l'église paroissiale et collégiale de Saint-Martin, pour l'ordre du *Clergé*; — le marquis de Cipières, chevalier de Saint-Louis et M. André-Louis-Esprit de Sinéty, également chevalier de Saint-Louis pour l'ordre de la *Noblesse*; — MM. Roussier, négociant, Lejeans, négociant, Delabat, négociant, Liquier, négociant, pour le *Tiers-Etat*. Ce dernier étant mort en charge à Versailles, le 13 juin 1789, un député suppléant, le notaire Castelanet, fut élu pour le remplacer.

II. — Députés aux Etats de Provence

Le rétablissement des Etats provinciaux en 1787, et surtout leur réouverture en 1789 donnèrent lieu à bien des contestations. Le Tiers-Etat refusait de reconnaître la légalité de cette assemblée, et les membres de cet ordre s'abstinrent absolument de participer à la vérification des pouvoirs des députés (1). D'autre part, les membres de la noblesse non-possédant-fiefs, n'ayant pas droit de séance dans l'assemblée, multiplièrent les réclamations contre cette exclusion (2).

Les anciens règlements des Etats admettaient les députés de Marseille dans ces assemblées, mais à titre consultatif seulement, et leur donnaient la préséance sur ceux d'Arles alternativement.

Dans les Etats provinciaux, rouverts le 25 janvier 1789, les députés de Marseille étaient : pour le *Clergé*, l'abbé de Mazenod, vicaire général représentant l'évêque, Mgr de

---

(1) *Archives départementales des Bouches-du-Rhône*; série C, Etats de Provence, reg. 101, f° 112, 121, 183.

(2) *Protestation des Nobles non-possédant-fief d'Aix, Hyères, Draguignan, Pertuis, Valensolles, Ries, Apt, etc.*, déposée le 6 février 1789, chez M° Bremond, notaire à Aix; — Protestation analogue des notables de Toulon, en date du 15 février 1789.

Belloy (1); le commandeur de Gueydan, représentant le Bailli de Rességuier, commandeur de Marseille (2) ; — pour le *Tiers-État*, M. Durand, échevin de Marseille, qui disputa la préséance à M. de Barras-Lansac, maire d'Arles (3). Quant aux membres de l'ordre de la Noblesse, ou du moins quant aux nobles non-possédant-fiefs, ils siégeaient sans distinction de vigueries ou de sénéchaussées, et Marseille ne comptait point de député parmi eux.

C. — MAGISTRATS MUNICIPAUX

1. — Maire de Marseille

Aux termes du règlement municipal édicté par le roi au mois de septembre 1766, le premier magistrat de la ville portait le nom de maire ; il était élu pour trois ans et pris parmi les nobles possédant au moins 30,000 livres en biens-fonds dans la ville ou le territoire de Marseille, ou en capitaux de rentes constituées sur la communauté.

En l'absence du Viguier, c'était le maire qui présidait le Conseil de Ville.

Ses attributions étaient celles de tous les magistrats municipaux ; nous ne les définirons donc pas en détail, non plus que celles des échevins, ou des membres du Conseil municipal.

En 1789, le maire de Marseille était Antoine-Joachim-Gabriel, marquis de Gaillard, chevalier, ancien officier au régiment de dragons du roi (4).

---

(1) *Archives départementales des Bouches-du-Rhône* ; C. 101 f° 107.
(2) *Ibid.*, même reg. f° 108, verso.
(3) *Ibid.*, même reg., f° 135.
(4) Grosson, *Almanach historique de Marseille*, p. 218.

II. — Echevins

Le règlement ci-dessus mentionné fixait à quatre le nombre des échevins, dont deux anciens et deux nouveaux. Chaque année, on en élisait deux, et deux sortaient de charge. Nul ne pouvait être élu échevin, s'il ne possédait au moins 20,000 livres en biens.

Le premier échevin de chaque année était choisi parmi les négociants et commerçants en gros, non-nobles ; du nombre desquels pouvaient être élus des marchands qui, après avoir cessé depuis trois ans au moins de tenir boutique ouverte, faisaient le commerce en gros. Le second échevin était pris parmi les bourgeois ou les marchands ayant cessé de tenir boutique ouverte depuis trois ans et ne faisant point de commerce.

Les échevins en exercice en 1789 étaient : MM. André Thulis, négociant ; Jean-François Durand de Lafont ; Simon Laflèche, négociant, et Victor Verdillon (1).

III. — L'Assesseur

Toujours d'après le règlement de 1766, l'assesseur devait être avocat et posséder au moins 10,000 livres en biens. C'était le conseiller de la ville dans toutes les affaires contentieuses.

Il entrait en charge et en sortait en même temps que le maire.

Le dernier assesseur de Marseille, en fonctions en 1789, était M⁰ Joseph Capus (2).

IV. — Conseil municipal

Il comprenait : 1° les maire, échevins et assesseur sor-

---

(1) Grosson, op. cit., p. 218.
(2) Ibid.

tant de charge, à titre de conseillers-nés ; 2° 36 conseillers, pris dans les diverses classes de citoyens, savoir : 9 parmi la noblesse, 3 dans l'ordre des avocats, 9 dans celui des négociants, 9 dans celui des bourgeois, 6 dans celui des marchands.

Tous les membres de la municipalité et du Conseil devaient être Marseillais ou maris de Marseillaises. Cette organisation assurait à la ville une représentation sincère ; comme aussi, la proportion attribuée dans le Conseil aux diverses classes d'habitants permettait de dire que tous les intérêts trouvaient des défenseurs éclairés et compétents au sein de l'assemblée communale.

En 1789, le Conseil se composait de : MM. Jean-Pierre d'Isnard, conseiller-secrétaire du Roi, ancien maire ; François Berrin, avocat, ancien assesseur ; Claude Blanchard, négociant ; Joseph Mortuel ; Joseph Davin, négociant, anciens échevins, tous conseillers-nés. — Il comprenait en outre 36 conseillers, savoir : MM. le chevalier de Cipières ; Raymond de Demandolx ; de Rians ; de Girard du Demaine ; le chevalier de Montgrand cadet, chevalier de Saint-Louis ; de Surian de Bras ; de Viguier ; Jean-Louis Roland ; Antoine d'Anthoine ; Jean-Baptiste Cresp, avocat ; Joseph Lejourdan, avocat ; Lejourdan fils, avocat ; Jean-Gabriel Merle ; Estieu aîné ; Jacques Brès ; Gimon aîné ; Couturier ; Louis Gilly ; Martin ; Devoulx aîné ; Justinien de Greling ; Verdilhon-Corréard ; Esprit Jullien ; Antelmy aîné ; Dallest de Careffé ; Constantin ; Siméonis cadet ; Espanet ; Cyprien Laurensy ; Nicolas-Alphonse Dagnan ; Poge aîné ; Deiglun ; Mersanne ; Jean-Antoine Guigou ; Jean-Baptiste Deydier et Chaudon.

Les secrétaires-notaires de l'Hôtel-de-Ville étaient maîtres Pin, Aillaud et Tric (1).

Mais nous avons à tenir compte d'un changement notable qui fut amené dans le corps municipal de Marseille par les événements dont cette ville fut le théâtre en 1789.

(1) Grosson, *op. cit.*, pages 219, 220, 221.

Le 23 mars, la populace ameutée se porta vers la maison du sieur Rebuffel, agent de fermes, qu'elle accusait de s'être enrichi d'une façon scandaleuse, et la livra au pillage, puis se rendit à l'Hôtel-de-Ville où le maire et les conseillers municipaux siégeaient. Ceux-ci, cédant aux menaces de la foule, promirent la suppression des fermes. Le maire et l'assesseur, en revenant de l'assemblée, furent poursuivis par la populace et contraints de se réfugier dans une maison de la rue Coutellerie. Les troubles continuèrent dans la nuit, et l'on constitua un conseil renforcé de quinze membres du Clergé, ayant à leur tête l'évêque, Mgr de Belloy, de neuf membres de la Noblesse et de cent-cinquante notables du Tiers. Dans cette assemblée, présidée par le premier échevin Thulis, l'évêque offrit, au nom de tout son Clergé, « de contribuer aux charges qui pourront « procurer le bien et l'avantage de la communauté, ainsi « que le soulagement du peuple. » Les commissaires de la Noblesse firent la même déclaration dans les mêmes termes, et le Tiers répondit par des acclamations (1). Mais ce conseil des trois ordres, n'ayant jamais été approuvé par le Parlement d'Aix, demeura une assemblée illégale, et fut même un instant supprimé. Il reprit ses séances le 18 juillet. Le 19 août, après l'échauffourée de la Tourrette, les « patriotes » de Marseille pillèrent la maison de l'échevin Lalléche, qu'ils accusaient d'avoir attiré aux portes de Marseille le comte de Caraman, lieutenant-général pour le Roi, avec une armée de 8,000 hommes.

Cette armée, appelée pour réprimer les troubles, pénétra dans la ville, qui comptait parmi ses principales franchises celle de ne pas laisser entrer un soldat dans ses murs sans l'aveu de ses magistrats, et qui, depuis que Louis XIV y avait pénétré par la brèche en 1660, n'en avait plus laissé entrer. Il est vrai que Marseille avait, dans la fameuse nuit

---

(1) Lourde, *Histoire de la Révolution en Provence et à Marseille*, pp. 39, 42 et 44.

du 4 août abdiqué ses anciens priviléges et était « mûre pour la liberté ».

Le 3 octobre, le comte de Caraman et M. d'André, membre de l'Assemblée nationale et commissaire du Roi, ordonnèrent l'élection de plusieurs représentants dans chaque quartier de la ville et du territoire pour renfoncer le conseil municipal.

Le 6 octobre, en conformité de cette ordonnance, furent élus par quartiers : Récollets : MM. Ollivier, prévôt du chapitre de Saint-Martin ; Parrot cadet, négociant ; Baïn, courtier. — Église de Saint-Hommobon : MM. Paul Donnadieu ; Jacques Borély ; Jauffret, aubergiste ; Jean-Joseph Miraillet, bourgeois. — Mission-de-France : MM. Jean-François Lieutaud, bourgeois ; Et. Long, courtier ; Laurent-François Tarteiron, négociant. — Église des Capucins : MM. Jacques-André Pascal, négociant ; Jean-François Audouin ; Jean Vernet. — Église de la Trinité : MM. Alexis Pascal, négociant ; Jean-Henri Trestour, maître maçon ; Honoré Lieutaud, négociant. — Église Saint-Ferréol : MM. Jean-Baptiste Albouis, négociant ; Dominique Audibert, négociant ; Nicolas Counclerc, négociant. — Carmes-Déchaussés : MM. Louis-Antoine Barbaroux, maître serrurier ; Jean-Arsène Séjourné, négociant ; Jean-Antoine-Joseph Marchand, doreur-miroitier. — Salle de Concert : MM. Jacques Hugues, négociant ; Magnan fils aîné, négociant ; Philibert Fabre, marchand toilier. — Picpus : MM. Pierre Bernard, négociant ; Basile Samatan, négociant ; Laurent Guerce.— Saint-Victor : MM. Bergasse, négociant ; Silvy, négociant ; l'abbé de Bausset, chanoine comte de Saint-Victor. — Grands-Augustins : MM. Jacques-Joseph Lieutard, négociant ; Jacques-Joseph-Symphorien Ponsard fils ; Laurent Granet aîné ; Jean Besson, serrurier, *suppléant ;* Cluny fils, serrurier, *suppléant.* — Saint-Martin : Jacques Vernet, maître en pharmacie ; Et. Roubaud, aubergiste ; André Porcelli, fripier. — Collège : MM. Joseph-François Mazoillier, maître tailleur ; Pierre Sayras, négociant ; François Comps, maître boulanger. — PRÊCHEURS : MM. Reissolet, négociant ; Ange Gannivet, maître menuisier ; Gérard, maître fondeur. — GRANDS-CARMES : MM. Jean-Baptiste Fabre, fabricant de chapeaux; Barthélemy Rimbaud, portefaix ; Jean-Joseph Michel, bourgeois. — LOGE : MM. Thurbet aîné, négociant ; Estubi, procureur ; Poulard, négociant. — SAINT-LAURENT : MM. Levezy, prieur-curé ; Antoine Patot, négociant ; Honoré Gazan, négociant ; Jean-Pierre Carle, négociant, *suppléant*. — COLLÉGIALE DES ACCOULES : MM. Simon Allignan, chanoine des Accoules; Louis Blancard, négociant ; Jean-Claude Coquet, avocat. — PÉNITENTS DE SAINT-LAZARE : MM. Jean-Paul Gouiran, négociant; Jean-Baptiste Boulouard, négociant ; Et. Maurel, négociant. — OBSERVANCE : MM. Jean-Honoré Féraud, fabricant de chapeaux ; Jacques Giraud, tanneur; André-Caius Reynaud, fabricant d'amidon. — SÉMINAIRE DU SACRÉ-CŒUR : MM. Malaval, bourgeois ; Pierre Guieu, maître charron ; Ant. Cariane, maître forgeron ; André Dusaud, maître bourrelier, *suppléant*. — AUGUSTINS-RÉFORMÉS : MM. Et. Chompré ; Auguste Bernard, négociant ; Alléon, négociant. — NOTRE-DAME DU MONT : MM. Amb. Leroy d'Ambleville ; Jean-Baptiste Chaulan ; Girard du Demaine ; Pierre-Robert Rivar, *suppléant*. — MANÈGE : MM. Jean-Baptiste Sauze, faïencier ; Pierre-Antoine Sollier, négociant ; Antoine Arnoux, négociant. — SAINT-LOUP : MM. Jean-Maximin Lejourdan, avocat ; Ch. Goullet, bourgeois à Mazargues ; Savournin, bourgeois. — SAINT-JULIEN : MM. Dominique Durbec ; Henri Caillol ; Simon Blanc. — SAINTE-MARTHE : MM. Gaspard-Aloys Giraud ; Joseph Odemar, bourgois ; Jean-André Rousset, ménager. — SAINT-HENRI : MM. Jacques-Antoine Audibert, négociant ; J.-J. Mouraille; Alexandre Arnaud. — SAINT-MARCEL : MM. le chevalier de Combys, major des vaisseaux; le comte de Flotte ; Jacques Durbec (1).

---

(1) Grosson, *Almanach historique pour 1790*, p. 206 et suiv.

Le Conseil de ville, selon ses divers réglements, nommait chaque année des capitaines de quartier. Ceux de 1789 étaient : pour le quartier de *Corps-de-Ville*, Antoine Imbert ; pour celui de *Blanquerie*, André Fabre ; pour celui de *Cavaillon*, Alexandre de Broquery ; pour celui de *Saint-Jean*, Claude Amphoux (1).

Il désignait aussi annuellement les juges-consuls, pour rendre la justice aux marchands et commerçants, et les prud'hommes pêcheurs.

D. — ADMINISTRATIONS SPÉCIALES

I. — Chambre de Commerce

Elle avait autrefois les mêmes attributions qu'aujourd'hui et maintenait dignement le renom d'honorabilité du commerce marseillais.

En 1789, elle comprenait : l'intendant des Gallois de La Tour, en qualité d'inspecteur du commerce ; M. Thulis, échevin, président ; MM. de Laporterie-Lagarrigue, écuyer ; Jacques Borély, écuyer ; noble François-Marie Roux, écuyer ; Dominique Audibert ; Louis Lejeans ; André Liquier ; Carraire ; Jean-Baptiste Grimaud, députés de la Chambre de commerce ; M. Rostagny, conseiller d'Etat ; M. Isnard, écuyer, archiviste ; M. Ferrari aîné, trésorier (2).

II. — Intendants de la Santé

Ils étaient élus par le Conseil municipal et avaient pour mission de prévenir l'invasion des maladies épidémiques par l'importation des marchandises de provenance suspecte. Ces Intendants étaient en 1789 : MM. Davin, ancien

---

(1) Grosson, *op. cit.*, p. 219.
(2) *Ibid.*, p. 225.

échevin ; Bagarry, ancien échevin ; André Philip; Artaud ; Ange Rimbaud ; Joseph-Antoine Tiran ; Joseph-Louis Robert ; Mourgues ; Ferrandy, intendants anciens; et MM. Jean-Baptiste Thulis ; Jean-François Durand ; Victor-Joseph Verdillon ; Honoré Boyer ; François Auzet ; P.-Ant. Solliers ; Estieu aîné et J.-P. Gouiran, intendants nouveaux (1).

III. — Bureau d'abondance

Son établissement remontait à un arrêt du Conseil en date du 8 décembre 1722, qui l'avait institué pour veiller à la subsistance publique. Ce bureau se composait, en 1789, du maire, des échevins, de l'assesseur et de deux conseillers, MM. Nicolas Samatan, ancien échevin, et Louis-Charles Thiers, avocat en la Cour, garde pour le Roi des archives de la ville.

Sous les ordres du Bureau opérait M. Olivert, contrôleur pour les déclarations de grains existant dans la ville.

§ 2. — *Budget.*

Nous n'avons pu trouver, dans les registres de délibérations du Conseil municipal de Marseille, trace du budget de 1789. Du moins, les comptes des trésoriers de la ville, arrêtés le 31 décembre 1788, portent les mentions suivantes (2) :

Recettes du 1ᵉʳ janvier au 31 décembre 1788. 2.941.915 liv. 18 sols.
Dépenses   »   »   2.903.962 »   8 »

Reste en caisse au 31 décembre 1788...   31.953 »   10 »

L'année 1789 dut être, pour le budget de la ville comme pour toute la France, une année fort critique.

---

(1) Grosson, *op. cit.*, p. 223.
(2) *Registre des délibérations de 1788*, f° 254. (Archives municipales de Marseille.) — Voir ci-après (*Note appendice*, pp. 129 et suiv.), l'état approximatif des recettes et dépenses de la ville de Marseille pour 1786.

On a vu plus haut que l'émeute pendant laquelle la maison du fermier Rebuffel fut livrée au pillage, obligea le Conseil de ville à supprimer les fermes, ce qui privait le budget municipal d'un revenu journalier d'environ 5,000 livres. De plus, pour soulager le peuple, le même Conseil avait ordonné la diminution du prix des denrées. « Elle « était si forte », — dit Lourde (1), — « que le prix de vente « de ces objets n'étant plus en rapport avec celui d'achat, il « en résultait une perte considérable pour l'administration, « de qui les fournisseurs étaient en droit de revendiquer « des dédommagements. D'autre part, le bon marché des « denrées avait fait affluer les habitants des environs qui, « en s'approvisionnant, avaient déjà augmenté la consom- « mation à un point tel, qu'on dut craindre une disette « immédiate. »

Le Trésorier de la Ville, nommé par le Conseil municipal, avait chaque année à soumettre ses comptes à huit auditeurs, également désignés par ce Conseil. Un édit en date du mois d'avril 1691, connu sous le nom d'*Édit de comptabilité*, avait subordonné les Trésoriers de Marseille au Trésorier général de la Provence et les rendait, comme celui-ci, justiciables de la Cour des Comptes séant à Aix. Marseille protesta, disant qu'elle avait toujours été un corps séparé, ne contribuant pas depuis 1257 aux impôts de la Provence. Elle demanda, et obtint, par arrêt du Conseil du 18 mars 1692, que ses Trésoriers particuliers fussent comptables seulement devant les auditeurs des comptes dont nous venons de parler (2), sans ressortir ni au Trésorier général, ni à la Cour des Comptes.

M. Joseph Paul était trésorier de Marseille en 1789 (3).

---

(1) *Histoire de la Révolution en Provence et à Marseille*, t. I, p. 43.
(2) L'abbé de Coriolis, op. cit., t. I, pp. 165 et 167.
(3) V. Grosson, op. cit., p. 221.

§ 3. — *Travaux publics.*

Marseille était en voie de grands progrès depuis Louis XIV. On a déjà vu que son enceinte avait été reculée de 1673 à 1680. D'importants travaux d'amélioration étaient entrepris à la fin du siècle dernier. Au-delà des nouveaux remparts, des voies nouvelles se perçaient de jour en jour. C'est ainsi qu'en consultant les registres des délibérations municipales, on voit ouvrir successivement les rues Sénac (1772), Delille (1773), la place Castellane (1774), les allées de Meilhan (1775), le cours Devilliers (1776), etc.

Un plan de la ville était dressé en 1776 par l'architecte M. Devoulx, et le Conseil voulait soumettre la vieille ville à un alignement général. Il étudia divers projets d'agrandissement en 1778. On voit, dans le plan dressé en 1785 par le lieutenant-colonel de Pierron et dédié au maréchal prince de Beauvau, gouverneur de Provence, jusqu'où devait être repoussée la ligne des remparts, pour donner à la cité un plus grand développement.

Sur les vastes terrains de l'arsenal qu'elle s'était fait céder par le Roi en 1781, la municipalité traçait des quais, des places, des rues nouvelles. Les quais riverains du Canal, prenaient les noms du Dauphin, des ministres de Louis XVI, Brienne, Calonne, etc.; les rues Beauvau, de La Tour, Thiars, d'Albertas, Suffren, Glandevès, Breteuil, Rameau, Molière, Corneille, etc., s'ouvraient; la première pierre du Grand-Théâtre était posée par le maire et échevins en 1786.

Dans l'intervalle, des innovations utiles étaient faites : on plantait d'arbres le cours Belsunce (1774); on inscrivait sur des plaques les noms des rues (1775); on bordait de trottoirs les rues Cannebière (1780), d'Aix (1786), Sainte (1788); on achetait à la rue Vacon des terrains pour y construire une halle qui prit plus tard le nom du préfet Delacroix (1785). La même année, on organisait un système d'éclairage des rues, et on plaçait 777 lanternes donnant

2,100 becs de lumière, dont l'entretien revenait annuellement à 120,000 livres. Au mois d'octobre 1786, la municipalité repoussait la proposition de l'entrepreneur Sangrain, qui offrait de suspendre « la demi-illumination en temps
« de lune, ce qui produirait une économie de 9,000 livres,
« et d'établir en même temps environ 100 lanternes dans
« certains quartiers reconnus n'être pas suffisamment éclai-
« rés et dans quelques rues oubliées (1). »

Nous trouvons ce système primitif en vigueur en 1820, et, comme on peut le voir dans la *Statistique des Bouches-du-Rhône* (2), à cette époque on observe pour l'éclairage le temps lunaire, indiqué à cet effet par le directeur de l'Observatoire, « de manière que pendant toute l'année la ville
« puisse être éclairée depuis la chute du jour jusqu'à trois
« heures du matin, *soit par lune*, soit par les reverbères. »
Et pourtant, que nous serions heureux si nos rues étaient aujourd'hui aussi sûres qu'alors !

Deux inspecteurs, nommés Guillaume Bourre et Dreveton père, étaient chargés, en 1789, du service des travaux publics à Marseille (3).

§ 4. — *Police de la ville.* — *Le Guet.*

Le guet fut organisé par un arrêt du Conseil, en date du 3 juillet 1767, rendu en conformité d'une délibération du Conseil municipal du 29 avril précédent. Il devait « veiller
« à la sûreté des habitans pendant la nuit et faire observer
« la police durant le jour. »

Il se composait de : 4 capitaines, 4 lieutenants, 4 sergents, 4 caporaux, 4 anspessades et 108 soldats.

Il y avait quatre corps-de-garde savoir : un à l'Hôtel-de-Ville, un à la place Saint-Louis, un aux Grands-Carmes,

(1) *Délibérations du Conseil municipal*, passim.
(2) T. II, p. 784.
(3) Grosson, *op. cit.*, p. 221.

un à Rive-Neuve. Chacun d'eux était pourvu de quinze hommes. Pendant la journée, le caporal, l'anspessade et quatre soldats restaient seuls à chaque poste. Les autres, officiers compris, se rendaient à l'Hôtel-de-Ville pour y être employés au service de la police. Chaque jour, deux compagnies étaient de garde ; au bout de 24 heures, à midi, les deux autres les relevaient.

Le guet était entretenu à l'aide de deux contributions, l'une fixe, levée sur chaque porte de magasin, de boutique, d'écurie ou de remise de la ville, l'autre perçue sur chaque maison proportionnellement à la valeur de l'immeuble imposé (1).

§ 5. — *Hygiène.*

L'hygiène a toujours été très défectueuse à Marseille. Aussi l'infortunée ville a-t-elle souvent payé un large tribut aux maladies épidémiques. Son climat est pourtant salubre, et plutôt tempéré que chaud.

Certainement le plus grand danger qui menaçait la santé publique en cette ville, provenait de ses relations incessantes avec les ports de l'Orient, trop souvent ravagés par la peste. Aussi, depuis longtemps, la cité avait cherché à se défendre de ce côté.

I. — LE LAZARET

Dès 1476, le roi René donnait à ses consuls les premières instructions pour le régime à suivre relativement aux navires de provenances suspectes (2). Le 18 avril 1526, le Conseil de ville ordonna la construction d'un Lazaret entre l'anse de l'Ourse et la Joliette. Abandonné en 1557, époque

---

(1) *Archives des B.-du-Rh.*; Série C., Intendance, Carton 315.
(2) *Histoire de la commune de Marseille*, par Méry et Guindon, tome V, p. 431 et suiv.

à laquelle la communauté acquit des terrains vers le port Saint-Lambert (Catalans), il fut transféré dans ce nouveau local en 1560. Mais, en 1662, lorsque Louis XIV fit bâtir le fort Saint-Nicolas, Marseille dut céder au Roi cet emplacement et, dès 1663, on jeta les fondements du nouveau Lazaret au nord de la cité.

Cet établissement était très vaste et très bien aménagé. Il a subsisté jusqu'en ce siècle (1), et aujourd'hui, sur son ancien périmètre s'étend le quartier nouvellement construit entre Saint-Lazare et les ports de la Joliette.

II. — Entretien du port

Une autre grande cause d'infection était l'invasion du port de Marseille par les immondices. Afin de pourvoir aux frais considérables que nécessitait le curage de ce vaste bassin, la ville avait établi un droit, appelé de la *Table du Port*. Bien que ce droit fût assez fort, il était devenu absolument insuffisant aux XIII° et XIV° siècles et l'évêque de Marseille et l'abbé de Saint-Victor durent, à cette époque, aider la Ville pour faire face aux dépenses occasionnées par ce travail. Ce curage était naturellement un objet constant de la sollicitude des magistrats municipaux ; il en est souvent question dans leurs délibérations.

III. — Régime des eaux

Les fontaines publiques de la ville étaient surtout alimentées par un aqueduc dérivé de l'Huveaune et ayant aussi une prise sur le ruisseau de Jarret. Un édit du mois d'octobre 1691 avait confirmé en faveur de Marseille ce droit de prise d'eaux, qui fut réglementé par une ordonnance de l'Intendant en date du 14 août 1732.

(1) V. *Statistique des Bouches-du-Rhône*, tome III, p. 371.

« La distribution des eaux était confiée à quatre maîtres
« fontainiers nommés par le maire. La répartition en était
« ordinairement gratuite et se faisait par délibération du
« maire et des échevins. Les délibérations étaient consi-
« gnées dans un registre tenu pour chaque arrondissement
« de fontainiers. Mais, comme un arrêt du Conseil d'Etat
« du 23 mai 1677 permettait à la Ville de concéder les eaux
« publiques moyennant une taxe déterminée par le dispo-
« sitif de l'arrêt, l'on avait soin d'énoncer dans l'acte de
« concession qu'elle était onéreuse ou gratuite, et, dans ce
« dernier cas, révocable à volonté (1). »

IV. — Nettoiement des voies publiques

Hélas! il faut le reconnaître, Marseille a toujours trop compté sur le *mistral* pour entretenir la propreté dans ses rues. Il est vrai, comme le dit Méry, que ce terrible vent est « un balai céleste, qui nettoie l'air et le rend sain ». Encore est-il sage qu'une administration bien entendue ne s'appuie pas exclusivement sur un tel auxiliaire.

La plupart des rues de Marseille, jusqu'à la fin du XVIII° siècle, étaient déshonorées par des immondices, comme des rues de village. Un mémoire présenté à l'Intendant, en 1751, proposait de donner à la ville la ferme du fumier et des balayures; ses conclusions furent rejetées par le Conseil municipal, le 10 septembre de cette année, comme ruinant l'industrie privée (2). Quelques années après, un entrepreneur, nommé Boyer, essaya de se faire adjuger les travaux de nettoiement des rues, moyennant l'abandon des immondices et du fumier qu'il aurait vendus à son profit; ses offres furent repoussées. Nous trouvons dans le fonds de l'Intendance de Provence (3) une lettre des Echevins de

(1) *Statistique des Bouches-du-Rhône*, tome II, p. 783.
(2) *Archives départementales des Bouches-du-Rhône*, série C., Intendance, carton 385.
(3) *Ibid.*

Marseille à l'Intendant, en date du 29 mars 1775, lui faisant savoir qu'étant mécontent de l'ancien entrepreneur qui prenait 700 livres pour le nettoiement des rues de la ville et 400 livres pour l'enlèvement et l'enterrement des chiens qu'ils faisaient « empoisonner tous les ans pendant les « chaleurs de l'été, pour prévenir les désordres de la rage », ils ont passé un nouveau traité avec un autre entrepreneur, lui adjugeant, moyennant 1000 livres, « l'enlèvement des « boues, terres, poussière, chiens et autres animaux » ; le fumier est soigneusement excepté de l'énumération.

Turgot, contrôleur général des finances, dans une lettre du 18 septembre 1775, se plaint qu'on ait rejeté les propositions de Boyer. Il disait à l'Intendant : « Il semble qu'on « eût été bien plus assuré de la propreté des rues avec un « entrepreneur soumis à des peines en cas de négligence, « qu'en se reposant sur l'intérêt des balayeurs *volontaires*, « qui vraisemblablement ne travaillent que selon leurs « besoins, n'enlèvent que ce qui leur convient et quand il « leur plaît, et enfin ne s'occupent à ce travail que dans « les saisons où ils ne trouvent pas à s'employer plus utile- « ment (1). »

Il est à croire que, onze ans plus tard, la propreté des rues n'était pas plus grande, car, le 8 avril 1786, M. de La Tour, intendant, écrit aux Echevins que le baron de Breteuil et le contrôleur général, ainsi que le prince de Beauvau, gouverneur de Provence, le pressent de provoquer une délibération du Conseil municipal pour assurer la salubrité d'une ville qui devient de jour en jour plus populeuse. Il les invite formellement et très instamment, leur laissant entrevoir que les ministres pourraient bien, à leur défaut, y pourvoir par voie d'autorité (2).

Quand on organisa sérieusement le nettoiement des rues de Marseille, et cela dans notre siècle seulement, la révolte

(1) *Archives départementales des Bouches-du-Rhône*; série C, Intendance, carton 386.
(2) *Ibid.*

des *balayeurs volontaires* désignés par Turgot, se produisit. Nous en trouvons l'écho dans la bouche de *l'Escoubier* de Bénédit, qui se rappelle les beaux jours d'antan et s'écrie avec amertume, en voyant la ville un peu moins sale :

Enfin, Marsio es plus Marsio !

Peut-être, il est vrai, notre ville était-elle moins propre jadis. Mais, si son aspect était moins satisfaisant que de nos jours, l'esprit de sa population était meilleur et ses mœurs plus pures. L'avantage ne reste-t-il pas au passé ?

F. DE M. DE C.

NOTE APPENDICE. — A titre de curiosité, et parce que les comptes administratifs variaient peu entre eux, nous donnons ici l'état approximatif des recettes et dépenses de la ville de Marseille pour 1786 (1).

RECETTES

	L.	S.	D.
Fermes unies de la Communauté...................	1.600.000	—	—
Bancs de la Poissonnerie.....................	5.500	—	—
Madrague de la Ville........................	180	—	—
Patentes de santé...........................	1.200	—	—
Boutiques du Palais-de-Justice.................	900	—	—
» de Courtiers......................	1.200	—	—
Ferme de la Glace...........................	500	—	—
Latrines du Petit Poids de la Farine de la Porte d'Aix	145	—	—
Loyer de la boutique du Poids Rouge............	42	—	—
Rentes héréditaires sur les Aides et Gabelles de Paris	14.339	14	—
» sur les Tailles....................	11.341	1	6
» sur les Etats de Bretagne............	604	12	—
A reporter........	1.635.955	7	6

(1) *Archives départementales des Bouches-du-Rhône* ; série C. Intendance, carton 312.

	L.	S.	D.
Report..........	1.635.955	7	6
Gage des Officiers de Police.......................	1.500	—	—
Indemnité sur le prix du sel......................	34.000	—	—
Retenue des vingtièmes sur les Créanciers de la Communauté..........	10.000	—	—
Retenue de celle faite par les corps d'Arts et Métiers	1.000	—	—
	1.682.455	7	6
REVENUS CASUELS :			
Produit de l'Imposition sur les vins................	150.000	—	—
» du greffe de l'Ecritoire...................	500	—	—
» » de la Police..................	200	—	—
» des droits de consignations	6.000	—	—
	156.700	—	—
ENSEMBLE........	1.839.155	7	6

DÉPENSES

	L.	S.	D.
Dettes de la Communauté : Intérêts des rentes constituées...............................	296.326	17	2
Pensions à jour de la Communauté................	12.621	17	10
» viagères de la Communauté.	5.592	10	—
Rentes constituées de l'Hôtel-Dieu.................	59.003	1	3
Pensions viagères de l'Hôtel-Dieu.................	20.843	14	1
Appointements des Officiers et Employés de la Communauté..........	35.036	—	—
Secours ordinaires aux Hôpitaux...................	21.024	—	—
Entretien du Collège et des petites écoles...........	9.050	—	—
Rétribution aux Prédicateurs......................	549	—	—
Logement du Curé de Saint-Martin................	400	—	—
» du Commissaire ordinaire des guerres...	600	—	—
Loyer du corps de garde de Rive-Neuve	400	—	—
» des écuries de la maréchaussée	300	—	—
Habillement des valets aux livrées de la Ville.......	1.740	—	—
Aumône aux Observantins pour le service de M. de Libertat....................................	18	—	—
Frais d'audition des Comptes.....................	400	—	—
Logement du Gouverneur et de son Secrétaire	2.900	—	—
» du Lieutenant-général	2.900	—	—
» du Gouverneur-Viguier..............	2.500	—	—
» de l'Intendant........................	3.000	—	—
A reporter..........	475.205	—	4

	L.	S.	D.
Report.....	475.205	—	4
Logement du Commissaire provincial des guerres.	500	—	—
» du Directeur des fortifications............	300	—	—
» du Sous-Directeur des fortifications....	300	—	—
» de quatre Capitaines du génie...........	1.200	—	—
» de deux Lieutenants du génie...........	400	—	—
» du Directeur de l'artillerie.............	400	—	—
» de deux Capitaines de l'artillerie.......	600	—	—
» du Commissaire de l'artillerie...........	250	—	—
» de deux Gardes d'artillerie.............	400	—	—
» du Commissaire du génie..............	300	—	—
» d'une brigade de maréchaussée	600	—	—
Secours annuel à l'Hôtel-Dieu	40.000	—	—
» à l'Académie des Beaux-Arts	4.000	—	—
» » des Belles-Lettres.....	2.400	—	—
Appointements du Viguier	6 000	—	—
» de ses six hallebardiers.	1.200	—	—
Habillement des dits hallebardiers	600	—	—
Dépenses de l'Echevinage....................	12 000	—	—
Robe, bonnet et rabat du Juge-Consul..........	300	—	—
Rentes domaniales	1.687	10	—
Abonnement sur les cuirs........	30.000	—	—
Droits de Latte et Inquant....................	3.500	—	—
Saisies réelles	450	—	—
Contribution à la milice des canonniers garde-côtes	3.367	2	6
Nettoiement des rues.	1.000	—	—
Pour ouvrages non compris dans le bail de l'Entrepreneur du nettoiement..	1 000	—	—
Uniforme des Officiers de la ville................	600	—	—
Eclairage et chauffage de l'Hôtel-de-Ville et de trois corps de garde....	7.000	—	—
Frais d'impression, papiers, registres	5.000	—	—
Corps de garde, Patrouilles	2.400	—	—
Frais du Bureau d'Abondance..	1.800	—	—
Contribution au centième denier des Offices des Consignations...........................	2.000	—	—
Frais de Contrôle des Actes	600	—	—
Présents pour la Cour, environ......	5.000	—	—
Réparation et entretien du pavé des rues	30.000	—	—
Pavé à faire à l'Arsenal.....................	8.000	—	—
Réparation et entretien des chemins........	120 000	—	—
Ouvrage de maçonnerie et édifice de l'Hôtel-de-Ville	40.000	—	—
A reporter.........	810.359	12	10

CHAPITRE IV

	L.	S.	D.
Report.........	810.359	12	10
Coupements et alignements dans la ville...........	30.000	—	—
Aqueducs et fontaines...........................	10.000	—	—
Éclairage de 693 lanternes	64.000	—	—
Entretien de l'illumination de 1796 mèches.........	80.000	—	—
Logement et appointement des Employés du service du Port...................................	12.000	—	—
Dépenses annuelles payées à Paris par M. Gouin, agent de la Communauté.....................	6.400	—	—
Flambeaux de nuit, bougies, cierges..............	3.000	—	—
Secours à la Maison du Refuge pour la nourriture des femmes et filles enfermées.................	3.000	—	—
Réjouissances publiques ordinaires................	1.000	—	—
Au sieur de La Grivagère, pour le manège.........	1.200	—	—
Entretien des arbres, arrosage des cours, places et promenades.....................................	1.000	—	—
Ouvrages de menuiserie, ferblanterie, serrurerie, fonderie, balances, etc........................	4.000	—	—
Frais de procédure, environ.....................	4.000	—	—
» de voyage, environ......................	1.200	—	—
Juridiction consulaire, loyer et autres frais.........	2.400	—	—
Montant des impositions royales......	688.378	14	3
Déficit de l'Hôtel-Dieu, calculé sur l'année précédente	92.542	—	—
» de l'Hôpital Saint-Lazare..................	8.000	—	—
ENSEMBLE.........	1.822.480	7	1
SOLDE................	16.675	—	5
SOMME ÉGALE...........	1.839.155	7	6

CHAPITRE V

Les Forces publiques

§ 1ᵉʳ — *Régime militaire.*

Marseille, au point de vue militaire, n'était, pour ainsi dire, pas séparée de la Provence. Il y a donc lieu de parler ici des autorités militaires qui se trouvaient placées en 1789 à la tête de la province, puisque Marseille leur était soumise.

A. — AUTORITÉS MILITAIRES

I. — GOUVERNEUR DE LA PROVINCE

Le Gouverneur de Provence était, en 1789, Charles-Just, prince de Beauvau et du Saint-Empire romain, maréchal de France, grand d'Espagne de 1ʳᵉ classe, chevalier des ordres du Roi, capitaine d'une compagnie de ses gardes du corps, marquis de Craon, baron de Lorquin, Saint-Georges, etc., gouverneur et grand bailli de Lunéville et de Bar-le-Duc, l'un des quarante de l'Académie française, membre honoraire de celle des Inscriptions et Belles-Lettres (1).

Le prince de Beauvau, né à Lunéville le 10 novembre 1720, avait été fait colonel du régiment des gardes lorraines le 1ᵉʳ mai 1740. Il se distingua l'année suivante, sous le

---

(1) Grosson, *Almanach historique de Marseille*, 1789, p. 147.

maréchal de Belle-Isle, au siège de Prague, fut le 16 mai 1746 brigadier des armées du Roi, maréchal de camp le 10 mai 1748, chevalier des ordres du Roi le 2 février 1757, lieutenant général de ses armées le 28 décembre 1758, généralissime des troupes envoyées en Espagne en 1762, commandant en chef en Languedoc le 31 octobre 1765, et gouverneur de Provence au mois d'avril 1782, après la mort de S. A. Camille-Louis de Lorraine, prince de Marsan, survenue le 12 de ce mois (1). Le prince de Beauvau obtint en 1783 le bâton de maréchal de France. Il devint en 1789 ministre de la guerre et ne demeura que cinq mois au ministère. Il mourut en 1793. Son administration laissa en Provence d'excellents souvenirs et son nom fut donné à l'une des rues percées sur l'emplacement de l'ancien arsenal des galères.

II. — Lieutenant-général

Louis-Paul, duc de Brancas-Céreste, chevalier des ordres du Roi et lieutenant-général de ses armées, était, en 1789, investi depuis plusieurs années des fonctions de Lieutenant général pour le Roi en Provence (2). Le roi Louis XVI avait érigé en sa faveur le terre de Céreste en duché par lettres-patentes de 1784. Si nous relatons ce fait, c'est que les duchés sont rares en Provence : il n'y en avait qu'un seul autre, avec pairie, Villars, également créé pour la famille de Brancas.

III. — Commandant en chef pour le Roi

Cette charge avait été dévolue à Victor-Maurice de Riquet, comte de Caraman, seigneur d'Albiac, de Roissy, du Bois de

(1) *Archives des Bouches-du-Rhône*; série B, Cour des Comptes de Provence, registre *Maurepas*, f° 323.
(2) *Almanach historique* de Grosson, *loc. cit.*

la Ville et du canal du Languedoc (1). C'était l'arrière-petit-fils de Pierre-Paul Riquet, créateur de ce canal. Il fut fait Lieutenant-général des armées du Roi en 1780. Il était déjà Lieutenant-général pour Sa Majesté en Languedoc, quand il fut nommé Commandant en chef en Provence, en remplacement du comte de Thiard de Bissy (2). Investi de tous les pouvoirs militaires dans la province au moment où la Révolution débuta, il ne put, dès leur origine, réprimer les mouvements populaires qui se produisirent à Marseille et en firent le foyer de l'incendie qui devait se propager dans toute la région. Nous l'avons dit, les privilèges de la ville de Marseille défendaient aux troupes d'entrer dans son enceinte, ce qui laissa le champ libre aux séditions, aux pillages dont notre malheureuse cité fut le théâtre. « Ainsi », — observe Lourde, — « par des causes locales et presque indé-
« pendantes du mouvement qui agitait la France, la Révo-
« lution était en grande partie parachevée à Marseille (3). »

Indépendamment de cette cause locale du succès de l'émeute, la mollesse du gouvernement, qui s'était montrée à Paris d'une façon plus lamentable encore, devait paralyser les efforts du commandant militaire, et ce n'est qu'à la dernière extrémité que l'ordre fut donné au comte de Caraman de réprimer les excès qui faisaient justement présager une véritable jacquerie. « La douceur du Roi, celle des
« chefs militaires est admirable ; » — dit M. Taine, — « on
« admet que le peuple est un enfant, qu'il ne pèche jamais
« que par erreur, qu'il faut croire à son repentir, et, sitôt
« qu'il rentre dans l'ordre, le recevoir avec des effusions
« paternelles...... (4). » D'ailleurs, le comte de Caraman

(1) Voyez *Armorial de la Noblesse du Languedoc*, Généralité de Toulouse, par M. de la Roque, tome I, p. 287.
(2) *Archives des Bouches-du-Rhône* ; série B., Cour des Comptes. Reg. Mayol-Saint-Simon, f° 224, verso.
(3) Lourde, *Histoire de la Révolution à Marseille et en Provence*, p. 59.
(4) Taine, *Origines de la France contemporaine*, La Révolution, tome I, livre I, p. 29.

payait, comme beaucoup d'hommes de son temps, son tribut à la sensibilité, cette divinité si en vogue à la fin du XVIII° siècle ; il en donna la preuve dans la lettre qu'il écrivait le 22 avril 1789 à la Cour, au sujet de la révolte : « Il est résulté de ce malheur un bien réel ; » — dit-il, — «... on a reporté sur la classe aisée ce qui excédait les forces « des malheureux journaliers... On s'aperçoit encore d'un « peu plus d'attention de la noblesse et des gens aisés pour « les pauvres paysans; on s'est accoutumé à leur parler « avec plus de douceur (1). »

Les troubles avaient commencé au mois de mars 1789 à Marseille, et ce fut seulement à la fin de mai que le comte de Caraman, à la tête d'une armée de 8000 hommes (comprenant les régiments d'infanterie de Royal-marine, Lyonnais, Barrois et le régiment suisse d'Ernest, plus deux régiments de cavalerie, Royal-dragons et Lorraine-dragons) se présenta sous les murs de la ville pour y rétablir l'ordre. Il épuisa tous les moyens de conciliation avant d'en venir à la force : c'est ainsi qu'il consentit à entrer seul dans la ville, au milieu de la garde citoyenne. Il essaya de réduire le conseil de ville, illégalement renforcé, à sa forme primitive, et chercha à réorganiser la garde nationale. Mais il échoua dans ces deux projets et ne put prévenir les rixes sanglantes qui éclatèrent bientôt. Le 16 août eut lieu la bénédiction des drapeaux de la garde nationale en l'église cathédrale de Marseille, et, à cette occasion, l'Évêque, Mgr de Belloy, prononça ces paroles au sujet du comte de Caraman : « Rendons grâces au Seigneur et félicitons-« nous, Messieurs, oui, félicitons-nous d'avoir pour Com-« mandant de cette province un général qui, en réunissant « les plus glorieuses qualités militaires à celles du vrai « citoyen et de l'homme d'État, a su, par l'aménité de son « caractère, ainsi que par la sagesse et la prudence de

---

(1) *Archives nationales*, H. 1274. — Lettre citée dans l'ouvrage mentionné plus haut.

» toutes ses démarches, entretenir parmi nous le calme au
« milieu des orages, et nous préserver des maux désastreux
« qui nous menaçaient (1). »

Trois jours plus tard, le 19 août, la garde bourgeoise et la population en venaient aux mains à la Tourrette. Le soir de ce jour, malgré sa longanimité, Caraman était obligé de faire entrer ses troupes dans la ville où, depuis cent vingt-neuf ans, pas un soldat n'avait pénétré en armes sans le consentement des magistrats municipaux. Le 21 août, commença l'instruction d'une procédure prévôtale contre les coupables.

Nous revoyons le comte de Caraman présidant, le 4 octobre, à la prestation du serment national par les troupes de la garde nationale. Il prononça, à cette occasion, un discours paraphrasant la formule « la Nation, la Loi, le Roi », dans lequel il se plaît à dire que le Roi « s'honore d'être le premier citoyen de son royaume (2). »

Une nouvelle échauffourée eut lieu le 8 décembre, quand le peuple vint réclamer, auprès de Caraman, la réforme de la garde bourgeoise. La loi martiale dut être proclamée jusqu'au 12 du même mois. Les élections pour la municipalité ayant été faites le 28 janvier 1790, conformément aux décrets de l'Assemblée nationale, et plusieurs des citoyens impliqués dans la procédure prévôtale ayant été élus, le Commandant en chef et M. d'André, commissaire du Roi, sortirent de la ville.

Le comte de Caraman mourut en 1807.

IV. — COMMANDANT EN SECOND

C'était Joseph-Roger de Verdusan, marquis de Miran, lieutenant-général des armées du Roi, qui remplissait ces fonctions en 1789 depuis quelques années. Il appartenait à

---

(1) *Almanach historique* de Grosson, 1789, p. 345.
(2) *Almanach historique* de Grosson, 1790, p. 355

une ancienne famille de Guyenne. Quoique moins mêlé que le comte de Caraman aux tristes événements de cette époque agitée, il en eut aussi sa part, et, comme son chef, dut essuyer bien des déboires dans une ville que l'anarchie était toujours prête à désoler (1).

On peut consulter, aux archives nationales (2), les lettres de M. de Miran au ministre. Elles peignent bien l'état dans lequel se trouvait Marseille, prenant les armes pour délivrer les meneurs mis en prison, pour désarmer et démolir les forts destinés à la contenir, et obligeant les particuliers à contribuer au paiement des ouvriers employés à cette œuvre de destruction.

Le marquis de Miran, plusieurs fois menacé de mort et même attendu dans un guet-apens, fut contraint de demander son rappel, le 5 mai 1790 (3).

V. — GOUVERNEUR PARTICULIER DE MARSEILLE ET LIEUTENANT DE ROI

Ces fonctions étaient remplies, en 1789, par Toussaint-Alphonse de Fortia, marquis de Pilles, duc de Baumes au Comtat Venaissin, baron de Peyruis, seigneur de Piolin, Augès et Montfort, chevalier de Saint-Louis et de Saint-Jean-de-Jérusalem (4). Il a déjà été parlé de lui au chapitre de l'administration, comme Viguier de Marseille. Il exerçait sa charge depuis le 1er janvier 1767.

Depuis 1257, époque où Marseille se livra à Charles d'Anjou, jusqu'à François Ier, le gouvernement de la ville fut attaché aux fonctions de Viguier. Il en fut distrait de 1536 à 1660. Successivement exercé par plusieurs gen-

(1) *Almanach historique* de Grosson, 1790, p. 355.
(2) F. 7, 3196.
(3) Taine, *Origines de la France contemporaine*, La Révolution, tome I, livre III.
(4) Grosson, *Almanach historique* de 1789, p. 150.

tilshommes et, après la mort de Libertat, par les consuls de Marseille, il leur fut retiré par Louis XIV, qui déclara héréditaires les fonctions de gouverneur et de Viguier dans la maison de Fortia de Pilles. Ses membres s'en acquittèrent avec honneur, et déjà Ruffi pouvait dire d'eux en 1696 : « On ne sait par quel endroit Marseille est plus « heureuse : ou de les avoir donnés à Louis le Grand pour « maintenir son autorité, ou de les avoir reçus de Louis le « Grand pour ses gouverneurs (1). »

VI. — Gouverneur adjoint en absence

Le comte de Fortia de Pilles était adjoint au marquis dans son gouvernement et l'exerçait en son absence. Il était chevalier de Saint-Louis, maréchal des camps et armées du Roi et gouverneur de la tour de Balaguier.

Son fils, le comte de Fortia de Pilles, ancien officier au régiment du Roi-Infanterie, avait la survivance de son aïeul (2).

VII. — Corps royal d'artillerie

La Provence et la Corse avaient les mêmes inspecteurs généraux : MM. de Marzy et Amé de Saint-Paul, maréchaux de camp. Le directeur de l'artillerie en Provence était M. Prévost de Lumian, brigadier des armées du Roi, et le sous-directeur, M. Fanton de Thorenc, lieutenant-colonel à Antibes.

A Marseille, le capitaine de Pistoye était chargé du détail des places, et M. de Montmirel, commissaire. Il y avait aussi deux gardes d'artillerie, dont l'un, M. Bellon, était secrétaire de la direction et chargé du détail des batteries de la côte (3).

(1) Ruffi, *Histoire de Marseille*. livre XII, chap. 6.
(2) Grosson, *Almanach historique*. 1789, p. 151.
(3) *Ibid.*, 1789, p. 155.

En outre, il y avait, près de la Porte d'Aix, une salpêtrière, avec un commissaire pour le Roi et plusieurs agents.

VIII. — Corps royal du génie

M. de Vialis, maréchal des corps et armées du Roi, chevalier de Saint-Louis, était, en 1789, directeur général des fortifications en Provence et en Dauphiné.

M. de Pierron, colonel, chevalier de Saint-Louis, était sous-brigadier au corps royal du génie. Il édita un très beau plan de Marseille en 1789, avec un projet d'agrandissement de l'enceinte de la ville, et le dédia au maréchal, prince de Beauvau.

Sous lui servaient MM. Somis, chevalier de Saint-Louis, de La Gravière et Gotho, capitaines en premier ; MM. Grissol, lieutenant en premier, et Dianous, lieutenant en second (1).

IX. — Maréchaussée de France

Elle avait comme prévôt général en Provence et lieutenant des maréchaux, M. de Sanchon de Bournissac, chevalier de Saint-Louis, dont la résidence était à Aix. Il avait dans la même ville quatre lieutenants.

A Marseille, les officiers subordonnés à son autorité étaient : MM. Laberge, lieutenant ; Bouvier, maréchal des logis ; Mongins, brigadier, et il y avait six cavaliers de maréchaussée (2).

La maréchaussée correspondait à la gendarmerie actuelle. Ce corps, créé en 1557, n'avait d'abord que dix-huit archers, placés sous le commandement d'un prévôt ; mais, dans la suite du temps, le nombre des cavaliers fut porté à cent (3).

(1) Grosson, *Almanach historique* 1789, p. 156.
(2) *Ibid.*, p. 158.
(3) *Statistique des Bouches-du-Rhône*, tome II, p. 598.

M. de Bournissac, chargé, après les troubles qui signalèrent à Marseille le mois d'août 1789, d'ouvrir contre les fauteurs de désordres une procédure prévôtale, assuma sur sa tête la fureur populaire. Il se vit retirer l'instruction de l'affaire; la municipalité lui interdit toutes fonctions, ainsi qu'à ses assesseurs. Ils furent dénoncés publiquement, « menacés de poignards, d'échafauds et de tout genre d'as- « sassinat (1). » Le procureur du Roi et l'assesseur durent se retirer dans le fort Saint-Jean; le grand prévôt, après avoir tenu un peu plus longtemps, quitta Marseille afin d'avoir la vie sauve (2). Quant aux détenus, ils furent délivrés par la garde nationale et portés en triomphe, et désormais toute instruction contre eux fut suspendue.

X. — Commissariat des guerres du département de Marseille

Il avait pour titulaire Joseph-Esprit Girard du Demaine, chargé de la division de Provence. Sa circonscription embrassait, avec Marseille les subdivisions d'Aubagne, d'Allauch, de la Ciotat, des Martigues, de Roquevaire, et celles de Digne, Sisteron et Seyne dans la haute Provence.

M. du Demaine avait pour secrétaire M. Chinon, pour trésorier M. Deleuze du Chaila, gouverneur et lieutenant de Roi de la ville de Marsillargues en Languedoc.

Il y avait aussi un garde-magasin des vivres et deux entrepreneurs des lits, un pour les officiers, l'autre pour les soldats (3).

Les officiers d'administration des guerres correspondaient à l'Intendance militaire actuelle.

---

(1) Lettres de Bournissac du 6 mars 1790. *Archives nationales*; F. 7, 3196.
(2) Taine, *op. cit.*, liv. III, chap. 1.
(3) Grosson, *Almanach historique de Marseille*, 1789, p. 150.

XI. — Gardes-côtes

C'était une sorte de milice, formée de canonniers chargés de la garde des batteries du littoral. Elle était divisée en compagnies, selon une ordonnance du 13 décembre 1778.

Les gardes-côtes ne sont plus mentionnés dans l'*Almanach historique* de Grosson, à partir de l'année 1783 exclusivement.

B. — RECRUTEMENT DES TROUPES

Au point de vue du recrutement des soldats, Marseille n'était pas placée sous un régime différent de celui sous lequel vivaient les autres villes et provinces du royaume. Les recrues y étaient raccolées, comme partout, grâce au zèle intéressé des sergents, qui ne craignaient pas de faire appel à la « presse » pour enrôler un plus grand nombre d'hommes, en leur arrachant, sous l'empire de l'ivresse, la promesse d'un engagement.

Ce système, vicieux en soi, ne donnait pas, en pratique, de mauvais résultats, et ces hommes qui paraissaient embauchés malgré eux faisaient, après tout, d'excellents soldats, très vite passionnés pour leur métier, ardents et intrépides sur le champ de bataille, durs à la fatigue, animés d'un grand esprit de corps, vieillissant presque toujours sous le harnois, et sachant charmer les ennuis inséparables de leur profession par ces chansons gauloises et martiales à la fois dont le théâtre a conservé les plus gaies.

§ 2. — *Forts et Casernes.*

I. — Citadelle ou fort Saint-Nicolas. — Son état-major en 1789. — Sa garnison

La noblesse marseillaise, sous Louis XIV, avait poussé l'amour de l'indépendance jusqu'à la révolte Pour la punir, le Roi voulut l'écarter désormais de l'Hôtel-de-Ville en supprimant le consulat, qu'il remplaça par l'échevinage en 1660. Il vint à Marseille où il voulut entrer par la brèche, comme dans une ville conquise, puis il dit, en donnant l'ordre de construire une citadelle destinée plutôt à contenir la ville qu'à la défendre : « Je veux avoir aussi ma bastide. » Il eut pour bastide le fort qui fut commencé cette année même et prit le nom de fort Saint-Nicolas, à cause d'une ancienne chapelle ainsi nommée, siège d'un prieuré dépendant de l'abbaye de Saint-Victor. L'inscription suivante fut gravée sur la pierre angulaire.

« Ne fidelis Massilia, nefariis aliquorum motibus sœpius
« concitata, in proprium regnique damnum, vel nimia li-
« bertatis cupidine tandem rueret, Ludovicus XIV, Gallo-
« rum rex optimatum populique securitati hac arce pro-
« vidit.

« Rex jussit. Cardinalis Mazarinus, pace ad Pirennes
« composita, suasit. Ludovicus de Vendôme, Provinciæ
« gubernator, exsecutus est (1). »

Son état-major, en 1789, se composait ainsi :
Gouverneur : M. de Malvin de Montazet, maréchal des camps et armées du Roi, commandeur de Saint-Louis. — Commandants : MM. de Montlezun, chevalier de Saint-Louis, et de Marengo, en survivance et en exercice. — Major : M. de La Roque, chevalier de Saint-Louis et de Saint-Jean de Jérusalem. — Aide-major : M. Marion, chevalier de Saint-Louis. — Sous-aide-major : M. Dupuy. — Garde d'artillerie : M. Marteau. — Il y avait encore un médecin et un chirurgien.

La garnison comprenait cinq compagnies du régiment de Vexin (2).

Au moment des troubles de 1789 et 1790, la garde nationale investit le fort Saint-Nicolas, et la municipalité, loin

---

(1) A. Fabre, *Rues de Marseille*, tome II, p. 442.
(2) Grosson, *Almanach de 1789*, p. 151.

de faire respecter les forts, fit cause commune avec les insurgés et obligea les officiers à ouvrir les portes et à admettre la garde nationale à faire le service conjointement avec les soldats, sous peine de passer pour des fauteurs de guerre civile et d'être rendus responsables des conséquences qu'entraînerait leur refus. Ils capitulèrent. Plus tard, quand le décret du Roi et de l'Assemblée ordonna la restitution des forts aux commandants et la sortie des gardes nationaux, on verra les magistrats municipaux, plutôt que de les rendre, les faire démolir par deux cents ouvriers, qui seront payés par une contribution forcée des particuliers (1).

II. — FORT SAINT-JEAN. — SON ÉTAT-MAJOR. — SA GARNISON.

La tour carrée bâtie à l'entrée du port de Marseille est la partie la plus ancienne de cette forteresse. Elle fut construite en 1448 par ordre du roi René, qui donna la direction de l'entreprise à Antoine Hermentier, seigneur d'Orgon, son conseiller et son maître d'hôtel. Elle était destinée à remplacer l'ancienne tour de la chaîne du Port, *catenæ portus*, détruite en 1423 lors de l'invasion du roi d'Aragon. La tour ronde qui servait autrefois de phare, est aussi fort ancienne. Le nom de Saint-Jean a été donné à ce fort parce que l'église, la maison du commandant et les bâtiments y attenant appartenaient jadis à l'ordre de Saint-Jean de Jérusalem. Ses fortifications proprement dites furent commencées vers 1664, selon Ruffi (2).

L'état-major comprenait en 1789 :

M. de Cherisey, gouverneur. — M. de Calvet, chevalier de Saint-Louis, commandant. — M. de Bausset, major, chevalier de Saint-Louis. — M. de Villeneuve, chevalier de Saint-Louis, ancien capitaine de cavalerie, ayant brevet de

(1) Taine, *op. et loc. cit.*
(2) Ruffi, *Histoire de Marseille*, liv. XIII, chap. 2.

commandant, aide-major. — M. Lyard, officier et garde d'artillerie. Il y avait encore un aumônier, un médecin et un chirurgien.

La garnison se composait de cinq compagnies du régiment de Vexin.

Quand on imposa aux forts de Marseille, en 1790, une capitulation, les officiers du fort Saint-Jean la signèrent ; mais le major de Beausset, indigné, s'y refusa et paya de sa vie cette courageuse résistance. Sa tête tranchée et son corps affreusement mutilé furent promenés dans la ville par la populace, et la municipalité de Marseille appela la mort tragique de ce brave officier un « accident fâcheux ». Elle crut même devoir verser quelques larmes hypocrites sur son sort : « Par quels revers faut-il qu'après avoir jusqu'ici
« mérité et obtenu des éloges, un Beausset, que nous n'avons
« pu soustraire au décret de la Providence, vienne flétrir
« nos lauriers (1)? »

III. — Fort Notre-Dame de la Garde. — Son état-major. Sa garnison.

Dès le Xe siècle, la ville de Marseille fit construire une tour pour servir de vigie sur une montagne voisine, qui prit de là le nom de *la Garde*. On sait qu'une chapelle y fut bâtie au XIIIe siècle. En 1525, François Ier fit construire le fort Notre-Dame de la Garde avec les débris du couvent des Frères Minimes (2).

Parmi les gouverneurs de cette forteresse, fut notamment Scudéri, l'auteur fécond que raille Boileau. Le poète-gouverneur a décrit en vers pompeux et emphatiques l'aspect de Marseille du haut des murs du château :

---

(1) Lettre du 5 mai 1790, citée par M. Taine, *op. et loc. cit*
(2) Ruffi, *Histoire de Marseille*, liv. XI, chap. 5.

> Et du haut des remparts de l'importante place,
> L'on voit toute la ville et tout ce qui s'y passe.
> Mais, si jamais objet s'y fait voir merveilleux,
> C'est lorsqu'ayant franchi cent rochers périlleux,
> Vers la fin de l'automne, aux heures les plus claires,
> Du haut de ce donjon on revoit nos galères...
> Mais alors les canons du haut fort de la Garde
> Commencent de tonner, et ceux du Château-d'If
> Chassent loin de ces bords le silence craintif.
> La ville toute en feu paraît lors allumée,
> Les galères ne sont que flamme et que fumée...
> Enfin, de ce théâtre et haut et spacieux,
> Il n'est rien sur la terre, il n'est rien sous les cieux,
> Dont la magnificence et le rare spectacle
> Ne fasse avec raison crier cent fois miracle.

Scudéri avait certainement forcé la note ; aussi Chapelle et Bachaumont, dans leur fameux *Voyage*, ont consacré, à la forteresse si vantée quelques vers destinés à en rabaisser la gloire :

> Gouvernement commode et beau,
> Auquel suffit pour toute garde
> Un suisse avec sa hallebarde,
> Peint sur la porte du château.

Aujourd'hui il ne reste plus que quelques murailles du vieux fort, qui a cédé la place à la Basilique si chère aux Marseillais.

L'état-major en 1789 était ainsi composé :

Gouverneur : M. de Jarente, chevalier de Saint-Louis et de Saint-Jean-de-Jérusalem. — Capitaine-commandant : M. d'Anfossy. — Garde magasin d'artillerie : M. de Chevignot. — Un médecin et un chirurgien (1).

La garnison comprenait une compagnie d'invalides.

Pour venir à bout de cette faible troupe, les clubs marseillais, en 1790, eurent recours à la ruse. Le 29 avril,

---

(1) Grosson, *Almanach historique*, 1789, p. 133.

deux comédiens, aidés de 50 volontaires, surprirent une sentinelle et s'emparèrent du fort, et une requête à Desmoulins, adressée de Marseille, exalte « l'art enchanteur de ce « Renaud qui, *sous le masque de la dévotion*, surprit la « sentinelle bien éveillée de Notre-Dame de la Garde, et « décida, par son mâle courage et sa ruse, la conquête de « cette clé du grand foyer de la contre-révolution (1).»

IV. — Château-d'If et Iles de Marseille.
État-Major. — Garnison

Le château d'If fut construit par François Ier en 1529 ; les fortifications qui ceignent l'île ont été élevées en 1596 et 1597, lorsque Nicolas de Baussel, qui en était gouverneur, voulant protéger Marseille contre une invasion espagnole qui la menaçait, mit les îles de la rade sous la protection du grand duc de Toscane.

Mais, une fois maîtres d'If, les Toscans ne voulurent plus déguerpir et fortifièrent encore leur position en érigeant une tour à Pomègues. Ce ne fut seulement en 1598 que le duc de Guise, gouverneur de Provence, parvint à battre les Toscans, et qu'un traité conclu à Florence stipula l'évacuation des îles par les étrangers.

On sait que le château d'If, fut utilisé comme prison d'État. Les souvenirs qu'il évoque, à ce titre, trouveront leur place dans la notice sur les Prisons.

État-major en 1789 :

Gouverneur : le comte de Scey-Montbéliard, lieutenant général des armées du Roi, chevalier de Saint-Louis. — Major-commandant : M. d'Alègre, chevalier de Saint-Louis. — Commandant de la compagnie d'invalides : M. du Veyrier. — Garde d'artillerie : M. Trophe. — Un aumônier ; un médecin et un chirurgien.

(1) Document cité par M. Taine, *op. et loc. cit.*

La garnison se composait d'une compagnie et d'un détachement d'invalides (1).

Les fortifications de Pomègues et de Ratoneau dépendaient du gouverneur du Château-d'If, sans avoir d'état-major. En 1765, un des soldats de la garnison de cette dernière île, Gourrin, dit *Francœur*, s'imagina, dans un accès de folie, de se proclamer roi de Ratoneau, et après avoir subi un siège de quelques jours, consentit à capituler pourvu qu'on lui laissât son havresac et sa pipe (2). Il mourut dans un asile d'aliénés.

§ 3. — *Milice municipale.* — *Son ancienne organisation. Sa transformation en garde nationale.*

Autrefois Marseille était divisée en six quartiers appelés *sixains*. A partir de 1560, il n'y en eut plus que quatre, portant les noms de : Corps-de-ville (quartier de l'Hôtel-de-Ville) ; Blanquerie (quartier en deçà du Port) ; Cavaillon (quartier des Carmes) ; Saint-Jean (quartier Saint-Laurent). La surveillance de chacun d'eux était dévolue à un officier appelé capitaine. Chacun de ces officiers, élu en même temps que le Corps municipal, avait un drapeau distinct : blanc, pour *Corps-de-Ville* ; bleu et blanc, pour *Blanquerie* ; blanc et rouge, pour *Cavaillon* ; rouge et noir, pour *Saint-Jean*. Il commandait un certain nombre d'archers, dont un avait le titre de brigadier, pour l'administration de la police et le maintien du bon ordre dans son arrondissement (3).

En temps de guerre, dit Ruffi, on élisait six capitaines outre ces quatre (4). Le même auteur ajoute que, depuis les guerres de religion, les charges de capitaines de quartier

(1) Grosson, *Almanach historique*, 1789, p. 151.
(2) Grosson, *Almanach* de 1772, p. 149.
(3) Méry et Guindon, *Histoire des Actes et Délibérations de la Commune de Marseille*, tome II, p. 289.
(4) Ruffi, *Histoire de Marseille*, livre XII, chap. 3.

furent tenues en grand honneur. Une délibération du Conseil de Ville, en date du 28 juillet 1658, organisa, pour la sécurité des habitants du territoire, onze compagnies volantes de 10 hommes chacune, et désigna leurs chefs (1).

En 1777, quand le comte de Provence fut reçu solennellement à Marseille, chacune des quatre compagnies de quartier fut portée à deux cents hommes ; l'état-major fut doublé ; tous les corps d'arts et métiers prirent les armes, choisirent leurs officiers à la majorité des suffrages et formèrent une milice bourgeoise de six mille hommes. Chaque compagnie prit un uniforme différent et marcha sous un drapeau distinctif. La noblesse, à cheval, formait un escadron commandé par le marquis de Vento des Pennes (2).

Les capitaines de quartier étaient, en 1789 : pour *Corps-de-Ville*, Antoine Imbert ; pour *Blanquerie*, André Fabre ; pour *Cavaillon*, Alexandre de Broquery ; pour *Saint-Jean*, Claude Alphonse.

Mais le très petit nombre d'hommes composant la garde de la ville ne suffisait pas à contenir la populace exaltée par la famine. Après le pillage de la maison du fermier Rebuffel, le 23 mars 1789, une garde bourgeoise, composée de volontaires, se forma, et réunit bientôt un grand nombre d'adhérents. Cette garde choisit ses officiers. Elle opposa peu après une véritable résistance au comte de Caraman, au moment où de nouveaux troubles l'avaient obligé à venir à Marseille avec des troupes. Aussi, le commandant en chef jugea-t-il nécessaire de former et d'organiser une nouvelle milice. Elle eut soixante capitaines, dont vingt-huit pris dans la noblesse et trente-deux parmi les riches négociants. Il y eut un corps de quinze cents officiers ayant un brillant uniforme, mais qui ne recrutèrent que peu de volontaires, car l'ancienne garde avait conservé les sympathies populaires.

---

(1) *Archives municipales de Marseille* ; 1re division, 2e section, reg. 58, f° 289).

(2) Augustin Fabre, *Histoire de Marseille*, tome 2, p. 386.

On a vu plus haut que le 19 août 1789, après l'échauffourée de la Tourette et les scènes de violence qui s'en suivirent, il fallut faire entrer les troupes dans la ville pour rétablir l'ordre.

Dès le mois de janvier 1790, une garde nationale fut constituée. Elle comprit soixante compagnies, réparties en quatre brigades. Chaque brigade était formée de trois bataillons et chaque bataillon de cinq compagnies. Chaque compagnie était commandée par un capitaine et comprenait quatorze divisions ayant un lieutenant, un sous-lieutenant-adjudant et treize gardes nationaux, en tout deux cent douze hommes, en y comprenant un commissaire chargé du contrôle (1).

§ 4. — *Marine militaire.*

A. — AUTORITÉS

I. — Commandant de la Marine

C'était en 1789, le commandant de Glandevès, chef d'escadron. Il avait pour secrétaire M. Martin-Darentière (2). Au-dessous de lui se trouvaient les officiers du port.

II. — Bureau de Port

M. Pleville Le Pelley, chevalier de Saint-Louis, capitaine des vaisseaux du Roi, était aussi capitaine du port ; — M. Denans, lieutenant du port (3).

III. — Administration de la Marine

A la tête de cette administration se trouvait, en 1789, pour notre région, M. de Malouet, conseiller du Roi en ses

---

(1) Grosson, *Almanach historique* pour 1790, p. 222 et suiv.
(2) Grosson, *Almanach historique* pour 1789, p. 159.
(3) *Ibid.*, p. 160.

conseils, intendant de justice, police et finances de la marine et des fortifications maritimes de Provence au département du port et arsenal de marine de Toulon.

A Marseille, il y avait : un commissaire des ports et arsenaux chargés du département, M. Flamenc ; — un contrôleur, M. Pertuisot de Vivier, ancien sous-commissaire des recrues, chargé du bureau des fonds, des expéditions et des colonies ; — et un commis au même bureau, M. Venture.

IV. — Officiers des Classes

Le service des classes, réglementé par les sages ordonnances de la marine inspirées par Colbert à Louis XIV, était assuré par :

M. Thirel, commissaire des classes ; — MM. Brunet, Durand, Collot, Nicolas, Vielle des Ambiers, d'Anfonsy, Caille, Roubin et Régis de La Colombière ; — MM. Amalric et de Beyres, surnuméraires ; — M. Bernard, trésorier de la marine ; — M. Dufourneau, trésorier des gens de mer et des invalides de la marine ; — M. Joyeuse, de l'Académie de Marseille, médecin, et M. Ballon-Lacombe, médecin en survivance ; — M. de Montblanc, chirurgien de la marine, chargé de la visite des gens de mer ; — Me Seytres, notaire de la marine et des invalides ; — quatre archers de marine, nommés Rousseau, Bastien, Isnard et Camoin.

M. de Saint-Jacques Sylvabelle était directeur de l'Observatoire de la marine ; M. Bosquet, directeur des vivres.

B. — ARSENAL DES GALÉRES

Marseille, au moment où la Révolution commença, était depuis quelques années déchue de sa splendeur, au point de vue de la marine militaire.

Sous Robert, roi de Sicile et comte de Provence, elle avait construit un arsenal pouvant contenir trente galères.

Louis XII donna l'ordre d'agrandir l'enceinte de cet arsenal et d'y établir des magasins pour les munitions et agrès des galères. Au commencement du XVI° siècle, on combla les salins qui avoisinaient le port, pour développer encore plus les bâtiments. Mais les travaux étaient encore inachevés en 1551. A cette époque, pour en hâter la terminaison, Henri II donna ordre à François de Lorraine-Guise, son lieutenant-général en Dauphiné, de faire couper six mille arbres dans cette province et de les envoyer à Marseille.

En 1667, Louis XIV fit construire le parc de l'arsenal des galères sur l'emplacement appelé jadis *Plan Fourmiguier*, s'étendant de l'église des Augustins jusqu'au Grand-Théâtre actuel. En 1687, un agrandissement considérable fut ordonné, pour favoriser les grands armements maritimes. La partie nouvelle comprise entre les rues Paradis, Fort-Notre-Dame de la Garde, le quai de Rive-Neuve et la rue Sainte, se composait de constructions régulières, coupées par des pavillons dont le principal était celui de l'Horloge. La porte principale faisant face au port était d'une architecture imposante et portait comme inscription ce distique pompeux :

Hanc magnus Lodoix, invictis classibus, arcem Condidit, hinc domito dat sua jura mari (1).

Dans son voyage en Provence et en Languedoc, Pierre Dumont dit que notre arsenal renfermait, en 1690, deux mille canons et trois mille cinq cents bombes. La salle d'armes, une des plus belles de l'Europe, comprenait quatre grandes galeries, où étaient rangés avec beaucoup de symétrie dix mille mousquets et autant de sabres.

L'hôpital de l'arsenal avait sept salles, dont six pour les forçats et une pour les troupes des galères.

On donnait à l'intendance des galères de superbes fêtes. La plupart des officiers appartenaient à cet illustre ordre de

(1) Grosson, *Almanach historique*, 1775, pp. 149 et suiv.

Malte, à la fois religieux et militaire, dont les membres, si vaillants à la guerre, savaient en même temps faire l'ornement de la cour et des salons, et charmèrent, à son passage à Marseille, la marquise de Sévigné, pourtant si difficile.

Mais l'une des plus grandes gloires de nos galères, et nous ne saurions la passer sous silence, est d'avoir eu pour hôte le saint apôtre de la charité, Vincent de Paul, sous les fers d'un forçat (1).

Après l'achat des terrains de l'arsenal par la Ville, en 1781, les galères et chiourmes furent transférées à Toulon.

Il n'y avait plus alors à Marseille que deux galères : l'*Eclatante* et la *Ferme*. L'*Eclatante*, hors de service, fut vendue pour la démolition; la *Ferme* rejoignit à Toulon les quatre galères qui se trouvaient dans ce port (2).

F. DE M. DE C.

(1) Ce fait, qui n'est pas adopté par certains critiques, est admis par un des récents biographes du saint, M. Arthur Loth, élève de l'Ecole des Chartes.

(2) Aug. Laforêt, *Etude sur la Marine des Galères*, p. 171.

CHAPITRE VI

Le vieux droit marseillais.
Ses origines. — Ses principales dispositions.
Sa transformation.

§ 1ᵉʳ. — *Origines.*

L'ATTACHEMENT des Marseillais à leurs traditions, attesté par les anciens auteurs (1), a conduit plus d'un historien et même des jurisconsultes à voir dans les statuts marseillais du XIII° siècle, les plus reculés de ceux que le Moyen Age nous a conservés, une évolution, si ce n'est plutôt une reproduction partielle des lois de la république massaliote (2).

Même restreinte à certaines matières spéciales, cette interprétation est plus que hasardée. Les événements qui s'étaient succédé à la suite des siècles, depuis l'établissement de la colonie grecque, assez puissants pour renouve-

---

(1) « C'est une chose admirable », disait, en parlant des Marseillais, Pomponius Mela, « comme ces gens ont conservé jusqu'à ce jour leurs « coutumes » (livre II, chap. 5). Tite Live avait déjà fait tenir aux ambassadeurs de Rhodes un langage à peu près semblable (livre 37).

(2) Voir notamment Artaud, *Dissertation historique sur la Législation de Marseille*, 1762 ; Emerigon, *Traité des Assurances et des Contrats à la grosse*, etc. 1783-1784, préface; Ludovic Legré, *Discours prononcé le 8 janvier 1862 à la séance solennelle de rentrée de la Conférence des Avocats de Marseille, De l'influence des anciennes Lois marseillaises sur notre Législation commerciale actuelle* : de Gabrielli, *Influence de Marseille sur le Droit maritime français*, discours prononcé le 4 novembre 1862 à l'audience solennelle de rentrée de la Cour impériale d'Aix.

ler les mœurs sociales, n'avaient pu qu'emporter avec eux les lois et les coutumes : les règles établies ne survivent pas longtemps, en effet, aux mœurs qui les justifiaient ou les expliquaient. Les textes invoqués en faveur d'une filiation si éloignée ne la présupposent pas davantage. Les dispositions antérieures auxquelles les statuts se réfèrent, notamment ceux de 1255, les plus développés de tous, n'étaient pas d'une date reculée. Les sources auxquelles ils avaient puisé se trahissent, au reste, d'elles-mêmes, en maints passages.

Les éléments dont ils nous offrent l'assemblage étaient tirés, la plupart de la législation romaine, quelques-uns du droit germanique, loi personnelle des Francs et des Goths établis dans le Midi, d'autres de coutumes locales, entées sur le droit commun comme toutes celles qui se présentent dans les autres coutumiers de la région.

D'ailleurs, si elle ne peut se réclamer d'une origine aussi reculée que la fondation de la colonie phocéenne, la législation marseillaise du Moyen Age n'a à redouter aucun rapprochement avec ce qui nous a été conservé des vieilles lois de la république massaliote. Elle ne leur était pas inférieure en mérite.

On a pu reprocher aux textes à la faveur desquels elle nous est parvenue de manquer d'ordre. Mais qu'importe ce défaut secondaire, qui se retrouve dans bien d'autres recueils et qui s'explique aisément pour l'époque à laquelle nous nous plaçons ? « Les méthodes de classification », lisons-nous dans l'une des études dont nous avons tout d'abord critiqué les tendances, « sont filles de l'expérience, « et si, théoriquement, l'unité dans la conception du plan « semble le point de départ des idées, l'histoire de la philo- « sophie et de la législation prouve suffisamment qu'il a « fallu de longs siècles de développement intellectuel et de « comparaisons littéraires pour y revenir (1). »

(1) De Gabrielli, discours cité, p. 28.

« Le manque de logique d'un code », ajouterons-nous à la suite d'un autre savant commentateur des statuts (1), « ne présente pas de grands inconvénients pratiques. Le « juge cherche le texte qu'il doit appliquer, peu lui importe « sa place ; dans le code Napoléon, par exemple, tout le « monde reconnaît que la prescription libératoire est un « mode d'extinction des obligations, comme le paiement « ou la compensation, cependant elle est séparée de ces « matières par un millier d'articles, ce qui n'empêche pas « les tribunaux de les rapprocher dans leurs décisions « lorsque cela est nécessaire. »

Quelque application que l'on veuille faire de ces appréciations si rationnelles aux statuts de 1255, sur lesquels nous venons d'appeler l'attention, cette codification, des plus précieuses par sa date, monument principal du vieux droit local, constitue, à tous égards, une œuvre absolument digne d'examen.

§ 2. — *Droit civil.*

Les premières dispositions que nous devions chercher dans les statuts marseillais, en y introduisant l'ordre adopté aujourd'hui dans l'enchaînement systématique des matières, sont celles qui se rapportent à la famille.

Les principes qui la régissaient étaient, pour la plupart, tirés de la loi romaine. La distinction des parents en agnats, collatéraux ayant de mâle en mâle la même souche masculine, et cognats, collatéraux par les femmes, s'était conservée à certains égards. Il en est fait mention en plusieurs passages, notamment à propos du consentement de la famille exigé pour la célébration du mariage et même des fiançailles (2). La volonté d'être mari et femme, démontrée

---

(1) R. de Fresquet, *Etude sur les Statuts de Marseille au XIIIe siècle*, p. 11.
(2) Livre II, chap. 41, *Ne aliquis contrahat matrimonium cum aliqua filia familias absque voluntate parentum et e converso.*

par la cohabitation effective à titre d'époux et d'épouse, suffisait à prouver l'existence d'une union légitime. Le mari était tenu pour le père des enfants conçus pendant le mariage (1).

Les hommes étaient déclarés pubères à quatorze ans ; les femmes étaient nubiles à douze. La majorité usuelle était, ainsi qu'à Rome, celle de 25 ans.

La *restitutio in integrum* ne pouvait se refuser aux mineurs pour cause de lésion, quel que fût le fait duquel résultait la lésion (2). Les mesures les plus sages s'ajoutaient à cette règle pour protéger les pupilles. Le père avait la faculté de donner à ses enfants un tuteur testamentaire, lequel était préféré aux proches, s'il se trouvait d'ailleurs dans les conditions d'honorabilité et de solvabilité exigées par les statuts (3). A défaut de tuteurs institués par testament, la tutelle revenait de droit aux ascendants mâles paternels ; à défaut de ces ascendants, elle était offerte tout d'abord à la mère majeure et capable, et ensuite, successivement, aux autres proches. S'il était nécessaire, elle était imposée par les juges des curies inférieures à un, deux ou plusieurs voisins connaissant le mieux les biens des mineurs. La capacité des tuteurs était-elle contestée, la justice leur adjoignait d'autres tuteurs, chargés particulièrement des affaires les plus compliquées. Des cotuteurs étaient également adjoints à la mère et à l'aïeule tutrices, *propter fragilitatem sexus*. En principe, on devait faire fructifier la

---

(1) Livre V, chap. 39, *De presumpcione filiacionis et paternitatis et matrimonii et mortis*, etc. § 1. Les paragraphes auxquels nous renvoyons au besoin, pour préciser les sources, sont indiqués d'après le texte des statuts donné par MM. Méry et Guindon, dans leur *Histoire de la Commune de Marseille*, tomes 2, 3 et 4.

(2) Livre II, chap. 16, *De fide instrumentorum*, § 15.

(3) Même livre, chap. 45, *De tutoribus et curatoribus*, etc., et chap. 46, *De his qui tutores vel curatores, vel procuratores, dari non possunt*, § 1.

fortune du pupille, en vendant ses biens pour en placer le produit chez des négociants solvables de Marseille (1).

Les règles établies en faveur des pupilles étaient aussi suivies à l'égard des fous, des sourds-muets, des imbéciles et de toutes autres personnes incapables d'administrer leurs biens (2).

En ce qui concerne l'émancipation, les statuts nous font seulement savoir qu'elle pouvait se faire devant l'un ou l'autre des deux juges ordinaires de la ville (3) ; ils passent complètement sous silence la légitimation et l'adoption, lesquelles étaient probablement régies par la compilation de Justinien, sans mélange des lois germaines, ni des coutumes locales. Le petit nombre de dispositions édictées touchant la distinction des biens et les diverses modifications de la propriété semble autoriser, pour ces matières, la même supposition ; quelques prescriptions sur les servitudes légales, notamment sur la mitoyenneté (4), seraient ici les seules particularités à relever.

Les questions relatives aux modes d'acquisition sont plus amplement traitées. Aux décisions tirées de la Novelle 118, d'après laquelle le premier ordre d'héritiers *ab intestat* se composait des enfants et descendants venant tous à la succession par souche et sans distinction des fils et des filles, au principe de la légitime augmentée par la Novelle 18, les statuts avaient ajouté diverses règles conformes à l'esprit du temps. Ainsi, les religieux liés par des vœux perpétuels n'avaient droit qu'à la portion d'hérédité qui leur avait été laissée par leurs parents ; s'il n'avait été fait aucune attribution, le monastère avait action contre les cohéritiers jusqu'à concurrence de la quarte falcidie (5).

---

(1) Même livre, chap. 45, § 2, 3, 4, 5 et 6.
(2) *Ibid.* § 7.
(3) Livre I, chap. 4, *De duabus curiis statuendis seu ordinandis,* § 2.
(4) Livre III, chap. 1, *De servitutibus edificiorum.*
(5) Livre II, chap. 52, *De ingressis monasteria, qualiter et in quantum succedant.*

Les substitutions fidéi-commissaires étaient admises (1). Tandis que les garçons posthumes prenaient, dans la succession du père, leur *freiresca*, part virile, à l égal de leurs frères et sœurs, les filles nées après la mort du père et non visées par son testament n'avaient droit qu'à une somme laissée à la décision de trois parents pris dans la ligne paternelle et, à leur défaut, dans la ligne maternelle ; on ne pouvait jamais leur donner plus que leur part virile (2).

Le nombre de cinq témoins, exigé en principe pour la validité d'un testament, était réduit à trois pour les testaments faits dans le pays des Sarrasins ou reçus par l'écrivain à bord d'un navire (3).

Les parents et tous ascendants avaient le droit de révoquer, pour cause d'ingratitude, les donations qu'ils avaient faites à leurs enfants et descendants, à l'exception toutefois de celles qui avaient été faites à titre de dot ou en vue des noces. En cas de révocation, le donateur reprenait tout ce qui se trouvait compris dans la libéralité, avec les fruits produits et perçus, sans qu'aucune prescription pût être opposée (4). Les anciennes prohibitions en faveur de la dot, renouvelées et étendues par Justinien, avaient été abandonnées par les statuts. Même sans le consentement du mari, les femmes de Marseille pouvaient aliéner le fonds dotal ou l'engager (5). La vente semble, au contraire, avoir conservé quelques-uns de ses caractères primitifs : nos textes portent expressément qu'elle est parfaite lorsque les contractants se sont donné une poignée de main, le denier à Dieu ou des arrhes (6). Ainsi qu'on le lit dans Ulpien, le propriétaire

---

(1) Livre II, chap. 48, *De substitucionibus et restitucionibus*.
(2) Livre II, chap. 49, *De posthumis preteritis*.
(3) Livre II, chap. 50, *De his qui moriuntur extra Massiliam*, § 2.
(4) Livre III, chap. 26, *De donacionibus a parentibus in filios factis revocandis*.
(5) Livre II, chap. 16, *De fide instrumentorum*, § 11.
(6) Livre III, chap. 6, *Qualiter mercata facta seu vendiciones debeant observari*.

d'une maison cédée à bail pouvait en fermer les portes et retenir tout ce qui s'y trouvait, lorsque le locataire se refusait à remplir ses engagements (1).

Nous avons déjà vu que le produit de la vente des biens du pupille devait être placé chez un négociant, à l'effet d'y participer aux bénéfices du négoce. La question jadis si fort débattue de la licité de l'intérêt de l'argent avait été, en effet, tranchée à Marseille, comme dans toutes les villes commerciales du Midi, dans le sens de l'affirmative. Toutefois, les intérêts ne pouvaient dépasser trois deniers par livre et par mois : maximum sans doute assez élevé, mais qui le paraîtra moins si on le rapproche des taux qui avaient cours ailleurs, de ceux qui avaient provoqué les réclamations de l'Église et les défenses des capitulaires. De plus, par une disposition que le code marseillais indique comme nouvelle, ils cessaient de courir à la mort du débiteur, sauf renouvellement de convention avec les héritiers (2). C'était, comme à Rome, par la simulation d'une procuration *in rem suam*, d'un mandat dispensé de redditions de compte que s'effectuaient les cessions de créances (3).

Pour terminer cet aperçu, trop long peut-être et cependant bien succinct, sur les dispositions relatives au droit civil, notons que le créancier détenteur d'un gage pouvait, sous certaines conditions établies dans l'intérêt des débiteurs, le faire vendre trois mois après l'échéance du terme. Par une autre décision toute récente et bien équitable, le débiteur avait lui-même le droit d'obliger le créancier à vendre pour se payer sur le prix (4).

---

(1) Livre III, chap. 28, *De portis inquilinis claudendis pro pensionibus non solutis*.
(2) Livre II, chap. 19, *Pro qua quantitate usure adjudicentur*.
(3) Livre I, chap. 27, *De notariis*, etc., paragraphe dernier.
(4) Livre III, chap. 4. *De re mobili pignori vendenda*.

§ 3. — *Procédure civile.*

Un grand nombre de dispositions réglaient la procédure.
Nous y voyons tout d'abord que toutes les affaires étaient soumises en première instance à l'un des deux juges inférieurs que nous avons déjà mentionnés à propos des tutelles et de l'émancipation. Ces magistrats du premier degré, annuels et électifs comme tous les autres fonctionnaires de la Commune, devaient être versés dans le droit civil, citoyens et habitants de Marseille (1) : le plus souvent on les choisissait parmi les jurisconsultes de la ville. Le juge qui avait déjà eu à s'occuper de la cause, comme avocat, la renvoyait devant l'autre juge. Si, par hasard, les deux juges étaient liés par les mêmes empêchements ou récusés l'un et l'autre pour cause de suspicion, le procès était déféré au juge mage du Palais (2). Ce magistrat, appelé à assister le recteur dans son conseil et qualifié de premier juge de la Commune, devait être étranger à Marseille (3).

L'objet du litige était-il d'une valeur inférieure à 60 sous, à moins que la cause ne fût infamante ou qu'elle ne portât sur des questions de censives, il suffisait d'une plainte verbale pour saisir le juge : le procès était alors vidé dans le plus bref délai. La même procédure sommaire était suivie dans les causes que les pèlerins *cruce signati* pouvaient avoir soit entre eux, soit avec les citoyens marseillais ou tous autres à l'occasion du transport, ou à raison de dommages éprouvés sur le territoire marseillais. Hors ces cas, le procès s'ouvrait par un *libelle*, sorte d'ajournement, signifié par huissier (4).

---

(1) Livre I, chap. 4, *De duabus curiis*, etc. § 1. Voir aussi, au même livre, les chap. 9 et 68.
(2) Livre I, chap. 5, *De translacione judiciorum in curia Massilie*, etc.
(3) Livre I, chap. 3, *De officio judicis Palacii*.
(4) Livre I, chap. 2, *De libelli oblacione*; chap. 3, *De extimacionibus rerum petitarum*, etc.

Dix jours utiles étaient accordés au défendeur marseillais, cinq seulement à l'étranger, pour la préparation de la défense (1). Les délais expirés et l'affaire liée par les conclusions, les plaideurs avaient à verser, en garantie des frais de justice et des amendes éventuelles, une consignation calculée à raison de douze deniers par livre. Les Marseillais étaient soumis à ces gages, tout comme les étrangers, sauf toutefois le cas d'indigence attesté sous la foi du serment, en ce cas la justice passait outre (2). A l'instruction du procès, les preuves résultant des actes notariés étaient les plus décisives (3). Suivant la théorie romaine bien connue, le témoignage d'un seul était considéré comme insuffisant, du moins en principe : absolument écarté au criminel, il n'était admis, en matière civile, que lorsque l'affaire ne dépassait pas cent sous royaux et sous certaines réserves (4). Au-dessus de cent sous, le nombre de témoins à produire variait avec la somme réclamée (5). Les païens, les sarrasins et les juifs n'étaient pas admis à déposer contre un chrétien, mais ils pouvaient témoigner les uns contre les autres. L'usurier, *publicus fenarator seu usurarius qui denarios pro denariis mutuat*, ne pouvait, en aucun cas, servir de témoin : l'interdiction était, nous semble-t-il, tout aussi absolue à l'égard de l'hérétique déclaré (6). Les jugements se prononçaient publiquement. Le délai pour l'exécution des sentences, de quatre mois au maximum, était suspendu en cas d'appel.

L'appel était toujours recevable de la part du demandeur qui avait succombé en tout ou en partie ; il ne l'était de la part du défendeur que lorsque le montant ou l'évalua-

---

(1) Livre I, chap. 4, *De dilacionibus dandis*, § 1.
(2) Livre II, chap. 5, *De pignoribus curie dandis*, etc.
(3) Livre II, chap. 16, *De fide instrumentorum*.
(4) Livre II, chap. 12, *De probacione per unum testem*.
(5) Livre II, chap. 16, § 12.
(6) Livre II, chap. 9 et 10, *Qui non admittuntur ad testimonium*.

tion de la condamnation dépassait cent sous (1). Il se portait devant un juge unique dont les fonctions se bornaient à connaître des appellations. De même que le juge du Palais, ce magistrat devait être étranger à la ville (2). Les instances d'appel se terminaient dans les six mois qui suivaient la dénonciation.

Sitôt que le procès avait pris fin, le plaideur qui avait gagné sa cause retirait ses gages; la partie qui avait succombé abandonnait à la curie les douze deniers par livre versés au début du procès. Les deux parties avaient-elles, tour à tour, succombé et triomphé sur certains points, elles payaient, proportionnellement à leur défaite, les douze deniers d'amende dus à la curie (3). Telle était la peine des plaideurs téméraires, peine « plus sérieuse que celle qu'on retrouve dans divers articles de notre Code de procédure civile (4) », a eu raison de dire le savant professeur que nous avons déjà cité et à l'étude duquel nous ne pouvons que renvoyer ceux qui désireraient connaître d'une manière plus complète le vieux code marseillais.

A côté des règles inspirées par le droit romain, nous rencontrons encore, çà et là, des coutumes qui, pour être plus spéciales au Moyen Age, n'en sont pas moins remarquables.

De ce nombre se trouve la curieuse institution de l'*hostagium*, alors en vigueur à Marseille comme dans quelques autres villes de la région. D'après nos statuts, le débiteur insolvable, après avoir juré qu'il n'avait pas de quoi payer son créancier, était tenu, sous la foi de son serment, de se confiner dans le quartier du Palais. Il y avait cependant un certain nombre de cas spécifiés dans lesquels il lui était permis de franchir les limites qui lui étaient assignées : il pou-

---

(1) Livre II, chap. 21, *De appellacionibus*.
(2) Livre I, chap. 6. *De Communi curia Massilie causarum appellacionum ordinanda*, etc., § 1.
(3) Livre II, chap. 23, *De pignoribus ejus qui obtinuerit in causa restituendis*.
(4) R. de Fresquet, *Etude sur les Statuts de Marseille*, p. 157.

vait, par exemple, en sortir, pour aller prier à l'église la plus rapprochée, une fois par jour ; pour les grandes solennités, depuis le Jeudi saint jusqu'au surlendemain de Pâques, le dimanche et le lundi de la Pentecôte, et encore depuis la veille de Noël jusqu'à la fête de la Circoncision, il lui était permis d'aller et de rester dans sa maison ; il était également autorisé à rompre l'*hostagium* pour comparaître et ester en justice. La femme tenait l'ostage dans sa maison, dans celle de son père ou de son mari, ou chez ses beaux-parents. Pour l'un comme pour l'autre, cette contrainte particulière, qui laissait au débiteur la faculté de travailler pour nourrir sa famille et payer ses dettes, ne prenait fin qu'après entière satisfaction du créancier (1).

Le débiteur impubère en était exempt.

Quelle que fût la condition de son débiteur, qu'il fût maître et administrateur de ses biens ou dans quelque cas d'incapacité, le créancier ne pouvait faire vendre les immeubles qu'après la discussion du mobilier : on sait que cette restriction au droit du créancier n'existe, dans notre législation, que vis-à-vis des mineurs. La mise aux enchères des immeubles par voie de justice était précédée d'un commandement et de trois proclamations successives. La vente ne devenait définitive que quatre mois après l'adjudication délai pendant lequel le saisi était admis à reprendre l'immeuble en s'acquittant de sa dette (2).

Les principes qui réglaient l'expropriation pour cause d'utilité publique n'étaient pas empreints d'une moindre équité. Cinq siècles et demi avant la fameuse Déclaration des droits de l'homme, nul, à Marseille et dans son territoire, ne pouvait être privé de sa propriété, par ordre de l'autorité supérieure, que dans le cas d'une nécessité indéniable et dans un intérêt général, *pro magna necessitate et utilitate*

---

(1) Livre II, chap. I, *Qualiter debitores cogendi sunt in debitis liquidis ad solvendum*, § 14 et suiv.

(2) *Ibid.* §§ 7 à 13, 26 et suiv.

Communis. A défaut d'arrangements amiables avec le propriétaire, la Commune faisait fixer par experts l'indemnité à payer et le montant en était compté préalablement à toute prise de possession (1).

§ 4. — *Droit commercial.*

Des statuts dressés en 1228, sous le podestat Guy Marrat de Saint-Nazaire, avaient édicté diverses prescriptions relatives au commerce (2). Les statuts de 1255 reprennent cette matière et la traitent avec des développements beaucoup plus considérables, surtout en ce qui concerne le négoce maritime, sujet à peu près unique du quatrième livre.

Parmi les dispositions qui s'y trouvent, il en est qui éveillent un intérêt tout particulier par les données qu'elles nous fournissent sur les procédés administratifs et les mœurs de l'époque à laquelle elles appartiennent. On peut citer, à ce titre : l'obligation imposée à tout batelier attaché au port de Marseille d'aider au dragage du bassin en transportant au large avec sa barque, pontée ou non, la vase qui s'extrayait trois fois par an (3); les conditions particulières auxquelles les Génois étaient soumis, en vertu d'un traité de paix, aussi bien pour leur admission sur des bâtiments marseillais, que pour leur entrée à Marseille (4); la mise en état de défense des bâtiments à l'aide des armes que devait apporter avec lui tout commerçant qui accompagnait sa marchandise (5); la défense qui était faite au maître et au

---

(1) Livre III, chap. 8, *De non cogendis alicuibus ad vendendas possessiones suas Communi.*

(2) Méry et Guindon, *Histoire de la Commune de Marseille,* t. I, p. 327-359.

(3) Livre IV, chap. 5, *De fimo portus ter in anno a caupoleriis portando.*

(4) Même livre, chap. 13, *De Januensibus non navigandis,* etc.

(5) Même livre, chap. 19, *De garnizonibus in navibus portandis,* § 1.

capitaine du navire de prendre à bord plus de quatre marins italiens, *marinarios ultramontanos* (1), d'y recevoir plus de quatre juifs (2). Il est un plus grand nombre de textes qui appellent l'attention, avant toutes choses, par le sens à la fois juridique et pratique qui les caractérise. Tels sont, entre autres, ceux qui ont trait aux contrats de mer, au nolissement (3), au chargement (4), au jet et à la contribution (5), au *nauticum fœnus*, ou prêt à la grosse (6). Malgré les modalités spéciales sous lesquelles il se formulait, le principe même des solutions de droit codifiées sur ces matières méritait d'échapper à l'action du temps. A tous les points de vue, les détails étendus donnés sur le contrat de *commande* (7), devenu plus tard la commandite, seraient à analyser.

On sait quelles controverses se sont produites au sujet de l'origine des consulats à l'étranger. Les statuts de 1255, malgré leur âge vénérable, sont d'une date encore trop rapprochée de nous pour pouvoir apporter dans le débat des arguments absolument décisifs ; ce n'est pas cependant s'aventurer que de voir, dans les indications qu'ils donnent sur l'extrême faveur dont les consulats jouissaient alors à Marseille, une nouvelle preuve, non des moins fortes, à l'appui de l'opinion qui attribue à Marseille l'idée première de cette institution tutélaire. Après avoir mentionné comme installés sur les principaux marchés du Levant, notam-

---

(1) Même livre, chap. 18, *De cibariis marinariorum*, § 2.

(2) Même livre, chap. 22, *De Judeis, quot debeant vehi in singulis navibus*.

(3) Même livre, chap. 7, 8, 9 et 10. *De navibus conductis ad naulum*.

(4) Même livre, chap. 20, *De averis super coopertam non ferendis;* chap. 21, *De hiis qui avera aliorum dissolvunt*.

(5) Même livre, chap. 30, *De jactu mercium in mari*.

(6) Livre III, chap. 5, *De pignore dato in navibus pro aliqua pecunia*.

(7) Même livre, chap. 19 à 24, *De societatibus et commandis;* chap. 25, *Qualiter societates et commande repeti possint*.

ment en Syrie, à Alexandrie et à Bougie, des consuls régulièrement nommés, les statuts nous font connaître que, dans tout pays étranger où résidaient au moins dix Marseillais, ceux-ci avaient la faculté de s'entendre entre eux pour se choisir un consul. L'élu ne pouvait, sans justes motifs et sous peine d'amende, refuser la charge qui lui était conférée. Jusqu'à l'arrivée du consul nommé par la Commune, il était tenu d'exercer son office. Ses fonctions étaient, comme ses prérogatives, les mêmes que celles des autres consuls.

Ces fonctions étaient multiples. Le consul devait, tout d'abord, défendre contre tous empiétements les franchises générales ou spéciales octroyées à ses nationaux, s'interposer dans toutes les circonstances où les intérêts du commerce marseillais le réclamaient. La police du comptoir et, dans la sphère de ses attributions, le maintien du bon ordre lui étaient confiés. En tant que juge, assisté de deux notables, d'un plus grand nombre s'il était possible, d'un conseiller pour le moins, il connaissait de toutes les causes commerciales ou civiles qui lui étaient soumises par ses administrés, de toutes les contraventions et même des crimes qui leur étaient reprochés. Les sentences consulaires ne pouvaient être attaquées que dans le conseil du recteur de la Commune, par le plaignant lui-même, dans le mois qui suivait son arrivée à Marseille (1).

Pour esquisser moins incomplètement la législation commerciale de cette époque, il nous faudrait encore rappeler les règlements qui avaient trait à la vérification périodique des poids et des mesures (2), à la surveillance à exercer sur certaines ventes dans l'intérêt de la santé publique (3), à l'organisation du travail.

(1) Livre I, chap. 18 et 19. *De consulibus extra Massiliam constituendis.*
(2) Livre I, chap. 52, *De ponderibus et mensuris conservandis;* chap. 55, *De molneriis et molnaironis,* etc. § 1.
(3) Voir les chapitres 41 et 49 du livre I, 33 et 36 du livre II.

Les associations ouvrières étaient déjà très fortement constituées. Après avoir puissamment aidé à l'affranchissement de la ville, elles témoignaient encore de leur vitalité par la large part qu'elles prenaient aux affaires communales. Elles venaient de trouver dans les nouveaux statuts, en même temps qu'une nouvelle consécration de leur influence politique, une codification plus complète des divers règlements spéciaux à chaque corps de métier (1).

§ 5. — *Procédure criminelle.*

Le droit de punir semblait avoir été considéré, plus que tout autre, comme un attribut essentiel du pouvoir.

L'exercice en était confié au recteur même de la Commune, assisté du juge du Palais et, en certaines circonstances, de quelques autres conseillers. Pour les condamnations pécuniaires, par exemple, la présence des juges inférieurs, des syndics, des clavaires et des semainiers des chefs de métiers, ou de quelques-uns d'entre eux, était nécessaire (2). Dans les poursuites pour faux, les conseillers de la Commune étaient appelés à faire partie du Tribunal (3). Le juge d'appel n'y avait point rang ; il était toutefois obligé par son serment, lorsqu'il en était requis ou qu'il le croyait utile, d'éclairer le recteur de ses avis (4).

Les fonctions du greffe criminel étaient remplies par quatre notaires nommés d'année en année, comme les autres notaires-greffiers, et chargés les uns de la rédaction des sentences, les autres des enquêtes (5).

---

(1) Voir, à ce sujet, les chapitres 8, 10, 13, 37 à 40, 49, 50 et 51 du premier livre, 31 à 41 du deuxième livre, 16 et 17 du livre III, 51 du livre V.

(2) Livre V, chap. 12, *Qua forma condempnaciones a modo fieri debeant*, § 1.

(3) Livre V, chap. 24, *De pena producencium falsos testes*, etc., § 2.

(4) Livre I, chap 6, *De Communis curia Massilie*, etc., § 6.

(5) Livre I, chap. 68, *De salariis judicum, notariorum*, etc., § 5 ; livre V, chap. 1, *De querimoniis injuriarum*, § 3.

Les poursuites s'exerçaient soit d'office, soit sur une action privée. S'agissait-il d'un attentat contre le gouvernement local, l'ordre de choses établi ou la paix publique, le recteur était tenu, par les devoirs de sa charge, d'instruire aussitôt de sa propre autorité. Le délit n'intéressait-il directement que des particuliers, les statuts accordaient à la partie lésée la faculté d'option que le droit romain avait admise pour un certain nombre de délits privés ; le plaignant pouvait opter entre l'action personnelle soumise aux formes ordinaires et l'action publique ; mais, sa décision une fois prise, il ne pouvait revenir sur son choix. L'inertie de la victime ne liait point, d'ailleurs, le Tribunal. Quel que fût l'objet du délit, même en l'absence d'une dénonciation judiciaire, le recteur avait toujours qualité pour se saisir de la cause si, tout considéré, *consideratis circunstanciis personarum, temporum et locorum*, les faits lui paraissaient suffisamment graves pour réclamer une répression à titre d'exemple (1). Deux paragraphes que nous trouvons un peu plus loin, relatifs à ces circonstances de personnes soumises à l'appréciation du magistrat instructeur, appellent, coup sur coup, la critique et l'éloge. D'après l'un de ces textes, aucune action d'injures ne devait être intentée d'office, ni même admise à l'encontre d'un maître, si ce n'était pour les sévices les plus graves (2) ; d'après l'autre, les magistrats ne pouvaient se dispenser de poursuivre lorsque le délit était commis par un de leurs proches (3).

Toute instruction, *inquisitio, probatio*, s'ouvrait par une citation à comparaître et un exposé fait à l'accusé des éléments précis de l'incrimination. Des témoins à charge étaient-ils produits, la liste lui en était donnée à l'avance, afin qu'il pût formuler ses reproches. Il avait le droit de se

(1) Livre V, chap. 1, *De querimoniis injuriarum*, §§ 1 et 2
(2) Livre V, chap. 2, *Ne alicui liceat conqueri de domino suo pro verberibus sibi ab eo illatis.* § 1.
(3) Même livre, chap. 4, *De pena illorum qui post sonum*, etc., § 2.

faire délivrer, à ses frais, copie de leurs dépositions, ainsi que du libellé de l'accusation ou de la plainte (1). En tout état de cause, il pouvait énoncer et faire valoir ses moyens de défense (2). La liberté provisoire, sous caution, était admise dans la plupart des cas : les délinquants les plus dangereux devaient seuls être retenus au Palais (3). Nulle part il n'est fait mention soit du duel judiciaire, soit des ordalies, soit même de la torture.

L'opposition aux condamnations par défaut était recevable de la part de tout condamné qui, par un empêchement quelconque, s'était trouvé dans l'impossibilité de se présenter devant les magistrats ou de fournir les preuves de son innocence (4).

§ 6. — *Droit pénal.*

La théorie des peines rappelait les lois romaines par des analogies de détail relatives à certains modes de répression ; mais elle s'en éloignait très sensiblement par un esprit de modération et d'humanité qui, malgré toutes les réserves que l'on pourra formuler çà et là, en constituait certainement le caractère le plus saillant.

La peine que nous rencontrons le plus souvent, c'est, sous le nom de *bannum*, ban, l'amende. Cette pénalité était employée pour la répression non seulement des contraventions, des infractions légères, mais encore des délits graves et même des crimes. L'individu qui prenait de faux noms dans un acte public, avec une intention frauduleuse ou dolosive, *fraudulenter vel dolose*, était, pour toute réparation, condamné à payer à la curie le double de la somme

---

(1) Livre V, chap. 1, *De querimoniis*, etc., §§ 3 et 4.
(2) Même livre, chap. 29, *Ut quilibet audiatur a rectore suo ad sui defensionem*.
(3) Même livre, chap. 30, *Quod rector non possit aliquem compellere*, etc., *in fine*.
(4) Même livre, chap. 1, § 3.

portée sur l'acte ou de la valeur de l'objet auquel l'acte se rapportait (1). Le plaideur qui, dans le même but criminel, produisait de faux témoins ou de faux actes, était soumis à une peine à peu près équivalente : il perdait, en effet, tout d'abord son procès et la cour le condamnait à une amende égale au montant de la demande (2). L'altération de monnaie, que notre code pénal punit des travaux forcés, n'exposait le faussaire qu'à une amende de dix livres royales (3). Le meurtrier volontaire lui-même, tout au moins celui qui s'était enfui de Marseille aussitôt après son crime, pouvait en être quitte pour une amende à payer à la curie, indépendamment du wehrgeld, ou composition, à régler avec quatre ou cinq proches parents de la victime (4).

Dans leur dure et rude existence, nos pères n'éprouvaient aucune difficulté à concevoir, entre les condamnations pécuniaires et diverses peines corporelles, violentes mais de courte durée, une certaine équivalence. Le code marseillais a souvent mis à profit cette disposition d'esprit afin de pourvoir à l'insolvabilité ou au refus de paiement, en cas de condamnation à l'amende. Pour bien des délits, l'amende pouvait être remplacée par l'une des peines afflictives en usage. Parfois cette peine corporelle était laissée à la décision du Tribunal ; le plus souvent elle était déterminée par le texte qui définissait le délit et en prescrivait la répression. Tel était le cas du jurement. Aux termes des statuts, les individus qui juraient au jeu devaient être condamnés, pour chaque juron, à une amende de douze deniers, dont moitié était pour la Commune et moitié pour le dénonciateur; ne pouvaient-ils payer, ils subissaient la cale. L'exécuteur les plongeait tout habillés, soit dans le port, soit

---

(1) Livre V, chap. 23, *De illis qui aliud nomen quam habeant sibi imponunt.*

(2) Même livre, chap. 24, *De pena producencium falsos testes,* etc., § 1.

(3) Même livre, chap. 50, *Sequitur de moneta non trabucanda.*

(4) Même livre, chap. 25, *Qualiter homicidia puniri debeant,* § 1

dans les fossés de la ville, entre le portail de la Calade et celui de Saint-Martin, autant de fois qu'ils avaient juré (1).

Les femmes de mauvaise vie en contravention au règlement qui leur interdisait certains vêtements de luxe, particulièrement les fourrures grises et l'hermine, étaient frappées d'une amende de 60 sous royaux. Si elles n'étaient pas en état de payer, elles étaient conduites à travers les rues et fustigées chemin faisant (2). La bastonnade était aussi infligée, à défaut de paiment, au bannier qui violait les règlements qu'il était chargé de faire respecter ; à sa femme et à ses parents, pour toutes infractions à la police rurale (3).

Les voleurs de souches de vignes, de grappes de raisins ou d'autres fruits, en cas d'insolvabilité, étaient fustigés publiquement ou bien mis au carcan, *en lo costell* (4).

En même temps que la fustigation, nous trouvons, encore en substitution aux condamnations pécuniaires, la flagellation avec des lanières de cuir. La correction était donnée aux auteurs d'injures graves ou de sévices dans l'après-midi, *a tertia usque ad vesperas*, de préférence sur le lieu même du délit ; elle s'infligeait sur la voie publique, devant la curie, si la faute avait été commise dans une église ou hors de l'enceinte murée. Le jugement avait-il été rendu à la requête et au profit de la partie lésée, celle-ci pouvait faire remise de ce châtiment (5).

Il n'est fait mention d'aucun crime qui fût puni de mort. La trahison envers la ville, les agressions par terre ou par mer, l'homicide en certains cas (6), les conspirations poli-

(1) Même livre, chap. 1er, *De pena illorum qui jurant ad ludum*.
(2) Même livre, chap. 12, *De meretricibus*, § 1.
(3) Même livre, chap. 19, *De banno*, § 25 ; chap. 20, *De banno fructo*, etc., § 2.
(4) Même livre, chap. 19, *De banno*, §§ 6 et 10.
(5) Même livre, chap. 3, *Qualiter quis puniatur in causa injuriarum*.
(6) Même livre, chap. 26, *De bannitis* ; chap. 25, *Qualiter homicidia*, etc., § 1.

tiques (1), la polygamie, la polyandrie (2) et d'autres crimes que les statuts ne nous font point connaître entraînaient le bannissement, soit à temps, soit à perpétuité. Les bannis ne pouvaient introduire aucune action devant les tribunaux de la Commune. Une perpétuelle impunité était assurée à tout attentat commis contre eux. Par une réminiscence de l'interdiction de l'eau et du feu, il était défendu de les recevoir, de leur donner à manger et à boire, de se mettre à leur disposition, si ce n'était pour leur faire obtenir grâce ou composition, *nisi ad pacem faciendam* : la sanction donnée à cette défense n'était pas cependant très sévère ; elle ne consistait qu'en une amende. La confiscation générale n'était prescrite, vis-à-vis des citoyens marseillais, que dans les cas de polygamie et de polyandrie (3) : l'extension de cette mesure excessive ne se fût pas accordée avec le principe de la responsabilité purement personnelle que nous trouvons très énergiquement affirmé au nom tant du droit divin que du droit humain, et suffisamment développé dans un chapitre spécial (4).

L'ostagé qui s'éloignait de Marseille, au mépris de son serment, et demeurait hors de la ville plus de huit jours, était, à son retour, mis en prison, *in carceribus Communis:* il y restait enfermé jusqu'au paiement de sa dette (5). C'est la seule disposition dans laquelle l'emprisonnement figure à titre de peine. Malgré les lacunes des Statuts, nous croyons pouvoir en conclure qu'il devait être infligé très rarement.

L'infamie était constatée par l'inscription du condamné sur un cartulaire tenu à cet effet par la curie ou le conseil de ville : soit comme peine unique, soit comme peine acces-

---

(1) Même livre, chap. 6, *De conjuracionibus et rassis non facien.lis.*
(2) Livre II, chap. 43, *Quod nemo habeat*, etc.
(3) *Ibid.*
(4) Livre V, chap. 28, *De parentibus pro filiis et e converso non mulctandis.*
(5) Livre II, chap. 1er, *Qualiter debitores cogendi sunt*, etc., § 25.

soire, elle n'était prononcée que dans des cas d'une gravité particulière (1).

§ 7. — *Droit international.*

Des prescriptions spéciales sur les étrangers, plus importantes que celles que nous avons eu à noter, s'y ajoutent pour nous montrer à l'aide de quels principes se réglaient les questions soulevées par le droit international privé.

Sur un grand nombre de points, ces principes n'étaient autres que ceux d'une complète égalité. A l'exception des Génois, qui faisaient l'objet d'une réglementation spéciale établie en vertu d'un traité de paix, tous les étrangers avaient libre entrée dans le port et la ville, ainsi que sur le territoire de Marseille. Tous pouvaient y acquérir et disposer par tous les modes légaux ; le droit d'aubaine n'y étant point reconnu, leurs biens passaient librement à leurs héritiers (2). En matière de contrats, c'était la règle de la réciprocité que l'on suivait : les créanciers étrangers n'étaient investis que des droits reconnus à un créancier marseillais par leur pays d'origine. Nous avons vu que, dans les instances où ils figuraient comme défendeurs, les plaideurs étrangers n'avaient que la moitié du délai de comparution accordé aux Marseillais : ils étaient encore tenus de fournir caution valable *de judicando solvendo*, sous peine de saisie conservatoire ; mais, ne pouvaient-ils se procurer un fidéjusseur et se trouvaient-ils dépourvus de toutes choses saisissables, la justice se contentait de la caution juratoire (3).

-----

(1) Livre I, chap. 20, *De salario advocatorum*, §§ 4 et 5 ; livre I, chap. 37, *De satisdacione a campsoribus Communis*, etc., § 3 ; livre II, chap. 43, *Quod nemo habeat duas uxores*, etc. ; livre V, chap. 24, *De pena producencium falsos testes*, etc., § 1.
(2) Livre II, chap. 50, *De his qui moriuntur extra Massiliam* ; chap. 51, *De decedentibus ab intestato*.
(3) Livre II, chap. 6, *De rebus eorum qui non sunt de Massilia donec satisdederint satiendis*.

En cas de guerre, la Commune s'interdisait toute saisie sur les marchandises étrangères, le bétail seul excepté : *Il est plus avantageux*, lit-on à ce sujet dans les statuts, *pour les citoyens marseillais, de mettre à profit les biens et l'argent des étrangers en commerçant avec eux que d'être privés de ces choses* (1). Les marchands étrangers avaient un délai de vingt jours pour sortir de Marseille, lorsqu'ils n'obtenaient pas du recteur un permis spécial de séjour jusqu'à la cessation des hostilités (2).

En retour de ces dispositions libérales, les statuts retiraient toute protection aux étrangers coupables de violences quelconques ou de vol envers un Marseillais. Dès l'instant où les faits qui leur étaient reprochés se trouvaient régulièrement consignés sur le cartulaire de la curie, la victime pouvait se faire justice elle-même. Le droit de vindicte qu'elle tenait de la loi passait à ses héritiers ; il pouvait être exercé par ses parents et ses amis et ne prenait fin que lorsque la victime pardonnait au coupable ou qu'une paix générale était conclue entre la ville et le pays auquel appartenait l'auteur du délit (3).

A côté de cette réglementation, à l'égard de l'étranger, d'un vieil usage dont la *vendetta* italienne n'est qu'un dérivé, il nous reste à mentionner le droit, plus excessif encore, de marque et de gageries, ou *laudum*, que la Commune de Marseille tenait d'une concession formelle de ses anciens vicomtes (4) et dont elle a fait usage pendant près de trois siècles. Aux termes des statuts de 1255, plus explicites que la charte de concession souscrite par Roncelin et Gérard-Adhémar en 1212, les créanciers marseillais qui, à raison des engagements contractés par un étranger, ne pouvaient

---

(1) Livre V, chap. 33, *Sequitur de rebus foritaneorum salvandis*.
(2) Même livre, chap. 34, *Sequitur de spacio viginti dierum*, etc.
(3) Même livre, chap. 32, *Sequitur de guidagio non prestando alicui qui civem Massilie offenderit*.
(4) Méry et Guindon, *Histoire de la Commune de Marseille*, tome I p. 227.

obtenir justice de la juridiction étrangère étaient admis à réclamer du recteur l'intervention de la Commune. Si cette intervention demeurait sans résultat, à la suite de sommations réitérées, la Commune concédait au plaignant, à titre de représailles, la faculté de saisir les biens du débiteur et même ceux de tous les individus soumis à la même juridiction étrangère. Une telle résolution était évidemment de nature à entraîner les plus graves conséquences : aussi ne devait-elle se prendre qu'après mûres et longues délibérations, à une importante majorité (1).

§ 8. — *Transformation du vieux droit.*

La législation si caractéristique que nous venons d'analyser avait, avec l'organisation politique et administrative à laquelle elle se rattachait, des liens trop étroits pour ne pas se ressentir des modifications qui allaient se produire dans l'ordre de choses alors en vigueur.

Deux ans après l'époque à laquelle nous avons fait remonter, à la suite de la plupart des auteurs (2), l'achèvement du code marseillais, le traité de paix que la ville était obligée d'accepter de Charles d'Anjou la plaçait plus étroitement sous la suzeraineté du comte de Provence. Au milieu des changements de détail que le Comte apporta dans l'administration locale pour y rendre toute nouvelle résistance plus difficile, nous voyons disparaître le recteur dont les fonctions, même amoindries et subordonnées au viguier,

---

(1) Livre II, chap. 30, *De laudo concedendo civibus Massilie.* — Voir, au sujet des conditions dans lesquelles ce privilège a été mis en pratique, jusqu'à son abolition, une intéressante *Étude historique sur le Droit de Marque ou de Représailles à Marseille*, par Joseph Rigler, publiée en 1888 par le D‹ L. Barthélemy.

(2) Voir Pardessus, *Collection de Lois maritimes antérieures au XVIII° siècle*, tome IV, p. 237 et 238; Méry et Guindon, *Histoire de la Commune de Marseille*, tome II p. 51; de Fresquet, *Étude sur les Statuts de Marseille*, p. 8.

rappelaient pourtant le prestige et le pouvoir des anciens podestats dont il occupait la place. Les chefs de métiers perdirent aussi, avec l'influence que leur conférait l'élection, leurs droits politiques et leurs fonctions judiciaires. Il fut convenu qu'il serait créé un second juge d'appellations; que le viguier aurait tout pouvoir pour nommer le juge du palais et les deux juges d'appel, avec la faculté de les prendre où bon lui semblerait; qu'il choisirait aussi les deux juges ordinaires, mais avec le concours d'un conseil particulier: ces derniers devaient être Marseillais (1). Le juge du palais et les juges de la ville furent astreints à faire faire des criées, quinze jours avant de rendre jugement, afin de laisser aux individus en cause le temps de préparer leur défense et de faire entendre leurs témoins (2). Les poursuites d'office furent interdites en matière d'injures verbales autres que celles qui seraient proférées, en présence du viguier ou des juges, dans le Palais (3). En dehors du droit de marque qui était, sinon formellement, du moins virtuellement maintenu, l'usage des vengeances privées fut limité, jusqu'à un certain point, par la faculté accordée au Comte et à ses officiers de donner sauf-conduit, sous due caution, à l'étranger qui n'aurait attenté que sur la propriété (4).

Les statuts municipaux édictant des amendes applicables

(1) *Chapitres de paix*, chap. 2, 3, 5, 6, 7, 8 et 9, d'après l'*Index* des Chapitres de paix joint au recueil des Statuts ou *Livre rouge*, conservé aux Archives de la ville de Marseille, et la traduction française des Chapitres mêmes tirée d'un manuscrit du siècle dernier par les auteurs de l'*Histoire de la Commune de Marseille* (tome IV, p. 295-329). Le texte original de ce document si important pour l'histoire de Marseille s'est perdu.
(2) *Ibid.* chap. 13, *Quod preconizetur per civitatem antequam fiant condempnaciones et quilibet faciat defenciones suas usque ad XV dies.*
(3) *Ibid.* chap. 19, *Quod de injuriosis verbis non fiat inquisicio nisi denunciacio precesserit*, etc.
(4) *Ibid.* chap. 36, *Quod dominus comes non debeat guidare per Massiliam*, etc.

soit à la curie, soit à l'entretien du port, furent cassés (1); les droits particuliers de ban au sujet desquels la Commune avait eu, autrefois, des contestations avec quelques chevaliers et autres habitants notables furent reconnus et remis en vigueur dans l'étendue des possessions sur lesquelles ils s'exerçaient (2).

Un chapitre spécial s'occupait, d'autre part, des voies à suivre pour tenir constamment la législation locale au niveau des intérêts de la population et des mœurs du temps. Jusqu'alors, à en juger par les indices qui nous restent, les changements introduits dans la législation marseillaise avaient été plus ou moins abandonnés au cours des événements. Il fut établi une commission perpétuelle chargée d'y pourvoir, d'étudier les modifications, additions ou suppressions que les lois en vigueur pouvaient réclamer et d'en faire rapport au conseil général de la commune. La commission se composait de six membres, tous Marseillais d'origine, renouvelables d'année en année. Elle devait comprendre pour le moins deux jurisconsultes et un notaire (3). A la faveur de cette institution qui, sans tenir son origine d'une pensée d'hostilité à l'égard des règles établies, n'en ouvrait pas moins aux réformes une voie plus large, le vieux droit local se modifia de plus en plus.

(1) *Ibid.*, chap. 44, *De cassacione statutorum continencium penas*, etc.

(2) *Ibid.*, chap. 56, *Quod illi qui consueverunt bannelare in suo possint hoc facere.* — Voir les Statuts de 1255, livre V, chap. 19, dernier paragraphe.

(3) *Ibid.*, chap. 44, *De sex probis viris eligendis qui faciant statuta.* Cette commission fut, pendant longtemps, très régulièrement renouvelée, d'année en année, lors des élections municipales. On y voit nommer, en 1364, des hommes de haute valeur : Pierre de Jérusalem, Charles de Montolieu, Bertrand Vincens, Isnard du Temple et le célèbre avocat Giraud Aymeric, originaire de Manosque, nommé peu après prévôt de Glandevès, puis vicaire général de Guillaume de la Voute, évêque de Marseille. (*Registre des délibérations municipales*, 1363-1365, aux Archives de la Ville.)

Une série de règlements, qui a été jointe aux statuts de 1255 dans les dernières années du XIII° siècle, et dont il ne nous demeure malheureusement que quelques fragments(1), nous montre la place faite dès cette époque aux nouvelles tendances. L'institution de l'*hostagium*, trouvée apparemment trop douce pour les débiteurs de mauvaise foi, venait de disparaître. L'un des textes qui nous en font connaître la suppression décide que le créancier qui ferait mettre son débiteur en prison serait tenu de lui fournir, à titre d'aliments, *pro pane et aqua*, un denier seulement par jour. Le débiteur pouvait être laissé en prison jusqu'à complet paiement (2). La cession de biens ne dispensait pas de cette mesure coercitive (3). Alors, comme aujourd'hui, les usages qui remontent à une date reculée inspiraient des traits à la critique. Les privilèges locaux qui mettaient en jeu des intérêts considérables ou flattaient l'orgueil de la cité trouvaient, sans doute, dans les sentiments qu'ils éveillaient dans les esprits, de puissants éléments de résistance ; mais il n'en pouvait être de même des textes de lois qui se bornaient à la réglementation de pures matières de jurisprudence.

À l'action autoritaire et souveraine des comtes de Provence, à la loi fatale qui pousse chaque chose vers sa ruine, à l'esprit d'innovation il faut ajouter, pour énumérer toutes les influences contre lesquelles le vieux droit marseillais était en lutte, l'influence du droit provençal. Le droit qui s'était établi en Provence tenait bien, comme le droit marseillais, sa principale origine de la législation romaine, qualifiée de droit commun ; mais on sait combien étaient diverses les sources de cette législation accrue et développée à travers les siècles. Celles auxquelles il avait puisé n'étaient pas, à tous égards, les mêmes que celles d'où dé-

---

(1) Méry et Guindon, ouvrage cité, t. IV, p. 255-272.
(2) *Ibid.*, chap. 20, *De debitoribus cogendis*.
(3) *Ibid*, chap. 66, *De debitoribus cessionariis*.

coulent les statuts marseillais. Les textes dans lesquels il avait dérogé aux théories romaines présentaient çà et là des divergences encore plus accentuées. En un mot, le droit qui régissait la Provence, pour offrir dans son ensemble un certain rapprochement avec les lois marseillaises, n'en différait pas moins, dans les détails, sur bien des points. Ses décisions s'y introduisirent avec le temps, y effaçant de plus en plus les caractères les plus saillants.

L'œuvre de transformation, poursuivie sous les comtes de Provence, s'est achevée sous la Monarchie, à la faveur des ordonnances royales, des édits, de l'établissement d'une sénéchaussée ressortissant au Parlement de Provence et des arrêts de règlement. Au milieu du XVIIe siècle les statuts du XIIIe siècle étaient presque complètement tombés dans l'oubli, ainsi que l'avocat François d'Aix, qui en donna alors la première édition, a été obligé de le reconnaître dans son introduction (1). « A la suite de plusieurs années », écrit-il en passant rapidement en revue les révolutions du droit local, « nos citoyens, qui ne reconnaissaient alors aucun
« Souverain, firent des lois municipales, pour mieux
« appuyer leur Etat, et pour ne vivre désormais en désor-
« dre : ce nonobstant, ces lois que le Droit tient immuables,
« ont été pour la plupart successivement abrogées. Certes,
« il y en a qui dorment parfois, et des autres qui vieillis-
« sent et meurent ; toutefois celles qui sont utiles doivent
« être renouvelées ». L'opportunité de sa publication, au point de vue de la pratique judiciaire, lui paraît si peu évidente qu'il lui semble déjà entendre les médisances de ces Aristarques « qui accusent impudemment de vanité
« les plus modestes ; car jamais rose ne fut sans espines,

---

(1) *Les Statuts municipaux et Coustumes anciennes de la ville de Marseille, divisez en six livres et enrichis de curieuses recherches*, etc. Marseille, chez Claude Garcin, 1656. Dédicace à Me Jean-Augustin de Foresta, second président au Parlement de Provence.

« ny vertu sans envie ». Ailleurs (1), il nous dit avoir tiré les statuts municipaux « comme du tombeau ».

De l'ancienne législation civile il ne demeurait véritablement, sur la fin du siècle dernier, que quelques privilèges touchant la condition des personnes. Le droit d'aubaine, qu'un édit (2) avait étendu à la Provence, ne fut jamais reconnu à Marseille. Le commerce, qui y avait toujours été considéré et honoré, ainsi que dans toutes les villes maritimes de la Provence et de l'Italie, ne faisait déroger à la noblesse que lorsqu'il se pratiquait en détail. Il serait sans utilité de rappeler quelques-uns des usages locaux qui s'étaient conservés, touchant des questions de minime importance dont la solution doit nécessairement varier d'un pays à un autre. Certains de ces usages marseillais sont encore aujourd'hui invoqués devant nos tribunaux (3).

La jurisprudence criminelle ne différait point de celle qui était suivie dans tout le reste de la Provence.

Par des considérations générales sur la nature du droit commercial, supposerait-on que la législation commerciale de Marseille, telle que l'ont établie les Statuts du XIIIe siècle, ait dû mieux résister aux influences destructives que nous avons indiquées ? Une étude plus approfondie de l'ancienne jurisprudence commerciale, surtout de celle qui était suivie en dernier lieu par les juges-consuls, ne tarderait pas à réduire cette hypothèse à sa juste valeur. A l'exception de quelques matières, sur lesquelles les Statuts avaient fourni des solutions plus nombreuses ou plus remarquables au point de vue des principes, ce n'était point sur ce code, mais sur les règles posées dans le *Livre des Coutumes de la Mer*, plus connu sous le nom de *Livre du Consulat*,

---

(1) *Décisions de causes civiles et criminelles*, à la suite des Statuts, p. 655.
(2) Edit du 10 mai 1540.
(3) Voir *Usages et Règlements locaux ayant force de loi dans le département des Bouches-du-Rhône...* par Charles Tavernier, Aix, 1859.

modifiées elles-mêmes par les lois et par les usages locaux, que le Tribunal consulaire appuyait ses décisions. Nous en avons pour garant Emerigon lui-même, dont le témoignage doit être tenu ici pour décisif. « Les 294 ou 296 « premiers chapitres du *Consulat* », écrivait-il en 1783, « ont force de loi à Marseille pour tous les points auxquels « il n'a été dérogé ni par les ordonnances de nos rois, « ni par l'usage actuel du commerce (1). » Les premiers chapitres dont il est question, au nombre de 294 ou 296, suivant les éditions auxquelles on se réfère, donnent la partie essentielle et les seuls textes authentiques de ce code nautique. Plusieurs villes commerciales s'en sont attribué la pensée première et la rédaction. Marseille l'a particulièrement revendiqué, comme lui ayant appartenu en propre avant qu'il ne devînt en usage dans les autres ports de la Méditerranée; malheureusement, cette revendication ne repose que sur des inductions dont l'érudition moderne a fait justice. Après avoir décidé, sans hésitation, dans son *Cours de Droit commercial*, que le *Consulat* avait été composé à Marseille, M. Pardessus est lui-même revenu sur sa première opinion (2), pour s'incliner devant les considérations plus concluantes développées, en faveur de Barcelone, par le savant philologue espagnol Antoine Capmani.

Depuis lors, un érudit marseillais, M. L. Blancard (3), a corroboré la thèse de Capmani par de nouveaux arguments qui, à eux seuls, suffiraient à faire naître la conviction.

F. D.

---

(1) *Traité des Assurances*, préface.
(2) *Collection de Lois maritimes*, tome II, p. 23-24.
(3) *Sur la date et le lieu d'origine du Consulat de la Mer*, Marseille, Barlatier, 1877.

CHAPITRE VII

Les Tribunaux.

Au point de vue de l'organisation judiciaire, aussi bien que sous le rapport de la jurisprudence et du droit, Marseille était loin de présenter, sur la fin du dernier siècle, la physionomie spéciale avec laquelle elle nous apparaît au milieu de ses institutions du Moyen Age.

Les temps n'étaient plus où quatre ou cinq magistrats suffisaient au règlement des contestations civiles ou commerciales qui s'agitaient entre les habitants de la vieille cité, à la répression des infractions aux lois. Malgré des protestations réitérées, en dépit de revendications que les cahiers de 1789 formuleront une fois encore, c'était à Aix, à la barre de la Cour du Parlement, que se vidaient les appels émis contre les décisions des premiers juges. D'autre part, de nombreuses juridictions, inconnues non seulement au temps de l'indépendance de Marseille, mais encore pendant les premiers siècles qui suivirent sa soumission aux comtes de Provence, assez semblables à celles que l'on rencontrait ailleurs, s'étaient successivement établies dans ses murs. Il serait superflu d'observer ici, dans une première vue d'ensemble, les circonstances multiples à la faveur desquelles le nouvel ordre de choses judiciaire prit naissance et se développa. Nous les indiquerons suffisamment en passant en revue les divers Tribunaux qui siégeaient dans notre ville à la veille de la Révolution.

Ces tribunaux étaient, les uns *de droit commun*, les autres *d'exception*. Occupons-nous tout d'abord des juridictions de droit commun : en premier lieu, du Tribunal de police, juridiction municipale établie aux premiers degrés de la hiérarchie judiciaire, puis du Tribunal de la sénéchaussée et des justices seigneuriales du territoire.

Nous aborderons ensuite la série des juridictions d'exception.

§ 1er. — *Tribunal de Police*.

Ce tribunal de conciliation et de répression, juridiction inférieure comparable, à quelques égards, à nos justices de paix, tenait son organisation des lettres patentes du 17 août 1700, enregistrées au Parlement d'Aix le 7 octobre de la même année. Aux termes des lettres royales, la lieutenance générale en était attribuée aux maire, échevins et assesseur. Les fonctions de procureur du Roi étaient remplies par un avocat commissionné par la Communauté. Le greffe avait été dévolu à l'archiviste de la ville, l'*archivaire*, suivant l'appellation qui était alors encore la plus usuelle pour désigner le fonctionnaire préposé à la garde et à la conservation des archives.

Deux huissiers étaient attachés à ce tribunal.

La gratuité de la justice, la rapidité de la procédure, l'abord facile des magistrats y amenaient un grand nombre de contestations. L'attestation nous en est donnée par le dernier archivaire en exercice avant la Révolution, Me Charles Thiers, avocat, aïeul du président de la République, dans un mémoire dressé par la mairie et envoyé au ministre secrétaire d'État de Lavrillière. « La police de « Marseille », y lisons-nous, « est le plus grand bien des « habitants. C'est aux échevins que le peuple s'adresse avec « confiance, moins comme à des juges qu'à des pères. La « justice y est prompte et gratuite et souvent la journée ne « suffit pas pour vider les différends de la journée; tous « les corps, tous les arts et métiers, viennent à ce Tribunal « porter leurs causes souvent importantes et quelquefois

« difficiles (1). » Malgré l'extrême liberté qui présida à leur rédaction, les cahiers de 1789 ne formulèrent aucune plainte contre les lieutenants généraux de police, auxquels s'adressaient plus particulièrement ces témoignages de la confiance publique.

Quelques cahiers particuliers du Tiers Etat manifestèrent au contraire une certaine animosité à l'égard du procureur du Roi, M⁰ Joseph Vitalis, du barreau de Marseille. Les délibérants ne lui reprochaient pas seulement des allures plus ou moins autoritaires, qui n'auraient entaché ni son caractère de magistrat, ni son honorabilité personnelle. Ils lui faisaient surtout un grief d'avoir compromis la dignité de ses fonctions judiciaires en les cumulant avec celles de subdélégué de l'Intendant. « La place de procureur du Roi, « dans quelque tribunal qu'elle soit », disaient les maîtres maçons, « n'est pas faite pour être remplie par un homme « dépendant. Marseille surtout ne doit avoir que des ma- « gistrats libres qui l'honorent, autant qu'ils la sou- « tiennent (2). »

—Pour donner satisfaction aux doléances exprimées à ce sujet, le cahier général du Tiers Etat formula les vœux suivants :

1° Qu'il fût prohibé de faire remplir par la même personne plus d'une charge ou place publique, relative à l'administration directe ou indirecte de la Ville (3) ;

2° Que l'exercice du procureur du Roi à la police fût annuel et à la nomination du Conseil de ville (4).

---

(1) Octave Teissier, *Biographie de Louis-Charles Thiers, avocat au Parlement de Provence, archiviste de la ville de Marseille*, p. 31.

(2) *Doléances et remontrances de la Corporation des maîtres maçons, entrepreneurs de bâtisses, tailleurs de pierre*, etc, 2° division.

(3) *Intérêts de la ville de Marseille, Economie politique de la ville*, art. 7.

(4) *Ibid.*, art. 20.

§ 2. — *Tribunal de la Sénéchaussée.*

L'institution de ce tribunal remonte à l'édit de François Ier, sur la réformation de la justice à Marseille, donné à Crémieu, au mois de février 1535.

Jusqu'alors la juridiction ordinaire s'était conservée à peu près dans les conditions établies par les chapitres de paix de 1257. Les deux juges de première instance s'étaient maintenus, avec leurs attributions, l'un sous le nom de juge de Saint-Louis, l'autre sous celui de juge de Saint-Lazare. Nous retrouvons également en fonctions le juge du Palais, devenu juge des premières appellations, et l'ancien juge d'appel, élevé aux fonctions de juge des secondes appellations. Vainement Charles d'Anjou, frère de Louis III et son lieutenant général en Provence, avait-il, par lettres patentes du 27 septembre 1427, attribué cette charge au juge mage de Provence, ainsi qu'au juge des premières appellations du comté ; ses ordonnances à cet égard n'avaient pas été observées. Les efforts tentés par le Parlement d'Aix, aussitôt après sa création en 1501, à l'effet de faire entrer Marseille dans son ressort, avaient également échoué.

Après avoir, lui-même, confirmé le chapitre de paix de *non extrahendo* et fait enregistrer par le Parlement, en 1515, les lettres patentes de Louis XII portant que les Marseillais continueraient à être jugés, en dernier ressort, par leur juge des secondes appellations, François Ier résolut pourtant de les rattacher, en quelque manière, à l'organisation judiciaire de la Provence. Le président du Parlement de Rouen, Jean Feu, vint à cet effet à Marseille, en 1533 ; il y réunit une assemblée générale, y exposa les désirs du Roi et prit l'avis des assistants. La plupart demandèrent le maintien de l'état de choses en vigueur ; seuls, deux hommes influents, le jurisconsulte Jean de Véga et Jean Huc, opinèrent en faveur des réformes (1).

---

(1) Ruffi, *Histoire de Marseille*, t. II, p. 204 et suiv.

Ce fut à la suite de cette consultation populaire, dont le rapport lui fut fait par Jean Feu, que le Roi donna son édit, avec des tempéraments de nature à ménager le sentiment marseillais.

Le prince y déclare agir « en considération de la bonne
« et entière amytié et fidélité » dont les consuls, conseillers
et habitants de Marseille ont fait preuve envers ses prédécesseurs et à son égard, « voulant, non seulement les en-
« tretenir és priviléges et usances dont ils ont jouy et
« jouyssent, mais les accroistre et augmenter à iceulx ma-
« nans et habitans. » En conséquence, de son « auto-
« rité royalle et provenceaille, par privilége et édict
« perpétuel et irrévocable », il ordonne, « pour le faict et
« exercice et administration de la Justice » à Marseille, ce
qui suit : « C'est à sçavoir que la dicte justice sera faicte et
« exercée en nostre dicte ville et appartenances d'icelle, en
« première instance par les juges ordinaires, par la forme
« et manière qu'elle a esté par cy devant, sans aucune
« chose changer ne innover, fors que le juge ordinaire qui
« de par nous sera establY ne sera annuel, mais à vie
« comme les aultres officiers de nostre dict pays ; que la
« cognoissance et décision des premières appellations sera
« et appartiendra audict seneschal de Provence ou à son
« lieutenant audict Marseille, auquel lieu avons esta-
« bly et establissons ung siége de nostre dict seneschal,
« oultre les aultres siéges jà par nous establis audict pays,
« et, pour l'exercice de la justice audict siége, avons créé
« et créons, par ces présentes, en chef et titre d'office
« formé, ung lieutenant, ung avocat et procureur pour
« nous. Et, au regard du jugement des secondes appella-
« tions et en final et dernier ressort, iceluy voulons et
« ordonnons estre faict par nostre court de parlement de
« Provence, laquelle, pour ce faire, en nombre de six con-
« seillers et ung président, yra seoir chascun an, durant le
« temps du parlement, en nostre ville de Marseille, où nos-
« tre dicte court sera et demeurera pour l'expédition des-

« dictes appellations et aussi aultres causes et matières
« dont nostre dicte court a accoustumé de congnoistre, le
« temps et espace de vingt jours continuels... (1) » Ainsi
qu'on le voit par les expressions que nous venons de reproduire, le ressort judiciaire de Marseille n'éprouvait aucun
changement ; il se trouvait limité au territoire de la Communauté, qui ne comprenait pas encore Saint-Marcel. Plus
tard, lorsque l'acquisition du fief aura annexé au territoire
communal cette portion de la baronnie d'Aubagne, les
limites données à la Sénéchaussée par son titre d'érection
ne seront pas modifiées.

Les Marseillais, n'ayant vu dans la réorganisation de la
justice locale aucune atteinte au privilège de *non extrahendo*, ne réclamèrent que sur des articles secondaires que
nous passons sous silence, et qui furent d'ailleurs révisés
à la satisfaction générale. Les assises annuelles instituées
par l'édit, ou les *Grands Jours*, suivant la dénomination
qui leur fut donnée, se tinrent régulièrement jusqu'au
temps de la Ligue : les dix premières années dans la Chapelle des Pénitents du Saint-Esprit, ensuite dans la Maison
du Roi, sur le quai du Port, en attendant l'achèvement du
nouveau palais de la Curie (2). Le voyage et le séjour des
magistrats du Parlement étaient aux frais de la Compagnie,
sans que la Commune pût être obligée d'y contribuer. Les
présents qui furent parfois votés par le Conseil de ville,
pour leur être offerts à leur arrivée, ne le furent qu'à titre
gracieux.

(1) *Edict par le Roy touchant la réformation de la Justice en
son pays de Marseille*, dans les *Ordonnances du très chrestien Roy
de France, Françoys premier de ce nom, réduictes par titres et
articles et ordré selon les matières, ordonnées estre gardées et
observées en ses pays de Provence, Forcalquier et terres adjacentes...* (Lyon) A. Vincent, 1536.

(2) Ce nouvel édifice, élevé sur le même emplacement qu'un très
ancien palais abandonné depuis longtemps à cause de sa vétusté, ne
fut achevé qu'en 1570.

Par lettres patentes, expédiées en 1571, la tenue des Grands jours fut portée à trente jours utiles.

Quelques années plus tard, le Parlement, qui était animé de dispositions peu favorables à l'égard de Marseille, prit prétexte des agitations provoquées par les Religionnaires, des luttes intestines de cette époque critique, pour suspendre de fait les Grands jours : les plaideurs marseillais se virent dès lors contraints de se rendre à Aix pour faire vider leurs appels.

Cette situation, née d'événements qui pouvaient se reproduire dans l'avenir, ne laissait pas que d'offrir à la ville de Marseille de sérieux arguments pour une complète revendication de ses droits. La Communauté résolut d'en tirer parti en réclamant, en temps opportun, au lieu de la délégation temporaire, une cour de justice spéciale et permanente. L'avocat Jean-Jacques Cordier, député en 1591 aux Etats généraux qui venaient d'être convoqués, fut chargé d'appuyer cette réclamation : pleine satisfaction lui fut donnée. La Cour souveraine, qui était demandée, fut créée avant la fin de l'année suivante et placée sous la présidence de Pierre de Masparaulte, maître des requêtes. Pierre de Masparaulte n'occupa que peu de temps cette charge ; il y fut remplacé par Etienne Bernard, avocat au Parlement de Dijon, qui s'était signalé par son activité et l'éclat de sa parole aux Etats généraux de Blois et, plus récemment, à ceux de la Ligue.

Après la réduction de Marseille par le duc de Guise, Henri IV renouvela complètement la composition de la Chambre. Il en choisit tous les conseillers dans le sein même du Parlement d'Aix et leur donna pour président un magistrat du plus haut mérite, « le sieur Du Vair, conseiller « en son conseil d'Etat, en qui il avait toute confiance. » Le nouveau président recevait, en même temps, à l'effet de parer à toutes les difficultés du moment, avec le titre d'intendant général de la justice, des pouvoirs absolus touchant aussi bien les choses de la guerre que celles de

la justice. Il arriva à Marseille sur la fin du mois de décembre 1596 et y ouvrit la chambre de justice le 7 janvier suivant, par un discours remarquable dont le texte nous a été conservé (1). « Le Parlement d'Aix se sentait amoindri, « il devait être naturellement hostile », nous dit un biographe du président ; « aussi les conflits furent-ils fré-
« quents, et Du Vair eut-il à lutter contre les entraves ap-
« portées au fonctionnement régulier de la juridiction
« nouvelle. Ce seront les indemnités de déplacement, ac-
« cordées aux conseillers qui viendront habiter Marseille
« qu'il faudra déterminer d'abord, dont il faudra ensuite
« assurer le paiement ; ce seront aussi les récusations qu'il
« devra réglementer, afin que les accusés ne puissent, pour
« éviter les jugements, récuser tant de juges qu'il n'en reste
« plus pour les juger; portées à Aix, ces récusations y
« eussent été admises, ce qui eût rendu la chambre de
« Marseille inutile et même ridicule (2). » Malgré le mauvais vouloir du Parlement, le président s'employa si bien à la mission qui lui avait été confiée, que le 25 du même mois il pouvait écrire au Roi : « Votre justice, Sire, com-
« mence fort à s'authoriser en ceste ville, et les mauvais
« garçons à s'esclaircir, avec un extrême contentement de
« tout le peuple (3). »

De nouvelles déceptions étaient cependant tenues en réserve pour les Marseillais. Lorsque les intrigues et les sourdes menées des Espagnols furent complètement déjouées, que les Florentins eurent abandonné le Château-d'If et les Iles voisines, que l'ordre fut entièrement rétabli dans la ville, la Chambre de justice extraordinaire fut sup-

---

(1) *Les Œuvres de messire Guillaume du Vair, évesque et comte de Lizieux et garde des sceaux de France*, Paris, 1625, p. 792-796.
(2) G. Reynaud, *Guillaume du Vair, premier président du Parlement de Provence, Discours prononcé à l'audience solennelle de rentrée le 4 novembre* 1872, p. 12.
(3) Sapey, *Etudes biographiques pour servir à l'histoire de l'ancienne magistrature française*, Paris, 1858, p. 311.

primée. Le 1⁸ février 1599, les conseillers reprirent leurs siéges au Parlement d'Aix. Quelques mois plus tard, Guillaume du Vair y fut nommé premier président (1). Les Grands Jours de Marseille furent remis alors en vigueur, mais pour quelques années seulement; leur session de 1624 fut la dernière (2).

Le privilége de *non extrahendo* ne devait plus pouvoir être revendiqué utilement qu'à l'encontre des évocations et des *committimus*.

Les souvenirs qui se rapportent à ce privilége et aux conditions dans lesquelles il s'est exercé nous ont peut-être fait franchir ici les bornes que nous nous sommes imposées. Les anciennes judicatures, qui intéressent davantage le tribunal de la sénéchaussée et auxquelles il nous faut revenir, s'étaient également ressenties de l'instabilité du nouvel ordre de choses judiciaire. La judicature du Palais, vendue en vertu d'une ordonnance de François I⁸, en 1529, puis rachetée par la Communauté, était encore devenue, en 1536, une charge « perpétuelle et à vie. » De nouvelles lettres patentes, données en 1550, la rendirent annuelle comme par le passé. A sa venue à Marseille, au mois de novembre 1564, Charles IX la réunit, avec les deux judicatures de Saint-Louis et de Saint-Lazare, au tribunal de la sénéchaussée, qui, de siége d'appel, se trouva ainsi transformé, pour la première fois, en siége de première instance; cet état de choses ne fut pas de longue durée. Un

---

(1) Bouche, *Histoire de Provence*, t. I, p. 830. — Outre les monographies citées, voir, sur le séjour du président du Vair à Marseille : Cougny, *Guillaume du Vair, Etude d'histoire littéraire*, thèse pour le doctorat, Paris, 1857; abbé Bayle, *Guillaume du Vair en Provence*, dans la *Revue de Marseille*, année 1860; Louis Milanta, *Eloge de Guillaume du Vair, Discours prononcé le 3 décembre 1862, à la séance solennelle de rentrée de la Conférence des Avocats de Marseille*.

(2) Augustin Fabre, *Essai historique sur l'ancien Palais de Justice de Marseille*, Marseille, 1863, p. 16.

arrêt du Conseil, donné à Blois au mois de mai 1581, désunit de la sénéchaussée les trois judicatures, remit celles de Saint-Louis et de Saint-Lazare dans leur premier état et érigea, à nouveau, la juridiction du Palais en office viager (1).

Cette charge, si vivement disputée sur le terrain des principes comme sur celui des intérêts, fut encore rendue annuelle, puis érigée en titre d'office perpétuel et héréditaire au profit de Jean-Paul de Foresta, seigneur du Castelar, second fils de Jean-Augustin de Foresta, premier président du Parlement de Provence. Dans l'érection d'une charge judiciaire en office héréditaire, les consuls de Marseille eurent raison de voir une autre violation des libertés, des statuts et coutumes de la Ville; aussi, lorsque, en 1624, Jean-Paul de Foresta, usant du droit qui lui avait été octroyé, eut résigné en faveur de son fils François, s'opposèrent-ils vivement à l'installation du nouveau juge. François de Foresta cita la Ville devant le Conseil privé du Roi, en déboutement de l'opposition, et le Conseil de ville, délibérant d'y persister, chargea les consuls de donner à Leroux, député de la Ville à Paris, toutes les instructions et tous les titres pour une bonne défense. Le Conseil du Roi, sans s'arrêter à l'opposition, tint le titre pour régulièrement octroyé et valida la résignation (2).

En 1660, les trois judicatures furent une fois encore supprimées; mais, dès l'année suivante, de nouvelles lettres patentes les reconstituèrent (3).

On conçoit que des changements aussi fréquents n'aient pu qu'aider à compromettre le prestige des magistrats dont

---

(1) Ruffi, *Histoire de Marseille*, t. II, pp. 216, 217 et 228.

(2) Augustin Fabre, *Notice historique sur les anciennes rues de Marseille démolies en 1862 pour la création de la rue Impériale*, pp. 42-43.

(3) Arrêt du Conseil d'Etat et lettres patentes du Roi, du 15 octobre 1661, aux Archives de la Ville, Chartier; arrêt du Parlement de Provence, du 5 janvier 1662, aux mêmes archives, Chartier.

la compétence et les pouvoirs se trouvaient si souvent mis en cause. Des abus s'étaient glissés dans l'administration de la justice, assez nombreux ou assez graves pour la faire tomber dans un « extrême avilissement », de l'aveu du pouvoir. Ces désordres, joints aux plaintes qui se renouvelaient, tout aussi vives qu'auparavant, contre la multiplicité des tribunaux et des degrés de juridiction dans une ville où la promptitude des solutions était particulièrement appréciée, inspirèrent l'édit du mois d'août 1701.

Cet édit de réformation, enregistré le 6 juillet 1702 au greffe de la Sénéchaussée et le 3 mars de l'année suivante à la Cour des Comptes (1), abolit à jamais les judicatures inférieures et donna au siège de la sénéchaussée l'organisation définitive qu'il réclamait. Au lieu et place des anciens offices, il était créé, en titre d'offices formés, un lieutenant général civil, un lieutenant général criminel, un lieutenant général des submissions, un lieutenant particulier civil et des submissions, un lieutenant particulier, assesseur criminel et premier conseiller au civil, huit

(1) Archives départementales des Bouches-du-Rhône, Registres des insinuations de la Sénéchaussée de Marseille, années 1701 à 1710, f°⁸ 112-115 ; Cour des Comptes, Registre *Rebellio*, 2° partie, f° 4-6. — Tandis que le registre de la Cour des Comptes donne à l'édit de réformation la date que nous venons de lui assigner, la transcription de Marseille le date de l'année 1700. Cette date, acceptée par Aug. Fabre dans son *Histoire de Marseille* (tome II, pp. 522-523) et reproduite dans ses *Rues* (tome I⁰, pp. 204-205), ne nous paraît devoir résulter que d'une erreur de plume ; d'autant plus qu'elle ne saurait s'accorder avec l'année du règne de Louis XIV qui l'accompagne et qui, dans les deux textes, est supputée la 59° : au mois d'août 1700, Louis XIV ne se trouvait que dans la 58° année de son règne. Nous ferons encore observer qu'un arrêt du Parlement de Provence, en date du 30 juin 1702, rendu en exécution de l'édit et insinué à la suite, l'indique bien comme étant du mois d'août 1701.

Au reste, il est à supposer que l'erreur de date que nous venons de relever s'était glissée dans le texte même de l'édit. C'est sous cette fausse date qu'il se trouve visé, à diverses reprises, dans la déclaration royale du 7 juillet 1789, dont nous indiquons les principales dispositions, quelques lignes plus loin.

conseillers, un procureur du Roi et deux avocats du Roi, « tous lesquels officiers », est-il spécifié dans l'édit, « com-
« poseront un seul corps de siége et Sénéchaussée pour ad-
« ministrer la justice en première instance à nos subjets de
« ladite ville et terroir de Marseille, sans aucune distinc-
« tion de leurs quallités et par apel à notre dite cour de
« Parlement de Provence, et ce aux gages effectifs de trois
« cens livres pour le Lieutenant général civil, deux cens
« livres pour chacun des Lieutenans généraux Criminel et
« des submissions, cent livres pour chacun des Lieutenant
« particulier civil et des submissions, assesseur criminel et
« procureur pour nous et cinquante livres pour chacun
« desdits conseillers et advocats pour nous. » Tous ces offices, si peu rétribués, conféraient à leurs titulaires les prérogatives, priviléges, droits, exemptions et autres avantages personnels dont jouissaient les officiers des autres Sénéchaussées de Provence et, en outre, la noblesse héréditaire. Cette faveur très enviée, qui n'avait été concédée à aucune autre Sénéchaussée du ressort, était accordée par l'édit en termes formels. « Jouiront en outre lesdits officiers et leurs
« descendants de la qualité de noble et adsisteront aux
« processions et autres cérémonies publiques qui leur se-
« ront désignées… », lisons-nous dans le texte.

Depuis la démission du dernier grand sénéchal de Provence, François de Simiane, marquis de Gordes et comte de Carcès, et l'abolition de cette charge fort importante, il avait été créé à Marseille, ainsi que dans chacune des autres Sénéchaussées du pays, un sénéchal investi de quelques-unes des attributions de l'office qui venait de disparaître, qualifié de Grand Sénéchal dans l'étendue de sa circonscription, ayant séance à toutes les audiences du Tribunal et faisant rendre la justice en son nom dans les causes où il intervenait. L'édit de 1701 ne modifiait en rien sa situation.

A l'exception de six offices de conseiller qui ne furent jamais levés, tous les nouveaux emplois étaient donnés avant la fin de 1703. Le Tribunal de la sénéchaussée fut dès lors constitué tel que nous le retrouvons en fonctions en 1789, avec ses trois chambres : la chambre civile, la chambre criminelle et la chambre des submissions, plus expéditive et plus rigoureuse dans sa procédure, ne statuant que sur les différends relatifs aux contrats et actes pour l'exécution desquels les parties avaient soumis et obligé leurs biens et leurs personnes. La seule modification qui ait été apportée aux dispositions de l'édit de 1701, pendant les quatre-vingt-dix années qui précédèrent la Révolution, avait trait à l'acquisition de la noblesse.

Cet amendement à l'édit de réforme fut introduit par une déclaration du Roi donnée à Versailles le 7 juillet 1780, enregistrée à la Sénéchaussée de Marseille le 23 août de la même année (1). Les considérations qui l'inspirèrent se trouvent exposées dans le préambule et méritent d'être reproduites. Il y est rappelé que le privilège de la noblesse n'a été attaché aux diverses charges du Tribunal de la sénéchaussée que pour le bien de la justice, « dans la
« vue de composer ce nouveau corps de justice royale de
« sujets choisis dans les familles honorables et aisées et
« de le faire respecter des citoyens et des étrangers qui, de
« toutes les parties du monde, abordent dans cette grande
« ville ». « C'est sur la foy de cette disposition », est-il observé, « que les nouveaux offices furent levés... Mais les avan-
« tages qu'a produits, pour le bien de notre service, la
« concession faite aux officiers de ce corps, de la noblesse
« au premier degré, doivent céder à l'inconvénient qui en
« résulte, démontré par l'expérience. Ce privilège distingué
« donne lieu à la transmission trop fréquente qui se fait
« à différentes familles, d'offices qu'il est souvent utile de
« conserver dans les mêmes, afin d'établir dans un corps
« de justice, par le secours des exemples domestiques, un
« dépôt des saines maximes et d'y entretenir l'amour de

(1) Archives des Bouches-du-Rhône, Registre des insinuations de la Sénéchaussée de Marseille, du 19 juin 1776 au 23 août 1784, f° 313-316.

« l'Etat. Cette considération, quelque importante qu'elle
« soit, ne saurait néanmoins exiger que nous révoquions
« une concession qui, bien que gratuite, doit être stable,
« parce qu'elle se trouve liée à la création de ce corps ;
« mais, comme elle n'est plus susceptible de l'étendue qu'il
« a fallu lui donner dans l'origine, nous avons cru néces-
« saire de la modifier et restreindre pour l'avenir en
« attachant désormais la noblesse au service de deux
« générations ; nous pourrons, par ce moyen, concilier les
« vues d'utilité publique avec le lustre que nous nous
« proposons de conserver à ce même corps. Nous devons,
« en même temps, aux familles issues des officiers pourvus
« depuis l'année mil sept cent et aujourd'huy subsistantes
« en petit nombre, ainsy qu'aux officiers actuels, de les
« maintenir dans le droit et profession d'une noblesse aussy
« ancienne que le Tribunal, sur la foy de laquelle les offices
« ont été levés ou transmis et les alliances contractées, et
« nous nous y portons d'autant plus volontiers que nous y
« sommes engagés par la satisfaction que nous avons de leur
« service et par la persuasion dans laquelle nous sommes
« qu'ils redoubleront de zéle pour se rendre encore plus
« dignes de cette nouvelle marque de notre protection. »

En conséquence, la déclaration confirmait et maintenait
« dans tous les droits, honneurs et attributs énoncés dans
« les lettres patentes en forme d'édit du mois d'aoust mil
« sept cent (*sic*), portant création de ladite Sénéchaussée, et
« notamment dans le droit et possession de la noblesse
« acquise au premier degré, » tous les officiers alors en
fonctions ou honoraires, leurs enfants nés ou à naître de
légitime mariage, ainsi que les enfants et les veuves demeurant en viduité des magistrats décédés. Elle y confirmait
pareillement, pour eux et leur descendance, tous ceux
qui, depuis l'édit, avaient occupé des offices dans la Sénéchaussée pendant vingt ans et avaient obtenu des
lettres d'honneur ou de vétérance, de même que ceux
qui étaient décédés en possession de leurs offices. Enfin,

statuant pour l'avenir, elle portait qu'à compter du jour de l'enregistrement, ceux qui, n'étant pas issus de race noble, obtiendraient des offices dans la Sénéchaussée, ne pourraient acquérir la noblesse transmissible à leur descendance qu'au second degré et lorsque le père et le fils ou, à défaut du fils qui décéderait avant l'âge de trente ans, le fils de ce dernier, auraient rempli chacun un office de la Sénéchaussée pendant vingt ans et qu'ils auraient obtenu des lettres d'honneur ou de vétérance, ou bien qu'ils seraient décédés dans l'exercice de leurs charges.

Au moment de l'ouverture des Etats généraux, le grand sénéchal de Marseille était le marquis Gaspard-Anne de Forbin-Gardanne, tout nouvellement installé. Les huit offices du siège étaient alors occupés par :

MM. Dominique de Demandolx, lieutenant général civil ;
Guillaume de Paul, lieutenant général civil honoraire ;
Jean-Pierre de Chomel, lieutenant général criminel ;
Achille-Barthélemy Bertet, lieutenant particulier civil et des submissions ;
Pierre Duroure, lieutenant particulier, assesseur criminel et premier conseiller ;
Gautier-Joseph-André de Grosson, conseiller ;
Jean-Antoine-Joseph Silvy, conseiller ;
Jean-Baptiste-Joachim de Gervais, conseiller honoraire.

Les Gens du Roi étaient :

MM. Barthélemy de Corréard, conseiller et avocat du Roi ;
Pierre-Barthélemy de Grosson, — id. — ;
Jean-Baptiste-Augustin Devillier de Saint-Savournin, conseiller et procureur du Roi.

Le greffier en chef civil et criminel était M. Louis Daumas.

Ainsi qu'on le peut supposer, les divisions que les édits du 8 mai 1788 avaient fait naître, dans le monde judiciaire comme dans le monde politique, n'avaient pas épargné le Tribunal de la sénéchaussée de Marseille. Tandis que les deux lieutenants généraux et le lieutenant particulier criminel, Pierre Duroure, s'étaient rangés dans le parti des parlementaires, le lieutenant particulier civil, les deux conseillers, le procureur du Roi et l'un des deux avocats du Roi, Pierre-Barthélemy de Grosson, ne s'étaient pas contentés d'adhérer formellement aux élits; ils avaient encore profité de la suppression des Cours pour demander l'établissement d'un grand bailliage à Marseille. Seul, Barthélemy de Corréard avait refusé de se prononcer. Leurs divergences à ce sujet avaient été des plus vives; mais, ni les uns, ni les autres n'y avaient oublié les égards qu'ils se devaient mutuellement.

Avec des caractères différents, des tempéraments qui se mettaient peut-être mutuellement en relief, tous ces magistrats honoraient leurs fonctions. Instruits, exacts à l'accomplissement de leurs devoirs, indépendants, ils ajoutaient, pour la plupart, à ces traits qui se retrouvent chez tout vrai magistrat, des qualités plus personnelles qui ne les faisaient pas moins apprécier hors du Palais. Le lieutenant général civil de Demandolx, précédemment procureur du Roi à Marseille, fils de noble Louis Demandolx, qui avait lui-même occupé la charge de procureur du Roi au même siège, appartenait à la branche des Demande ou Demandolx issue des seigneurs de La Palud (1). Membre de l'Académie des lettres, sciences et arts de Marseille, ainsi que de l'Académie des Arcades de Rome, il donnait à l'étude et au commerce des hommes de lettres les loisirs qu'il savait trouver au milieu de ses occupations professionnelles; on a de lui un *Discours sur les causes qui ont le plus contribué à répandre les langues*, imprimé en 1772 dans les Recueils de l'Académie de Marseille, et un mémoire sur les *Moyens les plus conformes à la Religion, à l'humanité et à la politique pour faire cesser la mendicité dans la province de Normandie*, couronné à Rouen, en 1779, par l'Académie de la Conception.

(1) Archives départ. des Bouches-du-Rhône, Etats provinciaux de 1787 à 1789, preuves de noblesse. — Voir encore une longue suite de notes sur cette famille dans le fonds *La Gallinière*, aux mêmes Archives.

Son prédécesseur, Guillaume de Paul, comme lui de l'Académie des lettres, sciences et arts, élu deux fois directeur de cette société savante, membre de l'Académie de peinture et de sculpture, après s'être acquis l'estime générale dans l'exercice actif de ses fonctions, continuait à faire le plus noble usage des dons de la fortune. « M. de « Paul », rapporte un agréable chroniqueur de la vieille société marseillaise (1), « aimait les beaux-arts, et n'hé-
« sitait pas à consacrer une forte somme à l'acquisition
« d'une belle toile. Il réunit ainsi, en peu de temps,
« une remarquable collection de tableaux des meilleurs
« maîtres. Quand un artiste en renom, se rendant en
« Italie, s'arrêtait à Marseille, il lui offrait l'hospitalité,
« le comblait de politesses et ne le laissait pas partir
« sans lui avoir acheté une œuvre de choix, ou même,
« cela lui arriva plus d'une fois, sans avoir obtenu quel-
« que paysage ou portrait exécuté sous ses yeux. On dit
« que Boucher, Joseph Vernet, Greuze et Vanloo travail-
« lèrent pour lui dans ces conditions. » Les tableaux de prix qui composaient cette importante galerie particulière sont ceux-là mêmes qui ont été récemment légués à la Ville par M⁻ Alfred de Surian, petite-fille du lieutenant-général civil ; ils se trouvent aujourd'hui installés, sous le nom de Collection de Paul, dans deux grandes salles du palais de Longchamp.

Dans les pénibles et délicates fonctions qu'il exerçait déjà depuis une trentaine d'années, Jean-Pierre de Chomel s'était acquis une réputation des mieux établies de sagacité, de discernement, d'extrême habileté. Nul mieux que lui ne savait, sur de faibles indices, en dépit d'une opinion publique qui s'égarait, reconstituer la trame d'un crime, en découvrir le vrai mobile, les auteurs et les complices : la célèbre affaire Briquet, dont les détails palpitants ont été

---

(1) Octave Teissier, *Les anciennes familles marseillaises*. Marseille, 1889, pp. 43-44.

publiés, il y a quelques années (1), et d'autres causes criminelles en témoignent amplement. Le lieutenant criminel était, en outre, un homme de principes, aussi ferme sur ce terrain que courageux dans le danger. Aux élections municipales de janvier 1790, les partisans de l'ordre songèrent à lui et le portèrent en tête de leur liste. « Hors « de ses fonctions », a écrit à ce sujet Laurent Lautard, « cet habile magistrat affectait des manières extrêmement « simples ; ni morgue, ni faste ne venaient trahir en lui « l'homme habitué à parler au nom de la loi. Mais, au « palais, le crime tremblait devant lui, car personne ne « porta jamais plus loin l'art de mettre une conscience à « nu. Faut-il donc s'étonner qu'un candidat de ce caractère « ne fût pas du goût de tout le monde ? Il est probable que « M. Chomel, habitué à voir tous les jours des gens de sac « et de corde, avait dû en venir à ne pas faire grand cas de « l'espèce humaine ; était-ce bien là ce qu'il fallait pour « présider convenablement un corps municipal (2) ? » Ces appréhensions peu justifiées, la défection de personnalités influentes sur lesquelles les conservateurs croyaient pouvoir compter et la discipline des prétendus patriotes firent triompher le candidat de l'opposition, au détriment des intérêts vitaux de la cité, qui eussent assurément trouvé bien d'autres garanties auprès du magistrat de la Sénéchaussée, entouré d'hommes de la même valeur.

Les noms donnés à deux voies ouvertes dans notre ville, près du couvent des Pères Augustins réformés, dans le

---

(1) *Souvenirs marseillais, Briquet*, article d'Aug. Laforet, dans la *Revue de Marseille*, année 1858, pp. 345-374. — Voir aussi Aug. Fabre, *Les Rues de Marseille*, t. V, pp. 283-290. Le même auteur rapporte, au tome IV, pp. 189-190, un crime qui, quelques années après l'exécution de Briquet, émotionna vivement la haute société de Marseille et dont l'instruction mit une fois encore en lumière la sagacité proverbiale du lieutenant criminel.

(2) *Esquisses historiques, Marseille depuis 1789 jusqu'en 1815, par un vieux Marseillais*, tome I, pp. 61-65.

courant de 1776, évoquent le souvenir du dernier procureur du Roi en la Sénéchaussée et de son louable désintéressement. A cette époque, le faubourg de la Plaine et celui de la Madeleine, qui s'étendaient et se peuplaient de plus en plus, étaient encore dépourvus des voies de communication qui tôt ou tard devaient les relier. Pour faciliter l'établissement de ces voies, le procureur du Roi, Jean-Baptiste Devillier, sieur de Saint-Savournin, abandonna à la municipalité, sur le domaine qu'il possédait près du couvent, moyennant une légère indemnité, tout le terrain nécessaire aux travaux (1).

Vainement avons-nous interrogé les cahiers des plaintes et doléances des trois Ordres, nous n'y avons relevé aucun démenti sérieux donné aux témoignages favorables que les souvenirs locaux nous ont conservés, touchant l'honorabilité, l'intégrité, ou la capacité des divers magistrats du Tribunal de la sénéchaussée.

Nous arrêterons-nous, en effet, aux insinuations malveillantes qui se trouvent sous la plume du chanoine de Bausset, dans son Supplément aux doléances du clergé, au sujet des droits perçus sur les légalisations et les certificats de vie ?
« Les légalisations des contrats et les certificats de vie », y lisons-nous, « se payaient 7 sols sous M. de Saint-Michel,
« ancien Lieutenant de cette Sénéchaussée ; ils vinrent pro-
« gressivement à 12 ou 13 sols ; enfin, sur des arrêts
« obtenus sur requête, ils ont été portés à 22 sols, avec une
« amende prononcée contre les notaires si leurs actes sont
« légalisés par tous autres que le Lieutenant. Cependant,
« autrefois, les négociants légalisaient la signature des
« notaires lorsque l'envoi des actes se faisait dans le pays
« où ils commercent, et la Chambre du Commerce certifiait
« leurs signatures, le tout gratuitement.
 « Les consuls étrangers légalisaient les signatures des
« notaires, lorsque leur expédition était destinée pour le

---

(1) Aug. Fabre, *Les Rues de Marseille*, tome V, pp. 188-189.

« pays de la domination de leurs puissances respectives ;
« aujourd'hui ils ne peuvent légaliser qu'après le Lieute-
« nant, ce qui occasionne double frais de légalisation.

« Le Lieutenant et le greffier étaient bien payés à 7 sols,
« puisqu'ils ne font que mettre leur signature, les notaires
« par le fait étant assujettis à présenter l'expédition avec
« la légalisation toute dressée. Cet arrêt est du 18 mars
« 1782 ; il a été provoqué par M. de Castillon, Procureur
« général au Parlement de Provence, oncle de M. le Lieute-
« nant à la Sénéchaussée de Marseille. La Chambre du
« Commerce s'était occupée de sa révocation dans le temps,
« mais les difficultés l'ont dégoûtée ; elle néglige cet objet
« si intéressant pour chacun des trois Ordres (1) ». Le
chanoine de Bausset ne contestait donc pas la régularité de la
perception. Les nouveaux droits de légalisation avaient été
fixés par un arrêt du Parlement. Les membres de la Cour
qui avait rendu l'arrêt se seraient-ils laissé circonvenir par
le procureur général, M. de Castillon ? Ce haut magistrat
aurait-il consenti à se compromettre pour servir les intérêts
pécuniaires du lieutenant général civil de Demandolx, lequel était, d'ailleurs, non son propre neveu, mais celui de
sa femme (2) ? De telles suppositions paraîtront, pour le
moins, dénuées de toute vraisemblance.

Nous ne nous occuperons pas davantage des accusations
formulées à l'encontre des magistrats de la Sénéchaussée,
dans une brochure éditée en 1790, sans lieu d'impression,
sous ce titre : *Correspondance d'un voyageur piémontois*,

---

(1) Archives nationales, B III. 82, fol. 312 et suiv. ; *Archives parlementaires*, tome III, p. 693.

(2) La mère du lieutenant général civil de Marseille, Rose-Ga-brielle Brémond, était une sœur de Françoise Brémond, mariée à Marseille, en octobre 1741, à Jean-François-André Le Blanc de Castillon, alors avocat général au Parlement de Provence, plus tard procureur général à la même Cour. Elles étaient, toutes deux, filles de Claude Brémond et d'Anne Héraud, de Marseille. (Archives départ. des Bouches-du-Rhône, fonds *La Gallinière*.)

ou *Vie privée des Juges, Avocats, Notaires, Procureurs, Greffiers et Huissiers de Marseille, contenant les principaux événemens, particularités et anecdotes de leurs exercices. Première partie, publiée par Bontoux, Doyen des Recors du Palais de la même Ville.* Ce nom d'auteur est un nom d'emprunt. D'après Quérard (1), la brochure aurait été attribuée à « un nommé Lejourdan »; nous ne rechercherons pas ce que cette donnée peut avoir d'exact. Quel qu'ait été l'auteur, quels que soient les mobiles qui l'ont inspiré, on ne comprend que trop qu'il n'ait pas voulu se faire connaître : l'écrit n'est, en effet, qu'un pamphlet d'une licence extrême. Tous les magistrats et tous les avocats de la Sénéchaussée, quelques procureurs et d'autres hommes de loi y figurent, avec leurs noms, prénoms et qualités, invariablement accompagnés, à de très rares exceptions près, d'épithètes malsonnantes, d'imputations blessantes de toutes sortes.

Dans cette accumulation d'outrages, qu'une imagination éprise de scandales peut seule avoir inspirée, à quel signe reconnaîtrions-nous les particularités exactes qui s'y sont peut-être glissées ?

§ 3. — *Justices seigneuriales.*

A la veille de la Révolution, il se trouvait sur le territoire communal de Marseille, soit dans le ressort de sa Sénéchaussée, soit dans celui de la Sénéchaussée d'Aix, six juridictions seigneuriales : Les Aygalades, Pierrefeu, Beaumont, Mazargues, Saint-Marcel et La Reynarde.

I. — LES AYGALADES

La seigneurie des Aygalades ne remonte qu'aux premières années du règne de Charles VIII.

---

(1) *Les supercheries littéraires dévoilées*, 2ᵉ édition, tome III, col. 982-983.

Ce fut en faveur d'un officier de sa maison, « son amé et « féal maistre d'ostel, Jacques de Romazan, escuyer », que ce prince inféoda cette terre, par lettres patentes données à Orléans, au mois d'avril 1489 (1). Les lettres royales nous font connaître que de Romazan, comme ses prédécesseurs, la possédait en franc aleu, sans qu'il fût tenu « à en faire « foy et hommaige, ne autre devoir, ne service feaudal. » Outre les droits seigneuriaux qui résultaient implicitement de toute inféodation, elles lui concédaient pour lui et ses successeurs, à perpétuité, la moyenne et basse justice dans les limites de son domaine.

Jacques de Romazan épousa Marguerite Maynier, fille d'Accurse Maynier d'Oppède, juge mage, puis président du Parlement de Provence. A la faveur de cette alliance, le fief passa aux Maynier. Jean Maynier d'Oppède, encore simple conseiller, fit son hommage, à raison de cette seigneurie, le 23 février 1532 (2) ; le 22 juin 1543, Antoine de Glandevès, seigneur de Pourrières, prêtait le même hommage, au nom de sa femme, Claire Maynier, fille et héritière de Jean Maynier d'Oppède (3). De Claire Maynier, le château obvint aux de Farel, d'Avignon. Melchior de Farel, écuyer, sieur de l'Isle-Farel, le vendit, le 31 mars 1599, à Jean de La Cépède, second président à la Cour des Comptes, aides et finances, pour le prix de deux mille écus, suivant acte reçu par Honoré Gilles, notaire à Aix (4). Angélique de La Cépède, le revendit, le 18 septembre 1648, au prix de trente mille livres, à André d'Amat, sieur de Coste-Giraud, major de la place de Gap (5).

A la date du 9 juin 1666, nous trouvons l'hommage d'un nouvel acquéreur, Messire Boniface de Joannis, seigneur de La Brillane, conseiller du Roi et son avocat général à la Cour

(1) Cour des Comptes, Reg. *Delphinus*, f° 214.
(2) Cour des Comptes, Reg. *Homagiorum*, f° 249 v°-250.
(3) Cour des Comptes, Reg. 785, f° 185-186.
(4) Cour des Comptes, Reg. *Justitia*, f° 69-74 ; Reg. 793, f° 77.
(5) Cour des Comptes, Reg. 793, f° 253.

des Comptes, acquéreur de noble Claude Amat, sieur de Vivier, gouverneur du fort de Meroillon en Dauphiné, et de Madeleine de Flour, dame de Coste-Giraud, mère et fils (1). Les de Joannis ne conservèrent ce domaine guère plus d'un demi-siècle. Le 5 juin 1719, par acte sous seing privé, enregistré le 18 juillet suivant aux écritures de M° Guion, notaire à Aix, François de Joannis, petit-fils de Boniface, le vendit à noble Libérat de La Boulie, ancien conseiller, secrétaire honoraire du Roi, maison couronne de France et de ses finances.

Libérat de La Boulie, après s'être démis de sa charge, s'était établi à Gap, où résidait la famille de sa femme, Marie-Anne de Souchon d'Espréaux. Son fils, Jean Libérat de La Boulie, reçu conseiller au Parlement de Provence, en 1709, et fixé à Aix par ses fonctions, conserva après lui la terre des Aygalades, mais n'y fit que de rares apparitions.

Pierre de La Boulie, fils et héritier de Jean Libérat de La Boulie, également conseiller au Parlement de Provence, la vendit le 20 octobre 1739, suivant acte reçu par M° François Chéry, notaire à Marseille, à Jean-Antoine Mestre, conseiller du Roi, président trésorier général de France au bureau des finances de la Généralité d'Aix, fils d'un autre Jean-Antoine Mestre, originaire du Languedoc, et de Madeleine Griffet. Cet acquéreur, le dernier seigneur des Aygalades, après avoir prêté son hommage, donna aveu et dénombrement de la seigneurie le 18 janvier suivant. Dans cet acte d'aveu et de dénombrement, il déclare « qu'il possède
« ladite terre, place et seigneurie d'Eygalades-lez-Mar-
« seille en franc aleu, consistant en maison, nouveau
« bâtiment, moulins à blé et à huile, avec leurs engins, jar-
« dins, prés, eaux, fontaines, aqueducs, facultés, jouissan-
« ces et titre des eaux, tant dudit fonds que autres provenant
« des fonds supérieurs qui servent tant pour l'usage des-
« dits moulins que pour l'arrosage des terres, prés et

---

(1) Cour des Comptes, Reg. 795, f° 20.

« jardins, telle qu'en jouissait le dernier possesseur, vignes,
« oliviers, bousquet, garenne, pigeonnier, le tout contigu ;
« en trois maisons construites dans ladite terre et seigneu-
« rie qui aboutissent au bourg d'Eygalades, et généralement
« tout ce qui en dépend, faisant l'affar et tènement dudit
« château et seigneurie d'Eygalades, avec la franchise et
« juridiction, moyenne et basse justice, le droit d'instituer
« et destituer des officiers pour l'administration d'icelle,
« suivant l'inféodation concédée par Charles VIII, roi de
« France et comte de Provence, en faveur de noble Jacques
« de Remezan, écuyer d'Eygalades, par ses lettres patentes
« données à Orléans, au mois d'avril 1489.....

« En second lieu », poursuit-il, « ladite terre et seigneurie
« d'Eygalades est encore fondée en la directe, censes et fond
« d'icelles, droits de lods et juridiction tant sur les cinq
« maisons situées dans ledit bourg que sur les sept bastides
« possédées par des particuliers qui relèvent de ladite sei-
« gneurie ; au droit d'en percevoir les lods et de retenir
« par prélation en cas de vente et mutation ; au banc et
« place seigneuriale au-dessous de la place Sainte-Marie-
« Madeleine, à l'église des Pères Carmes dudit Eygalades. »
Le déclarant fait ensuite connaître les confronts de sa terre,
place et seigneurie : « du levant, la propriété dite La Mail-
« lète ; de midi et couchant, vieux chemin d'Aix à Mar-
« seille, et de septentrion, propriété de sieur Joseph Allè-
« gre, qui avait appartenu au sieur de Fabre et autres
« mouvants de la majeure directe, domaine et seigneurie
« du Roy (1). »

Par ces limites, qui étaient à peu près celles de l'inféodation, on voit que le domaine était peu étendu.

Le nouveau seigneur des Aygalades était, à cette époque,
vraisemblablement le plus jeune des trésoriers de France ;
tout récemment installé dans sa charge à la faveur de lettres
de dispenses, il n'avait pas encore achevé sa vingt-unième

(1) Cour des Comptes, Reg. 806, f°s 49-50.

année (1). Il devint ensuite premier président du bureau des finances. Ce fut dans ces fonctions que la Révolution le trouva.

Il échappa aux violences révolutionnaires. Seuls, ses deux fils, qui résidaient habituellement à Marseille, y furent dénoncés comme contre-révolutionnaires et arrêtés ensemble, sous cette inculpation, au mois d'avril 1794. Heureusement pour eux, le tribunal criminel ne hâta pas leur affaire et ils purent être sauvés par le neuf Thermidor.

Le juge des Aygalades était, en 1789, M. Jean-Baptiste Pastoret, avocat à la Sénéchaussée de Marseille, conseiller en l'Amirauté, auteur d'un travail sur le droit maritime qui fut fort estimé, d'après Achard (2); ce travail n'a pas été imprimé.

II. — Pierrefeu

Le fief de Pierrefeu-lez-Marseille, situé sur les limites des communautés des Pennes et de Marseille, à Séon, n'avait sur le territoire de Marseille que la plus petite portion de son domaine ; le château et la plus grande partie du tènement se trouvaient sur le territoire communal des Pennes et de Septèmes, dans la sénéchaussée d'Aix.

Cette terre avait été démembrée de la seigneurie de Septèmes par le sieur de Laurents, en faveur de Pierre de Gueydon, écuyer, suivant acte du 25 mars 1669. De la famille de Gueydon, elle était obvenue à Arnaud de Michel, écuyer, officier de vaisseau, lequel la vendit le 10 décembre 1717 à noble Joseph-Robert Fabre, de Marseille. Joseph-Robert Fabre ayant dû mettre ses biens en générale discussion, en 1728, le château et le domaine de Pierrefeu furent acquis par Dominique Pellissier, alors avocat au siège de Marseille et procureur du Roi à la Maîtrise des ports, plus tard lieutenant général criminel à la Sénéchaussée.

(1) Cour des Comptes, Reg. Corsica, f° 21-23.
(2) *Histoire des hommes illustres de Provence*, 2ᵉ partie, p. 516.

De son union avec Elisabeth Dieudé, fille de l'échevin Balthazar Dieudé, Dominique Pellissier n'eut qu'un fils, Dominique-Pamphile Pellissier de Pierrefeu, qui épousa le 1ᵉʳ mai 1753, à Marseille, Sibylle-Elisabeth de Foresta, fille de Jean-Paul de Foresta, marquis de La Roquette, et d'Anne de Bruny d'Entrecasteaux. A l'occasion de ce mariage, dans l'acte de contrat reçu par Mᵉ Richaud, il lui fit donation du fief, en se réservant la jouissance sa vie durant. Dominique Pamphile Pellissier de Pierrefeu fit son hommage deux ans après la mort de son père, le 27 mai 1775 ; le 29 du même mois, il souscrivit un acte d'aveu et de dénombrement dans lequel nous trouvons, sommairement énoncés, tous les droits attachés à la seigneurie : la haute, moyenne et basse justice ; la directe universelle avec des censives en blé, en argent, en poules et poulets ; le droit de rétention par prélation, lods et trézain en cas de mutations et aliénations des fonds de la terre ; le droit de passage et pulvérage ; le droit de chasse ; le droit d'établir et de destituer les officiers de justice (1). Il fut le dernier seigneur de Pierrefeu.

Le juge de la seigneurie était, en 1789, Mᵉ Jean Francoul, avocat du barreau de Marseille, ancien syndic de son ordre. Le lieutenant de juge était Mᵉ Victor Cordeau ; le procureur juridictionnel, Mᵉ Victor Cadenel ; le greffier, Mᵉ Fournier.

III. — BEAUMONT

La terre de Beaumont, située au quartier de Saint-Julien, au lieu jadis appelé les plaines de Beaumont, *a las planas de Bellomonte*, avait été érigée en fief par lettres du roi René, données à Tarascon, le 20 septembre 1476, en faveur de Claus de Beaumont, son valet de chambre et domestique familier, auquel elle appartenait déjà.

Aux termes des lettres royales, Claus de Beaumont était

---

(1) Cour des Comptes, Reg. 808, fᵒ 76 vᵒ-77.

investi, pour lui et tous ses successeurs, des droits de basse justice, civile et criminelle, sur sa terre et ses dépendances. La haute juridiction, mère et mixte impère, et les régales étaient formellement réservées. Les confronts du nouveau fief étaient ceux du domaine : au levant, le val de Capelle, chemin de Saint-Julien au milieu, et l'affar de de Marchilon ; au couchant, une terre gaste, chemin de la bastide de Pierre Mistral au milieu, les terres de Jacques Fontaine, celles de Jacques Thourel, la baume de Roquefranche et un affar d'égrège et noble Louis Doria, conseiller du Roi ; au nord, l'affar de Pierre Coste et celui de Pierre de Castellan, charbonnier ; au midi, le chemin de Marseille et des terres qui appartinrent plus tard aux de Vento. Afin de parer à toutes difficultés au sujet de cette délimitation, le Roi permettait à son vassal de la rectifier et de la modifier, s'il y avait lieu, avec l'assistance et l'agrément du viguier (1).

Le mariage de Perrone de Beaumont, fille de Claus de Beaumont, avec Angelo Altoviti, contracté l'année même de l'inféodation, fit, une première fois et pour peu de temps, entrer le nouveau fief dans cette famille florentine, de noble origine, récemment établie à Marseille. François Altoviti, fils d'Angelo et de Perrone de Beaumont, l'ayant eu de la succession de sa mère, le vendit le 16 août 1529, pour le prix de 2,300 florins, à un sieur Bernard Bolegar. Bien que l'acte d'investiture, en date du 3 septembre suivant, qui nous fait connaître cette transmission (2), le qualifie noble et marseillais, le nouveau seigneur de Beaumont était en réalité un étranger, florentin comme les Altoviti, mais de bien moins haute extraction ; c'était un fils naturel d'un apothicaire de Florence connu sous son prénom de Cosme. Il exerçait lui-même, à Marseille, tout au moins avant son acquisition, la même profession que son père. A la mort de

---

(1) Cour des Comptes, Reg. *Gallus*, f° 9 v°-11 v°.
(2) Cour des Comptes, Reg. *Pacis*, f° 132 v°-133.

Bernard Bodegar, aucun héritier ne s'étant présenté, le château de Beaumont, ainsi que les autres biens du défunt, fut adjugé au Roi par arrêt du Parlement de Provence et incorporé aux domaines de la couronne.

Par lettres patentes du mois de novembre 1541, François I" le donna à son échanson ordinaire, Jacques Dausenville, seigneur de Revilhon (1). Jacques Dausenville, dont le nom patronymique est encore orthographié, sur les registres de la Cour des Comptes, Dausienville, Daussienville et Dautienville, le laissa, à sa mort, vers 1566, à Jean Dauteville, ou Dautheville, vicomte de Venteuil en Brie, baron de Flogny en Champagne, gentilhomme ordinaire de la Chambre du Roi. De ces familles établies en Champagne, issues, peut-être, l'une et l'autre, d'une commune origine, le fief de Beaumont obvint, nous ne savons par quelle voie, à Philippe Altoviti, baron de Castellane, fils de Foulquet Altoviti et d'Anne de Casaulx, petit-fils de François. Philippe Altoviti eut de sa femme, Renée de Rieux de Châteauneuf, trois garçons qui ne laissèrent pas de postérité mâle, la célèbre Marseille dont les contemporains nous ont rapporté avec des transports d'éloges l'esprit et la beauté, et une autre fille, Clarice. Par son mariage avec Pierre Le Maistre, des seigneurs de Brosse, capitaine au régiment de Champagne, contracté à Marseille le 1" février 1610, Clarice Altoviti fit passer le fief dans la famille Le Maître : celle-ci l'a conservé jusqu'à la Révolution.

A travers toutes les mutations qui s'étaient effectuées, malgré l'induction contraire que l'on pourrait tirer de l'hommage souscrit à Aix, le 31 janvier 1567, par le procureur fondé de Jean Dauteville, dans lequel se trouvent spécifiés, comme appartenant à la seigneurie, « haulte, moyenne et « et basse juridiction, mère et mixte impère et aultres « droictz (2) », les seigneurs s'en étaient tenus aux conditions

---

(1) Cour des Comptes, Reg. *Luna*, f° 129 v° - 131.
(2) Cour des Comptes, Reg. 792, f° 45 v°.

du titre primitif de 1476 qui ne leur conférait que la basse justice. Les commissions délivrées aux juges ne leur avaient jamais assigné d'autres attributions que celles des officiers de justice foncière. En 1766, Jean François Le Maître, ancien capitaine des galères, chevalier de Saint-Louis, désirant jouir des mêmes droits que la plupart des seigneurs voisins, sollicita une extension de ses droits de justice sur tout ce qui était resté à sa famille de l'ancienne terre et seigneurie de Beaumont, sans changement ni distraction de juridiction par rapport aux possesseurs des fonds qui avaient été aliénés. Sa demande fut favorablement accueillie. Un arrêt du Conseil, du 29 novembre de la même année, considérant les services rendus par la famille Le Maître tant dans la marine que dans l'administration, conféra aux seigneurs de Beaumont, sous les réserves de la requête, la haute et moyenne justice sur leur domaine (1).

Jean-François Le Maître avait épousé, à Marseille, le 22 janvier 1743, Anne-Elisabeth de Gantel-Guitton, fille de Nicolas de Gantel-Guitton, seigneur de Mazargues. Il mourut le 5 novembre 1781, laissant cinq fils et une fille. Son fils aîné, Nicolas-Jean-André-Marquis Le Maître lui succéda dans le fief de Beaumont : tout d'abord page du duc de Penthièvre, puis officier dans la marine royale, retiré de bonne heure du service, il résidait à Marseille au moment de la Révolution.

Le juge de la seigneurie était, à cette époque, le même que celui des Aygalades, M⁰ Jean-Baptiste Pastoret. Le procureur juridictionnel était M⁰ François Paul ; le greffier, M⁰ Blaise-César Gastinel.

IV. — MAZARGUES

Les origines du fief de Mazargues sont des plus reculées. Dès les premières années du XIV⁰ siècle, ce domaine

(1) Registre des insinuations de la Sénéchaussée de Marseille, du 25 février 1765 au 9 janvier 1772, f⁰⁰ 281-284.

appartenait aux de Soliers, *de Soleriis*, de Marseille, qu'il faudrait peut-être rattacher aux seigneurs de Solliès près de Toulon, et par là même à la maison vicomtale de Marseille. Le dernier descendant de ces gentilshommes marseillais, Raymond de Soliers, fils de Laugier et de Béatrix, le légua, par testament du 16 janvier 1402, avec tous ses biens, à sa femme Batrone de Boniface, fille d'Amiel, et celle-ci, cinq ans plus tard, le laissa en mourant à sa famille. Des de Boniface il passa, pendant le XVIᵉ siècle, dans la maison de Pontevès, par le mariage de Marguerite de Boniface avec Durand de Pontevès, seigneur de Flassans.

Celui-ci, résolu à user de ses prérogatives, établit un juge à Mazargues et y interdit le droit de chasse. Les Marseillais en éprouvèrent, parait-il, une très vive irritation : à l'instigation de Philippe Altoviti, ils se portèrent en armes sur les terres du seigneur et démolirent ses murailles et sa tour ; mais ils furent condamnés à les rétablir par arrêt du Parlement.

Un demi-siècle plus tard, le domaine de Mazargues étant successivement advenu à la famille d'Ornano par le mariage de Marguerite de Pontevès avec Alphonse d'Ornano, maréchal de France, et aux de Grignan par le mariage de Marguerite d'Ornano avec Louis Gaucher de Castellane-Adhémar, comte de Grignan, l'aumônier de Saint-Victor éleva des prétentions sur la seigneurie, alléguant que le seigneur du lieu n'était qu'emphytéote. Par sentence du lieutenant principal, en date du 20 juillet 1633, il fut débouté ; le seigneur de Mazargues fut reconnu seigneur direct avec droit de juridiction (1). Depuis lors, Louis Gaucher de Grignan put jouir paisiblement de sa terre. Son fils aîné, François Adhémar de Monteil, comte de Grignan, lieutenant général en Provence, la recueillit de sa succession en 1668 ; il y séjourna quelquefois : ce fut là qu'il

---

(1) Mortreuil. *Dictionnaire topographique de l'arrondissement de Marseille*, art. Mazargues, pp. 223-224.

perdit, en octobre 1704, son fils unique, Louis-Provence, et, le 13 août 1705, sa femme, Françoise-Marguerite de Sévigné. Plusieurs années après la mort du gouverneur de Provence, par acte du 7 décembre 1728, reçu par M⁰ Guion, notaire à Aix, le fief fut acquis de l'hoirie par noble Joachim de Gantel-Guitton, écuyer, conseiller secrétaire du Roi, lequel le laissa, l'année suivante, à son fils, noble Nicolas de Gantel-Guitton, écuyer de la ville de Marseille.

Le 7 février 1776, Joachim-Elzéar de Gantel-Guitton, fils de Nicolas, donnant à la Cour des Comptes de Provence son dénombrement, indiquait, avec les confronts de sa terre, tous les droits, tant utiles qu'honorifiques y attachés. « Les dits droits », déclarait-il, « consistent en la juridiction
« haute, moyenne et basse, mère, mixte impère, avec droit
« d'établir les officiers et recevoir les amendes ;
« En la directe universelle, avec droit de prélation,
« donner investiture et percevoir les lods en cas de muta-
« tion ;
« En diverses censes dues par divers particuliers possé-
« dant biens dans le terroir de Mazargues ;
« En la tasque ou cinquième des raisins portés à la cuve
« du seigneur et au quatrième de tous les grains, olives et
« autres fruits pris à l'aire ou sur la place ;
« Au four bannal ;
« Au château et autres bâtiments ;
« A un jardin clos de murailles ;
« A un moulin à vent non bannal, terres, vignes et
« deffens (1). »

En faisant cette énumération, le nouveau possesseur du fief reproduisait textuellement le dénombrement précédent, celui que son père, Nicolas de Gantel-Guitton, avait donné à la Cour des Comptes le 28 avril 1729 (2).

Cependant les habitants de Mazargues n'avaient pas

(1) Cour des Comptes, Reg. 808, f⁰⁸ 114-115.
(2) Cour des Comptes, Reg. 804, f⁰⁸ 224-225.

perdu le souvenir de certaines revendications, sur lesquelles les décisions de justice intervenues semblaient avoir laissé, avec des questions à éclaircir, matière à nouveaux débats. Bien qu'ils ne composassent pas un corps de communauté, ils se réunirent en assemblée particulière, au mois de mars 1789, et résolurent de rédiger leurs doléances. Le cahier qui fut aussitôt dressé, porté ensuite à l'assemblée générale de la sénéchaussée et joint au cahier du Tiers, tout en rendant hommage aux qualités personnelles de M. de Gantel-Guitton, exprimait des plaintes assez vives contre ses préposés et ses fermiers. Les signataires affirmaient que, suivant un acte authentique de l'année 1474, souscrit par Vivaud de Boniface, le fief ne comprenait alors qu'une faible partie du terroir de Mazargues, que ce n'était qu'abusivement, par des empiétements effectués en des temps de troubles, qu'il s'était depuis lors étendu jusqu'à confondre ses limites avec celles du quartier. En guise de conclusions, sans mêler à leurs plaintes contre les agents subalternes aucun grief contre le juge alors en fonctions, M⁰ Gabriel-Antoine Richard (1), ou ses prédécesseurs, ils demandaient, avec l'affranchissement des biens, la suppression de la juridiction, ou, tout au moins, la réduction de son district.

« Ils profitent », faisaient-ils dire aux habitants, « de cette
« occasion où le Souverain veut bien entendre les plaintes
« et doléances de tous ses sujets, pour faire connaître à
« l'assemblée du Tiers État de cette ville leur position
« malheureuse et la nécessité de venir à leur secours.

« Puisqu'ils sont communistes de Marseille, ils doivent
« participer à toutes les franchises et privilèges de cette
« ville. Ils doivent jouir du précieux avantage de posséder

---

(1) M⁰ Gabriel-Antoine Richard, avocat en la Sénéchaussée de Marseille, ancien syndic, nommé juge de Mazargues par commission du 14 août 1788, avait remplacé dans ces fonctions son père, Jean-Baptiste Richard, avocat également distingué, pendant de longues années conseiller en l'Amirauté. Démissionnaire en avril 1789, il eut pour successeur M⁰ Jean Francoul.

« à l'abri des entreprises féodales, de la foule des gardes-
« chasse, des exacteurs et préposés du Seigneur.

« Ils sont les seuls habitans du terroir de Marseille
« soumis à trois degrés de jurisdiction, *le juge de Mazar-*
« *gues, le Siège de Marseille et le Parlement d'Aix.*

« La suppression de cette jurisdiction féodale est bien
« digne d'exciter l'attention de la ville de Marseille, puisque
« cette justice est évidemment une atteinte portée à ses
« jurisdictions, du moins dans toutes les parties formant
« aujourd'hui la terre de Mazargues et qui ne sont point
« comprises dans l'acte de 1474 (1). »

La haute situation personnelle de M. de Gantel-Guitton,
son nom, sa fortune, la fermeté avec laquelle il s'était
acquitté des devoirs de sa charge, comme maire de Marseille, de 1779 à 1782, plus encore que les difficultés qu'il
pouvait avoir avec ses vassaux, ne tardèrent pas à le
désigner à la violence révolutionnaire. Dans le courant de
1790, quelque temps après l'incendie du château de Mgr de
Belloy, après « un pillage et une dévastation sans exem-
« ple », rapporte Lautard, « où les émissaires du club de
« Marseille, unis à quelques mauvais sujets du pays,
« déployèrent largement leur infernale industrie..., la
« même scène fut reproduite dans le château de Mazar-
« gues..., avec des circonstances identiques et des acteurs
« de la même force (2). »

M. de Gantel-Guitton s'était, heureusement, soustrait par
la fuite au sort qui lui était réservé ; il se réfugia à Lyon.

Son fils, se croyant moins menacé, ne quitta point Marseille. Arrêté peu de temps après l'échec du mouvement

---

(1) *Doléances des habitans de Mazargues*, 8 pages, sans lieu ni
date d'impression, pp. 6 et 7. Il est à peine besoin de signaler
l'inexactitude de l'avant-dernière phrase : les habitants de Mazargues
n'étaient pas les seuls du territoire de Marseille qui fussent soumis
aux trois degrés de juridiction ; les habitants des domaines des Aygalades, de Pierrefeu et de Beaumont se trouvaient dans le même cas.

(2) *Esquisses historiques*, tome I, p. 97.

insurrectionnel de 1793, il fut déféré au Tribunal criminel révolutionnaire du département, condamné à mort par jugement du 8 nivôse an II (28 décembre 1793) et exécuté le lendemain. Il avait, paraît-il, assisté à la manifestation contre-révolutionnaire qui avait fêté la fermeture du club, le 3 juin précédent : tel aurait été le prétexte de sa condamnation, d'après Lautard (1). Le tableau des condamnés porte cependant une autre inculpation. D'après cet imprimé officiel, « Nicolas-Jean-Joachim-Joseph Gantel-Guitton, (âge :) « 50 ans, (origine :) Marseille, (profession :) propriétaire, « ci-devant se disant seigneur de Mazargues, terroir de Mar- « seille, *que son père et lui avaient usurpé* », aurait été « condamné comme « convaincu d'avoir été témoigner « calomnieusement, le 8 août dernier, contre un Républicain « auprès du prétendu tribunal populaire : en vertu du décret « de la Convention du 19 juin, article III » (2). Peut-être l'incrimination se sera-t-elle modifiée à l'instruction : en visant un décret qui mettait hors la loi quiconque avait reconnu l'autorité du tribunal contre-révolutionnaire, ne fût-ce que par une simple déposition de témoin, l'accusation se sera sentie plus assurée d'atteindre son but qu'en formulant tout autre grief. D'ailleurs, quel qu'ait été le prétexte, le véritable motif de la poursuite et de la condamnation paraît bien être celui qui est donné par l'auteur des *Esquisses historiques*. C'était, avant tout, au nom et à la famille des de Gantel-Guitton que la justice révolutionnaire en voulait : on le voit au libellé de la *profession*.

La note portée sur le même tableau, à la colonne des observations, n'est pas moins significative. « Ce Guitton », y lisons-nous, « *du moins son père*, avait, de son chef,

---

(1) *Esquisses historiques*, tome I, p. 317.
(2) *Second tableau des individus jugés à mort par le Tribunal criminel révolutionnaire du département des Bouches du Rhône établi par arrêté des Représentans du Peuple Albite, Gasparin, Saliceti et Charbonnier*, etc. Marseille, de l'Imprimerie de Jouve et Compagnie, l'an II, in-4° de 25 pages, pp. 6 et 7.

« aligné le village de Mazargues, abattu, pris et élevé des
« maisons, sur chaque étage desquelles il avait imposé
« un droit de cens. Il avait détourné les eaux du quartier
« et de la ville dans un fonds hors du village, etc. »
Bornons-nous à ajouter qu'il n'est fait aucune mention de
ces griefs dans le cahier des doléances de Mazargues.

V. — Saint-Marcel

Le quartier de Saint-Marcel, l'un des plus fertiles et des
plus riants de la vallée de l'Huveaune, avait très anciennement appartenu aux Marseillais. Toutes les chartes antérieures à la seconde moitié du XI° siècle n'en désignent le
château que sous le nom de *Castellum massiliense*, château
marseillais, converti ensuite en château de Saint-Marcel,
vraisemblablement par la piété de l'évêque de Marseille,
Pons, qui venait de le reconstruire et de l'entourer
de murs (1). Le 5 novembre 1212, le vicomte Roncelin
faisait abandon au monastère de Saint-Victor du domaine
de Saint-Marcel et de toutes ses dépendances (2). A la suite
de très longues et très vives contestations touchant la
validité de cette donation, soulevées par la République de
Marseille, l'évêque Benoît d'Alignan, pris pour arbitre,
décida pour le bien de la paix que le château appartien-
drait à la Ville, après que les Marseillais auraient juré de
garder et de protéger les habitants du bourg et de ne jamais
les troubler en quoi que ce fût. Raymond Bérenger ratifia
cette décision dans son traité de 1242.

Moins accommodant que son prédécesseur, Charles I°
d'Anjou revendiqua le château comme appartenant de droit
au Comté. Il en exigea l'abandon et l'inféoda à la famille
des Baux.

---

(1) M* de Forbin d'Oppède, *Monographie de la terre et du château de Saint-Marcel, près Marseille*, 1858, pp. 44-45.

(2) Cartulaire de Saint-Victor, charte 905.

Vainement, au siècle suivant, les Marseillais crurent-ils pouvoir mettre à profit les troubles qui agitèrent la Provence pour ressaisir leur ancien domaine. Ils l'enlevèrent à Raymond II des Baux (1); mais, tandis qu'ils se disposaient à prêter leur hommage, en qualité de vassaux, un représentant du comte d'Avellin les informait, le 24 mai 1363, que la reine Jeanne venait de rendre au comte tous les domaines qui lui avaient été saisis. Il leur demandait en conséquence de restituer de bonne grâce le château de Saint-Marcel, s'ils ne voulaient s'exposer à un procès qu'il était prêt à leur intenter. Le Conseil de ville fit droit à la revendication et les deux parties intéressées se donnèrent un pardon mutuel et général pour tous ravages, vols, destructions et incendies commis de part et d'autre sur leurs terres et sur celles de leurs vassaux (2). Après la mort d'Alix des Baux, en 1426, le fief échut aux comtes de Provence, ainsi que toute la baronnie d'Aubagne dans laquelle il avait été englobé. Il fut vendu, avec la baronnie, par le roi René, à Charles de Castillon, en novembre 1437, racheté à la mort de ce seigneur et donné à Jeanne de Laval, puis repris et cédé, le 22 février 1474, à Jean Alardeau, évêque de Marseille, en suite d'un échange.

En 1554, les consuls de Marseille tentèrent de l'enlever aux évêques, en faisant valoir des lettres patentes données par la reine Jeanne, le 19 mars 1358, après la prise du village par les Marseillais. Le litige ayant été soumis au Parlement, Pierre Ragueneau, alors évêque de Marseille, fut maintenu provisoirement dans la possession de son fief, par arrêt du 9 mai 1557. Dix-huit ans plus tard, son successeur, Frédéric Ragueneau, pour faire face à sa part des impositions votées dans l'Assemblée générale du Clergé, fit mettre aux enchères par-devant le lieutenant du sénéchal,

---

(1) Archives de la ville de Marseille. *Livre noir*, f° 49 v°.
(2) Dr Barthélemy. *Inventaire des chartes de la maison des Baux*, nos 1410, 1412-1413, 1415-1417.

Balthazar Catin, assisté de Jean-Pomponius Doria, ancien vicaire général et official, et de Jean Doria, vicaire général et official en titre, « la juridiction haute, moyenne et
« basse, avec tous les droits et dépendances, tant de
« régales que autres, qu'il avait comme baron d'Au-
« bagne, seigneur temporel et juridictionnel du lieu et
« place de Saint-Marcel, membre dépendant de ladite
« baronnie, sur le tènement des terres cultes et incul-
« tes, etc., appelés la Reynarde, détenus et possédés
« par Pierre Huc, écuyer ; et ensemble sur autres tène-
« ments de terres cultes et incultes appelés du quartier des
« Bastides des Camoins, tenues et possédées par plusieurs
« du surnom de Camoins. » Cette juridiction, évaluée à 250 livres par les experts, fut adjugée à Pierre Huc, une première fois au prix de 300 livres, puis, dans une enchère définitive, en date du 17 décembre 1575, au prix de 500 livres (1).

De semblables besoins d'argent, joints aux tracas causés par de nouveaux procès touchant le fief de Saint-Marcel, déterminèrent un autre évêque de Marseille, Etienne de Puget, à céder à la Ville toute sa juridiction sur ce territoire, voire même la justice de la Reynarde et des Camoins, dont les consuls prétendaient faire annuler l'inféodation. Cette cession se fit en vertu d'un acte de transaction en date du 29 mai 1647, moyennant la somme modique de quinze mille livres tournois, dont six mille devaient être employées « au
« bastiment ou achapt d'une maison épiscopale dans l'en-
« clos de ladite ville, payable au vendeur ou à ceux qui
« prendront à prix fait ledit bastiment » et cinq cents « au
« remboursement de l'ancien engagement de la juridic-
« tion des quartiers des Camoins et de La Reinarde. »

La transaction fut ratifiée, sur les instances de la Ville, par lettres patentes, au mois d'août de l'année suivante (2).

---

(1) *L'Antiquité de l'Eglise de Marseille*, tome III, pp. 234 et suiv.
(2) *Id., ibid.*, pp. 438-441.

Depuis lors jusqu'à la Révolution, les consuls de Marseille, bientôt remplacés par les échevins, se trouvèrent investis des attributions et de la charge de la haute, moyenne et basse justice sur Saint Marcel et son territoire. Ce territoire comprenait, en dernier lieu, La Valentine, Saint-Menet, Les Camoins, La Treille, Les Rampals, Les Romans, Les Acates, Vauvendran, La Serviane, Pluveuse, Font-Pudent, Les Escourtines et une partie de Saint-Vincent. La Reynarde était restée détachée du fief. Grosson nous apprend que le pilori placé à côté de l'église paroissiale portait les armes de la Ville. Les officiers de justice, tous nommés par les magistrats municipaux, tenaient les audiences, par concession, dans le Palais de la sénéchaussée.

Le juge de Saint-Marcel était, au commencement de l'année 1789, le même que celui de la seigneurie de Mazargues, M⁰ Gabriel-Antoine Richard (1). Le procureur juridictionnel était M⁰ Chabert ; le greffier, M⁰ Paul Négrin.

Les habitants du lieu profitèrent du mouvement électoral pour demander le rattachement de leur territoire au siège de Marseille et la suppression de leur juridiction spéciale. L'assemblée du Tiers-Etat de Marseille, à laquelle ils conférent officieusement leur vœu, l'accueillit et l'inséra dans les *Instructions* qui font suite au cahier. « Les habitans de
« ce fief, dont la seigneurie appartient à la ville de Marseille »,
y lisons-nous, « ont été privés d'avoir parmi nous leurs
« nombreux représentans. Ils supportent nos impositions,
« ils partagent nos charges et nos droits, et cependant ils
« sont séparés de nous. La forme de la convocation pour
« les Etats-Généraux les a forcés de porter leurs doléances
« et leurs vœux dans une assemblée étrangère, dans celle
« de la Sénéchaussée d'Aix, qui comprend dans son ressort
« le fief de Saint-Marcel et ses dépendances. »

(1) A la justice seigneuriale de Saint-Marcel, comme à celle de Mazargues, M⁰ Gabriel-Antoine Richard avait succédé à son père, en 1788. Il se démit aussi de cette charge, dans le courant de 1789, et fut remplacé par M⁰ Jean-Baptiste Cresp.

« Ce n'est pas assez », poursuivaient les signataires des Instructions, « qu'à l'avenir ils se réunissent à nous pour
« les députations aux Etats-Généraux : nous devons encore
« à ces communistes de les affranchir d'un premier degré
« de juridiction. Marseillais comme nous, ils doivent, du
« moins en première instance, profiter du droit d'être
« jugés par les magistrats de notre Ville, qui fera sans
« regret le sacrifice d'une juridiction onéreuse aux vassaux
« obligés, dans la forme actuelle, d'aller plaider devant un
« juge éloigné et hors de leur domicile (1). »

VI. — La Reynarde

Nous avons vu en quelles circonstances cette terre avait été démembrée de Saint Marcel et érigée en arrière-fief par un évêque de Marseille.

A la suite des contestations soulevées par les consuls de Marseille, tant au sujet du fief qu'à l'égard de l'arrière-fief, l'inféodation de 1575 fut-elle annulée par autorité de justice ? Fut-elle tout simplement tenue pour non valable par les agents du fisc, sans qu'il y ait eu revendication de la part des intéressés ? Nous ne saurions le dire. Quoi qu'il en soit, au mois de janvier 1713, des publications furent faites par l'intendance de Provence, tendant à l'adjudication,
« à titre de propriété incommutable, de l'érection en fief
« de la terre et domaine de la Reynarde en franc-aleu,
« située dans le terroir de Marseille, avec haute, moyenne
« et basse justice, droit de chasse et de pêche dans l'étendue
« dudit, consistant ledit domaine en un château avec son
« parc, en plusieurs bois, terres, vignes et prés qui en
« dépendent, droit d'y instituer des officiers si l'adjudica-
« taire le juge à propos pour par lui jouir généralement

(1) *Instructions et pouvoirs que l'ordre du Tiers-Etat de cette ville de Marseille donne à MM. Michel Roussier, Louis Lejeans, J. Arnaud Delabat, L. Liquier, ses députés aux Etats-Généraux, etc., Instructions particulières*, art. 11.

« de tous droits seigneuriaux sur les terres dépendantes
« dudit fief... et ce moyennant la somme de cinq cens
« livres et les deux sols pour livres. » Le domaine de la
Reynarde avait passé des de Huc dans la famille des de
Félix, en suite du mariage contracté au mois de mai
1576 (1), entre Antoine de Félix, contrôleur général de la
marine, et Louise de Huc, fille aînée et héritière de François
de Huc ; il se trouvait en la possession de leur arrière-
petit-fils, Jean-Baptiste de Félix, seigneur de La Roquette
Marsan, marquis du Muy, conseiller au Parlement de
Provence. Le marquis du Muy fut seul à se présenter aux
enchères. Adjudication lui fut donc faite de son fief, sur
le prix de la mise en vente, suivant procès verbal des commissaires du 9 mars de la même année (2).

Par lettres patentes, données au mois d'avril 1724, en
considération du zèle dont le marquis du Muy avait fait
preuve dans une mission qui lui avait été confiée par le
Conseil du Roi, ainsi que des services rendus par plusieurs
membres de sa famille, la terre de la Reynarde fut érigée
en comté (3).

A la veille de la Révolution, elle était possédée par la
marquise de Créqui, née Marie-Anne de Félix du Muy,
petite-fille du marquis Jean-Baptiste de Félix du Muy, fille
unique et héritière de Tancrède de Félix du Muy et de
Louise d'Henin. Le marquis de Créqui était colonel de
dragons et premier maître d'hôtel de Madame. Le 24 mars
1779, le baron d'Ollières, leur procureur général et spécial,
avait fait hommage, en leur nom, pour leurs divers fiefs,
notamment pour La Reynarde (4).

Le juge de cette seigneurie était M⁰ François-Antoine
Rey ; le greffier, M⁰ Athanase Debout ; le procureur juridictionnel, M⁰ Jean-Pierre Blin.

(1) Contrat du 1ᵉʳ mai 1576, aux minutes de Vivaud, notaire à Marseille.
(2) Cour des Comptes, Reg. *Fons leporis*, f° 47 v°-49.
(3) Cour des Comptes, Reg. *Misericordia*, f° 35 v°.
(4) Cour des Comptes, Reg. 810, f° 24.

§ 4. — *Tribunaux d'exception.*

Sans nous arrêter aux juridictions spéciales qui embrassaient dans leur réseau la sénéchaussée de Marseille, mais n'y avaient pas leur siège, telles que la Prévôté générale de la maréchaussée, la juridiction des Monnaies, celle des Trésoriers généraux, toutes les trois fixées à Aix, la Prévôté générale de la Marine, établie à Toulon, et le Tribunal des Maréchaux de France, dont le siège était à Paris ; en écartant le Bureau diocésain qui a été parfois, mais très improprement, considéré comme ayant une véritable juridiction, nous ne nous occuperons que des six tribunaux d'exception qui suivent : l'Officialité diocésaine, l'Officialité de Saint-Victor, le Tribunal consulaire, l'Amirauté, la Maîtrise des ports et le Tribunal des prud'hommes pêcheurs, tous établis à Marseille et y fonctionnant en 1789.

I. — Officialité diocésaine

Ce tribunal, présidé de droit par l'évêque diocésain, avait, en 1789, pour official, M⁰ Louis-François de Georges d'Olières de Luminy, vicaire général, en résidence habituelle à Paris, et pour vice-gérant, M⁰ Joseph Long, chanoine de la collégiale de Saint-Martin. Le promoteur, chargé des fonctions du ministère public, était M⁰ Jacques Sarmet, curé de la Cathédrale ; le greffier, M⁰ Arnaud.

Les notaires de Marseille, qui étaient tous notaires royaux et apostoliques, avaient, aussi bien que les avocats, le droit d'y plaider.

On sait que les Officialités devaient, en principe, connaître de toutes les causes qui intéressaient les ecclésiastiques et, entre laïcs, de toutes les affaires qui touchaient au domaine spirituel. Au Moyen Age, leur juridiction, sous la seule réserve des recours au métropolitain et à la cour de Rome, était souveraine et indépendante. En faisant valoir des intérêts d'un ordre secondaire, les hommes de loi l'avaient progressivement restreinte et diminuée. Malgré de très vives protestations, hautement formulées à ce sujet par des magistrats du plus grand mérite, le Parlement de Provence avait suivi les mêmes tendances et les mêmes entraînements que les autres Cours souveraines.

Après avoir, elle-même, fait entendre d'énergiques revendications, l'Officialité du diocèse de Marseille avait fini par se soumettre de fait aux prétentions, certainement abusives, des parlementaires. Aussi était-elle, en dernier lieu, peu occupée. « Les audiences », écrivait Achard, en 1789, à propos de ce tribunal (1), « se tiennent les mardis « et les vendredis après-midi, lorsqu'il y a des affaires ; « mais cela arrive très rarement. »

II. — Officialité de Saint-Victor

Le chapitre de l'abbaye de Saint-Victor avait conservé, après sa sécularisation, entre autres privilèges très anciennement concédés au monastère, un Tribunal d'officialité pour les affaires ecclésiastiques de son district.

C'était un chanoine, comte de Saint-Victor, qui exerçait les fonctions d'official. Un prêtre du bas chœur occupait la place de promoteur ; l'un des deux secrétaires du bureau faisait l'office de greffier.

Le Tribunal siégeait dans l'abbaye.

III. — Juridiction consulaire

C'est dans la seconde moitié du XV° siècle que cette juridiction spéciale s'est établie à Marseille.

Antérieurement à cette époque, tous les juges de Marseille qui connaissaient des causes civiles statuaient également sur les causes commerciales. La législation locale

(1) *Tableau historique de Marseille*, tome Ier, p. 261.

soumettait ces différends à la même procédure. En 1455, Pierre de Méoillon, viguier de Marseille, et Jean Martin, juge du Palais, décidèrent que dorénavant les affaires de négoce seraient jugées sans formalités de justice, sur le rapport de deux commerçants élus chaque année en la forme voulue pour les élections municipales : en cas de partage, les plaideurs avaient à se pourvoir devant le viguier en nomination d'un tiers, aussi commerçant. Le juge saisi du litige était tenu de s'en rapporter à l'opinion de ces commerçants jurés ; ses décisions étaient sans appel (1).

Le règlement de 1455 modifiait profondément, on le voit, l'instruction des affaires commerciales ; mais il ne créait pas une juridiction particulière. Les commerçants n'en étaient pas satisfaits : loin de là, ils se plaignaient très vivement soit de l'élévation excessive des frais, pour des litiges d'une nature spéciale, appelés à se produire fréquemment, soit des lenteurs apportées à la solution de ces affaires par l'esprit retors des procureurs.

En l'année 1474, le Conseil de ville, ému de cet état de choses, envoya auprès du Roi deux députés, « les nobles et égrèges personnes » Jacques de Candole, licencié en droit, et Jean de Forbin, avec mission de présenter et appuyer une supplique, où il était demandé que, pour mettre un terme aux abus, « il plût à Sa Majesté de permettre aux
« marchands de la cité de Marseille d'élire annuellement,
« le jour que la Communauté avait coutume de créer ses
« juges, deux personnes probes de leur profession, qui
« eussent le pouvoir de connaître et décider des causes
« mercantiles ou de négoce ; que, pour les appels des
« jugements rendus par ces deux marchands, le viguier de
« la dite cité, celui qui était alors en fonctions et ses
« successeurs, fussent tenus d'élire, pour la même année,
« trois autres marchands probes, et non suspects, qui

---

(1) *Livre noir*, f° 111 v°-112, aux Archives de la Ville.

« eussent pouvoir d'entendre et de juger les dites appella-
« tions, de telle manière qu'il ne fût, en aucun cas, licite
« d'appeler de leurs sentences. » Le roi René se rendit à
ces sollicitations ; il accepta même, dans leur texte, les
articles proposés, ainsi qu'en font foi les lettres patentes
qu'il concéda à ce sujet le 3 mars de la même année. Les
lettres royales se bornent à reproduire, suivi du *placet*
royal, le libellé de la supplique (1). La juridiction consulaire de Marseille, ainsi constituée, confirmée en 1482,
par Palamède de Forbin, au nom de Louis XI, puis par
Charles VIII, subit plus tard, dans son organisation et ses
pouvoirs, un certain nombre de changements.

Les juges d'appel nommés par le viguier furent, tout
d'abord, remplacés par les deux juges sortant d'exercice,
les *juges vieulx*.

L'établissement d'un lieutenant de l'Amirauté à Marseille,
en exécution de l'ordonnance de 1535 sur la réformation de
la justice en Provence, enleva aux juges des marchands ou
juges consuls la connaissance des affaires maritimes, les
plus importantes de toutes les affaires commerciales.

Vers la même époque, sur les revendications du Parlement de Provence, il fut arrêté, par ordonnances royales,
qu'ils ne statueraient plus souverainement et en dernier
ressort que sur les litiges dont la valeur n'excéderait pas
500 livres tournois.

Un édit du mois de mars 1717, portant règlement administratif pour la communauté, créa une troisième place de
juge-consul. L'usage s'était introduit de ne nommer chaque
année qu'un juge et de lui conférer un mandat de deux
années ; le tribunal se renouvelait ainsi partiellement d'année en année. L'édit de 1717 ne s'écarta point de ce principe. Il y est déclaré que, sur les trois juges, « il en sortira
« un de charge chaque année, sçavoir celui qui aura servi
« en qualité de premier, en la place duquel il en sera élu

(1) *Livre noir*, f° 113, aux Archives de la Ville.

« un autre pour remplir la troisième place, en sorte qu'il
« y ait toujours trois juges-consuls. »

C'était conformément à cet édit que se recrutait, en dernier lieu, notre magistrature consulaire. Le greffe appartenait à la Communauté. Un arrêt du Conseil, en date du 10 juillet 1771, rendu à la suite de difficultés soulevées à ce sujet entre la municipalité et le collège des notaires, avait décidé que les fonctions en seraient confiées, comme par le passé, à un notaire nommé annuellement par le Conseil de ville. Ce notaire était le greffier en chef : sous sa surveillance et sa responsabilité, un greffier audiencier tenait la plume aux audiences et deux commis expédiaient les écritures.

Depuis 1780, la juridiction était installée dans un immeuble de la rue Saint-Jaume, loué à cet effet par la municipalité, celui-là même que le Tribunal de commerce devait plus tard occuper jusqu'à l'achèvement de la nouvelle Bourse. Elle siégeait auparavant à l'Hôtel de Ville.

Les juges-consuls en exercice, au commencement de 1789, étaient MM. Pierre Siau, Jean-François Martin, fils de César, et Jean-François Bostan. Ces négociants jouissaient à Marseille, dans le monde commercial, d'une considération justifiée. Pierre Siau fut appelé deux fois, dans la suite, à la présidence du Tribunal de commerce.

Le greffier en chef était, à la même époque, M⁰ Solomé.

Cette justice, plus versée dans la pratique des affaires que dans les subtilités de droit, expéditive et peu coûteuse, était appréciée des intéressés. Les cahiers marseillais nous en ont conservé le témoignage. Une déclaration du Roi, à la date du 5 août 1721, avait attribué aux juges-consuls la connaissance des faillites, pour une année seulement ; mais des déclarations postérieures avaient prorogé ce droit jusqu'en 1789 : la dernière prorogation ayant expiré, le cahier général du Tiers-État, à la suite de plusieurs cahiers de corporations, demandait que l'attribution des faillites fût rendue aux juges-consuls d'une manière indéfinie et irrévocable, « pour rétablir », ajoutait-il, « un droit inhé-

« rent à ce tribunal, droit qui a été usurpé par le juge
« ordinaire. » Il formulait aussi le vœu que leurs sentences ne pussent être frappées d'appel que dans les causes de plus de trois mille livres, que la composition du tribunal fût augmentée de six négociants conseillers avec voix consultative et préférence pour les rapports (1).

Il réclamait, d'autre part, sur les instances particulières des députés de l'assemblée des négociants et armateurs, « l'établissement d'une juridiction consulaire dans les
« chefs-lieux des colonies françaises, avec pouvoir de décer-
« ner la contrainte par corps (2). »

IV. — Tribunal de l'Amirauté

Ce fut à la suite de l'ordonnance de 1535, sur la réformation de la justice en Provence, que ce tribunal spécial, appelé à statuer sur les affaires maritimes, fut créé à Marseille.

L'article 16 de l'ordonnance de réformation autorisait le gouverneur à instituer des officiers pour le fait de la mer, sous la souveraine autorité du Parlement d'Aix. Les gouverneurs d'alors, Charles de Savoie, comte de Villars, et son fils et successeur Claude de Savoie, comte de Tende, usèrent de cette faculté en tenant à Marseille un lieutenant qui connaissait de toutes les affaires maritimes, ainsi que des droits relatifs aux prises faites sur l'ennemi. Ce délégué du gouverneur était amovible et révocable.

Vingt ans plus tard, sa situation se trouva profondément modifiée par l'édit de Saint-Germain-en-Laye, portant réglementation de la juridiction. Aux termes de cet édit, du mois d'août 1555, tous les officiers des sièges de Provence eurent à se pourvoir de l'investiture royale. Sous le titre de Siège général de table de marbre de l'Amirauté, une chambre

---

(1) *Intérêts de la ville de Marseille*, Economie politique de la Ville, art. 8.
(2) *Intérêts de la ville de Marseille*, Commerce, p. 18.

spéciale était créée au Parlement de Provence, « pour
« connaître des appellations interjetées des juges establis
« par le moyen du présent édict aux six sièges particuliers
« de la Provence. » Elle devait se composer d'un lieutenant général, un lieutenant particulier, quatre conseillers,
un avocat et procureur du Roi, un greffier et trois huissiers.
Le siège particulier de Marseille, comme les cinq autres
sièges établis en Provence, aux Martigues, à Arles, à Fréjus,
à Toulon et à Antibes, avait un lieutenant particulier, un
procureur du Roi, un greffier et deux sergents. Ces divers
tribunaux étaient soumis, à l'égard de leur compétence
civile et criminelle et de la procédure, aux règles générales
de la Table de marbre du Parlement de Paris (1).

Si précis et formel que fût cet édit, il rencontra une vive
résistance auprès des corps judiciaires. Le Parlement de
Provence se refusa à organiser la chambre spéciale qui
venait d'être prescrite et continua à juger les appels
maritimes suivant les anciennes formes. Quelques sièges
particuliers ne furent pas pourvus de sitôt. L'Amirauté de
Toulon notamment, la seconde comme importance, ne fut
pourvue de son principal titulaire qu'en 1611.

L'ancien lieutenant de Marseille, Pierre de Johannis,
docteur en droit, se hâta de demander l'investiture royale ;
mais, au lieu de s'en tenir au titre qui lui fut conféré
conformément à l'édit, il prit sans hésitation celui de
lieutenant général des mers du Levant. Ses successeurs
suivirent son exemple. « Le Parlement laissa faire », lisons-
nous dans une intéressante étude sur les officiers qui prési-
dèrent notre Amirauté ; « il ne tenait pas à rappeler
« l'attention royale sur la non création d'une Table de
« marbre à son siège. Toutefois il ne consacra par aucun
« acte formel cette usurpation et ses arrêts ne donnent à
« Pierre de Johannis et ses successeurs immédiats que le

(1) Registre des insinuations de l'Amirauté de Marseille, de 1555 à
1621, f° 389 et suivants, aux Archives départementales des Bouches-
du-Rhône.

« titre de lieutenant particulier. L'administration royale,
« au contraire, accepta l'état de choses établi et le fit même
« tourner à son profit. Elle dit au juge de l'Amirauté de
« Marseille : Vous vous prétendez lieutenant général : soit,
« je n'y contredis pas ; mais alors il n'y a pas de lieutenant
« particulier, la charge n'existe pas et je la crée. Un édit
« de 1623 établit donc au siège de Marseille un lieutenant
« particulier et assesseur criminel. Barthélemy de Valbelle
« était alors titulaire de la charge de lieutenant général.
« Il protesta avec véhémence et fit signifier, tant au chance-
« lier qu'à l'amiral et au receveur des droits, un acte par
« lequel il s'opposait à ce qu'aucune lettre de provision fût
« délivrée à un titulaire quelconque. Dans cet acte il
« reprend modestement le titre de lieutenant particulier,
« mais il était trop tard (1). » Jean Martin de Champourcin,
pourvu de la nouvelle charge de lieutenant particulier,
exigea et obtint son installation.

L'importance de la juridiction croissant progressivement, de nouveaux édits créèrent de nouvelles charges, malheureusement avec faculté de rachat.

Par un expédient qui nous paraît beaucoup plus singulier qu'il ne devait l'être aux yeux de nos devanciers, il était permis aux anciens titulaires de réunir les nouveaux offices, à la condition d'en faire exercer les fonctions, sous leur responsabilité personnelle, par des hommes versés dans la connaissance du droit ou la pratique des affaires, commissionnés par eux. L'Amirauté de Marseille usa de cette ressource pour maintenir, du moins en apparence, l'ancien état de choses. Le lieutenant général réunit les charges de lieutenant particulier et de premier conseiller. Le procureur du Roi acquit celles d'avocat du Roi et de substitut. Dans cette nouvelle organisation, il n'est que justice de le reconnaître, les officiers en titre ne cessèrent d'être ce qu'ils

---

(1) Georges Maurin, *Les Lieutenants généraux de l'ancienne Amirauté de Marseille*, Marseille, 1885, pp. 12-13.

avaient été auparavant, de loyaux magistrats, à la hauteur de leur tâche. Leurs délégués ne furent pas indignes de leur confiance : certains des conseillers gradués qu'ils choisirent, parmi lesquels nous retrouvons l'auteur du *Traité des Assurances et des Contrats à la grosse*, Balthazar Emerigon, honorèrent le siège par leur expérience et leur savoir. Le principe sur lequel reposait le recrutement d'une partie du personnel demeurait cependant, par lui-même, sujet à bien des critiques. La situation précaire et subordonnée qui était faite aux délégués ne s'accordait guère avec l'importance de leurs attributions. N'était-elle pas de nature à faire parfois suspecter l'indépendance de leurs décisions ?

Une réforme était désirée. Elle fut réalisée par un édit du mois de mars 1785, enregistré le 16 février suivant au greffe de la Sénéchaussée de Marseille (1). Par cet édit, la composition du Tribunal fut définitivement arrêtée à 1 lieutenant général civil et criminel, commissaire enquêteur, examinateur et garde-scel ; 1 lieutenant particulier civil et criminel ; 3 conseillers et 1 avocat et procureur du Roi. Tous ces magistrats, directement pourvus par le Roi, se trouvaient, les uns vis-à-vis des autres, dans des conditions complètement indépendantes ; la réunion des offices fut formellement prohibée.

La compétence de la juridiction maritime demeura fixée, jusqu'à la suppression des Amirautés en 1790, par l'ordonnance sur la Marine, du mois d'août 1681, qui avait revisé la législation maritime alors en vigueur et donné à la France un code unique sur cette matière. Aux termes de cette ordonnance, les officiers des sièges généraux de l'Amirauté connaissaient en première instance, privativement à tous autres juges, entre toutes sortes de personnes, privilégiées ou non, françaises ou étrangères, de tout ce qui

---

(1) Registre des insinuations de la Sénéchaussée, du 25 septembre 1784 au 31 octobre 1790, f° 116 v° à 119.

concernait la construction, l'équipement, le chargement et l'armement des navires, du loyer des matelots, des assurances et, généralement, de tout ce qui avait rapport au négoce maritime. Ils connaissaient aussi des crimes commis sur mer.

En matière civile, ils jugeaient sans appel, jusqu'à la somme de 150 livres. Au-dessus de cette somme, leurs sentences étaient exécutoires nonobstant appel, mais avec caution, lorsque l'appel n'en avait pas été relevé dans les six semaines (1).

Il nous reste à faire connaître le personnel de notre tribunal spécial, à la veille de la Révolution.

Au commencement de 1789, le lieutenant général était Lazare de Ricard-Gérin, pourvu de son office en mai 1787, sur la résignation que lui en avait faite son père, Joseph de Ricard-Gérin. Celui-ci, en faisant cette résignation à son fils, s'était réservé la lieutenance particulière. Le procureur du Roi était un magistrat expérimenté, Claude de Gaudemar. Sur les trois sièges de conseiller, deux seulement étaient occupés, ayant pour titulaires : M⁰ Jean-Baptiste Pastoret, que nous avons déjà vu investi à cette époque des fonctions de juge seigneurial pour Beaumont et les Aygalades, et M⁰ Etienne-Jean Lejourdan. Ce dernier était l'un des avocats les plus appréciés de notre ville ; il devait sa réputation à une véritable science du droit, en même temps qu'à un remarquable talent de discussion et d'argumentation. Doué, au surplus, d'un goût prononcé pour toutes les choses de l'esprit, passionné pour les livres, il avait acquis des connaissances étendues et variées, dont il savait se servir, au besoin, pour captiver l'attention au milieu des questions juridiques les plus arides. La troisième charge de conseiller était vacante par le décès du titulaire, M⁰ Jean-Baptiste Richard.

(1) Ordonnance d'août 1681 sur la Marine, liv. I, titre I, art. 4; titre II, art. 1-3, 5-7, 9-12; titre IX, art. 19; titre XIII, art. 1, 2, 4.

Jean-Baptiste Teissier, receveur général des droits de l'Amirauté, établi par un arrêt du Conseil d'Etat, régissait, avec l'aide de quatre commis, les greffes du Tribunal.

Dans le courant de l'année, M° Jean-Baptiste Pastoret succéda à Joseph de Ricard-Gérin dans la charge de lieutenant particulier et fut lui-même remplacé, comme conseiller, par M° Jean-Baptiste-Joseph Laget. M° Gabriel-Antoine Richard, fils de Jean-Baptiste, fut pourvu de la charge de son père.

Le Tribunal siégeait au Palais de Justice.

V. — Maîtrise générale des Ports

Ce tribunal, créé vers le milieu du XVI° siècle, connaissait, dans toute l'étendue de la Provence, à l'exception de quelques villes où des lieutenants avaient été établis, de toutes les affaires civiles et criminelles concernant les droits d'entrée et de sortie. Dans les causes civiles, le maître général des ports jugeait seul, sur les conclusions d'un procureur du Roi établi près de ce siège; dans les procès criminels, il était tenu d'appeler trois gradués.

L'appel des sentences était porté à la Cour des aides de Provence.

Le titulaire de la Maîtrise générale des ports en Provence était, en 1789, M° Bernard-Lazare Sardou, ancien avocat au Parlement : il avait été pourvu par lettres du 30 janvier 1758, en remplacement de son père M° Pierre Sardou, décédé le 20 août précédent. M° Pierre Sardou, également avocat à la Cour postulant en la Sénéchaussée de Marseille, issu d'une ancienne famille marseillaise, avait acquis cet office en 1743.

Le procureur du Roi, M° Gabriel-Jacques Dageville, avocat en la Sénéchaussée, avait été pourvu par lettres patentes du 21 décembre 1785; le greffier était M° Gastinel.

Les audiences avaient lieu dans une salle du Palais de Justice, ordinairement le mercredi et le samedi.

VI. — Tribunal des Prud'hommes pêcheurs

Sans tenir pour démontrée l'antiquité presque fabuleuse que les patrons pêcheurs de Marseille ont bien souvent revendiquée, sans prétendre faire remonter jusqu'à la fondation de la ville, ni même, avec des prud'hommes plus modestes, jusqu'au Xe siècle seulement, les origines de leur communauté, on peut croire qu'elle fut des premières à se constituer parmi toutes celles qui surgirent au souffle libéral des institutions marseillaises du Moyen Age.

Dès les premières années du XIVe siècle, les délibérations du Conseil de ville nous la montrent régie par des chefs portant le titre de consuls, *consules piscatorum, consols de pescadors*. Ces consuls étaient d'abord au nombre de deux, élus chaque année par la curie royale (1). Un peu plus tard, ils furent nommés par le Conseil de ville comme tous les autres officiers communaux. Aux élections du 13 août 1350, le Conseil, investi depuis plusieurs années du droit de nommer les consuls des pêcheurs, en nomma trois pour la première fois (2). Quelques années plus tard, la qualification de consul fut changée en celle de prud'homme (3).

Au siècle suivant, des contestations s'étant produites au sein de la corporation, au sujet des statuts en vigueur, le Conseil général décida qu'ils seraient revisés en commun. Dans le texte de ces règlements, tel qu'il fut arrêté alors et publié par le Conseil le 13 octobre 1431, figure un article où se trouvent nettement établies les attributions juridiques des prud'hommes. « Item », y lisons-nous, « que los dichs
« pescados puescan elegir cascun an en la festa de Calenas
« (*Noël*) catre bons homes antix e lo plus savis a lur poys-

---

(1) Acte du 15 juillet 1324, notaire Pascal Noë, aux Archives de la Ville, Chartier.
(2) Registre des délibérations du Conseil général de Marseille, de 1350 à 1351, aux Archives de la Ville.
(3) Ruffi, *Histoire de Marseille*, tome II, p. 232.

« sanssa, *los quals aian la conoycensa de totas las causas
« sobre per ellos capitoleiadas,* losquals juron cascun an
« cant si elegiran de ben e lialment far lur uffici al taulier
« (*réunion*) de mossen lo Veguier ensin con fan los autres
« uflicies de la viella (1). »

La juridiction mentionnée par ce texte était souveraine et en dernier ressort.

Tels sont les caractères avec lesquels elle fut reconnue par les titres nombreux qui consacrèrent à nouveau, à des dates plus rapprochées, ses droits et ses attributions. Aux termes, notamment, de lettres patentes données par Henri II, le 27 juillet 1557, la prud'hommie des pêcheurs était expressément investie du pouvoir de juger « souverainement,
« sans forme ny figure de procès, sans escriptures ny appe-
« ler advocats et procureurs, sur le fait, forme, ordre,
« manière de la pescherie »; elle connaissait « de tous
« différends et débats, survenant du fait et art de pescherie
« entre lesdits pescheurs (2) ». Soit implicitement, soit formellement, le même privilège se trouve visé par des lettres patentes de 1622, 1629, 1647, 1660, 1723 et 1778, ainsi que par des arrêts du Conseil du Roi du 11 février 1775, du 9 novembre 1776, du 4 octobre 1778 et du 20 mars 1786.

Un arrêt du Conseil du 29 mars 1776, rendu sur des contestations qui s'étaient élevées entre les pêcheurs marseillais et la colonie de pêcheurs catalans cantonnée dans les bâtisses de l'ancien Lazaret, tout en maintenant la communauté dans ses prérogatives à l'égard des nationaux, lui avait enlevé la juridiction sur les étrangers, pour l'attribuer à l'intendant de Provence. Cette disposition n'étant point parvenue à faire cesser les conflits, l'arrêt de 1786 l'abrogeait et remettait aux prud'hommes, dans des termes qui ne semblaient pas devoir laisser place à l'équivoque, la

---

(1) Ch. Payan d'Augery, *Les prud'hommes pêcheurs de Marseille et leurs archives,* Aix, 1873, p. 65.

(2) Lettres patentes, dans les archives de la Prud'hommie.

connaissance de toutes les contraventions et de tous les différends en matière de pêche, dans l'étendue des anciennes limites.

L'exécution de l'arrêt souleva pourtant de très vives résistances. Pour en faire justice, démontrer le mal fondé des revendications des étrangers et prévenir toutes nouvelles entreprises de leur part, M⁰ Lavabre, conseil des prud'hommes, dressa un mémoire dont les conclusions, appuyées sur un examen approfondi des titres et des faits, furent adoptées par Portalis, Pascalis et Barlet, dans une consultation sur le même sujet. Ce mémoire, rédigé à la veille même de la Révolution, nous fera connaître la forme dans laquelle les prud'hommes pêcheurs de Marseille rendaient alors la justice. « Ils ont un auditoire et salle commune », nous dit M⁰ Lavabre, « où ils tiennent leurs audiences pu-
« bliques les dimanches à deux heures. Rien de plus som-
« maire que la procédure usitée et constamment suivie de
« siècle en siècle. Le pêcheur qui a quelque plainte à for-
« mer contre un autre pour contravention à la police de la
« pêche, ou quelque demande à lui faire à l'occasion de leur
« profession, s'adresse d'abord à l'un des gardes ou valets
« de la communauté et, en mettant deux sols dans une
« boîte, qu'on nomme *de Saint Pierre*, et destinée aux
« pauvres, il le charge de citer son adversaire. Le dimanche
« suivant, le défendeur, avant d'être écouté, met aussi
« deux sols dans cette boîte, et ce sont là toutes les épices
« et vacations. Cela fait, les deux parties disent leurs rai-
« sons aux prud'hommes assis sur leur tribunal, en man-
« teaux et rabats. Ils les écoutent, les interrogent, entendent
« les témoins lorsqu'il y a lieu, et presque toujours ils
« concilient les parties. Toute cette instruction, ainsi que
« les jugements se passent en public. Les portes sont ou-
« vertes aux membres du corps, aux étrangers, aux curieux,
« et quoique la foule soit considérable, il est hors d'exem-
« ple qu'on ait manqué aux prud'hommes tenant leur

« S'il n'y a pas moyen de concilier les parties, s'il faut
« absolument les juger, les prud'hommes, qui sont au
« nombre de quatre, opinent, et le premier prononce avec
« cette formule : *la Loi vous condamne*. On présume bien
« que c'est en idiome provençal. La partie condamnée paye
« sur le champ ; et si elle s'y refuse, on fait séquestrer
« son bateau et ses filets par les gardes de la Communauté,
« et la plus prompte exécution suit le jugement le plus
« simple. On n'écrit rien, la chicane est inconnue dans ce
« tribunal des pairs. Leur code est dans leur cœur et dans
« la pratique qu'ils ont des procédés de la pêche (1). » Il
est peut-être superflu de noter le sens qu'il faut donner à
cette dernière phrase. Les prud'hommes apportaient trop
de soin à la conservation des titres dans lesquels se trouvaient consignés leurs usages et règlements, pour ne pas
y avoir recours lorsqu'il était nécessaire. Ils ne contestaient
point l'autorité qui s'attache au document ; mais ils
pensaient qu'une justice comme la leur devait plutôt
reposer sur des principes généraux nettement déterminés
et des règles d'équité que sur l'interprétation des textes :
telle était leur manière de voir. Un trait rapporté par le
docteur Jean André de Peyssonnel en fait foi.

Le docteur de Peyssonnel avait voulu témoigner de toutes
ses sympathies pour les membres de la vieille corporation
marseillaise en transcrivant les lois et les ordonnances
conservées dans les archives de la communauté. « Après
« avoir travaillé à débrouiller les lois de la pêche insérées
« dans ce livre », rapporte-t-il dans l'épître dédicatoire de
son manuscrit reproduite par Lavabre, « il aurait impru-
« demment conseillé à MM. les Prud'hommes de les rendre
« publiques, à quoi ils lui auraient très sagement répondu
« qu'ils se garderaient bien de le faire ; que toutes ces lois
« étaient gravées dans leur mémoire ; qu'ils se les

(1) Lavabre, *Mémoire pour les prud'hommes de la communauté des patrons pêcheurs de la ville de Marseille*, Marseille, chez F. Brebion, 1787, pp. 10 et 11.

« transmettaient de père en fils, et que, dans leurs juge-
« ments ils n'y avaient égard que lorsque le temps, les
« lieux et les circonstances l'exigeaient, ce qui rendait
« leurs jugements toujours justes, dictés par les anciens de
« la communauté ; que, tenant ces lois cachées, jamais la
« chicane n'avait pu s'introduire dans leur tribunal ; et
« qu'ainsi ils les garderaient toujours dans le secret, n'en
« donnant connaissance qu'aux pêcheurs intéressés et aux
« anciens de la communauté. »

Le docteur ajoutait que le premier président du Parlement de Provence, M. Lebret, ayant été instruit de leur réponse, la trouva non moins sensée que piquante. « Il « serait à souhaiter », aurait-il dit, « que tous les hommes « pensassent aussi sagement que les prud'hommes ; il y « aurait beaucoup de lois dans l'oubli et ce ne serait pas « un grand mal (1). »

On sait que les prud'hommes des pêcheurs sont les seules corporations ouvrières qui aient échappé à l'œuvre destructive de la Révolution. Après avoir été provisoirement suspendues le 3 septembre 1790, elles furent définitivement maintenues par décret de l'Assemblée nationale des 8-12 décembre de la même année. La corporation des prud'hommes de Marseille s'est trouvée par là même confirmée dans

(1) Lavabre, *Mémoire* cité, p. 12.
Outre ce mémoire et la monographie de M. Ch. Payan d'Augery, on pourra consulter, relativement à la corporation et à la juridiction des Prud'hommes pêcheurs de Marseille, les publications ci-après : Villecrose, *Mémoire pour les pêcheurs catalans, contre les prud'hommes des pêcheurs de Marseille*, 1789 ; Valin, *Nouveau commentaire sur l'ordonnance de la Marine du mois d'août 1681*, tome II, liv. V, tit. 8 ; Laget de Podio, *Les pêcheurs de la ville de Marseille et autres pêcheurs de sa banlieue, côtes et villes voisines*, Marseille, 1835 ; Du Beux. *De la juridiction des prud'hommes pêcheurs de la Méditerranée*, Discours prononcé le 3 novembre 1857 à l'audience solennelle de rentrée de la Cour impériale d'Aix ; Ch. de Ribbe, *Les prud'hommes pêcheurs de la Méditerranée*, Montpellier, 1869 ; A. Fabre, *Les Rues de Marseille*, tome Ier, pp. 371-418.

son existence et dans ses privilèges, sous la seule réserve de quelques modifications d'une importance secondaire. Sa juridiction s'exerce dans la même forme que par le passé. Aujourd'hui, comme avant la Révolution, les plaideurs se présentent à l'audience, dans le prétoire du quai du Port, sans frais de citation, par leur consentement mutuel et sur le simple appel du garde de la communauté. En exécution de l'article 24 du décret du 19 novembre 1859, sur la pêche côtière et la pêche maritime, les décisions sont rédigées sur papier libre par le secrétaire-archiviste ; mais cette rédaction, dont la nécessité ne se faisait peut-être pas sentir, n'est point encore parvenue à faire tomber en désuétude les formules plus brèves et plus énergiques de la sentence verbale. Ajoutons que la boîte *de Saint-Pierre* continue à recevoir les « deux sols » de chaque plaideur. Jusqu'à ces dernières années, elle s'ouvrait deux fois par an, et le contenu en était remis à M. le curé de Saint-Laurent pour les pauvres de sa paroisse, ou directement distribué aux familles de pêcheurs les plus nécessiteuses.

Actuellement, le modeste produit de cette caisse sert à solder certains frais de la prud'hommie.

F. D.

CHAPITRE VIII

Les hommes de loi.

La justice avait pour auxiliaires, sous l'Ancien Régime comme aujourd'hui :
1° Des *avocats*, hommes versés dans la science du droit, donnant des avis ou des conseils sur les affaires litigieuses et portant la parole devant les tribunaux, dans l'intérêt des parties en cause ;
2° Des hommes de loi chargés des formalités de la procédure, désignés depuis le décret des 29 janvier - 20 mars 1791, sous le nom d'*avoués*, auparavant sous celui de *procureurs* ;
3° Des officiers chargés d'exécuter les ordres des juges. Sous l'Ancien Régime, ceux de ces officiers ministériels dont les fonctions se bornaient aux significations, ainsi qu'à l'exécution des actes publics, portaient le titre de *sergents* ; la dénomination d'*huissiers* était réservée à ceux qui, comme nos audienciers, joignaient à ces attributions le service intérieur des tribunaux.

On pouvait encore considérer, avec plus de motifs qu'aujourd'hui, comme associés à l'œuvre de la justice, les *notaires*, fonctionnaires publics établis pour recevoir les engagements et les contrats des particuliers et ayant pouvoir de donner à ces actes, dits de juridiction volontaire, le caractère et la force d'un jugement en dernier ressort.

Tous ces hommes de loi composaient, à Marseille comme dans les autres circonscriptions judiciaires, de véritables corporations professionnelles, soumises à des règles particulières, jouissant de privilèges spéciaux, régies par des chefs électifs auxquels incombaient le soin de la discipline intérieure et la défense des intérêts communs.

§ 1ᵉʳ. — *Ordre des Avocats.*

De toutes les corporations formées par les hommes de loi, celle des avocats était à Marseille, ainsi que partout ailleurs, la plus considérée, non seulement à cause de l'importance de la profession, mais grâce encore à la rigueur de la discipline tutélaire qui s'y observait, aux principes d'honneur, d'indépendance et de dignité qui s'y étaient maintenus. Anciennement le corps portait la dénomination de collège. Il prit ensuite celle d'Ordre des avocats, à l'exemple du barreau de Paris, et la garda jusqu'à la Révolution.

Aux termes des règlements en vigueur, les avocats et les gradués en droit qui voulaient postuler en la Sénéchaussée devaient tout d'abord se faire recevoir au Parlement de Provence ; investis par l'arrêt de réception du titre d' « avocat près la Cour », ils venaient prêter le serment professionnel à l'audience du lieutenant civil, sur la présentation d'un confrère. Suivant un usage qui s'était introduit dans le ressort, le même serment était renouvelé toutes les années, à l'audience de rentrée, par tous les membres de l'Ordre. Les chefs de l'Ordre portaient, comme dans les autres barreaux de province, le titre de syndics. Ils étaient au nombre de deux, élus, chaque année, par le collège tout entier : le premier syndic était ordinairement choisi parmi les anciens avocats, le second syndic parmi les jeunes.

Les décisions les plus importantes étaient délibérées en assemblée générale, sous la présidence des syndics : lorsqu'elles se renfermaient dans les limites des attributions disciplinaires et réglementaires, elles n'étaient susceptibles d'aucun recours.

Aussi loin que l'on remonte dans ses annales, on retrouve le barreau marseillais mêlé à l'administration de la Commune et y figurant d'une manière honorable. Les statuts de 1253 exigeaient qu'il y eût dans le Grand conseil, pour donner leur avis au viguier et aux officiers de la Ville, au moins trois jurisconsultes, d'une probité reconnue, capables, domiciliés à Marseille et y exerçant conformément aux règlements (1). Ce nombre, qui n'était qu'un minimum, fut souvent dépassé de beaucoup : aux élections du 26 novembre 1331, par exemple, on nomma jusqu'à trente jurisconsultes (2). Par une délibération du 28 août 1350, afin de faciliter aux avocats l'accès des emplois municipaux, le Conseil suspendit en leur faveur le règlement qui exigeait cinq ans de domicile (3).

Le 22 avril 1410, par lettres patentes souscrites au monastère de Saint-Victor, le comte de Provence Louis II, se rendant aux supplications des Marseillais, les autorisa à nommer, chaque année, en dehors des conseillers jurisconsultes, un avocat qui devait aider les syndics de la ville à défendre et faire valoir contre tous, même contre les officiers ou gouverneurs, les libertés et les franchises communales (4).

Ce nouveau magistrat municipal, désigné dans la suite sous le nom d'assesseur, à raison de ses attributions, fut maintenu par lettres du roi René en date du 17 avril 1475, portant approbation du règlement municipal dit de Cossé, lequel établissait, au sein d'un conseil général de quarante-huit membres élus tous les quatre ans, un conseil particulier composé de douze membres et renouvelable d'année en année : il y est dit qu'il sera permis à chacune de ces

(1) Livre I, ch. 8, *De consiliariis et aliis de quibus hoc statutum loquitur eligendis et juramento ipsorum*, § 1. — Voir aussi, même livre, ch. 20, *De salario advocatorum*. D'après ce statut, les avocats devaient s'engager par serment à établir leur domicile dans la ville inférieure ou vicomtale et à employer, dans un an et un mois, au plus tard, le tiers de leur avoir mobilier en acquisitions immobilières à Marseille ou dans son territoire ; dans l'estimation à laquelle il pouvait y avoir lieu de procéder, pour établir cette proportion, on défalquait du compte les livres, les vêtements, les armes, les tentures et l'argenterie.

(2) Registre des délibérations municipales de 1331 à 1332, aux Archives de la Ville.

(3) Registre des délibérations municipales de 1350 à 1351.

(4) *Livre noir*, folio 17 verso.

assemblées particulières, ou *douzaines*, « *de prendre ung
« assessor, et que sera de l'una dozena non puesca estre
« de las autras, et durant l'offici de son an intrera en
« conselh et aura sa vos come los autres*(1). » Simple conseil
à l'origine, chargé de résoudre dans l'intérêt de la Ville les
questions de droit et de procédure, l'assesseur avait déjà conquis une situation plus importante. Au sein des grandes assemblées locales, demeurées assez nombreuses pour mettre en relief un esprit cultivé, rompu aux affaires et exercé dans l'art de la discussion, il fut appelé par la confiance de tous à prendre une part de plus en plus active à l'administration et fut considéré comme l'égal des consuls. S'il fallait en croire Ruffi (2), il aurait même, à la fin du XV° siècle, pris le pas sur eux et se serait trouvé le premier magistrat de la Cité. En réalité, sans avoir jamais prétendu à plus de droits et à de plus larges attributions que les magistrats dont il était devenu le collaborateur et le collègue, l'assesseur jouait le rôle le plus en vue. Les missions délicates lui étaient toujours réservées. Lorsque les États généraux se réunissaient, c'était l'assesseur que Marseille y envoyait. C'était également lui qu'elle députait à la Cour, pour y défendre les intérêts de la Ville, toutes les fois qu'il était nécessaire. Le Souverain venait-il à Marseille, l'assesseur, revêtu, comme les autres chefs de la municipalité, de la robe consulaire et du chaperon, à la tête d'une brillante suite de gentilshommes et de notables, se portait avec ses collègues au-devant du royal visiteur, le haranguait et le suppliait de vouloir bien confirmer les conventions, franchises, immunités et coutumes de la Cité.

Dans des circonstances moins solennelles, à l'arrivée d'un haut personnage, prince, ministre, gouverneur, ou autre « puissance », la municipalité, en costume de

---

(1) Méry et Guindon, *Histoire de la Commune de Marseille*, tome V, pp. 455-460.

(2) *Histoire de la ville de Marseille*, tome II, p. 216.

cérémonie, allait encore attendre son hôte aux portes de la ville. Les édiles, syndics, consuls ou échevins, lui faisaient « une profonde révérence » et l'assesseur, en une harangue plus ou moins pompeuse, lui présentait ses hommages et formulait ses compliments. « Ces compliments », a justement observé, dans une intéressante étude sur ce sujet, un membre du jeune barreau de Marseille, « véritables discours parfois, exigeaient de la part de l'ora-
« teur, sinon une grande éloquence, du moins une certaine
« habileté, beaucoup de tact et des connaissances variées.
« Toujours louer sans tomber dans l'exagération n'est pas
« chose facile! De plus, ces harangues devaient être appro-
« priées aux circonstances. Il fallait célébrer dans chaque
« personnage les qualités qui le distinguaient. Les person-
« nes à qui s'adressaient les discours se succédaient les unes
« aux autres, mais les assistants étaient toujours les mêmes.
« Il fallait donc varier la forme du discours pour conserver
« aux yeux de la municipalité le prestige d'orateur habile et
« éloquent (1). » Nos orateurs en titre s'acquittèrent toujours de leur rôle à leur honneur et à celui de l'Ordre.

Après s'être ainsi soutenu dans tout son éclat, pendant près de trois siècles, le plus souvent entre les mains d'avocats éminents par le talent ou la naissance, tels que Jean de Jarente, Nicolas de Beaumont, Jean de Vega, Barthélemy Ruffi, Jean Doria, Guillaume de Montolieu, Pierre de Vento, Antoine de Cabre, Michel de Villages, Jean de Riquetti, Joseph Vaccon, Marc-Antoine de Saint-Jacques, les de Candolle, les d'Arène, les de Somaty, les de Vias, les de Garnier, les de Monier, les Altoviti, les de Bausset, les de Cabannes et les de Félix, l'assessorat se trouva aux prises avec les susceptibilités jalouses qui ne pouvaient souffrir l'influence prépondérante des hommes de loi au Conseil de ville. La

---

(1) M⁰ Victor Vial, *Discours prononcé le 19 décembre 1885 à la séance solennelle de rentrée de la Conférence des Avocats de Marseille, L'Ancien Barreau et les Institutions municipales de Marseille*, p. 10.

part que certains assesseurs avaient prise dans les troubles de Marseille au temps de la Fronde, des difficultés très vives entre la municipalité et le collège des avocats au sujet de l'élection des trois jurisconsultes du conseil, enfin, des protestations imprudentes que l'assesseur François Eyssautier formula dans le Conseil, en présence du viguier, au mois d'octobre 1712, à la suite de la révocation des échevins en exercice, ménagèrent à ces sourdes hostilités un plein succès. Par arrêt du Conseil du Roi, du 15 novembre de la même année, modifiant le régime municipal de Marseille, la charge d'assesseur fut suspendue et provisoirement remplacée par un avocat-conseil (1). Ange Timon, ancien assesseur, nommé à cet emploi, l'occupa jusqu'à sa mort.

Cette atteinte portée aux prérogatives du collège des avocats ne fut pas la seule qu'elles eurent à subir Un édit du mois de mars 1717, contenant une nouvelle modification du régime municipal, décida que le Conseil de ville serait, à l'avenir, composé des quatre échevins et « de « soixante conseillers du nombre des gens de loge ou « négociants, bourgeois ou marchands » : il n'était pas fait mention des avocats (2). Par là même, les trois conseillers jurisconsultes se trouvaient supprimés. Vainement les avocats se réclamèrent-ils de la qualité de bourgeois et revendiquèrent-ils, à ce titre, leur admission à l'Hôtel de Ville : aucun confrère ne remplaça les anciens conseillers.

L'Ordre des avocats résolut alors d'attendre, pour faire à nouveau valoir ses droits, des circonstances plus favorables. Ce ne fut qu'une quarantaine d'années plus tard, après que la faillite d'un premier échevin eut amené une réaction en faveur de la Noblesse et du barreau, que les avocats réitérèrent leurs revendications ; satisfaction leur fut donnée par le règlement municipal de 1766, dont l'économie a été

---

(1) *Règlement du 15 novembre 1712*, Marseille, Vve Breblon. 1713.
(2) Méry et Guindon, ouv. cité, tome VI, pp. 376-416.

exposée en détail dans un chapitre précédent (1). L'assessorat était rétabli et les trois sièges de conseiller leur étaient rendus. Malheureusement, le nouvel assesseur, M⁰ Guillaume Lejeans, ne sut pas se tenir sur la réserve dont il eût dû se faire une loi. Certains actes, qui déplurent dans les hautes sphères et dont l'initiative lui fut reprochée, provoquèrent de nouvelles rigueurs : par lettres patentes, en date du 18 septembre 1769, la charge d'assesseur fut une fois encore supprimée.

Aussitôt qu'ils en eurent connaissance, les avocats adressèrent au ministre, le comte de Saint-Florentin, une protestation dans laquelle ils témoignaient de leur surprise et préparèrent un mémoire où ils s'attachèrent à démontrer l'insuffisance d'un avocat-conseil, pour la ville de Marseille. « Cet officier sans nom et sans caractère », disaient-ils à ce sujet, « n'assiste ni aux assemblées de ville, ni aux divers
« bureaux de la Municipalité. Les affaires les plus épineu-
« ses s'y présentent : comment pourra-t-il les connaitre et
« les diriger ? Si on délibère sans prendre son avis, on
« risque de tomber dans l'erreur et il risque encore plus
« d'y précipiter les autres, si son avis précède les assemblées.
« Un pilote qui reste à terre ne peut ni prévoir les tempêtes,
« ni par des instructions anticipées diriger le navire qu'il
« voit partir. » La municipalité de Marseille, le viguier, le gouverneur de Provence et plusieurs barreaux s'associèrent aux réclamations de l'Ordre. Le Parlement d'Aix fit, lui-même, des remontrances, mais sans succès (2).

Enhardi, sans doute, par les démonstrations qui venaient de se produire, l'assesseur déchu de ses fonctions refusa de se retirer ; il figura avec ses insignes à l'installation du nouveau Conseil, le 1ᵉʳ janvier suivant, et continua à s'occuper des affaires de la Ville comme par le passé. Il fut exilé dans sa terre de Lançon.

(1) Voy. ci-dessus, p. 114 et suiv.
(2) *Registre contenant les délibérations et autres actes de*

Lorsque les passions soulevées en cette circonstance se furent calmées, le Roi prit en considération les sollicitations qui lui furent adressées de divers côtés, tant en faveur de l'ancien assesseur que de l'Ordre des avocats. Au mois de décembre de la même année, il permit à M⁰ Lejeans de rentrer à Marseille. En même temps, il rétablit l'assessorat dans les conditions fixées par le règlement de 1766 : pour cette fois seulement, il nomma d'office l'assesseur. L'avocat nommé fut M⁰ Joseph Brès (1). A l'expiration de sa charge, en 1772, le Conseil lui donna pour successeur M⁰ François Berrin.

L'assesseur en exercice au début de 1789 était, on l'a vu, M⁰ Joseph Capus (2) ; les trois sièges de conseiller réservés aux avocats étaient occupés par M⁰⁰ Jean-Baptiste Cresp, Pierre-Joseph Rostan et Etienne-Jean Lejourdan.

L'Ordre avait alors, pour syndics, M⁰⁰ Pierre-Noël Villecrose et Guillaume Mathieu aîné ; pour doyen, M⁰ François Berrin. Les autres avocats inscrits sur la matricule du greffe de la Sénéchaussée étaient, dans l'ordre de leur réception au Parlement : M⁰⁰ Charles Thiers, Pierre-Simon Gignoux, Joseph Massel, Jean-Baptiste Pastoret, Joseph Pastoret, Jean-Pierre Chomel (3), Jean Francoul, Paul Olivier, Jean-Claude Coquet, Joseph Vitalis, Nicolas-Joseph-Marie Samatan, Jean-François Decormis, Joseph Lavabre, Jean-Honoré-Michel Gras-Sallicis, Joseph Christophe, Jean-Baptiste-Joseph Laget, Pierre Chaix, Gabriel-Antoine Richard, Gabriel-Jacques Dageville, César-Alexandre Carbonel, Antoine-Joseph Pastoret fils (4), François-Emmanuel Ricord,

Messieurs les Advocats de la Sénéchaussée de Marseille, p. 194, aux archives de l'Ordre des avocats de Marseille.

(1) Registre 171 des délibérations municipales, f⁰ 146-148.
(2) M⁰ Capus se démit de l'assessorat, à la suite de l'émeute du 23 mars, et fut remplacé de fait dans ses fonctions par M⁰ Cresp : ce fut ce conseiller qui harangua le comte de Caraman, commandant en chef pour le Roi, à son entrée à Marseille, le 29 mai.
(3) Père du lieutenant général criminel.
(4) Fils de M⁰ Joseph Pastoret.

François Philip de Rambert, Jean-François Chéry, Antoine-Paul-Joseph Courmes, Antoine-Henri Figuières, Jean-Joseph Augier, Joseph-Marie Boisson, Pierre-Ange-Guillaume Rampal, Etienne Seytres, Antoine Petit, Lazare-Marie-Bernard Grosson de Truc, Antoine-André-Marie-Gaspard Auda, Augustin Angleys, Xavier Chataud, Honoré-Joseph-Maximin Roubaud, Louis-Pascal-Marie Sard, Decabrières fils, Terris père, Faucon, Jean-Baptiste-Joseph Miolis et Gaillard (1). Nous n'avons point fait figurer sur cette liste trois notaires de notre ville qui avaient le titre d'avocat et s'étaient fait immatriculer à la Sénéchaussée : conformément à un arrêté du Parlement de Provence du 14 juin 1760, ils ne pouvaient postuler que pour leurs parents jusqu'au quatrième degré inclusivement.

Nous y retrouvons les avocats que nous avons déjà vus occupant, en 1789, divers emplois judiciaires : le procureur du Roi au Tribunal de police, le greffier de ce tribunal, les juges seigneuriaux, divers magistrats de l'Amirauté, enfin le procureur du Roi à la Maîtrise générale des ports. Le lecteur y aura peut-être relevé d'autres noms qui n'ont pas été oubliés dans le monde du Palais. « Lavabre », nous dit Augustin Fabre (2), « possédait à un degré très remar-
« quable les belles qualités d'un improvisateur éloquent,
» parole prompte et facile, mouvements bien réglés, formes
« colorées et dramatiques. Il était fort laid, mais, sous le
« charme de son élocution spirituelle autant que chaleu-
« reuse, on finissait par le trouver beau, car alors ses yeux
« s'illuminaient, tous ses traits reflétaient les mouvements
« de son âme, et il allait se livrant à sa confiance en lui-
« même, à l'abondance de ses idées, à la fidélité de sa

---

(1) Grosson, *Almanach historique de Marseille*, année 1789, pp. 165-167.

(2) *Essai historique sur l'ancien Palais de Justice de Marseille*, pp. 25-26. La plus grande partie de cette étude a été reproduite textuellement dans les *Rues de Marseille*; le passage cités'y retrouve au tome IV, p. 374.

« mémoire, à la puissance de ses moyens oratoires qui
« saisissaient d'autant plus qu'ils étaient moins calculés.
« Incomparable athlète dans les luttes judiciaires, Lavabre
« était dans le monde un conteur plein d'agrément et de
« fécondité. Au demeurant, dissipateur, vivant au jour le
« jour, il faisait passer les plaisirs avant les affaires.

« Villecrose, habile dans les discussions du barreau,
« écrivait, au contraire, tous ses plaidoyers; mais il les
« écrivait fort bien et les lisait peut-être encore mieux.
« Rebelle à toute espèce d'improvisation, il perdait l'avan-
« tage de ces répliques instantanées qui sont souvent si
« décisives. »

Mᵉ Gignoux était un jurisconsulte d'un savoir consommé. Les années étant venues, il ne paraissait plus que rarement à la barre; mais la confiance de ses clients ne l'avait pas abandonné. Ses conseils étaient toujours très appréciés et recherchés.

Ces trois avocats se trouvaient, avec Mᵉ Lejourdan, conseiller en l'Amirauté et membre du Conseil de ville, à la tête du barreau de Marseille. Partout ailleurs, ils eussent été également en renom : il serait toutefois excessif de vouloir les comparer aux avocats illustres qui jetaient alors un si vif éclat sur le barreau de la capitale de la Provence. Le seul avocat que le barreau de Marseille eût pu mettre en parallèle avec les Barlet, les Pazery, les Pascalis, les Siméon, les Gassier et les Portalis, Balthazar Emerigon était mort depuis cinq ans.

Des vides, que la mort n'avait pas causés, se faisaient encore sentir. Emmanuel de Pastoret, fils du lieutenant particulier de l'Amirauté, avait quitté le barreau de Marseille, en 1781. Nommé la même année conseiller à la Cour des Aides de Paris, puis maître des Requêtes, admis dès 1784 à l'Académie des Inscriptions et Belles-Lettres, le futur chancelier de France venait de publier, pour faire suite à ses recherches sur *Zoroastre, Confucius et Mahomet*, son étude sur *Moïse considéré comme législateur et comme moraliste*. Il allait bientôt donner au public ce savant traité *Des lois pénales* que Filangieri lui envia et dont les principes ont servi de base à un grand nombre de réformes dans la législation criminelle.

Un autre membre du jeune barreau de notre ville, doué des plus heureuses facultés, sans pouvoir prétendre aux mêmes visées, M⁰ Joseph Rigordy, était allé se fixer à La Martinique, en 1786, et s'y était déjà créé une très belle situation. On sait qu'il revint en France au commencement de ce siècle et fut nommé, sous l'Empire, président du Tribunal civil de Marseille ; il mourut dans l'exercice de ses fonctions, le 27 mai 1827, à l'âge de 72 ans.

Peut-être a-t-on été surpris de ne point trouver sur notre relevé, qui n'est que la reproduction de la matricule du greffe publiée par Grosson, le nom du conventionnel Barbaroux. Il y avait alors, en effet, déjà deux années que Charles Barbaroux avait été reçu avocat au Parlement d'Aix, et, dès sa réception, c'était au barreau de sa ville natale qu'il s'était fait inscrire. Sa mère, remariée à un procureur de Marseille, M⁰ Chalvet, désirait qu'il embrassât la même carrière. Le jeune Barbaroux entra donc dans l'étude de son beau-père, mais il n'y resta que quelques mois. Épris, depuis le collège, d'un violent désir d'arriver rapidement à la fortune et à la gloire, se flattant d'y parvenir par quelque invention importante, en suivant ses goûts pour les recherches scientifiques, il voulait aller à Paris(1). On le

---

(1) « J'ai dit à ma mère, » écrivait-il de sa petite campagne d'Ollioules, à M⁰ Chalvet, le 15 novembre 1787, « que je ne voulais pas
« être procureur ; cet état me ferait trop souffrir, et je n'y ferais pas
« fortune, très certainement. Je suis avocat, je dois rester tel ; mais,
« je vous en fais juge : que sont nos avocats dans notre ville? rien,
« ou, du moins, il faut long temps avant qu'ils puissent parvenir.
« Voyez Gignoux, est-il bien riche ? cependant il a passé toute sa
« vie à travailler péniblement dans son cabinet ; je n'aurai jamais
« son mérite, et je gagnerai encore moins : irai-je à Aix ? mais cent
« de mes confrères me passeront sur le corps, il me faudra vingt ans
« avant de les atteindre, et puisque la nature, si avare d'ailleurs à

voit s'y rendre au mois de mai 1788, aux frais du Roi, sur la promesse d'une place à l'Ecole des mines, muni de recommandations auprès des ministères. Il en revint peu de temps avant les élections aux Etats généraux, déçu dans ses rêves et irrité contre ses protecteurs.

Le 20 mars, dans une assemblée générale, les avocats de la Sénéchaussée arrêtèrent le texte de leur cahier particulier.

« Les Avocats de Marseille, » y lisons-nous, « en présen-
« tant leurs objets de doléances, remplissent une mission
« de devoir et d'honneur.

« Ils considèrent qu'ils sont Français, Marseillais et
« Avocats.

« Comme Français, l'intérêt général de la nation excite
« leur zèle.

« Comme Marseillais, celui de la patrie réclame leur
« sollicitude.

« Comme Avocats, ils s'oublient eux-mêmes, pour s'occu-
« per de leurs concitoyens, et surtout de la classe la plus
« nombreuse et la moins favorisée. »

Nous négligerons les vœux qu'ils exprimèrent dans l'intérêt général de la nation, relativement aux Finances, au Clergé et aux Etudes, pour reproduire en entier les articles qui sont formulés par le cahier, à l'égard des Lois. Ces articles sont les suivants :

« 1° Réformer le Code civil et le Code criminel ;

« 2° Modérer les peines, rendre l'instruction de la procé-
« dure publique et donner un conseil aux accusés ;

« 3° Remettre en vigueur les lois concernant les mœurs ;

« 4° Employer les moyens convenables pour détruire
« la mendicité ;

« mon égard, m'a donné un talent déterminé pour les sciences,
« puisque ces sciences peuvent conduire à la fortune par un chemin
« plus rapide, pourquoi ne le suivrais-je pas ?... » (*Mémoires inédits de Pétion et Mémoires de Buzot et de Barbaroux, accompagnés de notes inédites de Buzot et de nombreux documents inédits sur Barbaroux, Buzot, Brissot, etc.*, p. 274.)

« 5° Supprimer les loteries et prendre des moyens plus
« efficaces contre les jeux de hasard ;
« 6° Garantir la liberté individuelle des citoyens de l'a-
« bus du pouvoir arbitraire et modérer l'exercice de la
« contrainte par corps ;
« 7° Etablir la liberté de la presse, sous les restrictions
« convenables, qui seront déterminées par les Etats-Généraux;
« 8° Révoquer et supprimer tous édits, ordonnances,
« règlemens, lettres-patentes, statuts et délibérations qui
« excluent le Tiers-Etat des dignités et bénéfices, de quel-
« que nature qu'ils soient, de l'admission dans les Cours
« supérieures et dans les grades militaires, tant au service
« de terre qu'au service de mer;
« 9° Supprimer tous les moyens d'acquérir la noblesse,
« autrement que par un mérite personnel et distingué et
« par des services rendus à l'Etat. »

A l'égard des intérêts marseillais, les avocats demandaient notamment :

Que les dispositions de l'édit du Port franc fussent renouvelées et ampliées;

Que les négociants de Marseille fussent autorisés à faire le commerce de l'Inde directement, tant pour l'entrée que pour la sortie de leurs navires, malgré le privilège de la Compagnie des Indes, dans le cas où ce privilège ne serait pas aboli ;

Que le privilège *de non extrahendo* fût renouvelé ; que tous *committimus* et évocations fussent supprimés;

Que le nombre des membres du Conseil municipal fût augmenté par l'admission des médecins, notaires, procureurs, chirurgiens, maîtres en pharmacie, membres des arts libéraux, fabricants en gros et autres professions analogues;

Que les corporations d'arts et métiers eussent le droit de se faire représenter dans le Conseil municipal par des syndics qu'elles choisiraient dans les classes de citoyens qui y étaient admises;

Que, conformément aux intentions manifestées par le Roi, les prisons civiles fussent séparées des prisons criminelles ;

Qu'il fût établi à Marseille un cours public de droit maritime et consulaire, pour l'instruction des jeunes négociants et aspirants aux consulats de France. « Les avocats », était-il dit, « se consacreront volontiers et gratuitement à cet « exercice (1). »

Dans une sphère restreinte à la politique locale, quelques membres de notre ancien barreau prirent une part plus ou moins active aux événements qui allaient se précipiter, sous des influences opposées. M⁰ Laget fut nommé procureur du Roi près la Cour prévôtale qui fut établie à Marseille après les troubles du mois d'août 1789 : il y fit preuve d'une grande fermeté. M⁰⁰ Miolis et Carbonel occupèrent successivement la charge d'assesseur auprès de ce tribunal. Aux élections municipales de janvier 1790, Etienne Lejourdan sollicita et obtint les fonctions de procureur de la Commune; il devint ensuite procureur général du district, puis agent national sous la Terreur. Etienne Seytres fut substitut du procureur de la Commune et plus tard procureur : dénoncé, le 10 avril 1793, par le club de Marseille, comme *coupable de concussion et de divertissement des fonds publics*, il fut arrêté et déféré au Tribunal populaire en même temps que le maire Mourraille, sur lequel pesaient de plus graves accusations. Comme lui, il fut acquitté.

Sous le gouvernement insurrectionnel, M⁰ Jean Francoul fit partie du Tribunal populaire ; M⁰ Louis-Pascal Sard fut le prévôt de l'armée départementale. L'un et l'autre, pour ces faits, furent poursuivis après la défaite des sections et condamnés à mort par le Tribunal révolutionnaire, en septembre 1793. M⁰ Gignoux, qui s'était borné à accepter la présidence de sa section, eut le même sort. M⁰ Lavabre, plus compromis que ses confrères, avait résolu de fuir : il

(1) *Objets de doléances que les Députés de l'Ordre des Avocats de Marseille sont chargés de porter à l'Assemblée du Tiers-Etat de cette Ville*, Marseille, chez Jean Mossy, 1789, in-8⁰ de 15 pages.

prit à cet effet passage sur une barque à destination de l'Italie, mais il fut trahi. Lorsque les agents lancés à sa poursuite eurent atteint la barque, il se précipita dans les flots.

Parmi les avocats qui parvinrent à se soustraire à la persécution révolutionnaire en gagnant la frontière, nous ne citerons que M° Thiers : il se retira à Menton et y mourut le 30 novembre 1795.

§ 2. — *Communauté des Procureurs.*

Les procureurs en la Sénéchaussée de Marseille étaient, à la veille de la Révolution, au nombre de dix-neuf. A une unité près, ce nombre était le même que celui de la fin du XVI° siècle, au moment de l'érection de leurs charges en offices héréditaires : il y avait, en effet, dès cette époque, dix-huit offices de procureur. Le dix-neuvième fut créé pour l'assistance gratuite des pauvres, en 1637, conformément à un édit qui s'appliquait à tous les sièges de Provence ; le nouvel office ne tarda pas à perdre ses attributions spéciales, mais il n'en fut pas moins maintenu.

A l'exception de quelques usages sans importance qui remontaient à une époque plus ou moins éloignée, la profession se trouvait soumise à toutes les règles qui étaient suivies dans les autres Sénéchaussées. L'aspirant aux fonctions de procureur devait justifier de cinq ans de stage (1) ; il fallait de plus qu'il fût âgé de vingt-cinq ans et prêtât serment d'observer les ordonnances, arrêts et règlements. Le ministère de procureur était, en principe, considéré comme incompatible avec la profession d'avocat : un procureur, tant qu'il conservait son office, ne pouvait, en conséquence, être admis au tableau des avocats. L'incompatibilité n'était toutefois absolue qu'à l'égard du titre. De

---

(1) Pour les offices de procureur au Parlement, le stage exigé était de dix ans.

fait, les procureurs plaidaient dans certaines affaires. Ils devaient, de même que les avocats, se trouver au Palais avant l'ouverture des audiences auxquelles leurs causes avaient été fixées, y paraître en robe et en bonnet carré, sous peine d'amende : ils ne pouvaient se retirer qu'avec la permission du Tribunal. Ils étaient obligés, comme le sont aujourd'hui les avoués, d'avoir un registre de recettes.

La Communauté avait à sa tête deux syndics qui étaient élus chaque année en assemblée générale et avaient les mêmes attributions disciplinaires que les syndics des avocats. Grâce à leur sollicitude pour l'honneur professionnel, on vit cesser des abus qui avaient valu à la corporation les plus dures admonestations du président du Vair (1), lors de l'installation de la Chambre de justice à Marseille, le 7 janvier 1597. La profession se releva et grandit dans l'estime et la considération de tous ; si bien que les offices, de plus en plus recherchés, atteignirent rapidement des prix élevés, sans aucune proportion avec le mouvement des affaires ou la dépréciation du numéraire. Sur la fin du XVII° siècle, les études de procureur à Marseille n'étaient guère estimées plus de trois à quatre mille livres ; moins d'un siècle plus tard, à la veille de la Révolution, elles valaient, en moyenne, de cinquante à soixante mille livres.

---

(1) « Ceux qui vous constituent », disait-il aux Procureurs, « vous
« rendent maistres de leurs biens, ils s'endorment soubs vostre
« vigilance, s'asseurent sur vostre fidélité : vous tirez d'eux pour les
« servir le plus clair de leur bien. Pensez que si vous leur man-
« quez ou de foy ou de diligence, il n'y a point de plus damnable per-
« fidie, ny plus scéléré brigandage que celuy-là. Car par vostre faute,
« soubs prétexte de bonne foy, et soubs l'adveu et authorité des loix,
« l'innocence est opprimée et la justice violée. Vostre ordre s'est
« par le passé remply de licence et rendu des principaux instrumens
« des misères publiques. Regaignez par la modestie et la pudeur ce
« qu'il a perdu d'honneur et de réputation. » (*Les œuvres de messire Guillaume du Vair*, éd. de 1625, p. 796.)

Les syndics en exercice en 1789 étaient M⁰⁰ Louis Seytres et Antoine-Joseph Martichou ; le doyen était M° Antoine-Alexandre-Marie Emerigon.

Les autres procureurs étaient, par rang d'ancienneté, M⁰⁰ Bonaventure Estubi, Jean-Baptiste Audibert, Jean Chalvet, François-Honoré-Noël Court, Pascal Gras, Joseph-Nicolas Mouret, Paul Rolland, Jean-Baptiste-Joseph Estelle, Dominique-Etienne-François Esménard, Claude-Joseph Arnaud, Jean-Théodore Nicolas, Jean-François Martin, Henri Larguier, Basile-Hilarion Terris, Antoine-Joseph Maquan et Jean-Baptiste Montaud.

Le 23 mars 1789, tous les membres de la Communauté signèrent leur cahier de doléances. Ils y demandaient que le système des impositions locales fût changé ; que le Conseil de ville fût composé de trois cents membres, nombre autrefois adopté ; que la corporation fût admise aux charges municipales. « Si nous ambitionnons cet avantage, « dont nos confrères jouissent dans toutes les villes de « cette province », disaient-ils, « ce n'est que pour être « plus utiles et plus chers à la patrie. »

« C'est », poursuivaient-ils, « ce même amour du bien « public qui nous fait désirer, avec la plus vive impatience « la réformation du Code criminel.

« Secourir l'innocent ; l'aider à repousser les traits de « l'erreur ou de la calomnie ; le dérober au glaive, trop « souvent mal dirigé, de la Justice ; le rendre à sa famille « éplorée ; le rétablir dans la société qui paraissait déjà « l'avoir repoussé de son sein : tel a été, tel sera toujours « l'objet de nos vœux et de nos travaux. Mais le cachot qui « recèle cet infortuné ne nous est ouvert qu'après que des « témoignages intéressés ou peu réfléchis, des interroga- « toires trop souvent insidieux, des réponses mal articulées « et plus mal interprétées, ont conspiré sa perte, et que, « malheureuse victime, des formes barbares, que l'igno- « rance de nos pères et leur vertu trop austère avaient « introduites, l'ont dévoué à l'opprobre et à la mort.

« Qu'il sera cher à la France ce jour à jamais heureux,
« où, pour la première fois, l'accusé, libre même dans ses
« fers, assisté d'un défenseur, sera instruit du genre et des
« circonstances du crime qu'on lui impute, et où, les té-
« moins déposant en sa présence, il aura, s'il n'est pas cou-
« pable, les moyens de les confondre et de devenir leur
« accusateur !

« Cette réformation, depuis si longtemps désirée, était
« réservée au règne heureux du plus juste des Rois. Hâtons
« par nos vœux les plus ardents, le bienfait ineffable de ce
« grand ouvrage, dont Sa Majesté daigne s'occuper. Un jour
« plus tard coûtera peut-être la vie à un innocent ! »

Sous l'empire des mêmes sentiments et en des termes non moins vifs, les procureurs se plaignaient encore des conditions défectueuses dans lesquelles se trouvaient les prisons du Palais, trop étroites, mal aérées ; ils demandaient que les travaux d'agrandissement projetés depuis quelque temps fussent effectués au plus tôt.

Ils exprimaient, d'autre part, le vœu que tout jugement prononçant une condamnation qui n'excéderait pas cent livres fût exécuté nonobstant l'appel et sans y préjudicier, pour le principal, les intérêts et les dépens, sans que le créancier fût tenu de donner caution ; que le droit antique qui mettait les Marseillais à l'abri du fléau des *committimus* et des évocations fût respecté ; que les frais de justice fussent diminués (1).

Les tendances manifestées par ce cahier étaient généreuses, libérales, humanitaires, nullement subversives. D'accord avec eux-mêmes, fidèles à leur passé, les procureurs de Marseille ne prirent aucune part au mouvement révolutionnaire. Ils ne figurèrent que parmi les victimes.

Deux d'entre eux, M** Esménard et Estubi, furent poursui-

(1) *Objets de doléances que les Députés de la Communauté des Procureurs sont chargés de porter à l'Assemblée du Tiers-Etat de cette Ville de Marseille*, in-8° de 15 pages, sans lieu ni date d'impression, pp. 5 et 6.

vis comme contre-révolutionnaires et de ce chef condamnés à mort : M⁰ Esménard par jugement de la Commission révolutionnaire présidée par Leroy, dit Brutus, en date du 9 ventôse an II (27 février 1794) ; M⁰ Estubi, par jugement du Tribunal révolutionnaire des Bouches-du-Rhône, du 8 germinal suivant (28 mars 1794).

M⁰ Larguier, nommé procureur de la Commune au mois de mai 1793, après la destitution d'Etienne Seytres, avait exercé ces fonctions pendant le règne des sections : il ne fut condamné qu'à six ans de fers.

§ 3. — *Huissiers et Sergents.*

Le Tribunal de la sénéchaussée était la seule juridiction de notre ressort qui eût, à la fois, des huissiers et des sergents. Il y avait en dernier lieu, près de ce tribunal, deux offices de premier huissier, l'un pour le criminel, l'autre pour le civil et les soumissions, conférant tous les deux à leurs titulaires le droit d'exploiter par tout le Royaume ; cinq offices d'huissier ; six offices de sergent royal. Le premier huissier au criminel était, en 1789, M⁰ Victor-Maximin Reynier ; le premier huissier au civil et aux soumissions, M⁰ Féraud. Les cinq offices d'huissier étaient alors occupés par M⁰⁰ Claude Guignon, Etienne Jacques, Joseph-Barthélemy Isoard, Jean-Louis Brieu et Jean-Joseph Rebec. Les six sergents étaient M⁰⁰ Jean-Antoine Fouque, Balthazar Dauron, Jean-Joseph Rolland, Louis-François Seguier, Justin Taravelle et Jean-Gabriel Granier. Tous ces officiers ministériels constituaient une communauté, ayant cette année-là pour syndics M⁰⁰ Isoard et Brieu.

Nous avons déjà vu qu'il existait, près du Tribunal de police, deux offices d'huissier. Les titulaires en étaient, en 1789, M⁰⁰ Burle et Bruno Arnaud.

Près du Tribunal consulaire il y avait quatre huissiers : M⁰⁰ Pierre-Paul Sellon, Claude Meynier, Pierre Meynier et Antoine Pecoul.

Deux huissiers étaient attachés au Tribunal de l'amirauté : M⁰ˢ Joseph-Luc Tournesy et Jauffroy.

La Maîtrise générale des ports en avait également deux : M⁰ˢ Aynaud et Joseph-Nicolas Mouret.

Il y avait encore certains agents qui dépendaient de juridictions spéciales établies hors de Marseille et se trouvaient en droit d'y exploiter, tels que les gardes, ou archers, de la prévôté générale de la Monnaie et ceux de la Connétablie et Maréchaussée de France.

La multiplicité de ces officiers subalternes, investis de fonctions identiques, mais relevant de services différents, avait amené des empiétements et des conflits. Les huissiers et les sergents royaux de la Sénéchaussée exposèrent, dans leur cahier de doléances, leurs plaintes à ce sujet. Ils prétendirent que les huissiers de la Maîtrise des ports et les gardes exploitaient indistinctement toute sorte d'actes et signifiaient dans la ville et banlieue de Marseille tous jugements et actes émanant du tribunal du Sénéchal, « malgré les dispositions
« des édits de création de leurs offices, confirmés par un
« arrêt du Conseil d'Etat du Roi, du 11 janvier 1773, qui
« maintient et garde les huissiers et sergens royaux de la
« Sénéchaussée de Marseille dans le droit exclusif de faire
« toutes les significations de procureur à procureur, tous les
« actes de l'intérieur du Palais, et de signifier dans la ville
« et banlieue de Marseille tous jugemens et actes non
« scellés. »

« Ces archers, gardes et huissiers d'attribution », disaient-ils, « ont poussé si loin leurs prétendus droits
« qu'ils ont envahi la majeure partie de leur travail et ont
« réduit, par ce moyen, tous les huissiers et sergens
« royaux de la Sénéchaussée, ainsi que leurs familles,
« dans l'état de misère le plus déplorable.

« L'obstination de ces archers, gardes et huissiers à vou-
« loir se maintenir dans la jouissance des droits qu'ils pré-
« tendent avoir, a donné lieu diverses fois à des contesta-
« tions, et à des procès entr'eux qui sont même en instance

« au Conseil de Sa Majesté, et que leur Communauté n'a pu
« faire juger pour manque de faculté, et entre divers par-
« ticuliers qui, se fondant sur l'incapacité de ces archers et
« huissiers à signifier des actes qui émanent de M. le Lieu-
« tenant de la Sénéchaussée, se sont pourvus en cassation
« des procédures (1). »

Les huissiers de la Juridiction consulaire formulèrent des doléances semblables (2).

Les plaignants furent-ils satisfaits par les décrets de la Constituante qui supprimèrent les juridictions privilégiées et les contestations qui en naissaient ? Nous ne saurions le dire.

§ 4. — *Collège des Notaires.*

La profession de notaire a toujours été particulièrement en honneur à Marseille.

Très anciennement, on la voit exercée par des hommes instruits, considérés et influents, appartenant parfois à des familles du premier rang. Trois notaires, Raymond de Pabia, Guillaume Lurdi et Bérenger Mercier, assistèrent comme témoins, en 1252, à la publication des premiers chapitres de paix. Trois autres notaires de Marseille, Girard Amalric, Marquesi Anglès et Jacques Davin, figurèrent au même titre, avec de hauts personnages, à l'acte de transaction passé par Lurdi, le 17 décembre 1257, entre les

(1) *Cahier des doléances, plaintes et remontrances pour le Corps et Communauté des Huissiers et Sergens royaux de la Sénéchaussée de Marseille, en suite du pouvoir donné à leurs Députés par délibération du 16 mars 1789*; brochure de 8 pages, sans lieu ni date d'impression. Voir aussi le cahier général du Tiers-État. « Les « Huissiers et Sergens royaux du Sénéchal », y lit-on, dans le résumé des plaintes formulées par les corporations, « observent avec force « que leurs fonctions sont dévoluées par trop de concurrens ; ils « requièrent que nuls autres huissiers étrangers au tribunal du Séné- « chal ne puissent exploiter les commissions qui en émanent. »

(2) Cahier général du Tiers-État, *Intérêts de la ville de Marseille, Huissiers de MM. les Juges-Consuls.*

représentants de la Ville et l'un de ses anciens vicomtes, Barral des Baux (1).

Un certain nombre de notaires jouissaient d'une fortune considérable. On cite notamment, en 1368, Jean Audibert, qui possédait une galère armée en guerre.

Quelques-uns furent nommés aux principales charges de judicature. En 1498, Charles VIII déclara par lettres patentes qu'ils pouvaient être élevés aux honneurs du consulat (2). Peu de temps après, le notaire Etienne Sommati obtint effectivement le second chaperon. Bernard Cordier et Jacques Alphantis, aussi notaires, furent encore nommés consuls, l'un aux élections du 28 octobre 1543, l'autre à celles de 1546 (3).

Deux notaires, François de Casaulx, frère du célèbre consul, et Geofroy Dupré attachèrent leurs noms aux événements qui marquèrent, à Marseille, la fin du XVIe siècle. Le 17 janvier 1591, François de Casaulx fut chargé, ainsi que l'assesseur Honoré Jaquier et Jean-Jacques Cordier, de représenter la Ville aux Etats d'Orléans. Peu de temps après, il fut envoyé avec Jaquier et François Ovilly, auprès du roi d'Espagne, pour implorer sa protection. Au mois de novembre 1595, il fit encore partie d'une autre députation envoyée auprès du roi d'Espagne pour lui demander des secours d'hommes et d'argent.

Geofroy Dupré, secrétaire du Conseil, fut l'âme de la conjuration qui, avec l'aide de Nicolas de Bausset et de Pierre Libertat, rendit Marseille à l'obéissance d'Henri IV, le 17 février 1596.

La même année, le Collège des notaires — telle était la dénomination officielle de leur corps de communauté — rentra en possession des biens et revenus, momentanément aliénés, dépendant d'une chapelle qu'il avait très anciennement fondée dans l'église inférieure de Notre-Dame des

---

(1) Ruffi, *Histoire de Marseille*, tome Ier, p. 143.
(2) *Ibid.*, tome II, p. 396.
(3) Aug. Fabre, *Les Rues de Marseille*, tome II, p. 57.

Accoules, sous le vocable de Notre-Dame de Purification, et qui était le siège de sa confrérie. Tous ces biens et revenus, incessamment accrus par les libéralités des confrères, étaient employés en bonnes œuvres. Sur le produit d'un seul legs, celui de Marcelle de Bena, il était distribué aux pauvres, chaque année, le lendemain de la Purification, dans le cimetière des Accoules, six cents pains.

En 1624, ce fut cinq mille pains que la corporation distribua. A partir de l'année suivante, cette distribution ne se fit plus en public : afin que les pauvres honteux en eussent leur part, chaque notaire se chargea d'une partie de l'aumône (1).

Les notaires marseillais ne cessèrent de se montrer fidèles à des traditions d'honneur, de religion et de charité qui devaient survivre à la Révolution. Ils se maintinrent toujours dans l'estime de leurs concitoyens. La corporation ne put cependant se soustraire aux suites d'un mouvement d'opinion moins favorable qui semble avoir enveloppé en Provence, sur la fin de la Renaissance, toutes nos communautés d'hommes de loi. Ces nouvelles tendances se trouvèrent-elles justifiées, à l'égard des notaires aussi bien que pour les procureurs, par des abus qui se seraient alors introduits en quelques villes? Malgré le témoignage de Nostradamus qui, après avoir célébré les vertus des devanciers, « personnages bien versez aux bonnes lettres et « d'irréprochable intégrité », nous assure que, de son temps, « des idiots, des ignares et des asnes à courte oreille ont « honny cest estat, rendu venal, sans doctrine, expérience « ny réputation (2) », nous ne nous prononcerons pas sur ce point. Quoi qu'il en soit, par le seul effet d'une solidarité qui s'établit inévitablement entre les membres d'une

(1) Régis de La Colombière, *Fêtes patronales et Usages des corporations et associations qui existaient à Marseille avant 1789*, p. 25.
(2) *Histoire et chronique de Provence*, p. 256.

même profession, le Collège de Marseille perdit les privilèges dont il avait jadis joui. A Marseille, comme ailleurs, le notariat fut tenu pour déroger à la noblesse. La corporation fut écartée de l'échevinage, ainsi que les autres corps libéraux, et ne conserva plus à l'Hôtel de Ville que les fonctions du secrétariat réservées à trois de ses membres.

Nous avons vu que les droits qu'elle avait acquis sur le greffe de la Juridiction consulaire lui furent formellement reconnus, après diverses contestations, par un arrêt du Conseil du Roi.

Quant aux règles professionnelles édictées par les anciens statuts marseillais, elles avaient subi le même sort que l'ensemble de notre législation locale. Les dispositions spéciales contenues dans ces statuts sur le choix des titulaires, leurs obligations et leurs émoluments (1), avaient été abandonnées et remplacées par la jurisprudence du Royaume. Dès l'édit de mai 1597 érigeant les charges de notaire en offices héréditaires, le Conseil de ville avait cessé d'intervenir dans la transmission de ces charges.

Le Collège se composait à cette époque de vingt-quatre notaires : il en compta plus tard vingt-huit. Il se trouvait, en dernier lieu, régi par quatre syndics élus annuellement en assemblée générale. Il avait une bourse commune alimentée par des versements annuels qui s'élevaient, vers le milieu du siècle dernier, à trois cents livres en moyenne, pour chaque notaire. Le mémoire qui nous fournit cette donnée (2) nous fait également connaître que le prix d'un

---

(1) Livre I*er*, chap. 27, *De notariis, qui seu quales et qualiter creari debent* ; ch. 28, *Qualiter notarii debent suum officium exercere* ; ch. 29, *Quantum debeant notarii accipere de instrumentis* ; ch. 30, *De notariis indifferenter admittendis ad omnia* ; ch. 31, *De notariis qui officium suum deserere voluerint* ; ch. 32, *De cartulariis notariorum et aliis scripturis publicis notariorum reponendis et collocandis.*

(2) *Mémoire des notaires de Marseille sur le règlement que la Cour a projeté de faire pour la taxe générale de leurs actes et de*

office de notaire à Marseille était alors de vingt à trente mille livres. Les meilleurs clercs n'avaient pas plus de quatre cents livres par an.

Les quatre syndics en exercice, en 1789, étaient M⁰⁰ Jean-Pierre Estubi, Joseph Arnaud, Jean-Louis Besson et Antoine Castelanet. M⁰ Antoine Dejean avait été chargé des fonctions de trésorier.

Les autres notaires étaient, par ordre d'ancienneté, M⁰⁰ Jean-Jacques Aubert, Laurent Sard, Antoine Daumas, Jean-François Decormis, Jean-Baptiste-Augustin-Marie Bérengier, Jean-François Ponsard, Joseph Odin, Marie-Michel-Denis Cousinéry, Jean-Joseph Aillaud, Jean-Joseph Bonsignour, Jean-François Seytres, Jean-Baptiste-Bernard Grosson, Barthélemy-Antoine Marié, Jean-François Arnaud, Jean-Pierre-Melchior Reynaud de Becary, Antoine Porte-Tassy, Joseph Solomé, Joseph-Antoine Roustan, Jean-Baptiste Guairard, Jean-Baptiste Pons, Gabriel-François Dageville, Jean-François Tric et Antoine Pin. M⁰⁰ Laurent Sard, Cousinéry et Guairard étaient les trois notaires inscrits au tableau des avocats de la Sénéchaussée et pouvant, de ce fait, plaider quelques causes. On a retrouvé sur cette liste les trois secrétaires du Conseil municipal, M⁰⁰ Pin, Aillaud et Tric, et le greffier en chef du Tribunal consulaire, M⁰ Solomé.

Le lecteur y aura également reconnu l'auteur du *Recueil des antiquités et monuments marseillais* et de l'*Almanach historique de Marseille*, guide précieux qu'il faut nécessairement mettre à contribution quand on désire connaître l'ancienne société marseillaise, ses notabilités, ses usages et maintes particularités locales qui n'ont pas été consignées ailleurs. M⁰ Grosson, membre de l'Académie des Belles-Lettres et de celle de Peinture de notre ville, de l'Académie des Arcades de Rome, de la Société royale et patriotique de Stockholm et de celle des Antiquaires de

---

ceux de tous les notaires de la province, Marseille, chez Siblé, in-4⁰ de 28 pages.

Londres, était un esprit cultivé, curieux des choses du passé, en même temps qu'un notaire estimé et apprécié pour son expérience et son savoir.

Le 17 mars, le Collège se réunit pour formuler ses plaintes et doléances. Une commission composée des quatre syndics, du doyen, M· Aubert, et de cinq autres notaires, M·· Dejean, Cousinéry, Aillaud, Seytres et François Arnaud, fut chargée de rédiger le cahier et se mit aussitôt à l'œuvre. Les vœux qui s'y trouvent exprimés touchant l'intérêt général du pays ou le régime marseillais ne diffèrent pas sensiblement de ceux qui furent énoncés ailleurs. Dans un ordre de questions relevant de leur compétence spéciale, les signataires demandèrent la substitution d'un droit simple et uniforme aux droits de contrôle, de centième denier et d'insinuation ; l'abolition des droits de consignation et d'inquant ; l'interdiction du parchemin, « dont l'usage peu « utile expose les notaires à des dangers très grands par la « facilité avec laquelle l'écriture peut être enlevée et subs- « tituée » ; la mise en vigueur en Provence de l'édit sur les hypothèques ; le paiement des rentes sur l'Etat dans chaque province. Ils se bornèrent à réclamer, en ce qui concernait exclusivement leurs intérêts particuliers, l'affranchissement du centième denier établi sur le prix des offices (1).

M·· Estubi et Castelanet avaient été désignés par leurs confrères pour porter ce cahier à l'assemblée générale du Tiers-Etat et y représenter la corporation. On a déjà vu (2) que M· Castelanet fut adjoint, comme suppléant, aux députés du Tiers aux Etats généraux, et qu'il devint bientôt député en titre, par la mort de l'un d'eux. Quatre ans plus tard, il prit une part très active à l'organisation du mouvement insurrectionnel de Marseille contre la Convention,

---

(1) *Objets de doléances des Notaires Royaux de Marseille, pour servir à la rédaction du Cahier général des Doléances du Tiers-Etat de la même Ville*, brochure de 7 pages.

(2) Ci-dessus, p. 113

en qualité de secrétaire général du Comité des sections qui réunit tous les pouvoirs.

Après la déroute des bataillons marseillais, il se réfugia à Toulon ; il parvint ensuite à se sauver à l'étranger.

F. D.

CHAPITRE IX

Les Prisons. — Le Bagne.

§ 1ᵉʳ. — *Les Prisons.*

La prison de la police, les prisons du Palais, les geôles des seigneurs, le Château-d'If, les trois forts de la ville et la maison du Refuge, telles étaient, avec des affectations diverses en rapport avec le régime pénitentiaire alors en vigueur, les prisons qui se trouvaient à Marseille, à la veille de la Révolution.

I. — Prison de la Police

Cette prison, désignée quelquefois sous le nom de *charbonnière* comme la prison de l'Hôtel de Ville de Paris, servait pour les délinquants déférés au Tribunal de police, dans les cas où il paraissait nécessaire de s'assurer de leur personne. Le plus souvent elle ne s'ouvrait que pour des hommes du bas peuple, des gens sans domicile certain ou connu. « La charbonnière », écrivait Achard (1), « est une prison « redoutable pour le peuple ; elle ne sert que pour lui. « Une personne de quelque considération est détenue dans « le corps-de-garde ou renvoyée sur parole. Il en est de « même partout. »

II. — Prisons du Palais

Les prisons du Palais faisaient corps avec le Palais de Justice, l'ancien Palais abandonné par les services judi-

---

(1) *Tableau historique de Marseille*, tome Iᵉʳ, p. 196.

ciaires en 1862 seulement et actuellement occupé par l'Ecole de Médecine. Elles étaient affectées aux prévenus et aux condamnés des diverses juridictions qui siégeaient au Palais, ainsi qu'aux détenus pour dettes.

Au moment de la Révolution, elles étaient loin de se trouver dans cet état de vétusté et de délabrement qui se présente d'ordinaire à l'imagination lorsque la pensée évoque une prison de l'Ancien Régime. Il y avait alors à peine un demi-siècle qu'elles avaient été reconstruites, ainsi que le Palais, par les soins et aux frais de la Ville. Malheureusement, la reconstruction s'était faite sur l'emplacement de l'ancien édifice, agrandi seulement par l'adjonction d'une maison contiguë, celle du sieur Ferrary. Par là même, les prisons s'étaient trouvées ramenées, aussi bien que les divers locaux réservés pour les Tribunaux, à des proportions trop exiguës. Les cellules étaient trop petites : la cour sur laquelle elles s'ouvraient était elle-même étroite et insuffisamment aérée. Les détenus pour dettes étaient presque confondus avec les malfaiteurs. En 1766 et 1769, les échevins avaient fait faire quelques travaux pour remédier à cet état de choses, mais sans résultats sensibles.

Le 25 avril 1788, le marquis de Gaillard proposa au Conseil de ville d'agrandir les prisons, en acquérant deux maisons à la Grand'rue et deux autres à la rue de la Taulisse : la valeur totale de ces immeubles était portée à 101,157 livres. Le Conseil ajourna sa délibération jusqu'à la production du plan et du devis. Le 1ᵉʳ août suivant, il reprit la discussion de ce projet et nomma une commission composée de MM. de Beaumont, Cresp, Merle et Constantin, pour lui en faire un rapport. Enfin, le 11 novembre, il délibéra d'acquérir tractativement les deux maisons de la Grand'rue, qui appartenaient aux sieurs Beaussier et Garrus (1). La période électorale allait s'ouvrir. Nous avons vu quels furent, au sujet

---

(1) Aug. Fabre, *Essai historique sur l'ancien Palais de Justice de Marseille*, p. 21.

des prisons, les vœux formulés par les Avocats et les Procureurs. D'autres corporations obéirent aux mêmes préoccupations dans la rédaction de leurs cahiers. Le cahier général du Tiers-Etat porte que « le Roi sera supplié de faire
« participer la ville de Marseille au bienfait par lequel Sa
« Majesté a déjà voulu et manifesté à ses peuples que les
« prisons civiles fussent séparées de celles destinées aux
« criminels, avec prière à Sa Majesté d'y pourvoir aux frais
« de son domaine ; ce qui sera d'autant plus juste que le
« palais actuel a été bâti aux dépens de la Ville, et qu'elle
« contribue depuis quatre ans à près d'un tiers de la dépense
« pour la construction du palais de justice à Aix (1). »

Le projet d'agrandir les prisons fut repris par le Conseil général de la Commune au mois de novembre 1790, mais bientôt perdu de vue. Le 11 mai 1792, il fut définitivement abandonné (2). De semblables questions n'étaient pas de nature à fixer longtemps l'attention des autorités de ce temps-là. Sous le régime de la Terreur, lorsque les prisons du Palais se trouvèrent plus que jamais insuffisantes, la Justice révolutionnaire résolut promptement toutes les difficultés, en utilisant quelques-uns des établissements qui avaient été confisqués et classés au nombre des biens nationaux.

Le couvent de Sainte-Claire, le collège Belsunce et la maison des Frères des Ecoles chrétiennes, située à la porte Saint-Victor, devinrent ainsi des lieux de détention.

III. — Prisons seigneuriales

Les seigneurs étaient obligés d'avoir des geôles ou des prisons pour l'exercice de leur juridiction.

---

(1) *Intérêts de la ville de Marseille, Economie politique de la Ville*, art 9.
(2) Registre I des délibérations du Conseil général de la commune de Marseille, pp. 119, 120, 132, 133, 368 et suivantes, aux Archives de la Ville.

Ces prisons ne pouvaient être établies dans l'intérieur des châteaux. De même que toutes les autres, elles devaient être sûres et saines, disposées de telle sorte que la santé des prisonniers n'en pût être incommodée. Elles ne devaient pas être plus basses que le rez-de-chaussée. Des pièces séparées pour les hommes et les femmes étaient prescrites. Lorsque les prisons étaient données à ferme, les baux n'en pouvaient être passés qu'en présence du juge royal du ressort. Entre autres dispositions essentielles, les ordonnances exigeaient encore que les procureurs des seigneurs visitassent les prisonniers une fois chaque semaine.

Les cahiers de Marseille ne contiennent aucune réclamation sur les prisons seigneuriales de la sénéchaussée, au sujet de l'état dans lequel elles se trouvaient : nous croyons pouvoir conclure de ce silence qu'elles étaient tenues conformément à ces prescriptions.

IV. — Château-d'If

Ce château-fort ne fut utilisé comme prison que plusieurs années après sa construction.

Le plus ancien prisonnier dont l'histoire locale nous ait conservé le nom est un scélérat d'origine italienne, Alberto del Campo, qui, après avoir échappé à la justice de son pays, se réfugia à Aix, déguisé en ermite, et y fut arrêté pour crimes d'empoisonnement, au commencement de décembre 1588. Ce misérable fut aussitôt dirigé sur le Château-d'If ; mais il n'y resta incarcéré que quelques jours. Le 22 du même mois, il fut conduit devant le Parlement d'Aix et condamné au bûcher. Après le départ des Florentins, au mois de mai 1598, le jeune de Bausset-Roquefort, dont l'imprudence et l'étourderie avaient permis à l'ennemi de se saisir de la forteresse, y fut enfermé pour un an, par ordre du Roi.

Au siècle suivant, un négociant marseillais, du nom de Bernardot, y fut écroué, sous la seule inculpation, à ce que l'on a prétendu, de quelques propos tenus contre le cardinal de Richelieu. Ce malheureux s'y laissa mourir de faim (1).

Vers la même époque, en 1638, le prince Casimir, frère du roi de Pologne Ladislas VII, fut arrêté sur le bâtiment qui le transportait en Espagne et retenu au Château pendant quelques jours, avec tout l'équipage. Deux complices de Glandevès de Niozelles, les frères Serre, y furent enfermés en 1660. Quatre ans plus tard, le Roi y fit interner six ecclésiastiques du Comtat-Venaissin qui n'avaient pas craint de faire entendre de vives protestations contre sa conduite à l'égard du Souverain-Pontife et la saisie du Comtat.

Des mémoires du temps nous apprennent encore qu'il y avait au Château-d'If, en 1720, au moment où la peste se déclara à Marseille, sept prisonniers, dont quatre enfermés à la demande de leurs familles et trois par ordre du Gouvernement. Le fléau n'en épargna que deux, Amédée Doris et Pierre Riccoli, tous deux enfermés sur la sollicitation de leurs parents ; ceux-ci étant morts, les deux détenus furent rendus à la liberté.

Ils furent bientôt remplacés par de nouveaux venus. Le nombre des prisonniers dépassa même l'ancien effectif et continua de s'accroître jusqu'à l'avènement de Louis XVI. Ce fut cette année-là que le Château-d'If reçut l'un de ses hôtes les plus illustres ou les plus connus, le comte de Mirabeau. Le futur orateur de la Révolution y fut amené le 20 septembre 1774, par un exempt de la maréchaussée de Marseille, en vertu d'ordres du Roi du 7 du même mois, contresignés par le duc de Lavrillière ; ces ordres étaient exclusivement motivés, d'après la lettre d'envoi du duc de Lavrillière à M. Sénac de Meilhan, intendant de Provence, par l'infraction que Mirabeau avait commise à des ordres précédents en quittant Manosque, son lieu d'exil, pour se rendre à Sartous de Mouans, près de Grasse (2). En même

(1) Lardier, *Histoire du Château-d'If, des îles Sainte-Marguerite, des forts Lamalgue, Saint-Jean, Saint-Nicolas*, etc., p. 20.
(2) Archives des Bouches-du-Rhône, série C, Intendance de Provence, carton 393.

temps une procédure s'ouvrait contre l'irascible gentilhomme à raison des voies de fait auxquelles il s'était livré, pendant son séjour à Grasse, sur la personne du baron de Villeneuve-Mouans. Mirabeau ne passa au Château-d'If que quelques mois, pendant lesquels il acheva son célèbre *Essai sur le despotisme* et rédigea la monographie sur sa famille qui figure en tête de ses *Mémoires* (1); au mois de mai 1775, il fut extrait du château, sur une nouvelle lettre de cachet, à la sollicitation de son père, et dirigé sur le fort de Joux, en Franche-Comté.

On sait que, dès son arrivée aux affaires, Malesherbes s'était préoccupé des abus qui pouvaient se glisser dans l'expédition des lettres de cachet. Pour y obvier à l'avenir, il établit au ministère un comité permanent spécialement chargé d'examiner les demandes d'incarcération ou d'exil ; des commissions, nommées dans toutes les généralités, eurent en outre à revoir les dossiers des individus qui se trouvaient alors sous le coup de ces mesures de rigueur, à vérifier la gravité des faits qui les avaient provoquées. Le marquis de Vauvenargues, le président de Saint-Vincens, le procureur général Le Blanc de Castillon, le comte de Valbelle et le marquis de Sabran furent désignés par le ministre pour composer la commission de la Provence, sous la présidence de M. de La Tour, premier président du Parlement de Provence et intendant de la Province, magistrat intègre non moins qu'habile administrateur. Sur leurs propositions, la détention fut abrégée pour un certain nombre de prisonniers; des ordres furent révoqués. Par suite des élargissements et grâce aux difficultés plus grandes que les familles éprouvèrent à obtenir des ordres du Roi, le Château-d'If, comme toutes les autres maisons de force ou de correction, vit diminuer l'effectif de ses pensionnaires. Au 31 dé-

(1) *Vie de Jean-Antoine de Riqueti, marquis de Mirabeau, et Notice sur sa maison*, rédigées par l'aîné de ses petits-fils, d'après les notes de son fils, insérées dans le 1ᵉʳ volume des *Mémoires biographiques, littéraires et politiques de Mirabeau.*

cembre 1777, il comptait encore vingt détenus. D'après des tableaux officiels expédiés par le commandant du fort à l'Intendant, l'effectif descendit à dix-huit prisonniers l'année suivante, à quinze en 1779, à douze en 1784 (1).

Cette année-là une circulaire du baron de Breteuil, adressée aux Intendants, leur rappela les principes posés par Malesherbes et, pour en assurer une plus stricte application, spécifia d'une manière plus précise les conditions dans lesquelles les demandes d'incarcération devaient se présenter pour être agréées (2). Ces nouvelles instructions ne pou-

(1) Archives des Bouches-du-Rhône, fonds de l'Intendance, carton n° 405.

(2) Un exemplaire de cette circulaire, en date du 25 octobre 1784, portant la signature du baron de Breteuil, se trouve dans le fonds de l'Intendance (même carton 405). « Quand il s'agit de faire renfermer un
« mineur, ne fût-ce que par forme de correction, » y lisons-nous, « le
« concours du père et de la mère a, jusqu'à présent, paru suffire. Mais
« les pères et mères sont quelquefois ou injustes, ou trop sévères, ou
« trop faciles à s'alarmer ; et je pense qu'il faut toujours exiger qu'au
« moins deux ou trois des principaux parents signent avec les pères
« et mères les mémoires qui contiendront la demande des ordres.

« Le concours de la famille maternelle est indispensable lorsque la
« mère est morte, et celui des deux familles lorsque le père n'existe
« plus ; à plus forte raison lorsqu'il n'y a plus ni père ni mère.

« Enfin, il ne faut accueillir qu'avec la plus grande circonspection
« les plaintes des maris contre leurs femmes, et celles des femmes
« contre leurs maris ; et c'est surtout alors que les deux familles doi-
« vent se réunir et autoriser, par un consentement formel, le recours
« à l'autorité. »

« Ces principes sont connus », ajoutait le ministre, en précisant ses vues et celles du Roi, « et je sais qu'en général on les a toujours
« suivis. Mais je crois avoir remarqué que l'on a quelquefois
« demandé des ordres, et que MM. les Intendants en ont quelquefois
« proposé dans des circonstances où je vous avoue qu'il ne me paraît
« pas convenable d'en accorder. Par exemple, une personne majeure,
« maîtresse de ses droits, et n'étant plus sous l'autorité paternelle,
« ne doit point être renfermée, même sur la demande des deux
« familles réunies, toutes les fois qu'il n'y a point de délits qui puis-
« sent exciter la vigilance du ministère public, et donner matière à
« des peines dont un préjugé très déraisonnable, mais qui existe, fait

vaient qu'accélérer le mouvement décroissant que nous venons de constater. La colonie pénitentiaire du Château-d'If se trouve en effet réduite, en 1788, à sept prisonniers ; elle n'en compte plus que quatre en 1789.

Ces chiffres témoignent de l'empressement de l'Intendant de Provence et de ses subdélégués à entrer dans les vues du gouvernement, dont le désir sincère eût été de supprimer les lettres de cachet : on ne saurait en conclure qu'un certain nombre de détentions antérieures aient été arbitraires. On peut au contraire affirmer, sur la foi des documents probants qui nous ont été conservés, placets, attestations à l'appui, renseignements recueillis par l'Intendant et ses subdélégués, que tous les individus séquestrés au Château-d'If, tout au moins pendant le règne de Louis XVI, n'avaient été privés de leur liberté que par des motifs des plus graves. La plupart avaient commis de véritables délits que les victimes n'avaient pas voulu dénoncer aux magistrats : lorsque la Justice était régulièrement saisie, les lettres de cachet étaient refusées. Les moins coupables étaient des libertins, de jeunes débauchés qui s'étaient livrés à de honteux excès. Les uns et les autres étaient, en somme, de très peu intéressants sujets, sur le compte desquels l'opinion, à Marseille,

« retomber la honte sur toute une famille. Il est vraiment essentiel,
« par rapport aux faits dont on accuse les personnes qui ne dépen-
« dent que d'elles-mêmes, de bien distinguer ceux qui ne produisent
« pour leurs familles que des désagréments, et ceux qui les expo-
« sent à un véritable déshonneur. C'est sans doute un désagrément
« pour des gens d'un certain état, et ils sont, avec raison, humiliés
« d'avoir sous leurs yeux une sœur ou une proche parente dont les
« mœurs sont indécentes, et dont les galanteries et les faiblesses ne
« sont pas secrètes. C'est encore un désagrément pour une famille
« honnête, et il est naturel qu'elle ne voie pas avec indifférence que
« dans la même ville, dans le même canton qu'elle habite, un de ses
« membres s'avilisse par un mariage honteux, ou se ruine par des
« dépenses inconsidérées, ou se livre aux excès de la débauche
« et vive dans la crapule. Mais rien de tout cela ne me paraît pré-
« senter des motifs assez forts pour priver de leur liberté ceux qui
« sont, comme disent les lois, *sui juris....* »

était parfaitement fixée. Achard les appelait « de mauvais garnements (1) ». Eux-mêmes se rendaient, entre eux, une égale justice, dans leurs plaintes et leurs réclamations auprès des autorités. Dans une lettre adressée à sa sœur, M⁻ᵉ du Saillant, le 12 janvier 1775, Mirabeau ne se plaignait-il pas d'être mêlé à des « scélérats (2) » ? Malgré leurs antécédents, les prisonniers n'étaient pas soumis à un régime bien sévère. Ceux qui refusaient de se plier aux ordres du commandant, fomentaient des cabales ou tentaient de s'évader étaient renfermés dans leurs cellules; les autres avaient, dans la journée, toute liberté dans l'intérieur du fort. Quelques-uns pouvaient en sortir et se promener dans l'île.

Hâtons-nous d'ajouter que parmi tous les détenus dont les noms figurent dans les dossiers et sur les états périodiques du commandant du Château, nous n'en avons trouvé qu'un très petit nombre appartenant à des familles marseillaises, cinq ou six tout au plus pour les dernières années : on comprendra que nous ne les citions pas (3).

Dès les premiers mois de 1789, le Château-d'If reçut dans ses cellules et ses cachots plusieurs individus du bas peuple plus ou moins gravement compromis dans les troubles qui éclatèrent à cette époque. La procédure ouverte par le prévôt général après l'émeute du 19 août y fit entrer des personnalités plus marquantes du parti révolutionnaire : Brémond Julien, Etienne Chompré, François-Omer Granet et d'autres ; lorsque la procédure prévôtale fut annulée, la plupart des accusés furent élargis, les autres furent transférés au Palais.

(1) *Description de la Provence ancienne et moderne*, tome II, art. Marseille, p. 81. Voir aussi le *Tableau historique de Marseille* tome Iᵉʳ, p. 378.
(2) *Mémoires biographiques, littéraires et politiques de Mirabeau*, tome II, p. 42.
(3) L'abbé Peretti, que M. Lardier (*Histoire du Château-d'If*, pp. 73-80 et 297) fait figurer parmi les derniers prisonniers du château, détenus par ordres du Roi, et dont il a cru devoir, à ce titre, s'occuper si longuement n'est mentionné sur aucun de ces documents.

On sait à quel point les événements qui suivirent repeuplèrent la vieille forteresse.

V. — Fort de Notre-Dame de la Garde

Ce n'est que très rarement que ce fort a servi de prison sous l'Ancien Régime. Les gouverneurs et les commandants qui s'y succédèrent ne se soucièrent pas de l'employer à un tel usage. D'ailleurs, l'état et la disposition des bâtiments ne s'y prêtaient guère.

Pendant les dernières années qui précédèrent la Révolution, il n'eut pas d'autres prisonniers que, de loin en loin, des jeunes gens pour lesquels les familles sollicitaient des ordres du Roi et que l'on ne jugeait pas à propos de placer dans des milieux tels que celui du Château-d'If. Lantier y fut enfermé plus d'une fois, pendant sa jeunesse, mais pour quelques jours seulement, à ce que nous rapporte son biographe (1). En 1766, un négociant marseillais ayant obtenu une lettre de cachet pour faire enfermer, à Notre-Dame de la Garde, son fils, qui venait de s'évader de la maison paternelle, l'Intendant fit observer qu'il ne se trouvait à ce fort aucun local assez sûr pour rendre toute évasion impossible : le jeune homme fut écroué au fort Saint-Jean (2). Nous voyons cependant neuf ans plus tard, le 26 septembre 1775, entrer au fort de Notre-Dame de la Garde, en vertu d'ordres du Roi, un fils de famille d'origine bordelaise, sorti des prisons de la Ville où il avait été incarcéré par ordre du viguier (3). En juillet 1777, une demande fut adressée au ministère à l'effet de faire transférer, en vertu de l'autorité du Roi, soit au fort Saint-Jean, soit dans celui de *la Vierge de la Garde*, un jeune homme sur le compte duquel des

---

(1) Notice biographique et littéraire, en tête de ses *Œuvres complètes*, Paris, 1836.

(2) Archives des Bouches-du-Rhône, Intendance, carton 396.

(3) *Ibid.*, carton 395.

plaintes graves étaient formulées(1) : nous ne savons quelle suite fut donnée à cette requête.

Au mois d'avril 1793, lorsque la Convention eut décrété la mise en état d'arrestation, par mesure de sûreté générale, de tous les membres de la maison de Bourbon et leur séquestration dans les forts de Marseille, le duc d'Orléans, ses deux plus jeunes fils, sa sœur la duchesse de Bourbon et le prince de Conti furent arrêtés et dirigés sur notre ville. Le duc de Montpensier, saisi à Nice, arriva le premier à Marseille, le 12 avril ; il fut aussitôt enfermé dans un cachot du Palais. Le duc d'Orléans, le comte de Beaujolais, la duchesse de Bourbon et le prince de Conti arrivèrent le 22 du même mois et furent conduits au fort de Notre-Dame de la Garde. Le duc de Montpensier fut alors tiré des prisons du Palais et réuni à sa famille. Ils ne devaient pas séjourner longtemps dans ce fort.

Au bout de quatre à cinq semaines, ils furent tous transférés au fort Saint-Jean.

VI. — Fort Saint-Jean

Ce fort, l'un des plus anciens de Marseille, a servi bien plus souvent de lieu de détention.

A la réunion de la Provence à la France, le chevalier de Roquebrune et d'autres gentilshommes provençaux qui favorisaient les menées du duc de Lorraine y furent enfermés par ordre de Palamède de Forbin. Des religionnaires y furent plus tard conduits, du temps des poursuites contre les Vaudois. En 1596, après la réduction de la ville, le gouverneur de Provence y fit écrouer quelques ligueurs.

En 1660, à la suite des séditions locales, dix-huit de ceux qui s'étaient le plus gravement compromis furent renfermés dans la forteresse : on les transféra dans la

(1) *Ibid.*, carton 393.

citadelle Saint-Nicolas, lorsque la construction de ce nouveau fort fut achevée.

De même que Notre-Dame de la Garde, le fort Saint-Jean fut quelquefois utilisé comme lieu de détention pour des jeunes gens dont les fautes n'étaient pas très graves et que les familles hésitaient dès lors à envoyer dans les châteaux-forts ou dans une maison de correction. On y déposait encore ceux qui devaient être embarqués à destination de Sainte-Marguerite ou de nos colonies. Cependant, bien que ce fort fût suffisamment aménagé pour servir de prison, les officiers qui en avaient le commandement n'étaient pas plus désireux que les gouverneurs de Notre-Dame de la Garde d'avoir à surveiller des détenus de cette sorte. En plus d'une circonstance, ils cherchèrent à s'affranchir de ce service. Au mois de juin 1779, un jeune homme nommé Edme-Ignace Michaux ayant été enfermé au fort par lettre de cachet, sur la sollicitation de son père, le commandant s'adressa directement au ministère et demanda avec instance à être débarrassé de son prisonnier ; le ministre se rendit à cette demande et invita la famille à choisir un autre lieu de détention. Bicêtre fut désigné ; mais, lorsque l'Intendant de Provence en fut avisé, le prisonnier s'était déjà évadé (1).

Depuis lors le fort ne reçut plus, croyons-nous, un seul détenu par ordres du Roi.

Ainsi que les prisons du Palais et le Château-d'If, il vit entrer dans ses cellules et ses cachots, dans le courant de 1789, un certain nombre d'individus compromis dans les mouvements populaires. Plus tard, il regorgea de prisonniers appartenant aux partis les plus opposés. Nous avons vu que les princes y furent transférés de Notre-Dame de la Garde peu de temps après leur arrivée à Marseille. Le duc d'Orléans y fut écroué le 27 mai ; le duc de Montpensier, le comte de Beaujolais, la duchesse de Bourbon et le prince de Conti allèrent l'y retrouver le 1ᵉʳ juin.

---

(1) Fonds de l'Intendance, carton 401.

Le duc d'Orléans n'en fut tiré que pour être dirigé sur Paris, comparaître devant les juges de la Révolution et monter sur l'échafaud. Les autres détenus en sortirent pour être rendus à la liberté, sous les conditions imposées par le Gouvernement, après une longue détention : la duchesse de Bourbon et le prince de Conti, au mois d'août 1795 ; les deux jeunes princes, au mois d'octobre 1796.

VII. — Citadelle Saint-Nicolas

Les prisons qui se trouvaient à la citadelle de Marseille étaient des prisons militaires. A ce titre, elles pouvaient recevoir les prévenus et les condamnés du Tribunal des Maréchaux de France ou Tribunal du Point d'honneur. On y voit écrouer, le 11 février 1782, un chevalier de Malte, d'origine bretonne, condamné par une sentence de cette juridiction d'exception à trois ans de détention ; il y était encore au mois de novembre 1784 (1).

Le fonds de l'Intendance, qui nous fournit ce renseignement, ne mentionne qu'un individu détenu par lettre de cachet, sur la sollicitation des parents : un nommé François-Marie Aguel, arrêté au mois de mai 1762 et mis en liberté au bout de huit mois, à cause du mauvais état de sa santé, à la requête de son père (2). D'autres demandes d'internement dans ce fort furent faites dans la suite, mais rejetées. Il est, au surplus, certain qu'il ne s'y trouvait, en 1789, aucun détenu par ordre du Roi.

Les troubles qui préludèrent alors à la Révolution y firent entrer, comme dans les autres forts, un certain nombre de prisonniers qu'il eût été, sinon absolument impossible, du moins imprudent d'écrouer au Palais.

---

(1) Même fonds, carton 105.
(2) Même fonds, carton 399.

VIII. — Maison de Saint-Joseph ou du Refuge

Cet établissement, dont les bâtiments se trouvent aujourd'hui occupés par le dépôt de mendicité, était, avant la Révolution, une maison de correction pour les femmes de mauvaise vie.

Il appartenait à une société charitable qui s'était formée à Marseille en 1640, sur le modèle d'une œuvre semblable déjà établie à Aix. Malgré l'appui et le concours de la municipalité dont elle secondait les vues et servait les intérêts, cette société eut des débuts modestes. Ce ne fut que quelques années après sa formation qu'elle devint propriétaire de son local : elle l'acquit de la veuve Constantin, par les soins de ses directeurs M* Taxil, chanoine des Accoules, Charles Moulat, écuyer, et Jean-Baptiste Dimonis, au prix de 2,100 livres, suivant acte du 5 août 1647. Il lui fallut ensuite pourvoir à l'installation.

Le 9 juin 1665, elle présenta son premier règlement à l'évêque de Marseille, M*' Etienne de Puget, qui l'approuva. Les détenues y étaient soumises à une discipline sévère. Entre autres particularités qui seraient à citer, il était prescrit de leur couper les cheveux, *cordes par lesquelles le diable les tenait captives* (1).

Ces règles firent ensuite place à un autre règlement qui fut dressé le 23 février 1688 et autorisé par lettres patentes du mois d'octobre de la même année, enregistrées au Parlement de Provence le 4 mai 1691. Le nouveau règlement déterminait les conditions dans lesquelles devait s'exercer le droit d'incarcération. En leur qualité de juges de police, les échevins et l'assesseur pouvaient faire enfermer au Refuge, pour quelque temps seulement, les filles et femmes de mauvaise vie : leurs ordonnances devaient être rendues

---

(1) *Règles pour les filles de la maison du Refuge de Marseille*, petit in-4° de 6 pages, sans nom d'imprimeur.

du consentement et avec la permission de l'évêque ou de son grand vicaire, après un verbal et une information sommaire, sans frais ni forme de procès ; elles étaient exécutées comme jugées en dernier ressort. La municipalité pouvait aussi y faire entrer les filles et femmes de débauche qui lui étaient présentées par leurs pères et mères, sur un simple certificat de quatre proches parents dont deux appartenant au côté paternel et deux au côté maternel, ou, à défaut de parents, sur un certificat de l'évêque ou de son grand vicaire (1).

Les longues détentions, les séquestrations pour la vie étaient prononcées par les juges ordinaires. Elles pouvaient l'être également par l'autorité du Roi. Nous rencontrons donc ici encore ces lettres de cachet qui ont provoqué de si vives diatribes contre l'Ancien Régime. Les ordres du Roi qui ont donné des pensionnaires à la maison de Saint-Joseph ne sauraient non plus justifier des critiques aussi passionnées : ils furent tous expédiés régulièrement et motivés par des faits graves. Ils devinrent d'ailleurs de plus en plus rares, sous le dernier règne, en suite des instructions de Malesherbes et du baron de Breteuil.

La progression décroissante fut, sur des chiffres moindres, la même que celle que nous avons constatée dans la colonie pénitentiaire du Château-d'If. Au commencement de 1776, le Refuge de Marseille avait cinq femmes ou filles détenues en vertu de lettres de cachet : la femme d'un maître d'armes de la Marine en résidence à Toulon, deux filles de La Valette près Toulon (la tante et la nièce), la femme d'un cafetier de Marseille, enfin une Lyonnaise mariée à un Napolitain. *Libertinage, dissolution, prostitution publique, adultère, vie déréglée, penchant décidé pour le vol,*

(1) Registre des insinuations du Parlement, de 1691 à 1692, f· 76 ; De Montvalon, *Précis des ordonnances, édits, déclarations, lettres-patentes, statuts et règlemens, dont les dispositions sont le plus souvent en usage dans le ressort du Parlement de Provence,* pp. 374-375.

tel est, sur l'état que nous avons sous les yeux, le libellé des motifs de leur détention (1). En 1784, la Maison ne renfermait plus que deux détenues de cette catégorie originaires de la Province ; vraisemblablement il ne s'en trouvait point d'étrangères. A la date du 7 avril 1789, elle n'avait plus une seule pensionnaire enfermée par ordre du Roi. Les seules filles ou femmes qui y fussent retenues par ordre y étaient entrées en suite de jugements rendus dans les formes ordinaires ou d'ordonnances des lieutenants généraux de police (2).

Le 3 juin 1688 l'administration avait décidé d'agrandir son local et d'acheter, dans ce but, seize maisons voisines. Les travaux de construction, commencés en 1692, plusieurs fois suspendus à cause de l'insuffisance des ressources pécuniaires, ne s'étaient achevés qu'en 1738. Dans cette nouvelle installation, les diverses catégories de pensionnaires se trouvaient suffisamment isolées : l'œuvre y fonctionnait régulièrement, sans donner lieu à aucune plainte, entre les mains des religieuses dévouées qui y avaient été préposées et sous la surveillance de ses directeurs.

Les directeurs étaient à vie et en nombre illimité. En 1789, il y en avait vingt-deux, dont six honoraires, dispensés à ce titre du service de semainier, mais ayant séance au Conseil et voix délibérative comme les autres directeurs. Les directeurs en exercice étaient : MM. François-Simon Devoulx, ancien juge-consul ; Jean-François Martin, fils de César, juge-consul ; Antoine-Alexandre Ramadier ; Pierre-Nicolas Testar, ancien juge-consul ; Jean-François Crudère, ancien échevin ; Jean-Baptiste Ferrandy ; Martin-Nicolas Reynaud ; Jean-Baptiste Pastoret, conseiller du Roi en l'Amirauté ; Simon Laflèche, échevin en exercice ; Joseph Paul Bertrand ; Pierre-Honoré Devoulx ; Jean-Paul Gouiran ; Lazare Icard ; Jacques d'Herculés ; Pierre Sian,

(1) Fonds de l'Intendance, carton 399.
(2) Même fonds, carton 405.

juge-consul ; Pierre Bagarry, ancien échevin. Les directeurs honoraires étaient : MM. Michel de Léon, président trésorier général de France ; Paul-Nicolas Gravier ; Louis-Michel Gimon ; Pierre-Gaspard Roman, ancien échevin ; Jean-Joseph Remuzat ; Pierre Raynaud.

La supérieure de la maison était sœur Louise Bouisset ; l'aumônier, M⁺ Blaise Fabry.

§ 2. — Le Bagne.

La suppression du bagne de Marseille était, à l'époque vers laquelle doivent converger nos recherches, un fait trop récent pour que nous ne consacrions pas quelques lignes à cet établissement.

Bien qu'il fût le plus ancien de tous les bagnes du Royaume, y compris celui de Toulon, il ne remontait pas à une époque reculée. Jusque dans la seconde moitié du XVIIe siècle, l'administration des galères se débarrassait des condamnés qui, devenus invalides ou impotents, ne pouvaient plus ramer : elle les autorisait à cet effet à se racheter à des prix qui se mesuraient sur leurs facultés et se trouvaient dès lors accessibles à tous. Avec les sommes qu'elle percevait, elle achetait des esclaves turcs. Le procédé, pour être fort ingénieux, ne laissait pas d'être très irrégulier. Le Parlement s'en étant ému, le procureur général de Harlay adressa à Colbert un mémoire à ce sujet, le suppliant « de s'en occuper comme d'une chose très grave pour le bien « de la justice ». Le ministre accueillit la réclamation et invita l'intendant de l'arsenal à y faire droit. Après d'inutiles efforts pour conserver les « grands avantages » que l'administration tirait de ces libérations, l'intendant Arnoul faisait savoir à Colbert, par une dépêche du 2 décembre 1666, qu'il se déterminait à avoir « une vieille galère qui ne « sera que comme une prison pour ceux qui ne pourront « plus ramer et qui fourniront ainsi à la peine à laquelle

« la justice les a condamnés (1). » Telle fut l'origine de notre bagne.

La prison flottante fut abandonnée quelques années plus tard, à l'époque de l'agrandissement de l'arsenal. Les galériens invalides furent alors enfermés dans l'arsenal et logés dans une immense bâtisse construite très près du port, à côté de la Corderie ; on y transféra aussi les rameurs inutilisés, quand on eut renoncé à armer des galères. Les plus robustes furent occupés au creusement des bassins, à la réfection des quais et des cales, à la construction des vaisseaux, au radoub, à l'armement. Les moins vigoureux furent répartis entre les divers métiers qui s'établirent dans l'arsenal, pour la fabrication des cordages, des toiles, de tout ce qui était nécessaire au gréement des navires. Le nombre de ces métiers s'élevait à quatre cents, en 1700. Le travail était alors donné à entreprise avec faculté pour l'entrepreneur d'y employer jusqu'à huit cents forçats.

Quelques galériens obtinrent la faveur de travailler pour leur compte dans de petites baraques posées moitié sur l'eau et moitié sur le quai, sur le côté nord du port, depuis le couvent des Augustins jusqu'à l'Hôtel de Ville. On trouvait là des tailleurs, des cordonniers, des marchands de bibelots. Les officiers des galères avaient le droit de prendre des hommes de leur chiourme pour leur service particulier dans l'intérieur de la ville. Les commerçants et les industriels pouvaient aussi en obtenir, pour les employer à différents travaux. Pendant tout le temps de la journée que les galériens passaient ainsi hors de l'arsenal ou de leur bord, ils étaient sous la surveillance de gardiens spéciaux qu'on appelait *pertuisaniers*. En cas d'évasion, ceux à qui on les avait remis étaient tenus de remplacer le fugitif par un Turc ; les officiers supérieurs, eux-mêmes, n'échappaient pas à cette responsabilité (2).

(1) *Correspondance administrative sous Louis XIV*, citée par Aug. Laforet, dans son *Etude sur la Marine des Galères*, pp. 88-89.
(2) Laforet, *Etude sur la Marine des Galères*, pp. 160-161.

On sait déjà que l'arsenal avait un hôpital presque exclusivement affecté aux forçats : il avait été ouvert une vingtaine d'années avant la création du bagne.

Une aumônerie y avait été établie, à la même époque, à l'aide des libéralités de la duchesse d'Aiguillon, et confiée, dès sa fondation, aux prêtres de la Mission. Elle ne fut supprimée qu'à la fermeture du bagne. Deux chapelles assez spacieuses, l'une sous le vocable de Saint-Louis, l'autre sous celui de Saint-Jean-Baptiste, étaient réservées aux galériens nés dans la religion catholique. Les Turcs convertis à la foi chrétienne en avaient une particulière dans un pavillon qui était vis-à-vis de la porte de l'Arsenal, dans l'axe de la rue qui a tiré de cette position son nom de rue Pavillon.

Pour les musulmans, l'intendance des galères avait fait construire une mosquée dans l'enceinte de leur cimetière, tout près de la place Montyon (1).

On voit, par ces données, que l'administration était loin d'être animée à l'égard des galériens de sentiments inhumains, systématiquement cruels. La discipline ne pouvait cependant, dans un semblable milieu, se départir de ses droits, des rigueurs qui étaient jugées indispensables à la sécurité publique ; ce n'était pas, d'ailleurs, au code du bagne à prendre l'initiative des tempéraments que l'opinion commençait à demander dans la mise en application des principes de répression et d'intimidation. De même que les derniers forçats sortis, il y a une vingtaine d'années, du bagne de Toulon, la plupart des galériens enfermés au bagne de Marseille étaient accouplés deux par deux. Une surveillance particulière paraissait-elle nécessaire, on enchaînait le condamné avec un Turc. Les forçats évadés qui étaient repris subissaient la mutilation du nez et des oreilles ; le garde, coupable de connivence, était pendu. Celui auquel on

---

(1) Grosson, *Almanach historique de Marseille*, année 1777, pp. 213-214.

n'avait à reprocher que de la négligence était condamné à payer le prix d'un Turc, soit de 350 à 400 livres (1).

Malgré ces mesures, un certain nombre de galériens parvenaient trop souvent à s'échapper. Obligés de fuir les villes et tout centre habité, ces malheureux menaient une vie errante, se cachant le jour au milieu des rochers et des bois, ne sortant la nuit de leurs retraites que pour signaler leur passage par de nouveaux attentats, tout au moins des vols et des déprédations de toute sorte dans les campagnes. L'Assemblée générale des communautés de Provence eut plus d'une fois à s'occuper des doléances des populations à ce sujet. Au début de la session ouverte le 19 novembre 1780, Portalis, alors assesseur d'Aix et procureur du pays de Provence, faisait connaître à l'assemblée que, dans le court espace de quatre ou cinq années, on avait compté plus de trente forçats en rupture de ban arrêtés pour de nouveaux crimes. « Il en est, disait-il, qui se sont échap-
« pés jusqu'à trois fois ; presque tous ont mérité et subi la
« peine de mort. » Les procureurs du Pays s'étaient fait un devoir d'exposer au ministre de la Marine, M. de Sartine, les alarmes que ces nombreuses évasions inspiraient aux habitants. Dans sa lettre du 17 mars, en réponse à leur communication et à leurs plaintes, le ministre donnait l'assurance qu'il ne se lassait pas de recommander à l'ordonnateur des ports de Marseille et de Toulon « de s'occuper
« soigneusement de remédier à un abus aussi préjudiciable
« que celui-ci à la tranquillité publique ; mais, ajoutait-il,
« malgré les peines et les soins que l'on se donne pour le
« faire cesser, il est très difficile d'empêcher qu'il ne s'en
« évade quelques uns (2) ».

Dès 1682, trois cents forçats avaient été envoyés à Toulon pour y être employés à l'agrandissement de la vieille darse :

---

(1) Laforet, ouvrage cité, p. 93.
(2) Registre des délibérations des Assemblées générales des Communautés de Provence, du 1ᵉʳ décembre 1778 au 29 novembre 1783, fol. 132 verso-134 verso, aux Archives des Bouches-du-Rhône.

cette colonie de galériens fut tout d'abord maintenue comme une dépendance du bagne de Marseille; puis, en 1748, elle en fut séparée et reçut une administration et une juridiction à part. Toulon était destiné à concentrer tous les établissements maritimes de la région; le bagne de Marseille ne pouvait qu'y être transféré tôt ou tard. Il le fut, à la suppression de l'arsenal, en 1781. Cinq cents forçats s'y trouvaient encore, à cette époque : ils furent embarqués sur la dernière galère de notre port et dirigés sur Toulon.

Le bagne de Marseille avait vécu.

F. D.

CHAPITRE X

Les Ecoles élémentaires

§ Ier — *Les Petites Ecoles. — Corps des maîtres. Règlements.*

Dès les temps les plus reculés, l'Église de Marseille a témoigné, par diverses fondations, de sa sollicitude pour les besoins intellectuels des plus humbles de ses enfants.

L'abbaye de Saint-Victor, fondée au commencement du Ve siècle, avait ouvert des écoles, non seulement pour ses novices et ses religieux, mais encore pour les jeunes gens et les enfants, à quelque condition qu'ils appartinssent. Le polyptique dressé par l'évêque Vuadalde, qui gouvernait l'Église de Marseille dans les premières années du IXe siècle, nous montre qu'elle entretenait des écoles pour les fils des colons ou mancips attachés à ses possessions (1).

Divers documents, qui deviennent de moins en moins rares à mesure que l'on se rapproche des temps modernes, prouvent que depuis la restauration de notre antique abbaye, au XIe siècle, les écoles élémentaires de Saint-Victor n'ont cessé de se maintenir jusqu'à l'époque où, l'instruction populaire se faisant une place de plus en plus large dans les mœurs, les institutions scolaires se multiplièrent de toutes parts. C'est ainsi que nous voyons saint Elzéar de

---

(1) *Le Polyptique de Vuadalde, évêque de Marseille, étudié au point de vue de la condition des personnes en Provence aux VIIIe et IXe siècles,* par Louis Blancard, Marseille, 1878, pp. 20-21.

Sabran, né en 1286, entrer à l'abbaye, dès l'âge de 8 à 9 ans, pour y étudier auprès de son oncle, l'abbé Guillaume de Sabran (1). Un relevé des religieux de l'abbaye, dressé en 1424, nous a conservé le nom du maître des enfants, c'est-à-dire du maître de l'école enfantine alors en fonctions : c'était le frère Jacques Sybileta (2). Un acte de 1416 mentionne le drap dont l'abbaye s'approvisionnait pour l'habillement des jeunes gens et des enfants (3). Les anciens statuts du monastère, renouvelés en 1531 par le cardinal de Trivulce, portent que le camérier devait fournir le vêtement et la chaussure aux jeunes gens et aux enfants (4). A cette date, le maître des enfants s'appelait Pierre Audibert. Les ordonnances du chapitre de Saint-Victor, de 1563 à 1581, font mention des maîtres de musique, d'écriture et de grammaire, ainsi que du cuisinier des enfants (5).

Le 21 décembre 1577, le même chapitre prescrit, « affin « que, à l'avenir, la jeunesse puisse estre élevée et insti- « tuée aux bonnes mœurs, d'avoir et recourir par tous « moyens quelque bon et suffisant précepteur, recevant la « tauxe de ses gages et entretien, après avoir cogneu sa « suffisance, et de fornir la dite école de meubles né- « cessaires (6). »

En fondant et soutenant ces écoles, le clergé et les moines de Marseille s'inspiraient tout simplement des principes fondamentaux du Christianisme et des enseignements de l'Eglise.

Le troisième concile de Latran, faisant revivre, pour les développer et les généraliser, les traditions des premiers

(1) *Acta Sanctorum*, 27 septembre, p.535.
(2) Cartulaire de Le Fournier, registre 23 quater, fonds de Saint-Victor, aux archives des Bouches-du-Rhône.
(3) *Ibid*.
(4) Fonds de Saint-Victor, numéro 2713 (liasse 514), p. 33, aux archives des Bouches-du-Rhône.
(5) Même fonds, registre 35, p. 43.
(6) Même registre, p. 111.

siècles, avait ordonné qu'une école serait ouverte dans chaque cathédrale, pour instruire gratuitement les clercs de cette église et les écoliers pauvres. Un écolâtre devait être établi dans les autres églises et dans les monastères où il y avait autrefois des fonds affectés à cette destination ; aucune redevance ne pouvait être exigée, soit pour la permission d'enseigner, soit pour l'exercice de l'enseignement(1). Le concile de Trente renouvela ce canon dans sa cinquième session (2). En suite de ces décisions, des écoles élémentaires, désignées sous le nom de petites écoles, s'établirent, à l'instigation du clergé, dans la presque totalité des paroisses. La haute surveillance en fut laissée par l'autorité civile aux évêques diocésains. De là les nombreux statuts synodaux que l'on trouve dans tous les diocèses, touchant la discipline à observer dans ces écoles, les matières qui devaient y être enseignées, le choix et la nomination des maîtres et des maîtresses.

Les archives de Marseille contiennent toutes les ordonnances épiscopales qui ont été publiées à ce sujet par nos évêques, depuis les premières années du XVIIe siècle. Sans nous attarder aux plus anciennes, nous reproduirons, tout au moins en partie, celles de Mgr de Belsunce et de Mgr de Belloy.

L'ordonnance de Mgr de Belsunce, insérée dans les Statuts synodaux qui furent publiés le 18 avril 1712 (3), est ainsi conçue :

« I. — Nous défendons à toute personne, de l'un et de
« l'autre sexe, de tenir de petites écoles, et d'instruire la

---

(1) *Collectio conciliorum Harduini*, tome VI, 2e partie, col. 1671. — L'évêque de Marseille, Foulques de Thorame, assista à ce concile avec son métropolitain, Raimond de Bollène, et quelques autres prélats provençaux.

(2) *Sessio V, De Reformatione*.

(3) *Statuts synodaux du diocèse de Marseille, lus et publiés dans le synode tenu dans le palais épiscopal, le 13 avril 1712*. Marseille, Ve Henri Brebion, pp. 110 et suiv. — Ces statuts furent réimprimés en 1775, par ordre de Mgr de Belloy.

« jeunesse, sans notre permission par écrit ; et comme il
« nous est revenu que plusieurs personnes, dans cette
« ville, ont eu la témérité de s'ériger en maîtres d'école,
« sans aucune approbation de nos prédécesseurs ou de
« leurs grands vicaires, nous leur ordonnons à tous de se
« présenter devant nous ou nos grands vicaires, dans tout
« le mois de septembre de la présente année, pour rece-
« voir leurs lettres, après avoir été examinés ; leur décla-
« rant que, s'ils y manquent, nous leur ôterons leur emploi,
« sans espérance d'y être rétablis.

« II. — Les curés auront soin d'empêcher que les maî-
« tres et maîtresses d'école ne violent les sages règlements
« de l'Église et les ordonnances du Roi, en recevant indiffé-
« remment les garçons avec les filles ; et ils auront soin,
« d'ailleurs, de procurer l'instruction des uns et des autres.

« III. — Nous ordonnons aux maîtres et maîtresses
« d'école de faire, au moins deux fois la semaine, la leçon
« du Catéchisme qui sera imprimé par notre ordre (1) ; de
« les mener exactement eux-mêmes à l'église toutes les
« fois que l'instruction s'y fera ; d'assister avec eux à la
« messe et aux vêpres les fêtes et dimanches, afin d'accou-
« tumer de bonne heure leurs écoliers et écolières à avoir
« dans le lieu saint le respect qui lui est dû. Ils auront
« soin qu'ils se présentent tous les mois au confessional,
« et leur en donneront eux-mêmes l'exemple : fréquentant
« les sacrements, évitant tout soupçon d'irrégularité, et
« instruisant bien plus par leurs exemples que par leurs
« paroles la jeunesse dont le soin leur est confié.

« IV. — Nous ordonnons aux curés de veiller à ce

---

(1) Mgr de Belsunce publia, le 10 septembre 1712, une ordonnance touchant le Catéchisme qui devait être seul en usage dans son diocèse. « Nous ordonnons, dit-il, à tous Régens, Maîtres et Maîtresses « d'école, et autres personnes approuvées de Nous pour instruire la « jeunesse dans notre diocèse, de s'y conformer entièrement dans « leurs écoles. » Le Catéchisme de Mgr de Belsunce a été en vigueur, dans le diocèse de Marseille, jusqu'en 1850.

« qu'aucun maître ou maîtresse d'école ne s'établisse dans
« leurs paroisses sans notre permission, et de visiter sou-
« vent les écoles de leurs paroisses, de prendre garde que
« les maîtres et maîtresses s'acquittent exactement de tous
« leurs devoirs, et qu'ils ne se servent dans leurs écoles
« que de livres non suspects, et généralement approuvés.»

Suivant le Père de Saint-Alban, jésuite, auteur du *Calendrier spirituel*, il y avait à Marseille, en 1713, un nombre considérable de maîtres et de maîtresses d'école approuvés par le synode de 1712.

En 1740 les maîtres formaient un corps de 52 membres : 12 enseignaient à lire et à écrire ; 23 donnaient les principes de la langue française et de la langue latine, de la lecture et de l'écriture ; 17 étaient écrivains et arithméticiens. Ils s'étaient soumis à un règlement rédigé par leurs syndics, approuvé par Mgr de Belsunce et homologué par le Parlement de Provence, le 17 août 1740 (1). En voici les principaux articles :

« ARTICLE PREMIER. — Aucun maître ne pourra tenir
« classe ni école sans approbation de Mgr l'Evêque, à peine,
« toutes les fois que quelqu'un tiendra école sans la dite
« permission, de dix livres d'amende.

« ART. 2. — Avant de donner des lettres d'approbation
« aux nouveaux maîtres, ils seront examinés par les quatre
« syndics et trois autres maîtres déjà en exercice, afin
« d'être assuré de leur capacité dans l'art qu'ils veulent
« exercer, savoir : par trois maîtres arithméticiens pour
« ceux qui voudront enseigner l'arithmétique, les parties
« doubles, etc., et trois maîtres latinistes pour ceux qui
« voudront enseigner le latin.

« ART. 3. — Ceux des maîtres que Mgr l'Evêque jugera
« devoir interdire, pour le bien de son diocèse, en cas de
« désobéissance, seront poursuivis devant le juge royal et
« condamnés à dix livres d'amende.

(1) Registre 20 des Insinuations de la Sénéchaussée de Marseille fol. 26-33, aux archives des Bouches-du-Rhône.

« Art. 4. — Tous les maîtres ne pourront enseigner au-
« tre chose que ce qui sera marqué dans leurs lettres d'ap-
« probation, à peine, pour la première fois, de cinquante
« livres d'amende et, la seconde, de révocation, et d'être
« poursuivis devant le juge royal, en cas de désobéissance,
« par les syndics du Corps.

« Art. 6. — Les maîtres écrivains, arithméticiens, etc.,
« pourront faire lire leurs écoliers pour les entretenir dans
« la lecture ; ils leur apprendront surtout à lire des pièces
« d'écriture à la main, en lettres gothiques, rondes ou
« bâtardes.

« Art. 8. — On ne fera lire dans les écoles que les livres
« de piété dont Mgr l'Evêque aura la bonté de nous don-
« ner une liste et on n'enseignera que le Catéchisme du
« diocèse.

« Art. 11. — Aucun maître ne pourra recevoir aucune
« fille dans sa classe ou dans son école, pour l'enseigner,
« sous peine de révocation.

« Art. 13. — Il est défendu à tous maîtres de débaucher
« les écoliers des autres maîtres et même d'en recevoir
« aucun dans leurs classes et écoles, sans auparavant s'être
« informés des maîtres qu'ils ont quittés, s'ils les ont satis-
« faits ou s'ils ne les ont pas quittés pour n'avoir pas
« voulu fréquenter les sacrements, ou s'il les ont chassés
« à cause de leurs mauvaises mœurs, à peine, toutes les
« fois, de trois livres d'amende.

« Art. 14. — Nul ne pourra prendre qu'un adjoint pour
« enseigner sous lui, sans que cet adjoint ait été approuvé
« par Mgr l'Evêque, et ledit adjoint ne pourra enseigner
« autre chose que ce qui sera énoncé dans les lettres
« d'approbation de celui chez qui il sera adjoint, sous
« peine, pour le maître, de trois livres d'amende, pour
« chaque contravention.

« Art. 15. — Nul maître ne pourra demander un adjoint
« qu'il ne passe le nombre de vingt écoliers, à moins que
« par maladie il ne puisse pas agir par lui-même ou qu'il

« ne soit obligé de s'absenter de la ville pour procès ou
« autres affaires de la dernière importance ; et en ce cas il
« est obligé d'en avertir les syndics, lesquels en avertiront
« le vicaire général chargé du soin des écoles.

« Art. 21. — Les maîtres qui enseignent à lire, à écrire
« et les principes de la langue latine feront le catéchisme
« à leurs écoliers deux fois la semaine et les conduiront,
« ou les feront conduire, à la paroisse lorsqu'on y fait le
« catéchisme pour préparer les enfants à la première
« communion.

« Art. 22. — Les maîtres écrivains, arithméticiens, etc.,
« exhorteront souvent, et par leurs discours et par leurs
« exemples, les écoliers à la fréquentation des sacrements
« et à la fuite des mauvaises compagnies. Si leurs écoliers
« ne leur obéissent pas, ils en avertiront leurs parents ; que
« si les parents n'y mettent pas ordre, ils renverront ces
« écoliers de leurs classes et il sera défendu à tout maître
« de les recevoir, sous peine de dix livres d'amende.

« Art. 23. — Lorsque les dits maîtres écrivains et arith-
« méticiens auront dans leurs classes des écoliers qui
« n'auront pas fait encore leur première communion, ils
« les enverront au catéchisme de la paroisse, pour les faire
« instruire, et exigeront d'eux qu'ils se confessent une fois
« chaque mois.

« Art. 24. — Les maîtres qui enseignent à lire et à écrire
« et les principes du latin feront confesser leurs écoliers
« une fois chaque mois et exigeront d'eux un billet de
« confession.

« Art. 25. — Tous les maîtres qui enseignent dans cette
« ville représenteront chaque année, après la quinzaine de
« Pâques, un certificat de leur confesseur, par lequel il
« conste qu'ils auront satisfait au précepte de la confession
« annuelle, sous peine d'interdit.

« Art. 26. — Les maîtres écrivains arithméticiens, etc.
« ne donneront qu'un jour de congé par semaine à leurs
« écoliers ; s'il y avait des fêtes dans la semaine ils ne don-

« neront qu'un demi-jour, et huit jours à la Saint-Michel,
« savoir : quatre avant la fête et quatre après.

« Art. 27. — Les maîtres qui enseignent à lire et à écrire
« et le latin, donneront aux syndics un état de six en six
« mois de leurs écoles, savoir : au mois de janvier et au
« mois de juin, et plus souvent s'il est nécessaire.

« Art. 28. — Les maîtres, tant latinistes qu'arithméticiens,
« s'assembleront quatre fois par an, pour conférer sur le
« bien du Corps et sur les abus qui s'y sont glissés.

« Art. 30. — Il sera nommé tous les ans, dans le mois
« de juillet, quatre maîtres, appelés syndics, pour veiller à
« l'exécution des règlements, auxquels il sera donné pou-
« voir de poursuivre devant qui de droit ceux qui y auront
« manqué.

« Art. 31. — Ceux qui, sans empêchement légitime, n'as-
« sisteront pas aux assemblées, ni aux messes de *Requiem*
« qu'on dira pour chaque confrère qui viendra à décéder
« et aux offices qui se feront tous les ans à Saint-Jaume,
« en la fête de saint Ignace, que nous prenons pour patron,
« seront condamnés à une livre d'amende, et chacun
« paiera, tous les ans, trente sols pour sa cote annuelle.

« Art. 32. — Le nombre des maîtres qui enseigneront
« l'arithmétique, celui des maîtres qui enseignent les élé-
« ments de la lecture, de l'écriture et du latin et celui des
« maîtres qui enseignent simplement les éléments de la lec-
« ture et de l'écriture seront distribués dans les différentes
« paroisses de cette ville selon que l'exigeront les besoins
« des dites paroisses, ce qui sera marqué dans les lettres
« d'approbation...

« Art. 34. — Toutes lesquelles amendes portées dans
« les règlements ci-dessus seront appliquées : un tiers à
« l'hôpital du Saint-Esprit, un tiers pour les pauvres ma-
« lades du Corps et l'autre tiers pour subvenir aux dépen-
« ses du Corps, dont les syndics feront l'exaction et en ren-
« dront compte à leurs successeurs devant six des anciens
« maîtres, lorsqu'ils sortiront de charge. »

Le corps des maîtres d'école tenait ses séances au palais épiscopal, en présence d'un grand vicaire délégué par l'évêque.

En 1757, à la suite d'une inspection générale des écoles à laquelle les syndics venaient de procéder, Mgr de Belloy condamna les abus qui lui furent signalés et enjoignit aux maîtres et aux maîtresses de se conformer plus strictement aux statuts et règlements du diocèse, par une ordonnance dont nous reproduisons le dispositif (1) :

« Nous susdit, Evêque de Marseille, confirmons, en tant
« que besoin, l'ordonnance de notre prédécesseur en date
« du 20 juin 1739, qui fixe le nombre des maîtres d'école
« de cette ville à celui de quarante-deux ; voulons qu'à
« l'avenir il ne soit expédié aucune lettre d'approbation
« jusqu'à ce que le nombre des maîtres, qui est aujour-
« d'hui excédant, soit réduit à celui qui est désigné ci-des-
« sus. N'entendons cependant révoquer aucune lettre d'ap-
« probation expédiée ci-devant, à condition néanmoins
« que ceux qui en sont pourvus se feront recevoir inces-
« samment et dans tout le courant du mois, depuis la si-
« gnification de notre présente ordonnance, selon la forme
« prescrite par les règlements que nous avons approuvés,
« autorisés et confirmés, et, à défaut, leurs lettres d'ap-
« probation seront censées révoquées et ceux qui en étaient
« pourvus pourront être poursuivis par les voies de droit,
« par les sieurs syndics, au nom de leur Corps, ainsi qu'il
« est porté par les dits règlements. Voulons que ceux qui
« n'exhiberont point de lettres d'approbation, quand ils
« en seront requis par les sieurs syndics, soient dès lors
« interdits et, en cas de désobéissance, poursuivis par les
« voies de droit. Voulons pareillement que chaque maître
« soit borné à la fonction pour laquelle il aura été admis
« et qui sera désignée dans les lettres d'approbation.

(1) Registre 21 des Insinuations de la Sénéchaussée de Marseille, fol. 337 et suiv., aux archives départementales.

« Ordonnons encore que les maîtresses d'école approu-
« vées pour les garçons ne pourront avoir des filles dans
« les classes, ni celles approuvées pour les filles avoir des
« garçons, sans une permission spéciale de notre part ;
« voulons aussi que les dites maîtresses d'école ne puissent
« garder les garçons après qu'ils auront atteint leur septié-
« me année ; voulons encore qu'elles ne puissent tenir
« d'adjoint que de leur sexe, révoquant, à cet effet, en
« tant que de besoin, les pouvoirs qui pourraient avoir
« été donnés en pareil cas.

« Nous enjoignons enfin aux dites maîtresses d'école,
« sous peine d'interdiction, de se conformer incessamment
« à notre présente ordonnance, qui sera imprimée à la
« suite des règlements des maîtres d'école de cette ville,
« envoyée à chaque maître et maîtresse d'école, afin que
« nul n'en prétende cause d'ignorance et qu'elle soit exécu-
« tée selon sa forme et teneur, à la diligence des sieurs
« syndics.

« Donné à Marseille, dans notre palais épiscopal, le
« dixième mars mil sept cent cinquante-sept. (*Signé*) Jean-
« Baptiste, Évêque de Marseille, et plus bas : Par mande-
« ment : (*signé*) Sardou, prêtre et secrétaire, à l'original. »

Vingt ans plus tard, Mgr de Belloy confirmait ses précédentes dispositions et assurait le bon ordre dans les petites
écoles, en publiant, le 29 mars 1779, un nouveau règlement (1) dont voici les principaux articles :

« *Règlement pour les maîtres d'école de la ville et du*
« *diocèse de Marseille :*

« Article premier. — Personne ne pourra tenir école
« publique dans notre diocèse, sans avoir obtenu nos lettres
« d'approbation.

« Art. 2. — Les dites lettres d'approbation ne seront
« expédiées à ceux qui se présenteront pour tenir les dites

(1) Lettres royaux. Registre 140, année 1779, fol. 378 et suiv., aux archives de la Cour d'appel d'Aix.

« écoles, qu'autant qu'ils auront servi pendant deux ans
« (s'ils sont laïques) d'adjoint à un maître approuvé dans
« notre diocèse, dont ils produiront un certificat, et
« qu'après qu'ils auront été examinés sur leur capacité par
« nous ou par telle autre personne que nous choisirons à
« cet effet.

« Art. 3. — Aucun aspirant ne sera admis à subir le
« dit examen, qu'il n'ait, au préalable, justifié qu'il est
« dans sa vingt-cinquième année, qu'il professe la religion
« catholique, apostolique et romaine, et qu'il est de bonnes
« mœurs.

« Art. 4. — Le nombre des écoles sera et demeurera
« fixé à quarante-deux, dans cette ville, comme ci-devant.

« Art. 5. — Les dites écoles seront distribuées dans les
« différentes paroisses de cette ville, selon les besoins et
« l'étendue des dites paroisses.

« Art. 7. — Les maîtres qui auront été approuvés pour
« la même paroisse de cette ville ne pourront se loger
« et tenir leurs écoles les uns auprès des autres et, dans
« la même rue, qu'à la distance de vingt maisons.

« Art. 9. — Nous ne donnerons la permission aux ad-
« joints qui nous seront présentés par les maîtres, qu'après
« nous être assurés de leur religion, bonnes vie et mœurs.

« Art. 14. — Nous défendons très expressément aux
« maîtres qui quitteront leurs écoles d'en disposer en fa-
« veur de qui que ce soit, comme d'un bien propre et
« héréditaire, et de faire des conventions illicites avec
« leurs successeurs.

« Art. 16. — Nous ordonnons aux maîtres de tenir leurs
« écoles, le matin, depuis 8 heures jusqu'à midi, et depuis
« 2 heures jusqu'à 5 heures, en hiver, et à 6 en été ; ils ne
« s'absenteront pas, dans les dites heures, de leurs classes,
« pour aller donner des leçons en ville, et ils n'y recevront
« que des garçons.

« Art. 18. — Il y aura, dans chaque école, un crucifix
« et une image de la Sainte-Vierge, devant lesquels les

« maîtres feront faire, à leurs écoliers, les prières accou-
« tumées, en commençant et en finissant leurs classes.
« Il y aura aussi un bénitier où les enfants prendront de
« l'eau bénite en entrant dans l'école et avant les prières.

« Art. 19. — On ne se servira que des livres permis et
« reçus et on fera apprendre par cœur aux écoliers, cha-
« que jour, une courte leçon du Catéchisme de notre
« diocèse.

« Art. 20. — Les maîtres élèveront chrétiennement les
« enfants dont l'éducation leur sera confiée. Ils veilleront
« attentivement sur leurs mœurs et ne souffriront, dans
« leurs écoles, aucun écolier dont l'exemple puisse être
« nuisible. Ceux des maîtres qui auront des pensionnaires
« ne les perdront jamais de vue, ou les feront surveiller
« par leurs adjoints. L'un d'eux aura sa chambre à portée
« de celle des pensionnaires ; il assistera à leur lever et à
« leur coucher, leur faisant faire, en commun, matin et
« soir, les prières, une lecture spirituelle les dimanches et
« les fêtes, ainsi que les jours de congé.

« Art. 21. — Pour inspirer plus sûrement à leurs élèves
« des sentiments de piété et de religion, les maîtres join-
« dront leur exemple à l'instruction ; ils fréquenteront
« eux-mêmes les sacrements, ainsi que leurs adjoints. Ils
« feront confesser, tous les mois, leurs écoliers et les con-
« duiront, s'il est possible, ou au moins ceux qu'ils tien-
« dront en pension chez eux, les dimanches et les fêtes,
« aux offices divins et toujours au prône et à la messe
« paroissiale.

« Art. 22. — Les enfants qui auront atteint l'âge requis
« pour recevoir le sacrement de confirmation, ou faire la
« première communion, seront présentés, par leurs maî-
« tres, aux sieurs curés de leur paroisse, dans le temps où
« l'on y commence les instructions du Catéchisme pour la
« réception de ces sacrements.

« Art. 23. — Les maîtres auront soin de ne se point
« loger dans des maisons où il y aurait une école de filles

« et ceux qui y contreviendront seront privés de leur
« approbation. »

« *Règlement pour les maîtresses des petites écoles du
« diocèse de Marseille :*

« Article premier. — Les maîtresses d'école seront te-
« nues de se conformer à tous les articles du règlement
« ci-dessus, qui peuvent convenir aux écoles des filles. En
« conséquence et conformément au dit règlement, nous
« n'approuverons aucune maîtresse, qu'elle ne nous ait au-
« paravant remis son extrait baptistaire, celui de l'acte de
« ses épousailles (si elle est mariée), l'extrait mortuaire
« de son mari (si elle est veuve), et des attestations de
« bonnes vie et mœurs. Nous n'approuverons point celles
« qui n'auront pas vingt-cinq ans et qui auront servi de
« domestiques.

« Art. 2. — Les maîtresses qui seront destinées à ins-
« truire des filles ne pourront recevoir, dans leur école,
« aucun garçon, quelque jeune qu'il soit ; ni celles qui
« seront approuvées pour les petits garçons, y recevoir au-
« cune fille, sous peine de révocation de leur approbation.

« Art. 3. — Le nombre des dites écoles régies par des
« maîtresses, tant pour les garçons que pour les filles,
« sera et demeurera fixé à soixante, dans cette ville,
« et elles seront distribuées dans les différentes pa-
« roisses (1).

« Art. 12. — Exhortons les sieurs curés des paroisses
« de cette ville, du terroir et des paroisses foraines de
« notre diocèse, de faire de fréquentes visites dans les
« écoles des maîtres et maîtresses établies et approuvées
« dans leur district et de nous avertir des abus et contra-
« ventions à nos présents règlements, lesquels seront gar-
« dés et observés, selon leur forme et teneur, par tous

(1) Les articles suivants, relatifs aux heures de classe, au congé, au crucifix, aux prières, au catéchisme, à la confession mensuelle, aux offices paroissiaux et à la première communion, sont semblables à ceux du règlement des maîtres d'école.

« les dits maîtres et maîtresses des petites écoles de notre
« diocèse, sous les peines y contenues.
 « Donné à Marseille, dans notre palais épiscopal, le
« vingt-neuf mars mil sept cent soixante et dix-neuf. (*Si-*
« *gné*) † Jean-Baptiste, Evêque de Marseille, et plus bas :
« Par Monseigneur (*signé*) Arnaud, secrétaire, à l'original. »
 Sur la requête de Mgr de Belloy, le Parlement d'Aix, par
son arrêt du 20 mai 1779, autorisa et homologua le règlement, et ordonna « qu'il serait enregistré à la Cour pour
« être gardé, observé et exécuté, selon sa forme et teneur,
« et enjoignit, en conséquence, aux maîtres et maîtresses
« d'école approuvés par Mgr l'Evêque, de s'y conformer,
« et à ceux et à celles qui n'auraient point son approba-
« tion, de fermer leur école, à peine de 500 livres d'a-
« mende (1). »
 Cette même année, la municipalité de Marseille montra,
dans une circonstance particulière, combien elle appréciait la nécessité et le bienfait de l'enseignement chrétien.
 Le sieur Bernard, instituteur, avait formé le projet d'établir dans notre ville une maison d'éducation. Il voulait être autorisé à faire mettre au-dessus de sa porte l'inscription suivante : *Académie Royale d'éducation*. Son mémoire fut communiqué, par l'Intendant, aux Maire et échevins (2). Dans leur réponse du 8 novembre 1779 (3), nos édiles représentent que « ce nouvel instituteur veut se
« soustraire non seulement à l'autorité ecclésiastique, qu'il
« prévoit, avec raison, ne devoir pas lui être favorable,
« mais encore à toute sorte d'inspection. *La religion, qui*

---

(1) Arrêts à la Barre, année 1779, aux archives de la Cour d'appel d'Aix.

(2) Le maire de Marseille était alors M⁰ Joachim-Elzéar de Gantel-Guitton, seigneur de Mazargues ; les échevins étaient les sieurs Lazare Ferrary, Louis Napollon, Jean-Antoine Henry et Antoine Reynier-Manoly ; M⁰ Joseph Brès était assesseur.

(3) Fonds de l'Intendance de Provence, n° 118, aux archives départementales.

« *est le plus important*, ajoutent-ils, *tient fort peu de
« place dans son mémoire, et il occupe la plus petite par-
« tie ; il ignore, sans doute, que, dans le Christianisme,
« la morale et la religion sont tellement liées ensemble
« qu'elles ne forment qu'un seul corps.* » La demande du
sieur Bernard fut, en conséquence, rejetée.

Bien que le nombre des maîtres et des maîtresses fût
fixé par l'ordonnance de Mgr de Belloy, que nous venons
de citer, à 42 pour les premiers et à 60 pour les dernières,
en fait, vers 1789, il était plus élevé.

En 1786, les maîtres et maîtresses étaient répartis dans les
paroisses et dans les faubourgs de la manière suivante (1) :

PAROISSES	MAITRES D'ÉCOLE		MAITRESSES D'ÉCOLE	
	Écrivains Arithméticiens	Grammairiens et Latinistes	Pour les Filles	Pour les Petits garçons
La Major..	1	—	6	2
Saint-Martin	10	13	24	7
Les Accoules......	1	8	14	5
Saint-Laurent	—	—	3	2
Saint-Ferréol	1	8	13	2
Les faubourgs (2)..	2	3	3	—
	15	32	63	18

Écrivains, arithméticiens, grammairiens et latinistes,
les maîtres d'école établis dans notre ville et ses faubourgs
se trouvaient ainsi, à cette date, au nombre de 47 ; les
maîtresses d'école étaient, en tout, au nombre de 81.

(1) *Almanach historique de Marseille pour l'année 1786*, pp. 298-
301. Ce volume est le dernier de la collection où les maîtresses se
trouvent mentionnées.

(2) Les faubourgs dans lesquels ces huit maîtres ou maîtresses
d'école étaient établis étaient : la plaine Saint-Michel, Notre-Dame
du Mont, les Allées de Meilhan et Sylvabelle.

Dans les listes sur lesquelles nous avons dressé notre tableau figurent huit ecclésiastiques, dont trois étaient prêtres.

En 1789 (1), les maîtres écrivains et arithméticiens établis dans les paroisses de la ville étaient :

Sur la paroisse de la Major : M. Barron.

Sur la paroisse de Saint-Martin : MM. Goudar, teneur de livres et professeur de français; Mallet; Gérard; Polvarel; Simian, fils aîné ; Simian, fils cadet ; Brien ; Jean-Baptiste Romegas ; Renaud ; Rabasse.

Sur la paroisse Saint-Ferréol : M. Bernard.

Les maîtres grammairiens et latinistes étaient, à la même date :

Sur la paroisse Saint-Martin : MM. Jovion, prêtre; Morel; Chalve, ecclésiastique ; Aubanel, ecclésiastique; Daumont; Carrier; Bérand; Coulomb; Bargème; Maillet aîné; Baille cadet; Aillaud; Jacomet, ecclésiastique.

Sur la paroisse des Accoules : MM. Calviac; Corriol; Baillo aîné ; Surand ; Barthélemy ; Tureau.

Sur la paroisse Saint-Ferréol : MM. Astier, prêtre; Martinet ; Andravy, prêtre ; Maillet cadet ; Arnaud ; Chabriès, ecclésiastique.

§ 2. — *Ecoles des Frères.*

Peu de villes éprouvaient autant que notre grande cité le besoin d'avoir, pour les enfants du peuple, des écoles gratuites où ils pussent apprendre tous les enseignements de la religion.

En 1701, messire Antoine Giraud, prieur-curé de Saint-Laurent, le gouverneur du fort Saint-Jean, M. de Lambert, et divers habitants du quartier de Saint-Laurent, convaincus de cette nécessité, créèrent une association pour fonder une école gratuite de garçons, sur leur paroisse, à l'aide

(1) *Almanach historique de Marseille*, année 1789, pp. 306-308.

d'une souscription annuelle. Le 21 mars, Mgr de Vintimille approuva leurs statuts et souscrivit personnellement pour trente livres par an ; les échevins promirent de participer à cette bonne œuvre par une subvention annuelle (1). Le 10 mai, la direction de l'école fut confiée à M. l'abbé Baron, diacre du diocèse de Fréjus ; son traitement, fixé d'abord à 180 livres par an, fut ensuite porté à 220 livres.

Sur ces entrefaites, le célèbre Père Jean Croiset (2), jésuite, étant venu, en 1705, prêcher le carême à Saint-Martin, fit connaître aux fondateurs de l'école tous les succès que l'institut des Frères recueillait dans l'instruction et l'éducation des enfants appartenant aux classes populaires (3). Les promoteurs de l'œuvre, cédant à ses conseils, prièrent Mgr de Vintimille, qui se trouvait alors à Paris, de voir le vénérable Jean-Baptiste de la Salle et de lui faire part du désir qu'ils avaient de confier leur école à sa congrégation. Le saint fondateur se rendit à cette demande et leur envoya deux Frères des Écoles chrétiennes d'Avignon. Le sieur André Porry offrit généreusement, pour leur premier établissement, une maison sise rue des Ferrats, portant actuellement le numéro 17, à l'angle de la rue Claret. L'abbé Baron se désista en même temps de tous ses droits et de son titre, en leur faveur (4).

(1) *Vie du Vénérable J.-B. de la Salle* (par le Frère Lucard), Paris, Poussielgue, 1876, tome I, p. 154.

(2) Né à Marseille en 1656, entra dans la Compagnie de Jésus en 1677 et mourut à Avignon, au noviciat de Saint-Louis, le 31 janvier 1738. On a de lui plusieurs ouvrages de piété très répandus, notamment : une *Année chrétienne*, en 18 volumes ; une *Vie des Saints*, en 2 volumes, et un petit traité sur la *Dévotion au Sacré-Cœur de Notre-Seigneur Jésus-Christ*. Cet ouvrage, édité à Dijon, par Claude Michard, en 1689, est le premier qui ait été publié sur la dévotion au Sacré-Cœur : il a eu plusieurs éditions et a été traduit en diverses langues.

(3) *Annales de l'Institut des Frères des Écoles chrétiennes*. Paris, Poussielgue, 1883, tome I, p. 202.

(4) *Vie du Vénérable J.-B. de la Salle*, tome I, p. 157.

La nouvelle école s'ouvrit le 6 mars 1706 : dès les premiers jours elle compta un très grand nombre d'élèves, ainsi que nous l'apprend une lettre écrite par le vénérable abbé de La Salle, le 16 avril suivant, au Frère Gabriel. « Nos « Frères ne sont à Marseille que depuis peu de temps », lui disait-il ; « cependant ils y ont déjà plus de deux cents « écoliers dans une seule école (1). » Dès que les circonstances le lui permirent, il vint se réjouir, au milieu de ses enfants, du bien opéré. Le 3 août 1711, il partit d'Avignon pour Marseille : son séjour dans notre ville se prolongea jusqu'au 1ᵉʳ septembre (2).

En 1712, il revint à Marseille pour y créer un noviciat. Il fut puissamment aidé dans cette œuvre par Mgr de Belsunce ; malheureusement les jansénistes lui suscitèrent de telles tracasseries que l'établissement dut se fermer dès l'année suivante.

Le saint fondateur des Écoles chrétiennes, décédé à Rouen le 7 avril 1719, n'eut pas le bonheur d'assister au plein développement de son institut dans notre ville.

Pendant l'épidémie de peste qui vint la désoler, les Frères de l'école de Saint-Laurent se signalèrent par leur admirable dévouement au service des pestiférés : l'un d'eux mourut victime de sa charité. Après la disparition du fléau, Mgr de Belsunce manifesta le désir de doter d'une école des Frères chacune des paroisses de sa ville épiscopale. De généreux bienfaiteurs secondèrent son zèle et lui permirent de réaliser ce dessein. En moins de deux ans les quatre nouvelles écoles se trouvèrent établies. L'école de la Major, qui s'ouvrit la première, fut fondée par les sieurs Gabriel de Maurellet et de Bausset ; l'école de Saint-Martin le fut par les sieurs François Gratian, Pierre Ollive et Jean-Honoré Dupui ; celle de Saint-Ferréol, par l'abbé Nicolas de Bouquin ; celle des Accoules, par les marguilliers de la

---

(1) *Vie du Vénérable J.-B. de La Salle*, tome II, p. 56.
(2) *Ibid.*, tome II, p. 66.

confrérie de Notre-Dame de Bon-Secours, les sieurs André Magalon, Bruni de Saint-Cannat, Joseph Fléchon et Jean-Baptiste Fabron (1). Cette dernière école, établie dans la maison de la confrérie, rue de la Roquette, 18, au milieu d'un quartier populeux, fut bientôt fréquentée par un très grand nombre d'enfants, appartenant pour la plupart à des familles nécessiteuses : la confrérie en prit occasion pour augmenter ses aumônes et les distributions de vêtements qu'elle faisait chaque année à l'entrée de l'hiver. Elle voulut aussi se charger des frais d'apprentissage d'un certain nombre d'enfants, à la sortie de l'école (2).

En même temps qu'elle s'était déterminée à fonder l'école des Accoules, la charitable confrérie de Notre-Dame de Bon-Secours, voyant que la maison de la rue des Ferrats ne pouvait plus suffire à la communauté des Frères, s'était offerte à l'installer dans la même maison que l'école. Par suite des nouvelles fondations, la communauté ne devait pas comprendre moins de seize Frères : elle accepta l'offre qui lui était faite et tous les Frères allèrent se loger rue de la Roquette.

Peu de temps après, par délibération du 6 mars 1727, le Conseil général de la commune témoigna sa sympathie envers les Frères en les admettant au nombre des Corps et Communautés régulières de la ville. Le 15 mai suivant, Mgr de Belsunce donna son approbation à cette admission.

En 1739, le Roi assigna à l'école de Saint-Laurent une pension annuelle de 300 livres à prendre sur le trésor royal.

A la même époque, diverses fondations furent faites en faveur de la Communauté. Dans son testament, en date du 21 novembre 1739, l'abbé Marcellin, prêtre, laissa aux Fré-

(1) *Calendrier spirituel de Marseille*, 1759, pp. 291 et suiv.
(2) En 1761, les secours distribués par la confrérie aux enfants de l'école et à leurs familles s'élevaient à 1363 livres ; les frais d'apprentissage pris à sa charge par la pieuse association montaient, en moyenne, à 500 livres par an. (Fonds de l'Intendance de Provence, n° 119, aux archives des Bouches-du-Rhône.)

res de la Roquette deux maisons : l'une, située à la rue Saint-Thomé, donnant un loyer annuel de 500 livres; l'autre, rue du Vieux-Palais, d'une valeur locative de 150 livres. Il leur légua aussi deux capitaux, le premier de 1500 livres et le second de 400 livres.

En 1740, le sieur Borrely, secrétaire du roi, et Zacharie Ricard, ancien échevin, tous deux fondateurs de l'école de Saint-Laurent, laissèrent chacun, à leur mort, 500 livres pour les écoles de Saint-Ferréol et de Saint-Martin.

Ces témoignages d'estime et de gratitude suffiraient amplement à attester les bienfaits dont la population marseillaise était redevable envers les Frères. On nous permettra cependant de reproduire encore une déclaration que cent cinquante notables de notre ville se firent un devoir de souscrire le 22 juillet 1750, pour en faire foi. « Nous soussignés, disaient les signataires, certifions et
« attestons, à tous qu'il appartiendra, que les pauvres en-
« fants qui sont envoyés dans les écoles chrétiennes éta-
« blies en cette ville y font des progrès considérables, par
« les soins continuels et sans relâche que les Frères de ces
« écoles s'y donnent pour leur apprendre à lire, à écrire,
« et l'arithmétique, et principalement les principes et les
« éléments de la religion chrétienne, catholique, aposto-
« lique et romaine, ce qui nous fait désirer que ces éta-
« blissements se perpétuent en cette ville, à cause du grand
« avantage que le public en retire (1). »

Les bons Frères ne pouvaient être insensibles à ces marques de confiance et d'attachement envers leur institut. « Je ne crois pas qu'il y ait une ville en France dont les
« Frères ayent plus à se louer que celle de Marseille », écrivait, dès 1733, un biographe du vénérable abbé de La Salle, le chanoine Blain; « aussi conservent-ils pour
« elle une tendre reconnaissance, qu'ils tâchent de rendre

---

(1) *Annales de l'Institut des Frères*, tome II, p. 192.

« utile auprès du Seigneur par leurs vœux et leurs
« prières (1). »

En 1779, les cinq écoles paroissiales étaient dirigées par 17 Frères et comptaient 1254 écoliers, répartis en 15 classes. En 1790, nous trouvons à peu près les mêmes chiffres : le nombre des élèves est de 1276 et la Communauté compte un Frère de plus.

Le supérieur en était alors le Frère Gontran, dans le monde Louis Barbier (2) : il avait été nommé en 1787.

Au mois de mai 1792, tous les Frères, qui se trouvaient encore réunis au nombre de 16, dans leur maison de la Roquette, en furent expulsés. Cette maison et celles qu'ils possédaient rues Saint Thomé, du Vieux-Palais, Négrel et de la Calade, furent alors mises aux enchères, comme biens nationaux, et adjugées à divers particuliers.

§ 3. — *Ecoles charitables de Filles.*

L'instruction des filles du peuple n'était pas plus négligée, sur la fin de l'Ancien Régime, que celle des garçons.

Sur les conseils de Mgr de Vintimille, les échevins délibérèrent, le 30 avril 1698, d'établir, dans notre ville, deux écoles gratuites pour les filles pauvres. Ils en confièrent la direction à deux Sœurs de la Congrégation du Saint-Enfant Jésus, fondée par le Père Barri, religieux minime à Rouen,
« lesquelles Sœurs, est-il dit dans la délibération, auront
« soin d'élever toutes les jeunes filles qui leur seront pré-
« sentées, sans aucune exception, à la vertu et crainte de
« Dieu, et leur apprendront le catéchisme, lire, écrire,
« généralement tout ce qui sera nécessaire pour l'instruc-

---

(1) *La Vie de Monsieur Jean-Baptiste de la Salle, instituteur des Ecoles chrétiennes.* Rouen, J.-B. Machuel, 1733, in-4°, tome II, p. 14.

(2) Né dans le diocèse de Grenoble, le 12 août 1728, il fit sa profession le 30 septembre 1753 ; lors du chapitre général de 1810, il vivait encore.

« tion chrétienne et catholique, auxquelles Sœurs leur
« sera donnée annuellement par la Communauté la somme
« de six cents livres(1) ». La Ville leur assigna de plus
trois cents livres pour le loyer de la maison dans laquelle
elles s'installèrent. Cette maison, qui appartenait aux Barrigue de Fontainieu, était située près de l'église des Grands-Carmes.

Leur établissement fut approuvé par l'Intendant de Provence, le 9 du mois suivant.

Bientôt la Congrégation fut sollicitée d'ouvrir de nouvelles écoles. Les libéralités de la dame Cassandre de Barrigue, épouse du sieur François Borelli, lui permirent d'en établir une troisième. Puis, ne pouvant plus suffire au grand nombre de filles qui se pressaient dans leurs classes, les Sœurs prièrent elles-mêmes leurs supérieurs de Rouen de leur envoyer deux autres Sœurs. La communauté se trouva ainsi composée de cinq religieuses.

Sous l'épiscopat de Mgr de Belsunce, les sujets s'étant multipliés dans la Congrégation du Saint-Enfant Jésus, les Sœurs se trouvèrent en état d'accepter quatre nouvelles écoles dans la ville : une sur la paroisse Saint-Laurent, une autre sur la paroisse Saint-Ferréol et deux sur la paroisse Saint-Martin. Les deux premières furent dotées par M** de Gail ; les deux autres, par les sieurs Borelli et Girard-Hilaire de Barrigue de Fontainieu (2).

En même temps que le nombre de ses écoles s'augmentait dans notre ville, la Congrégation en ouvrait une sur le territoire de Marseille, à Saint-Marcel ; elle en créait une autre à Cassis. Elle se répandait également dans quelques autres diocèses de notre région, notamment dans ceux de Nîmes, de Grasse et de Saint-Paul-Trois-Châteaux. « On est
« partout édifié de la régularité des filles de cette Congré-

---

(1) *L'Antiquité de l'Eglise de Marseille et la succession de ses Evêques*, tome III, pp. 505-506.

(2) Ouv. cit., même tome, p. 506.

« gation et des sentiments de piété qu'on remarque dans
« leurs élèves », disait, en 1751, Mgr de Belsunce; après
avoir fait mention de ces divers établissements (1).

Le 7 avril 1786, le Conseil de ville, désirant assurer aux
Sœurs un logement gratuit et stable pour l'avenir, délibéra
de faire l'acquisition de la maison de Fontainieu, au prix
convenu de dix mille livres. Sur l'avis favorable délivré
par l'Intendant, le 30 juillet suivant, la délibération fut
approuvée par le Contrôleur général des finances, le 12
août (2).

Cinq ans plus tard, ces excellentes institutrices, ayant
refusé le serment constitutionnel que la municipalité exigeait d'elles, durent se retirer.

Leur maison fut peu après vendue, comme bien national.

J.-B. S.

(1) *Ibid.*
(2) Fonds de l'Intendance de Provence, carton n° 326, aux archives départementales.

CHAPITRE XI

Les Collèges. — Le Petit Séminaire. Les Pensionnats.

La municipalité, le clergé séculier et régulier et les communautés religieuses de femmes avaient rivalisé de zèle pour répandre l'enseignement classique dans notre ville. De là les divers établissements scolaires de second ordre qui s'y trouvaient établis au siècle dernier.

Ces établissements étaient :
Le collège de la Ville ;
Le collège Belsunce ou collège des Jésuites ;
Le petit séminaire du Sacré-Cœur ;
Le pensionnat des Frères ;
Plusieurs pensionnats de jeunes filles.

§ 1er. — *Collège de la Ville* (1).

Les conjectures les plus plausibles permettent de placer dans les dernières années du XIVme siècle les premiers essais d'un enseignement classique communal, à Marseille.

Les quelques instituteurs dont les noms ont été relevés jusqu'ici, par les historiens marseillais, dans les actes du XIVme siècle, semblent n'avoir été que des instituteurs

---

(1) Les données de cet article sont en partie empruntées à l'étude très étendue consacrée au collège de la Ville, dans la *Notice historique sur les anciennes rues de Marseille démolies en 1862 pour la création de la rue Impériale*, par Aug. Fabre, pp. 224-306. Les autres auteurs que nous avons consultés seront cités, chemin faisant.

particuliers ou, pour nous servir du langage moderne, des instituteurs libres. Cependant, dès 1401, on voit le Conseil de ville se préoccuper du besoin que les familles avaient alors d'un maître *apte et suffisant* pour l'instruction de leurs enfants : un maître d'école, tel qu'on le désirait, s'était offert à se fixer à Marseille, si la commune lui allouait une subvention convenable ; le 7 mai, le Conseil lui accorda dix florins (1). Le 25 avril 1407, Étienne Meyer, de Brignoles, bachelier ès arts et médecin, dans une convention passée avec les syndics de Marseille, s'engage à diriger les écoles de la ville pendant deux ans, avec le concours d'Amiel de Serres, dit *de Poncio*, licencié ès arts et bachelier ès décrets, moyennant une somme annuelle de 40 florins d'or et le logement pour tous les deux (2). Un autre bachelier en droit, Pierre de Correto, dit Vincent, figure dans deux actes notariés, en 1414 (3) et 1416 (4), avec le titre de maître des écoles de Marseille, *magister scolarum civitatis Massilie*, qui sera porté plus tard par le recteur du collège.

En 1437 et 1440, la même qualification est donnée à Guillaume Caradet, dit Bourgogne (5).

Les documents administratifs afférents aux années suivantes nous font connaître, avec un certain nombre d'instituteurs communaux, les gages qui leur étaient alloués. Le montant en était plus ou moins élevé, suivant le mérite ou les prétentions du maître. Yves Lefrète, qui régissait

---

(1) Registre des délibérations municipales de 1399 à 1481, sans pagination chiffrée, cité par Aug. Fabre.

(2) *Les Médecins à Marseille avant et pendant le Moyen-Age*, par le D' L. Barthélemy, p. 27.

(3) *Ibid*.

(4) Cartulaire de Le Fournier, registre 23 quater du fonds de Saint-Victor, aux archives départementales.

(5) Actes des 23 avril 1437 et 20 décembre 1440, aux écritures du notaire Louis Duranti. Aux archives de la Ville.

l'école en 1469 et 1470, recevait 40 florins par an (1). Honoré de Trimond, professeur en théologie, vit ses appointements portés à 70 florins (2). Pour le maître ès arts Pierre Pélissier, qui lui succéda en 1479, la commune en revint aux gages de 40 florins (3). Cyprien Morlier et Etienne Paraclet, recteurs, le premier en 1495, le second en 1496, n'eurent, l'un et l'autre, que 40 florins par an (4). En 1497, Jean de Ferrariis toucha 50 florins de gages pour 4 mois (5).

Ce fut cette année-là que la Ville devint propriétaire d'un immeuble qui servait alors de maison d'école et qui n'était autre qu'une dépendance de l'ancien hôpital de Sainte-Marthe, appartenant au chapitre de la cathédrale (6). L'école n'y était d'ailleurs établie que depuis peu de temps et elle n'y avait été transférée qu'après une longue suite de locations dans les maisons particulières : pendant les vingt dernières années, elle n'avait pas changé moins de six fois de local (7).

Après qu'elle eut procuré aux professeurs et aux élèves les avantages d'une installation définitive, l'administration communale voulut donner à l'enseignement une meilleure organisation. Des commissaires, nommés par le Conseil et renouvelés chaque année le jour des élections municipales, furent chargés de la surveillance de l'école communale. Cette école, qui était depuis longtemps désignée d'ordinaire sous la forme plurielle *las escolas*, les écoles, à cause de la pluralité des classes qui s'y faisaient,

(1) Registre des délibérations municipales de 1469 à 1485, 2ᵉ cahier, fol. 13 verso.
(2) Bulletaire de 1475 à 1491, fol 74 verso, 87 recto, aux archives de la Ville.
(3) Même bulletaire, fol. 97 verso.
(4) Mandats nᵒˢ 159 de l'année 1495, 24 et 43 de l'année 1496, aux archives de la Ville.
(5) Mandat nᵒ 1 de l'année 1497, aux mêmes Archives.
(6) Mandat nᵒ 43, du 18 avril 1497, pour le chapitre de la cathédrale.
(7) Bulletaire de 1475 à 1491, *passim*.

fut dorénavant appelée *l'escola* ou *las escolas de doctrina*, ou bien encore *l'escola, la grant escola de grammatica* : le recteur en fut *lo rector governador*, ou *lo grant magister*. L'école communale était, on le voit par son seul titre, une école vraiment affectée à l'enseignement des lettres. On sait, en effet, que le mot grammaire avait alors un sens qu'il n'a plus aujourd'hui : l'expression *grammatica* n'était employée que pour l'étude des belles-lettres (1). En 1505, l'école avait pour grand magister Simon Belmont, appointé à 50 florins par an (2). En 1510, elle était dirigée par deux « rigidors », les « scientifies et éloquents hommes » Cyprien Rodelhat et Jacques de Oliolis, avec une rétribution annuelle de 150 florins, à répartir entre eux deux (3). Jacques de Oliolis était originaire de Solliés. En 1516, il était seul recteur, gouverneur et grand magister du collège, au traitement annuel de 150 florins, qu'il conserva tout le temps qu'il resta en fonctions (4). Il se signala en combattant pour la défense de la ville, lors du siège du connétable de Bourbon, en 1524 (5). En 1534, le Conseil de ville lui adjoignit deux bacheliers : l'un, aux gages annuels de 40 florins, pour apprendre la grammaire de Donat, *per legir lo Donat*, aux moyens ; l'autre, aux gages de 25 florins, pour enseigner aux plus petits. Ses

---

(1) Raban-Maur la définit : l'art de commenter les poètes et les historiens, de parler et d'écrire correctement. *Grammatica est scientia interpretandi poetas et historicos et recte scribendi et loquendi.* (*De institutione clericorum*, lib. III, cap. 18.)

(2) Mandat de l'année 1505, acquitté par Simon Belmont, aux archives de la Ville.

(3) Mandat trimestriel de 37 florins, 6 gros, délivré en 1510, aux archives de la Ville.

(4) Bulletaire du 1er novembre 1516 au 30 octobre 1526, sans pagination chiffrée, article du 31 décembre 1516 et autres, aux archives de la Ville.

(5) Grosson, *Almanach historique de Marseille*, année 1779, pp. 152-155 — Méry et Guindon, *Histoire de la Commune de Marseille*, tome V, pp. 220-222.

premiers adjoints furent les bacheliers Blaise Gueyroard et Antoine Roman (1).

Au mois d'octobre 1539, après être resté un an sans adjoints rétribués par la Ville, Jacques de Oliolis obtint du Conseil un « recteur et gouverneur en partie », aux gages de cent florins par an, en la personne de « révérend frayre Baptista de Arena » (2).

La direction du collège venait de passer, depuis peu de temps, en d'autres mains, lorsque le Conseil de ville décida, dans les premiers mois de 1543, de mettre cette charge « en disputation », au concours, pendant les fêtes de la Pentecôte. Les juges furent les deux commissaires des écoles, Louis Serre et Jean de Gentilis, tous deux médecins renommés ; de tous les candidats qui se présentèrent, maître Antoine Bellaud, appelé aussi Bellaudi, fut trouvé le « plus souffizant en toutes sciences et bonnes espérances. » Le 25 mai, le Conseil autorisa, en conséquence, les consuls à lui « bailher les escolles, » (3) et le 4 juillet suivant fut passée, par-devant M⁰ Rambert, la convention contenant les stipulations réciproques des parties. Maître Bellaud s'y engage à « bien et deuement régir et governer les escolles dudit
« Marseille et en icelles lire en poyésie et grammaire et
« art oratoire, suyvant la coustume de la présente ville,
« publiquement, à tous y voullant aller oyr, tant de la
« présente ville que estrangiers, pour le temps et espace de
« deux années, commençant à la prochaine feste de saint
« Michel cy après en suyvant, semblable temps finissant,
« et pour le prix et somme de cent escus d'or au soleilh
« pour chascune année, payables de moys en moys, par
« boulète, suyvant la coustume dudit Marseille. » Il y

---

(1) Bulletaire du 1ᵉʳ novembre 1526 au 30 octobre 1539, sans pagination chiffrée, article du 24 février 1533 (vieux style) et articles suivants, aux archives de la Ville.

(2) Même bulletaire, dernier feuillet, verso.

(3) Registre des délibérations municipales de 1542 à 1546, fol. 45 verso-46.

promet de « tenir et pourveoir les dites escolles de troys
« bachelliers bons et suffisans, de bon exemple et bien mo-
« rigénés, non débauchés, ung pour les petits enfans et les
« aultres deux pour les grammairiens et humanistes. »
L'enseignement est déclaré absolument gratuit pour « touts
« les enfans de ladite ville que yront en ladicte escolle » ;
quant aux forestiers », ou « forains », ils continueront de
payer, suivant la coutume, deux sous par mois. Il est encore
convenu que, « se advenoit que ledit M⁺ Bellaudi vint à lire
« en grec ou en arts, tous les forestiers et estrangiers le
« voullant ouyr en grec ou esdits arts seront tenus payer
« quatre sols, tous les mois, ou autrement accorder avec
« ledit maître Bellaudi ; et, quant aux citoiens, le pour-
« ront ouyr sans rien payer. »

Le traité se termine par l'engagement que prennent les
consuls de faire « dilligences parmy la ville que n'y aura
« escolle particuliaire ; tous ceulx, est-il dit, qui voudront
« monstrer et enseigner enfans seront tenus aller à la dite
« escolle commune ledit temps durant » (1).

Les instituteurs privés, ainsi atteints dans le libre exercice de leur profession, résistèrent. La Ville renouvela plus
tard ses défenses ; mais il paraît qu'elles n'eurent aucun
succès, car on voit dans la suite un certain nombre d'instituteurs diriger librement des écoles privées. Parmi eux il
faut citer, en première ligne, Honorat Rambaud, natif de
Gap, qui avait dans son école des élèves de très bonne maison, et même des enfants de famille consulaire.

Après trente-huit ans de service dans l'enseignement
public, cet instituteur, se préoccupant outre mesure des
difficultés qu'éprouvaient ses élèves à apprendre à lire,
imagina, dans leur intérêt, la réforme alphabétique et
orthographique la plus radicale et la plus bizarre qu'il soit
possible de formuler. Il la fit connaître dans un livre singulier dédié aux consuls de Marseille, avec ce frontispice :

---

(1) Même registre, fol. 52 recto-53 verso.

La déclaration des abus que l'on commet en escrivant, et le moyen de les éviter, et représenter vaguement les paroles : ce que jamais homme n'a faict. Par Honorat Rambaud, mestre d'eschole à Marseille. — A Lyon, par Jean Tournes, imprimeur du Roy. — M. D. LXX. VIII.

Cet habile imprimeur lyonnais fit un véritable tour de force typographique en gravant et fondant, avec une fidélité parfaite, les caractères inventés par le pédagogue marseillais.

En 1571, les consuls sollicitèrent et obtinrent du Roi l'autorisation de mettre leur collège sur le même pied que ceux de Paris. Malgré cette faculté, qui leur fut reconnue par lettres patentes données le 15 août de cette année, le collège de Marseille resta à peu près ce qu'il était. Il fut seulement décidé que le recteur y entretiendrait cinq professeurs bacheliers et son traitement fut porté à 288 écus.

Le recteur alors en fonctions était un Marseillais, François Lantelme, bachelier en médecine de la Faculté de Paris ; il occupait son emploi depuis le mois de novembre 1570. A sa mort, survenue en 1605, les consuls conflèrent la direction du collège à un ecclésiastique, messire Honoré Rouvier ; son traitement fixé, la première année, à 950 livres, fut porté l'année suivante à 1.350 livres (1). Les bacheliers professeurs furent, dès cette époque, appelés régents. Il y eut un cours de philosophie, un cours de rhétorique et quatre cours d'humanités et de grammaire ; messire Rouvier se chargea lui-même de la classe de philosophie.

Le 25 août 1614, Jean Lantelme, docteur en droit à Marseille, fut adjoint à messire Rouvier, dans la direction du collège, et chacun d'eux eut le titre de principal (2).

En 1616, le changement du directeur amena de nouvelles

---

(1) Registre des délibérations municipales de 1599 à 1606, fol. 434 verso. — Registre de 1606 à 1610, fol. 118 recto et verso.
(2) Registre de 1613 à 1614, fol. 99 verso.

modifications dans l'organisation et les règlements du collège. Messire Antoine Olivier, docteur en théologie, nommé cette année-là principal, s'engagea à entretenir huit régents ou professeurs. Il devait y avoir au collège deux classes de philosophie, une de rhétorique, une d'humanité et quatre de grammaire. L'acte de nomination du nouveau principal porte encore que : « le grec et le latin seront enseignés à « toutes les classes respectivement pour habituer les esco- « liers et les rendre capables en l'une et l'autre langue. « Les régents seront tenus faire parler en latin et non en « langue vulgaire, depuis la cinquième en hault, fors les « jours et heures de récréation... Le principal sera obligé « de tenir la main à ce que les régents de rhétorique et « des humanités fassent déclamer leurs escoliers en chas- « cun mois à tout le moins alternativement ; que deux fois « l'an se feront actions publiques, auxquelles seront em- « ployés les escoliers dudit collège et non aultres. » L'enseignement fut déclaré absolument gratuit, aussi bien pour les écoliers appartenant à des familles non marseillaises que pour les fils de famille marseillaise. D'autre part, l'allocation annuelle de la Ville pour le traitement du principal et les honoraires des professeurs fut élevé à 2.045 livres (1).

Tandis que l'organisation de notre enseignement communal se trouvait ainsi remaniée et élargie, la vieille bâtisse du collège, de plus en plus minée par le temps, fut estimée en trop mauvais état pour pouvoir être réparée. La municipalité décida qu'elle serait démolie et remplacée par de nouvelles constructions. En attendant, le collège fut provisoirement transféré dans l'ancien hôpital Saint-Jacques de Galice, situé près de l'église Saint-Martin. Ce fut sur ces entrefaites que quelques prêtres de la congrégation de l'Oratoire, tout nouvellement fondée, furent envoyés à Marseille pour y établir une communauté.

(1) Acte du 25 juin 1616, aux écritures du notaire Boyer, aux archives de la Ville.

Des personnes influentes pensèrent que la direction du collège n'aurait qu'à gagner à être confiée à une congrégation particulièrement vouée à l'éducation de la jeunesse. La proposition en fut soumise au Conseil de ville, le 18 février 1625, et adoptée à l'unanimité. En conséquence, un traité fut passé le 26 du même mois entre les consuls et Me Pierre de Corcis, supérieur de la communauté, assisté de Me Paul Matezeau, docteur en théologie, stipulant tous les deux pour leur congrégation. Aux termes de l'acte, le collège était cédé à perpétuité aux Oratoriens, à la charge pour eux d'y tenir toutes les classes qui y existaient déjà, de les pourvoir de professeurs capables et de nationalité française; en retour, la Ville s'engageait à leur compter chaque année une somme de 2,400 livres, à titre de subvention (1). Cette cession fut ratifiée par le cardinal de Bérulle, général de la congrégation, et approuvée par lettres patentes de Louis XIII.

Les prêtres de l'Oratoire avaient déjà obtenu, des chanoines de la cathédrale, par acte du 26 mai 1620 (2), l'ancienne église Sainte-Marthe, qui avait été jadis un prieuré dépendant du chapitre et n'avait cessé d'être en sa possession. Ils n'eurent cependant aucune hâte à abandonner le local dans lequel le collège venait d'être transféré. Ce ne fut qu'en 1635 que, le nouvel établissement étant entièrement achevé, ils s'y transportèrent avec leurs élèves et y établirent le siège de leur communauté (3).

Vingt-deux ans plus tard, ils résolurent de remplacer leur église par une église plus vaste : la première pierre de l'édifice fut bénite en grande solennité, le 26 août 1657, par Me Etienne de Puget, en présence des consuls Louis de Vento, Jean-Baptiste de Marquésy et Jourdan Fabre, assistés de l'assesseur Jean-Martin de Champourcin (4).

(1) Registre 33 des délibérations municipales, 1623-1625, fol. 108-109.
(2) *L'Antiquité de l'Eglise de Marseille*, tome III, p. 317, note 2.
(3) Ruffi, *Histoire de Marseille*, tome II, pp. 72-74.
(4) Grosson, *Almanach historique de Marseille*, année 1770, pp. 55-56.

Dès qu'il eut été remis entre les mains des Oratoriens, le collège put rivaliser avec les meilleurs établissements d'enseignement. Un grand nombre de leurs élèves se signalèrent dans les fonctions publiques, le monde savant ou la carrière des lettres. D'autres, entrés dans les ordres, honorèrent le sacerdoce aussi bien par leurs talents que par leur piété et leur dévoûment à l'Eglise : deux d'entre eux prirent rang parmi les plus célèbres prédicateurs du grand siècle. Nous venons de nommer Mascaron et Massillon. Jules de Mascaron, né Marseille, le 14 mars 1634, fit toutes ses études au collège de l'Oratoire, la plupart du temps comme pensionnaire, ainsi qu'il s'est plu à le rappeler dans les notes qu'il a laissées sur sa vie et qui ont été publiées il y a quelques années (1). Le souvenir reconnaissant qu'il avait conservé de ses maîtres est encore attesté par une donation qu'il fit, en 1684, aux Pères de l'Oratoire de Marseille, d'une rente viagère de 62 livres 10 sols : il était alors évêque d'Agen. L'acte porte que cette donation du « seigneur évesque et comte d'Agen » lui est inspirée « par l'estime et l'amitié qu'il a pour la congrégation des « Pères de l'Oratoire où il tient à honneur et bénédiction « d'avoir passé une bonne partie de sa vie et singulière- « ment pour la maison et collège de Marseille où il a fait « ses études (2). » Ce fut vers 1678 que Massillon entra au collège de Marseille. Son professeur de rhétorique fut le Père Albette, dont le talent brilla plus tard dans les chaires de Paris (3). Il eut pour condisciple Antoine Arcère(4) : les

(1) *Notes pour servir à la biographie de Mascaron, évêque d'Agen, écrites par lui-même et publiées pour la première fois* par Tamizey de Larroque. Paris, 1863, pp. 9-10.
(2) Registre 14 des Insinuations de la Sénéchaussée de Marseille, fol. 606, aux archives des Bouches-du-Rhône.
(3) *Massillon d'après les documents inédits,* par l'abbé Blampignon, professeur à la Sorbonne. Paris, 1879, p. 23.
(4) Né à Marseille le 5 octobre 1663, y décéda le 23 janvier 1699. Voir sur Ant. Arcère: *Le Conservateur Marseillais,* Marseille, 1828, pp. 13 et suiv.; *Essai sur l'état de la littérature à Marseille,* par Gaston de Flotte, pp. 129-132.

deux écoliers, après s'être liés à Marseille d'une étroite amitié, se retrouvèrent à l'institution d'Aix et au scolasticat d'Arles, car Arcère entra lui aussi dans la congrégation de l'Oratoire. Les goûts et les aptitudes du Père Arcère le portèrent vers la philologie. Pour se perfectionner dans les langues du Levant, il sortit de l'Oratoire et voyagea plus de deux ans en Orient. Quant à Massillon, on sait qu'il demeura toute sa vie profondément attaché à la congrégation dans laquelle il était entré. C'était en 1681 qu'il avait quitté le collège de Marseille : son noviciat achevé, en 1686, il revint à la maison de Marseille et y fut nommé professeur suppléant (1).

A l'époque où Mascaron était encore sur les bancs du collège, Marseille avait pour évêque l'une des plus grandes illustrations de l'Oratoire, le pieux serviteur de Dieu, Jean-Baptiste Gault. Ce fut dans la communauté oratorienne que le saint prélat choisit son directeur. Sur son lit de mort, il donna un dernier gage de son affection aux Oratoriens de Marseille, en les instituant ses héritiers universels (2).

(1) *Histoire de l'éducation dans l'ancien Oratoire de France*, par Paul Lambert, prêtre de l'Oratoire. Paris, 1888, p. 452.

A la suite de Mascaron, de Massillon et de l'abbé Antoine Arcère, d'autres noms plus ou moins célèbres ont été relevés dans la liste des élèves de l'Oratoire de Marseille. Nous citerons : Mgr Deydier, évêque d'Ascalon et missionnaire du Tonkin, mort en 1693 ; l'auteur des *Usages et Coutumes des Marseillais*, François Marchetti ; l'historien de Provence, Louis-Antoine de Ruffi ; le Père Louis-Étienne Arcère, auteur d'une *Histoire de La Rochelle*, qui lui valut le titre de correspondant de l'Académie des Inscriptions et Belles-Lettres ; l'orientaliste Laurent d'Arvieux ; le grammairien Dumarsais ; le naturaliste Jean-André Peyssonnel ; le poète Barthe ; l'abbé Barthélemy ; l'avocat Laurent Gensollen, auteur de la *Défense du Franc-Aleu du pays de Provence ;* le ministre Portalis ; le charitable docteur Antoine Aubert ; enfin Laurent Lautard, à qui notre histoire locale est redevable de plusieurs publications justement estimées.

(2) Testament et codicille, en date des 21 et 22 mai 1643, reçus par Parat, notaire à Marseille.

Malgré les liens qui les unissaient à l'Oratoire, les témoignages d'estime que les trois grands évêques dont nous venons d'évoquer le souvenir n'hésitèrent pas à donner, en diverses circonstances, à la communauté oratorienne de notre ville suffiraient à prouver qu'elle était longtemps demeurée fidèle à l'esprit du fondateur de l'institut et de ses premiers disciples. Malheureusement, il n'en fut pas toujours ainsi. Ce fut chez les Oratoriens que la secte janséniste trouva, à Marseille, ses premiers et ses plus ardents adeptes. Au mois de novembre 1718, Mgr de Belsunce ayant, par un nouveau mandement touchant la bulle *Unigenitus*, ordonné à tous les supérieurs de communautés de lire cette bulle à leurs religieux et d'en déposer l'acceptation de leur part au greffe de l'évêché, le Père Gautier, alors supérieur de la communauté, signa avec tous ses religieux, à l'exception du Père Billon, un acte d'appel au futur concile (1). Ni les instances paternelles par lesquelles Mgr de Belsunce les pressa d'acquiescer aux décrets du Souverain Pontife acceptés par l'Église universelle, ni les mesures sévères qu'il dut prendre à leur égard, ne purent de longtemps mettre fin à une révolte qui affligeait tous les bons catholiques. La jeunesse studieuse de Marseille paraissait être fatalement vouée à l'erreur. Ce fut pour conjurer ce mal, dans la mesure du possible, que le zélé prélat sollicita du Roi la faculté d'établir un second collège et d'en confier la direction aux Pères Jésuites.

L'ouverture de ce nouveau collège, établi dans leur maison de Saint-Jaume, et généralement désigné sous le nom de collège Belsunce, eut lieu au commencement de l'année 1727 (2). Dès lors, le nombre des élèves de l'Oratoire, qui était très élevé, alla en diminuant jusqu'au jour où les Oratoriens firent acte de soumission au Saint-Siège. Cette

(1) Dom Bérengier, *Vie de Mgr Henry de Belsunce, évêque de Marseille*. Lyon, 1887, tome Ier, pp. 150-157.
(2) *Ibid*, tome Ier, pp. 393-400.

soumission eut lieu en 1750. Le supérieur de l'Oratoire était alors le Père Jean-Paul de Rome d'Ardène, un ecclésiastique des plus distingués, qui n'était pas tombé dans les excès des appelants. Sur son initiative, la plupart des Pères du collège déclarèrent accepter la bulle de Clément XI pour un jugement définitif de l'Eglise et renoncer à tout appel au futur concile : ceux qui refusèrent de suivre cet exemple furent envoyés dans d'autres maisons (1). A la suite de cette démarche, le collège commença à rentrer en faveur auprès des familles pieuses. Le nombre des élèves, qui n'avait été que de 88 l'année précédente, fut cette année, de 142; il s'éleva, d'année en année, à peu près régulièrement. En 1761, il était de 229. La fermeture du collège des Jésuites, effectuée l'année suivante, lui fit avoir 275 élèves cette année-là, et 361 en 1763. Ce chiffre est le plus élevé que les Oratoriens aient atteint. A partir de l'année suivante, l'effectif de leurs élèves subit à nouveau un mouvement décroissant, qui s'est continué tout au moins jusqu'en 1774, date à laquelle s'arrêtent les relevés que nous venons d'analyser (2). Cette nouvelle progression décroissante s'explique par les développements que prirent à la même époque d'autres établissements scolaires, plus ou moins nouvellement créés dans notre ville : le séminaire du Sacré-Cœur, fondé en 1747 ; le petit pensionnat qui y fut ouvert à l'époque même de la suppression de la Compagnie de Jésus ; enfin, le pensionnat des Frères, qui fut établi dès 1728, mais ne put prendre toute son extension qu'après son installation à la Corderie, en 1759.

Les bâtiments de Sainte-Marthe étaient, en dernier lieu, assez délabrés. Aussi, à la proscription des Pères Jésuites,

(1) *Ibid*, tome II, pp. 270-273. Voir aussi, au sujet de la soumission des Oratoriens, l'*Histoire des Prêtres du Sacré-Cœur de Marseille*, pp. 39-40.

(2) Ces relevés, dressés par les auteurs de la *Statistique des Bouches-du-Rhône*, sur un état nominatif des élèves du collège de l'Oratoire, sont d'eux-mêmes trop concluants pour ne pas les mettre

lorsque la ville eut été mise en possession des biens meubles et immeubles de l'établissement de Saint-Jaume, songea-t-elle à y transférer le collège municipal. Ce transfert, approuvé par lettres patentes du mois de janvier 1779, s'effectua le 6 novembre 1782 : dès lors, les Oratoriens jouirent d'une installation parfaitement appropriée à un établissement scolaire, dans une situation de beaucoup préférable à celle de Sainte-Marthe. Leur bibliothèque, accrue de celle de la Compagnie de Jésus, était importante. Ils possédaient aussi une riche collection d'antiques qu'ils tenaient de la libéralité d'un de leurs anciens élèves, le sieur de Benat, gentilhomme marseillais, et un petit médaillier. Un cabinet de physique servait pour les démonstrations des deux cours de sciences qu'ils avaient ajoutés aux classes qui existaient avant qu'ils prissent la direction du collège. Depuis la création de ces cours, les fonctionnaires de l'Oratoire étaient au nombre de douze, savoir : le supérieur, le préfet, un suppléant et neuf professeurs. Celui qui était chargé de la rhétorique avait le titre d'Orateur de Marseille.

Pour la classe de physique, ainsi que pour la classe de

sous les yeux du lecteur. Les voici, tels qu'ils figurent dans la *Statistique* (tome III, p. 530, en note), année par année :

Années	Élèves	Années	Élèves	Années	Élèves	Années	Élèves
1724	260	1737	149	1750	142	1763	361
1725	283	1738	164	1751	136	1764	314
1726	356	1739	156	1752	135	1765	351
1727	343	1740	160	1753	162	1766	312
1728	316	1741	151	1754	210	1767	243
1729	325	1742	128	1755	204	1768	224
1730	312	1743	129	1756	248	1769	248
1731	244	1744	127	1757	253	1770	242
1732	230	1745	125	1758	225	1771	267
1733	198	1746	124	1759	261	1772	269
1734	176	1747	148	1760	247	1773	250
1735	151	1748	139	1761	229	1774	245
1736	137	1749	88	1762	275		

philosophie, qui la précédait dans l'ordre des études, le collège jouissait, depuis 1719, de treize bourses d'élèves internes, fondées par Mgr Jacques de Matignon, ancien évêque de Condom et abbé de Saint-Victor, qu'un grand nombre d'œuvres pieuses ou charitables comptèrent parmi leurs plus insignes bienfaiteurs. Ces bourses étaient données au concours; à mérite égal, le candidat marseillais était préféré. Mgr de Matignon avait pris de sages mesures pour qu'on se tînt dans la plus stricte impartialité à l'égard des concurrents; la commission à laquelle il avait confié la nomination des boursiers comprenait trois députés de la cathédrale, trois de l'abbaye Saint-Victor, deux du grand séminaire de la Mission de France, un délégué du Conseil de ville, le supérieur de l'Oratoire et le préfet du collège (1). Le concours avait lieu vers la fin d'août, terme de l'année scolaire, et la proclamation des lauréats se faisait le 18 octobre, fête de saint Luc. Les vainqueurs étaient appelés *Matignons;* c'était tout à la fois un titre d'honneur et un témoignage de reconnaissance envers le fondateur.

On sait que le principe de la gratuité avait été très anciennement admis pour les externes et que, limité d'abord aux écoliers marseillais, le bénéfice en avait été étendu, en 1616, à tous les enfants sans aucune distinction d'origine. Le caustique auteur des *Esquisses historiques*, ancien élève de l'Oratoire, ne laisse donc pas d'être au fond très véridique lorsqu'il avance que « tel écolier de Sainte-
« Marthe ou de Belzunce qui n'avait peut-être pas de sou-
« liers à mettre à ses pieds, a pu s'élever à la fortune et
« aux honneurs au moyen de cette instruction gratuite (2). »

« Ces choses-là », ajouterons-nous avec Lautard, « se
« sont pourtant passées sous l'ancien régime, n'en déplaise
« à la nouvelle Université. »

(1) Grosson, *Almanach historique de Marseille*, année 1782, p. 261.
(2) Lautard, *Esquisses historiques, Marseille depuis 1789 jusqu'en 1815*, tome Iᵉʳ, pp. 17-18.

Indépendamment du collège, l'Oratoire avait établi, quelques années avant la Révolution, un petit pensionnat dans une maison de campagne, au quartier de Saint-Just : cette propriété a été acquise, après la Révolution, pour l'usage du grand séminaire. On y avait installé les deux plus basses classes : la septième et la huitième. Le personnel de ce second établissement était composé d'un grand préfet, de deux régents et deux préfets, ou surveillants de salle.

En 1789, le supérieur du collège était M. Duvaublin ; le préfet, M. Joseph Henry (1) ; son suppléant, M. Augustin Camoin ; le professeur de mathématiques et de physique expérimentale, M. Jean-Jacques Béraud, membre de l'Académie de Marseille ; le professeur de physique, M. de Louit ; le professeur de logique, M. Fabre ; le professeur de rhétorique, M. La Coste ; le professeur de seconde, M. Massol ; le professeur de troisième, M. La Grange ; le professeur de quatrième, M. Turc ; le professeur de sixième, M. Béraud cadet.

Le grand préfet était M. de Beaumont de la Garde (2).

Le collège et le petit pensionnat furent fermés au mois de juillet 1792.

§ 2. — *Collège Belsunce.*

Nous venons de voir dans quelles circonstances douloureuses pour sa sollicitude pastorale Mgr de Belsunce fut amené à créer dans notre ville un second collège, pour en confier la direction à des prêtres dont la soumission au Saint-Siège fût à l'abri de toute suspicion.

Les religieux qui lui offraient sous ce rapport les garanties les plus assurées, les Pères de la Compagnie de Jésus,

---

(1) Né à Trans (Var), décédé à Marseille le 5 juin 1834, âgé de 77 ans. Il n'était pas prêtre.

(2) Grosson, *Almanach historique*, année 1789, pp. 284, 285.

comprenaient, de même que les Oratoriens, au nombre de leurs œuvres de prédilection, l'éducation de la jeunesse. Le pieux prélat avait pu juger, par lui-même, au séminaire d'Agen, du zèle et des aptitudes spéciales que les disciples de saint Ignace apportent dans un ministère si délicat. La Compagnie de Jésus possédait à Marseille deux résidences : la maison de Saint-Jaume fondée la première, peu après l'année 1614, à la suite d'une mission que quelques Pères étaient venus prêcher cette année-là dans notre ville ; et la maison de Sainte-Croix, élevée dans le voisinage de Saint-Jaume et ainsi appelée parce que les Pères en avaient pris possession le 14 septembre 1628, en la fête de l'Exaltation de la Sainte-Croix. Ce fut naturellement à cet institut que Mgr de Belsunce s'adressa pour la création du nouveau collège.

Sa demande fut favorablement accueillie par le général de la Compagnie, le Père Tamburini. En dépit de toutes les démarches que les Oratoriens tentèrent pour faire échouer ses projets, il obtint du Roi les lettres patentes qui lui étaient nécessaires. Ces lettres furent délivrées au mois de septembre 1726 : le Parlement d'Aix, qui avait cependant montré plusieurs fois des dispositions peu bienveillantes envers Mgr de Belsunce, ne fit aucune difficulté pour les enregistrer. L'enregistrement eut lieu dès le 21 du mois suivant. Tout était donc pour le mieux, lorsque le supérieur de la résidence de Saint-Jaume, dans laquelle Mgr de Belsunce désirait ouvrir le nouveau collège, le Père Gérin, vint se mettre en travers de ses combinaisons. Ce Père prétendait que la maison de Saint-Jaume était trop exiguë pour pouvoir servir à cette fondation ; il était d'avis de construire un collège entièrement neuf sur le terrain, d'une contenance de deux mille toises, que le Roi venait de concéder aux Jésuites, au quartier de Rive-Neuve. L'Evêque estimait que l'entreprise qui lui était proposée était disproportionnée avec les faibles ressources dont les deux maisons de Saint-Jaume et de Sainte-Croix pouvaient disposer et qu'il valait mieux se contenter d'une solution immédiatement réalisable, dans des conditions relativement satisfaisantes, que de s'exposer à ne rien avoir, en poursuivant pour l'instant de trop hautes visées. Le Père Tamburini se rangea à cet avis. En attendant les transformations plus importantes qui y furent faites peu de temps après, l'établissement de Saint-Jaume fut quelque peu approprié à sa nouvelle affectation et le collège y fut ouvert le 15 janvier de l'année suivante. Les échevins ne refusèrent pas d'assister officiellement à cette inauguration, qui se fit avec une grande solennité ; ils crurent néanmoins devoir déclarer que cet acte de politesse n'engageait la Ville à aucune dépense en faveur du nouveau collège, tant pour le présent que dans l'avenir (1).

Ces réserves formulées en quelque sorte par acquit de conscience et dans l'intérêt de l'établissement scolaire communal, ils ne laissèrent pas d'assister dans la suite, avec les insignes consulaires, à toutes les séances littéraires données par les élèves des Jésuites, de même qu'à celles des Oratoriens (2).

Mgr de Belsunce commença à agrandir Saint-Jaume, en y annexant, en 1730, une maison contiguë qu'il acquit, cette année-là, de la famille Rigord. Plus tard il y joignit également le grand hôtel des de Valbelle, remarquable par son architecture, isolé et formant une île : comme il était flanqué d'une tour à chacun de ses quatre angles, on l'appelait usuellement la Maison des quatre tours. Cet édifice fut mis en communication avec le collège à l'aide d'un pont jeté sur la petite rue qui séparait les deux bâtiments et qui, depuis lors, ne fut plus désignée que sous le nom de rue *du Pont* (3).

---

(1) Dom Bérengier, *Vie de Mgr Henry de Belsunce*, tome I*er*, pp. 393-400.

(2) *Ibid.* — Le Cérémonial de la ville de Marseille, *passim*, aux archives municipales.

(3) Augustin Fabre, *Notice historique sur les anciennes rues de Marseille*, p. 290.

Les jours de congé, les Pères conduisaient leurs élèves dans une propriété, dite *La Padouane*, qu'ils avaient achetée de la famille Samatan, au quartier de Montcault, près de Saint-Just, et où ils avaient construit une grande maison pour les retraites (1).

On sait qu'ils ne tardèrent pas à justifier, par la faveur qu'ils obtinrent auprès des familles, toutes les alarmes que l'Oratoire avait éprouvées sitôt qu'il avait eu connaissance des desseins de l'Evêque. D'ailleurs, le niveau des classes fut pour le moins aussi élevé chez eux que chez les Oratoriens. On a objecté que leur collège n'a pas formé autant d'hommes célèbres que celui de l'Oratoire : le fait est sans doute fort exact, mais on ne doit pas oublier que, tandis que l'établissement des Oratoriens, fondé en 1625, s'est maintenu sans interruption jusqu'en 1792, soit 167 ans, celui des Jésuites n'est resté ouvert que pendant 35 ans. Il est de plus à noter que les états nominatifs des élèves des Jésuites ne nous ont pas été conservés : la liste des hommes distingués qui sont sortis de leur collège ne peut guère être complète.

Aux noms honorables ou illustres, cités par Augustin Fabre (2), nous pouvons cependant ajouter ceux de Lantier et de Barthélemy. L'auteur d'*Anténor* et de *Geoffroy Rudel*, Etienne-François Lantier, fit toutes ses études au collège des Jésuites (3). Barthélemy, dont nous avons relevé le nom parmi les anciens élèves de l'Oratoire, était effectivement entré dans ce collège en 1727, l'année même de l'ouverture du collège des Jésuites ; mais il n'y acheva pas ses études. Au sortir de la rhétorique, en 1732, il alla à Saint-Jaume (4).

Ce fut le 5 juin 1762 que le Parlement de Provence,

(1) *Ibid.*, p. 292.
(2) *Ibid.*, p. 294.
(3) G. de Flotte, *Essai sur l'état de la littérature à Marseille*, p. 191.
(4) *Statistique des Bouches-du-Rhône*, tome III, p. 530, note 2.

approuvant les conclusions contenues dans le rapport du procureur général de Monclar, ordonna à titre provisoire la mise sous séquestre de tous les biens des Jésuites et la fermeture de leurs collèges. Le parlement avait prononcé sous une pression manifeste, sans vouloir entendre les Pères et sans tenir compte de la protestation de vingt-quatre magistrats qui avaient refusé d'opiner, regardant l'affaire comme insuffisamment instruite et le fameux compte rendu comme entaché d'inexactitude et de partialité. Il ne s'arrêta pas davantage aux lettres que le président d'Eguilles obtint du Roi et par lesquelles il était ordonné de surseoir aux poursuites. La procédure fut reprise le 3 janvier 1763 et, le 28 du même mois, un nouvel arrêt prononçait la suppression définitive de la Compagnie de Jésus en Provence (1).

Le collège Belsunce se trouvait, par là même, définitivement confisqué : un arrêt du 20 décembre 1765 en attribua tous les biens, meubles et immeubles, à la commune de Marseille.

Au moment de sa fermeture, le collège avait pour supérieur le Père Abrassevin (2). Le personnel se composait de vingt autres religieux, parmi lesquels nous citerons trois professeurs du plus haut mérite : le Père de Régis (3), qui

(1) Voir, sur les circonstances dans lesquelles ces arrêts furent obtenus: *Clément XIV et les Jésuites* ou *Histoire de la destruction des Jésuites*, par J. Crétineau-Joly, troisième édition, pp. 126-128 ; *Mémoires du président d'Eguilles sur le Parlement d'Aix et les Jésuites*, adressés à Sa Majesté Louis XV, publiés, en 1867, par le Père Carayon.

(2) Le Père Louis-Cyprien Abrassevin fut un des rares Jésuites des résidences de Marseille qui restèrent en Provence, après la destruction de leur Ordre ; il se retira chez son père, à Hyères.

(3) Le Père Joseph-Charles de Régis était né à Istres, le 19 mars 1718. Il entra chez les Jésuites à l'âge de 14 ans. Il fut d'abord chargé de la classe de rhétorique, puis du cours d'éloquence qui avait été fondé au collège Belsunce : il y fut très goûté. Il se retira dans sa ville natale et y mourut le 12 mars 1777. Le Père de Régis avait

était chargé d'un cours spécial d'éloquence ; le Père Lenfant (1), professeur de rhétorique ; et le Père Féraud (2), ancien élève du collège, qui y professait alors la philosophie.

Presque tous les Pères Jésuites de Marseille se réfugièrent dans le Comtat-Venaissin, sous la protection de l'autorité pontificale.

---

composé plusieurs pièces de théâtre à l'usage des collèges (Achard, *Dictionnaire des hommes illustres de Provence*, tome II, p. 118).

(1) Le Père Alexandre-Charles-Anne Lenfant, né à Lyon le 6 septembre 1726, entra dans la Société en 1741. Peu d'années après, il fut envoyé à Marseille pour y professer la rhétorique au collège Saint-Jaume : il s'y signala comme orateur et prédicateur. Après la suppression de la Compagnie de Jésus, il fut appelé dans les principales chaires de France ; en 1791, il prêchait le carême à la Cour. Arrêté, le 30 août 1792, et jeté à l'Abbaye, il y fut massacré le 3 septembre. On a de lui : l'*Oraison funèbre de Mgr de Belsunce*, prononcée à Marseille, le 11 février 1756, dans l'église du collège Belsunce, et l'*Oraison funèbre du Dauphin*, prononcée à Nancy en 1766. Le recueil de ses *Sermons* a été publié en 1818, en 8 volumes in-12, avec une notice biographique due à la plume de l'abbé Guillon.

(2) Le Père Jean-François Féraud naquit à Marseille le 17 avril 1725, de François Féraud, maître en chirurgie, et de Claire Beaumont. Après avoir fait toutes ses études au collège Belsunce, il entra chez les Jésuites, le 7 septembre 1741, et se consacra à l'étude de la théologie et de la philosophie. A la suppression de la Compagnie, il se retira dans le Comtat-Venaissin. Il rentra ensuite à Marseille, se réfugia pendant la Révolution en Italie et revint de l'émigration en 1798. Il entreprit alors une série de conférences religieuses, qui eurent un vif succès, dans l'église de Saint-Laurent. Il mourut dans notre ville, sur la paroisse de la Major, le 8 février 1807. On a de lui : 1° *Dictionnaire grammatical de la langue française*, Avignon, 1761, in-8° ; Paris 1786, quatrième édition, 2 volumes in-8° ; 2° *Dictionnaire critique de la langue française*, Marseille, 1787-1788, 3 volumes in-4°. Son nom a été donné à une rue de Marseille. (Voir, outre les dictionnaires biographiques : *Eloge de l'abbé Féraud*, couronné par l'Académie de Marseille, dans sa séance du 29 août 1829, Marseille, 1829, in-8° ; — G. de Flotte, *Essai sur l'état de la littérature à Marseille*, pp. 167-171 ; — Augustin Fabre, *Les Rues de Marseille*, tome IV, pp. 125-127.)

§ 3. — *Petit Séminaire du Sacré-Cœur.*

Dès la constitution de leur pieuse société, Mgr de Belsunce avait autorisé les prêtres du Sacré-Cœur à recevoir dans leur établissement de jeunes clercs, pour leur enseigner les matières qui étaient portées au programme du séminaire et les disposer aux saints Ordres. Un nombre, de plus en plus considérable, de jeunes gens se formaient, auprès d'eux, à l'état ecclésiastique. Aussi l'autorité diocésaine tenait-elle, en fait, cette maison pour un véritable séminaire (1).

En 1747, le supérieur de la Société, M⁽ʳᵉ⁾ Boniface Dandrade, pensa qu'il était opportun de solliciter de l'évêché une reconnaissance officielle sous ce titre. Mgr de Belsunce s'empressa de se rendre à des désirs qui correspondaient si bien à sa sollicitude pour les vocations ecclésiastiques. Par décret en date du 22 avril de la même année, il érigea la maison en séminaire, sans préjudice de celui de la mission, et tout en se réservant le droit d'ouvrir encore d'autres séminaires dans son diocèse. Acte y était donné, d'ailleurs, de la déclaration qui avait été faite par M⁽ʳᵉ⁾ Dandrade, que le nouveau séminaire ne serait jamais à la charge des évêques et qu'il renonçait, tant pour lui que pour ses successeurs, à toute demande de subside ou de dotation (2).

Cette érection canonique fut confirmée, en ce qui concernait l'autorité civile, par des lettres patentes que Mgr de Belloy sollicita peu de temps après sa prise de possession. Elles lui furent délivrées en décembre 1761. On y trouve quelques détails précieux sur la constitution et les ressources du séminaire, en ce temps-là : on y voit notamment que le bâtiment du séminaire comprend, à cette époque,

---

(1) *Histoire des Prêtres du Sacré-Cœur de Marseille (1732-1831), communément appelés Prêtres du Bon-Pasteur*, pp. 26 et 42.

(2) *Ibid.*, pp. 43 et 451-453.

« quarante chambres pour le logement des supérieurs et
« directeurs et de trente jeunes ecclésiastiques qui y sont
« reçus sous une pension modique, que les pauvres ecclé-
« siastiques du diocèse y sont nourris et élevés gratuite-
« ment, et qu'il est d'une grande ressource en ce qu'il
« fournit des prêtres non seulement à Marseille, mais en-
« core aux diocèses voisins; que ses revenus fixes mon-
« tent à neuf cent dix-neuf livres, et ses revenus casuels
« à onze cents environ (1). » Les documents administratifs
conservés aux archives départementales corroborent et
précisent ces indications : ils nous apprennent que le prix
usuel de la pension, pour les élèves payants, variait de 250
à 300 livres par an (2).

M⁰ Toussaint Rogiers, élu supérieur de la Société, le 11
juin 1762, après la mort de M⁰ Dandrade, fonda un petit
pensionnat pour les études préparatoires au séminaire. Le
nouvel établissement fut placé dans deux maisons situées
vis-à-vis le séminaire, à côté du local affecté à l'œuvre de
la jeunesse. Le directeur de cette œuvre devint le principal
du pensionnat (3). Vers la même époque, la suppression de
la Compagnie de Jésus, qui fit un si grand vide dans les œuvres d'enseignement, amena la communauté du Bon-Pasteur à ouvrir au séminaire des cours de philosophie et de
théologie. Des élèves externes y furent admis (4).

Le temps des études, au séminaire, s'étendait « de la
Saint-Charles à la Saint-Pierre », sauf une petite retraite
qui avait lieu au commencement de l'année scolaire, et
deux autres jours de retraite, le jeudi gras et la veille de
saint Pierre. Les retraites préparatoires aux ordinations se
faisaient à Sainte-Marguerite, dans une campagne dont un
ancien élève du Bon-Pasteur, M. Aillaud, avait fait dona-

---

(1) *Ibid.*, pp. 45-46 et 454-456.
(2) Intendance de Provence, carton n° 119.
(3) *Histoire des Prêtres du Sacré-Cœur*, pp. 64 et 103.
(4) *Ibid.*, p. 64.

tion à la Société en 1741. Le pieux donateur ne s'en était pas tenu à ce témoignage de gratitude et de profonde estime vis-à-vis de ses maîtres ; l'année suivante, il avait agrandi la maison d'habitation, l'avait aménagée et, toujours à ses frais, y avait fait construire une chapelle que Mgr de Belsunce voulut bénir. Les prêtres du Sacré-Cœur obtinrent la permission d'y garder la sainte Réserve (1).

M. Rogiers, second supérieur général de la Société, mourut au début de 1789 et eut pour successeur, M. Pierre-Luc Barre (2). Le séminaire avait, à ce moment, pour professeurs de théologie : MM. Noël Eymin (3) et Pierre Taver-

---

(1) Cette propriété, rachetée dès les premiers jours de la Restauration par M. Baron, prêtre du Sacré Cœur, a servi à nouveau aux retraites organisées par la Société, jusqu'à la mort de M. Baron, survenue le 31 juillet 1830 ; elle a alors passé entre les mains de ses héritiers ; elle a son entrée sur la traverse de Saint-Trone.

(2) M. Pierre-Luc Barre, l'un des plus anciens membres de la communauté au moment de son élection, apporta au gouvernement de la pieuse Société, de même que ses deux prédécesseurs, des qualités éminentes. « C'était », a pu dire de ce digne prêtre le Père Caussette (*Vie du cardinal d'Astros*), « un savant profond, comme on pouvait « l'être autrefois, quand, étudiant moins de choses, on les étudiait « mieux, et qui se recommandait encore plus par sa piété que par « son savoir. » Il avait été chargé, pendant quelque temps, de la congrégation de Saint-Jean-Baptiste, ou œuvre de la Grande Jeunesse, qui existait primitivement dans l'église des Enfants-Abandonnés et avait été renouvelée par les prêtres du Sacré-Cœur. Au moment de son élection, il était principal du pensionnat. Il revint à Marseille, au retour de l'émigration, en 1796, et y mourut, entouré des respects et des égards de tous, au mois de juin 1803.

(3) M. Noël Eymin, né à Marseille le 3 juin 1744, avait été agrégé à la Société en 1774. Pendant l'émigration, il séjourna à Bologne et y fut désigné pour prêcher la retraite qui fut donnée, en 1794, aux ecclésiastiques français réfugiés alors dans cette ville, au nombre de plus de deux cents. Aussitôt après cette retraite, il revint à Marseille. Le 5 mai 1795, Mgr de Belloy le nomma vicaire général, avec MM. Reimonet et Bonnafoux. Mgr de Cicé, après sa prise de possession de l'archevêché d'Aix, l'appela à son conseil privé ; en 1803, il lui confia la cure de Notre-Dame du Mont. La même année, après le décès de M. Barre, les prêtres du Sacré-Cœur le choisirent pour leur

nier (1) ; le professeur de philosophie était M° Joseph Ricaud (2). L'année suivante, M° Eymin fut remplacé, dans sa chaire, par M° Jean-Joseph Maurin (3) ; M° Ricaud le fut par un ecclésiastique que les annales de la Société ne font point figurer au nombre des agrégés, M° Balthasar Aubin.

Le 23 janvier 1791, jour fixé pour la prestation du serment constitutionnel, les prêtres du Sacré-Cœur furent unanimes à le refuser. Le 16 juin suivant, ils furent expulsés et contraints à se disperser. Leur chère campagne de Sainte-Marguerite avait été vendue par le District, le 31 mars. Le 19 juillet, on vendit le séminaire ; le 13 août, le pensionnat.

nouveau supérieur. Il mourut de la mort des saints, le 6 mai 1806. Un trait rapporté par l'historien des prêtres du Sacré Cœur suffira pour faire comprendre la vénération dont il était l'objet de la part du clergé : le saint M. Audric ne lui écrivait qu'à genoux, comme autrefois saint François Xavier à saint Ignace.

(1) M° Pierre Genés Tavernier était originaire de Bollène. Pendant la Révolution, il fut nommé, par le Saint-Siège, administrateur apostolique du diocèse de Saint-Paul-Trois Châteaux ; à son retour de l'émigration, en 1795, il alla se fixer dans sa petite ville natale et y fonda, sous l'Empire, un collège catholique. Il y mourut en 1815.

(2) M° Joseph-Innocent Ricaud ne faisait pas encore partie, à cette date, de la Société des prêtres du Sacré Cœur, comme agrégé ; son admission à ce titre n'eut lieu qu'en 1806. Après le rétablissement du culte, il fut nommé vicaire de Saint-Vincent de Paul ; puis, en 1810, recteur de cette paroisse. En 1823, à l'arrivée de Mgr Fortuné de Mazenod, il fut fait vicaire général. Il mourut le 11 février 1831, à l'âge de 75 ans. M. le chanoine Julien a publié son *Cours d'homélies sur les évangiles des dimanches de l'année*, précédé d'une notice biographique des plus édifiantes ; cette publication a été réimprimée en 1857.

(3) M° Jean-Joseph Maurin avait été agrégé à la Société en 1782. Pendant l'émigration, il s'arrêta à Imola et y attira l'attention du pieux évêque diocésain, qui devait succéder à Pie VI ; il fut quelque temps attaché à sa personne. Après le rétablissement du culte, il accepta, dans une pensée de dévouement envers M° Eymin, une place de vicaire à Notre-Dame du Mont. A la mort de M° Eymin, en 1806, il le remplaça dans sa charge de curé de cette paroisse et dans son titre de supérieur de la Société du Sacré-Cœur ; il mourut, dans ces fonctions, le 2 août 1820.

L'église du Sacré-Cœur devint alors une succursale du clergé constitutionnel ; moins de trois ans plus tard, le 19 février 1794, elle fut fermée et condamnée à tomber sous le marteau des démolisseurs.

§ 4. — *Pensionnat des Frères.*

En 1728, les Frères des Ecoles chrétiennes de la maison de la Roquette ouvrirent un pensionnat distinct de leurs écoles publiques. La fondation en fut faite à la sollicitation des échevins et avec la permission de Mgr de Belsunce.

Ce premier établissement étant devenu insuffisant pour les nombreux pensionnaires qui s'y présentaient, le Frère Bénézet, qui en était alors le directeur, fut autorisé par lettres patentes du Roi, données à Versailles en février 1757, à le transférer dans un autre local. Il acheta, dans ce but, le 13 avril suivant, au prix de 30,000 livres, un vaste terrain près de l'abbaye de Saint-Victor, entre les remparts et la Corderie, et y fit construire, avec une grande célérité, un beau bâtiment, celui-là même qui est actuellement occupé par le campement militaire. L'inauguration du nouveau pensionnat eut lieu à la rentrée des classes, en 1759.

Le Frère Bénézet ne tarda pas à montrer les qualités d'un excellent directeur et d'un habile administrateur. Grâce à l'heureuse impulsion qu'il imprima aux études, la réputation du pensionnat s'étendit au loin et les jeunes gens y accoururent de toutes parts.

En 1779, les écoliers étaient au nombre de 104, sous la direction de douze Frères (1). « Nous avions », dit le Frère Guillaume de Jésus (2), « des jeunes gens des quatre par-

---

(1) *Annales de l'Institut des Frères des Ecoles chrétiennes.* Paris, Poussielgue, 1882, tome II, p. 722.

(2) François Marre, né à Carcassonne le 31 janvier 1748 et entré au noviciat d'Avignon en 1763. Il était, en 1789, professeur de navi-

« ties du monde. On nous envoyait surtout des Améri-
« cains, des Grecs ou Levantins, des Italiens et des Espa-
« gnols (1). »

Les jeunes gens qui avaient achevé leurs études classiques et se destinaient au commerce ou à l'industrie,
recherchaient le pensionnat des Frères, comme la meilleure école préparatoire qui fût en Provence.

Le programme des études était très étendu. L'italien,
l'anglais, l'allemand et l'espagnol y étaient enseignés ; on
y cultivait avec succès la musique et le dessin ; la méthode
pour l'enseignement du français était celle de Saint-Yon.
Le programme des mathématiques comprenait des cours
de mécanique appliquée, de levée des plans, d'hydrographie et de cosmographie. Un observatoire, où l'on trouvait
un télescope, des sextants et quelques lunettes astronomiques, était à la disposition des élèves qui suivaient le cours
de navigation. Plusieurs recevaient des leçons d'escrime
ou s'exerçaient en mer aux manœuvres et à la direction
des navires (2). Les Frères prenaient, à cet effet, un certain
nombre de professeurs externes.

Le prix de la pension était de 480 livres.

En 1789, le pensionnat comptait 29 Frères et 282 élèves.
Il avait pour directeur le Frère Macaire, dans le monde
Pierre-Paul Bissac (3). Le sous-directeur était le Frère
François de Jésus, dans le monde Antoine Cadoux (4).

Tous les Frères du pensionnat refusèrent de prêter le
serment civique. Aussi, le 27 mars 1792, le Conseil muni-

---

gation au pensionnat de Marseille. Il fut élu supérieur général de
l'institut, le 11 novembre 1822, et mourut à Paris le 10 juin 1830.

(1) Règlement et Coutumier du pensionnat de Marseille avant 1792,
aux archives de l'institut des Frères.

(2) *Annales de l'Institut des Frères*, tome II, p. 598.

(3) Né le 4 mai 1732 à Carcassonne, il avait fait profession en 1763.
A la Révolution, il émigra en Italie.

(4) Né à Grenoble en 1723. Il se retira à Lyon, où il ouvrit un
externat en 1801, et y mourut en 1802.

cipal décida-t-il qu'injonction serait faite aux ci-devant Frères des Ecoles chrétiennes de céder à la municipalité, le 11 avril, leur établissement. Le 29 du même mois, la communauté adressa une énergique protestation ; mais, hélas ! tout fut inutile. Le 12 mai, les 19 Frères restés au pensionnat, furent obligés d'en sortir.

L'établissement avait encore, à ce moment, 165 pensionnaires.

La municipalité crut pouvoir le maintenir : elle en confia, dans cet espoir, la direction au sieur Charles Guinot, instituteur ; mais la plupart des pensionnaires furent retirés par leurs familles. A peine en resta-t-il une quarantaine.

Sous la Terreur, l'administration révolutionnaire le transforma en prison.

§ 5. — *Pensionnats de jeunes filles tenus par les Communautés religieuses.*

La plupart des communautés religieuses de femmes qui se fixèrent à Marseille, dans le courant du dix-septième siècle, y eurent, les unes à titre de principal établissement, les autres comme de simples annexes à leurs maisons, des pensionnats de jeunes filles.

Ce serait sortir du cadre dans lequel nous devons nous enfermer, que de faire l'histoire, même très raccourcie, de chacune de ces institutions. Qu'il nous suffise de les énumérer, par ordre d'ancienneté, en donnant sur chacune d'elles quelques indications précises empruntées, soit aux documents qui se sont conservés dans les communautés, soit surtout aux archives des Bouches-du-Rhône. Ainsi qu'on le verra par les chiffres que nous reproduisons, les élèves ne furent bien nombreuses dans aucun de ces pensionnats. Gardons-nous de tirer de ce fait des conclusions qui seraient plus que hasardées. Nos pères ne laissaient pas d'apprécier, même pour les jeunes filles, les bienfaits d'une instruction rationnelle; mais ils savaient aussi à quel point les dévoûments les plus éclairés se trouvent souvent impuissants à suppléer, à leur égard, les heureuses influences de la famille. La meilleure école pour les filles leur paraissait être le foyer domestique.

D'ailleurs, les communautés, même celles qui se vouaient spécialement à l'enseignement, ne souhaitaient pas de voir s'accroître d'une manière sensible le nombre de leurs élèves; le sentiment qu'elles avaient de leur responsabilité se serait alarmé d'une plus grande progression. Il n'est pas besoin d'ajouter que ces scrupules et la prudence avec laquelle elles choisissaient leurs élèves étaient une garantie de plus en faveur du bon ordre intérieur de leurs pensionnats, de l'excellent esprit qu'elles savaient y maintenir.

I. — Premier Monastère de la Visitation

En 1678, le monastère avait sept élèves; en 1714, douze. Une délibération du 2 septembre 1722 porte que la communauté acheta une maison contiguë pour loger les religieuses et *pour le grand nombre de pensionnaires*. On trouve, en 1723, trente élèves; en 1769, trente-sept; en 1780, quarante-sept; en 1783, quatre-vingts; en mars 1789, quarante-cinq.

De 1770 à 1780, la mère Merlet avait agrandi le pensionnat et fait faire des constructions afin de le séparer entièrement de la communauté.

En décembre 1791, le pensionnat existait encore.

II. — Second Monastère de la Visitation

En 1678, on comptait onze élèves; en 1695 et en 1704, douze. Ce monastère a eu le bonheur d'avoir parmi ses pensionnaires, de 1704 à 1709, la servante de Dieu Anne-Madeleine Remuzat, née à Marseille le 29 novembre 1696 et décélée en odeur de sainteté dans le Premier Monastère, le 15 février 1730 (1).

III. — Ursulines Augustines

Cette communauté eut des pensionnaires dès 1637, qui fut la seconde année de sa fondation : la preuve nous en est donnée par ses pièces de comptabilité, dans lesquelles la recette de la pension figure cette année-là pour la somme de 1799 livres 40 sols. En 1749, les Augustines furent réunies aux Présentines.

IV. — Bernardines

Ce couvent eut aussi des pensionnaires dès sa fondation. On lit, dans une délibération du 27 mars 1637, qu'à cause du *grand nombre de filles pensionnaires qui se présentent*, la communauté demande au monastère de Rumilly (Savoie) quatre Sœurs pour augmenter son personnel.

Dans les premiers temps, un grand nombre de pensionnaires prirent le voile dans ce monastère (2).

V. — Dominicaines

Le nombre des pensionnaires était, en 1771, de dix-sept ; en 1787, de onze.

---

(1) En 1885, Mgr Robert a institué un tribunal ecclésiastique chargé d'établir juridiquement l'information préalable à la cause de la béatification de cette émule de la Bienheureuse Marguerite-Marie pour la propagation du culte du Sacré-Cœur.

(2) Nous citerons quelques noms : Blanche de Valbelle (15 octobre 1650) ; M. de Tabarin (3 juin 1654) ; Marguerite de Montolieu (28 avril 1657); Françoise de Valbelle (7 novembre 1676); Françoise et Marguerite de Charpins (2 février 1691).

VI. — Religieuses de la Miséricorde

Ces religieuses eurent de bonne heure des pensionnaires. La Sœur de la Mère de Dieu, décédée le 8 décembre 1665, à l'âge de 30 ans et 9 de religion, avait été maîtresse des pensionnaires. De 1755 à 1788, le chiffre des élèves oscilla entre trente et quarante. En octobre 1790, on en comptait trente.

Le pensionnat existait encore en janvier 1791.

VII. — Présentines

En 1789, ces religieuses avaient vingt-six pensionnaires. Le prix de la pension était de 25 livres par mois. Le couvent avait aussi des demi-pensionnaires.

VIII. — Elisabethines ou Lyonnaises

Le nombre de leurs pensionnaires était, en 1789, de quarante et un ; en 1790, de trente et un.

IX. — Religieuses du Saint-Sacrement

En 1790, le nombre de leurs pensionnaires était de quarante-six.

J.-B. S.

CHAPITRE XII

L'Enseignement spécial

En dehors des écoles où se donnaient l'enseignement élémentaire et l'instruction que nous qualifions aujourd'hui de secondaire, il y avait à Marseille, à la fin de l'Ancien Régime, un certain nombre d'établissements où pouvaient s'acquérir les connaissances spéciales, nécessaires à certaines carrières.

Ces établissements étaient :
Le grand séminaire de la Mission de France ;
Le grand séminaire du Saint-Sacrement ;
L'école Saint-Thomas ;
L'école de théologie des Jésuites ;
L'école de chirurgie ;
L'école des chirurgiens naviguants ;
L'école d'hydrographie ;
L'école de peinture, sculpture et architecture.

§ 1er. — *Grand Séminaire de la Mission.*

Peu de temps après leur arrivée à Marseille, les prêtres de la Mission avaient formé le projet d'y établir un grand séminaire. Ils achetèrent, à cet effet, en 1648, l'emplacement sur lequel se trouvent aujourd'hui la maison et l'église de la Compagnie de Jésus.

En attendant l'achèvement des travaux nécessaires à l'établissement du grand séminaire, ils y tinrent une sorte de petit séminaire. Dès 1648, ils y eurent quatre élèves, à

ce que nous apprend une lettre de M. Portail, premier assistant de saint Vincent de Paul, adressée de Marseille à Mᵐᵉ Le Gras, à la date du 17 septembre. « Le petit sémi-
« naire d'ecclésiastiques que nous venons de commencer
« ici, disait M. Portail, se compose de quatre (élèves), en
« attendant mieux. Ils y ont déjà profité en la piété et en
« la science qu'on y enseigne (1) ». Les écoliers ne tardèrent pas à devenir assez nombreux; malheureusement la plupart d'entre eux, appartenant à des familles pauvres, s'étaient fait admettre à titre gratuit ou ne payaient qu'une pension des plus modiques. Déjà obérée par les frais de construction et les arrérages des dettes qu'elle avait contractées, la communauté se vit un instant dans l'impossibilité de faire face à ces nouvelles charges.

« Quel moyen, me direz vous, de s'entretenir? » écrit saint Vincent de Paul, le 22 janvier 1649, à M. Portail. « Il
« faut premièrement, et sans barguigner, renvoyer tous
« vos séminaristes qui ne payent point une pension suffi-
« sante ; deuxièmement, dire à M. de Marseille ce qui se
« passe, afin de l'exciter de vous subvenir en quelque
« chose. J'ai le regret de vous dire ceci ; mais la nécessité
« prévaut à toute considération (2). » Le saint fondateur de la Mission ne put cependant se résigner à une mesure aussi douloureuse. Le 6 août, il annonce un premier envoi d'argent. « Si vous avez besoin davantage, ajoute-t-il,
« mandez-le moi, nous vous enverrons incontinent, et si
« besoin est, nous vendrons nos croix et nos calices, pour
« vous secourir (3) ». La Providence récompensa cette sainte obstination de la charité en suscitant à la communauté de généreux bienfaiteurs, qui pourvurent, non seulement à ses besoins du moment, mais encore à son avenir.

(1) *Notice sur les premiers compagnons de saint Vincent.* Paris, Dumoulin, 1881, tome Iᵉʳ, p. 63.
(2) *Lettres de saint Vincent de Paul,* Paris, 1880, tome II, p. 146.
(3) *Lettres de saint Vincent de Paul,* tome II, p. 174.

Le grand séminaire a dû être ouvert peu après 1650.

Par délibération en date du 7 septembre 1656, le chapitre de Saint-Victor décida d'y placer dorénavant les novices et les étudiants de l'abbaye. Les termes dans lesquels la délibération est conçue témoignent du bon fonctionnement de cet établissement et de la confiance qu'il inspirait au clergé. « Messieurs les prêtres missionnaires », y lisons-nous, « ont fait bastir en cette ville une maison fort
« commode pour y dresser un séminaire, pour lequel ils
« ont choisi dans leur congrégation des personnes très
« propres et capables à instruire les jeunes ecclésiastiques
« tant à la piété, bonnes lettres, que en chant, cérémonies
« et à toutes les fonctions qu'ils doivent sçavoir. Il semble
« qu'il seroit à propos de profiter de cette occasion en
« faveur des jeunes religieux du dit monastère, de les
« remettre soubs de si bons directeurs, qui les rendront
« dans un estat qu'ils pourront se rendre utiles à la gloire
« de Dieu avec édification du public. Ce séminaire sera
« comme une pépinière, dont ce monastère prendra inces-
« samment sa subsistance et son entretien successif, pour
« avoir des grands hommes en piété et en doctrine (1). »
Dès les premiers jours d'octobre 1656, les novices et étudiants de l'abbaye furent réunis aux séminaristes. Mais, après quelques années d'un essai infructueux, le supérieur, M. Get, se décida à renvoyer les étudiants en humanités ; il ne garda que les jeunes religieux déjà engagés.

L'œuvre du séminaire continuait néanmoins de prospérer visiblement.

Le 9 mars 1657, saint Vincent de Paul écrit à M. Get :
« Je rends grâces à Dieu de ce que votre séminaire se
« multiplie en grâce et en nombre ; je prie sa divine
« bonté qu'elle le fasse croître de plus en plus en l'un
« et en l'autre. Le séminaire de céans ne fut jamais

---

(1) Fonds de Saint-Victor, registre 35. p. 207, aux archives départementales.

« plus peuplé qu'il est (1). » Le 4 juillet suivant, il lui écrivait encore : « Je prie Dieu qu'il vous donne son esprit en
« abondance pour l'insinuer dans l'état ecclésiastique, car,
« si les prêtres sont bons, les peuples le seront. Ce que je
« vous recommande, au nom de Notre-Seigneur, est de
« porter vos pensionnaires à la vie intérieure ; ils ne man-
« queront pas de science s'ils ont de la vertu, ni de vertu
« s'ils s'adonnent à l'oraison (2). »

Se rendant aux instances du supérieur, saint Vincent de Paul se vit bientôt dans la nécessité d'augmenter le personnel de cette maison qu'il regardait *comme la plus importante après celles de Rome et de Paris* (3).

Ce ne fut cependant que quelques années plus tard que l'établissement fut autorisé par le Roi. Il le fut par lettres patentes données à Versailles, au mois de septembre 1672. Mgr Toussaint de Forbin-Janson, qui se trouvait alors à la tête du diocèse, le reconnut officiellement et le dota, par acte en date du 20 février 1673.

En 1726, Jacques de Matignon, ancien évêque de Condom, abbé de Saint-Victor, y créa six bourses pour six ecclésiastiques des diocèses de Marseille, Arles, Aix et Toulon : les sujets de notre ville furent toujours préférés (4). L'abbé Borély, ancien prévôt de Saint-Martin, y fonda également une place en faveur d'un ecclésiastique du diocèse : la nomination en était réservée à l'évêque (5).

A ces places, entièrement gratuites, les prêtres de la Mission purent en ajouter cinq autres, en 1781, à l'aide des revenus du couvent des Pères Servites, dont les biens furent alors unis et incorporés au séminaire.

Avant l'établissement du collège des Jésuites, les directeurs de la Mission avaient bien souvent à se plaindre des

---

(1) *Lettres de saint Vincent de Paul*, tome III, p. 430.
(2) *Ibid.* tome III, p. 485.
(3) Lettre du 6 février 1660, tome IV, p. 535.
(4) *Calendrier spirituel* (1759), p. 206.
(5) Grosson, *Almanach historique de Marseille*, année 1770, p. 53.

tendances de leurs élèves qui arrivaient souvent au séminaire l'esprit infecté de jansénisme. A la suite de cette fondation, qui eut lieu, on l'a vu plus haut, en 1727, et grâce à la confiance que les familles les plus chrétiennes s'empressèrent d'accorder au nouveau collège, les Lazaristes ne tardèrent pas à observer une importante amélioration dans les doctrines de leurs élèves. Le nombre des jeunes lévites s'en accrut même d'une manière notable (1).

Mgr de Belsunce constate cet heureux changement dans son *Instruction pastorale*, publiée le 2 octobre 1740, *touchant la préparation aux Ordres sacrés et les devoirs ecclésiastiques*. « Les directeurs de notre séminaire », dit-il, « dignes enfants de saint Vincent de Paul, ne trouvent
« plus à combattre dans les séminaristes les mêmes im-
« pressions qu'ils y remarquaient autrefois. »

Notre immortel prélat, voulant donner une nouvelle impulsion à l'œuvre des séminaires, dit encore, dans la même *Instruction pastorale* : « Le séminaire doit être un
« des principaux objets de notre sollicitude pastorale, et
« nous devons employer tous nos soins, afin que nos ecclé-
« siastiques y prennent l'esprit de leur état, et qu'ils s'y
« rendent dignes de leur vocation. C'est ce qui nous a
« engagé à dresser ces présents règlements. »

Le grand séminaire fut désormais ouvert tous les ans, du 4 novembre au 31 juillet.

En 1759, Berger, secrétaire de Mgr de Belloy, écrit dans son *Calendrier spirituel* (p. 207) : « Les ministres qui ont
« été instruits dans ce séminaire et qui éclairent ce diocèse
« par leur science et l'édifient par leurs vertus sont une
« preuve non équivoque de la pureté de la foi et de la
« saine doctrine de ces enfants de saint Vincent de Paul,
« recommandables par leur piété, par leur zèle à évangé-
« liser les pauvres de la campagne par des missions conti-

---

(1) Dom Bérengier, *Vie de Mgr Henry de Belsunce, évêque de Marseille*, tome I*er*, pp. 393-402.

« nuelles, par leur science, la régularité de leur vie et
« le grand attachement à leur institut. »

Au moment de la Révolution, le grand séminaire de la Mission-de-France avait pour supérieur M. Jean-Baptiste Moissonnier (1), et pour professeurs de théologie MM. Louis Figon (2), et Marie-Charles-Emmanuel Verbert (3).

(1) M. Moissonnier était né à Lyon le 11 septembre 1736. Arrivé à Marseille en novembre 1760, il fut professeur de morale jusqu'en 1777, et ensuite supérieur du grand séminaire jusqu'en 1790. Il mourut à Marseille, le 16 janvier 1813. Le cardinal de Belloy, qui avait une profonde estime pour M. Moissonnier, lui écrivait la lettre suivante, de Paris, le 4 mai 1808 : « Mes anciennes ouailles
« me seront toujours chères ; je les porterai gravées dans mon
« cœur jusqu'à mon dernier soupir, et notamment le clergé, pour
« lequel je conserve le même attachement que je lui ai voué et
« parmi lequel vous teniez le premier rang, aussi digne de l'occu-
« per par vos vertus que par votre mérite. » (*Annales de la Congrégation de la Mission*, 1838, p. 311.)

(2) M. Figon, né aux Pennes le 8 février 1745, fut élevé au séminaire de la Mission-de-France. Entré dans cette congrégation, il prononça ses vœux à Marseille, le 8 avril 1780. Au rétablissement du culte, il fut d'abord nommé curé de Roquevaire (10 février 1803), puis d'Aubagne (3 juin 1803), et mourut dans sa paroisse le 9 juillet 1824, laissant la réputation d'un prêtre pieux et instruit. M. Figon a publié, en 1822, un opuscule intitulé : *L'Encyclique de Benoît XIV*, Vix pervenit, *expliquée par les tribunaux de Rome, par un curé, ancien professeur de théologie. Marseille, V° Roche*. C'est une brochure de 40 pages in-12, dans laquelle il démontre que cette bulle n'est point contraire au prêt à intérêt, comme le soutenaient des théologiens.

(3) M. Verbert était né à Pont-de-Beauvoisin, dans la Bresse, diocèse de Lyon, le 15 novembre 1752. Il alla au séminaire de Lyon, qui était tenu par la congrégation de la Mission, y fit ses vœux le 10 décembre 1771 et fut envoyé, en 1779, au grand séminaire de Marseille, pour y professer la théologie. A la Révolution, il se réfugia en Italie avec son supérieur, M. Moissonnier. Revenu à Marseille en 1795, il parvint à racheter, en 1803, l'église des Augustins-Réformés, la dédia à saint Vincent de Paul et en fut le premier curé. Le 20 octobre 1810, sur les instances d'un grand nombre de familles, il devint proviseur du Lycée de Marseille. A la Restauration, il fut nommé professeur de morale à la Faculté de théologie d'Aix. Elu vicaire général de la Congrégation des Lazaristes, le 12 mars 1816, M. Verbert mourut à Paris le 1 mars 1819.

§ 2. — Grand Séminaire du Saint-Sacrement.

L'existence de ce grand séminaire, dans la seconde moitié du XVII° siècle, résulte d'abord des lettres patentes qui furent octroyées par le Roi à la congrégation des prêtres du Saint-Sacrement, en juin 1677, et dans lesquelles il est dit que « Mgr de Forbin-Janson avait choisi le séminaire « dirigé par cette congrégation pour la retraite des prêtres « et curés de son diocèse et pour y tenir les conférences « ecclésiastiques (1). » Elle nous est encore certifiée par une attestation délivrée aux prêtres du Saint-Sacrement, par Mgr de Forbin-Janson, le 29 août 1679, et reproduite par l'annaliste de la congrégation. « Nous faisons savoir, « disait ce prélat, que les Prêtres du Saint-Sacrement, pré- « posés depuis plusieurs années à notre séminaire des « clercs (*seminario nostro clericorum pluribus abhinc* « *annis præpositi*), s'acquittent avec grands fruits de leur « mission, ce qui est pour nous une grande consolation... « Ils enseignent publiquement la théologie morale et « scholastique... Ils montrent que leur foi est pure, inté- « gre, éloignée du plus léger soupçon de nouveauté... Aussi « voulons-nous protéger ces prêtres de notre séminaire, « remarquables par leur piété, leur doctrine, etc. (2). »

Enfin, à la date du 26 juillet 1687, on trouve un règlement du *Séminaire du Saint-Sacrement*, à Marseille, approuvé par Philippe de Beaussel, prévôt du chapitre,

---

(1) En voir la minute aux archives des Affaires étrangères, fonds de France.

(2) *Annales de la Congrégation des Prêtres du Saint-Sacrement*, par Mre Nicolas Borély, supérieur de la maison de Marseille, manuscrit en la possession de M. le chanoine Caseneuve, p. 501, cité par dom Henri Jaubert, dans son intéressante monographie : *Saint-Hommebon, Notes sur les Missionnaires de Provence ou Pères du Saint-Sacrement à Marseille,* p. 17.

vicaire général et official du diocèse, enregistré le 2 août de la même année au greffe de l'évêché (1).

Ce séminaire n'existait plus sous l'épiscopat de Mgr de Belsunce.

§ 3. — Ecole Saint-Thomas.

A l'époque de la Révolution, les Dominicains se trouvaient depuis fort longtemps en possession d'une école publique de théologie et de philosophie, établie dans leur couvent et connue sous le nom d'école Saint-Thomas. D'après Grosson, cette école aurait été fondée par ces religieux, dès leur arrivée à Marseille, c'est-à-dire dès les premières années du XIIIe siècle. Cependant, ni Guesnay, ni Ruffi, ni Mgr de Belsunce, ni les archives du couvent n'en fixent l'origine.

En vertu de la bulle de Clément XII *Verbo Dei*, les Dominicains eurent même le droit de conférer des grades universitaires, tant séculiers que réguliers.

Le 21 juillet 1688, des thèses de théologie, dédiées à la municipalité, furent soutenues dans l'église du couvent par le sieur Augustin Eydoux, de Gémenos, précepteur des enfants d'Agneau, ancien premier échevin. Les échevins assistèrent à la soutenance de ces thèses et payèrent les violons qui jouèrent pour la circonstance ; ils se chargèrent aussi de l'impression des thèses. La dépense s'éleva à la somme de 155 livres, 4 sous, 3 deniers (2).

Mgr de Belsunce, toujours vigilant pour la saine doctrine, avait publié, dans le synode du 18 avril 1712, le statut suivant relatif aux écoles de théologie : « Nous per-
« mettons à tous professeurs établis dans notre diocèse
« d'y enseigner les différentes opinions de l'Ecole qui sont
« reçues dans l'Eglise. Mais, comme nous ne désirons rien

---

(1) *Annales*, p. 574 (dom Jaubert, *ouv. cit.*, pp. 17-18).
(2) *Cérémonial de la Ville*, fol. 959, aux archives communales.

« avec plus de passion que d'ôter tout sujet de scandale
« et de division et de maintenir dans le clergé confié à nos
« soins cet esprit de paix, de charité et d'union qui fait
« le caractère des véritables ministres de Jésus-Christ,
« qui ne peuvent avoir qu'un même dessein, nous défen-
« dons à tous professeurs, quels qu'ils puissent être,
« d'avancer dans leurs écrits et de faire soutenir, dans
« leurs classes, aucune de ces propositions qui ressentent
« la nouveauté, dont les moindres apparences doivent plus
« que jamais allarmer un pasteur qui doit veiller sans
« cesse sur le troupeau dont le salut lui est confié. » Le
Père Crozet, professeur de philosophie à l'école Saint-
Thomas, ayant enseigné des erreurs sur la grâce, Mgr de
Belsunce, dans sa sollicitude pastorale, publia, le 11 novembre 1740, un mandement portant condamnation de cinq
propositions extraites de ses cahiers et regardées *comme
respectivement fausses, téméraires, induisant à erreur,
sentant l'hérésie.*

Les classes de théologie furent suspendues et ne purent
être reprises qu'en 1743, après une rétractation formelle
du professeur.

Les évêques n'eurent plus dès lors à se plaindre des
doctrines enseignées au couvent des Dominicains. La
preuve nous en est fournie par ce qu'en disait Berger,
secrétaire de Mgr de Belloy, dans son *Calendrier spirituel*
de 1759. « Dans ce couvent, disait-il, il y a deux écoles pu-
« bliques : deux cours de théologie et de philosophie, que
« les professeurs montrent à la satisfaction du public sous
« le bon ordre des sçavans religieux qui sont à la tête de
« cette communauté, écoles que l'on regarde comme la
« nourrice de la vérité, auxquelles tous les Souverains
« Pontifes ont donné de magnifiques éloges. »

L'école Saint-Thomas subsista jusqu'à l'expulsion des
Dominicains.

§ 4. — *Ecole de Théologie des Jésuites.*

Plusieurs autres maisons religieuses enseignaient aussi la théologie.

Les divergences d'opinion qui se produisaient, parmi les professeurs de ces diverses écoles, avaient parfois troublé la paix qui doit régner dans le clergé (1).

Mgr de Vintimille, voulant mettre l'unité dans l'instruction de ses diocésains, établit en 1689, dans la maison des Jésuites de Saint-Jaume, trois cours de théologie scolastique, positive et morale. Le Conseil municipal, dans sa séance du 27 janvier, s'obligea à leur payer la somme annuelle de 900 livres (2). Des lettres patentes, du mois de mai de la même année, autorisèrent cet établissement et accordèrent aux Jésuites de Marseille le privilège exclusif, non seulement de *professer publiquement, mais encore de donner des attestations du tems des études à leurs écoliers, pour leur servir à prendre des degrés en la manière accoutumée.* Ces lettres patentes furent enregistrées au Parlement de Provence le 27 janvier 1690 et à la Cour des Comptes le 30 du même mois (3).

Le 13 octobre 1689, les échevins passèrent avec les Jésuites un contrat, par lequel fut réglée la manière de payer la pension de 900 livres pour l'entretien des professeurs (4).

L'ouverture d'une classe de théologie eut lieu le 1ᵉʳ juin 1689, en présence de Mgr de Vintimille et de tout le clergé de la ville, du gouverneur-viguier et des échevins. Le 3 no-

---

(1) *L'Antiquité de l'Eglise de Marseille,* tome III, p. 490.

(2) Registre 90 des délibérations municipales, *de 1688 à 1689,* fol. 37, aux archives communales.

(3) Registre de la Cour des Comptes *Nobilitas,* fol. 225 et suivants, aux archives départementales.

(4) *L'Antiquité de l'Eglise de Marseille,* tome III, p. 491.

vembre suivant, eut lieu l'ouverture des deux autres classes. Les échevins y assistèrent (1).

En 1703, l'école fut transférée de la maison Saint-Jaume à celle de Sainte-Croix, dans le local d'une ancienne fonderie que le Roi avait donné aux Jésuites par brevet du 10 août 1695 (2). Le Conseil municipal, dans sa séance du 5 juin 1703, autorisa ce transfert et délibéra que la pension de 900 livres serait payée à cette maison.

En suite de la concession qui leur en fut faite par le chapitre de la cathédrale le 30 avril 1712, les Jésuites de Sainte-Croix unirent à leur communauté la chapellenie de Notre-Dame de Consolation, qui avait été établie à Saint-Jérôme, et en affectèrent les revenus à la fondation et à l'entretien d'une quatrième chaire de théologie (3).

Après l'acquisition de la maison Rigord, par Mgr de Belsunce, en 1730, et l'achèvement des travaux qui y furent faits pour en faire une annexe du collège Saint-Jaume, l'école de théologie y fut transférée. Elle y subsista jusqu'à la suppression de la Compagnie de Jésus.

§ 5. — *Ecole de chirurgie.*

L'école de chirurgie fut créée en 1769, en exécution des statuts qui réorganisèrent alors le corps des maîtres chirurgiens de notre ville et sanctionnèrent son admission au nombre des professions libérales, en lui conférant le titre fort envié de collège.

Ces statuts, arrêtés en assemblée générale et approuvés par lettres patentes données à Versailles, le 25 juin de la

---

(1) *Cérémonial de la Ville*, fol. 964 et 966, aux archives communales.

(2) Registre 119 de la Cour des Comptes, fol. 400.

(3) *Mémorial du chanoine Pierre de Caux*, aux archives du chapitre de la cathédrale.

même année (1), faisaient obligation aux maîtres chirurgiens d'établir quatre chaires de chirurgie au siège de leur communauté ou collège. « Le collège », était-il dit à l'article 23, « fera enseigner et démontrer publiquement, « par quatre professeurs démonstrateurs qu'il nommera « chaque année, à la pluralité des voix et par scrutin, les « principes de la chirurgie, l'ostéologie et les maladies « des os, l'anatomie et les opérations sur les cadavres, dans « sa chambre commune, en attendant qu'il soit établi une « école et amphithéâtre à cet effet. » L'article suivant ajoutait que le collège pourrait nommer un cinquième professeur démonstrateur, pour la matière médico-chirurgicale et pour les instruments de chirurgie.

Les termes impératifs de l'article 23 nous portent à croire que les cours qu'il prescrivait furent ouverts aussitôt. Il paraît toutefois qu'ils ne furent faits avec une certaine régularité qu'à partir de 1775. Ils avaient lieu dans une salle du couvent des Dominicains, où le collège de chirurgie siégeait alors. Textoris cadet fit le cours des opérations ; Vachier, celui de l'ostéologie et des maladies des os ; Aillaud enseigna l'anatomie ; Rigordy, la matière médico-chirurgicale ; Helliès fils, les principes de chirurgie (2).

Le local dans lequel se faisaient les cours se prêtait peu, par sa situation, à une telle affectation ; il n'était pas d'ailleurs assez vaste pour contenir un nombreux auditoire. Les maîtres chirurgiens exposèrent aux échevins tout ce que cette installation présentait de défectueux et les intéressèrent à leur cause. Le 12 octobre 1778, le Conseil de ville vota en conséquence une somme de douze cents livres pour la construction d'un amphithéâtre dans l'Hôtel-Dieu ;

---

(1) Lettres Royaux, Registre 140, fol. 676, aux archives de la Cour d'appel d'Aix.

(2) *Almanach historique de Marseille*, année 1776, pp. 270-271. — *Tableau historique de Marseille*, 1789, pp. 207-208

cette délibération fut approuvée par l'Intendant de Provence, le 24 novembre suivant (1). La nouvelle salle fut inaugurée le 4 octobre 1779, par une séance solennelle présidée par le maire et les échevins. Louis Terrier, maître ès arts et membre du collège, y prononça un discours sur l'origine et les progrès de la chirurgie (2).

Le 3 mai 1784, le Conseil de ville accorda à l'école une nouvelle allocation de douze cents livres pour l'achat des instruments dont elle avait besoin et les dépenses de l'amphithéâtre. Il vota de plus deux subventions annuelles : l'une de 450 livres pour les divers frais d'entretien ; l'autre de 150 livres, pour la fondation de cinq prix qui devaient être distribués par les échevins, dans les séances solennelles de rentrée (3).

Un cours d'accouchement fut fondé en 1787 : le nombre des professeurs se trouva ainsi porté à six :

En 1789, ces professeurs étaient :

MM. Jean-Antoine Brémond, pour le cours de Physiologie, dit autrefois des principes ;
Louis-Thomas Flory, pour l'ostéologie et les maladies des os ;
Antoine Aillaud, pour l'anatomie ;
J.-François Giraud cadet, pour les opérations ;
H.-Jean-François Rigordy, pour la matière médico-chirurgicale ;
Jean-Jacques-Rodolphe Barles, pour les accouchements (4).

Leurs cours étaient publics et absolument gratuits.

Sous la Révolution, la suppression du collège de chirurgie entraîna la fermeture de l'école. Vainement, dans sa

(1) Fonds de l'Intendance de Provence, n° 362, aux archives départementales
(2) *Almanach historique de Marseille*, année 1782, p. 268.
(3) Registre 185 des délibérations municipales, année 1784, fol. 67, 68 et 73.— *Almanach historique de Marseille*, année 1787, pp. 270-272.
(4) *Almanach historique de Marseille*, année 1789, pp. 289-294.

séance du 30 mai 1792, le Conseil municipal délibéra-t-il de la reconstituer et nomma-t-il, à cet effet, pour professeurs, les chirurgiens Paul Roux, Joseph Gérard, Nicolas Blanc, Guillaume Dansan et Joseph Chabert. « Ce ne « fut là, dit Augustin Fabre, qu'un projet stérile, et la « nouvelle école ne fonctionna pas. On ne voyait alors que « des ruines en France. On avait su tout détruire, mais « on ne savait encore rien édifier (1). »

§ 6. — *Ecole des Chirurgiens naviguants.*

Cette école, fondée pour les jeunes chirurgiens qui se destinaient à la marine marchande (2), fut établie à Marseille, en 1777, par ordre du ministre de la marine, Gabriel de Sartine, à la demande du docteur Poissonnier, médecin inspecteur des ports du royaume. Elle fut installée, par le commissaire de la marine Bertin, dans le pavillon de l'hôpital des galères, et inaugurée le 15 décembre de cette année. De Joyeuse fils, médecin de la marine, occupa la chaire de médecine pratique; Boinet, chirurgien aide-major, eut celle de démonstrations chirurgicales (3).

Les cours de cette école étaient, comme ceux de l'école établie à l'Hôtel-Dieu, publics et gratuits; ils avaient lieu tous les jours à 11 heures du matin, les samedis et dimanches exceptés.

§ 7. — *Ecole d'Hydrographie.*

L'école d'hydrographie de Marseille fut fondée par le département de la marine, peu après la publication de

---

(1) *Les Rues de Marseille*, tome II, p. 196.
(2) Aux termes de l'ordonnance de la marine de 1681 et de la déclaration du Roi du 15 novembre 1767, chaque navire faisant un voyage de long cours devait avoir un ou deux chirurgiens.
(3) *Almanach historique de Marseille*, année 1778, p. 331.

l'ordonnance de 1681 sur la marine, qui prescrivait l'établissement d'écoles de cette nature dans nos principaux ports de commerce.

Un seul professeur, portant le titre de professeur royal, la dirigeait. Ses cours embrassaient tout ce qui se rattachait à la navigation, principalement le pilotage. Il examinait les gens de mer qui sollicitaient un brevet, soit de capitaine au long cours, soit de maître du petit cabotage.

Parmi les titulaires de cette école, on vit figurer des savants du plus haut mérite. Jean-Mathieu de Chazelles, qui y fut nommé en 1685, dressa une nouvelle carte des côtes de Provence. Au cours des campagnes dirigées contre l'Angleterre, il proposa d'employer les galères pour remorquer les vaisseaux, lorsque le vent serait contraire ou ferait défaut. Cette manœuvre, adoptée par le ministre de la marine et les amiraux, fut faite sous sa propre direcrection et permit à Tourville de gagner Torbay et d'opérer la descente de Tingmouth. Après avoir recueilli un grand nombre d'observations importantes sur les côtes de l'Océan, il visita la Grèce, la Turquie et l'Egypte. Au retour de ces voyages fructueux pour la science, il revint à Marseille ; il occupa alors les loisirs que lui laissait le professorat à des travaux académiques et à la préparation d'un ouvrage qui devait donner une description générale des côtes de la Méditerranée. Il mourut dans l'exercice de ses fonctions, le 6 janvier 1710(1); il était né à Lyon en 1657.

De 1728 à 1749, la chaire d'hydrographie eut pour titulaire le Père Esprit Pézenas, de la Compagnie de Jésus. Pendant son professorat, ce savant religieux publia les ouvrages suivants, ayant trait à son enseignement : *Eléments du pilotage*, Marseille, V. Boy, 1733, réédité en 1754 ; *La pratique du pilotage, ou suite des Eléments du pilotage*, Avignon, François Girard, 1741, ouvrage dédié aux échevins et députés du commerce de Marseille et réédité en

---

(1) J.-B. Lautard, *Lettres archéologiques sur Marseille*, p. 117, note.

1749 ; *Nouvelle méthode pour le jaugeage des segments des tonneaux*, Marseille, Dominique Sibié, 1742 ; *La théorie et la pratique du jaugeage des tonneaux des navires et de leurs segments*, 1749, sans nom de ville ni d'imprimeur, réédité en 1778. En 1749, le Père Pézenas fut chargé de la direction de l'observatoire qui avait été construit, aux frais du Roi, dans la maison de Sainte-Croix. Il occupa cet emploi et s'y signala par des travaux remarquables jusqu'à la suppression de la Société de Jésus. Il se retira alors à Avignon.

Un an avant la nomination du Père Pézenas à l'observatoire, le sieur Berthelot, s'intitulant « hydrographe entretenu du Roy et de la Ville », publiait à Marseille, chez Boy, la cinquième édition d'un *Traité de navigation ;* il avait dû être adjoint au Père Pézenas.

De 1769 à 1782, l'école fut dirigée par le sieur Poitevin, de l'académie de Cherbourg. Le professeur royal d'hydrographie se trouvait alors chargé de donner des leçons de pilotage et d'hydrographie aux enfants de la Charité, dans l'hôpital général, moyennant une allocation supplémentaire fixée d'abord à deux cents livres ; dans sa séance du 6 mars 1779, le Conseil municipal éleva cette allocation à six cents livres. Le traitement annuel du professeur, qui n'était primitivement que de huit cents livres, fut dès lors de quatorze cents livres. La délibération du Conseil fut approuvée par Necker le 28 du même mois et homologuée par l'Intendant de Provence, le 11 avril suivant (1).

Le fils aîné du sieur Poitevin, nommé en 1773 professeur en survivance de son père, lui succéda en 1783. Il était encore en fonctions en 1789 (2).

L'école était, à cette époque, dans la maison du professeur, rue Caisserie.

---

(1) Fonds de l'Intendance de Provence, carton n° 362.
(2) *Almanach historique de Marseille*, année 1789, p. 287.

§ 8. — *Ecole de Peinture, Sculpture et Architecture.*

Bien qu'elle ait été parfois considérée comme une fondation de l'académie de Peinture, sculpture et architecture, l'école dont il nous reste à nous occuper n'était, en réalité, qu'une sorte de dépendance de l'académie, établie au moment même de la formation de cette société d'artistes.

Cette double création eut lieu dans le courant de l'année 1752, à l'instigation, semble-t-il, du célèbre peintre aixois d'André-Bardon, qui venait de passer quelques années à Marseille, dans l'emploi d'inspecteur des peintures des galères. Le duc de Villars, gouverneur de Provence, à qui le projet en avait été soumis, l'approuva et agréa le titre de protecteur.

L'académie comprit, tout d'abord : deux directeurs ; deux conseillers ; tous les membres de l'académie des Belles-lettres de Marseille, affiliés de droit à la nouvelle académie, en qualité d'académiciens honoraires ; huit professeurs ; cinq adjoints à professeurs ; enfin, quelques agrégés académiciens, recrutés parmi les artistes. Elle prit pour directeurs le peintre Fenouil (1) et le sculpteur Verdiguier (2) ; pour conseillers, le sculpteur Bouchard, de Rome, et le peintre Pellegrin. Les huit professeurs fondateurs furent : Panon, peintre ; Kapeller père, peintre,

---

(1) Portraitiste, peintre du Roi, agréé à l'académie royale de peinture de Paris en 1740.

(2) Né à Marseille en 1706, d'abord employé aux Gobelins, lauréat de l'académie royale de peinture et de sculpture de Paris, pensionnaire du Roi à Rome ; à son retour d'Italie il était venu s'établir dans sa ville natale. Il s'en éloigna depuis lors, une première fois en 1761, pour se rendre à Bayonne, où des travaux lui avaient été commandés, revint l'année suivante, puis repartit peu après pour l'Espagne. Il habita successivement Grenade et Cordoue et mourut dans cette dernière ville le 29 septembre 1796. Marseille lui doit les sculptures qui ornent la façade de l'ancien Palais de Justice.

géomètre et architecte (1); Coste, peintre (2); Bertrand, sculpteur (3); Richeaume, peintre; David, peintre (4); Nicolas, sculpteur (5); Charnier, peintre. En tête des adjoints à professeurs, nous trouvons l'architecte Aulagnier, dessinateur habile, dont la magnifique vue perspective de Marseille, récemment gravée par Lebas, ornait les cabinets de tous les amateurs marseillais. L'appui du pouvoir ne fit pas défaut à cet établissement. Les termes mêmes des premiers statuts, délibérés et arrêtés le 25 septembre 1752, montrent que les fondateurs n'avaient pas encore, à cette date, de logement pour leur école. Avant la fin de l'année, le ministre de la marine, M. de Machault, cédant aux sollicitations du gouverneur et du premier président du Parlement, fit mettre à leur disposition un vaste local dans l'Arsenal. Trois classes y furent ouvertes : une pour le dessin, une autre pour la bosse, la troisième pour le modèle vivant (6).

L'institution se trouvait cependant dépourvue de toute

(1) Fut le premier maître de son fils, comme lui peintre, géomètre et architecte ; il professait encore en 1756.

(2) Chancelier en 1756, fut pendant plusieurs années directeur de l'école en l'absence de Verdiguier ; il était occupé en 1761 à écrire une Histoire de l'académie de peinture. Il mourut le 16 novembre 1769.

(3) Statuaire, professa à l'école jusqu'en 1790 ; il était le neveu du sculpteur Philippe Bertrand, de l'académie royale de peinture de Paris.

(4) Peintre paysagiste, habile dessinateur, chancelier en 1771, directeur-recteur de 1779 à 1781.

(5) Inscrit sur les listes de l'école comme statuaire, en fut professeur depuis la fondation jusqu'en 1793.

(6) Voir sur ces débuts, rapportés avec quelques divergences dans les détails : *Almanach historique de Marseille*, année 1770, pp. 182-183 ; d'Ageville, *Éloge historique de Michel-François d'André Bardon*, Marseille, Jean Mossy, 1783, pp. 20 et suiv.; *Tableau historique de Marseille*, 1789, p. 40 ; Aug. Fabre, *Les Rues de Marseille*, tome IV, pp. 49-50 ; Etienne Parrocel, *Annales de la Peinture, Discours et Fragments*, 2ᵉ édition, pp. 223-235 ; *Histoire documentaire de l'Académie de Peinture et de Sculpture de Marseille*, tome Iᵉʳ, pp. 2-7 et 311-344.

dotation. Toutes les ressources de l'école consistaient dans la modeste rétribution qui, dans le principe, fut demandée aux élèves. Vainement, à la première heure, les fondateurs s'étaient-ils promis de combler chaque année, de leurs deniers personnels, le déficit qui devait s'ensuivre. Après un essai de deux à trois ans, ils se trouvèrent dans l'impossibilité de supporter plus longtemps une charge aussi lourde; ils s'adressèrent alors au Conseil de ville. Celui-ci, prenant en considération les avantages que leur société devait procurer, non seulement au monde artistique, mais encore à la grande industrie, leur alloua, le 19 mars 1756, une subvention annuelle de trois mille livres (1); un arrêt du Conseil d'État, du 15 juin suivant, autorisa cette dépense.

De nouveaux statuts furent aussitôt dressés, qui établirent l'académie et l'école sur d'autres bases. Aux termes de ce nouveau règlement, qui fut soumis à la municipalité et approuvé par elle, le 14 octobre de la même année, le personnel enseignant de l'école devait se composer de dix-huit professeurs et d'un nombre non déterminé d'adjoints à professeurs. Sur les dix-huit professeurs titulaires, il devait y en avoir douze pour le dessin, un pour l'architecture civile, un pour la géométrie, un pour la mécanique, un pour la perspective, un pour l'anatomie, un autre enfin pour l'architecture navale. La haute surveillance de l'école fut attribuée à un directeur nommé à vie. D'André-Bardon, qui avait remplacé le peintre Fenouil, comme directeur, pour le moins dans les premiers mois de 1754, eut cette charge avec le titre de directeur perpétuel. Verdiguier, placé après lui et en second rang, reçut la qualification honorifique de directeur-recteur perpétuel. Ce titre ne lui avait été accordé que par suite de considérations toutes personnelles, en reconnaissance de la large part qu'il avait prise à la fondation, et il était spécifié que, sa

(1) Registre 157 des délibérations municipales, année 1756, fol. 27 et suivants.

place venant à vaquer, elle serait remplie tous les ans par l'un des professeurs, en qualité de recteur, élu à la pluralité des suffrages. Les professeurs avaient, de plus, à nommer entre eux un chancelier, un trésorier et un secrétaire, ce dernier à vie, les autres renouvelés d'année en année. Ils étaient eux-mêmes nommés par le bureau, parmi les adjoints à professeurs; ceux-ci l'étaient parmi les académiciens. Les statuts s'occupaient encore de l'ouverture des classes, des jours et heures de travail, de la surveillance des élèves. Obligation était faite au professeur d'anatomie de faire toutes les démonstrations utiles à l'étude du dessin, en hiver sur les cadavres, en été sur le squelette. Enfin, onze prix, consistant en deux médailles d'or et neuf médailles d'argent, étaient fondés pour être distribués chaque année, en séance solennelle, aux lauréats des diverses classes (1).

Bien que les statuts et règlements dont nous venons d'indiquer les principales dispositions soient muets à cet égard, les élèves n'eurent plus, dès lors, aucune rétribution à payer. L'école devint absolument gratuite. La preuve nous en est amplement donnée par la qualification d' « Ecole académique gratuite », avec laquelle on la voit figurer quelquefois, à partir de cette date, dans les actes officiels, et par une affiche imprimée à Marseille, chez Sibié, en 1756, par laquelle l'académie, en annonçant la reprise des cours, faisait savoir au public que *les salles d'exercice seraient ouvertes pour tous ceux qui voudraient y venir étudier gratuitement, munis d'un certificat de quelqu'un des professeurs* (2).

Dix-sept ans plus tard, en 1773, l'académie s'étant donné un nouveau règlement, en vue de son affiliation à l'académie royale de Paris, l'organisation de l'école subit une fois encore certaines modifications. Le nombre des profes-

(1) Et. Parrocel, *Histoire documentaire de l'Académie de Peinture et de Sculpture de Marseille*, tome Ier, pp. 19-24.
(2) *Ibid.*, pp. 26-27.

seurs fut réduit à dix, dont six de dessin, un d'architecture civile et de perspective, un de géométrie et de mécanique, un d'anatomie et un d'architecture navale. Pour les six professeurs de dessin, l'école dut avoir quatre adjoints ; les autres professeurs purent se choisir chacun un adjoint. Verdiguier fut encore maintenu dans ses fonctions, avec le titre de directeur-recteur perpétuel ; quant aux recteurs qui devaient lui succéder, il fut décidé qu'ils seraient nommés, non pas d'année en année, comme l'avait établi le précédent règlement, mais tous les trois ans. Le même terme fut assigné à la charge de chancelier. La place de trésorier continua à être annuelle (1).

A cette date, l'école n'avait plus le local que le ministère de la marine avait mis à sa disposition dans l'enceinte de l'Arsenal. Elle se l'était vu enlever à la suite des plaintes auxquelles avaient donné lieu la turbulence et les espiègleries de quelques élèves. Obligée de s'en procurer un à ses frais, elle n'avait pu louer qu'un appartement de modique importance, avec une seule salle pour les classes ; les professeurs en étaient réduits à faire leurs cours alternativement, les uns après les autres, parfois en abrégeant les séances. Le Conseil de ville fit droit aux réclamations que cet état de choses lui suscita, en allouant à l'académie, à la suite des lettres patentes du 18 février 1780 qui l'y autorisèrent, un supplément de subvention de mille livres. Dès cette année, la compagnie prit à bail, pour ses assemblées particulières et pour son école, une maison sise aux allées de Meilhan, vis-à-vis le couvent des Lyonnaises, et l'appropria complètement à sa destination. Elle conserva cette installation jusqu'à sa suppression.

L'allocation municipale, ainsi accrue, se trouvait, comme elle l'avait été au début, avant la suppression du logement, à peu près suffisante pour faire face aux dépenses ordinaires de l'académie et de l'école. Elle n'était certainement pas assez élevée pour que l'on pût songer à une

---

(1) *Ibid.*, pp. 41-55.

rétribution quelconque pour les professeurs. En fait, leur situation demeura, jusqu'à la fin, telle qu'elle avait été dans les premiers temps, depuis 1756. Dans les années où il se produisait un excédent de recettes qu'aucune prévision n'obligeait à réserver pour les années ultérieures, ils se partageaient entre eux ce reliquat. D'autres fois, se trouvaient-ils en présence d'une dépense extraordinaire imprévue, ils y subvenaient de leurs propres deniers. Si peu séduisantes que pussent être ces conditions, au point de vue des profits, on vit presque tous les anciens professeurs se perpétuer dans leurs places et les candidats furent loin de faire défaut, soit pour les nouvelles chaires, soit pour celles qui devinrent vacantes. Les professeurs qui les occupèrent justifièrent généralement, par leurs aptitudes et un incontestable mérite, le choix dont ils avaient été l'objet : on compta aussi, parmi eux, des maîtres en renom. Parmi ceux que nous ne retrouverons pas en place en 1789, nous citerons : Antoine Zirio (1), Beaufort (2), Henry d'Arles (3) et Jean-Baptiste Giry (4).

(1) Peintre d'histoire, originaire de Menton, décédé dans cette ville au cours d'un voyage, le 22 février 1776, fut professeur à l'école, de 1756 à sa mort.

(2) Jacques-Antoine Beaufort, né en 1721, mort à Rueil le 25 juin 1784, peintre d'histoire, reçu en 1771 à l'académie royale de peinture de Paris, ensuite professeur et conseiller de cette académie. Il fut professeur à l'école de Marseille, de 1754 à 1760, date de son départ pour Paris. Le musée de Marseille possède une de ses meilleures œuvres, signée et datée de 1781 : *La Mort de Bayard*.

(3) Jean Henry, né à Arles en 1734, étudia d'abord auprès de Kapeller père, pendant un séjour que ce peintre fit dans cette ville vers 1750 pour y exécuter divers travaux, le suivit à Marseille et fit partie de l'académie, dès sa fondation, en qualité d'agrégé académicien. Il obtint, au premier concours qu'elle ouvrit, le premier prix, fut reçu académicien en 1756 et nommé professeur en 1776 ; il occupa cet emploi jusqu'à sa mort, en 1784. Le tableau qu'il présenta pour sa réception à l'académie, une *Tempête*, se trouve au musée de Marseille.

(4) Peintre et dessinateur, né à Marseille le 23 novembre 1733,

Grâce au dévouement de ces maîtres, à l'excellente direction qui était donnée aux études, l'école eut un très grand nombre d'élèves qui lui firent honneur, dans toutes les branches de l'art. Ce fut aux habiles dessinateurs qu'elle leur fournissait, que nos fabriques de faïences, d'indiennes et de tapisseries peintes à la détrempe, connues sous le nom de tapisseries de Marseille, durent la réputation qu'elles acquirent alors, non seulement en France, mais encore à l'étranger. Il en fut de même pour les fabriques de meubles, les manufactures d'armes, la serrurerie, dont les ouvrages sont aujourd'hui encore si justement estimés des connaisseurs, et pour plusieurs autres industries locales. Nos chantiers de construction, qui étaient fort importants, n'eurent plus à chercher au dehors les maîtres ouvriers spéciaux dont ils avaient besoin. L'école forma enfin, dans une sphère plus élevée, un certain nombre d'artistes de talent. Nous mentionnerons, entre autres : Pierre Laurent, graveur, né à Marseille en 1739, élève de l'école dès 1752, lauréat en 1755 et 1756 ; Simon Julien, de Toulon, peintre d'histoire, agréé à l'académie royale de peinture de Paris, autre élève de l'école dès la fondation, lauréat en 1753, 1754 et 1755 ; Michel-Honoré Bounieu, peintre d'histoire, graveur et sculpteur, agréé à l'académie royale de Paris, né à Marseille en 1740, lauréat de l'école en 1756 ; Etienne Danthoine, de Carpentras, sculpteur, dont les bustes de Puget et d'Homère ornent deux fontaines de Marseille, lauréat en 1758 et 1759 ; Esprit-Antoine Gibelin, d'Aix, peintre d'histoire et graveur, lauréat de l'école en 1758 et 1759, nommé adjoint à professeur en 1789 ; Louis Chaix, peintre d'his-

---

élève de Coste à l'école, dès la fondation, il y remporta le premier prix en 1754 et acheva de se former à Paris dans l'atelier de Vien. Après un séjour de quelques années à Toulouse, où il fut professeur à l'école de peinture, il revint à Marseille, se fit recevoir à notre académie de peinture en 1780 et fut nommé adjoint à professeur en 1781 ; il se démit de cet emploi en 1788.

toire, lauréat en 1760, adjoint à professeur en 1790, professeur de 1791 à 1793 ; Jean-Jacques Forty, de Marseille, dessinateur et peintre d'histoire, membre de l'académie royale de Paris, lauréat de l'école en 1760 ; Jean-Joseph Foucou, de Riez, sculpteur, membre de l'académie royale de Paris, troisième lauréat de l'école en 1760 ; Coste fils, peintre de natures mortes, lauréat en 1761 et 1762 ; Bernard Polo, peintre, grand prix de l'école en 1762 ; Michel Henry, peintre en miniature, lauréat en 1762, nommé adjoint à professeur en 1786 ; Fossaty neveu, de Marseille, sculpteur, lauréat en 1763 ; Chevalier de Telmont, dessinateur, lauréat en 1766 et 1767 ; Blanchard, peintre, lauréat en 1770 ; Antoine Constantin, peintre de paysages, dessinateur et graveur, né à Marseille en 1757, lauréat en 1772 et 1773 ; Dauphin, peintre, l'un des deux lauréats du concours de 1789, le dernier qui ait eu lieu (1).

A cette époque, l'école avait, depuis cinq ans, pour directeur perpétuel un peintre des plus renommés : Jean-Jacques Bachelier, peintre du Roi, professeur de l'académie royale de peinture de Paris, fondateur et directeur de l'école royale gratuite de dessin, établie à Paris dans l'ancien collège d'Autun, inspecteur de la manufacture royale de Sèvres, en résidence à Paris. Son prédécesseur, Jean-Baptiste-Marie Pierre, premier peintre du Roi, avait été le successeur immédiat de d'André-Bardon : il s'était démis de sa charge quelques mois après en avoir été investi et avait reçu, en se retirant, le titre de directeur honoraire.

Verdiguier, qui s'était pour toujours fixé en Espagne, avait abandonné, en 1787, la direction effective de l'école. L'académie, en acceptant sa démission, lui avait conféré le titre de directeur-recteur honoraire et donné pour suc-

(1) Liste chronologique des élèves qui ont remporté les prix depuis l'institution de l'académie de peinture, dans les *Annales de la Peinture, Discours et Fragments* d'Et. Parrocel, pp. 353-356.

cesseur, en qualité de recteur, l'architecte Claude d'Ageville, qui professait depuis plus de trente ans, à l'école, l'architecture civile et la perspective (1).

Les neuf autres professeurs titulaires, en tête desquels on retrouvera trois anciens fondateurs, étaient, d'après l'*Almanach* de Grosson (2) :

MM. Bertrand, sculpteur, chancelier ;
David, peintre, ancien directeur-recteur ;
Nicolas, sculpteur ;
Etienne Moulinneuf, peintre de la Ville, secrétaire perpétuel (3) ;
Kapeller fils, ancien recteur, peintre, géomètre et architecte (4) ;

(1) Claude d'Ageville figure, dès 1756, sur la liste des professeurs de l'école, avec le titre de professeur perpétuel d'architecture civile, chargé par intérim du cours de perspective. Avant d'être élu recteur, il fut pendant quelques années chancelier. Travailleur zélé, il composa, pour l'académie, diverses études qu'il lut dans les assemblées publiques et qui furent goûtées. Son *Mémoire sur les causes qui peuvent diminuer la profondeur du port de Marseille et les moyens d'en prévenir les effets et d'y remédier*, présenté dans un concours ouvert, en 1782, par l'académie des belles-lettres de Marseille, y obtint le premier prix : il fut peu après admis dans cette société savante, en qualité d'associé régnicole. Il était déjà membre correspondant de l'académie royale d'architecture de Paris, correspondant du Musée de Toulouse et de l'académie des Arcades de Rome. Comme architecte, d'Ageville s'est surtout fait connaître par les travaux d'agrandissement de l'Hôtel-Dieu qu'il fit exécuter sur les plans d'Hardouin-Mansard, par la construction de divers établissements maritimes, ainsi que par l'invention d'un *ponton*, plus économique que ceux qui étaient alors en usage.

(2) Année 1789, pp. 277-278.

(3) Peintre d'histoire et portraitiste, né à Marseille de 1715 à 1720, mort en 1790, professeur et secrétaire de l'école de 1754 à sa mort.

(4) Agrégé académicien dès la fondation de l'académie, nommé professeur en 1756, directeur-recteur de 1770 à 1772, recteur de 1782 à 1784. De même que son père, il se signala par l'ardeur de son zèle pour tout ce qui concernait l'école, les artistes et les choses de l'art. « On doit aux soins de Kapeller », lit-on dans l'*Almanach des Artistes* de 1776, « le goût et l'amour des arts qui se perpétuent à

MM. Honoré Revelly, peintre, ancien recteur (1);
Pierre Nélissy, chirurgien, professeur d'anatomie, trésorier;
Nicolas, constructeur, professeur d'architecture navale;
Sarrazin, peintre, géomètre, architecte, ingénieur et inspecteur du duché de Crillon (2).

Un ancien professeur, M. Rey-Vielh, peintre (3), avait le titre de professeur honoraire, administrateur.

Les professeurs adjoints, au nombre de quatre, étaient :
MM. Volaire, peintre, alors en résidence à Naples (4);
Vanwik, peintre (5);
Michel Henry, peintre (6);
Duplessy, chirurgien.

La Révolution fut fatale à l'école.

Dès 1789, le Conseil municipal suspendit le paiement de son allocation. Bientôt, à la faveur des idées nouvelles qui se répandaient de toutes parts, des opinions contradictoires

« Marseille ; on lui sait gré d'avoir mis autant d'intérêt à éclairer les « amateurs dans leurs recherches, qu'il met d'affection dans l'accueil « qu'il fait aux jeunes artistes. » C'est du fils qu'il est ici question : en 1776, Kapeller père était mort depuis quelques années.

(1) Peintre de portraits, professeur à l'école depuis la réorganisation de 1756, directeur-recteur de 1769 à 1782, fut nommé, en 1789, professeur honoraire. Le musée de Toulon possède, de cet artiste, un *Portrait de Verdussen, de sa femme et de sa servante*, que Verdussen avait légué à l'académie de peinture de Marseille et qui ne fut pas remis à la compagnie.

(2) Nommé adjoint à professeur en 1787, professeur en 1788 : il occupa cet emploi jusqu'à la suppression de l'école.

(3) Peintre de marines, agréé en 1763, nommé professeur en 1764, il avait été admis à l'honorariat en 1788.

(4) Élève de Joseph Vernet, reçu agréé en 1784, nommé adjoint en 1787.

(5) Peintre de portraits, nommé agréé en 1778, adjoint en 1788, professeur et recteur en 1789, resta en fonctions jusqu'à la fermeture de l'école.

(6) Peintre en miniature, lauréat de 1762, cité ci-dessus.

se firent jour au sein de l'académie. Quelques novateurs voulaient une refonte entière des statuts qui la régissaient. A leur tête se trouvaient deux professeurs tout nouvellement nommés, esprits exaltés, qui se firent bientôt connaitre par la part importante qu'ils prirent au coup de main qui, le 30 mars 1790, faisait tomber le fort de Notre-Dame de la Garde au pouvoir de la municipalité, le sculpteur Alexandre Renaud et le peintre Brard. Enhardis peut-être par le souvenir de cette équipée, ils se présentaient tous deux en armes, le 23 juillet suivant, dans la salle des délibérations, en compagnie d'un associé-académicien, le peintre Charlier, et réclamaient, à grands cris, l'adoption immédiate de leurs projets de règlement (1). Ces excès et les dissentiments qui, loin de s'apaiser, y trouvèrent un nouvel aliment, préparèrent la ruine de l'institution. La défaite des Sections, au mois d'août 1793, l'acheva : l'école fut aussitôt fermée ; les modèles, les tableaux et les objets d'art qui en décoraient les salles furent dispersés ou détruits.

Son ancien recteur, Claude d'Ageville, alors secrétaire perpétuel, fut peu de temps après impliqué dans les poursuites dirigées contre les fédéralistes et traduit, sous cette accusation, par-devant la commission militaire présidée par Leroy dit *Brutus*; une condamnation à mort, prononcée et exécutée sur-le-champ, le 8 ventôse an II (26 février 1794), fut la récompense donnée par la Révolution à une longue carrière, qui n'avait été qu'un long dévouement à la cause de l'art et au bien public.

J.-B. S.

(1) Voir la *Protestation* adressée par le Bureau de l'académie aux officiers municipaux au sujet de cette scène de violences, le 26 juillet 1790, dans *Les Beaux-Arts en Provence. Revue générale au point de vue documentaire des incidents et des faits se rattachant à l'instruction publique*, etc., par Et. Parrocel, pp. 13-16.

CHAPITRE XIII

Lettres et Arts

Le mouvement intellectuel à Marseille, avant la Révolution, a été décrit au point de vue religieux, civil, économique, juridique et scientifique : il convient d'y ajouter un chapitre pour ce qui concerne les Lettres et les Arts, dont le culte a toujours été en honneur dans notre ville, car c'est de cet ensemble que résulte la vraie physionomie morale d'une grande cité.

Nul n'ignore que Marseille fut, à son origine, au milieu des peuples de la Gaule, un grand centre intellectuel. Au dire de Cicéron(1), elle surpassait, en sagesse et en science, non seulement la Grèce, mais encore toutes les nations du monde. C'était elle qui avait donné à Rome le goût des lettres grecques. C'est à elle que le monde savant est redevable de la plus ancienne édition que l'on possède d'Homère, laquelle fut faite sur celle qu'Aristote et Anaxarque avaient revue, par ordre d'Alexandre. La langue grecque et la langue latine, qui s'y parlaient, à ce qu'affirme Varron, aussi couramment que le gaulois, s'y conservèrent longtemps dans leur pureté(2). Mais le cadre dans lequel je

---

(1) « Neque vero te, Massilia, praetereo, cujus ego civitatis disciplinam atque gravitatem, non solum Graeciae, sed haud scio an cunctis gentibus anteponendam jure dicam... » *(Oratio pro L. Flaco.)*

(2) Les Marseillais devaient encore user également de ces trois langues du temps de saint Jérôme, puisque ce Père de l'Église rapporte lui-même, en la confirmant, l'observation de Varron. (Voir son Commentaire sur l'*Épitre aux Galates*, ch. 3.)

dois m'enfermer ne me permet que d'évoquer hâtivement ces vieux titres de gloire marseillais, et je ne m'attarderai pas davantage à montrer comment le culte des lettres et l'amour des arts, échappés du fléau des invasions, se soutinrent au Moyen Age et brillèrent à nouveau, à la Renaissance, d'un vif éclat.

Le tableau que j'essaierai d'esquisser de l'état des lettres et des arts à Marseille s'en tiendra au déclin de l'Ancien Régime. On pourra y constater que la grande cité commerçante, qui avait fourni, dans le passé le plus reculé, des philosophes, des orateurs, des écrivains dont les noms ont été recueillis par l'histoire, n'entendait mentir ni à son origine ni à ses traditions. En dehors des noms illustres dont cette époque peut se prévaloir, Marseille comptait encore, dans son sein, un grand nombre d'hommes de goût, de savoir et d'étude qui, sans prétendre à l'éclat de la célébrité, honoraient cependant leur ville par de réels talents et d'incontestables mérites. Grâce aux fondations, aux sociétés savantes qui encourageaient leurs travaux et les mettaient en évidence, l'amour des lettres et le sens artistique pénétraient profondément dans les classes riches ou aisées; ils atteignaient même les milieux populaires. Sans vouloir médire de notre temps, on pourrait peut-être affirmer qu'ils étaient plus généralement répandus qu'aujourd'hui.

Quelque nombreuses subdivisions que l'on puisse introduire dans ce vaste champ d'investigations et d'observation, je me bornerai à six grandes divisions :

Les bibliothèques ;
Les collections publiques et particulières ;
Les académies ;
Le théâtre ;
L'imprimerie et la librairie ;
Les journaux.

Je n'aborderai pas le détail de ces diverses sections sans indiquer de quelle utilité m'ont été les nombreuses notes que le regretté J. B. Sardon, l'érudit auteur des trois chapitres qui précèdent, avait recueillies sur ces sujets d'étude locale, et qui ont été libéralement mises à ma disposition. Il est de toute justice que, me servant des matériaux qu'il avait amassés, je rende hommage à sa mémoire en inscrivant son nom en tête de ce chapitre, qui lui devra tout l'intérêt qu'il peut offrir.

§ 1er. — *Bibliothèques monastiques et particulières.*

On a vu, dans les chapitres qui précèdent, quel fut le développement de l'instruction sous l'Ancien Régime, et quelle heureuse influence exerça l'Église sur la culture intellectuelle de la population.

On sait aussi que la gratuité de l'enseignement dans notre ville ne date pas de la Révolution : grâce à l'instruction qui était abondamment fournie par des établissements nombreux, le goût des livres s'y est toujours maintenu. Ce n'était pas, d'ailleurs, seulement dans les couvents qu'on voyait de riches bibliothèques : les particuliers en possédaient aussi de fort belles. Dès le Moyen Age, les manuscrits abondaient chez certains bourgeois, surtout chez les médecins et les professeurs. César Nostradamus assure que, de leur côté, les plus nobles familles de Provence tenaient à grand honneur la possession de quelques livres, et que « cet héritage n'était pas très ordinaire, parce que « telle librairie de cette estoffe constait une grande somme « d'argent. »

Malgré leur rareté et leur prix très élevé, les évêques en réunissaient aussi le plus possible. Ruffi nous dit que Raymond de Soliers, évêque de Marseille en 1122, pourvut l'église cathédrale d'une bibliothèque. Parmi ses successeurs, Jean Gasqui (1344), Guillaume Sudre (1361), Paul de Sade (1433), et d'autres encore, suivirent son exemple, — de même que Bérenger de la Roche, professeur dans les deux droits et en théologie, dont la bibliothèque était la plus riche de Marseille à la fin du XV° siècle. En dehors des ouvrages de piété, de droit canon et de théologie, on y voyait ceux de Pline le naturaliste, de Justin, etc. — Pour donner une idée de la rareté des livres en ces temps reculés, il me suffira de dire que cette bibliothèque, prodigieuse pour l'époque, ne contenait pas plus de cent volumes. Le prix en était cependant considérable (1); aussi, en les léguant à la cathédrale, dont il était sacristain, Bérenger de la Roche avait-il prescrit, pour leur conservation, les mesures les plus rigoureuses : ils devaient tous être retenus par une chaîne : *concatenentur in librariâ capituli*.

Après l'invention de l'imprimerie, le nombre des livres augmentant rapidement, il y eut à Marseille des bibliothèques encore plus nombreuses et plus riches. Celle de la célèbre abbaye de Saint-Victor fut, malheureusement, emportée à Paris, dès le XVI° siècle, par Catherine de Médicis, qui se l'était appropriée avec la connivence de son parent, Julien de Médicis, (abbé de Saint-Victor de 1570 à 1588). C'est M. Mortreuil qui a affirmé ce fait, tandis que, suivant Augustin Fabre, ce serait Richelieu qui se serait fait offrir cette importante collection de livres, comme il s'était fait déjà donner par la Ville une superbe pierre de jaspe que l'évêque Paul de Sade avait fait poser au-dessus du grand portail de la cathédrale. C'étaient là jeux de princes. Il est probable que tous ces livres, qui passèrent plus tard dans la bibliothèque du Roi, sont aujourd'hui à la bibliothèque Nationale.

Il n'y avait cependant pas de bibliothèques publiques à Marseille, en 1789; mais les divers Ordres religieux permettaient aux savants de consulter celles qui avaient été

---

(1) Guillaume Ribotti, évêque de Vence, où il mourut en 1287, avait légué à l'abbaye de Saint-Victor, de Marseille, tous les volumes qu'il possédait, à l'exception de son bréviaire, qui devait être vendu et dont le prix devait servir à acheter des terres (*ad emendum possessiones*). — (*Gallia Christiana*, tome III, preuves, col. 191-195.)

formées patiemment par leurs prédécesseurs et par eux-mêmes. La bibliothèque de Sainte Marthe contenait 8,000 volumes et beaucoup de manuscrits précieux. Chez les Minimes, on conservait, avec 4,000 volumes environ, les manuscrits du Père Plumier, botaniste distingué, et ceux du Père Feuillée. Celle des Capucins contenait 7,000 volumes. En Rive-Neuve, les Frères des Écoles chrétiennes avaient formé, dès leur installation, une bibliothèque importante où se trouvaient tous les ouvrages classiques en histoire, géographie, sciences mathématiques et naturelles : on y trouvait tous les traités spéciaux concernant les équations, le calcul intégral, le calcul différentiel, la trigonométrie, la marine, les manœuvres des vaisseaux, le commerce et la navigation. Elle possédait aussi un grand nombre de dessins. Les Frères avaient enfin un cabinet de physique et d'instruments de mathématiques. Ce magnifique ensemble donne une idée de la force des études et de la science des professeurs, dans cet établissement où les fils de famille venaient souvent compléter leur éducation commencée chez les Jésuites ou les Oratoriens.

Chaque maison religieuse avait, d'ailleurs, sa bibliothèque, plus ou moins importante, plus ou moins riche ; car un cloître sans livres, disait-on, est une forteresse sans arsenal : *Claustrum sine armario, quasi castrum sine armamentario* (1). On citait encore celle des Chartreux, celle du Bon Pasteur, ou Petit Séminaire, dont l'origine était un legs de la riche bibliothèque de l'abbé Aillaud, de l'Académie, et bien d'autres.

Quant aux particuliers, ils se faisaient de même un plaisir, dit Grosson, de montrer leurs bibliothèques aux savants et aux littérateurs qui en faisaient la demande. Celle de M. Philip était renommée pour la beauté des reliures et les

---

(1) *Thesaurus novus anecdotorum* de dom Martène, tome 1ᵉʳ, col. 511. Le lieu qui contenait les livres était plus souvent désigné par le mot *armarium* que par celui de *bibliotheca*.

éditions rares ; elle était conservée dans un corps en bois d'acajou artistement travaillé. M. Michel de Léon, trésorier de France ; Laurent Gravier, l'antiquaire ; Lejourdan, conseiller de l'amirauté ; Joseph Barbarin, et autres bibliophiles assez riches pour satisfaire leurs goûts, réunissaient à grands frais des livres rares et curieux. Le docteur Lemasson, M. Borelli, M. Long, augmentaient journellement leurs bibliothèques ; on citait encore celle du docteur Raymond, qui fut achetée 3,200 livres par les frères Mossy, libraires éditeurs.

Enfin, l'Académie des belles lettres, sciences et arts de Marseille avait hérité, en 1782, de la plus riche partie de la bibliothèque de l'abbé de Porrade (Paul Augustin), qui avait été, en 1721, l'un des fondateurs de ce corps savant ; l'abbé avait encore légué à ses confrères plusieurs instruments de physique d'un très grand prix, qui constituèrent le premier fonds de leur cabinet de physique. D'autres académiciens ayant fait comme lui, les richesses dont l'Académie se trouva gratifiée contribuèrent à donner à cette célèbre compagnie un renom que justifiait aussi le mérite de ses membres.

C'est l'importante bibliothèque de l'Académie, qui, réunie à toutes celles des maisons religieuses supprimées durant la Révolution, forma la bibliothèque publique de Marseille. Installée en 1799 dans l'ancien couvent des Bernardines (aujourd'hui le Lycée), celle-ci a été transférée en 1881 dans le magnifique monument élevé, au boulevard du Musée, par l'architecte Espérandieu.

On ne citerait plus, aujourd'hui, chez les particuliers surtout, d'aussi belles collections de livres que pouvaient en montrer nos pères. Le négoce n'absorbait pas tous leurs instants ; leur esprit se fortifiait et s'élevait par la lecture des chefs-d'œuvre de la littérature ou des livres de science ; ils apportaient ainsi dans la direction de leurs affaires commerciales une intelligence cultivée. Leur bon sens, la finesse et la sûreté de leur jugement ne pouvaient que s'en accroître. De nos jours, on aime encore les livres; mais, le plus souvent, c'est d'un amour curieux, qui recherche l'édition, la reliure, la forme, en un mot, plus que le fond : nous ne considérons plus les livres — et les bons livres — comme une chose absolument nécessaire, ainsi qu'on les considérait au siècle dernier. Les revues, les romans et le journal ont tué le livre.

§ 2. — *Les collections artistiques, publiques et particulières.*

L'une des passions inhérentes à l'humanité a, de tout temps, été celle des objets curieux. Annibal conservait pieusement dans sa collection une statuette d'Hercule, de Lysippe, d'une valeur inappréciable, que le maître lui-même avait donnée à Alexandre le Grand. Suétone nous apprend que César était un acheteur intrépide d'antiques, et M. Edm. Bonnaffé, le savant rédacteur de la *Gazette des Beaux-Arts*, nous a cité les principaux *Collectionneurs de l'ancienne Rome*, de même que ceux de l'*Ancienne France*. Les amateurs de beaux tableaux, de bronzes de prix, d'orfèvrerie artistique, n'ont jamais manqué, soit à Paris, soit dans la province. Sous ce rapport non plus, grâce surtout au voisinage de l'Italie, notre région n'était pas en retard sur le reste du pays.

C'est un gentilhomme provençal, Rascas de Bagarris, antiquaire fort distingué, né à Aix, que Henry IV plaçait à la tête de son cabinet de médailles, à Fontainebleau. Plus tard, et sans parler de Peiresc, dont les courtiers parcouraient le monde entier pour alimenter ses collections, je citerai un autre antiquaire provençal, moins connu, Antoine Agard, orfèvre à Arles, qui possédait un cabinet des plus riches dont il nous a laissé l'inventaire, publié à Paris en 1611. Ce petit livre est dédié à Mgr Du Vair, premier président au parlement d'Aix, et qui était lui-même un collectionneur émérite.

Marseille possédait aussi un grand nombre de *curieux*, dont les collections étaient visitées par les étrangers de passage. On me permettra de rappeler que j'ai détaillé, à propos d'*Un quiétiste marseillais* (1), l'inventaire de Jehan Malaval (1666), qui comprenait des statues de marbre, des tableaux, des pièces d'orfèvrerie de la Renaissance. Les églises, les couvents, l'Hôtel-de-Ville, l'Observatoire, l'Arsenal, l'Académie de peinture et de sculpture, ainsi que celle des belles-lettres, possédaient de nombreux objets d'art, sculptures ou tableaux, dont la nomenclature serait bien longue : on en voit une partie dans l'*Almanach historique* publié par Grosson de 1770 à 1790. Le musée de Longchamp conserve quelques-uns de ces tableaux ; nous avons encore le fameux bas-relief de Puget, qui est à la Consigne (*La Peste de Milan*), vendu, moyennant 2,000 livres et une pension de 500 livres, à l'Intendance sanitaire, par Paul Puget, petit-fils du célèbre artiste.

Nous avons aussi l'écusson des armes du Roi, de Puget également, qui décorait la porte principale de l'Hôtel-de-Ville, et que l'on a relégué, il y a quelques années, dans un hangar au Château Borély. Enfin, les divers tableaux de Puget, de Serre et autres, qui, provenant d'anciennes galeries, sont au Musée ou chez des particuliers, démontrent quel était le goût de nos ancêtres pour les objets d'art ; l'intéressant ouvrage de M. Octave Teissier sur *Les Anciennes Familles marseillaises*, indique quelles richesses étaient accumulées dans les hôtels de certains d'entre eux.

La plus importante galerie de tableaux était celle de Guillaume de Paul, lieutenant général civil de la Sénéchaussée. On a rappelé, avant nous (2), par quels procédés, aussi généreux que délicats, le digne magistrat ne cessait d'accroître cette précieuse collection. D'autres amateurs

---

(1) Marseille, typographie et lithographie Barlatier et Barthelet.
(2) Voir ci-dessus, chapitre VII, p. 199.

ne se signalaient pas moins par leurs goûts d'artistes ou de collectionneurs. Michel de Léon, trésorier général de France, conseiller du Roi, — dont nous avons signalé la bibliothèque dans le paragraphe précédent, — avait un des plus riches « cabinets » de l'époque : le savant Bernouilli, de Berlin, passant par Marseille en 1774, a énuméré, dans ses *Lettres sur différents sujets*, les principaux tableaux, les médailles marseillaises, les estampes de cette remarquable collection.

M. Blanc, à La Calade, avait des tableaux et des dessins ; M. Barrigue de Fontainieu, des Rembrandt, des Guerchin, des Salvator Rosa, des Vernet. Un simple marchand de toiles peintes, M. Daignan, était possesseur d'une collection de tableaux, dessins et estampes, dont le choix lui faisait honneur. Grosson, l'auteur de l'Almanach, avait un cabinet d'idoles, d'instruments de sacrifice et autres objets d'antiquité, parmi lesquels on distinguait une collection très variée des médailles frappées à Marseille : M. Gautier, ancien commissaire de la marine, en avait une semblable. M. Poulhariés, écuyer, avait réuni une collection toute moderne mais complète, et qui formait l'histoire métallique de l'Europe.

M. d'Anjou, ancien officier de marine, possédait une collection de 80 modèles de vaisseaux. — Chez M. Joseph Magnan, l'on voyait, entre autres objets d'art, le modèle d'une statue équestre de Louis XIV, par Puget, et celui du *Milon de Crotone*, que les connaisseurs estimaient supérieur au groupe de Versailles.

Le cabinet de M. Famin, négociant, rue de la Figuière, était célèbre par ses dessins de l'école italienne. — Chez M. de Romagnac, c'était des instruments de physique très intéressants que l'on allait voir ; ils passèrent plus tard en mains de M. Jacques Fraissinet.

Mais je citerai surtout le château Borély, construit en 1768, par Louis Borély, négociant marseillais, pour montrer quel goût, quelle élégance et quel luxe nos pères apportaient dans l'ornementation de leurs demeures et même de leurs maisons de campagne. Alfred Saurel (1) a décrit ce château, acquis par la Ville de Marseille, il y a une quarantaine d'années et affecté aujourd'hui à l'important musée égyptien légué par Clot-Bey, un Marseillais célèbre, qui devint le médecin et l'ami de Mehemet-Ali. Ceux des anciens appartements de M. Borély qui sont restés tels qu'ils étaient au siècle dernier, avec leur ameublement Louis XVI, les sculptures, les tapisseries, les tableaux de la chapelle, l'escalier d'honneur, ne donnent encore qu'une faible idée des richesses artistiques qui avaient été accumulées dans cette simple « maison de plaisance ». On y voyait 14 toiles de Parrocel et son chef d'œuvre, la *Vie de Tobie*, qui ornait auparavant la galerie de l'hôtel de Noailles, à Saint-Germain-en-Laye (2) ; un bas-relief de Puget, des faïences marseillaises très artistement décorées, etc., etc.

Cette énumération est, certes, incomplète ; elle suffit cependant à démontrer, que dans toutes les classes de la société on honorait, à Marseille, l'art et les artistes. Ce n'étaient pas seulement les grands seigneurs qui étaient accessibles aux beautés de l'art : des négociants, des administrateurs, de simples bourgeois cherchaient aussi à s'en procurer les jouissances. On reste confondu lorsqu'on parcourt, à la Bibliothèque de la Ville, les divers ouvrages, brochures et monographies, qui traitent des objets d'art répandus dans Marseille au siècle dernier, et dont le goût était entré dans les mœurs. Si, dans un livre (3) publié à Paris — en 1693, — nous voyons 134 collections importantes citées pour la capitale, qui avait à peine le tiers de sa population actuelle, la proportion devait être au moins

---

(1) *Notice historique sur le Château Borély, avec une vue et un plan.* Marseille, 1886.

(2) Bernouilli. *Lettres sur différents sujets, écrites en 1774 et 1775.* Berlin, Decker, 1777, tome II, p. 241.

(3) De Blegny : *Livre commode*, pour l'année 1693.

la même à Marseille qui, par le voisinage de l'Italie, pouvait s'approvisionner plus aisément de tableaux, statues, camées, etc.

Mais, combien d'amateurs ignorés, que de cabinets disparus! Les troubles civils, la Révolution ignorante et impie, ont dispersé les galeries, anéanti une quantité d'objets d'art et de collections qui donnaient à Marseille et aux Marseillais un renom égal à leur réputation commerciale.

Une partie de ces trésors artistiques se retrouve encore aujourd'hui dans quelques collections particulières. On peut, en effet, citer de nos jours quelques collectionneurs Marseillais; mais ils sont moins nombreux qu'autrefois: le bibelot a succédé aux objets vraiment beaux et curieux, car la démocratie a nivelé — par en bas — la société ; ce qui est vraiment beau n'est plus recherché que par une élite.

§ 3. — *Les Académies.*

Il était naturel que les Marseillais, qui savaient former tant de bibliothèques et réunir un aussi grand nombre de tableaux, de morceaux de sculpture, dessins, cabinets de médailles, d'histoire naturelle, etc., eussent l'idée de fonder des institutions ayant pour objet l'enseignement et la diffusion des lettres, des sciences et des arts. Aussi pouvait on citer dans notre ville de nombreuses académies qui, encore à la fin du XVIII° siècle, donnaient à Marseille cette réputation de ville studieuse et amie des arts qu'elle avait eue déjà à l'époque romaine.

Nous ne nous occuperons cependant que des académies officielles, c'est-à-dire ayant obtenu par des lettres patentes l'existence officielle — ce qu'on appelle aujourd'hui « le caractère d'utilité publique » ; c'étaient :

L'Académie des belles-lettres, sciences et arts ;

L'Académie de peinture, sculpture et architecture civile et navale ;

L'Académie de musique.

I. — Académie des Belles-Lettres, Sciences et Arts.

Cette académie était plus généralement connue sous le titre de « l'Académie », sans autre qualification : c'était l'Académie par excellence, la réunion des citoyens qui, par leur instruction et leurs travaux, étaient, à Marseille, les plus remarquables dans toutes les branches de l'intelligence.

On voit dans l'*Histoire de l'Académie*, par M. Lautard, et celle, plus condensée, de M. l'abbé Dassy, combien cette société savante fut considérée dès qu'elle fut fondée, en 1726, par quelques Marseillais amis des Lettres. Son secrétaire perpétuel, Antoine-Louis Chalamont de la Visclède, avait été deux fois couronné par l'Académie française qui, dès la création de l'Académie de Marseille, s'empressa d'adopter cette institution naissante : l'affiliation eut lieu le jeudi 19 septembre 1726, dans une séance mémorable que présidait Fontenelle, et dont le procès-verbal, imprimé la même année chez Jean-Baptiste Coignard fils, imprimeur du Roi et de l'Académie française, rue Saint-Jacques, *Au Livre d'or*, existe à la bibliothèque de la Ville (1).

Notre académie s'est toujours appliquée à justifier cette distinction sans précédent, que Lamartine se plut à rappeler quand il présida, en 1832, une séance de l'Académie de Marseille, dont il était membre, comme l'avaient été Voltaire (2), Chamfort, François de Neufchâteau et Bonaparte lui-même ; comme le furent plus tard Leverrier, le général Faidherbe, Reyer, et autres illustrations de notre pays.

(1) Fonds de Provence, in-4°, p b 8.
(2) Il avait posé sa candidature par lettre du 29 décembre 1745, et fut élu le 12 janvier 1746, par conséquent quelques mois avant son élection à l'Académie française.

C'est le maréchal de Villars, le vainqueur de Denain, qui avait encouragé les fondateurs d'une « Académie des belles-lettres », dont il fut nommé protecteur par Louis XV, en sa qualité de gouverneur de la Provence et de membre de l'Académie française. Mécène généreux et délicat, il la dota, en 1732, d'un revenu fixe de 300 livres qui devait constituer un prix annuel d'éloquence et de poésie. De 1726 à 1734, date de sa mort, ce grand homme ne cessa de s'intéresser à l'Académie et de lui faire obtenir les faveurs royales. En 1734, le duc de Villars, son fils, lui avait succédé, dans le gouvernement de Provence comme à l'Académie française ; il tint à honneur de lui succéder aussi dans le protectorat de l'Académie de Marseille et, comme lui, fonda un prix annuel de 300 livres (en 1767) : ce second prix devait récompenser le meilleur travail ayant pour objet les sciences naturelles. Par de nouvelles lettres patentes données à Versailles en 1766, le nombre des académiciens qui n'était que de vingt à l'origine, avait été porté à trente, dont quinze pour les belles-lettres, et quinze autres pour les sciences et les arts.

Les héritiers du duc de Villars, se conformant à ce qui leur avait été prescrit par un codicille, placèrent sur la communauté de Marseille, au 3 0/0, une somme de 20.000 livres dont la rente, ainsi constituée en 600 livres, devait être affectée par l'Académie aux deux prix annuels de 300 livres fondés par le maréchal et par le duc.

Ces prix furent régulièrement donnés jusqu'en 1793. Ils entretenaient l'émulation pour les lettres et les sciences, dans notre ville aussi bien que dans tout le royaume, car on voit figurer parmi les lauréats plusieurs hommes de lettres n'appartenant pas à notre région, tels que : Gabriel-Henri Gaillard, et Chamfort, l'un et l'autre de l'Académie française ; Philippon de la Madeleine, trésorier de France à Bésançon ; M. Raynouard, qui, depuis, fut secrétaire perpétuel de l'Académie française. Les concours, auxquels le *Mercure de France* donnait une grande publicité, étaient, est-il besoin de le dire, sérieux : les prix n'y étaient décernés qu'à des œuvres d'un réel mérite. En 1782, le Conseil municipal avait offert à l'Académie de Marseille une somme de 1.200 livres — à prendre sur les fonds provenant de la remise du sel, — pour servir de prix à l'ouvrage qui, au jugement de l'Académie des belles-lettres sciences et arts, présenterait le *Plan d'éducation publique le plus convenable à Marseille, considérée comme ville maritime et commerciale.* L'Académie délibéra d'ajouter à ce prix la médaille d'or de 300 livres du maréchal de Villars. Les concurrents furent nombreux, mais aucun mémoire ne fut jugé digne du prix. Trois fois le même sujet fut remis au concours, sans plus de succès ; la municipalité pria dès lors l'Académie de faire analyser les divers travaux remis, pour en tirer un mémoire acceptable.

Les faveurs officielles s'étendaient alors sur tout ce qui contribuait à l'honneur du pays. Louis XV avait autorisé l'Académie de Marseille à faire usage d'un sceau, avec telle marque et inscription qu'elle voudrait choisir, pour sceller les actes de la Compagnie. L'emblème adopté fut le phénix qui renaît de ses cendres, avec la devise *Primis renascor radiis*, pour rappeler l'ancienne Académie de Marseille que celle-ci faisait renaître.

Plus tard, en 1736, le roi lui accorda le privilège de faire imprimer et vendre tous les ouvrages de ses membres, ou autres auteurs approuvés par elle. En 1783, Louis XVI renouvela ce privilège. De son côté, la commune de Marseille tenait à honneur d'encourager une institution qui était si utile aux lettres, aux arts et aux sciences, dans notre ville commerçante avant tout, et elle décida, le 6 juillet 1781, qu'elle payerait annuellement à l'Académie la somme de 2.400 livres pour l'aider à subvenir aux frais de son logement comme à tous autres, notamment à l'impression de ses *Mémoires.*

Cette question du logement, que l'on pourrait dire vitale pour l'Académie, avait été longtemps mal définie : à l'origine, les séances se tenaient à l'Arsenal ; puis, quand il fut désaffecté, à l'Évêché ; les séances publiques étaient alors données dans la grande salle de l'Hôtel-de-Ville. Plus tard, la Ville avait accordé — à titre précaire — à l'Académie la jouissance d'une ancienne chapelle dont on avait enlevé l'autel, située au-dessus de l'église Saint-Jaume et qui avait appartenu aux Jésuites avant la dissolution de leur Société. C'est dans cette salle, très riche en peintures et dorures, que Bernouilli assista, en décembre 1774, à une séance des plus brillantes de l'Académie, dont il rendit compte dans sa lettre du 28 décembre 1774. Il avait admiré, en outre, dans cette salle, le commencement d'une collection d'histoire naturelle qui promettait de devenir très belle. Nous avons vu, dans un paragraphe précédent, que, en outre de sa riche bibliothèque, l'Académie possédait encore un cabinet d'instruments de physique.

Aucune de ces diverses installations successives ne pouvait cependant être définitive. Mais bientôt, en considération des services qu'elle rendait, l'Académie fut jugée digne de la direction de l'Observatoire (1). Le Roi la lui con-

(1) Fondé en 1696 par les Jésuites, sur la cime des Moulins, à la montée des Accoules, près de l'église Sainte-Croix. — Le ciel de Marseille, si pur en toutes saisons, était naturellement propice aux observations astronomiques, et c'est sur l'emplacement de la place de Lenche, selon les uns, ou de la Major, suivant les autres, que 350 ans avant notre ère, Pythéas avait déterminé l'obliquité de l'écliptique, comme, 2300 ans plus tard, l'illustre Leverrier choisit à son tour Marseille pour y installer, en 1862, le superbe télescope de 0^m 80 de diamètre qu'avait construit Foucault.

Les Jésuites avaient fait, à l'Observatoire des Accoules, de nombreuses observations régulières, et le Père Pézenas, directeur après le Père Laval, avait publié cinq volumes de Mémoires scientifiques sur diverses questions d'astronomie et de mécanique. Il avait eu pour collaborateur le Père Lagrange, qui fut plus tard directeur de l'Observatoire de Milan.

Après l'expulsion des Jésuites, en 1763, M. de Saint-Jacques Silvabelle fut nommé directeur. Il resta plus de trente ans à la tête de cet établissement dont il augmenta encore l'importance et la notoriété par

céda, en octobre 1781, à la demande de Malouet, commissaire général des Colonies, membre associé de l'Académie de Marseille. Ce fut la juste récompense du bien moral et intellectuel que faisait cette savante Compagnie depuis plus d'un demi-siècle. Le local qui se trouva ainsi mis à sa disposition était, il est vrai, sur un point un peu éloigné de la nouvelle ville; mais il était spacieux : l'Académie y vécut, sans être inquiétée par aucune contestation, jusqu'à sa dissolution, sous la Révolution.

Son dernier protecteur fut le cardinal François-Joachim de Pierres de Bernis, archevêque d'Alby, évêque d'Albano, ambassadeur de France à Rome, où il mourut le 1er novembre 1794. Il avait succédé au duc de Villars, dans son titre de protecteur, à la mort de ce dernier, en 1770. Quelques appréciations que l'on puisse porter sur la politique du cardinal, on ne peut disconvenir qu'il fut un des hommes les plus éminents de son époque; il était d'ailleurs un écrivain de mérite, d'un goût fin et délicat. Il appartenait à l'Académie française depuis 1744.

En 1789, notre Académie comptait deux membres « honoraires » ou membres d'honneur : le maréchal de Castries lieutenant général du Lyonnais, du Forez et du Beaujolais, ministre de la marine, et Necker, le directeur général des finances. L'un et l'autre avaient, en diverses circonstances, largement témoigné leur bienveillance et leur sympathie envers l'Académie.

La Compagnie avait alors pour directeur M. Barthélemy Vidal, docteur en médecine, agrégé au collège de Mar-

---

sa détermination de la rotation de Jupiter, par ses observations sur les réfractions atmosphériques, sur les Comètes, etc. — Membre de l'Académie de Marseille, c'est sous sa direction que ce corps savant fut installé à l'Observatoire par l'ordonnance royale ci-dessus rappelée.

Peu mêlé au mouvement politique, M. de Saint-Jacques Silvabelle échappa à la tourmente révolutionnaire. Il mourut en 1801, laissant à son successeur, M. Thulis, — également de l'Académie de Marseille, — une belle collection d'observations et d'instruments.

seille, membre de l'Académie royale des Sciences de Turin et de la Société royale de Paris, reçu à l'Académie en 1786; pour chancelier, le chanoine Balthazar de Robineau de Beaulieu (1), vicaire général du diocèse, reçu en 1773; le directeur et le chancelier étaient renouvelés chaque année par la voie du sort. Elle avait deux secrétaires perpétuels : MM. Joseph Capus, avocat, assesseur de Marseille, secrétaire pour la partie des belles lettres; Joseph Bernard, adjoint à l'Observatoire, correspondant de l'Académie des Sciences de Paris, secrétaire pour les sciences. M. Capus appartenait à l'Académie depuis 1785; M. Bernard, depuis 1782.

Les autres académiciens titulaires étaient, selon l'ordre de leur réception : MM. Louis-Nicolas de Vento, marquis des Pennes, chevalier de Saint-Louis, ancien procureur du Pays (reçu en 1744); Pierre-Augustin Guys, secrétaire du Roi, membre de l'Académie des Arcades de Rome (2) (1752); Mgr Jean-Baptiste de Belloy, évêque de Marseille (1756); MM. Jacques-Louis-Auguste de Thomassin de Peynier, chanoine de Saint-Victor, vicaire général du diocèse (1760); Guillaume de Paul, lieutenant général civil honoraire en la sénéchaussée; Dominique de Demandolx, lieutenant général civil en la sénéchaussée, de l'Académie des Arcades; Jacques de Seymandi, secrétaire du Roi; Dominique Audibert, négociant (1763); Louis-François de Georges d'Oliéres de Luminy, chanoine, vicaire général et official du diocèse; Guillaume de Saint-Jacques Silvabelle, directeur de l'Observatoire (3) (1765); Gabriel de Villeneuve, chevalier de Saint-Louis, aide-major du fort Saint-Jean,

---

(1) Fils de Pierre de Robineau, l'un des fondateurs de l'Académie.
(2) Né à Marseille le 2 août 1721, auteur du *Voyage littéraire en Grèce* (1776, 2 vol. in-12; 1783, 4 vol. in-8°). Guys a aussi publié : une *Relation abrégée de voyage en Italie et dans le Nord*; *Marseille ancienne et moderne* (1786, in-8°), des *Poésies fugitives*, etc.
(3) Né à Marseille en 1722; mort en 1801, membre correspondant de l'Institut.

gouverneur d'Auriol (1766); Abraham-Moïse Joyeuse, médecin de la marine (1767); le Père Paul-Antoine Mene, religieux dominicain, de l'Académie des Arcades (1773); MM. Jean-Baptiste-Bernard Grosson, notaire royal, secrétaire de l'Ordre de Malte, de l'Académie des Arcades, de la Société royale de Stockholm, etc. (1)(1773); Louis-Maximilien-Toussaint Noguier de Malijay, receveur général des finances de Provence (2)(1773); Jacques-Augustin Martin, prévôt de l'Eglise de Marseille, vicaire général du diocèse (1774); Dominique Bertrand, directeur de la Compagnie d'Afrique ; Joseph-Mathieu Salze, négociant, subdélégué de l'intendance de Provence ; César Collé, chimiste, de l'Académie de Médecine de Madrid (1778); Victor-Pierre de Malouet (3), secrétaire du cabinet de Madame Adélaïde de France, intendant de justice, police et finances de la marine à Toulon (1781); Jacques Thulis (4) (1782); François-Louis-Claude Marin, lieutenant général en l'amirauté de La Ciotat, censeur royal, inspecteur de la librairie de Provence (5) (1783); André Liquier, négociant (6) (1785); Claude-François Achard, docteur en médecine, agrégé au collège de Marseille, de la Société royale de médecine de Paris (7) (1786); Bardon, négociant (1787).

(1) Auteur du *Recueil des Antiquités et monuments marseillais qui peuvent intéresser l'histoire et les arts* (Marseille, chez Jean Mossy, 1773, in-4°) et éditeur des *Almanachs historiques de Marseille*.

(2) Fut membre du Conseil des Cinq-Cents et ensuite du Corps législatif.

(3) Commissaire général de la marine sous l'Empire, nommé ministre de la marine à la rentrée des Bourbons.

(4) Attaché à l'Observatoire, fut directeur de cet établissement de 1801 à sa mort, en 1810.

(5) Né à La Ciotat; auteur de pièces de théâtre, de l'*Histoire de Saladin, sultan d'Egypte et de Syrie*, d'un *Mémoire sur l'ancienne ville de Tauroentum* et d'une *Histoire de La Ciotat*.

(6) Député de Marseille aux Etats généraux.

(7) Né à Marseille le 13 mars 1751, Claude-François Achard avait publié, en 1785, son *Vocabulaire français-provençal et provençal-*

Onze anciens académiciens titulaires avaient été, sur leur demande, admis à la « vétérance » : le marquis Toussaint-Alphonse de Fortia de Pilles, capitaine-gouverneur-viguier de Marseille (admis à la vétérance en 1748); Mgr Jérôme de Suffren de Saint-Tropez, évêque de Sisteron (1765); MM. Pierre Besson, auditeur en la Chambre des comptes de Paris (1765); Honoré-César Ricaud, ancien premier échevin; Fr.-Ange d'Eymar, abbé du Val-Chrétien, vicaire général de Strasbourg (1); Jacques Floret, avocat, à Toulouse (1781); Victor-Amédée Magnan, docteur en médecine, médecin ordinaire du Roi, agrégé au collège de Marseille, à Paris; Louis Journu de Montagny, à Bordeaux (1782); Jean-Pierre Papon, ecclésiastique, à Paris (2); Antoine Villet, négociant, à Paris (1786); Jean-Raymond Mourraille (3) (1787).

L'Académie ne comptait pas moins de 80 associés « régnicoles » : MM. Frédéric-Maurice Dubu, ancien secrétaire du duc de Villars, à Paris; Jacques-Ignace de La Touche, chevalier de Saint-Lazare et de Notre-Dame du Mont-Carmel, à Châlons (1735); Victor de Riqueti, marquis de Mirabeau (4) (1742); Pierre de Boulogne, secrétaire du Roi, audiencier au parlement de Metz (1748); Jean-François-André LeBlanc de Castillon, procureur général au parlement de Provence (1753); Jean-Baptiste David,

---

français; en 1787, *l'Histoire des hommes illustres de Provence;* en 1788, le *Dictionnaire géographique de la Provence.*

(1) Ancien chanoine de La Major, auteur d'une *Oraison funèbre de Monseigneur le Dauphin,* imprimée à Marseille, in-4°, en 1766.

(2) Né à Puget-Théniers, en 1734, auteur de *l'Histoire générale de Provence* (Paris, 4 vol. in-4°, 1777-1786), du *Voyage littéraire de Provence* (Paris, 2 vol. in-12, 1787) et de plusieurs autres ouvrages littéraires ou historiques; il avait, depuis quelque temps, quitté l'Oratoire.

(3) Auteur d'un *Traité de la Résolution des Équations,* maire de Marseille en 1792 et 1793.

(4) L'auteur de *l'Ami des Hommes,* père de l'orateur; mort à Argenteuil, le 12 juillet 1789.

avocat, professeur de droit à l'Université de Pau (1755);
Clément-Jérôme-Ignace de Rességuier, bailli, grand'croix
de l'Ordre de Malte, commandeur de Marseille ; Charles
Palissot de Montenoi, à Paris ; Charles-Jean-Baptiste des
Gallois de La Tour, marquis de Saint-Aubin, premier
président du parlement, intendant en Provence (1756) ; le
vicomte d'Allès, de l'Académie d'Angers (1760) ; Charles-
Claude de Peyssonnel, consul de France en Crimée, correspondant de l'Académie des Inscriptions et Belles-Lettres
de Paris (1) (1761); Louis Necker de Germany, négociant,
à Paris ; François de Neufchâteau, procureur général au
Conseil souverain du Cap Français (2) ; de Fauris de Saint-
Vincent, président au parlement, honoraire, correspondant de l'Académie des Inscriptions et Belles-Lettres de
Paris, à Aix (1766); Auffray, de l'Académie de Metz ; Gardane, docteur en médecine et censeur royal, à Paris ;
Gaillard, de l'Académie française et de celle des Inscriptions
et Belles-Lettres (3) (1769) ; l'abbé Expilly, ancien secrétaire
d'ambassade du roi de Sicile (1770) ; Arnoult, docteur en
médecine, à Paris ; l'abbé Chapus, vicaire général de Sisteron ; Béguillet, avocat, à Dijon (1771) ; Antoine-Jean-Bap-
tiste-Robert Auget, baron de Monthion, conseiller d'État,
à Paris (4) ; l'abbé Gabriel, vicaire général d'Alby, premier
secrétaire du cardinal de Bernis (1772) ; Mgr de Boisgelin
de Cucé, archevêque d'Aix, membre de l'Académie
française ; l'abbé Rozier, ancien directeur de l'École
vétérinaire de Lyon ; Félix de Nogaret, secrétaire du
duc de Lavrillière (1773) ; d'Ansse de Villoison, de l'Académie des Inscriptions et Belles-Lettres, de la Société

(1) Fils de Jean-André Peyssonnel, naturaliste ; a laissé des *Observations historiques et géographiques sur les peuples barbares
qui ont habité les bords du Danube*, Paris, 1765, etc.
(2) Porté sur les listes de l'Académie, sous les noms de François
François ; il avait été reçu associé à l'âge de 15 ans.
(3) Lauréat de notre Académie, au concours de 1770.
(4) Intendant de Provence, de 1771 à 1774.

royale de Londres, etc. ; de Chabanon, de l'Académie des Inscriptions et Belles-Lettres ; le comte d'Hautefort, grand d'Espagne ; de Chamfort, de l'Académie française, secrétaire du prince de Condé (1) (1774) ; l'abbé Bertholon, prêtre des missions, professeur de physique, à Montpellier ; l'abbé Filassier, à Paris (1775) ; Pazery, professeur de droit à l'Université d'Aix ; Charles Devillers, de l'Académie de Lyon ; l'abbé Paul, de Saint-Chamas ; Sabatier de Cabres, conseiller d'État (1776) ; Pierre Demours, médecin-oculiste du Roi, de l'Académie des Sciences de Paris, censeur royal (2) ; le baron de La Tour d'Aigues, président à mortier au parlement de Provence (1777) ; Ollion, chirurgien-oculiste, pensionnaire de la Province ; Gudin de la Brenellerie, à Paris ; Raup de Baptestain, censeur royal, à Paris (1778) ; le comte d'Albon, prince d'Yvetot, colonel de cavalerie ; Louis Gérard, docteur en médecine, à Cotignac ; Honoré-Genest Pâris, docteur en médecine, de la Société royale de médecine de Paris, à Arles ; Granet, lieutenant général civil en la sénéchaussée de Toulon ; Daniel-Marc-Antoine Chardon, maître des requêtes, procureur général au Conseil des prises ; l'abbé Joseph-François Marie, censeur royal, professeur de mathématiques au collège Mazarin, de la maison de Sorbonne, sous-précepteur du duc d'Angoulême (1779) ; le duc de Rohan-Chabot, prince de Léon, lieutenant général des armées du Roi ; le comte Turpin de Crissé, lieutenant général des armées du Roi ; l'abbé de Castillon, vicaire général de Lyon (1780) ; Reboul, avocat, secrétaire perpétuel de la Société d'agriculture, à Aix ; Claude-Emmanuel-Joseph-Pierre de Pastoret, maître des requêtes, membre de l'Académie des Inscriptions et Belles-Lettres, à Paris (3) ; Pierre-Laurent Bérenger, cen-

(1) Lauréat de l'Académie de Marseille en 1767 et 1774 ; au concours de 1774, il avait eu La Harpe pour concurrent.

(2) Né à Marseille en 1702 ; a créé la chirurgie oculaire rationnelle.

(3) Né à Marseille le 25 octobre 1756. Il y fut pendant quelques années, on le sait, avocat en la sénéchaussée ; il y débuta aussi dans

seur royal, ancien professeur d'éloquence au collège d'Orléans (1) (1781); Jacques Gibelin docteur en médecine, de la Société médicale de Londres, à Aix (1782); Fabre, ingénieur de la Province, à Aix; J. Hugues, marquis de La Garde, président en la Chambre des comptes de Grenoble (2); Joseph-Elzéar-Dominique Bernardi, lieutenant général au siège du comté de Sault, subdélégué de l'intendant de Provence; Guérin, avocat, à Sault; de Langeac, chevalier de Malte, à Paris; comte de Bissy, lieutenant général pour le Roi en Languedoc, gouverneur d'Auxonne, membre de l'Académie française (1783); l'abbé Giraud de Soulavie; Le Hoc, secrétaire d'ambassade, à Constantinople (1784); Danthoine, ancien apothicaire, à Manosque; Jean-Jacques Béraud, de l'Oratoire, professeur de physique expérimentale au collège de Marseille; le chevalier de Cubières; Leblond, à Paris; Chaussier, de l'Académie de Dijon; Grimod de La Reynière, avocat, à Paris; Roland de la Platrière, inspecteur des manufactures, à Lyon (1785); Henri-Charles de Thiard de Bissy, comte de Thiard, lieutenant général des armées du Roi, gouverneur de Brest, commandant en chef pour le Roi en Bretagne (3); Bouche, avocat au parlement de Provence (4); Etienne-François Lantier, chevalier de Saint-Louis, à Paris (5); le marquis de Marnezia, à Paris (1786); Jean-François de

la carrière des lettres, par des compositions poétiques dédiées à l'Académie.

(1) Auteur des *Soirées provençales*.
(2) Fils du riche négociant marseillais Joseph Hugues, dit l'aîné.
(3) Frère puîné du comte de Bissy; il avait été commandant pour le Roi en Provence, de 1782 à 1787.
(4) Charles-François Bouche, auteur de l'*Essai sur l'Histoire de Provence et des Provençaux célèbres* (Marseille 1785, 2 vol. in 4°), du *Droit public de la Provence sur la contribution aux impositions* (1788, in 8°), etc., député de la sénéchaussée d'Aix aux Etats généraux, mort en 1794, membre du Tribunal de cassation.
(5) Né à Marseille le 30 septembre 1734; auteur des *Voyages d'Anténor*.

Noble de La Lauzière, ancien premier consul d'Arles, chevalier de Saint-Louis (1) ; Cousin Despréaux ; de Bastide, à Paris (2) (1787) ; Claude d'Ageville, architecte, recteur de l'École de peinture, sculpture et architecture de Marseille ; Olivier, docteur en médecine ; Bouteille, docteur en médecine, à Manosque ; l'abbé Morel, de la Doctrine chrétienne, professeur de rhétorique au collège d'Aix (1788).

En défalquant des relevés de Grosson trois associés qui étaient morts depuis un certain temps, elle comptait alors 17 associés étrangers, savoir : MM. André, baron de Vanhopken, sénateur du royaume de Suède (admis en 1733) ; Jean-Auguste Buxtorf, professeur de langues orientales à l'Université de Bâle (1745) ; Frédéric-Samuel Smith, bibliothécaire de Berne (1762) ; le chevalier James Bruce de Kinnaïrd, de l'Académie de Berlin ; Jean de Bernouilli, directeur de l'observatoire de Berlin (3) (1773) ; le marquis de Luchet (1776) ; Jean-Antoine Borrelly, de l'Académie de Berlin (1777) ; Henri Ellis, ancien gouverneur de la Nouvelle-Écosse et de la Géorgie, membre de la Société royale de Londres (1780) ; Barbier de Crainvillier, officier au service de Pologne, des Académies de Lyon et des Arcades ; Louis Targioni, docteur en médecine, à Florence ; François de Zach, ingénieur du duc de Saxe-Gotha ; de Samoïlowitz, docteur en médecine, assesseur des collèges de Russie (1783) ; Pouwnall, ancien gouverneur de la province de Massachussets et de la Caroline méridionale, membre de la Société royale de Londres (1785) ; le comte d'Hastig, à Pragues (1786) ; le duc de Saxe-Gotha et d'Altenbourg (1787) ; de Saussure, professeur de physique, à

---

(1) Né à Marseille en 1718, auteur d'un mémoire *Sur les moyens les plus propres à vaincre les obstacles que le Rhône oppose au cabotage entre Arles et Marseille et à empêcher qu'il ne s'en forme de nouveaux*, couronné au concours de 1779.

(2) Jean-François de Bastide, romancier, né à Marseille le 15 juillet 1724, mort à Milan en 1789.

(3) Auteur des *Lettres sur différents sujets*, citées ci-dessus.

Genève (1787) ; l'abbé Joseph Correa de Serra, à Lisbonne (1788) (1).

Ces longues nomenclatures de noms appartenant au monde savant, à la littérature, au haut personnel administratif et gouvernemental, à l'élite de la société, montrent amplement en quelle estime l'Académie de Marseille était tenue, non seulement dans notre ville et dans sa région, mais encore dans toute la France et à l'étranger.

Malheureusement, les mauvais jours allaient bientôt se lever pour toutes nos institutions, surtout pour celles dont la prospérité semblait plus particulièrement témoigner de l'action bienfaisante de la royauté. Un certain nombre de membres de l'Académie, suspects au nouveau régime, dénoncés et traqués en haine de leurs sentiments, de leurs noms, ou simplement de leur fortune, s'éloignèrent de Marseille dès les premiers troubles. Quelques-uns émigrèrent avant la défaite des sections, en 1793. Des assemblées se tinrent encore cette année-là, pendant la lutte contre la Convention, mais combien peu nombreuses !

La dernière eut lieu le 21 août. Elle ne réunit que sept académiciens titulaires : Jacques Thulis, alors directeur, l'abbé de Robineau, les docteurs Achard, Tollon et Joyeuse, Dominique de Demandolx et le Père Nenc, auxquels se joignit Claude d'Ageville, associé. Le chiffre réglementaire pour la validité des délibérations étant atteint, l'assemblée renouvela le bureau, statua sur les compositions du concours de l'année et choisit les sujets de prix pour 1794. *Le bonheur de l'homme sous l'empire des lois* : tel fut le sujet proposé, en prose, comme en poésie.

Quatre jours plus tard, Cartaux entrait dans Marseille, à la tête de ses Allobroges, et y rétablissait la dictature

---

(1) Grosson, *Almanach historique de Marseille*, année 1789, pp. 248-263 ; Dassy, *L'Académie de Marseille, ses origines, ses publications, ses archives, ses membres*. Marseille, 1877, pp. 595-598, 612-613, 621-627 et 631-635.

révolutionnaire. L'Académie fut tenue pour dissoute ; ses collections furent dispersées.

Nous avons dit, dans un paragraphe précédent, que sa bibliothèque, saisie à cette époque, a formé, dans la suite, le fonds le plus important de la bibliothèque de la Ville. La municipalité qui était en fonctions lors de la reconstitution de cette société savante, en 1796, n'a pas plus songé à la dédommager d'une telle spoliation, qu'à lui continuer l'allocation annuelle qui avait été votée en 1781, pour lui permettre d'imprimer ses « Mémoires » et de faire face à ses autres frais. Les Conseils municipaux qui se sont depuis lors succédés ne s'en sont pas davantage préoccupés.

Une administration soucieuse des intérêts moraux d'une grande cité ne devrait-elle pas cependant favoriser une institution qui, par les travaux de ses membres, par les concours qu'elle ouvre chaque année, s'efforce d'y produire une émulation féconde entre tous les amis des lettres, des sciences et des arts ?

II. — Académie de Peinture, Sculpture et Architecture civile et navale

Celle-ci n'était pas moins florissante que l'Académie des lettres et des sciences. Comme elle, un lien d'estime et d'affection la rattachait à l'Académie similaire de Paris ; plusieurs des membres de l'Académie royale étaient même devenus associés de celle de Marseille.

Ce fut, on l'a vu plus haut (1), dans le courant de l'année 1752 qu'elle fut fondée. On sait que cette nouvelle Société académique, créée en même temps que l'Ecole qu'elle eut sous sa dépendance, se trouva elle-même placée, dès son premier établissement, sous l'égide d'un protecteur; que son premier protecteur fut le gouverneur de

(1) Chapitre XII, § 8, pp. 358 et suiv.

Provence, le duc de Villars, qui avait déjà le même titre à l'égard de l'Académie des belles-lettres. A la mort du gouverneur, en 1771, l'Académie prit pour protecteur, le marquis de Marigny, directeur ordonnateur des bâtiments du Roi.

Aux termes de son acte de fondation, l'Académie se composait exclusivement, en dehors de la direction et du personnel enseignant, des membres de l'Académie des Belles-Lettres, affiliés de droit, et d'agrégés. Ceux-ci — au nombre de cinq seulement au moment de la fondation — étaient tous des artistes de profession, des candidats éventuels aux places de professeurs adjoints ou même de professeurs en titre, en cas de création de nouvelles chaires ou de vacances. Les membres de l'Académie des Belles-Lettres, qu'un sentiment de déférence de la part de leurs collègues avait fait admettre comme membres-nés ou de droit, formaient le seul groupe dans lequel on pût trouver de simples amateurs. Ce cadre ne tarda pas à paraître trop étroit. Avant même la réorganisation de 1756, une place, d'abord mesurée, mais appelée à s'élargir de plus en plus, fut faite, dans le corps académique, aux amateurs connus par leurs goûts artistiques. On peut, en effet, relever sur les listes de l'Académie, dès 1753, un certain nombre d'académiciens reçus à titre d'honoraires amateurs, qui n'appartenaient point à l'Académie des belles-lettres, tels que le chevalier de Gautier de Valabre, le premier président d'Albertas, les Capus, les de Jarente, le marquis de Thomas de La Garde, le premier président de La Tour, le comte d'Arcussia, le procureur général Ripert de Monclar, etc. Ce premier noyau s'accrut avec les règlements ultérieurs.

D'après les statuts de 1773, plus développés et plus explicites sur certains points que le règlement de 1756, l'Académie devait comprendre, en dehors du directeur et du corps des professeurs : le maire et les échevins, gratifiés du titre honorifique de fondateurs ; les membres de l'Académie des Belles-Lettres, membres honoraires de droit, quatre membres honoraires de l'Académie royale de Peinture et de Sculpture de Paris; vingt-six autres honoraires amateurs « choisis parmi les personnes recommandables non seulement par leur condition, par leurs charges ou professions distinguées, mais encore par leur goût décidé pour les arts »; enfin des académiciens, en nombre illimité, recrutés exclusivement parmi les artistes; la réception de ces artistes académiciens devait toujours être précédée d'un stage préalable, à titre d'agréé. L'une des principales visées poursuivies dans la refonte des précédents statuts était l'affiliation de cette Académie à l'Académie royale de Peinture et de Sculpture de Paris. Les rédacteurs en avaient fait l'objet d'un article spécial. « Ladite Académie », était-il dit à l'article 6, « sera sous la conduite « et administration de l'Académie royale de Peinture et de « Sculpture de Paris et participera à ses privilèges dans « l'étendue de la province seulement ». L'affiliation résulta de l'approbation donnée au texte du nouveau règlement par le marquis de Marigny, le 19 juillet de la même année (1).

Il était une autre faveur que la Compagnie ambitionnait plus vivement encore et pour laquelle elle avait multiplié ses demandes et ses démarches : une confirmation ou érection régulière de son établissement, émanée de l'autorité royale. Les services qu'elle ne cessait de rendre au monde artistique et à l'industrie, dont le détail a été déjà exposé dans l'article consacré à l'École de peinture, lui conféraient des titres à cette prérogative. Des lettres patentes, signées par Louis XVI, à Versailles, le 18 février 1780, et enregistrées au parlement de Provence le 17 mars suivant, la lui octroyèrent.

Les considérants en sont des plus élogieux pour l'Acadé-

---

(1) Etienne Parrocel, *Histoire documentaire de l'Académie de Peinture et de Sculpture de Marseille*, tome Ier, pp. 41-55.

mie : « Les maire, échevins et assesseur de notre ville de
« Marseille », y lisons-nous, « nous ont exposé que depuis
« environ vingt-cinq ans, il s'est formé dans ladite ville une
« association d'artistes et d'amateurs qui, animés par le
« goût des beaux-arts et des considérations d'utilité publi-
« que, ont entrepris de former une Académie de Peinture
« et de Sculpture ; que, dans cette vue et sous les auspices
« desdits maire et échevins, ils ont établi une Ecole de
« dessin d'après le modèle, consacré leur temps et leurs
« soins à la direction ; qu'étendant plus loin leurs vues,
« ils ont, depuis, joint aux objets de leurs travaux l'en-
« seignement de l'architecture, tant civile que navale.

« Nous avons encore été informé que cet établissement
« n'a pas tardé à produire, dans notre ville de Marseille
« les avantages qu'on en attendait, soit en y répandant le
« goût desdits arts, soit en y excitant l'émulation de la
« jeunesse à participer aux instructions des professeurs
« de ladite École, soit enfin en formant un nombre consi-
« dérable d'élèves distingués, dont quelques-uns ont mé-
« rité de devenir membres de notre Académie royale.
« Mais, quoique, par notre arrêt du Conseil du 15 juin 1756,
« nous ayons autorisé les officiers municipaux de ladite
« ville à faire dépense annuellement d'une somme de mille
« écus pour l'entretien de ladite Ecole-Académie, ils nous
« ont témoigné désirer, pour donner plus de stabilité à
« cet établissement, un acte plus authentique de notre
« protection et de notre volonté.

« A quoi voulant pourvoir, et considérant que notre ville
« de Marseille, l'une des plus florissantes de notre Etat, ne
« mérite pas moins que plusieurs autres notre attention
« pour y faire fleurir les beaux-arts, et voulant donner à
« l'Académie de Peinture et de Sculpture de Marseille une
« marque spéciale de notre protection, ainsi que de notre
« satisfaction des efforts qu'elle a faits pour remplir
« l'objet de son institution. » A ces causes, le Roi déclarait confirmer et, en tant que de besoin, ériger l'Aca-

démie des Arts sous le titre d'*Académie de Peinture, Sculpture et Architecture civile et navale*. L'Académie était invitée à soumettre ses statuts et règlements à son nouveau protecteur, le comte d'Angivillers; une fois revêtus de son approbation, ils devaient avoir une pleine et entière exécution. Les maires et échevins étaient maintenus dans leur titre de fondateurs et, par là même, dans les honneurs et prééminences qui appartenaient aux patrons et fondateurs. Ils étaient autorisés à augmenter de mille livres la pension annuelle de trois mille livres qui était servie à l'Académie depuis 1756. Il était permis à la Compagnie de prendre pour armoiries : trois écussons d'argent, deux en chef et un en pointe, à une fleur de lis posée en cœur, le chef chargé, en outre, des armes de Marseille. L'affiliation à l'Académie royale de Peinture et Sculpture de Paris était pleinement confirmée. Un dernier article concédait, enfin, à l'Académie le droit de faire imprimer et graver, par tous imprimeurs et graveurs à son choix, ses statuts, règlements, listes, recueils, dessins, estampes et autres ouvrages de ses membres, relatifs aux arts, sur le visa de deux commissaires officiers de l'Académie, nommés par elle à cet effet (1).

Grâce au supplément de subvention qui lui fut alloué par la municipalité, en exécution des lettres royales, l'Académie se trouva en mesure de se procurer une installation tout autre que celle dont elle avait dû se contenter les années précédentes, depuis qu'elle s'était vu enlever le logement de l'Arsenal. Les modèles et les tableaux qu'elle avait pu acquérir d'année en année, ainsi que les œuvres de réception des académiciens, furent répartis dans sa maison des Allées de Meilhan, entre les diverses salles d'étude ou de réunion ; ils y formèrent un véritable musée que les étrangers se plaisaient à visiter.

Les expositions bisannuelles qui étaient organisées par

---

(1) Étienne Parrocel, *Histoire documentaire*, tome Ier, pp. 71-73.

les professeurs et les académiciens, depuis la fondation, reprirent, dans ce nouveau local, leur ancien éclat et se continuèrent jusqu'à la Révolution.

Nous avons fait connaître les diverses catégories de fonctionnaires et d'académiciens dont la Compagnie se trouvait composée, à la suite de la réglementation de 1773. Les modifications qui y furent introduites ne portèrent pas sur l'économie même des groupements.

En 1789, l'Académie avait encore pour protecteur le comte Charles-Claude de Flahaut de la Billarderie d'Angivillers, que nous avons vu en charge, lors de la délivrance des lettres patentes. De même que le marquis de Marigny, il était directeur et ordonnateur général des bâtiments du Roi. L'*Almanach* de Grosson nous apprend qu'il était aussi conseiller du Roi, maître de camp de cavalerie, chevalier de Saint-Louis, commandeur des Ordres de Saint-Lazare, de Jérusalem et de Notre-Dame du Mont-Carmel, intendant du jardin royal des plantes, pensionnaire vétéran de l'Académie royale des Sciences, grand voyer de la ville de Versailles. Il résidait à Paris.

Elle avait, on le sait, pour directeur, le célèbre peintre de fleurs Jean-Jacques Bachelier, professeur à l'Académie royale de peinture et de sculpture de Paris, directeur de l'École royale gratuite de dessin. Je n'ai pas davantage à faire connaître les titulaires des diverses chaires de l'École, ni leurs adjoints.

Les membres honoraires excédaient de beaucoup les chiffres qui avaient été fixés par le règlement de 1773. Sans compter les membres de l'Académie des Belles-Lettres, — ceux du moins qui ne faisaient partie de l'Académie de peinture qu'à ce titre, — il n'y en avait pas moins de cent quatre. Cinq d'entre eux étaient honoraires associés de l'Académie royale de peinture et de sculpture de Paris et avaient, à ce titre, un rang à part dans la Compagnie, savoir : MM. Gougenot de Croissy, secrétaire du Roi et des commandements du prince de Condé (reçu à l'Académie de Marseille en 1767);

Blondel d'Azaincourt, lieutenant-colonel d'infanterie ; de Boulongne, conseiller d'Etat, intendant des finances (1769); de Rohan-Chabot, duc de Chabot, prince de Léon, lieutenant général des armées du Roi, président né des Etats et de la noblesse de Bretagne (1780); Jean-Philippe Guy, comte de Paroy (1788).

Les autres honoraires amateurs étaient, toujours en suivant l'ordre de la réception : MM. Toussaint-Alphonse de Fortia, marquis de Pilles, capitaine-gouverneur-viguier de Marseille (reçu en 1753); le marquis d'Albertas, premier président honoraire de la Cour des comptes de Provence; Lazare de Jarente la Bruyère, chanoine de Saint-Victor (1754); Charles-Jean-Baptiste des Gallois de la Tour, marquis de Saint-Aubin, premier président du Parlement, intendant en Provence; de Bruny de la Tour d'Aigues, président à mortier au parlement; de Lisle de Roussillon, conseiller honoraire au parlement; Joachim-Elzéar de Gantel-Guitton, seigneur de Mazargues, ancien maire de Marseille ; Michel de Léon, trésorier général de France, de l'Académie des Arcades ; Ollivier du Puget, ancien officier de cavalerie; Lazare Peirier, ancien premier échevin ; Dauphin, seigneur de Trébillane; Isnard, écuyer, chevalier de l'Ordre de Saint-Michel, secrétaire-archiviste de la Chambre de commerce (1755); de Belloy, évêque de Marseille ; Samatan, ancien premier échevin ; baron de Lauris, président à mortier au parlement (1756); de Romegas, ancien lieutenant de la sénéchaussée d'Aix, subdélégué général de l'intendance ; Peise cadet, avocat ; le marquis d'Orbessan, président à mortier au parlement de Toulouse, ancien secrétaire perpétuel de l'Académie de peinture de cette ville (1761); Guillaume de Paul, lieutenant général civil honoraire de la sénéchaussée, membre de l'Académie des belles-lettres (1763); de Barrigue de Fontainieu (1);

---

(1) Prosper-François de Barrigue de Fontainieu, peintre d'intérieurs, né à Marseille le 17 juillet 1769.

le R. Père Bruzetin, ancien provincial des Feuillants; Jean-Baptiste-Bernard Grosson, notaire, de l'Académie des belles-lettres (1765); de Lisle de la Vérune (1766); Toussaint de Vento des Pennes, bailli, grand'croix de l'Ordre de Malte, commandeur d'Arcins et de Saliers (1769); le marquis d'Albertas fils, premier président de la Cour des comptes (1771); Jean-François Crudère, ancien premier échevin; Sénac de Meilhan, maître des requêtes, intendant de la généralité de Valenciennes (1); Alexis Artaud, inspecteur des draps; de Montucla, secrétaire général des bâtiments du Roi; de Caire du Lauset, chevalier de Saint-Louis, lieutenant des maréchaux de France (1773); le chevalier James Bruce de Kinnaïrd; de Catelin, ancien lieutenant particulier civil de la Sénéchaussée; Jacques Borély, écuyer (1774); Lebrun, trésorier-général de France (1775); le marquis de Cipières, chevalier de Saint-Louis, ancien maire de Marseille (2); Lazare Ferrari, ancien premier échevin; Pierre-Louis Napollon, ancien échevin; Jean-Antoine Henry, ancien premier échevin; Antoine Reynier-Manoly, ancien échevin; de Lombard, commissaire général des ports et arsenaux de la marine, ordonnateur au port et département de Toulon; Verrier, ingénieur en chef au département de la marine, à Toulon; Charles Thiers, avocat, secrétaire-archiviste de la Ville (1778); de Gantel-Guitton de Mazargues, fils; Jean-Baptiste-Ignace Roux, écuyer; d'Anjou, chevalier de Saint-Louis; Rouvière, gouverneur de Vence; Kick, consul général d'Autriche; Bugnot, consul des Provinces-Unies; Conclere, négociant; André Liquier, négociant, membre de l'Académie des belles-lettres; Dominique Ployard; Joseph Capus, avocat, assesseur, secrétaire perpétuel de l'Académie des belles-lettres; Henri de Vento des Pennes, chevalier de Malte, commandeur d'Avignon; Jean-Antoine d'Hostager, chanoine

---

(1) Avait été intendant en Provence de 1773 à 1775.
(2) Député de la sénéchaussée de Marseille aux États généraux.

de Saint-Victor ; Geffrier ; Assailly, chargé du service des vivres à Marseille ; Michel de Léon fils, avocat ; Joseph Isnard, secrétaire adjoint et survivancier de la Chambre de commerce ; Ricaud cadet ; Devillier de Saint-Savournin, procureur du Roi en la Sénéchaussée ; Daniel-Marc-Antoine Charlon, procureur général du Roi près le Conseil des prises (1779) ; Alexandre-Louis-Auguste de Rohan-Chabot, prince de Léon, maréchal de camp ; Frédéric-Gottol-Henry, comte de Solms et de Teiklembourg, seigneur de Viemfelds-Sonnewalde, de Laubach et Baruth ; Jean-François-André Le Blanc de Castillon, procureur général au parlement de Provence ; Dominique-Gaspard-Balthazar de Gaillard, bailli, grand'croix de l'Ordre de Malte ; Grenier, négociant (1) ; Pierre-Barthélemy de Grosson, conseiller et avocat du Roi en la Sénéchaussée ; Marie-Joseph-Fr.-David Guys, à Smyrne ; Pierre-Alphonse Guys, consul de France aux Iles Canaries ; Gabriel-Augustin Guys de Saint-Charles, officier de cavalerie ; Hyacinthe-Constantin Guys (2) ; Boyer de Fonscolombe, conseiller au Parlement ; Gabriel-Jacques d'Ageville (3), avocat, procureur du Roi en la maîtrise des ports ; Allemand, ancien conservateur des forêts ; de Pierron, lieutenant-colonel, sous-brigadier au corps royal du génie, chevalier de Saint-Louis, ingénieur en chef à Marseille (4) ; de Somis, capitaine en premier au corps royal du génie ; Vitalis, avocat, procureur du Roi au tribunal de police, subdélégué de l'intendant ; Franque, architecte du Roi, membre de l'Académie royale d'architecture de Paris (1780) ; Victor-Pierre de Malouet, intendant de la marine à Toulon (1781) ; Charles-Antoine-Fulcrand-Emmanuel-Languedoc de Guignard Saint-Priest, chevalier de Malte, capitaine de

---

(1) Compositeur marseillais, auteur de la musique de l'opéra de *Thésée*, de Rémuzat.
(2) Ces quatre honoraires amateurs du nom de Guys étaient fils de Pierre-Augustin, l'auteur du *Voyage littéraire en Grèce*.
(3) Fils du recteur de l'Ecole de peinture.
(4) Auteur du Plan de Marseille en 1789.

cavalerie ; J. Hugues, marquis de La Garde, président en la Chambre des comptes de Grenoble; Pierre Jobelot (1782); Honoré de Borély, écuyer ; Gougenot de Croissy, fils, receveur général de la Régie, à Paris ; Joseph Pastoret, avocat, ancien assesseur (1781); Henri-Charles de Thiard de Bissy, comte de Thiard, commandant en chef pour le Roi en Bretagne ; Jacques de Seymandi, secrétaire du Roi, de l'Académie des belles-lettres (1786); Jules-Armand-Louis, prince de Rohan-Guémenée ; Jean-Baptiste-Prosper-Claude-François Le Blanc de Castillon fils, procureur général adjoint au parlement ; de Bastide, associé de l'Académie des belles-lettres ; Louis-Pierre d'Isnard Granville, secrétaire du Roi, ancien maire de Marseille (1787); Joseph-Hyacinthe-François de Paule de Rigaud, comte de Vaudreuil, maréchal de camp, gouverneur de la citadelle de Lille ; Jules-Héraclius-Armand, comte de Polignac ; Jean-Baptiste Pastoret, conseiller au siège de l'amirauté ; Emmanuel de Pastoret, maître des requêtes, membre de l'Académie des Inscriptions et Belles-Lettres ; Claude-François-Roméo de Villeneuve Tourrette, chanoine de Saint-Victor ; le comte de Villeneuve-Tourrette, chevalier de Saint-Louis, maître de camp de cavalerie (1788) ; Mme Jeanne-Catherine Ravel des Crottes (1779); Mme de La Haye, à Paris (1783).

Parmi les artistes, associés académiciens, on comptait deux membres de l'Académie de Paris : Joseph Vernet, peintre ordinaire du Roi, conseiller à l'Académie de peinture et de sculpture de Paris (1) (1754); Jardin, architecte du Roi, professeur à l'Académie royale de peinture du Danemarck (1763).

Les autres associés académiciens étaient : MM. Gibert, sculpteur du Roi au département de la marine, à Toulon (reçu en 1755); Ozanne, dessinateur du Roi au département de la marine, à Brest ; Palasse, peintre, à Avignon ; Blondel

---

(1) Il était alors à Marseille et y peignait ses deux vues du port ; Il mourut à Paris le 3 décembre 1789.

fils, architecte du duc de Bouillon, à Paris ; Savy, dessinateur (1) (1756) ; Joseph Nagnan, peintre amateur (1767) ; Pierre Laurent, graveur du Roi, à Paris (2) (1772) ; Marron, peintre ; Aicard, sculpteur (1773) ; François-Jules Gautier, courtier, amateur architecte ; Brun, architecte (3) (1778) ; Embry, architecte, inspecteur des travaux du port (4) (1780) ; Ferdinand Luchesy, sculpteur ; Piso père, peintre, à Turin ; Brard, peintre (5) (1783) ; Naubert, ingénieur de la marine, à Toulon (1784) ; de Buigne, graveur, à Paris ; Louis Dreveton fils, architecte (6) (1785) ; Viel de Saint-Maux, avocat, peintre et architecte, à Paris ; Benard, architecte, à Paris (7) ; Jeanteau, peintre, à Paris ; Geoffroy, graveur en pierres fines, à Paris ; Casati, peintre (8) (1786) ; A.-Fr. Hémery, graveur, à Paris ; Bourre aîné, architecte, inspecteur des travaux publics ; Renaud, sculpteur (9) ; Hermite fils, architecte (10) (1787) ; Ponce, graveur ordinaire du comte

(1) Propriétaire d'une grande manufacture de faïences, que le comte d'Artois visita lors de son passage à Marseille, en juillet 1777.

(2) L'un des plus brillants élèves de notre École de peinture ; mort à Paris en 1806.

(3) C'est sur ses plans que le château Borély a été construit ; on y conserve son portrait, peint par Louis Chaix.

(4) Dessina le parc de ce château.

(5) Peintre portraitiste, s'intitulant peintre de Paris, adjoint à professeur à l'École de peinture en 1790, cité ci-dessus, p. 368.

(6) S'est fait connaître à Marseille par quelques travaux importants, entre autres la construction du couvent des Bernardines, dont l'élégante chapelle est devenue celle du Lycée.

(7) On lui doit la construction du Grand-Théâtre de Marseille.

(8) Peintre paysagiste, élève de l'École de peinture, y avait eu une troisième médaille en 1780 ; professeur de 1790 à 1793.

(9) Professeur à l'École de peinture de 1790 à 1793, cité ci-dessus, p. 368 ; en 1792, il fut chargé de faire disparaître les emblèmes de la royauté, de la façade la Mairie. Ce sculpteur ne manquait pas de talent : la belle cheminée qui orne la grande salle du Conseil de l'Hôtel-de-Ville est due à son ciseau.

(10) Ancien élève de l'École de peinture, fut nommé adjoint à professeur en 1789.

d'Artois, à Paris ; Gibelin, peintre, à Paris (1) ; Kern, peintre, à Paris ; Charlier, peintre, à Paris (1788) ; M⁽ˡᵉ⁾ Reine Pise, peintre, à Turin (1783) ; M⁽ᵐᵉ⁾ Françoise Benoît-Brard ; M⁽ᵐᵉ⁾ Éléonore-Thérèse Hémery de Lingée, graveur, à Paris (1785).

Il n'y avait que trois agréés : MM. Charpentier, peintre en miniature et en émail (reçu en 1785) ; Louis Tassy, peintre, à Paris (1786) ; Chardigny, sculpteur, à Aix (2) (1787).

On a vu, dans la notice consacrée à l'École de peinture, que dès 1789 la municipalité suspendit le paiement de la subvention qu'elle allouait chaque année à l'Académie. Malgré toutes leurs réclamations, le recteur et les administrateurs n'obtinrent, au cours des années suivantes, qu'un secours de douze cents livres et des promesses, sur la foi desquelles ils subvinrent, de leurs propres deniers, aux dépenses qui ne pouvaient être retranchées. Une dernière supplique, adressée aux officiers municipaux le 28 brumaire an II (18 novembre 1793), nous fait connaître le détail des sommes avancées par les membres du bureau. Le total ne s'en élevait pas à moins de 4.755 francs (3). A

---

(1) Esprit-Antoine Gibelin, ancien élève de l'École de peinture, également nommé adjoint à professeur en 1789.

(2) Chardigny habitait alors Aix, où il avait été chargé par la municipalité des principales sculptures du Palais de justice. Lorsque, par ordre de l'Assemblée législative, les constructions entreprises eurent été suspendues, il vint se fixer à Marseille. Ce ne fut qu'alors qu'il exécuta les œuvres remarquables qu'il a laissées dans notre ville, telles que le *Génie de l'Immortalité*, du square de la Bibliothèque, et ses deux bas-reliefs si connus ; *La Cueillette des olives* et *La Pêche*, actuellement au Musée.

Les nomenclatures qui précèdent ont été empruntées à l'*Almanach historique* de Grosson, année 1789, pp. 264-280, et complétées, en ce qui concerne quelques dates, à l'aide des listes insérées dans les *Annales de la Peinture, Discours et Fragments*, de M. Parrocel, pp. 342-352.

(3) Étienne Parrocel, *Les Beaux-Arts en Provence, Revue générale, au point de vue documentaire, des incidents et des faits se rattachant à l'instruction publique*, etc., pp. 27-29.

ce moment, en exécution du décret de la Convention du 8 août 1793, qui supprimait toutes les académies et sociétés littéraires patentées, l'Académie de peinture se trouvait virtuellement dissoute.

La plupart des membres de l'Académie s'étaient d'ailleurs dispersés ; quelques-uns de ceux qui crurent pouvoir demeurer impunément dans leur pays natal payèrent de leur liberté, ou même de leur vie, leurs illusions sur les maîtres du jour.

Notre ancienne société d'art ne s'est pas reconstituée depuis lors ; elle revit cependant en quelque sorte dans une classe spéciale que l'Académie des belles-lettres a affectée aux arts et à la musique, dès son rétablissement, au commencement de ce siècle.

III. — Académie de Musique

L'Académie de musique était, en même temps que la plus ancienne, la plus célèbre peut-être, à cause des concerts qu'elle organisait l'hiver et auxquels assistait la meilleure société de la ville. Aussi, l'appelait-on plus communément « Le Concert de Marseille ». C'est encore au maréchal de Villars qu'était due cette fondation intelligente, dont le but, disait l'ordonnance de 1719 qui en approuvait les règlements, était « d'occuper agréablement un grand
« nombre d'honnêtes gens, sans être à la charge de la
« Ville, et pour faire diversion au jeu, qui causait des
« maux inouïs. »

Mgr de Belsunce, appréciant ce but si louable, fit célébrer l'inauguration de cette Académie par un *Te Deum* qui fut chanté solennellement à la cathédrale.

Établi dès l'origine dans un grand local de la rue Venture qui porte aujourd'hui le n° 10, le « Concert » reçut en 1728 des lettres patentes qui lui donnèrent le caractère d'une institution d'utilité publique (1); mais elle n'eut jamais aucune subvention de la Ville. Elle se suffisait à elle-même à l'aide des quotités de ses membres, lesquelles, fixées dans le principe à 60 livres par an, furent portées à 75 livres en 1789. A cette date, elle ne comprenait pas moins de 350 membres, tous appartenant à la haute société de Marseille; c'était donc un revenu de 26.000 livres environ, sur lequel elle pouvait compter, en dehors des abonnements aux concerts, qui étaient donnés, à 6 heures du soir, le lundi et le vendredi. Durant la quinzaine de Pâques, on organisait, comme à Paris, des concerts « spirituels », dont le produit était abandonné à l'hôpital de la Charité.

L'abonnement était de six livres pour la saison. Ce prix, — bien démocratique, il faut le reconnaître — ne suffisait pas à couvrir les frais matériels, d'autant plus que l'Académie de musique s'attachait à ne donner que des concerts absolument remarquables autant par les œuvres interprétées que par l'orchestre et par les interprètes eux-mêmes, qui étaient choisis parmi les meilleurs sujets du grand théâtre d'opéra (2).

De la rue Venture, le « Concert » passa, en 1766, à la place actuelle de la Bourse, appelée alors place de La Tour; la municipalité en avait cédé à l'Académie de musique la partie qui envisageait la rue Vacon. On construisit là une superbe salle de concert, au-dessus d'un rez-de-chaussée que le voisinage du port fit convertir en de vastes magasins à blé. Cet immeuble ne coûta pas moins de 160.000 livres, ce qui représenterait aujourd'hui près de 500.000 francs.

L'Académie de musique poursuivit, dans sa nouvelle installation, sa brillante carrière, continuant à répandre

---

(1) Le texte de ces lettres royales se trouve *in extenso* dans *L'Académie de Marseille*, par l'abbé Dassy, pp. 117-119.

(2) Sis alors sur l'emplacement où a été édifiée plus tard la halle Charles-Delacroix.

et à diriger le goût musical. De nombreux artistes et amateurs entretenaient la ferveur artistique qui l'animait. Je citerai seulement : Laurent Bellissen, célèbre par ses *Lamentations*, qui étaient considérées comme un chef-d'œuvre, et par divers *Psaumes* et *Motets*, dont les manuscrits sont à la bibliothèque Nationale; Mondonville; Rey ; l'abbé Roussier, connu par son *Traité des Accords* et son ouvrage sur *La Musique des Anciens;* Legrand ; Etienne Bougerel, vérificateur des douanes, dont un *Te Deum* et des *messes* à grand orchestre eurent de la réputation; Rambert, élève de Legrand, et qui composa plusieurs opéras représentés avec succès.

Marseille possédait aussi un grand nombre de professeurs de chant, de clavecin, de harpe, de tambourin, car tout le monde aimait et pratiquait la musique : les paroisses de notre ville entretenaient des maîtrises où les enfants du peuple l'apprenaient gratuitement ; enfin, de nombreuses sociétés chorales, attachées à des congrégations religieuses, attiraient la foule quand les exécutions musicales avaient lieu dans des chapelles de pénitents, ou de corporations, très nombreuses et florissantes à cette époque où le travail n'était pas encore en guerre avec le capital.

Sans perdre de vue le principal objet de son institution, l'Académie ne négligeait rien de ce qui pouvait augmenter le plaisir et l'intérêt des amateurs. En outre des concerts réguliers, elle saisissait toutes les occasions qui se présentaient pour contribuer à l'éclat des fêtes publiques : la naissance des princes du sang royal, les victoires des armées françaises, la réception d'un personnage illustre étaient autant de motifs pour des concerts extraordinaires. L'on cite surtout les grandes solennités musicales qui furent données : le 15 mai 1720, en l'honneur de la duchesse de Modène, fille du Régent de France ; le 5 avril 1742, pour Dom Philippe d'Espagne ; le 2 juillet 1777, pour le comte de Provence, depuis, Louis XVIII. La plus grande étiquette présidait à tous ces concerts : on ne s'y rendait qu'en toilette de gala.

Les honneurs en étaient faits par douze commissaires annuels, qui étaient élus au commencement de novembre (lorsqu'on rentrait de la bastide et des châteaux), parmi les premières familles de la ville.

Ces jeunes gens organisaient encore, tous les vendredis, pendant le carnaval, de très beaux bals, auxquels n'étaient admis que les membres de l'Académie de musique et les dames de leurs familles. Aussi, un maître de ballets figurait-il dans le personnel de l'Académie, qui se composait encore d'un maître de musique, d'un médecin et d'un chirurgien. Enfin, les « messieurs du Concert » avaient à leur service un garde, un suisse et un valet, à la livrée du gouverneur de Provence, protecteur de l'Académie.

Les commissaires du Concert en exercice en 1789 étaient : MM. Le Maître de Beaumont ; de Gérin, chevalier de Saint-Louis ; Merle, trésorier ; Bayon ; d'Herculès ; Laporte ; de Damian, chanoine-comte de Saint-Victor ; Marc-Antoine de Bourguignon ; de Samatan, fils aîné ; Boisselier ; Lazare Couturier ; de Lombardon fils.

Legrand en était alors le maître de musique. Le maître de ballet était François Dozol ; le médecin, M. François Moulard ; le chirurgien, M. Antoine Aillaud (1).

De même que les deux autres Académies de Marseille, l'Académie de musique subit les contre-coups de la Révolution. Les troubles qui éclatèrent à diverses reprises dans notre ville, l'agitation et les craintes qui en furent la suite laissaient peu de place aux plaisirs artistiques. Les difficultés avec lesquelles l'Académie se trouva aux prises, à cette époque, ne prirent fin qu'avec la suppression de la Société, en 1793. Ce ne fut pas assez, pour les vainqueurs, de la dissoudre. La salle des Concerts, ayant servi de lieu de réunion à l'une des sections de la ville, fut elle-même

---

(1) Grosson, *Almanach historique*, année 1789, pp. 281, 282.

condamnée à disparaître du sol de la République, par arrêté des représentants Barras et Fréron, du 18 janvier 1794. La démolition commença aussitôt.

Lorsque le calme fut revenu dans les esprits, l'ancien « Concert » eut une sorte de renouveau : les Albrand, les Mey, les Vincens réorganisèrent la musique religieuse dans les églises, et fondèrent les « Concerts Thubaneau », ainsi nommés de la salle où ils étaient donnés ; les symphonies de Beethoven y furent entendues bien avant qu'Habeneck ne les fît connaître à Paris. Plus tard, le second Empire et la troisième République ont vu fleurir le *Cercle Artistique* qui, après vingt ans de prospérité vraiment féconde encore pour l'art à Marseille, s'est laissé détourner de sa voie par des politiciens auxquels il avait servi de marchepied, et qui en ont affecté le local au « Lycée de filles ».

Quel qu'ait été cependant l'éclat de ses premières années, il n'a jamais eu l'importance de l'Académie à laquelle Marseille fut, dans une si large part, redevable de la haute réputation musicale et artistique dont elle a joui au siècle dernier.

§ 4. — *Théâtres.*

Nous avons vu, dans le paragraphe précédent, combien la Société des concerts, — ou l' « Académie de musique » — avait hâté les progrès de l'art musical à Marseille : ses programmes contenaient tous les genres : symphonies, motets, airs dramatiques, ariettes, concertos, etc., des compositeurs français, italiens et allemands les plus célèbres. Mais le théâtre ne déployait pas moins d'activité, car l'art théâtral ou lyrique fut toujours en grande faveur à Marseille, et ce n'est pas d'aujourd'hui que le parterre s'y passionne pour un ténor ou une forte chanteuse : les récits, dans les mémoires du temps, des triomphes de

Ponteuil, de la Saint-Huberty font paraître bien froides les ovations que l'on fait de nos jours aux artistes de premier ordre.

La population aimait le chant, la danse, la déclamation; aussi, le « spectacle » fut-il toujours très suivi, et des directeurs intelligents avivaient sans cesse le goût et les plaisirs du public par des ouvrages importants.

Dès le XVII° siècle, la tragédie avait succédé aux mystères et aux pastorales; d'un autre côté, et de par la permission de Lulli (1), l'opéra n'avait pas tardé à faire les délices de la population. Campra, né à Aix, et qui a laissé de nombreuses partitions, dirigeait en 1685 l'orchestre du théâtre de Marseille, et, dès ce moment, l'opéra partagea avec la comédie et la tragédie la scène marseillaise.

Lorsque Campra fut s'établir à Paris, où il fit représenter avec succès un grand nombre d'opéras-ballets, Pierre Gautier, né à La Ciotat, vint diriger le théâtre de Marseille. Lulli étendit le privilège jusqu'à Aix, Toulon, Nimes et Montpellier que l'excellente troupe de Gautier desservait à tour de rôle. Ce très agréable compositeur donna, en 1685, *Le Triomphe de la Paix*, opéra en trois actes et un prologue, dont il avait fait les paroles et la musique. Cet ouvrage eut un succès prodigieux partout où il fut représenté.

J'ai raconté, dans une étude sur *Les Anciennes Salles de spectacles et concerts à Marseille* (2), que la troupe tout entière de Gautier périt avec son directeur — vers 1697 — en se transportant à Cette. — Ce Gautier avait été soupçonné d'avoir écrit la musique du *Devin de village*; mais, si l'on peut croire que c'est là une invention des ennemis de J.-J. Rousseau, elle suffit du moins à démontrer quelle

---

(1) On sait que cet Italien — qui avait le génie de l'intrigue au même degré que celui de la musique, — avait obtenu le privilège de toutes les « Académies chantantes » du royaume.

(2) *Journal musical* des frères Pépin, n° du 15 décembre 1879.

était la notoriété et combien l'on appréciait le talent du directeur du théâtre de Marseille.

Malgré la catastrophe où périrent Gautier et sa troupe, le théâtre ne resta pas longtemps fermé : un nouveau directeur, Legay, avait organisé une nouvelle troupe qui fut très applaudie dans les opéras d'*Isis* et d'*Armide* qui avaient une très grande vogue à Marseille vers 1700. Campra vint lui-même de Paris, en 1714, diriger l'exécution de sa *Chasse d'Enée et de Didon* qui, avec *Le Médecin malgré lui,* de Molière, était donné en spectacle de gala à l'occasion du passage de la reine d'Espagne à Marseille ; car, à cette époque, le théâtre de Marseille représentait encore la comédie et la tragédie simultanément avec l'opéra et le ballet, les échevins ayant été d'avis que ces divers genres devaient se donner sur la même scène, pour ne pas créer entre eux une concurrence qui les ruinerait tous séparément.

Le spectacle se donnait dans la salle de la rue Vacon (sur l'emplacement où est aujourd'hui la halle Charles-Delacroix). On prétendait que c'était la plus belle qui fût en France. Ce n'est qu'en 1787 que fut ouverte, sur les terrains de l'Arsenal, cédés à la Ville, la salle Beauvau actuelle, — appelée plus tard salle Lepelletier, et puis salle *Brutus* comme la rue Beauvau elle-même.— Elle devint spéciale aux représentations de l'opéra, tandis que la comédie se transporta au théâtre de la rue Pavillon (dans le local actuellement occupé par la « Belle Jardinière »)(1).

La nouvelle salle, mise sous le patronage du maréchal prince de Beauvau, gouverneur de Provence, avait été imposée par le plan de concession des terrains de l'Arsenal, acquis en 1781 ; elle fut édifiée sur les plans de l'architecte

(1) Le théâtre actuel du *Gymnase* n'a été construit qu'en 1801, par l'architecte Paul Audibert, sous la direction de M. Desfougères, ingénieur en chef du département.

Bénard, après un concours devant l'Académie d'architecture de Paris. — Peut-être eût-on trouvé à Marseille même un architecte qui eût construit une plus belle salle, et mieux comprise. — Une société de vingt actionnaires avait pris l'initiative et les risques de cette construction ; elle avait à sa tête quatre des plus honorables négociants de Marseille : Jacques Rabaud, J.-B. Audibert, David Baux et Rébuffel. — Sur un devis de 550,000 livres, la dépense définitive dépassa 1,100,000 livres.

A la rue Vacon, le loyer de la salle, les frais d'administration, le droit des pauvres (15,000 livres) et autres frais généraux de l'entreprise s'étaient élevés à. 67.250 livres
La tragédie et la comédie coûtaient....... 70.000 »
L'opéra.................................. 65.000 »
Le ballet................................ 48.000 »
L'orchestre............................. 24.000 »

D'où une dépense, énorme pour l'époque, de 274.250 livres

Il est probable que les charges étaient bien plus considérables encore dans la nouvelle salle de la place Beauvau. On les évaluait à 376.500 livres ; mais les recettes atteignaient souvent 500.000 livres, ce qui laissait, on le voit, un joli bénéfice à l'entrepreneur. C'est que le prix des places était fort élevé, et beaucoup plus que de nos jours, si l'on tient compte de la diminution actuelle de valeur de l'argent.

En 1753, dans l'ancienne salle de la rue Vacon, on payait :
sur le théâtre (1) et aux premières.... 2 livres 10 sols.
Amphithéâtre et secondes............. 1 » 10 »
Parterre et troisièmes................. 1 »

Dans la nouvelle salle Beauvau, les premières places seules furent augmentées, et de cinquante pour cent. Le parquet coûtait 3 livres 12 sols ; les premières loges et

---

(1) Jusqu'en 1766 la scène fut encombrée de spectateurs assis sur des banquettes. C'était l'un des luxes des grands seigneurs.

l'amphithéâtre, 3 livres. Les secondes loges et le parterre restèrent à 1 livre 10 sols et 1 livre; pour les deux nouvelles catégories de places, les quatrièmes et paradis, on payait 1 livre 6 sols et douze sols.

Et il n'y avait point de subvention; la Ville tenait alors pour règle et maxime administrative qu'elle n'avait rien à donner aux entreprises théâtrales, et que le public devait seul payer ses plaisirs. On voit, d'ailleurs, qu'il les payait assez cher, car on peut dire que le prix des places était environ trois fois celui d'aujourd'hui. Mais le public en avait pour son argent; car l'ensemble des chanteurs et des comédiens était excellent, et le répertoire très varié : en 1783-1784 on donna *Armide*, *Alceste* et autres ouvrages de Gluck, de Rameau, Sacchini, Philidor, Grétry et Monsigny. C'est, d'ailleurs, l'opéra qui avait le plus la faveur du public : « Il semble vouloir exclure tous les genres « pour régner seul, » disait un compliment d'ouverture, le 28 avril 1783; car il y avait des compliments pour l'ouverture du Grand-Théâtre aussi bien que pour la clôture et pour les représentations à bénéfice : les amateurs de musique mettaient l'opéra au-dessus de tous les autres plaisirs. Ils fréquentaient beaucoup les compositeurs, leurs interprètes, et c'est dans ce milieu artistique que se développaient bien des talents, dont quelques-uns sont devenus célèbres. On sait quelle trace charmante a laissée dans l'art français Della Maria, né à Marseille en 1768. Son opéra de début, *Idoménée*, fut donné en 1786 sur le théâtre de la rue Vacon, et, plus tard, son *Prisonnier* obtenait à Paris un succès éclatant (1). Le « spectacle » de Marseille était donc très fréquenté par toutes les classes de la population, auxquelles la haute société donnait l'exemple. Malheureusement, elle se livrait aussi à des caprices et même des excès de tout genre,

---

(1) Alexis Rostand, *L'Art en province : la Musique à Marseille*, Sandoz et Fischbacher, éditeurs, Paris, 1874.

à la ville comme au théâtre, occasionnant quelquefois des désordres qui avaient de déplorables conséquences, et pour des motifs des plus futiles : vers la fin de 1772, on donnait, un soir, l'opéra-ballet de *Zémire et Azor*, spectacle demandé par M** d'Albertas, femme du premier président du Conseil supérieur, nouvellement établi à Aix, en remplacement de l'ancien Parlement supprimé par le chancelier Maupeou. La jeunesse de Marseille, qui avait frondé les Parlements, frondait aussi la nouvelle organisation judiciaire, et comme, de plus, la population marseillaise détestait la noblesse d'Aix, l'entente se fit facilement pour que tout le public s'opposât, ce soir-là, à cette représentation de *Zémire et Azor :* on demanda une tragédie ; mais sans succès. Dès lors, un tumulte effroyable s'ensuivit : on escalada la scène et une mêlée générale amena de grands malheurs. La municipalité avait fait requérir du fort Saint-Nicolas 200 hommes armés, ce qui exaspéra le public : des coups de feu partirent, et le jeune Rémuzat, d'une ancienne famille d'échevins, fut blessé à mort, de même que, au parterre, un capitaine hollandais, qui était venu ce soir-là au théâtre pour la première fois de sa vie : il avait cru que cette mêlée était la comédie, et il y avait volontiers joué un rôle trop actif. Les naïfs ont, généralement, peu de chance.

Les violences auxquelles se portait parfois le public justifiaient, on le voit, la réputation dont a hérité le parterre marseillais, d'être peu athénien. Il y aurait tout un chapitre à écrire sur l'existence des artistes, sur la funeste influence que le théâtre a exercée sur les mœurs, au siècle dernier. Mais ceci ne rentre pas tout à fait dans le cadre que je me suis imposé. On peut voir, dans *Les Rues de Marseille*, d'Augustin Fabre, et dans les mémoires du temps, notamment dans ceux du marquis d'Argens, à quels désordres, à quels dérèglements la plupart des artistes se laissaient aller, les filles de l'opéra plus encore que les comédiennes.

Nombre de jeunes gens dépensaient pour ces femmes-là des sommes considérables ; ils entendaient cependant que tout se passât, à un certain point de vue, régulièrement, comme il convient pour des gens habitués à la comptabilité du commerce : le chevalier de Bonneval dressait les stipulations du contrat par lequel le marquis d'Argens s'obligeait à payer toutes les dépenses de la belle Chichotte « honnêtement », et la danseuse Mariette refusait les 30 louis offerts d'avance par le comte X « attendu « — disait-elle — que notre vie est dans la main de Dieu, « et que, si je meurs ce soir, je n'aurai pas gagné cette « somme ; or, je ne veux pas charger d'un vol ma « conscience. »

Ce trait suffit à prouver quelle loyauté on apportait alors dans toutes les circonstances quelconques de la vie, même dans les débordements de la passion, dont certaines actrices ont laissé des souvenirs qui sont devenus légendaires. Mlle Chéré, Mlle Campoursi étaient fameuses par leur galanterie ; les deux sœurs Gaumini, de l'opéra, voyaient à leurs pieds des négociants, des magistrats, des vieillards, aussi bien que des jeunes gens ; tous bravaient l'opinion publique pour leur apporter des hommages accompagnés de beaucoup d'argent, et le maire menaçait Sophie Desforges d'employer la force pour en délivrer la ville... Les funérailles de la Pezé, en mars 1780 furent un scandale public : cette chanteuse, morte à 22 ans, à la suite d'excès de tous genres, avait fait, disait-on, « autant de conquêtes qu'il y avait d'êtres sensibles à Marseille ». — Ce furent des funérailles absolument royales, une vraie apothéose, et les pièces de vers abondèrent pour cette circonstance. Dans l'une, on lui disait :

> Vivante, je t'aimais et, morte, je t'adore !...

Ce fut du délire.

D'autre part, les rues avoisinant le théâtre, rues d'Aubagne, Méolan, et autres, étaient infestées de femmes galantes, et, quand on ouvrit le Grand-Théâtre de la place Beauvau, ce fut le tour des rues Corneille, Molière, d'Albertas. L'auteur anonyme d'un mémoire imprimé chez Jean Mossy, en 1790, évaluait à 6,000 le nombre des filles publiques à Marseille à cette époque : bien qu'elles fussent certainement loin d'atteindre ce chiffre, la police avait fini par ne plus s'en occuper; aussi, le débordement des mœurs allait-il toujours en croissant; et ce fut bien pis sous la Révolution et le Directoire; d'autant plus que les grandes manières et le bon ton de l'ancienne société avaient disparu sans retour.

§ 5. — *Imprimerie.* — *Librairie.*

« Les livres, — a dit Paul Dupont, — ont fait en tous les
« temps le délassement des esprits cultivés, de toutes les
« conditions et à tous les degrés. C'est par eux que les
« connaissances s'acquièrent, se développent, s'appliquent
« utilement et servent à civiliser le monde. »

L'imprimerie et la librairie sont cependant les deux manifestations de la pensée qui, vers 1789, étaient le moins en progrès à Marseille, comme partout, d'ailleurs; car on sait quelle réglementation en rendait l'exercice difficile. Il ne faut pas, cependant, accuser l'Ancien Régime de cette infériorité, de même que la nuit du Moyen Age ne peut être imputée à personne : ce n'est que peu à peu que l'esprit humain s'éveille et prend la notion de ses droits.

Au XVIIIe siècle, le nombre des imprimeurs était fixé pour chaque ville de France. Un arrêt du Conseil d'Etat de mars 1759 portait à huit le nombre des imprimeurs de la Généralité de Provence, dont quatre pour Aix, trois pour Marseille, un pour Toulon; l'imprimerie établie à Arles était en même temps supprimée (1).

(1) Toutefois, l'arrêt, contresigné Phelippeaux, autorisait le titulaire Mesnier et sa femme à continuer d'imprimer, leur vie durant, dans la dite ville « sans tirer à conséquence ». Mais leurs enfants ne

Il fallait, pour exercer, avoir vingt ans accomplis, subir un concours devant la Chambre syndicale, être « congru » en langue latine, savoir lire le grec et être catholique. Les ordonnances royales étaient, en outre, fort sévères contre les imprimeurs ou libraires qui publiaient des livres contraires à la religion ou aux bonnes mœurs : un jugement de M. de Sartine, conseiller d'Etat, lieutenant général de police de la ville, prévôté et vicomté de Paris, condamnait pour ce fait, en 1773, la veuve Stochdorph à être bannie pour neuf ans, après avoir été attachée au carcan en place de Grève par l'exécuteur de haute justice, et y avoir demeuré depuis midi jusqu'à deux heures avec un écriteau devant et derrière, portant le motif de sa condamnation.

A Marseille, en 1772, on mit au pilon trente exemplaires du dixième volume de l'Encyclopédie, in-4°, imprimé à Yverdun et venus d'Amsterdam dans une balle marquée M. G., à l'adresse du sieur J. Coulomb, négociant. Les voituriers, muletiers et autres particuliers étaient tenus, sous peine de 1000 livres d'amende, de soumettre à la vérification de la Chambre syndicale des libraires les livres qu'ils apportaient dans Marseille.

Le premier livre imprimé dans notre ville le fut en 1595, par Pierre Mascaron, aïeul de l'illustre évêque de Tulle. Les trois Consuls s'étaient engagés à lui fournir une maison « propre et commode » pour son habitation et l'exercice de sa profession. Ce livre était : *Les Œuvres poétiques de Louis Bellaud de la Bellaudière*, gentilhomme provençal, dont la Bibliothèque Nationale ne possède qu'un exemplaire incomplet, et imprimé dans le format in-4°, en caractères tour à tour italiques et ronds.

A Mascaron succédèrent Coignet, Jean Courraud, Etienne

---

pouvaient tenir l'imprimerie, à peine de 300 livres d'amende, confiscation des vis, des presses et autres ustensiles. — Cependant Bory nous apprend que les descendants de Mesnier obtinrent successivement l'autorisation d'exercer.

David, Claude Garcin, qui édita, en 1642, l'*Histoire de Marseille*, par Ruffi ; — Henry Martel en publia, en 1696, une deuxième édition. — En 1672, une imprimerie arménienne s'établit à Marseille : les caractères en avaient été gravés à Amsterdam ; mais elle ne fonctionna que jusqu'en 1684.

Un poste d'inspecteur de la librairie et de l'imprimerie pour la Provence fut créé à Marseille par lettres patentes du Roi, en 1776. C'était là une charge très importante et très recherchée ; elle eut pour premier titulaire Pierre Durand, qui fit interdire de toutes ses fonctions, en 1778, le sieur Allemand, libraire, lequel s'était porté à des « excès » contre lui, parce qu'il lui avait reproché la vente de livres prohibés et de contrefaçon (1). A sa mort, survenue en 1784, il eut pour successeur Claude Marin, de la Ciotat, censeur royal, qui vint de Paris remplir à Marseille ces fonctions difficiles.

Enfin, par arrêt du Conseil d'Etat, de septembre 1771, les livres, reliés ou non, vieux ou neufs, venant de l'étranger, acquittaient un droit de 60 livres par quintal, qui fut réduit bientôt à 20 livres.

Malgré toutes ces entraves, le commerce des livres, aussi bien que l'imprimerie, était, dans les derniers temps, assez florissant à Marseille ; sans doute le Ministère et le Censeur royal s'étaient bien relâchés de leur sévérité, car en 1789, notre ville ne comptait pas moins de neuf imprimeurs. C'étaient :

Brébion, 1767-1793, près la Loge ;
Favet, 1786-1811, rue Pavillon ;
Isnard (Firmin), sur le Port ;
Jayne (Joseph), à la Cannebière ;

---

(1) Il le fit rétablir lui-même, l'année suivante. (Un règlement du Conseil d'Etat, rédigé par le chancelier d'Aguesseau, défendait d'imprimer ou de faire imprimer aucun ouvrage quelconque sans en avoir préalablement obtenu la permission.)

Laporte et Sube, à la Cannebière ;
Mossy, père et fils, 1749-1834, à la Cannebière ;
Roullet, sur le Cours ;
Roustan (Joseph), rue Beauvau ;
Veuve Sibié, 1785-1791, sur le Port.

Il y avait, en outre, à Marseille, deux imprimeurs en taille-douce :

Courbière, 1770-1790, rue des Pénitents Saint-Antoine ;
Marin, 1777-1790, rue de la Guirlande.

Tous ces imprimeurs étaient en même temps libraires : on s'abonnait chez eux à la lecture des livres comme des journaux, gazettes et revues périodiques. C'étaient là des lieux de réunion fort goûtés par les écrivains, les érudits, les hommes d'étude, de vrais centres littéraires : le célèbre astronome Jean Bernouilli ne pouvait manquer d'en parler dans ses *Lettres* déjà citées (1). « On trouve à Marseille », écrivait-il, « des facilités de s'instruire : MM. Sube et
« Laporte, deux libraires associés, gens aimables, complai-
« sants comme il en est peu, rassemblent tous les jours
« dans leur magasin, sous l'enseigne : *Au Parnasse Fran-
« çais*, la plupart du petit nombre des habitants de Mar-
« seille, (relativement parlant,) qui aiment mieux cultiver
« les lettres ou jouir de la douceur du climat dans un
« calme philosophique, que de sacrifier comme d'autres
« leur santé et leur tranquillité au désir d'accumuler. »

Le privilège de l'imprimerie fut aboli, comme tous les autres, en 1789. Cette industrie, libre désormais, ne fit que s'accroître ; le nombre des libraires, surtout, augmenta considérablement par la suite et jusqu'à nos jours. Cependant, on ne voit plus guère aujourd'hui ce « calme philosophique » auquel Bernouilli avait rendu hommage, car la lutte pour la vie ne permet plus d'aller passer des heures chez les libraires pour discourir sur la pièce nouvelle ou sur le mérite et les tendances de l'ouvrage récemment pa-

(1) *Lettres sur différents sujets*, tome II, p. 76.

ru. On lit chez soi, et il faut croire qu'on lit beaucoup, puisque le nombre des librairies est très important aujourd'hui dans notre ville. Il ne faut pas le regretter ; l'imprimerie est comme la langue de l'apologue d'Ésope : si elle fait beaucoup de mal, elle fait aussi beaucoup de bien. Cette facilité malheureuse qu'elle donne de publier et répandre à l'infini les impostures, les calomnies, les mauvais principes, pourrait la faire maudire ; mais, d'autre part, Gerson a dit : « Les bons livres font les bons clercs ; » et qui ne sait le bien que font dans l'esprit, dans les âmes, les bons conseils, les idées saines et justes, par la voix mille fois répétée du livre !

§ 6. — *Journaux de Marseille.*

Dès 1760, l'imprimerie Mossy, — qui fut prospère durant près d'un siècle dans notre ville, — avait publié à Marseille un *Journal d'Annonces, Affiches et Faits divers* qui suffisait à tenir le public au courant de tout ce qu'il lui importait de savoir en matière d'administration, de ventes, d'arrivages de navires, spectacles, naissances, décès et autres faits de la vie commerciale et domestique d'une grande cité.

Le *Petit Marseillais* a reproduit récemment le numéro du jeudi 10 avril 1760, de cette feuille hebdomadaire, dont les annonces étaient particulièrement caractéristiques des mœurs et de la bonhomie de l'époque. Un négociant, qui devait partir pour Lyon en chaise de poste à deux places, en offrait une à quelque personne connue, afin de partager la dépense. — Un propriétaire auquel on avait volé un paon priait le voleur de le rapporter à telle adresse, ou d'y venir prendre aussi la paonne, afin d'avoir le couple...

Les livres nouveaux étaient sommairement analysés ; on donnait le cours des marchandises et des changes ; souvent, on insérait des logographes et des énigmes ; il y avait, enfin, toutes les matières qui (en dehors de la politique), constituent encore aujourd'hui la charpente d'un journal hebdomadaire ou quotidien. L'abonnement coûtait 6 livres par an pour Marseille et 9 livres pour les autres villes, franc de port.

Le *Journal d'Annonces* cessa de paraître en 1780. Mais il y avait encore d'autres petites feuilles du même genre puisque, lorsque l'avocat Baugeard voulut créer, en 1779, son *Journal de Provence*, le procureur Vitalis refusa l'autorisation en se fondant sur ce que les échevins, et lui, considéraient « comme dangereuse ou tout au moins
« comme ne devant être d'aucune utilité, cette nouvelle
« Gazette qui ne ferait que répéter ce que bien d'autres
« journaux fournissaient déjà en matière de politique et
« d'annonces ; et qui embrasserait des objets bien vastes
« et trop étendus pour que celui qui la proposait fût en
« état de tenir ce qu'il promettait ».

Malgré cette extrême prudence de l'Administration, Baugeard obtint cependant, en 1780, le privilège qu'il sollicitait, grâce à la faveur du prince de Beauvau, gouverneur de Provence.

Son journal fut bientôt le plus répandu : aussi peut-on dire que c'est Beaugeard qui a personnifié le journalisme à Marseille au XVIII° siècle ; et plût à Dieu que la presse eût conservé les traditions d'originalité, d'urbanité et d'indépendance que lui donna cet ancêtre !

Le *Journal de Provence* paraissait trois fois par semaine, les mardi, jeudi et samedi. On s'abonnait au bureau du journal, rue Château-Redon, où était aussi le domicile de Beaugeard, et chez Roullet, libraire, sur le Cours. Le prix était de 18 livres par an pour Marseille, et 24 livres, franco de port, pour le reste du royaume. Du 13 avril 1781 au 2 septembre 1790, le journal fut dédié au maréchal prince de Beauvau ; il avait de 4 à 6 feuilles d'impression, format in-12. Aux avis divers, aux articles de critique littéraire, aux communications de l'Administration, il ajoutait la liste de tous les navires entrés dans le port les jours précédents, et qui apportaient des blés pour les maisons Straforello et Peragallo, Pechier, Folsch et Hornbostel; des huiles pour MM. Guis et C¹ᵉ, Musso, Greling frères, J. Borély; des marchandises diverses pour les maisons Van Gaver, Roussier, Samatan, Jean Clary, Rabaud et C¹ᵉ. On y voyait aussi quels étaient les navires mis sous charge pour les divers points du globe, par MM. J. Fraissinet, Audibert et Sermet, Olive et Boyer, Patot, Jauffret, Peyron, etc. Tous ces noms sont encore honorablement portés de nos jours par les descendants de ces honnêtes négociants et armateurs marseillais.

Quant à la politique, elle y était presque nulle: Beaugeard se bornait à enregistrer tels faits, ou telle ordonnance, sans commentaires; c'est après 1789 seulement que nous voyons le *Journal de Provence* donner son appréciation sur les évènements et, comme il n'était pas absolument enthousiaste, l'ère des persécutions ne tarda pas à s'ouvrir devant lui. On s'en prit d'abord à son titre: l'Assemblée nationale ayant aboli les dénominations des anciennes provinces, on enjoignit à Beaugeard d'intituler sa feuille *Journal de Marseille:* elle parut sous ce nouveau titre, dès le 17 janvier 1792.

Le dernier numéro est daté du 24 septembre 1797. Bien qu'il suivit la ligne imposée par les circonstances politiques, la modération du journal fit dénoncer Beaugeard. Après avoir échappé aux vengeances de la Terreur, il avait osé signaler les abus effrayants du nouvel ordre de choses et démontré la nécessité de revenir à une forme de gouvernement qui pût rendre la paix à l'Europe: les proscriptions dictatoriales vinrent l'atteindre. Accusé de royalisme, il fut condamné à la déportation, le 18 fructidor an VI (1).

Ce sympathique journaliste put se cacher quelque temps à Bordeaux; mais il fut arrêté à la suite d'une imprudence et conduit bientôt en Amérique. Revenu en France après

---

(1) *Moniteur*, an VI, n° 263.

l'amnistie de 1800, Beaugeard se fixa à Lyon, où il se distingua comme avocat. Il y mourut en 1828, âgé de 74 ans, et laissant un travail important sur le Code criminel.

Le nom de cet honnête homme, de ce journaliste courageux, mérite d'être conservé. Son *Journal de Provence* était fort apprécié et répandu, malgré le prix élevé de l'abonnement, qui correspondait bien à 70 francs environ de notre monnaie d'aujourd'hui. « En outre des annonces « ordinaires, il entretenait le goût de la littérature dans « notre ville, qui a toujours cultivé les lettres. » C'est Grosson, notaire royal et membre de notre Académie des Belles-Lettres, qui lui rend cet hommage dans un de ses *Almanachs historiques de Marseille*, publiés de 1770 à 1790. Cette publication suivie pourrait être considérée comme l'un des journaux ou annuaires de l'époque ; mais Grosson n'avait pas le courage et la téméraire confiance de Beaugeard : « Dans la Révolution présente », écrivait-il dès 1790, en tête de son Almanach, « on aura égard à notre in« certitude de l'avenir. L'année prochaine, s'il plaît à Dieu, « tout sera plus tranquille et nous serons à même de faire « mieux que cette année. » Ces vœux furent stériles et l'*Almanach historique* cessa de paraître en 1791.

En dehors de ces publications il y avait, à Marseille, des *Almanachs* ne contenant que des renseignements sur la Ville, ses industries, son administration, sur ceux de ses habitants qui avaient un emploi ou un état public.

L'*Almanach de Marseille* paraissait annuellement chez le libraire Mossy : on y trouvait aussi des anecdotes, des descriptions de monuments anciens, la chronologie des évêques, des consuls, des abbesses de divers monastères, fort nombreux à Marseille à la fin du XVIIIe siècle. On le vendait 24 sols broché, et 36 sols relié en basane ; mais on en faisait aussi relier en « marroquin » pour les personnes curieuses de belles reliures.

En 1777, un arrêt du Conseil d'État avait autorisé, — pour dix ans, — la publication d'un *Guide Marseillais*, que le sieur Joseph Mazet, de Marseille, fit éditer par Mossy ; la vente en avait lieu chez Brébion et chez Isnard ; chaque année il paraissait en octobre. On le voit encore cité en 1797. Le but de cette petite publication était indiqué dans la préface, écrite en un vrai style d'almanach : « Être utile à la patrie est un devoir de société ; on « peut le remplir dans les grands comme dans les petits « objets, et ils ne sont tels réellement que relativement « aux besoins et à la position. »

Moins importante que l'Almanach de Grosson, cette publication devait être la première de ce genre, à Marseille, car Mazet déclarait ensuite qu'il donnait ce *Guide Marseillais* « à l'exemple de Bordeaux (1), Londres et Amster-« dam, où ces ouvrages sont usités pour l'avantage et la « satisfaction du citoyen et de l'étranger ». On y trouvait, par ordre alphabétique, avec leur adresse et la raison sociale, les noms de MM. les négociants, ceux des marchands, manufacturiers et fabricants ; ceux des artistes (ouvriers artisans) travaillant pour le commerce et enfin des boutiquiers trafiquant en gros.

De telles publications, si nécessaires dans une grande ville commerçante, offrent en outre, dans la suite, des indications précises sur l'histoire administrative, politique, commerciale ; elles fournissent des jalons pour la biographie de nos devanciers ; elles permettent même de reconstituer des généalogies.

C'est dire de quel intérêt serait, pour les habitants de notre ville, une collection complète de tous les *Guides Marseillais*, depuis la fin du XVIIIe siècle jusqu'à nos jours.

C. V.

(1) On ne disait pas alors : *à l'instar de Paris*. La difficulté des communications avec la capitale permettait encore aux villes de province d'avoir leur caractère, leurs mœurs propres et une initiative féconde.

CHAPITRE XIV

Le Commerce

Le commerce de Marseille était, à la veille de la Révolution, en pleine prospérité. Il s'alimentait, comme par le passé, de tous les échanges qui avaient lieu entre la France, voire même l'Europe occidentale et le Levant. C'était là qu'il trouvait ses plus larges profits; mais il était loin d'y borner son activité.

Notre place était également en relations suivies avec toutes les villes commerciales. « Les habitants des quatre « parties du monde y viennent trafiquer, disait en 1789, à « l'Assemblée Constituante, le député Meynier, rapporteur « du Comité de l'agriculture et du commerce; les pavillons « de toutes les nations flottent dans son port et elle est le « grenier de toutes nos provinces méridionales et de toute « la Méditerranée. » Le rapporteur évaluait son commerce général à trois cents millions par an (1); en tenant compte, avec un historien marseillais (2), non seulement de la valeur des marchandises exportées et importées, mais encore des profits du vendeur, des frais de transaction et du coût de la navigation, le chiffre moyen annuel eût pu être fixé à trois cent cinquante-huit millions.

On a signalé, dès les premières pages de cette publica-

---

(1) *Rapport fait à l'Assemblée Nationale, au nom du Comité d'agriculture et de commerce, sur le régime à donner au port et au territoire de Marseille, quant aux droits de douane, par Meynier, député du Gard*, à la Bibliothèque de la ville de Marseille.

(2) Aug. Fabre, *Histoire de Marseille*, tome II, pp. 402-403.

tion (1), deux causes premières de cette grande situation commerciale, que le temps n'avait pu entamer : la position géographique de Marseille et l'excellence de son port. Il sera permis d'en indiquer ici une troisième, tout aussi incontestable, nous semble-t-il, quoique d'un ordre différent : les aptitudes spéciales des Marseillais pour le négoce, leur intelligence des affaires, en même temps que le bon renom qu'ils s'étaient depuis longtemps acquis par leur sincérité et leur loyauté dans les négociations. La rapide revue que nous allons passer des conditions constitutives de notre commerce à la fin de l'ancien Régime, de ses divers objets et des institutions qui s'y rattachaient, nous fera connaître les éléments secondaires ou extrinsèques de sa prospérité.

§ I". — *La Franchise du Port*.

Le privilège de la *Franchise du Port*, dont il est si souvent fait mention dans l'histoire du commerce de Marseille, consistait dans l'exemption, pour notre port, de tout impôt levé par l'autorité royale.

Il avait son origine dans notre antique constitution municipale et dans les chapitres de paix signés par Charles d'Anjou en 1257. Aux termes de ce traité, le port de Marseille ne devait être frappé d'aucune contribution, soit par Charles I", soit par ses successeurs. La navigation n'en demeurait pas moins soumise à certaines taxes communales, dont le principe, sinon l'application, ne pouvait donner lieu à contestations. En dépit des engagements contractés, le régime alors en vigueur subit, dans la suite, plus d'une atteinte. Des droits, plus ou moins élevés, furent successivement établis sur les mouvements du port, par les comtes de Provence et ensuite par les rois de France : mais ils ne le furent pas sans provoquer, de la part de la

---

(1) Chapitre préliminaire, pp. 2 et suiv.

Ville, les plus énergiques protestations, formulées tant pour la défense des prérogatives communales que dans l'intérêt du commerce national. Ce ne fut que sous le règne de Louis XIV que ces plaintes furent prises en considération. Le fameux édit du *Port franc*, par lequel satisfaction fut enfin donnée au commerce, est du mois de mars 1669.

Les perceptions qui s'effectuaient dans le port, avant cet édit, comprenaient en premier lieu : l'impôt du demi pour cent, pour la pension de l'ambassadeur de France à Constantinople ; le droit de la gabelle, affecté au curage du port; les droits sur les drogueries et épiceries et de tonnelage, perçus exclusivement sur les étrangers ; le droit de poids et casse; celui des aluns et des tabacs ; enfin, l'impôt de la *table de la mer*. Le produit de ces divers droits entrait dans les caisses locales. Les droits domaniaux perçus au profit de la couronne se décomposaient ainsi qu'il suit: droit de millerole de miel et d'huile ; de vingtain de carène, d'estaque de barques et navires, qui étaient affermés chaque année ; droits sur les huiles et fanons de baleines, sardes, chiens et loups de mer et autres poissons; droits de poix noire, de résine blanche, d'ancrage, de radoub ; taxes sur le poisson salé (1).

Aux termes de l'édit que nous venons de rappeler, toutes ces redevances furent supprimées et « le *port et havre de*
« *Marseille* fut déclaré *franc et libre* à tous marchands et
« négociants, et pour toutes sortes de marchandises, de
« quelque qualité et nature qu'elles fussent. » C'était le véritable régime du libre-échange.

L'édit contenait encore les dispositions suivantes :

« Les marchandises qui seront transportées par mer de
« la ville de Marseille hors du royaume seront exemptes
« de tous droits, sans que les vaisseaux et bâtiments qui

---

(1) Berteaut, *Marseille et les intérêts nationaux qui se rattachent à son port*, 1845, tome Ier, p. 256.

« en sortiront soient tenus de raisonner aux bureaux des
« foraines et douanes établies dans les ports. »

Pour engager les étrangers à fréquenter le port et à s'établir dans notre ville, toutes facilités leur étaient données d'entrer par mer, charger et décharger, et sortir leurs marchandises sans payer aucun droit, quelle que fût la durée de leur séjour.

Après avoir mis les biens des étrangers établis dans notre ville à l'abri du droit de représailles en cas de guerre, l'édit ajoutait encore en leur faveur : « Voulons que les
« étrangers qui prendront parti à Marseille et épouseront
« une fille du lieu ou qui acquerront une maison
« dans l'enceinte du nouvel agrandissement, du prix de
« dix mille livres et au-dessus, qu'ils auront habitée pen-
« dant trois ans, ou qui en auront acquis une du prix de
« cinq jusqu'à dix mille livres et qui l'auront habitée pen-
« dant cinq années, même ceux qui auront établi leur
« domicile et fait un commerce assidu pendant le temps de
« douze années consécutives dans la dite ville de Marseille,
« quoiqu'ils n'y aient acquis aucuns biens ou maisons,
« soient censés naturels Français, réputés bourgeois d'icelle
« et rendus participants de tous droits, privilèges et excep-
« tions (1). »

Mais, peu de temps après que ces immunités eurent été accordées à notre port, il fut enjoint aux députés du commerce de faire un emprunt pour payer les dettes de la Nation dans le Levant, pour acquitter la pension de l'ambassadeur à Constantinople et rembourser les engagistes des droits de *la Table de la mer*. L'emprunt devait être couvert au moyen d'un ancien droit, dit de *cotimo*, qui fut rétabli. Ce droit, primitivement affecté à l'armement de vaisseaux chargés de pourchasser les corsaires et les forbans qui infestaient la Méditerranée, frappait tous les bâtiments, barques ou polacres, venant du Levant ou de la

---

(1) Julliany, *Essai sur le Commerce de Marseille*, 2ᵐᵉ édition, tome Iᵉʳ, pp. 221 et suivantes.

Barbarie ; il était plus ou moins élevé suivant l'importance des navires et leur provenance.

Ce fut le point de départ de nouveaux empiétements sur le principe de la franchise du port. Peu à peu le commerce perdit les avantages dont il avait été gratifié.

En 1673, la faculté de transit et d'entrepôt pour les marchandises étrangères fut révoquée ; en 1681, les étains furent frappés d'un droit ; en 1691, on ajouta au droit de *cotimo* un droit de *tonnelage*, qui était gradué suivant la provenance de chaque navire. La prohibition des tissus des Indes, qui avait été réservée dans l'édit de 1669, fut étendue aux toiles de coton du Levant. Les cotons filés, les morues vertes et sèches, les sucres et cafés consommés à Marseille, avaient été soumis à des droits nouveaux.

Vers 1700 on comptait déjà une trentaine d'arrêts, d'ordonnances ou de déclarations, qui avaient restreint ou modifié la franchise du port. Pour remédier à cet état, la Chambre de commerce fit les instances les plus vives pour obtenir du pouvoir royal une déclaration qui fixât d'une manière précise les privilèges commerciaux de la ville et de la Chambre et déterminât les droits à percevoir par les fermiers royaux, ainsi que les pouvoirs de leurs agents.

Ces réclamations provoquèrent un arrêt du Conseil, rendu le 10 juillet 1703 (1). Ce nouvel arrêt parut remettre en vigueur l'édit de 1669 ; mais il apportait à ses dispositions de notables changements. Il obligeait les capitaines à déclarer, dans les vingt-quatre heures de leur arrivée, par un manifeste, la nature, la quantité et le poids des marchandises dont se composait leur chargement, le nombre et la marque des colis. Pareil manifeste était exigé au départ. Le bureau de poids et casse percevait sur ces manifestes un droit d'enregistrement. L'entrée de diverses sortes de tissus, de la morue de pêche étrangère et des cuirs tannés était prohibée.

(1) Julliany, ouvrage cité, t. Ier, pp. 283 et suivantes.

L'arrêt maintenait l'entrepôt dans la ville pour la ferme du tabac; il autorisait, d'une manière générale, la visite des employés des fermes dans la ville et son territoire et dans le port. Il prescrivait, en outre, la perception du droit de 20 p. 0/0 sur une série de marchandises du Levant, lorsqu'elles étaient apportées sur navires français ou étrangers, après avoir été entreposées dans les pays étrangers.

La franchise du port eut à subir de nouveaux empiétements de la part du fisc. Les charges anciennes qui avaient été supprimées étaient insensiblement rétablies. Nous touchons à la convocation des États généraux.

Les commerçants formulèrent leurs plaintes dans un cahier particulier. Le commerce de notre ville était alors très prospère; mais on sait bien que, même durant les périodes les plus heureuses, le commerçant gémit et regrette toujours de ne pas réaliser des bénéfices en rapport avec ses désirs.

« Les négociants de Marseille », disaient les signataires, « ont le même intérêt que tous les Français à la prospérité « générale du royaume et de toute la nation.

« La conservation des droits et privilèges de leur ville « et la réforme des abus qui se sont introduits sont des « objets aussi importants pour eux que pour tous leurs « concitoyens.

« Le commerce étant la base fondamentale de l'existence « de cette cité et le seul moyen de la faire fleurir et de « faire refluer l'utilité de ses rapports maritimes avec « l'étranger sur cette province et sur le royaume entier, « il est essentiellement de leur devoir d'en développer les « intérêts, de réclamer contre les gênes qui l'empêchent « de prendre son essor et de l'établir sur des principes « aussi stables qu'avantageux à la nation. »

Après avoir, à la suite de ces déclarations, exprimé un grand nombre de vœux, relatifs pour la plupart aux intérêts de la ville et à ceux de leur profession, ils les résumaient dans le rétablissement de la franchise du port, en conformité des édits de 1669 et 1703, y compris la ville et son territoire (1).

Les capitaines de navires et les courtiers de commerce se joignirent à eux pour réclamer, dans leurs cahiers respectifs, la restitution intégrale de cet antique privilège.

§ 2. — *Importations et Exportations.*

Ainsi que nous l'avons dit, les transactions les plus actives étaient avec les échelles du Levant. Depuis le Moyen Age, depuis la fondation même de notre ville, le commerce avec ces contrées s'était continuellement accru.

A Constantinople, les commerçants marseillais trouvèrent un débouché constant aux draperies, aux étoffes blanches de fabrication française et aux autres produits de notre industrie. Dans le dernier siècle, ils expédiaient tous les ans, sur ce port, plus de 1,500 ballots de draps et une grande quantité d'autres articles, tels que bonnets, dorures, quincaillerie, sucre, café, indigo, bois de teinture, épicerie et fruits secs. Les navires chargeaient en retour des cotons, des laines de mouton, des poils d'angora, des soies de Brousse, des poils de lièvre, des cuirs en poils, des peaux de buffle, de la cire, des drogues médicinales.

Smyrne, entrepôt d'une grande partie de l'Asie, voyait entrer dans son port douze ou quinze de nos navires par an. Les exportations sur ce port s'élevaient à une valeur moyenne de 6,100,000 livres ; les importations atteignaient le chiffre double de 13,650,000 livres.

A la même époque, Salonique et la Macédoine nous expédiaient en cotons en laine, blés, grains divers, huile d'olive, tabac, suif, cire, soies écrues, viande salée, pour plus de 6,000,000 de livres en valeur moyenne.

Les mêmes relations existaient entre Marseille et Andri-

---

(1) *Cahier des doléances de Messieurs les Députés, Négociants et Armateurs de la ville de Marseille*, Marseille, Vve Siblé, 1789.

nople, l'île de Candie et l'île de Chypre. Les transactions portaient sur les mêmes marchandises.

Les ports de Latakieh et d'Alexandrette, en Syrie, recevaient une valeur moyenne de 6,250,000 livres.

Au moment où la Révolution éclata, le commerce avec la Turquie avait atteint son apogée ; il subit un très sérieux ralentissement pour ne se relever que plus tard, après la chute du premier Empire. Les navires sortis de Marseille, à destination des divers ports de la Turquie que nous avons cités, étaient, en 1784, au nombre de 187 ; il en entrait 145 de ces provenances.

La Morée, vers 1789, recevait annuellement pour 500,000 livres de nos importations et exportait sur notre place pour près de 2,000,000 de livres.

D'Egypte arrivaient à Marseille des cotons en laine, des graines de lin, des riz, du café de Moka, des cuirs en poils, des cotons filés blancs, du safranum, du séné, des parfums d'Arabie, du sel ammoniac, des drogues, des gommes, des toiles blanches, des toiles bleues du Caire, des cendres et regrets d'orfèvrerie, de la nacre, des tissus de soie, des cornes, des perles, du corail pour une valeur moyenne de 3,450,000 livres.

Les marchandises expédiées de notre port dans ce pays étaient les suivantes : draps et étoffes de laine, étoffes de soie unies, étoffes mêlées d'or et d'argent, cochenilles et épices, fer et acier, plomb, étain, zinc, cuivre, papiers, verroterie, poterie, quincaillerie, mercerie, coutellerie, armes, peaux tannées et ouvrées, tissus de coton, parfumerie, sucre raffiné, vin, poivre, corail, meubles, girofle, kermès, représentant une valeur moyenne de 3,120,000 livres.

En 1784, le nombre des navires venus d'Egypte à Marseille fut de 18 ; celui des navires partis de Marseille pour l'Egypte, de 28.

Depuis longtemps, et surtout depuis le règne de Louis XIV, notre commerce entretenait des relations suivies avec le Maroc et Tunis.

Les importations du Maroc à Marseille, en laines, peaux, huile, gomme, cire, ivoire, plumes d'autruche, fruits secs atteignaient le chiffre d'un million de livres. Les exportations de Marseille ne s'élevaient guère qu'à 400,000 livres en numéraire, soies écrues, draps, étoffes de soie et de laine, toiles, droguerie, riz, alun, plomb, étain, acier, fer, sucre brut, quincaillerie, tafia, thé et café.

Avec Tunis le chiffre moyen des exportations était beaucoup plus fort: 2,200,000 livres en draps et étoffes de laine, étoffes de soie, dorures et étoffes de Lyon, laines d'Espagne pour bonnets, vermillon, cochenille, kermès, sucre, épiceries, café, vins, eaux-de-vie, verroterie, quincaillerie, bijouterie, armes, bois de construction, planches, soie grège, coton filé. Celui des importations était de 1,440,000 livres, en laine de mouton, maroquins, cuirs en poils, blé, orge et farine, légumes et amandes, huile d'olive, cire, suif, os d'animaux, crins, éponges, sangsues et dattes.

Entre Marseille et La Calle, Bône, Alger et Tripoli, les importations étaient de 1,780,000 livres, contre 1,620,000 livres d'exportations.

Nos rapports avec l'Angleterre étaient peu importants et se réduisaient à l'envoi de quelques navires. Avec la Hollande les échanges étaient beaucoup plus actifs : les fers, l'étain, la céruse, la garance, les toiles, les épices, les fromages, les harengs formaient la base principale des importations de ce pays.

Le courant des affaires avec la Russie commençait à s'établir. La Suède envoyait dans notre port annuellement 10 à 12 de ses navires; la Norwège nous fournissait de grandes quantités de morues et de harengs.

Les relations avec les ports de la mer Noire étaient en voie d'accroissement depuis 1774; la Porte ottomane avait permis aux navires russes le passage des Dardanelles. En 1784, la cour de Vienne ayant obtenu que ce passage fût également ouvert aux Autrichiens, le commerce marseillais profitait de cette faveur pour se développer et faisait voyager ses marchandises sous ces pavillons étrangers.

Grâce à l'intelligence et à l'habileté du baron Anthoine de Saint-Joseph, cette route s'était largement ouverte, et en 1787 plus de 200 navires russes et autrichiens y circulaient pour effectuer les transports de Marseille ou pour Marseille. Les blés, les mâtures, les chanvres, les suifs en constituaient le principal aliment.

Trieste et Venise étaient en communication constante avec Marseille. Nos navires étaient dirigés sur ces deux ports avec des chargements de sucre et de café ; ils en revenaient portant des blés et d'autres grains, des cuirs de Hongrie, des peaux de lièvre et de lapin, des produits des manufactures d'Allemagne. On estime que le chiffre des affaires avec Venise s'élevait, en 1782, à 500 ou 600,000 livres.

En 1788, la Sardaigne expédiait sur notre port 32 navires de blé, soudes, laines, huile d'olive, peaux de chèvre et chevreau, thon salé, peaux de lièvre et de lapin, légumes secs, fromage, peaux d'agneau et de mouton, suif ou graisse.

La Sicile faisait avec Marseille un commerce très important des produits suivants : soufre, soude, blé, légumes secs, huile d'olive, vin, pâtes d'Italie, sumac, huile de lin, amandes, tartre, jus de citron, suc de réglisse, eau de fleurs d'oranger, chanvre, peaux de lièvre et de lapin, figues, raisins secs, suif, bois feuillard, pierre ponce et gomme.

L'Italie recevait pour 7,360,000 livres de valeur moyenne de nos exportations et ses importations atteignaient le chiffre de 11,320,000 livres.

L'Espagne nous expédiait des vins, des épices, de la cochenille, du vermillon, de l'indigo, des soudes, des soies, des laines lavées, pour une valeur de 3,530,000 livres. Notre port lui exportait pour plus de 6,290,000 livres de sucre, blé, vins, morues, draperie, bonneterie, laine, chapeaux, toiles, dorures, étoffes de Lyon et quincaillerie. Les blés importés en Espagne étaient chargés par nos navires à

Tunis, en Candie et en Morée ; ces importations opérées par l'intermédiaire de Marseille s'étendaient à certains produits des Indes, comme les métaux précieux, et à des laines et à des toiles bleues chargées au Caire et à Alep. Le cabotage entre l'Espagne et notre port occupait, en 1789, 179 navires.

C'est de cette époque que date l'emploi des soudes factices dans nos savonneries. Les guerres de la Révolution rompirent nos relations avec l'Espagne, qui cessa de nous envoyer ses soudes naturelles. L'embarras de nos industriels amena la découverte de la soude fabriquée.

Si, quittant les pays d'Europe et les ports de la Méditerranée, nous jetons un coup d'œil sur le commerce marseillais, soit avec nos colonies, soit avec l'Amérique, nous le trouvons aussi florissant (1).

Avec la Martinique, la Guadeloupe, l'île Bourbon, la Guyane française et le Sénégal, il était très actif. Il fournissait à l'Île Maurice le neuvième de sa consommation annuelle, qui était d'environ 5,600,000 livres. Ses relations avec les Indes avaient pris un grand développement, lors de la suppression du privilège de la Compagnie. Marseille expédiait à la côte de Coromandel en moyenne par année pour 1,400,000 livres de vins, eaux-de-vie, liqueurs, huile d'olive, fruits secs, savons, draps, étoffes de laine, chapeaux, souliers, plomb, fer, cuivre, quincaillerie, bijouterie, corail et articles divers ; elle exportait pour 1,000,000 des mêmes marchandises à la côte de Bengale.

Notre commerce avec les colonies d'Amérique, autrefois si prospère, avait été entravé par l'établissement de la Compagnie des Indes Occidentales. Le privilège de cette Compagnie fut pendant de longues années réservé à certains ports francs de l'Océan. Ce ne fut qu'en 1719 que Marseille obtint le droit de faire le commerce avec les colonies, en aliénant une partie de la franchise du port.

(1) V. *Le Commerce de l'Amérique par Marseille...*, par un *Citadin* (Chambon), Avignon, 1764.

Le commerce avec les colonies n'en prit pas moins et bientôt une grande extension; Marseille devint le marché général des denrées de l'Amérique dans la Méditerranée.

En 1775, sur 562 navires expédiés de nos colonies d'Amérique en France, notre port en reçut 71, dont les chargements étaient d'une valeur de 14,500,000 livres. Les principales marchandises qui nous étaient importées de ces pays étaient : le cacao, le café, le coton, le gingembre, l'indigo, le sirop de mélasse, le sucre brut, le sucre terré, le sucre raffiné et le sucre tête. La seule importation des sucres s'élevait à 9,800,000 kil., dont la moitié venait de Saint-Domingue.

Marseille recevait également de grandes quantités de morues; de 1783 à 1792, la moyenne annuelle des arrivages était de 40 bâtiments chargés en morues vertes, morues sèches et huile de morue, pour une valeur de 4,000,000 de livres.

D'autre part, les rapports de Marseille avec les États-Unis d'Amérique étaient peu importants. Ces pays n'avaient pas encore donné à l'agriculture l'extension qu'elle y a prise de nos jours. Leur marine marchande était encore trop faible. C'est à peine si, au moment de la guerre de l'Indépendance, il se fit de notre port quelques expéditions d'armes et objets manufacturés qui produisirent des retours en riz, tabacs et farines.

Les marchandises qui faisaient l'objet des transactions du commerce marseillais avec l'étranger étaient pour ainsi dire innombrables; les statistiques de l'époque relevaient plus de mille articles. Toutefois, les blés, les vins, les huiles, les sucres, les soies, les cotons et les laines en constituaient l'aliment principal.

Notre port recevait annuellement 523,811 charges de blé et 114,853 charges de grains grossiers. Le commerce des vins, sans avoir l'importance de celui des céréales, figurait dans nos exportations pour 33,674 muids, en vins de Provence, et 38,477 muids en vins du Languedoc.

Les autres produits que nous venons d'indiquer servaient à alimenter notre industrie locale. Les cotons bruts qui arrivaient d'Espagne, d'Italie, du Levant et d'Amérique se répandaient en partie dans l'intérieur pour les fabrications spéciales du Languedoc, de la Normandie et de Lyon.

En résumé, la valeur moyenne du commerce d'importation et d'exportation a pu être évaluée, pour la période décennale de 1783 à 1792, à 138.360.000 livres par an, dont 60.080.000 pour l'exportation et 78.280.000 pour l'importation. Ces moyennes générales se décomposent ainsi qu'il suit (1) :

DÉSIGNATION des contrées où ont été expédiées et d'où sont arrivées les marchandises.	EXPORTATIONS	IMPORTATIONS	TOTAL
	LIVRES	LIVRES	LIVRES
Commerce du Levant et de Barbarie.....	25.680.000	37.680.000	63.360.000
Commerce d'Italie...	7.360.000	11.320.000	18.680.000
Commerce d'Espagne.	6.290.000	3.530.000	9.820.000
Nord de l'Europe....	1.350.000	1.150.000	2.500.000
Amérique, St-Domingue..............	8.835.000	11.853.000	20.688.000
Martinique.........	7.296.000	8.317.000	15.613.000
Cayenne............	269.000	430.000	699.000
Commerce des Indes (les retours se faisaient à Lorient)..	3.000.000	—	3.000.000
Vente des chargements de morues.......	—	4.000.000	4.000.000
TOTAL du commerce de Marseille......	60.080.000	78.280.000	138.360.000

(1) Julliany, ouvrage cité, t. 1er, p. 107.

Dans la seconde moitié du siècle dernier les importations amenaient dans notre port plus de deux mille navires par an. D'après Expilly (1), le total des navires entrés s'était élevé, en 1765, à 2219. L'activité commerciale de la place n'ayant cessé de progresser, on pouvait encore compter, en 1792, 2442 entrées et sorties, se répartissant comme il suit (2) :

PAYS DE PROVENANCE ET DE DESTINATION	ENTRÉES		SORTIES	
	NOMBRE des Navires	TONNAGE des Navires	NOMBRE des Navires	TONNAGE des Navires
Echelles du Levant et de Barbarie..............	350	54.500	400	68.000
Ports d'Italie	950	95.000	1.050	106.000
Ports d'Espagne	350	56.000	410	75.000
Ports de la Baltique, Hollande, etc................	120	24.000	100	20.000
Iles françaises d'Amérique.	92	36.800	88	35.200
Pondichéry, Chandernagor et Bourbon............	—	—	3	1.300
Grand Banc et côtes de Terre-Neuve...........	50	2.000	24	960
Ports français de l'Océan..	130	3.000	152	31.920
Cabotage de la Méditerranée	400	24.000	390	23.400
Totaux....	2.442	322.300	2.617	361.780
Totaux des entrées et des sorties réunies........	5.059 navires, 684.080 tonneaux			

Le total des entrées et des sorties, en dehors du cabotage, représentait les 5/12 du mouvement total du com-

---

(1) *Dictionnaire géographique*, tome IV, p. 596.
(2) Julliany, ouvrage cité, tome Ier, p. 106.

merce extérieur de la France, qui se chiffrait alors par 1.380.584 tonneaux. Mais on était au début d'une période qui fut particulièrement calamiteuse pour notre ville. Il fallut arriver jusqu'en 1816, pour voir reprendre au tonnage un peu de recrudescence ; à cette date il n'était encore que de 611.811 tonneaux.

La néfaste influence de la Révolution sur le commerce de Marseille ressort surtout de la statistique des armements et des désarmements de navires opérés dans notre port à cette époque et à l'époque antérieure. Ce relevé nous sera fourni par le tableau suivant :

TABLEAU DES ARMEMENTS ET DES DÉSARMEMENTS

effectués au port de Marseille depuis 1740 jusques et y compris 1823, ainsi que du nombre d'hommes et de tonneaux des divers bâtiments armés et désarmés pendant ce laps de temps, par M. Peragallo, officier du commissariat de marine (1) :

			TERME MOYEN ANNUEL DU NOMBRE DES			
			Tonneaux pour chaque bâtiment		Hommes pour chaque bâtiment	
	ARMEMENTS	DÉSARMEMENTS	ARMÉ	DÉSARMÉ	ARMÉ	DÉSARMÉ
Période écoulée avant la Révolution, depuis 1740 jusques et y compris 1788 (49 années)............	458	463	101	100	13	13
Période écoulée pendant la Révolution et l'Empire, depuis 1789 jusques et y compris 1816 (28 années)........	226	221	110	115	10	10
Période écoulée après la Révolution et l'Empire, depuis 1817 jusques et y compris 1823 (7 années)..........	315	356	131	135	9	9

(1) *Répertoire de la Société de statistique de Marseille*, t. Ier, p. 215.

Les divers navires pontés, au-dessous de 100 tonneaux à 600 tonneaux et au-dessus, attachés au port en 1791, faisant les voyages au long cours, le grand et petit cabotage et la pêche sur les côtes, étaient au nombre de 628, près du huitième des navires de la France, dont le chiffre total était de 5525.

§ 3. — *La Chambre de Commerce.*

Dans un précédent chapitre, la Chambre de commerce a été citée et présentée comme une émanation du corps municipal. Nous dirons ici comment elle était organisée et quelles étaient ses attributions. On pourra voir par là quelle devait être son action sur la marche générale du commerce. Son origine est fort ancienne; suivant Berteaut, on conserve, à la chancellerie de Beyrouth, des traces officielles de l'intervention de la Chambre de Marseille à partir du XV° siècle (1).

Fondée le 15 août 1599, sur une délibération de la généralité des négociants marseillais assemblés à l'Hôtel-de-Ville; modifiée dans sa composition le 3 novembre 1650, elle fut définitivement constituée par un édit du 13 août 1751 et par une ordonnance du 1" janvier 1753. Aux termes de l'édit de 1751, elle devait être composée de quatre échevins et de douze députés du commerce ; l'ordonnance de 1753 en déterminait les attributions. Une dernière ordonnance du 27 novembre 1779 réduisait le nombre de ses membres à huit députés, présidés par un seul échevin toujours soumis à l'Inspection générale du commerce, dont le représentant résidait à Aix (2). Telle était sa composition en 1791, lorsqu'elle fut supprimée pour être remplacée par le *Bureau du commerce.*

La Chambre, conçue à son origine comme une sorte de

---
(1) Berteaut, ouvrage cité, t. I, p. 323.
(2) Oct. Teissier, *La Chambre de commerce de Marseille.*

représentation mixte du commerce et de la municipalité avec le titre suivant : « *Les Échevins et Députés du commerce de Marseille* », était insensiblement devenue un organisme indépendant.

Les députés se renouvelaient pas moitié ; ils étaient choisis parmi les notables négociants et les hommes expérimentés en matière de commerce sans que personne pût se dispenser d'accepter ces fonctions, lorsque le choix était fait.

Un député semainier, au service du public, prenait connaissance des affaires courantes pour en rendre compte aux assemblées qui se tenaient dans une salle particulière de l'Hôtel-de-Ville, dite la Loge, deux fois par semaine.

La Chambre connaissait de toutes les affaires concernant le commerce, écoutait les plaintes des commerçants et des capitaines de navire. Elle recevait les mémoires et avis qui lui étaient présentés et toutes les observations qui pouvaient lui être faites au sujet du commerce ou de la navigation. Ces diverses communications passaient toujours sous les yeux des échevins faisant partie de la Chambre, avant d'être soumises aux députés pour être examinées.

Elle avait la direction générale du commerce du Levant et de Barbarie, et sa compétence s'étendait aux affaires relatives au commerce d'Espagne, de Portugal, d'Italie, des pays du Nord et à toutes celles qui se faisaient par le port de Marseille.

Des attributions spéciales lui avaient été données ; elle avait notamment sous sa dépendance les deux bureaux spéciaux *des Draps* et *des Papiers*.

Bureau des Draps. — Cette institution avait pour but de conserver la réputation des draps français à l'étranger et surtout dans le Levant. La stricte observation des règlements de ce bureau assurait la suprématie de notre fabrication dans les Echelles ; le relâchement à cet égard avait, à différentes époques, procuré un avantage considérable aux draps étrangers, à nos dépens.

Les draps et étoffes de laines, avant d'être expédiés étaient soigneusement vérifiés et contrôlés, comme qualité et comme dimension, par un inspecteur nommé par la Chambre, en présence de deux marchands de la ville agréés par l'Intendant de Provence. Les fabricants défaillants voyaient leur marchandise saisie et ils étaient eux-mêmes poursuivis devant la Chambre et, en cas d'appel, au-dessus de 150 livres, devant le Parlement. L'inspecteur en exercice en 1789 était M. Alexis-Victor Artaud ; il avait pour adjoint M. de Bourguignon aîné, écuyer (1).

Bureau des Papiers. — Analogue au précédent, ce bureau contrôlait la fabrication et l'assortiment des papiers destinés au Levant. Un inspecteur, placé sous la surveillance de la Chambre, exerçait ce contrôle et, avant le départ des marchandises, en marquait les ballots. Les papiers dont la fabrication n'était pas conforme aux règlements étaient retournés au fabricant, à ses frais.

De même que les draps, les papiers qui arrivaient dans le Levant sans être revêtus de la marque d'inspection étaient réexpédiés par le consul du port d'arrivée, aux risques et aux frais du fabricant.

Ce service était confié, en 1789, à M. Guillaume Espanet ; son bureau était au quai de Rive-Neuve (2).

Budget. — Les ressources de la Chambre de commerce étaient constituées au moyen de certains droits qu'elle était autorisée à percevoir sur les marchandises ; les principaux étaient :

1° Le droit de *vingt pour cent* sur certaines marchandises qui venaient du Levant, de la Perse et de l'Afrique, par navires étrangers, ou n'étaient pas importées directement du Levant.

Ce droit avait été établi dans l'intérêt de la navigation, au moment de la publication de l'édit du Port franc, et plus tard modifié par différents arrêts.

---

(1) Grosson. *Almanach historique*. 1789, p. 235.
(2) *Ibid.*, p. 236.

2° Le droit de *consulat*, qui était fixé par la Chambre de commerce ou par la municipalité, sous la double autorité du Parlement de Provence et du Conseil d'Etat, et qui était perçu par les consuls dans les échelles du Levant, tantôt sur les navires, tantôt sur les marchandises.

Ce droit avait été supprimé par un arrêt du Conseil d'Etat du 31 juillet 1691 et remplacé par un droit de *tonnelage* qui fut lui-même supprimé en 1718 et remplacé par un droit de consulat qui varia entre 2, 3 et 5 0/0 de la valeur des marchandises.

3° Le droit sur les huiles d'importation, fixé à 10 sous par millerolle sur les huiles étrangères et à 35 sous par quintal sur les huiles provenant d'Italie. La Chambre fut autorisée à le percevoir même sur les huiles venant directement dans les ports des grosses fermes, Dieppe, Boulogne, le Hâvre, Rouen et Saint-Valery.

Le vieux droit de *cotimo*, dont nous avons fait mention plus haut, en nous occupant de la franchise du port, avait été modifié à diverses reprises, puis définitivement supprimé par arrêt du Conseil du 1er janvier 1767 (1).

Voici, du reste, un relevé exact des recettes et des dépenses de la Chambre de commerce en 1788, à la veille de la Révolution (2) :

RECETTES

	LIVRES	S.	D.
Reliquat du compte de 1787..................	875.412	15	4
Droit de consulat à 3 0/0..........	799.786	15	»
Droit de 20 0/0.....	17.486	1	6
Droit de 10 s. par livre sur le droit de 20 0/0.	6.959	17	4
Droit sur les huiles étrangères..	87.207	12	6
Droit de 10 s. par livre sur le dit droit......	43.603	16	3
Recette extraordinaire.............. . ..	97.662	17	9
A reporter......	1.928.119	15	8

(1) Archives de la Chambre de commerce, série CC, art. 1 à 9.
(2) Mêmes archives. Comptes trésoraires de 1788.

	LIVRES	S.	D.
Report............	1.928.119	15	8
Recette provisoire du service du Roi........	770	18	6
Recette provisoire de M. de Morainville......	11.940	»	»
Recette de 8 s. par certificat................	2.351	8	»
Imposition de 1/3 0/0 en sus sur le poids du Roi......................	30.059	3	10
Versement de la caisse des courtiers........	29.538	17	»
Des 300 actions de la Chambre sur la Compagnie d'Afrique........................	Mémoire.		
TOTAL..............	2.002.780	3	»

DÉPENSES

	LIVRES	S.	D.
Dépenses ordinaires......................	40.742	»	»
Dépenses extraordinaires...................	95.249	13	7
Dépenses du bureau du droit de 20 0/0......	14.214	»	9
Dépenses du bureau du droit sur les huiles..	3.962	3	10
Service, entretien et réparations des quais et du port...............	72.935	3	9
Curage du port (de Morainville)............	74.037	2	6
Pour le compte et service du Roi............	13.271	9	11
Dépenses de la tour de Planier	4.359	8	»
Pensions accordées par le Roi	50.403	8	»
Dépenses du droit de consulat..............	318.524	17	8
Pour le droit de 10 s. par livre sur celui de 20 0/0 et sur celui des huiles.............	25.990	3	11
Continuation de la liquidation des affaires du sieur Agnel, ancien trésorier.............	6.716	15	4
Pour le droit des paquebots ou courriers maritimes expédiés au Levant................	21.011	3	»
Honoraires du trésorier....................	6.000	»	»
TOTAL..............	777.452	10	3

RÉCAPITULATION

	LIVRES	S.	D.
Recettes.................................	2.002.780	3	»
Dépenses................................	777.452	10	3
EXCÉDENT DES RECETTES......	1.225.327	12	9

La situation financière de la Chambre de commerce était, on le voit, des plus prospères.

Le receveur du droit de 20 0/0 était, en 1789, M. Roulier ; le contrôleur de ce droit et de celui des huiles, M. François Conil ; le garde-magasin, M. Joseph Depieds ; le capitaine, M. Jean-Joseph Dallest. Il avait deux lieutenants : MM. Jean-Baptiste Lambert et Pons Méolan.

Le receveur du droit des huiles était M. Gaspard Reboul ; son fils Joseph-Jacques-Denis Reboul lui avait été adjoint, avec le titre de survivancier. Le capitaine préposé à la perception de ce droit était M. L'Aigle (1).

On sait que les Chambres de commerce furent condamnées à disparaître par une loi du 27 septembre 1791, sans qu'il eût été statué sur les administrations des échelles du Levant et de Barbarie. Un décret du 6 septembre 1792 transporta au Bureau de la santé la recette des fonds que la Chambre percevait et au district le paiement de toutes les sommes qu'elle était chargée de solder. Les autorités locales se refusèrent à exécuter, aussi longtemps qu'elles le purent, des dispositions légales qui leur paraissaient à bon droit des plus préjudiciables aux intérêts commerciaux. La Chambre fut tout d'abord maintenue sans aucune modification dans sa composition et sa réglementation, puis remplacée, en juillet 1792, par un *Bureau provisoire du commerce*, institué par une délibération du Conseil général de la commune du 30 juin précédent. Ce bureau, dernier reste de l'établissement qui avait si longtemps veillé à la défense du commerce de Marseille et du Levant, fut supprimé deux mois après l'entrée du général Cartaux, en octobre 1793.

Le premier essai de réorganisation des Chambres de commerce, sous le titre de *Conseils de commerce*, n'eut lieu qu'en 1801.

---

(1) Grosson, *Almanach historique*, 1789, p. 236.

§ 4. — *Compagnie royale d'Afrique.*

Avant le XVᵉ siècle, les côtes de la Barbarie étaient peu accessibles à notre navigation. Vers cette époque, des établissements français commencèrent à s'y créer pour la pêche du corail et du poisson, au moyen de concessions obtenues de la Régence d'Alger. Sous Henri IV, des traités furent passés ; mais bientôt l'influence anglaise nous combattit et, en 1688, Louis XIV était obligé de bombarder Alger pour obtenir de la Régence qu'elle rendît à nos nationaux les concessions dont elle les avait privés au profit des Anglais.

Diverses créations se succédèrent sans trop de succès, jusqu'en 1741. Un édit rétablit alors la Compagnie existante, sur de nouvelles bases, qui assurèrent sa prospérité. Cet édit concédait la jouissance des places du cap Nègre, du Bastion et des lieux en dépendant. Le fonds de la Compagnie était fixé à 1,200,000 livres, divisé en 1,200 actions de 1,000 livres chacune. La Chambre de commerce était autorisée à en acheter 300 pour son compte ; en même temps le contrôle des opérations de la Compagnie lui était confié. L'administration était entre les mains de l'inspecteur de commerce, de deux députés de la Chambre et de trois directeurs choisis parmi les plus forts actionnaires. La Compagnie payait aux régences d'Alger et de Tunis des redevances annuelles, moyennant lesquelles le dey d'Alger la maintenait dans les droits et les établissements ci-après :

1ᵉ La pêche du corail et l'établissement de La Calle ;

2ᵉ Le comptoir de Bône, celui de Collo et celui de Tabarca, dans la régence de Tunis ;

3ᵉ L'extraction de 6,312 quintaux 1/2 poids de marc de blé, au prix du marché de Bône, 6 livres le quintal ;

4ᵉ La prérogative de l'achat des cuirs à Bône, exclusivement à tout étranger, à un prix déterminé ;

5° Le comptoir de Collo et l'achat des cires et des cuirs, exclusivement à tous négociants étrangers ;

6° La prérogative de l'achat des laines au prix de 9 piastres de Bône, droit de sortie compris ;

7° A la faveur de l'établissement de La Calle, la Compagnie pouvait extraire 8 à 10,000 charges de blé, année commune, non compris 4,000 charges pour l'alimentation des habitants de la place.

Elle envoyait chaque année dans ses concessions 8 à 900,000 livres en piastres ou en espèces étrangères ; elle y expédiait 25 à 30 bâtiments.

Le directeur principal en était, en 1789, M. Bertrand ; M. Isnard en était l'archiviste (1).

Le 4 août 1793, la Convention nationale la comprit dans la suppression générale de toutes les compagnies formées par actions au porteur. Quelques années plus tard elle fut rétablie sous forme d'agence (2).

§ 5. — *Assureurs maritimes et Courtiers.*

I. — Assureurs maritimes

Le trafic maritime auquel notre place se livrait donnait lieu à des contrats d'assurance nombreux et souvent importants. Annuellement on en faisait, en moyenne, pour 150 millions. Les compagnies d'assurance n'existaient point encore ; les contrats étaient faits par des *négociants assureurs* qui se chargeaient des risques moyennant des primes variant de 1 à 40 0/0, suivant que les expéditions avaient lieu dans le Levant, en Amérique ou aux Indes. Ces contrats entraînaient hypothèque sur les biens de l'assureur.

---

(1) Grosson, *Almanach historique*, année 1789, p. 237.
(2) *Statistique des Bouches-du-Rhône*, t. IV, pp. 846-848.

II. — Courtiers

Dès le Moyen Age, les statuts municipaux réglementaient cette profession. Au XIV° et au XVI° siècles, elle faisait l'objet de dispositions nouvelles ; les courtiers n'avaient pas le droit de nommer leurs successeurs et ils étaient commissionnés par la municipalité.

Plus tard, les charges étaient vendues aux titulaires sans être transmissibles ni vénales. Les courtiers ou censaux perdaient tous droits en mourant,

En 1578, leur nombre fut réduit de 70 à 30. En 1692, un édit constitua les charges en *offices royaux et héréditaires* moyennant le paiement de 4.000 livres par charge. Sur les instances du corps des courtiers, cette indemnité fut réduite à 3.500 livres. Le corps comptait alors 46 membres (1).

En 1709, ils étaient au nombre de 60 et portaient le nom de *courtiers de change, banque et commerce héréditaires*. Ils servaient d'intermédiaires non seulement pour les transactions commerciales, mais aussi pour les opérations des négociants, disposeurs de capitaux ou assureurs. Les banques et sociétés d'assurance n'étaient point encore organisées; leur institution n'était, au siècle dernier, qu'à l'état embryonnaire (2).

Vers le milieu du XVIII° siècle, les courtiers jouèrent un rôle important dans les affaires; à côté de membres honorables, leur profession comptait des hommes entreprenants et audacieux (3). C'est à leurs manœuvres que furent dus, en grande partie, les désastres financiers qui marquèrent les années de 1770 à 1778 et ébranlèrent si gravement le crédit de notre place; aussi la faculté de

---

(1) Aug. Fabre, *Les Rues de Marseille*, t. III, pp. 139 et suiv.
(2) Aug. Fabre, *Les Rues de Marseille*, t. IV, p. 302.
(3) *Lettre de M***, ancien négociant de Marseille, à M. D. M. de Paris*, à la bibliothèque de la ville de Marseille.

faire la *banque* leur fut-elle retirée et leur nomination appartint désormais à la Chambre de commerce.

Leur choix se fit par élection. La Chambre de commerce s'adjoignait dix-huit notables négociants désignés par le sort sur une liste de quarante électeurs, dressée par l'inspecteur du commerce, et elle nommait, à la pluralité des deux tiers des voix au moins et au scrutin, les candidats qu'elle jugeait les plus capables et les plus dignes de remplir cette fonction. Ceux qui avaient obtenu des *lettres de répit*, fait *contrat d'atermoiement* ou fait *faillite* étaient exclus de droit.

Au moment où se produisit ce changement dans le mode de nomination, la vénalité des charges étant supprimée, la valeur de chacune d'elles fut fixée à 40.000 livres et remboursée au titulaire. Ce remboursement fut effectué par la Chambre de commerce au moyen d'un emprunt; pour faire face au paiement des intérêts et à l'amortissement du capital, la Chambre imposa à chaque courtier nouvellement investi l'obligation de lui verser annuellement une indemnité de 2.500 livres (1).

Les courtiers ainsi nommés étaient assermentés au siège de l'amirauté.

Par arrêt du Conseil du 5 septembre 1786, les fonctions d'agents de change et de courtiers de commerce furent scindées.

Cette profession s'exerçait sous l'empire de ces derniers règlements, lorsque l'Assemblée constituante, par décret du 8 mai 1791, abolit tous les offices comme étant entachés de privilège. L'exercice du courtage fut permis à tous les citoyens, à charge de prendre patente et de prêter serment (2).

Voici quels étaient les courtiers en fonctions en 1789 : Augustin Agnel; Auger; Pierre Bahin; Fr.-Zacharie Bègue;

---

(1) Julliany, ouvrage cité, t. Ier, pp. 390 et suiv.
(2) *Revue de Marseille et de Provence*. « Les anciens Courtiers de Marseille », années 1867 et 1868.

Belier; Honoré Berenger; Pierre Blanpain; Jean-Baptiste Bonin; Fr.-Claude Bourguignon; Bourrely; Dominique Calvy; Pierre Cavalier; Claude Chauvot; Jean-Louis Clastrier; Jean-Baptiste Collavier; Joseph Cousinery; Carvin; Crudère fils; Fr.-Robert Dallet; François Dalmas; Degaye; Ant.-Etienne Escalon; Jean-Baptiste Ferrary; Jean-Joseph Flory; Fabrissy; Gasp.-Hon. Galicy fils; Elzéar Garnier; Urbain Garnier; Fr.-Jules Gautier; Laur.-Et. Guillermy; Nicolas Guirand; A.-Jos.-Mat. Hutte; Barthélemy Lafont; Et.-Noël Laforêt; Ant.-Nicol. Lasalle; J.-Joseph Lavabre; Etienne Long; Jean Madon; Xavier Martin; François Meyer fils; Pierre Morel; J.-Franç. Mouren; Obligie; Pierre Olive; J.-François Olive fils; Bernard Pagliano; Alexandre Perreymond; Elzéar-Barth. Piolle; Parrot; Nicolas Pissarello; Fr.-Claude Poussole fils cadet; Jean-Ant. Porry; Reboul fils; Joseph Roustan; Antoine Richaud; Ant.-F. Roux; Fr.-Noël Raphel; Jean-Fr. Teissère; Lazare-André Truc; Guillaume Valette (1).

§ 6. — *Droits d'entrée.*

De tout temps, nous l'avons dit, des droits ont été perçus sur certaines marchandises importées à Marseille, soit pour pourvoir aux charges de la cité, soit pour protéger l'industrie et l'agriculture locales, soit encore pour subvenir aux besoins de la navigation. Les tarifs qui servaient à établir ces taxes, à certains égards comparables à nos droits de douane et d'octroi, portaient anciennement le nom de : *Tables de la mer.*

A la fin de l'Ancien Régime, ces droits étaient répartis entre divers bureaux, établis les uns au port, les autres dans l'intérieur du territoire.

---

(1) Grosson, *Almanach historique*, 1789, pp. 233-235.

I. — Bureau du Domaine d'Occident

Ce bureau, plus ancien que l'édit du Port franc de 1669, avait comme attribution spéciale le contrôle du commerce des colonies et des grandes Indes. Il recevait les manifestes d'entrée et de sortie des navires qui faisaient les voyages des colonies et donnait les permis d'embarquement pour les marchandises que les négociants expédiaient sur ces navires. Les marchandises de retour ne pouvaient être débarquées qu'avec permis et vérification et elles étaient soumises au paiement d'un droit de 3 1/2 p. 0/0.

Le personnel de ce bureau se composait, en 1789 : d'un receveur, M. Preyre; d'un contrôleur principal, M. Mersanne; de deux contrôleurs aux entrepôts, MM. Le Poitevin et Delaval; de deux visiteurs, MM. Jouine de Fonsboutines et Rey; d'un commis aux expéditions, M. Mersanne; d'un inspecteur de transit, M. Michon (1).

Le service des brigades était rempli par un capitaine général, un second capitaine, un lieutenant principal, six brigadiers, huit sous-brigadiers et quatre-vingts employés.

II. — Bureaux des Fermes

L'état de franchise du port de Marseille avait nécessité l'établissement de bureaux où se percevaient les droits auxquels étaient soumises les marchandises qui pénétraient dans l'intérieur du pays.

Ces bureaux étaient placés aux extrémités du territoire de la commune, sur les différentes routes qui aboutissent à Marseille, savoir : à Septèmes, à la Gavotte, au Logisson près de Cassis, à la Penne, à la Bourdonnière et à Allauch.

Le service de ces bureaux était aussi fait par un person-

---

(1) Grosson, *Almanach historique*, 1789, p. 314.

nel de receveurs, de contrôleurs, de visiteurs, de commis et d'employés sous la conduite de brigadiers.

Les caisses de ces bureaux étaient confiées, en 1789, à MM. Sudre, Estaquier, Martini, Roqueplane, Mangin et Guès, receveurs. Le contrôle était exercé par MM. Reynaud, Beaujan, Bermond, Camoin, Camelin, Bertrand et Vaudricourt (1).

Comme annexes à ces divers bureaux et ressortissant, comme ceux-ci, à l'administration générale des fermes du Roi, il y avait encore différents services organisés pour la perception des droits prélevés sur les échanges.

L'administration des Fermes du Roi était ainsi composée en 1789 :

Directeur général : M. Poullion, chargé de la régie générale des cinq grosses fermes des gabelles et du tabac.

Contrôleur général : M. Lafontaine, résidant à Salon.

Receveurs généraux : MM. Roussier, receveur général des cinq grosses fermes et des gabelles ; Meynier, receveur général du tabac ;

Contrôleur au bureau général : M. Landrieux (2).

III. — Bureau des Chairs et Poissons salés

Maintenu par l'édit de 1669, originairement dépendant des gabelles, ce bureau fut plus tard réuni au Domaine d'Occident.

Les capitaines qui portaient dans les cargaisons de leurs navires des chairs et poissons salés étaient tenus d'en faire la déclaration, en arrivant dans le port, à la fois au bureau du Poids et Casse, dont nous parlerons plus loin, et dans ce bureau spécial. Leur déclaration devait indiquer les quantités et le poids. Les sels et saumures qui avaient servi à saler les poissons étaient submergés.

(1) Grosson, *Almanach historique*, 1789, pp. 315 et 316.
(2) Grosson, *Almanach historique*, 1789, pp. 311 et 312.

IV. — Bureau des Gabelles

Comme de nos jours, l'entrée et la circulation des sels étaient soumises à un contrôle sévère. Tout sel qui ne sortait pas des greniers de l'adjudicataire des gabelles était prohibé, sous peine de confiscation et d'amende. Les bâtiments chargés de sels ne pouvaient aborder notre port ou les côtes de Provence, sous peine de confiscation et de 3,000 livres d'amende. A l'arrivée des navires étrangers, les capitaines devaient soumettre les sels qu'il avaient à bord, pour leur consommation, à une vérification préalable, enfermés dans des sacs plombés; ils n'étaient rendus qu'au moment du départ.

V. — Bureau des Tabacs

Ce bureau surveillait l'arrivée, le commerce et la consommation des tabacs.

VI. — Bureau du Poids et Casse

Ce bureau, qui n'était tout d'abord chargé que de la perception des droits de pesage et de plomb sur les marchandises expédiées en transit, avait vu son importance s'accroître avec le temps. Ses opérations se combinaient, en dernier lieu, avec celles des bureaux des Fermes.

Il recevait les manifestes des navires à l'entrée et à la sortie et visitait les marchandises débarquées. Il percevait les droits sur les marchandises étrangères chargées à Marseille pour les îles françaises. Il expédiait, par acquit-à-caution et sous plomb, les marchandises étrangères envoyées de Marseille dans les autres ports du royaume, à la destination des îles françaises. Il délivrait les certificats attestant l'arrivée directe des marchandises venues des côtes de Guinée et d'Afrique. Enfin, il visait les certificats délivrés par les vendeurs et les fabricants, pour les produits du pays et les objets manufacturés à Marseille (1).

En 1789, le personnel de ce bureau était ainsi composé : MM. Pierre-Marie Dubosc, receveur; Gaspard Fauvras, contrôleur; Michon, inspecteur; Labretonnière, inspecteur; Gaspard Vachen, visiteur (2).

§ 7. — *Bureau du Vin.*

Comme complément des différents services dont nous venons de parler, nous devons faire mention d'un bureau spécial pour les vins.

De toute antiquité, l'introduction des vins étrangers dans la commune était prohibée. Cette interdiction, portée à son origine dans le seul intérêt de nos agriculteurs, avait été renouvelée par nos rois depuis la réunion de Marseille à la France. L'aridité de notre territoire ne permettant guère aux habitants de s'adonner à d'autres cultures que celle de la vigne, il paraissait juste de favoriser la consommation du vin produit dans la commune. Aussi un bureau avait-il été établi pour la conservation de ce privilège. Il se composait de 24 intendants, dont 12 anciens et 12 nouveaux; ces derniers étaient nommés à la fin de l'année. Le bureau avait à sa tête le maire et les échevins (3).

§ 8. — *Peseurs publics.*

Les peseurs publics jurés étaient préposés au pesage des marchandises vendues ou achetées sur la place; ils étaient reçus à la maîtrise générale des Ports et adjoints au bureau

---

(1) *Statistique des Bouches-du-Rhône*, t. IV, p. 839.
(2) Grosson, *Almanach historique*, 1789, p. 312.
(3) Grosson, *Almanach historique*, 1770, pp. 157-158.

du Poids et Casse. Ils percevaient un droit au profit de la Ville. Les peseurs jurés en fonctions en 1789 étaient, dans l'ordre de leur réception :

MM. Jacques Siry-Tourrel; Aimé Gras; Simon Cauvin; Christophe Papon ; Pierre Martin ; Jean Cauvin ; Barth. Davin ; Vincent Icard ; Jean-Jos. Bœuf ; Thomas Bernard ; Jos.-P. Paul; Jean-P. Jubelin; Antoine Roux; Etienne Pellenq ; Côme-L. Messan ; Alexandre Gilly ; Alexandre Teissère ; Jos. Pouvarel ; Fr. Peirache ; J.-L. Trounc ; Ant. Baudoin ; Jean-D. Combat ; Louis Feraud ; Fr. Jaubert ; Gabriel Bregany ; Joseph Carle ; Fr. Dandreis ; Fr. Sidolle ; Toussaint Roux ; Christ. Nicolas ; Charles Giraud ; J.-Bapt. Cauvin ; J.-Jacq. Venture ; Math. Daumas ; J. Pierre Rouget ; Pierre-Et. Gazelle; Jean-B. Daumas; Jean-L. Imbert; Jean-J. Francou ; Jean-B.-L. Pains ; Jean Cabasson ; Jean-L. Rasse ; P.-F. Daumergue ; Thomas Livon ; Blaise Drougnon ; J.-Urb. Arnaud ; Jean-J. André ; P.-Pasc. Poitevin ; J.-Fr. Dandreis; Jos. Castelin; J.-H. Deluil; Et. Rouvière; J.-P. Amy ; M.-Ant. Arnoux; Jos.-Ant. Michel; Jos.-Mat. André ; Jean-B. Baudin ; Jos.-Ant. Durand; P.-Marie Gayet ; J.-B.-Cass. Paupiac; Cl.-Et.-Bon. Pellenq; J.-J. Champsaur; Jean-B. Toucas ; Jos. Champsaur ; Marc Chapoul ; Ant. Tassy; Ant.-J.-B. André; J.-B. Pelissier; D.-L. Lantelme; Louis-H. Turenne; Etienne Gayet; J.-P.-M. Mourre; L.-H. Meistre ; J.-B.-L. Messan ; J.-J. Imbert (1).

§ 9. — *Poids et Mesures.*

Nous donnerons ici les principales mesures anciennes en usage à Marseille, comparées au système métrique (2).

---

(1) Grosson, *Almanach historique*, 1789, pp. 313 et 314.
(2) *Statistique des Bouches-du-Rhône*, t. IV, pp. 932-934.

MESURES DE LONGUEUR	La canne........................ 2m0127 (La carterée se composait de 506 cannes carées et 1/4 ; elle se divisait en 144 dextres ; le dextre se décomposait en 15 pans carrés.) L'aune............................ 1m1881 La toise........................... 1m9490 La lieue commune, 3.000 toises ou. 5847m1045
MESURES DE CAPACITÉ POUR LES LIQUIDES	Le pot (servait pour le vin)..... 1 litre 073 La millerolle (pour le vin et l'huile) 64 litres 381 L'escandal (pour l'huile), le 1/4 de la millerolle. Le quarteron (pour l'huile), le 40e de l'escandal et le 160e de la millerolle.
MESURES DE CAPACITÉ POUR LES SOLIDES	La panal (pour les grains)... 1 décalitre 935 L'émine (pour les grains)... 3 décalitres 870 La charge (pour les grains).. 15 décalitres 479
MESURES DE PESANTEUR	La livre marc (pour les matières précieuses). 489 gr. 51 La livre..... .... 388 » 51 Le quintal................. .. 40 kilog. 793 (Les romaines étaient divisées : en petits poids, au-dessous de 20 livres ; et en grand poids, au-dessus. A compter de 20 livres, le quintal se composait de 100 livres majorées de 5 livres pour le déchet qui constituait une perte pour le détaillant ; ces 5 livres étaient réparties progressivement par la graduation de la balance. Le quintal était, en fait, de 105 livres.)

Les tares en usage étaient également tarifées suivant le mode d'emballage des marchandises.

§ 10. — *Poste aux lettres.*

Marseille devait à son commerce d'être dotée d'un service postal depuis plus longtemps que bien d'autres villes, même également importantes.

Organisé tout d'abord d'une façon assez rudimentaire, mais amélioré et développé progressivement avec le temps, ce service fonctionnait, à la veille de la Révolution, dans des conditions satisfaisantes pour l'époque. Un grand nombre de courriers, répartis entre les diverses voies de communication, faisaient correspondre notre ville, de la manière la plus prompte possible, non seulement avec toutes les provinces de France, ainsi qu'avec les régions voisines, mais encore avec l'étranger. Les départs étaient fixés, en dernier lieu, ainsi qu'il suit :

Pour Paris, le Lyonnais, le Dauphiné, le Languedoc, le Roussillon, la Gascogne, le Périgord, le Limousin, les provinces septentrionales du royaume, les Pays-Bas, l'Allemagne, la Suisse, le Milanais : les lundi, mardi, mercredi, vendredi, samedi et dimanche, à midi.

Pour Cassis et La Ciotat : les mêmes jours et à la même heure (le service était fait par un piéton) ;

Pour Toulon, Ollioules et Aubagne : les lundi, mardi, mercredi, jeudi, samedi et dimanche, à midi ;

Pour toute la haute Provence, Antibes et la Rivière de Gênes : les lundi, mardi, mercredi et vendredi, à midi ;

Pour Nice : les lundi, mercredi et vendredi, à 11 heures du matin ;

Pour toute l'Italie : le samedi, à 6 heures du soir ;

Pour la Guienne, l'Aunis, la Saintonge, le pays de Lavaur et la partie occidentale de l'Espagne : le lundi et le mercredi, à midi ;

Pour l'Angleterre, l'Écosse et l'Irlande, la Hollande, le Piémont et la Savoie : le lundi et le vendredi, à midi ;

Pour la Catalogne et la route : les lundi, mercredi et vendredi, à midi ;

Pour Constantinople, deux fois par mois, le 15 et le 30, à 11 heures du matin.

Les arrivées des courriers étaient naturellement aussi fréquentes que les départs, mais bien moins régulières :

les heures et parfois les jours, pour certaines provenances, variaient plus ou moins avec les saisons et le temps.

En dehors de ce grand service postal, que les nécessités du commerce avaient fait établir de très bonne heure dans notre ville, il y avait depuis peu d'années, au moment de la Révolution, une petite poste chargée de desservir la ville et le territoire. Ce service avait commencé à fonctionner, pour la ville et les faubourgs seulement, le 28 novembre 1781, et avait été étendu à la campagne l'année suivante. Il occupait un grand nombre de facteurs et comptait diverses boîtes de quartiers (1).

Tous les services se trouvaient centralisés entre les mains d'un directeur, d'un contrôleur et d'un receveur. Le bureau général était situé à l'angle de la Cannebière et du Cul-de-bœuf ; il restait ouvert de 7 heures du matin à 7 heures du soir. C'était là que s'effectuaient les chargements, les affranchissements et toutes les formalités postales. Les chargements se faisaient à découvert : l'administration vérifiait les bijoux et les matières précieuses et les taxait suivant leur valeur réelle, avant de les prendre en charge. L'affranchissement jusqu'aux frontières du royaume était obligatoire pour l'Angleterre, l'Ecosse, l'Irlande, le nord de l'Allemagne, le Piémont, la Savoie, le duché de Milan, la Toscane et le comté de Nice. Les fermiers des postes de France n'ayant pas de correspondance directe avec la République de Venise et la Lombardie, les particuliers y suppléaient en adressant leurs plis à quelque correspondant de Genève ou de Turin.

En 1789, le directeur de la poste était M. Navarre ; le contrôleur, M. des Bordelières ; le receveur, M. Leclerc (2).

---

(1) La Ville était divisée en six départements et pourvue de plus de 50 boîtes, visitées de deux en deux heures par les facteurs de service, qui faisaient sept levées et sept distributions par jour. (Grosson, *Almanach historique*, 1782.)

(2) Grosson, *Almanach historique*, 1789. p. 317.

§ 11. — *Commerce local.*

La population pouvait trouver sur place à peu près tous les objets de nécessité courante ou de simple utilité.

Nous voyons en effet établis dans notre ville des marchands détaillants, des fabricants ou artisans, de toutes les catégories : armuriers, bonnetiers, fabricants et marchands de bas, boutonniers, cartiers, cartonniers, carrossiers, selliers, chapeliers, chaudronniers, charpentiers, chandeliers, chaussetiers, faiseurs d'habits à la matelote, camisoles et capotins, quincailliers, merciers, bijoutiers, cordiers pour les navires et grosses manœuvres, cotonniers, cordonniers pour les gens de la campagne, couteliers, drapiers, doreurs en métaux, droguistes, épiciers, ébénistes, emballeurs, fabricants de chaises, fabricants d'ouvrages en corail, faïenciers, marchands de fer non ouvré, ferblantiers, fondeurs, fourbisseurs, fripiers, marchands de fromages, gantiers, grenetiers, guêtriers, marchands d'instruments d'hydrographie, libraires, liquoristes, lunetiers, marchands de chanvre, de sparterie, marchands d'estampes, marchands de vins étrangers, de maroquins, cuirs et peaux, marchands détaillants de savon, miroitiers, doreurs, modistes, orfèvres, papetiers, peintres et vernisseurs, pelletiers, marchands de salaisons, câpres, thon mariné, olives et anchoix, sculpteurs en marbre, marchands de soieries, rubanneries, gazes et dorures, tabletiers-tourneurs, teinturiers, marchands de toileries et toiles peintes dites indiennes, tonneliers, verriers, marchands d'ouvrages en cristaux, voiliers, voituriers. La plupart de ces marchands étaient répartis sur les divers points de la ville. Quelques-uns cependant, restés fidèles aux vieux usages, se trouvaient comme jadis réunis dans des rues qui étaient devenues comme leur domaine et en avaient tiré leurs dénominations. Grâce à la prospérité soutenue du grand commerce, les uns et les autres faisaient généralement honneur à leurs affaires ; d'aucuns, pour marcher vers la fortune d'un pas plus lent que les commerçants en gros, ne parvenaient pas moins à s'enrichir.

Les marchés publics qui fournissaient à la consommation journalière se tenaient sur les places, d'une manière permanente ou à certaines heures.

Les œufs et les volailles se vendaient place Jean-Guin et place Saint-Louis ;

Les fruits et les légumes, place Saint-Louis et à la Cannebière ;

Les sarments, bois, charbon, foin et paille, place Monthion, hors de la porte d'Aix et sur le quai Monsieur ;

Le bois, quai Saint-Jean ;

Le blé, place du Mont-de-Piété ;

Les ustensiles en bois, sur la même place ;

Les fromages, sur la même place ;

Le gibier, le matin, à la place Saint-Louis ; le soir, au petit Cours ;

Les fleurs, au Cours, près de la chaîne.

Les halles aux poissons étaient à la Bonneterie, aux Incurables, à la place Saint-Jean et près de l'Ancienne Comédie.

Ces marchés suffisaient aux besoins de la population.

Tandis qu'il se tenait dans un grand nombre de localités de Provence plusieurs foires par an, il n'en existait qu'une seule à Marseille, la foire Saint-Lazare, établie en 1652 ; elle n'avait pas un autre caractère ni plus d'importance que de nos jours. Elle se tenait sur le Cours (1).

L. G.

(1) Achard, *Dictionnaire géographique*, art. *Marseille*.

CHAPITRE XV

L'Industrie

§ 1er. — *L'Industrie marseillaise.* — *Son importance.* — *Causes principales de son expansion.*

Au moment de la Révolution française, Marseille était une ville riche et puissante, une ville de premier ordre (1).

Il en était ainsi au point de vue manufacturier, aussi bien qu'au point de vue purement commercial.

Les industries les plus diverses devaient naître à Marseille et s'y développer.

Elles devaient y naître, parce que le premier souci de l'importateur de matière brute est d'en trouver le débouché le plus immédiat, sans frais de transport, perte de temps, ni possibilité de détérioration ; et parce que l'exportateur de produits fabriqués désire toujours trouver sous sa main les marchandises faisant l'objet de son commerce. — Or, tout trafic porte nécessairement sur de la matière première ou sur des produits fabriqués.

Elles devaient s'y développer, parce que le plus grand obstacle à la prospérité de l'industrie est son éloignement des points de consommation et la multiplicité des intermédiaires qui grèvent de frais l'objet manufacturé et perpétuent les erreurs des industriels par une interprétation maladroite des *desiderata* du consommateur.

(1) Julliany, *Essai sur le commerce de Marseille*, tome Ier, p. 218.

La force des choses et l'initiative privée n'avaient cependant pas tout fait à Marseille. De grands princes et de grands ministres avaient contribué à l'établissement de nombreuses industries. Il faut citer, parmi ces bienfaisants novateurs : le roi René, Sully et surtout Colbert, à qui Marseille ne témoignera jamais une trop grande reconnaissance.

Il est, d'ailleurs, à remarquer que, si l'importance commerciale de Marseille comportait une extension analogue sous le rapport industriel, le développement de ces deux sources du bien-être local n'était pas sans se contrecarrer sur certains points.

Le commerce vit surtout de liberté. Il lui en faut toujours et le plus possible. L'industrie, au contraire, n'est susceptible de prospérer sous un régime de liberté, qu'après avoir grandi à l'aide de la protection et avoir pris rang parmi ses rivales jadis en situation de l'écraser et naturellement portées à le faire par la concurrence.

Nous verrons cet antagonisme s'accuser dans l'analyse des doléances de l'industrie. Il est d'autant plus saisissant que c'est le commerce qui domine à Marseille. Il ne voit dans l'industrie qu'une annexe ; qu'une suivante sur laquelle il doit, sans contredit, avoir le pas. Cette tendance est surtout manifeste dans la revendication toujours plus âpre de la franchise du port. Mais le résultat de cette lutte n'était pas l'éviction de l'un des contendants, qui ne pouvaient vivre l'un sans l'autre ; et chacun faisait preuve du génie pratique le plus subtil pour mettre à profit tous les avantages de la législation du moment et parer à ses inconvénients.

Venons au détail de la situation, en 1789, des principales industries marseillaises :

§ 2. — *Principales Industries.*

I. — Savonneries

Le savon est une pâte résistante, formée par le mélange de l'huile d'olive avec la soude et par la cuisson de ce mélange.

Cette fabrication acquit son premier développement, dans le Moyen Age, à Savone, dont elle prit le nom. Gênes, suzeraine de Savone, en profita jusqu'au jour où cette industrie se naturalisa à Marseille. Elle se retrouvait sur son ancien terrain (1), et, dès le XVIIe siècle, elle atteignit, dans cette ville, une perfection jusqu'alors inconnue.

En 1789, on évaluait à une vingtaine de millions de francs les produits annuels de cette industrie. Le nombre moyen (2) des fabriques était de 65, contenant ensemble 280 chaudières et occupant un millier d'ouvriers.

Elles employaient 240,000 milleroles d'huile à 60 fr., prix moyen de la millerole en 1789.... F. 14.400.000

150.000 quintaux métriques de soude
à 24 fr., prix moyen également....... 3.600.000

165.000 quintaux métriques de charbon de terre (tiré des environs de Marseille), à 2 fr. 50 le quintal métrique.. 412.500

Main-d'œuvre..................... 1.187.500

Total... F. 19.600.000 (3)

---

(1) On fabriquait du savon à Marseille dans l'antiquité (*Essai sur le commerce de Marseille*, tome III, p. 278.)

(2) Le nombre des fabriques en activité variait incessamment. Elles s'ouvraient ou se fermaient suivant le plus ou moins de bénéfice en perspective.

(3) Diverses statistiques sur le même sujet diffèrent peu de celle rapportée dans le texte et la confirment.

Cela donnait, dans l'ensemble, 285.000 quintaux métriques de savon blanc, bleu vif ou bleu pâle, dont le septième allait dans nos colonies et à l'étranger. Le reste se consommait en France.

S'il ne s'était agi que de savon blanc, le rapport de ces poids eût été fautif; car on comptait pour cent kilogrammes de savon blanc une millerole d'huile et cinquante kilogrammes de soude.

Marseille, très jalouse de la réputation de ses savons et soucieuse de conserver les profits de cette industrie, la soumettait à une réglementation rigoureuse, dont le pouvoir central travaillait encore à resserrer les liens.

En exécution de divers arrêts du Conseil et règlements, deux inspecteurs nommés par le conseil de Ville et deux membres de la Chambre de commerce, avec le titre de co-inspecteurs, veillaient à l'exécution scrupuleuse des obligations imposées aux fabricants, pour que leur travail ne laissât en rien à désirer.

Certaines de ces obligations, entre autres celle de marquer chaque qualité du signe particulier de l'usine qui l'avait produite, étaient équitables et avantageuses. D'autres paraissent moins justifiées ou moins utiles. De ce nombre était l'injonction de chômer en juin, juillet et août, sous prétexte que les chaleurs de cette période ne se prêtaient pas aux travaux de la savonnerie — assertion dont l'exactitude n'est pas démontrée, — et qu'il fallait ce temps pour réparer les fourneaux et chaudières.

Malgré les précautions prises, on se plaignait de pas mal de fraudes. Un écrit, paru en 1790 et intitulé: « *Doléances des blanchisseuses* », dit que les fabricants incorporent à leur savon blanc de 25 à 40 0/0 d'eau empreinte de quelques sels légers de soude; ce qui le rend moins bon et plus cher, par suite de la différence de poids utile (1).

(1) *Recueil général des Doléances*, à la Bibliothèque de Marseille, Fonds de Provence, a d 1.

Le député de la savonnerie à l'assemblée du Tiers État de la sénéchaussée à Marseille était Jean-Baptiste Suchet.

II. — LIQUEURS

Cette fabrication, autrefois très importante à Marseille, occupait, en 1789, vingt fabriques, dont la production s'expédiait surtout aux colonies (1).

III. — BIÈRE

Quatre brasseries existaient au début de la Révolution. Leur production se consommait aux Indes, en Amérique et dans les échelles du Levant.

IV. — CIRE

Bien que nous n'ayons pas de chiffres à donner sur cette industrie, nous savons qu'elle était en pleine prospérité au moment où furent rédigés les cahiers.

V. — CHANDELLES

Douze usines, occupant 150 ouvriers et ouvrières, employaient annuellement de 14 à 1500 quintaux de suif, dans la fabrication des chandelles molles et dures qui s'expédiaient à Minorque, à Gênes, dans nos colonies; à Saint-Domingue surtout, et de là dans l'Amérique espagnole (2).

(1) A part quelques articles, parmi lesquels se trouvait le savon, Marseille fabriquait surtout en vue de l'étranger, et spécialement pour le Levant et nos colonies. La franchise du port lui fermait à peu près le marché national.
(2) Lorsque nous ne rapportons pas de doléances pour une corporation, c'est qu'elle n'en a point exprimé sur ses intérêts particu-

VI. — Caissiers

Les industries qui précèdent, la savonnerie principalement, donnaient lieu à une production annuelle de 4 à 500,000 caisses d'emballage.

La corporation des caissiers députa à l'assemblée du Tiers le sieur Franc.

Après des doléances se rapportant seulement à des faits généraux, les caissiers demandent « que les fabriques et les manufactures soient inspectées avec sagesse, afin que les ouvrages de France se soutiennent par leur réputation » et désignent au pouvoir la clouterie de Saint-Chamond qui, vendant les clous au « nombre », les fait de plus en plus ténus. Ils regrettent les clous de Hollande et désireraient que la clouterie de Saint-Chamond dût vendre au « poids ».

Ils demandent, avec plusieurs autres corporations, le privilège pour le prix de leurs fournitures, au cas de faillite de leurs acheteurs, en se considérant plus comme employés de ces acheteurs que comme marchands.

La navigation donnait l'essor à diverses industries dont l'importance peut se mesurer à leur objet.

VII. — Constructeurs, Charpentiers, Remolats, Poulieurs.

Ils demandent que le pavillon français ne puisse être porté que par des navires de construction nationale, ce qui équivalait à prohiber tout achat de navire étranger.

Somme toute, ces industriels avaient raison de réclamer ce qu'ils croyaient leur être avantageux ; car ce n'est que

---

tiers, — fait plus fréquent qu'on ne serait tenté de le croire, — ou que ces doléances ne nous ont pas été conservées.

par l'expression de tous les intérêts particuliers qu'on peut permettre au pouvoir d'apprécier le véritable intérêt général; mais ce désir, admissible en l'état de la législation de l'époque, cadrait mal avec le libéralisme dont faisait preuve à bon compte la même corporation, en demandant un peu plus loin la révocation de tous les privilèges accordés aux artistes, fabricants, ou compagnies de commerce.

Ils formulaient également le vœu plus pratique de voir leur paie augmentée, quand ils travaillaient pour le Roi, et de participer aux avantages de la caisse des invalides, pour l'alimentation de laquelle leurs salaires subissaient une retenue équivalente à celle des marins.

Le commerce les payait trois livres et trois livres dix sols la journée, et l'État trente-deux sols par jour, moins les invalides ; en conformité d'un tarif établi cinquante années auparavant.

Ils demandaient encore de pouvoir se faire remplacer pour ce service, en cas d'empêchement légitime, sans encourir la garnison de soldats qui leur était imposée comme punition du refus de service et qui constituait une répression terrible.

Ces doléances ont un caractère de bon sens qui manque à bien des cahiers. Les *doléants* (qu'on nous permette cet archaïsme supprimant bien des périphrases) commencent par s'occuper de leurs intérêts immédiats, sans pour cela laisser complètement de côté les intérêts généraux pour lesquels ils s'associent sagement aux vœux de la majorité du Tiers.

Leur député était Nicolas Mestre.

VIII. — Apothicaires

Les apothicaires, que nous relions à l'industrie maritime à cause de leur souhait, demandent que les navires faisant un voyage de long cours soient pourvus d'une caisse de médicaments et qu'ils aient un chirurgien à bord;

Il est rare que les désirs le plus à l'avantage des plaignants ne soient pas exprimés sous une forme les rattachant à l'intérêt public.

Députés à l'assemblée du Tiers : Chantedue et J.-B. Laroque.

IX. — Calfats

Peu de corporations avaient des règlements aussi sévères. Deux prudhommes ou syndics, élus chaque année, s'adjoignaient aux deux de l'année précédente et visitaient journellement les chantiers. Pour rendre leur surveillance plus complète, ils ne devaient pas travailler eux-mêmes et recevaient comme rétribution vingt sols par jour de chaque atelier. Ils délivraient, après inspection, aux armateurs et capitaines, des certificats de bon travail.

Les ouvriers calfats ne pouvaient être renvoyés par les capitaines ou armateurs avant *la perfection de l'ouvrage*, sauf en cas de *malfaçon* ou d'inconduite constatée par les prudhommes ; les ouvriers ainsi incriminés étaient justiciables du lieutenant général de l'amirauté.

On conçoit que tout cela donnait aux prudhommes calfats une grande autorité sur les autres membres de la corporation.

Ils ne laissaient pas que d'en abuser un peu. Ne sentant sans doute pas de besoins immédiats, les prudhommes s'étaient contentés dans leur cahier d'exprimer des doléances se rapportant à des objets d'intérêt général et finissant sur ces mots : « Nous avons passé sous silence les maux qui nous accablent comme calfats, pour ne nous occuper que de la cause commune. »

Les ouvriers de la corporation, ayant des sujets de plainte plus pressants, ne se soucièrent pas d'attendre une autre occasion et rédigèrent un nouveau cahier où ils exposent que, par suite de la constitution du corps, les prudhommes étaient en état de déployer une véritable tyrannie.

Chargés de la distribution du travail, ils plaçaient, paraît-il, dans les meilleurs chantiers leurs parents et amis et désignaient pour le service du Roi, redouté par les calfats comme par les constructeurs, et d'ailleurs aussi mal payé pour une corporation que pour l'autre, tous ceux qui n'avaient pas su s'attirer leurs bonnes grâces.

Les ouvriers calfats demandent la réforme de leur corps ou plutôt leur mise hors de tutelle par un roulement régulier d'avantages et de peines, répartis sans intervention de bon plaisir, d'après un tableau de rang par ancienneté.

Avec un esprit d'ordre et une modération qu'on aime à trouver chez des ouvriers discutant des intérêts aussi immédiats, les calfats, sans attacher plus d'importance qu'il ne convient à leurs plaintes, distinguent entre les vraies doléances du corps et leurs réclamations contre leurs prud'hommes, lesquelles, portant sur des questions d'ordre intérieur de leur corps sont, disent-ils, de la compétence du ministre à qui ils s'adressent purement et simplement.

Cette confiance témoignée au ministre, que l'on appelle dans la majorité des cahiers le *sage Necker*, se retrouve dans la plus grande partie des doléances. Elles retentissent d'éloges en l'honneur de Louis XVI et de son ministre.

Tous les ouvriers pourtant ne sont pas bien d'accord et le mémoire signale l'incomplète approbation de quelques dissidents et même l'improbation sans réserve d'autres membres de la corporation.

Députés : Michel Madon, Nicolas Ladouce et Louis Gaspard Héraud.

X. — Cordiers d'auffes

Les cordiers d'auffes ou de sparte réclament contre les marchands de sparteries qui s'étaient indûment emparés de leur industrie consistant en toute sorte d'amarres et en filets pour la grande pêche et les madragues.

Cette corporation était importante; elle avait pour député Beauchier.

XI. — Cordiers a chanvre

Ceux-ci étaient plus importants encore, quoique bien déchus depuis une vingtaine d'années, par suite du renchérissement de la main-d'œuvre à Marseille et de l'importation de cordages étrangers qui se vendaient à vil prix.

Ces cordiers, soumis à des règlements minutieux, dont l'observation était contrôlée par une sévère inspection, réclamaient que les cordages étrangers fussent inspectés aussi, se faisant forts, en pareil cas, de soutenir la concurrence.

On doit pouvoir les croire sur parole, car ils n'hésitent pas à déclarer qu'il n'en est pas de même pour les cordes d'emballages et les *fils de voile* pour lesquels la main-d'œuvre est plus chère encore. Ils demandent sans ambages un droit prohibitif pour cet article, dont ils jugent nécessaire de conserver la fabrication à Marseille où elle constituait l'apprentissage des ouvriers cordiers.

Tout cela est marqué au coin de la justice, mais les cordiers ajoutent que les protections qu'ils réclament sont compatibles avec la franchise du port, parce que, disent-ils, il existe déjà des droits analogues sur les clous, les savons et les faïences d'Angleterre. C'est à l'aide de pareils raisonnements et sans qu'on les lui suggérât, que le fisc était parvenu, disait le commerce, à rendre à peu près illusoire la franchise restaurée par Colbert en 1669.

Les cordiers, comme les calfats et les constructeurs, se plaignent de la paie insuffisante (elle était pour eux de 28 sols par jour) que leur allouait le Roi quand il les employait et de la garnison qu'ils souffraient en cas de refus de travail, non seulement de leur part, mais encore de la part de leurs fils momentanément ou définitivement hors de leur puissance.

Les cordiers à chanvre avaient produit annuellement jusqu'à 30 et 40 mille quintaux de cordages.
Député : Priou.

XII. — SALEURS

Ils demandent l'abaissement du prix du sel qu'ils présentent comme un encouragement à la pêche et un moyen de multiplier le nombre des matelots.

Les saleurs marseillais préparaient des quantités énormes de sardines qu'ils expédiaient dans les colonies et dans le nord de la France ou qu'ils vendaient pour l'approvisionnement des navires.

La concurrence des salaisons étrangères diminuait tous les jours l'importance de cette industrie.
Député : Nicolas.

XIII. — CHARCUTIERS

Il existait en 1789, à Marseille, 40 fabriques de charcuterie dont les produits donnaient lieu à un commerce important.
Député : Joseph Léglise.

L'industrie maritime à laquelle se rattachent toutes les corporations dont nous venons de nous occuper nous amène au commerce des colonies et au travail concernant leur principal produit, au raffinage du sucre.

XIV. — RAFFINAGE DU SUCRE

Cette industrie que Marseille devait à Colbert s'était vigoureusement implantée dans ce port où affluaient les sucres bruts, et les raffineries de Marseille avaient acquis un grand renom au dehors, pour la perfection de leur travail. On y comptait quinze établissements de ce genre.

Les raffineurs demandent qu'il soit fait défense aux planteurs coloniaux de *terrer* leur sucre. Cette opération était un premier raffinage, fait sur place et dont se contentaient certains consommateurs. Les Anglais avaient interdit le terrage des sucres dans leurs colonies, mais il avait paru suffisant au gouvernement français d'interdire dans les siennes le raffinage, car le colon, faisant bien son compte, voyait vite qu'il lui était plus avantageux de se limiter à la production du sucre brut que d'y joindre le terrage d'une partie de ce sucre : il en produisait, par l'unité d'efforts, un excédent représentant plus que l'écart de prix qui se maintenait entre les bruts et les terrés.

Le plus curieux est que les raffineurs se fondent sur cette raison et disent réclamer la prohibition du terrage dans l'intérêt des colons, qu'ils se piquent de mieux entendre qu'eux-mêmes.

A dire vrai, le terrage des sucres était pour les colons le seul moyen de ne pas se trouver à la merci des raffineurs du royaume : ils avaient terré beaucoup autrefois pendant une période où, simultanément, les raffineurs profitant de leur monopole n'avaient voulu payer que des prix dérisoires les sucres bruts (1) et où, le terrage ayant été délaissé par les Portugais du Brésil, de grands besoins de sucre terré avaient fait hausser les cours de ce produit. Mais, en 1789, la situation était bien changée et il dépendait des raffineurs de dégoûter les créoles du terrage qu'ils pratiquaient de moins en moins. Ils n'avaient, pour cela, qu'à payer, pour les sucres bruts, des prix raisonnables.

D'après la statistique de Julliany (2), Marseille aurait réexporté pour quatre millions six cent cinquante mille livres de sucre, en 1789. En joignant à cela la consommation française et le transit par terre pour l'Europe, qui

---

(1) Ils les avaient fait tomber jusqu'à 4 et 5 livres le cent pesant.
(2) Tome I", p. 108.

s'opérait par Genève, on jugera de l'importance de cette industrie pour Marseille. Elle devait représenter six millions de francs au moins.

Il ne faut pas perdre de vue, lorsque nous citons de pareils chiffres, que la valeur comparative du numéraire diminue à mesure que la masse existante s'en accroît et dans la proportion de cet accroissement continu ; de sorte qu'on paierait actuellement 12.000.000 de livres au moins ce qu'on payait six millions au siècle dernier. L'objet change de valeur avec le moyen d'achat et il faut tenir compte de cette loi.

XV. — Chapellerie

Cette fabrication avait à Marseille une importance dont bien peu se doutent actuellement.

Elle occupait 800 ouvriers et 400 ouvrières, répartis dans 60 manufactures, produisant annuellement 360.000 chapeaux d'une valeur totale de 2.900.000 francs, lesquels s'expédiaient aux colonies et surtout à Saint-Domingue ; par là ils se propageaient dans les possessions espagnoles du nouveau monde (1).

(1) Ces chiffres sont ceux d'un rapport de la Chambre de commerce, fait en l'an XI (Archives, II. II. 95). A cette époque, Marseille, ruinée par la guerre dont elle désirait la cessation, fit, sur l'ordre du premier Consul, un tableau comparatif de la situation de chaque industrie en 1789 et en 1803. Le but de ce travail en poussait les auteurs à exagérer la prospérité de 1789. Il faut toujours un peu se méfier des chiffres statistiques fournis à quatorze ou quinze ans de distance. D'après les doléances des fabricants et garnisseurs de chapeaux, le nombre des ouvriers et ouvrières de cette corporation n'eût pas dépassé 500 en 1789, sur lesquels 150 au moins se fussent trouvés sans travail. Faut-il les croire sur parole ? Nous pensons que oui, en faisant la part de l'exagération naturelle à qui se plaint depuis longtemps sans être entendu et qui espère l'être en forçant ses expressions. Tout le Tiers appuie les doléances des chapeliers. Nous avons donné les premiers chiffres dans le texte, parce qu'ils sont plus complets et permettent de bien apprécier l'état de cette

Cette industrie était cependant déjà en pleine décadence au moment de la rédaction des cahiers.

Quinze années auparavant, elle n'occupait pas moins de deux mille ouvriers des deux sexes ; mais, les importateurs des produits du Levant, c'est-à-dire la portion la plus influente du commerce local, s'étant aperçus que les chapeliers marseillais donnaient une préférence marquée aux peaux de lièvres de Lithuanie, de Bohême, de Hongrie, de Styrie et de Carniole venant par l'Italie, sur les peaux du Levant, — ce qui faisait baisser ces peaux en diminuant le débouché, — obtinrent de la Chambre de commerce que le droit de vingt pour cent, frappant les produits du Levant introduits à Marseille sur des navires étrangers, incomberait aux peaux préférées venant du Nord à Marseille par l'Italie. Ce droit de 20 0/0, ayant été augmenté de dix sols pour livre, revenait à 30 0/0. Il suffit à paralyser l'importation de Bohême, de Lithuanie, etc. Les importateurs de peaux du Levant s'en prévalurent pour augmenter leurs prix et, une fois de plus, la morale de la fable de *la poule aux œufs d'or* fut vérifiée ; pour avoir voulu trop gagner les importateurs de peaux de lièvres détruisirent l'industrie de la chapellerie elle-même ou plutôt l'exilèrent de Marseille (1).

Pendant une suspension du droit de 20 0/0, obtenue à force d'instances, les peaux revinrent à leurs prix normaux de 48 à 55 sols la livre, pour celles d'Italie, et de 40 à 50 sols, pour celles du Levant ; mais, dès le rétablissement du droit, le renchérissement produit par le monopole porta les peaux du Levant à 4 et à 6 livres la livre pesant.

industrie dans la période intermédiaire entre celle de sa pleine prospérité et 1789.

(1) L'antagonisme du commerce et de l'industrie est bien évident, mais il est remarquable que, changeant de terrain, le commerce luttât, dans cette occurrence, sur le terrain de la protection et l'industrie sur celui de la liberté.

A ces prix, il n'y avait plus qu'à s'arrêter. Bon nombre d'ouvriers et de fabricants marseillais émigrèrent en Italie et en Espagne, où ils jouirent de la franchise pour leurs matières premières ; et ces pays, qui consommaient autrefois notre chapellerie, en vinrent à nous envoyer la leur.

Cet état critique obligeait les maîtres chapeliers à refouler le plus possible la concurrence : aussi protestent-ils contre l'abus des maîtres aixois, qui venaient s'établir à Marseille, en prétendant user ainsi des privilèges de la capitale. Les maîtres parisiens avaient, en effet, le droit de s'établir en province, après un exercice assez long de leur profession à Paris ; mais ce droit n'était pas reconnu aux maîtres aixois, qui en usaient dans toutes les professions (1) et le faisaient sans les années d'exercice prescrites.

Le marasme de cette industrie avait des conséquences plus graves, car il aigrissait les rapports des ouvriers et des maîtres, en obligeant ces derniers à faire la place la plus large possible, dans leurs ateliers, à des apprentis peu payés, au grand préjudice des ouvriers, qui se plaignaient de cette transgression des règlements de la corporation et surtout qui émigraient pour avoir du travail. Ces ouvriers, payés à la pièce et sur le pied de 30 sols à 4 livres par chapeau, pouvant faire deux chapeaux par jour, jouissaient d'une certaine aisance, lorsque le travail ne manquait pas.

Le nombre des députés de cette corporation en trahit l'influence. Ils étaient quatre : Chabrery, Besson, Fabre, Cameau père.

---

(1) A peu près tous les corps de métiers font la même plainte contre les maîtres aixois : les papetiers et les chaudronniers surtout.

XVI. — Bonnets de laine

Huit manufactures, produisant annuellement 100,000 douzaines de bonnets, qu'on expédiait dans le Levant, occupaient environ 150 hommes et 3,000 femmes (1).

Cette industrie, jouissant depuis 1764 d'une prime de 10 sols par douzaine de bonnets exportés, luttait avec succès contre une production similaire et très importante à Gênes, Livourne et Venise.

Député : Rozan.

XVII. — Bas

On en comptait 50 fabriques faisant marcher 250 métiers.

Les industriels qui dirigeaient ces manufactures expriment le vœu de voir frapper, à Marseille, du droit de 20 0/0, la marchandise étrangère fabriquée venant leur faire concurrence.

La franchise pour la matière première et la prohibition du produit fabriqué sont en tout temps les désiderata des manufacturiers, mais l'intérêt bien compris du consommateur s'oppose à la réalisation du dernier de ces vœux, toutes les fois que l'industrie dont il s'agit n'est pas en péril.

Députés : Antoine Silvestre et J. Durand.

XVIII. — Indiennes

Douze manufactures d'indiennes travaillaient à Marseille en 1789; depuis deux ans, cependant, cette industrie sui-

---

(1) Ce chiffre de 3000 que faute de contrôle, nous prenons tel quel dans l'*Essai sur le commerce de Marseille* déjà cité, est fortement erroné. Il doit falloir lire 300.

vait une marche rétrograde, car trois fabriques s'étaient fermées.

Les fabricants d'indiennes et de mouchoirs de cambresine demandaient la libre importation dans le royaume et dans les colonies de leurs toiles peintes, qui y étaient prohibées et n'avaient par conséquent que l'étranger pour débouché. Ils réclamaient, en outre, la cessation des visites vexatoires des employés des fermes, à la sortie de leurs indiennes pour l'étranger.

Ces demandes étaient fort justes, car cette industrie, ayant pour objet la mise en œuvre de matières premières venant du Levant et représentant le paiement d'autres produits industriels nationaux exportés, méritait d'être protégée et encouragée. Elle offrait de payer un droit à l'entrée dans le royaume ou aux colonies.

Députés : Antoine Jonquier et Deleuze.

XIX. — Tisserands et Cotonniers

Les premiers, en mauvaise situation depuis une quarantaine d'années, se plaignent de la concurrence des toiles à voiles venant de l'étranger, en franchise et sans inspection. La renaissance de notre marine eût rendu leur état très prospère sans cette concurrence inégale.

Il n'en était pas de même des cotonniers, dont le travail était sensiblement en progrès.

Une statistique de 1688 donne les chiffres suivants pour les importations de coton du Levant dans l'année :

  180.000 kil. de coton brut,
  580.000 » » filé.
  En 1789 :
  3.204.450 kil. de coton brut,
  841.900 » » filé,

arrivent des mêmes provenances. On remarquera qu'avec un énorme accroissement de quantité la proportion était renversée entre les cotons bruts et les cotons filés. C'est que de nombreuses filatures venaient de s'établir. Quarante métiers travaillaient à Marseille en 1789. Ils ne filaient que le coton du Levant. Le coton des Iles, que l'on introduisait à Marseille depuis 1764 et qui était bien plus estimé que celui du Levant (le coton de Cayenne surtout, il valait toujours de 50 à 100 fr. par 0/0 kil de plus), ne se filait pas à Marseille.

Députés : Monier, Penclon.

XX. — Teinturerie

Une douzaine d'usines fonctionnaient à la Révolution, mais les matières premières à leur usage devaient payer des droits onéreux, car le Tiers en demande spécialement la suppression.

XXI. — Vins

La préparation pour l'expédition dans nos colonies lointaines des vins de la Provence et du Languedoc est une véritable industrie, récemment créée à Marseille.

Avant la création des chaix, Marseille ne pouvait rivaliser avec Bordeaux pour les vins d'exportation, et ses armateurs étaient obligés, ou d'envoyer leurs navires dans ce dernier port, ou d'en faire venir à grands frais les vins dont ils avaient besoin.

L'utilité des chaix fut vite ressentie, et l'on remarquait en 1792 que, depuis leur établissement, les navires pour les Iles, dont ils fournissaient la plus grosse partie de la cargaison, avaient triplé et quadruplé comme t ombre (1).

---

(1) 180 à 200 au lieu de 50 à 60.

XXII. — Huile

De même et avec tout autant d'art et de travail, on préparait à Marseille, en *canevettes* et en barils, les huiles d'olive de Provence, pour l'expédition au dehors. Nos colonies en consommaient beaucoup et le nord de l'Europe, seul, en prit pour 350.000 livres annuellement, de 1783 à 1792.

XXIII. — Tonneliers et Barillats

Les chiffres qui précèdent permettent d'apprécier l'importance de la corporation des tonneliers et barillats qui fournissaient, en sus des barriques de vin et des barils d'huile, la futaille nécessaire à l'emballage des salaisons, de la farine, du tabac, des amandes, etc. Elle demandait, en 1789, que tous les corps d'arts et de métiers jouissent paisiblement de toute l'étendue de leurs privilèges, et, par application, qu'elle eût le droit, elle-même, « de conduire tous les ateliers où l'on fabriquait des ouvrages de cet état ».

Cela laisse supposer certaines dissidences non expliquées en détail.

Cette corporation avait deux députés : L. Granet aîné et Louis Barthélemy.

XXIV. — Amidon

Trente-cinq fabriques, occupant chacune 3 ou 4 ouvriers et employant ensemble environ 75.000 quintaux table (de 40 k. 800) de matière première, livraient annuellement 36 à 38.000 quintaux table également d'amidon, qui s'expédiait dans le royaume, en Angleterre et en Espagne, à Mahon surtout.

On faisait, à Marseille, trois qualités d'amidon. La première l'emportait sur les produits de toutes les autres fabriques d'Europe.

Le bénéfice annuel de cette fabrication représente environ 100.000 livres.

Ces évaluations n'étaient rien auprès des résultats acquis pendant les années antérieures. Un droit de 2 sous par livre établi en 1771, et exigé avec une extrême rigueur, avait porté un coup funeste à cette industrie.

Les fabricants d'amidon rappelaient avec amertume, en 1789, après avoir tout fait depuis dix-huit ans pour la suppression du droit qui les écrasait ou pour en rendre la perception moins vexatoire, qu'ils expédiaient autrefois dans l'année, rien que pour l'Espagne et l'Italie, une vingtaine de cargaisons de leurs marchandises et que ces nations étaient maintenant en état de nous approvisionner.

Nombre de fabricants marseillais s'étaient, en effet, établis en Espagne et en Italie, entre autres Peirier aîné et cadet, installés à Livourne, et Pourrière et Gravier fabricants à Nice.

Député : Reynaud.

XXV. — Papeterie

Encore une industrie bien endommagée par des droits fiscaux établis en 1771, époque où, par parenthèse, l'on dut s'apercevoir d'un formidable déficit à combler. Les papiers et cartons furent frappés d'un droit de 20 0/0. En peu de temps, le nombre des ouvriers qu'occupait cette industrie tomba de 200 à 16. Il faut croire pourtant qu'une compensation avait été donnée aux papetiers, par une nouvelle atteinte à la liberté commerciale, car ils demandaient, en 1789, la confirmation de l'arrêt de 1771, au point de vue de la prohibition qu'il édictait d'exporter les chiffons hors du royaume.

On n'avait d'abord senti que le poids de l'impôt. Bientôt le bon marché des chiffons, ainsi concentrés à l'intérieur, y fit compensation. Aussi la production de 1789 atteignit-elle le chiffre satisfaisant de 9.000 ballons, de 24 rames chacun, ce qui représentait un poids de 8.325 quintaux métriques, et, à 100 fr. le ballon, prix moyen, une valeur totale de 900.000 francs.

Bien entendu que les fabricants de papier, tout en désirant le maintien des entraves mises à l'exportation des chiffons, demandaient la levée du droit frappé en 1771.

Député : Jean-Baptiste Jean.

XXVI. — Cartes a jouer

Nous devons nous contenter de signaler cette industrie annexe de la papeterie et pour laquelle des chiffres précis nous manquent. Nous savons cependant qu'on fabriquait, à Marseille, beaucoup de cartes à jouer pour l'exportation aux colonies.

XXVII. — Tanneries

Il y en avait vingt, à la Révolution, occupant ensemble 200 ouvriers.

Cette fabrication se relevait à peine d'un coup funeste que lui avait porté, dans la première moitié du XVIII° siècle, l'abus de la réglementation. Un arrêt ayant prohibé en 1719 l'emploi de cuirs ne portant pas les trois marques des fabricants, de la ville et des cordonniers, successivement apposées après inspection minutieuse, les tanneurs ne purent plus arriver à produire de la marchandise satisfaisant leurs difficiles examinateurs. Les cordonniers surtout se montrèrent si rigoureux dans l'exercice de leurs droits, que la tannerie succomba, ou à peu près, à Marseille. Malheureusement, en 1789, elle ne se relevait que pour être bientôt de nouveau paralysée.

Député : Raymond fils aîné.

XXVIII. — Raffineries de soufre

On en comptait cinq, dont deux peu importantes. Toutes ensemble raffinaient annuellement 100.000 quintaux table et occupaient 75 ouvriers.

Cette production s'exportait en grande partie à l'étranger.

XXIX. — Verrerie

Onze usines, de fondation récente, existaient en 1789, produisant à peu près exclusivement de la gobeleterie, des bouteilles et des dames-jeannes.

Cette industrie était en progrès, car, en l'année même de 1789, trois établissements nouveaux se formaient : celui du sieur Rouvier qui, en outre de *verres polis et assortis propres pour le Levant*, se proposait de faire de la verrerie de luxe et des *grains de verre* pour collier, jusqu'alors inconnus à Marseille ; et les deux usines du sieur Grimblot : l'une à la Destrousse et l'autre dans la vallée de Saint-Pons, pour la fabrication des verres à vitre et des cylindres.

Député : Raimbault.

XXX. — Tuiles et Briques

Soixante fabriques fournissaient, en 1789, soit aux besoins de la consommation locale, soit à ceux des navires allant aux colonies, et qui prenaient généralement un assez fort contingent de briques et tuiles comme lest.

XXXI. — Marbres

Neuf maîtres marbriers travaillaient, à l'époque qui nous occupe. Cette industrie paraît avoir joui depuis, d'une stabilité particulière, car on peut reconnaître, parmi les noms de ces neuf maîtres marbriers, ceux de trois industriels dont les familles ont continué jusqu'à nos jours à exercer cette profession. Ce sont les sieurs Dassy, Galinier et Richard.

XXXII. — Faïence et Poterie

Comme la chapellerie, la faïencerie marseillaise a vécu, ou peu s'en faut. Douze fabriques, dont trois de poterie en couleurs, existaient à la Révolution. Elles occupaient ensemble 250 ouvriers ; on reconnaissait parmi certains d'entre eux, disait-on, l'accord des plus grands talents pour la « peinture, la sculpture et l'art de la métallique ». Et cependant la décadence était commencée.

Le Tiers délibère d'appuyer fortement les réclamations des fabricants de porcelaine, que nos onéreux traités avec l'Angleterre mettaient en butte à une concurrence désastreuse de la part des porcelaines de Chine et des faïences anglaises.

Députés: Robert, Bonnefoy.

XXXIII. — Fabrication du corail

Implantée à Marseille depuis quatorze années seulement, cette industrie était aux mains d'une compagnie royale dirigée par M. Remuzat et elle occupait trois à quatre cents ouvriers, tant hommes que femmes et enfants, à la fabrication d'objets de parure en corail, colliers et autres ornements.

XXXIV. — Orfèvres

En nombre excessif, ils se plaignaient de la trop grande quantité de maîtrises accordées par *obreption* et détenues par des femmes, veuves d'orfèvres pour la plupart, mais hors d'état d'exercer effectivement elles-mêmes. Il s'ensuivait une foule d'abus dans le commerce des matières d'or et d'argent.

Députés : V. Pélissier et J. Balatry.

XXXV. — Monnaies

L'installation, en 1787, d'un hôtel des monnaies à Marseille venait de créer un nouvel emploi sur place des matières d'or et d'argent.

De 1787 à 1794, on fabriqua à Marseille, en pièces d'or, d'argent, de cuivre et de « métal de cloches », pour 6.452.519 francs, soit, en chiffre rond : 900.000 francs par an.

XXXVI. — Huile de vitriol

Le sieur Janvier avait installé, en 1788, une manufacture de ce produit. L'établissement prospérait l'année d'après mais les préposés des fermes générales faisaient opposition à l'entrée de ses produits dans le royaume, ce qui, d'après l'avis de la Chambre de commerce, donné le 28 janvier 1789, menaçait d'anéantir l'exploitation.

XXXVII. — Blanc de céruse.

Marseille, qui prenait autrefois cet article soit à Venise, soit en Hollande, possédait, depuis neuf ans, une fabrique de blanc de céruse. Après des débuts difficiles, cette manufacture, dirigée par le sieur Laliaud, paraissait en voie de prospérité. Elle produisait de 80 à 100.000 livres par an de céruse, qui s'envoyait dans le Levant, aux Iles et dans l'Inde

XXXVIII. — Tabacs

La manipulation des tabacs, bien qu'aux mains des fermiers généraux, a sa place dans cet exposé, comme fournissant un certain travail et, par suite, un bénéfice proportionné à la population marseillaise. Nous n'avons cependant pas de chiffres précis à donner.

XXXIX. — Fer

Marseille tirait exclusivement d'Angleterre, de Hollande et du Nord de l'Europe, ce métal de première nécessité, et le payait excessivement cher. Il avait valu jusqu'à 600 francs la tonne et coûtait en moyenne 400 francs.

Aussi, la Chambre de commerce émit-elle le vœu favorable le plus motivé à la demande formée, au début de l'année 1789, par les sieurs Desbief, Mengaud et Cie, dans le but d'obtenir le privilège exclusif du fer fondu et coulé à Marseille.

La Chambre se déclare ennemie des privilèges et monopoles en matière commerciale ; mais, vu l'utilité de cet établissement, sa nouveauté et les difficultés contre lesquelles il aura à lutter, elle croit nécessaire d'accorder à ses fondateurs le privilège demandé.

Député des fondeurs : J.-F. L'Epine.

XL. — Chaudronniers

Les doléances de cette corporation nous apprennent que le manque d'eau empêchait, à Marseille, le raffinage du cuivre au martinet. Les chaudronniers étaient obligés de transporter ce métal hors du territoire et versaient, à la sortie, un cautionnement qu'on ne leur rendait qu'en partie, à cause du déchet de 10 0/0 occasionné par le raffinage.

Ces industriels demandaient qu'aux pertes inhérentes à cette opération on ne continuât pas à joindre le droit sur le déchet.

Député : Azémar.

XLI. — Fabricants de grenailles

Cette fabrication était ancienne, mais nous n'avons pas de chiffres établissant exactement son importance en 1789.

Les fabricants marseillais demandaient l'assimilation aux fabricants français (1), ce qui leur aurait permis, en payant et le droit sur le plomb comme matière première et le droit sur la grenaille comme marchandise fabriquée, d'introduire leurs produits dans le royaume et dans les colonies, tandis qu'ils n'avaient pour débouché que le territoire de la ville et l'étranger.

XLII. — Voituriers

Les doléances des transporteurs sont curieuses à connaître, car elles jettent un certain jour sur bien des sujets de plaintes des industriels proprement dits. Les voituriers demandent la suppression des Messageries privilégiées ou tout au moins la fixation d'un tarif pour les objets de petit volume que ces Messageries taxaient arbitrairement et à des prix trop élevés, et la permission d'atteler quatre chevaux ou mulets aux charrettes de transport, sur les chemins royaux, « comme cela est permis dans les autres provinces ».

Député : Rey.

---

(1) On trouve fréquemment cette opposition de *Marseillais* à *Français* dans les documents anciens. C'était la revendication, dans un seul mot, de la dignité de co-État que s'attribuaient à juste titre la Provence et tout particulièrement Marseille. C'était aussi un peu la conséquence de la franchise du port, qui isolait cette ville du reste de la nation.

XLIII. — Autres industries

Citons, pour compléter la nomenclature des diverses industries marseillaises :
- 1 fabrique d'étoffes d'or et d'argent ;
- 2 fabriques de tapisseries ;
- 3 fabriques de maroquin en couleurs ;
- 2 fabriques d'eau-de-vie ;
- 4 fabriques de gants ;

et plusieurs fabriques de souliers pour l'exportation en Amérique.

§ 3. — *Vœux exprimés par la majorité des doléants.*

A peu près tous divisent leurs plaintes en ce qui concerne l'État, ce qui concerne la ville, ce qui concerne leur corps.

On est étonné tout d'abord de voir l'importance comparative donnée à chaque sujet de doléances. Les intérêts généraux absorbent les neuf dixièmes des cahiers. Cela s'explique pourtant : chacun est seul à éprouver les inconvénients spéciaux de son propre régime — lorsque l'accoutumance ne les lui cache pas, — tandis que tout le monde sent et publie les inconvénients généraux de l'ordre de choses régnant.

Aussi les doléances relatives à l'intérêt de l'État sont à peu près les mêmes dans tous les cahiers. Nous nous contenterons de signaler celles qui sont plutôt du ressort industriel : le manque de liberté pour la circulation intérieure ; les droits de péage, qui faisaient acquitter 48 taxes à des bois venant de la Lorraine, par la Saône et le Rhône, et en rendaient le coût plus élevé que celui des bois venant de l'étranger ; les privilèges en matière de commerce ; les fermes, dont on demande le remplacement par un impôt unique (1). Certains droits, ceux d'enregistrement, de contrôle, centième denier et insinuation, ainsi que ceux qui portent sur le pain, le vin et la viande, objets de première nécessité, sont en exécration (2).

L'uniformité des poids et mesures est demandée par les maçons. Ce vœu remarquable mérite d'être signalé.

Pour ce qui regarde la ville et le territoire, on peut dire que le vœu pour le rétablissement du Conseil municipal des trois cents, supprimé en 1660, est unanime. Ce vœu concerne l'industrie, parce qu'il permettait à toutes les corporations d'être représentées dans ce Conseil. Non moins unanime est la demande d'attribution définitive des faillites à la juridiction consulaire. Les corps de métiers demandent des tribunaux spéciaux, expédiant rapidement les affaires relatives à leur profession (3).

Les vœux relatifs aux intérêts particuliers des corps sont les plus curieux et les moins étendus. A peu près tout ce travail en est l'analyse; nous ne répéterons pas ici ceux qui ont déjà été cités. Certaines corporations se piquent d'un désintéressement absolu : les maîtres calfats,

(1) Les propositions pour l'objet sur lequel doit porter cet impôt sont quelque peu incohérentes. Elles devaient l'être, si l'on ne faisait table rase de tous les privilèges, et chacun tenait aux siens.

(2) Sur ce sujet, on trouve, dans la rédaction des doléances, quelques passages d'un ton plus qu'amer et violent, des accents sinistres annonçant les orages prochains et contrastant avec le langage modéré du reste des cahiers.

(3) Les syndics, dans chaque corps, réglaient cependant les petites contestations. Ces demandes de rétablissement du Conseil des trois cents, disparu depuis cent vingt-neuf ans et dont les avantages restaient présents à tous les esprits, prouve bien en faveur de l'esprit traditionnel qui animait tout l'ancien régime et de la force de conservation qui en ressortait. Toutes les tentatives de désorganisation échouaient contre ce souvenir persistant et vivace des institutions supprimées. Elles ne laissent plus aujourd'hui cette forte empreinte, et l'habitude que nous avons prise du changement est peut être ce qui nous maintiendra le plus longtemps dans l'état de désorganisation actuel.

sans rien demander pour eux-mêmes, ne voient à redresser que le tort fait à cinq magistrats de la sénéchaussée privés de leurs fonctions et ils expriment le désir de les y voir réintégrés. D'autres, plus pratiques, demandent qu'on défende aux professions à peu près analogues de s'ingérer dans leurs travaux. La tendance est plutôt à l'union qu'à l'éparpillement : les garçons chapeliers réclament contre l'extinction de leur œuvre pie de secours mutuels. Il en est de même pour les menuisiers, les serruriers et les tailleurs de pierre.

§ 4. — *Les Corporations.*

On en comptait soixante et onze à Marseille. C'était plus qu'il n'y existait d'arts et de métiers, mais certaines catégories de bourgeois, n'exerçant aucune profession, étaient elles-mêmes corporées.

Chaque corporation avait des règlements spéciaux, prenant l'apprenti à ses débuts ou le fils du maître à sa naissance, et l'élevant, par les degrés du compagnonnage et du chef-d'œuvre, à la dignité d'ouvrier, puis de maître, puis de syndic, prieur ou juré de sa corporation. Ceux-ci en étaient les chefs ; leur autorité reconnue s'imposait à tous et, si l'on se plaignait de certains abus auxquels ils se laissaient entraîner, c'était sans intention tacite ou exprimée de voir abolir la charge (1).

On demande, dans quelques doléances, la suppression du versement à effectuer par les ouvriers non fils de maîtres, pour parvenir à la maîtrise, ou la suppression de la maîtrise ; mais personne ne songe à l'abolition du système corporatif, ce qui est bien différent (2).

---

(1) Les plaintes se produisaient surtout dans les industries traversant une période critique et dans lesquelles les faibles bénéfices réalisés par les maîtres conduisaient ceux-ci à transgresser les règlements.

(2) Il faut cependant reconnaître que le mode d'expression des

On a beaucoup écrit et surtout déclamé pour et contre les corporations, mais il nous semble qu'il y a encore quelque chose à dire sur ce sujet plus rebattu que débattu. Les éléments de la question ont été généralement laissés de côté et leur étude seule peut permettre de la résoudre.

Les attaques contre les corporations sont surtout venues du dehors, du consommateur, qui croit avoir tout à gagner à la libre concurrence.

Il faut examiner séparément le système corporatif industriel au double point de vue : ésotérique des corporés : ouvriers, producteurs ; exotérique des étrangers à la corporation : bourgeois, consommateurs.

Le corporé sacrifiait une partie de sa liberté à l'obtention de l'entrée dans la corporation, des grades qu'il pouvait y conquérir, et à la défense de ses intérêts que lui assurait un corps armé pour la lutte. Le groupement sauvait l'ouvrier de bien des dangers, et le menait aussi haut que pouvait aller son intelligence. Chaque corporation marseillaise était autrefois représentée dans le Conseil des trois cents, et le vœu unanime de toutes ces agrégations, nous l'avons dit, était d'y rentrer. Rien ne leur interdisait cet espoir.

Personne ne souffre plus que l'ouvrier de l'individualisme qui est le mal de notre époque de désorganisation. Il est *trop* ou *trop peu*, suivant qu'il reste seul ou se groupe avec les autres ouvriers sans considération de métier ; et, comme ce qui est trop devient vite caduc, il est appelé à être annihilé en dernier ressort, tant qu'il restera ainsi isolé ou mal groupé.

doléances, recueillies par corporation, ne se prêtait guère à la mise au jour de réclamations de cette nature. Les demandes de suppression des corporations seraient surtout venues de ceux qui en étaient tenus dehors et qui, dès lors, n'étaient pas admis à exposer leurs desiderata. Mais le *déclassé* était excessivement rare dans l'ancienne société industrielle : chacun avait son alvéole dans la grande ruche.

L'ouvrier non corporé ne peut pas exprimer les desiderata particuliers à sa profession. Il ressent le mal, mais il n'en pénètre pas la cause ; et, s'il la pénétrait, il ne serait pas compris des autres ouvriers. Rien n'est plus difficile que de vulgariser des questions techniques. Le groupement entre ouvriers sans distinction de profession ne peut se faire que sur des questions générales, de la solution de laquelle chacun fait dépendre le remède à tous les maux particuliers dont souffre sa profession. De là, les questions sociales confuses demandant à la politique ce qui est purement du ressort économique ; de là, les efforts individuels incohérents qui se recommencent perpétuellement sans aboutir. Et, de cette confusion et de cette incohérence sincères abusent les charlatans politiques intéressés à maintenir troubles les deux eaux entre lesquelles ils nagent.

Le système corporatif, en éclairant l'ouvrier sur ses besoins et ses intérêts, élève vraiment son niveau intellectuel.

La solidarité entre gens de même profession est un fait inéluctable. Le fabricant inhabile ou malhonnête profite de la renommée acquise à la place sur laquelle il travaille par de plus habiles ou plus consciencieux industriels ; de même il nuit à ces derniers par sa production imparfaite. La corporation avait pour conséquences une inspection et une surveillance mutuelles de nature à parer aux mauvais effets de cette loi (1).

Le point de vue du non corporé est autre, mais les intérêts de ce dernier sont d'accord avec ceux de l'ouvrier.

Sous le rapport politique et social, la masse a intérêt à

(1) L'inspection des manufactures était autrefois une branche de l'administration, et la plupart des magistrats qui en avaient la charge y ont souvent apporté beaucoup de zèle et de compétence. Certains de leurs rapports sont admirables de sens pratique et de connaissances.

voir maintenir une organisation stable dont une démocratie turbulente et inquiète est la négation.

Sous le rapport économique, le consommateur a intérêt à diviser le plus possible les producteurs, pour obtenir le produit à meilleur marché ; mais il a intérêt aussi à ce que le produit se maintienne bon ou s'améliore, et, pour cela, à grouper les producteurs de manière qu'ils se surveillent les uns les autres.

L'avantage fait aux fils de maîtres qui protège l'hérédité des professions, gage de progrès et de bon ordre social, était un des bienfaits de la corporation. Sous l'empire du système corporatif, les mêmes industries se sont maintenues dans les mêmes lieux, avec le même renom, pendant des siècles, tandis qu'elles disparaissent aujourd'hui du jour au lendemain.

Dans ces considérations écourtées que nous croyons impartiales, la somme des avantages l'emporte incontestablement sur celle des inconvénients.

Est-ce à dire que les corporations, *telles qu'elles étaient*, fussent à maintenir ? Non, certes, car toute institution tend à l'abus en vieillissant, et d'autant plus qu'elle a plus de vitalité. Est-ce à dire qu'on pouvait améliorer les corporations sans les détruire ? Pas davantage, car de pareilles institutions, seulement modifiées, reprennent vite le pli de jadis.

Turgot supprima les corporations, en 1776, mais nous sommes assuré que, si Turgot, pour le bonheur de la France, avait conservé cinquante ans la direction des affaires publiques, il se fût employé, quelques années après, à rétablir de nouveaux groupements, avec les modifications nécessaires ; restaurant ainsi dans des conditions satisfaisantes pour tous l'édifice incommode, et peut-être un peu malsain, démoli tout d'abord.

A quoi bon supposer d'ailleurs ? Il vaut mieux consulter l'expérience des siècles. Les statuts de Marseille, antérieurement à la réunion de la Provence à la France, avaient aboli les « confréries » des « artisans et gens de métier, à cause de leurs mutuelles intelligences en leur profession », au grand préjudice du peuple « contraint à ces fins de passer par leurs mains », ce qui n'avait pas empêché la même ville de favoriser plus tard l'établissement de corporations nouvelles.

Élaguer des anciennes institutions les vices qu'elles ont pu contracter avec le temps et veiller à la conservation des institutions elles-mêmes, dont les avantages sont prouvés par leur longue existence : tel est l'office propre du pouvoir, dans une période de réformes.

A. A.

CHAPITRE XVI

L'Agriculture.

Le territoire de Marseille, généralement pierreux et rocailleux, est naturellement peu fertile. A l'époque qui nous occupe, avant l'adduction des eaux de la Durance, il était, sur une bien plus grande étendue qu'aujourd'hui, véritablement brûlé l'été par les ardeurs du soleil ; il n'en était pas moins exposé, le reste de l'année, par le peu de cohésion de la couche végétale joint à la forte déclivité des pentes, aux ravages des pluies torrentielles. Il ne laissait pas cependant de fournir, grâce à une culture intelligente, à des soins opiniâtres, tous les produits de la région.

La population occupée à ces travaux était trop nombreuse, le rôle économique qui lui était départi, par le voisinage d'une grande agglomération urbaine, avait trop d'importance pour que l'agriculture ne trouve pas dans cette série d'études une place, à la suite des notices consacrées à l'industrie et au commerce.

§ 1er. — *Principales cultures.*

I. — La Vigne

La culture de la vigne était, entre toutes, celle qui convenait le mieux à la nature du sol ; aussi était-elle de beaucoup la plus importante. Elle se trouvait, d'ailleurs, on le sait, protégée par les droits perçus sur les vins récoltés hors du terroir.

Le bureau du vin, dont nous avons déjà fait connaître l'origine et l'organisation (1), était chargé de surveiller les vins qui n'entraient dans la ville qu'en transit. Afin de s'assurer qu'ils n'y séjournaient pas et relever les fraudes qui auraient pu se pratiquer, la municipalité faisait vérifier, deux ou trois fois par an, les vins existants dans les caves des propriétaires producteurs.

C'était de préférence sur les coteaux, sur les points les mieux exposés, que les Marseillais donnaient tous leurs soins à la vigne ; mais ils la cultivaient encore en plaine, dans les quartiers secs. De vieilles souches que l'on rencontre aujourd'hui encore, çà et là, en des endroits actuellement en friche, témoignent de l'extension qu'ils avaient donnée à cette culture. Ils plantaient les vignes sur deux ou trois files, ou sur un seul rang, entre des oulières complantées alternativement, d'une année à l'autre, en céréales et en légumes. Ce mode de plantation était pratiqué en vue du provignage, pour protéger la vigne contre les grands vents et afin d'obtenir deux récoltes sur le même sol. La plantation s'effectuait en même temps que le défoncement.

Les plants les plus usités dans notre région étaient : pour ceux à raisin blanc, le *Pascau blanc*, l'*Aragnan* et l'*Uni* ; pour ceux à fruit rouge, le *Bouen-fourcas*, le *Mourvède*, l'*Uni noir* et l'*Espagnen*. Dans le terroir même de Marseille, les plus communs étaient l'*Uni blanc* et le *Mourvède* : le produit qui s'obtenait par le mélange de leurs fruits était particulièrement estimé pour sa bonne conservation, comme pour la finesse de son bouquet. Le degré de nos vins était, en moyenne, de 8 onces, 2 gros ; les extraits donnaient 3 onces, 6 gros (2).

(1) Ci-dessus, p. 454.
(2) *Mémoire sur l'art de faire le vin*, par M. Michel, apothicaire à Marseille, *Table de comparaison des vins analysés*, dans le *Recueil des pièces présentées à l'Académie des Belles-Lettres, Sciences et Arts de Marseille pour les prix de l'année 1770*.

D'après Expilly (1), les quantités récoltées étaient plus que suffisantes pour la consommation des habitants. A défaut d'une statistique complète, permettant de vérifier d'une manière plus sûre l'exactitude de cette donnée, nous reproduirons du moins, d'après des documents officiels conservés dans nos archives (2), quelques chiffres partiels. Les agents de l'administration avaient relevé les quantités suivantes :

En 1684 : à Luminier (Luminy)....... 200 millerolles.
    à Carpiagne................ 775 »
    à la Ganliole.............. 90 »
En 1695 : à la Millière............. 978 »
    à Saint-Menet............. 1.051 »
    à Néoures................. 2 460 »
    aux Camoins.............. 1.852 »
En 1698 : aux Olives............... 786 »
    aux Aurenges............. 213 »
En 1712 : à Luminy................. 350 »
    à Ste-Marguerite et à Vaufrège 763 »
    aux Amandiers............ 260 »
    à Carpiagne.............. 560 »
    à Salabran............... 130 »
En 1732 : aux Martégaux............ 1.518 »

En présence de ces chiffres, l'assertion d'Expilly ne semble rien avoir d'invraisemblable : la prohibition des vins étrangers y trouverait sa justification.

II. — Les Céréales

La première culture du terroir était, nous venons de le dire, la vigne ; le blé ne constituait pour nos agriculteurs qu'une récolte de second ordre. Par suite du haut prix de

(1) *Dictionnaire des Gaules et de la France*, tome IV, p. 568.
(2) Archives de la Ville, série H H.

la terre, il eût été, pour la plus grande partie du terroir, une culture ruineuse. Le receveur des finances Chambon, auquel nous empruntons cette judicieuse observation, évaluait à cent cinquante mille charges la quantité de blé nécessaire à la population de la ville et du territoire : « nos meilleures récoltes, ajoutait-il, nous fournissent à peine la subsistance pour trois mois (1). » La production annuelle ne dépassait pas par conséquent, ou même n'atteignait pas, année moyenne, trente-huit mille charges.

Outre le blé et dans des proportions également restreintes, on cultivait encore, dans le terroir, l'orge, l'avoine et le seigle ; la plupart combinaient ces diverses cultures d'une manière méthodique et raisonnée, suivant la règle des assolements.

III. — L'Olivier

L'olivier était considéré comme l'arbre le plus précieux pour notre littoral. Il y atteint son plein développement et donne généralement, lorsqu'il est cultivé avec soin, des récoltes abondantes. Malheureusement, il résiste difficilement aux froids extrêmes qui viennent de loin en loin nous visiter. Le maximum de froid qu'il peut supporter paraît devoir être de — 10 à — 11 degrés Réaumur. Ce sont les degrés auxquels la température est descendue à Marseille dans les deux dernières années qui virent périr la plupart de nos oliviers, en 1789 et en 1820.

On sait que les variétés de cet arbre sont très nombreuses. Les plus répandues dans le terroir étaient : l'*Aglandau* (*Olea sativa major, oblonga, angulosa, amygdaliforma*), connue aussi sous les noms de *Plant d'Aix, Cayanne, Pounchude, Cul-pointu, Blanquet, Berruquet* et *Amelon*, la *Licinienne* des anciens, réputée la meilleure et la plus résistante ; la *Salone*, dénommée encore le *Curniau*, à

(1) *Le Commerce de l'Amérique par Marseille*, tome II, p. 551.

cause de la forme de son fruit assez semblable à la cornouille *(Olea media, oblonga fructu corni)*, la *Sergie* des anciens, la plus égale dans sa production ; la *Rougette*, désignée indifféremment sous ce nom et ceux de *Pigau* et de *Petit Redounau (Olea minor, rotunda, ex rubro et nigro variegata)*. On y cultivait aussi le *Ribier* ou *Ribiérette-grapuguette, Trenette-boutillau (Olea minor, rotunda, racemosa)*, dont les fruits se présentent en grappes ; l'*Espagnen* ou *Plant d'Espagne, Plant d'Eyguières de la grosse espèce (Olea fructu maximo)*, aux fruits très gros et très charnus, mais clairsemés.

La culture se pratiquait, au siècle dernier, comme aujourd'hui. La multiplication se faisait par rejetons, par boutures, souchets ou chevilles ; la greffe était peu conseillée, à cause du peu de résistance qu'elle donnait à l'arbre contre les rigueurs de l'hiver.

Les procédés de taille et de fumure étaient les mêmes que ceux qui sont suivis actuellement par nos cultivateurs.

IV. — ARBRES ET ARBUSTES A FRUITS

Pour tâcher de compenser les pertes éprouvées dans les vergers d'oliviers, nombre de propriétaires avaient planté de préférence des mûriers.

L'amandier et le figuier se retrouvaient encore dans un grand nombre de propriétés : ils donnaient généralement un rendement très satisfaisant. La figue qui se récoltait le plus dans le territoire, la *figue marseillaise*, était, comme aujourd'hui, fort appréciée.

A côté de ces arbres à fruits, les plus répandus dans le terroir de Marseille, les cultivateurs plantaient aussi, dans les jardins, dans les prairies ou sur les coteaux : le cerisier, l'abricotier, le pommier, le poirier, le prunier, le pêcher avec ses nombreuses variétés, le cognassier, le sorbier, l'azerolier, le pistachier, l'arbousier, le jujubier et le groseillier.

V. — Légumes et Culture potagère

Les plantes potagères les plus cultivées dans le terroir étaient : la pomme de terre avec ses deux variétés, — les tubercules blancs et rouges,— les fèves, les oignons, les aulx, les pois, les haricots. Les artichauts y donnaient, dit-on, des fruits dans toutes les saisons. On y cultivait encore : la courge, le melon, la pastèque, le concombre, le piment, la tomate, l'aubergine, la betterave, le radis, la carotte, le navet, la scorsonère, le salsifis, le chou-rave, le poireau, la rocambole, l'échalote, le cardon, la poirée, le céleri, le topinambour, l'asperge, le fenouil, l'anis, le panais, le persil, le cerfeuil, le chou et la salade avec leurs nombreuses variétés, la mâche, le cresson, l'oseille, l'épinard, l'estragon, la sauge, l'hysope, la menthe, le fraisier.

Dans les quartiers où l'eau abondait, la culture maraîchère réalisait de larges bénéfices. A ne considérer que ces portions choisies du terroir et les résultats surprenants que les jardiniers y obtenaient, grâce aux procédés de culture intensive qui étaient déjà mis en pratique, on comprend mieux les termes avantageux dans lesquels certains auteurs, à l'encontre de l'opinion la plus répandue et, à tout prendre, la plus exacte, se sont exprimés au sujet de notre sol. D'après le comte de Sinéty (1), une propriété dans le territoire de Marseille, bien cultivée, donnerait plus de rendement qu'un terrain quatre fois plus étendu dans tout autre pays.

VI. — Les Fleurs et les Arbres d'agrément

Dans toutes les campagnes du terroir, une part plus ou moins considérable était faite à l'agrément.

(1) *L'agriculteur du Midi, ou Traité d'agriculture propre aux départements méridionaux*, Marseille, 1803, Introduction, p. VI.

C'étaient des allées ombragées qui conduisaient à l'habitation ; des plantations de marronniers, de platanes ou de tilleuls, qui en décoraient les abords ; des pinèdes, des bosquets composés d'arbres de différentes essences, des salles vertes, des kiosques rustiques, tels que ceux que nous voyons aujourd'hui encore dans maintes propriétés, sur des points culminants, en vue de la mer et de son immense horizon. Les terrasses des plus modestes *bastides* se paraient tout au moins de quelques plantes grimpantes : le rosier, le jasmin, le chèvre-feuille entrelaçaient leurs rameaux avec ceux de la vigne, sur la treille classique, ou tressaient, sur la porte et autour des fenêtres, leurs guirlandes de feuillage.

Au-devant des riches villas se développaient des jardins anglais ou français, artistement dessinés : l'architecte marseillais Embry, qui créa, vers 1775, les jardins du château Boréiy, jouissait d'un renom pleinement justifié dans ce genre de travail. Les plantes exotiques, que l'on s'appliquait à acclimater sur notre sol, se mêlaient, dans les plates-bandes, aux plantes indigènes.

Ce n'était pas, d'ailleurs, seulement à la campagne que les Marseillais aimaient à avoir des fleurs. Ils les cultivaient encore dans leurs petits jardins de ville et les faisaient entrer dans l'ornementation de leurs salons. Le marché aux fleurs qui se tenait sur le Cours leur permettait largement de satisfaire leur goût.

On y trouvait, en toute saison, toutes les plantes d'agrément et toutes les fleurs qui se pouvaient désirer.

§ 2. — *Agronomie.*

D'après une opinion trop accréditée, tout le savoir de nos devanciers, en matière agricole, n'aurait été qu'une aveugle routine. Les faits donnent à une telle allégation un démenti absolu. Loin d'être ignorée ou seulement négligée, l'agronomie a été, en Provence comme dans les autres provinces du royaume, véritablement en honneur. Elle n'était pas moins en faveur auprès des administrations locales qu'auprès des particuliers, propriétaires, savants, observateurs sagaces et inventifs.

Ce fut sur l'initiative de l'Assemblée des Communautés que fut fondée, à Aix, en 1762, la première Société d'agriculture établie en Provence. Aux termes des premiers statuts qui lui furent donnés, la Société devait s'occuper, non seulement de tout ce qui concernait l'agriculture, mais encore du commerce et des arts y relatifs ; principalement de la production du blé, de la culture de l'olivier et du mûrier, de la fertilisation du sol, de l'élevage du bétail, de l'exportation, des fabriques, surtout de celles qui mettaient en valeur les produits du pays. Ces statuts furent revisés en 1772, puis complètement remaniés en 1777. La Société devint alors exclusivement agricole. Par suite de cette nouvelle réglementation, qui était encore en vigueur au moment de la Révolution, elle se trouva divisée en plusieurs bureaux locaux. Le bureau d'Aix, qui était considéré comme un bureau central, avec lequel tous les autres devaient correspondre, était composé des Procureurs du Pays nés et joints et de vingt associés ; l'Intendant était admis dans toutes ses assemblées, avec voix délibérative. Les autres bureaux, établis dans quelques chefs-lieux de viguerie ou de sénéchaussée, se composaient des consuls et de douze associés. Sur une subvention annuelle de trois mille livres qui lui avait été allouée par l'Assemblée des Communautés, dix-huit cents livres étaient affectées à des prix et à des primes d'encouragement pour les agriculteurs.

Un article du nouveau règlement portait que la Société donnerait ses premiers soins à la rédaction d'un ouvrage élémentaire, contenant les connaissances les plus nécessaires sur les différentes parties de l'économie rurale ; elle se proposait de le faire distribuer gratuitement dans les paroisses. Les curés seraient priés de l'expliquer et de le faire apprendre par cœur aux enfants (1).

Aucun bureau particulier ne fut, croyons-nous, établi à Marseille. Notre ville ne demeura pas cependant en dehors du mouvement imprimé aux études agricoles par cette société savante. L'Académie des belles-lettres, qui n'était, à sa fondation, qu'une réunion de littérateurs, de *beaux esprits*, suivant l'expression usuelle de l'époque, eut, à partir de 1767, une classe des sciences ; on vit dès lors plus d'un agronome solliciter ses suffrages et entrer dans ses rangs à ce seul titre, sinon parmi les membres titulaires, du moins parmi les associés. Les questions qui se rapportaient à l'agriculture fixèrent de plus en plus l'attention des académiciens. Quelques-unes d'entre elles furent choisies comme sujets de prix pour la partie scientifique et excitèrent une vive émulation parmi les concurrents.

Joseph Bernard, de l'Oratoire, directeur adjoint de l'Observatoire royal de la marine, se présenta dans cinq de ces concours ; chaque fois il remporta le prix. Dans le premier concours auquel il participa, celui de 1773, le sujet proposé était : *La meilleure manière de cultiver le figuier, les causes de son dépérissement et les meilleurs moyens d'y remédier*. Bien que sa dissertation eût été jugée de beaucoup supérieure à celles de ses concurrents (2), l'un d'eux, Lazare Sauve, de Marseille, en appela à l'Académie royale de Paris ; son ouvrage fut approuvé, loué et couronné par cette savante compagnie (3). Les autres mémoires du directeur adjoint de l'Observatoire furent produits aux concours de 1777, 1778, 1779 et 1782.

(1) De Coriolis, *Traité sur l'administration du comté de Provence*, tome Iᵉʳ, pp. 379-388.
(2) Elle remplit, à elle seule, le *Recueil des pièces présentées à l'Académie des Belles-Lettres, Sciences et Arts de Marseille, pour le prix de l'année 1773*, Marseille, François Brébion, 1773.
(3) Dassy, *L'Académie de Marseille*, p. 246.

Ils traitaient : de *la meilleure manière de cultiver l'amandier et des moyens d'en suspendre la floraison, sans nuire à la durée de l'arbre, à l'abondance des récoltes et à la qualité des fruits* (1); des *engrais que la Provence peut fournir et de la manière de les employer, suivant les diverses espèces de terrains* (2); *des avantages et des inconvénients de l'emploi du charbon de pierre ou du bois dans les fabriques, avec la description des différentes mines de charbon qui sont en Provence et leurs qualités* (3); enfin, de l'*histoire naturelle de l'olivier* (4). Ces divers mémoires valurent à leur auteur son admission, en 1782, dans l'Académie, comme membre titulaire. Au dernier concours, il avait eu deux concurrents d'un incontestable mérite : le sieur Amoureux, de la Société royale de Montpellier, et l'abbé Couture, curé de Miramas. L'Académie inséra leurs mémoires dans ses recueils, à la suite de celui du lauréat; mais ni l'un ni l'autre n'y trouvèrent un suffisant adoucissement à l'amertume que leur avait causée leur échec. L'abbé Couture publia, en 1786, en deux volumes in-8°, son mémoire considérablement augmenté et agrémenté d'assez vives critiques sur l'ouvrage couronné (5). Sans entendre nous prononcer sur le

---

(1) Dans le *Recueil des pièces présentées à l'Académie des Belles-Lettres, Sciences et Arts de Marseille, pour le prix de l'année 1777*, Marseille, François Brébion, 1777, pp. 1-70.

(2) *Recueil des pièces présentées à l'Académie des Belles-Lettres, Sciences et Arts de Marseille, pour les prix de l'année 1778*, Marseille, Antoine Favet, 1778, pp. 1-199.

(3) *Recueil de l'Académie des Belles-Lettres, Sciences et Arts de Marseille, des années 1779 et 1780*, Marseille, Jean Mossy, 1780, pp. 41-166.

(4) *Recueil de l'Académie des Belles-Lettres, Sciences et Arts de Marseille, du 25 août 1782*, Aix, Jean-Balthazar Mouret fils, 1783, pp. 1-255.

(5) *Traité de l'Olivier, présenté à Nosseigneurs et Messieurs les Procureurs des Gens des Trois-Etats du Pays et Comté de Provence*, Aix, chez David, 1786.

bien ou mal fondé de la décision de l'Académie, on ne peut que reconnaître que le travail du curé de Miramas, s'il témoignait d'un moindre savoir théorique ou d'une moindre érudition, renfermait cependant des vues plus exactes et plus utiles à l'agriculture que le mémoire du directeur adjoint de l'Observatoire.

Parmi les mémoires présentés aux concours de l'Académie, ayant trait à l'agronomie, nous citerons encore : celui de l'abbé Rozier, ancien directeur de l'Ecole de Médecine vétérinaire de Lyon sur *la meilleure manière de faire et de gouverner les vins de Provence, soit pour l'usage, soit pour leur faire passer les mers*, couronné en 1770 (1); celui du docteur La Brousse, de la Société royale des sciences de Montpellier, sur *la meilleure manière de cultiver l'olivier et de le préserver des insectes qui s'attachent à l'arbre et au fruit*, couronné en 1772 (2); enfin, les deux dissertations du Père Béraud, de l'Oratoire, sur la culture du câprier et du kali, qui remportèrent le prix en 1787 (3).

§ 3. — Canaux d'irrigation.

Des diverses causes de dépérissement que nous avons indiquées au début de ce chapitre, la sécheresse naturelle du sol est, en même temps que la plus pernicieuse, la plus caractéristique de notre climat. C'est la suite inévitable des munificences dont la nature a doté les côtes de Provence, la rançon des printemps sans nuages et des ciels

---

(1) *Recueil des pièces présentées à l'Académie des Belles-Lettres, Sciences et Arts de Marseille, pour les prix de l'année 1770*, Marseille, François Brébion, 1771, pp. 1-88.

(2) *Recueil des pièces présentées à l'Académie des Belles-Lettres, Sciences et Arts de Marseille, pour les prix adjugés en 1772*, Marseille, Sibié, 1772, pp. 67-108.

(3) Ces deux mémoires ont été imprimés par leur auteur : l'Académie venait de suspendre la publication de ses *Recueils*.

limpides qui plaisent aux étrangers et aux touristes. Ses effets désastreux peuvent cependant être atténués par l'utilisation des eaux courantes. Les anciens Marseillais n'avaient pas négligé cette ressource si précieuse pour une terre dévorée par les ardeurs du soleil.

De longs souterrains dont il reste des vestiges au quartier des Aygalades autorisent, en effet, à penser que les eaux de ce vallon avaient été captées, à une époque très reculée, peut-être au temps de la domination romaine, soit pour l'alimentation de la ville, soit — ce qui paraîtrait plus vraisemblable — pour l'irrigation de la banlieue. Au Moyen Age, des travaux de canalisation furent faits sur les deux principaux cours d'eau du bassin de Marseille, l'Huveaune et le Jarret. Les ruisseaux du Biaud et quelques sources fournirent le complément d'eau strictement nécessaire aux besoins agricoles.

Le volume d'eau que l'Huveaune donne à son entrée sur le territoire communal — environ 5 mètres cubes par seconde, vers le printemps et année moyenne — est assez considérable pour qu'il parût possible de pratiquer dans cette rivière un plus grand nombre de prises. Malheureusement, son niveau est peu élevé sur son dernier parcours. Pour porter les eaux sur de plus grandes étendues, il eût fallu établir les dérivations dans les communes voisines : on craignit d'y rencontrer une opposition et des revendications dont on n'eût pu triompher.

De ces difficultés naquit le projet d'une œuvre qui, maintes fois abandonnée et reprise, ne s'est achevée qu'au milieu de ce siècle.

La possibilité de détourner les eaux de la Durance au profit des vallées inférieures de la Provence avait, au Moyen Age, fixé l'attention des hauts feudataires. En 1167, Alphonse d'Aragon, comte de Provence, concéda à Raymond de Bolène, archevêque d'Arles, la faculté de construire un aqueduc, de la Durance à Salon et ensuite de cette ville jusqu'à la mer ; rien n'indique cependant que son projet ait eu un commencement d'exécution. L'honneur de ce grand ouvrage était réservé à un esprit des plus hardis du XVI° siècle, Adam de Craponne. Tandis qu'il faisait creuser le canal auquel il a attaché son nom, l'éminent ingénieur eut la pensée, le premier, semble-t-il, de conduire les eaux de la Durance jusqu'à Marseille; les nivellements furent faits en 1555, à la hauteur du rocher de Cante-Perdrix. Soixante-quinze ans plus tard, l'entreprise fut tentée par Peiresc. Ce savant magistrat écrivit en Hollande pour faire venir des ingénieurs hydrauliques; mais la peste et les troubles des *Cascaveoux* ne permirent pas, pour l'instant, de donner la moindre suite à ses desseins. Néanmoins, le projet ne fut pas abandonné.

En 1660, lors de son voyage en Provence, Louis XIV conseilla de le reprendre sur de nouvelles bases, au profit d'Aix et de son territoire.

Le canal qu'il proposait était un canal, non seulement d'irrigation, mais encore de navigation, assez large et assez profond pour porter bateau; il devait passer par Aix et se dégorger dans l'étang de Berre. Bien que cette création ne fût pas destinée à servir directement les intérêts de Marseille, notre ville eût pu évidemment en tirer parti. De vives instances furent faites auprès des Assemblées des Communautés pour les faire entrer dans les vues du Gouvernement; elles échouèrent. Quelques avantages que le pays dût retirer, dans l'avenir, d'une telle création, nos administrateurs ne purent se résoudre à imposer aux populations des charges que l'on jugeait alors trop lourdes. Les combinaisons qui furent proposées, en 1734, par Floquet, maître en hydraulique, devaient être plus favorablement accueillies. Cet ingénieur prenait à sa charge toute l'exécution du canal. Aux termes du traité qu'il passa avec l'administration, les Communautés étaient absolument déchargées de tous frais d'exécution, de même que de l'achat des terrains et des indemnités; avant de commencer les travaux, le concessionnaire était tenu de prouver qu'il avait en mains les fonds nécessaires pour mener l'œuvre à bonnes fins ; le tracé du canal et des diverses dérivations qui devaient s'y embrancher était exactement déterminé ; les prix de transport des marchandises et de passage, pour les voyageurs, étaient également fixés. Floquet forma, en conséquence, une association d'actionnaires, bailleurs de fonds, acheta les droits concédés à la famille d'Oppède sur les dérivations de la Durance, et se mit à l'œuvre. Près de quatre kilomètres étaient creusés, à partir de la prise établie à Cante-Perdrix, lorsque des embarras financiers obligèrent le concessionnaire et sa société à abandonner les travaux commencés.

On résolut alors d'en revenir aux conditions dans lesquelles le canal avait été tout d'abord conçu. Malheureusement, même ramené à ces proportions d'un simple canal d'alimentation et d'arrosage, l'œuvre exigeait encore des ressources pécuniaires qu'il était difficile de se procurer. Une société constituée, en 1769, par Deyssautier, commissaire des guerres, ne put y parvenir. Une maison de Hollande, qui prit sa place en 1772, et une autre compagnie, formée en 1776, y échouèrent également. De nouveaux arrangements, proposés par le sieur Brochier, ingénieur, étaient depuis quelque temps à l'étude, lorsque la Révolution éclata. Il n'en fut plus aucunement question jusqu'à la Restauration (1).

En 1819, sur un mémoire présenté par M. Plagniol, ingénieur ordinaire attaché au service du deuxième arrondissement du département, le Conseil général des Bouches-du-Rhône accorda les fonds nécessaires aux opérations préliminaires sur le terrain. Elles furent commencées aussitôt ; mais bientôt l'exécution même parut tellement ardue, que le Conseil finit par renoncer à l'entreprise et en

---

(1) De Coriolis, *Traité sur l'administration du comté de Provence*, tome Iᵉʳ, pp. 360-364 ; *Statistique des Bouches-du-Rhône*, tome III, pp. 695, 725-728 ; Julliany, *Essai sur le commerce de Marseille*, tome III, pp. 410 et suiv.

laisser le soin à la Ville de Marseille, qui était la principale intéressée.

La loi autorisant la Ville à construire son canal est du 4 juillet 1838; l'arrivée des eaux dans le territoire a eu lieu le 8 juillet 1847.

§ 4. — *Les Intempéries.*

Aux causes de dépérissement que nous avons signalées, il faut ajouter une nouvelle source de mécomptes qui, sans être aussi caractéristique, ne laisse pas d'être plus funeste dans notre région que dans bien d'autres : les perturbations atmosphériques. Notre climat est bien loin, en effet, d'avoir la fixité, la régularité dans les saisons, qu'on lui attribue généralement.

Tandis que la haute température qui règne à Marseille, au cœur de l'été, semblerait devoir réserver à notre territoire des hivers plus ou moins tempérés, il n'est pas rare d'y subir des froids de peu de durée, mais très vifs. Nous pourrions même citer, sur la foi des historiens locaux, un certain nombre d'hivers excessivement rigoureux. En 1507, 1594 et 1638, les eaux du port gelèrent. Il en fut de même en 1709. Les années 1740, 1748, 1766, 1768, 1783 et 1789 furent aussi particulièrement éprouvées par le froid : cette année-là, de même qu'en 1709, la plupart des oliviers du terroir périrent (1).

Le mal serait singulièrement atténué si l'abaissement anormal de la température ne se produisait qu'au milieu de l'hiver, alors que la sève est en repos. Malheureusement, c'est parfois sur la fin de l'hiver, à l'approche du printemps, tandis que les arbres commencent à bourgeonner ou même à fleurir, que les froids surviennent ou font leur réapparition, le plus souvent sous l'influence du

---

(1) *Les hivers rigoureux en Provence*, par J. Mathieu, dans la *Revue de Marseille*, année 1871, pp. 41-46 et 84-91.

mistral). Les arbres qui ont le plus à en souffrir sont naturellement ceux qui sont les premiers à fleurir, tels que le pêcher et l'amandier. On conjure en partie les effets désastreux des retours du froid et des gelées du printemps sur leur fructification, en ne plantant que des variétés tardives. Les cultivateurs marseillais ne négligeaient pas les avantages que procure une sélection judicieuse; ils s'appliquaient encore à retarder la floraison par certains procédés de taille. Cette pratique était-elle efficace ? Ne nuisait-elle pas à la vigueur des sujets, à l'abondance des récoltes, à la qualité des fruits ? Telles sont les questions que l'Académie des belles-lettres, sciences et arts avait posées, pour l'amandier, comme sujet de prix, en 1777.

On sait que le directeur adjoint de l'Observatoire, Joseph Bernard, entra en lice dans ce concours et y obtint le prix.

§ 5. — *Difficultés d'ordre économique.*

Les difficultés d'ordre économique qui mettent en opposition les intérêts du commerce et ceux de l'agriculture ne datent pas seulement des dernières années de l'Ancien Régime; elles remontent aux années qui suivirent la découverte de l'Amérique. Les applications modernes de la science aux moyens de transport n'ont fait qu'en augmenter l'intensité, en mettant d'une manière plus immédiate les vastes étendues du Nouveau Monde en concurrence avec notre production agricole. Les avantages que retirèrent de cet événement le commerce et l'industrie elle-même pour leurs relations furent considérables; mais, en retour, l'agriculture s'était sentie affaiblie.

Il suffit de jeter les yeux sur certaines ordonnances de nos derniers Rois, pour se convaincre de l'importance des difficultés qu'ils cherchaient à atténuer dans l'intérêt de tous, mais spécialement des agriculteurs, dont le travail était encore considéré comme la base principale de la richesse publique. On voyait déjà grandir cette puissance abusive de l'argent qui, coïncidant avec l'oubli des enseignements de l'Eglise, devait produire cet immense désordre économique et moral dont les crimes de la Révolution et les agitations de notre siècle ne sont que des phases successives, non les dernières.

En dressant, sur des chiffres précis, le budget ordinaire des ménages ruraux, au siècle dernier, le judicieux auteur du *Commerce de l'Amérique par Marseille* mettait en pleine lumière l'état de gêne qui pesait, dès ce temps-là, sur les cultivateurs et les petits propriétaires.

« Il y a deux siècles, écrivait-il, qu'une paire de souliers
« coûtait cinq sols, la mesure du blé valait deux livres.
« Cette même mesure de blé, de la même qualité, ne vaut
« aujourd'hui qu'environ douze livres, et la paire de sou-
« liers coûte au moins quatre livres. C'est cette différence
« qui ruine le cultivateur des terres, fait languir notre agri-
« culture et sera un obstacle invincible à son rétablisse-
« ment : il est facile de s'en convaincre en calculant quelle
« est la recette et la dépense dudit cultivateur.

« Je suppose que les terres qu'il possède produisent
« cinquante mesures de blé et je raisonne ainsi : il y a
« deux-cents ans que ces cinquante mesures

« de blé valaient cent livres, ci..............	100 livres
« Impositions à payer, dîmes, etc.........	20 »
« Reste	80 livres

« Je suppose aussi qu'il est marié (un
« paysan doit l'être) et que toute sa famille
« consiste dans un seul enfant (je ne puis lui
« en donner moins). Les voilà donc trois.

« Il leur faut, pour le pain d'une année,		
« Neuf mesures de blé à 2 livres.	18 livres	
« Pour le vêtement	20 »	68 »
« Pour les autres aliments et provisions de ménage........	20 »	
« Pour outils et réparations ..	10 »	

« Reste..... .... 12 livres

« Il lui restera la somme de douze livres de bénéfice
« qui lui servira à faire un petit trésor pour le temps de
« maladie, ou pour le mariage de son fils, ou peut-être
« même à augmenter son bien par quelque nouvelle ac-
« quisition. Ce laboureur vivait content et il avait lieu de
« l'être. Pour bien juger de son état actuel il ne faut pas
« oublier quelle est la proportion qu'il y avait dans ce
« temps-là entre le blé et tout le reste. Je fais le même
« calcul, sans entrer dans aucun détail : même labou-
« reur, sa femme et un enfant, et même héritage, qui,
« malgré la prétendue stérilité de la terre, produira au-
« jourd'hui comme alors cinquante mesures de blé qui, à
« 12 livres la mesure, prix actuel, ci ....   600 livres
« Impositions à payer, dîmes, etc........   120   »
                                          ─────────
           « Reste ....   480 livres

  « Neuf mesures de blé pour
« le pain d'une année, ci .... 108 livres
    « Pour le vêtement, ci 320   »
    « Pour les autres aliments et
« provisions du ménage 320   »
    « Pour outils et réparations .. 160   »
                                   ─────────
                                   908 livres ⎫
  « La dépense excède la recette   ⎬ 480   »
« de 428   »   ⎭
                                              ═════════

« Le calcul est juste. La paire de souliers ne coûtait que
« cinq sous et elle vaut au moins quatre livres ; et la mesu-
« re de blé qui devrait se vendre trente-deux livres, n'en
« vaut que douze. Il faut donc que ce misérable laboureur
« travaille sans relâche toute sa vie, sans espérance d'adou-
« cir la rigueur de son sort. Chaque année aggrave son mal-
« heur, et l'augmentation de sa dette le met dans l'impos-
« sibilité de la solder. De là, le découragement et quelque-

« fois le désespoir ou l'expatriation de cet infortuné
« laboureur (1). »

Avec la franchise de son port, son grand mouvement commercial, son transit, Marseille était une des villes du royaume où le conflit des intérêts du commerce et de l'agriculture devait se manifester de la manière la plus sensible.

§ 6. — *Doléances.*

Nos cultivateurs, ménagers et propriétaires ruraux, ne laissèrent pas échapper l'occasion qui leur était offerte, par les élections de 1789, de porter en haut lieu l'expression de leurs plaintes.

Ils n'omirent pas non plus de rappeler les désavantages naturels contre lesquels ils avaient à lutter, afin d'intéresser plus sûrement à leur cause, à leurs réclamations particulières, leurs représentants et les pouvoirs publics. « Les
« habitants de notre territoire ingrat, auquel il faut que
« le labeur le plus pénible arrache des productions tou-
« jours modiques et souvent incertaines », lisons-nous dans l'article du Cahier du Tiers concernant les propriétaires agriculteurs (2), « réclament avec raison la juste
« valeur des terrains qu'ils sont obligés de sacrifier à
« l'agrandissement des chemins, ainsi que la réédification
« des murs. Ils portent également la demande de la circu-
« lation libre dans notre territoire des blés de Provence
« pour leur subsistance et leurs semailles. Le froment n'est
« introduit à Marseille que par le bureau de Septèmes,
« placé dans la partie septentrionale de notre territoire ;
« mais ceux qui sont au midi désirent qu'il leur soit per-
« mis de se procurer dans les lieux circonvoisins du blé

---

(1) *Commerce de l'Amérique par Marseille*, tome II, p. 490-491.
(2) *Intérêts de la Ville de Marseille. Agriculture, Arts et Industrie*, p. 24.

« pour leur consommation, sans prétendre en faire un
« objet de commerce. Ils espèrent que MM. les Commis-
« saires, chargés de déterminer notre nouvelle forme
« d'imposition, voudront bien considérer l'infertilité de
« notre territoire et la modicité des revenus qu'il procur
« aux propriétaires. » De même que tous les autres résu-
més des doléances particulières contenues dans le Cahier
général du Tiers, cette rédaction accusait évidemment des
esprits pondérés et maîtres de leur pensée.

Le ton de certains cahiers particuliers était tout autre.
C'était dans les termes les plus vifs, les plus outrés, que
les députés du quartier de Saint-Julien dénonçaient le système fiscal en vigueur à Marseille. « Les aliments de pre-
« mière nécessité, tels que le pain et la viande », disaient-
ils, « sont à Marseille et dans son territoire à un si haut
« prix, par les impositions dont ils sont surchargés, qu'ils
« réduisent le propriétaire, le cultivateur et l'artisan à
« toute extrémité, ce qui a été la funeste cause, surtout
« dans le cours de l'hiver, que nous avons vu tant de mal-
« heureuses victimes se porter par extrémité à des crimes
« et à des violences dont nous n'avons, malheureusement
« pour nous, que d'exemples funestes trop récents à nos
« yeux.

« De pareils malheurs auraient pu se prévoir, en soula-
« geant le pauvre et l'indigent, et laissant un prix libre et
« naturel aux aliments de première nécessité, dont le
« pauvre fait la plus grande consommation ; et par cet
« unique moyen, le salaire de la journée aurait suffi à sa
« subsistance et à celle de sa famille... »

A les croire, les terres de Saint-Julien, principalement
complantées en vignobles, ne produisaient pas la moitié
de ce qu'elles rendaient autrefois. Elles ne donnaient pas
le trois pour cent de leur valeur. Le sol aurait été épuisé.
La libre introduction des vins étrangers, dont les viticulteurs marseillais se croyaient menacés, devait nécessairement entraîner une baisse dans les prix. Le froid avait fait

périr les oliviers. « Le Ciel et la Terre », poursuivaient-
ils, « ont juré notre perte ; un espoir nous reste, c'est de
« porter nos cris aux pieds du Trône.

« C'est au nom de ceux que nous représentons, que nous
« demandons qu'il soit dorénavant choisi, dans la classe
« des ménagers agriculteurs, deux personnes dont la con-
« duite soit irréprochable, pour être élus conseillers et
« assister à tous les Conseils quelconques de la Commu-
« nauté, afin que le pauvre puisse faire entendre ses
« plaintes et que justice leur soit rendue lorsqu'elle leur
« sera due.

« Nous demandons que les droits du piquet, lauret,
« soient abolis ; qu'il n'y ait plus aucune imposition sur
« la viande et que l'on égorge toutes sortes de viandes,
« pour que le pauvre, qui se contente des aliments les
« plus grossiers, puisse trouver à vivre à bon compte et
« que tout soit libre, à l'instar de tant de villes bien poli-
« cées du Royaume.

« Nous demandons que tous ces embellissements de la
« Ville, ce luxe, édifices, reverbères et autres fastes, ne
« soient pas à la charge de l'agriculteur. Qui veut une
« commodité doit la payer, c'est la loi du Prince.

« Nous demandons que les places et marchés à vendre
« le foin, le bois et la paille, soient situés aux trois portes
« principales de la ville et à portée de tout le peuple ; non
« pas que nous avons vu cet hiver des familles entières
« périr de froid dans la ville, pour ne pouvoir aller faire
« demi-lieue pour en acheter ; et le pauvre paysan qui le
« transporte n'est encore qu'à moitié chemin quand il est
« arrivé en ville.

« Quant à ce qui concerne les travaux, chemins et
« enchères de la Communauté, nous demandons que le
« citoyen marseillais soit toujours préféré à l'étranger,
« non pas que nous avons vu des personnes en charge
« abuser de la confiance des magistrats et critiquer les
« travaux du propre citoyen, le forcer à plaider, tandis

« qu'un étranger reçoit à profusion le fruit de ses rapines.

« Nous demandons qu'à l'arrivée des navires chargés de
« blé, il en soit au moins détaillé sur le quai, pendant
« quatre jours, auparavant que l'avare vienne l'engloutir
« dans ses magasins...

« Nous demandons que, puisque nous contribuons à
« toutes les charges de la Communauté, elle soit tenue à
« entretenir nos chemins aboutissant directement aux
« bourgs et villages, et que ces chemins soient propres à
« rouler charrette.

« Mais, me dira-t-on, comment fera la Communauté
« pour faire face aux dépenses indispensables ?

« 1° Supprimer tout ce luxe dispendieux et inutile ;

« 2° Mettre une imposition sur les capitaux en maisons
« et beaux édifices, qui rendent à Marseille le huit et le dix
« pour cent; tandis qu'à la campagne les terres à l'agricul-
« teur, après bien du labeur, ne rendent pas le trois pour
« cent ;

« 3° Imposer ces vastes hôtels garnis, où un étranger,
« richement logé en passant, suce à loisir le sang des
« citoyens et transporte ensuite l'or et l'argent hors du
« royaume ;

« 4° Sur tant de carrosses et de domestiques ;

« 5° Sur le droit d'ancrage aux vaisseaux, chez qui nous
« n'avons pas de privilèges en leur nation ;

« 6° Sur la volaille, les agneaux et les veaux ; le riche
« qui veut sa table somptueusement servie les paiera ;
« c'est le moyen que dans la suite les bestiaux de tout
« genre soient plus nombreux ;

« 7° Sur les vins étrangers entrant en ville ou sur son
« territoire, une imposition de une livre dix sols ou bien
« deux livres ; quoique l'on crie et que l'on cherche à pri-
« ver l'agriculteur de ce seul et unique secours et que l'on
« représente que le vin est cher à quatre sols le pot, notre
« Souverain est trop juste pour ne pas voir que c'est injus-
« tement ; car, que nous servira d'être patriote, citoyen,

« si l'étranger jouit de plus de privilèges que nous ? D'ail-
« leurs c'est un droit accordé de tout temps par les Rois, de
« permettre aux magistrats de mettre des subsides pour
« fournir à la dépense des Communautés. Et de quoi se
« plaindra l'artisan, quand le pain et la viande seront à
« bon compte et le vin à quatre sols le pot ? Veut-il vivre
« gratis, et nous faire payer bien chèrement son travail ?
« Rien de plus probable que, si l'imposition sur les vins
« était détruite, le ménager, agriculteur et paysan seraient
« aux abois ; l'artisan et le marchand n'y gagneraient pas,
« et s'en reconnaîtraient facilement à leur débit.

« Voilà en un mot le seul espoir, l'unique ressource de
« l'agriculteur : ou l'imposition sur les vins ou abandonner
« ses terres par rapport à la misère (1). »

Un autre groupe d'agriculteurs se plaignait bien moins
du mode d'imposition adopté par la Municipalité, que de
l'exagération générale des impôts, de la multiplicité des
charges auxquelles les cultivateurs se trouvaient soumis.
« C'est cette portion d'hommes », disaient-ils (2), « qui
« compose les cultivateurs et qui égale, dans le terroir de
« Marseille, le nombre infini des habitants de la ville,
« qu'il faudrait soulager en les déchargeant des censes,
« directes, droits de lods, redevances et charges quelcon-
« ques envers les seigneurs. Le cultivateur, accablé de
« toutes ces redevances, se décourage. Il n'ose pas, se
« voyant imposé sous tant de formes, améliorer son fonds,
« pour ne pas payer davantage.

« C'est donc au détriment et pour le malheur de la
« nation, qu'il est malheureux lui-même.

« Brisez, Prince débonnaire », s'écriaient-ils, « les fers

(1) *Doléances des ménagers, agriculteurs et paysans du terroir
de Marseille* (Marseille, 1789), br. de 9 pages ; *Archives parlementaires*, tome III, pp. 718-720.
(2) *Intérêt général de la Nation et Doléances des cultivateurs
et pauvres paysans du territoire de Marseille* (Marseille, 1789),
br. de 7 pages.

« multipliés de ce pauvre cultivateur, accordez-lui une
« existence libre et non servile.

« Il paiera avec joie l'impôt universel, pour aider avec
« tous les autres concitoyens aux besoins de l'État.

« Que toute sorte d'autre impôt de ville et de dîmes
« soit aboli. »

A la suite de ces plaintes, qui, avec des nuances et sous des formes différentes, se retrouvent dans la plupart des cahiers, les membres de ce groupe exprimaient le vœu qu'une plus grande extension fût donnée à la culture du blé et proposaient, à cet effet, les mesures les plus radicales : « Il est un moyen pour réparer la disette des ré-
« coltes, et pour multiplier l'abondance du grain dans nos
« provinces.

« C'est d'ordonner que tout possédant-bien de campagne
« ou terre seigneuriale sera obligé, dans l'intervalle d'un
« terme prescrit, de faire défricher les terres incultes,
« propres à semer du grain.

« Dans le cas que quelque possesseur de terres ne pût
« et ne voulût pas les mettre en état de recevoir du grain,
« alors le plus proche voisin de ces terres s'adresserait à
« des commissaires nommés à cet effet, qui les lui adjuge-
« raient et permettraient de les cultiver et d'en jouir sans
« obstacle de l'ancien possesseur.

« Il serait nécessaire aussi, pour le bien général, que les
» terres novales et autres qui ne sont pas couvertes de
« vignobles dans la Provence fussent destinées au blé. »

Ces agriculteurs prétendaient que, depuis quelques années, on voyait, en Provence, complanter en vignobles « un nombre infini de vastes terres », ce qui aurait amené la hausse des prix dont le peuple se plaignait. La préférence donnée aux vignobles, sur les céréales, n'aurait pas été, du reste, pour l'agriculture, une spéculation heureuse. Le prix du vin était parfois, à ce qu'ils affirmaient, tellement minime qu'il ne couvrait pas les frais de récolte ; dans les années abondantes, il ne s'élevait pas à plus de

30 à 40 sous la millerolle (1). Aussi, nombre de vignerons laissaient les raisins sur les souches ; d'autres, la récolte faite, ne pouvaient placer leurs vins et en faisaient de l'eau-de-vie. La culture du blé, ajoutaient-ils, n'était pas exposée à de pareils mécomptes.

Nous ne savons si l'avilissement du prix des vins a jamais été, dans le territoire de Marseille, tel que le prétendaient les membres de ce groupe.

Quant aux théories économiques et agricoles dont ils paraissaient imbus, il y a lieu de croire qu'ils les avaient tout simplement empruntées à la dissertation de l'avocat Charles-François Bouche, insérée par Achard, en guise d'introduction, en tête de sa *Géographie de la Provence* (2), tout récemment parue : un rapprochement des textes permet de le supposer. Fussent-elles fondées d'une manière générale, pour l'ensemble de la France, on peut hardiment affirmer, avec les écrivains les plus autorisés, qu'elles ne pouvaient s'appliquer à nos contrées.

Tout particulièrement, en ce qui concerne le terroir de Marseille, il est bien certain que les terres au sec n'y sont guère propres à la culture du blé : à tous les points de vue, il était préférable de les complanter en vignes ou en arbres à fruits.

Les jardiniers, nous l'avons dit, étaient bien mieux partagés que les agriculteurs. Le ton de leur cahier se ressent des conditions plus heureuses dans lesquelles ils se trouvaient. Ils s'associent aux plaintes formulées par la majorité des cahiers à l'égard des impôts, mais ne se laissent aller à aucune récrimination, à aucune exagération de langage. Dans leur intérêt particulier, ils se bornent à exprimer les deux vœux suivants :

(1) Prix équivalent, dans notre système métrique, à 2 fr. 32 centimes et 3 fr. 10 centimes l'hectolitre.
(2) *Tableau général de la Provence ou Discours sur son état actuel*, p. 27.

« 1° Que l'arrêt du Conseil de l'année 1774, portant que toutes les rentes assignées sur les revenus du Roi seront désormais payées à Paris, sera révoqué; et en conséquence que le paiement des dites rentes sera fait dans la ville capitale de chaque province comme auparavant.

« 2° Que les enfants des habitants de la campagne ne seront plus sujets au tirage des Garde-côtes matelots. Ce service, disent-ils, est destructeur de l'agriculture si nécessaire dans le terroir de Marseille, dont le sol ne produit quelques fruits qu'à force de cultures (1). »

Le cahier est signé par les quatre prieurs de la corporation : Gabriel Barbaroux, Seris Savornan, Lambert Jougant et François Roubaud; ainsi que par les deux députés à l'Assemblée générale du Tiers : Ambroise Carle et Jean-Baptiste Coupin.

Les ménagers, paysans, propriétaires et fermiers des divers quartiers du terroir avaient envoyé à cette Assemblée vingt députés : Antoine Bontemps, Joseph Fach, Charles Gayet, Jean Mourardou, Jean-Baptiste Charrier, Jacques Fabre de la Garde, Jean-Antoine Audibert, Balthazar Aillaud, Joseph Audemar, Bouzige, Simon Blanc, François Cailhol, Pierre Cailhol, Etienne Cailhol, Gaspard Cailhol, Dominique Durbec, Julien, Louis Olive, Joseph Olive et Henri Cailhol.

L. G.

---

(1) *Doléances du Corps des Jardiniers, pour servir à la rédaction du Cahier du Tiers-État de Marseille* (Marseille, 1789), br. de 6 pages.

CHAPITRE XVII

Usages et Coutumes

La société, à la fin du siècle dernier, ressemblait beaucoup plus à la société de notre époque, qu'on ne le croit ordinairement ; les classes n'étaient pas beaucoup plus sectionnées et délimitées qu'elles ne le sont aujourd'hui, et les privilèges de la noblesse étaient plutôt un principe qu'un fait.

Il en était ainsi à Marseille. Dans la société de cette ville, aux approches de la Révolution, nous distinguons d'abord grand nombre de fonctionnaires et, à côté de l'Administration civile, les officiers de terre et de mer, génie, artillerie et arsenal ; tous hommes de choix, distingués par leur naissance et par les services qu'ils avaient rendus au pays. La plupart étaient étrangers à la ville.

A leur côté était une Noblesse indigène, peu nombreuse. Au-dessous de celle-ci, mais jouissant des mêmes avantages, beaucoup de familles anoblies, tenant bien le rang qu'elles avaient acquis parfois depuis nombre d'années. Enfin une bourgeoisie riche, amie des arts, aimant le luxe et les fêtes, et prodigue de son argent.

Dans nos vieux quartiers, sombres et presque humides, d'antiques hôtels étaient la demeure de la vieille noblesse. On peut encore voir, place Vivaux, l'hôtel de Candole ; les Valbelle avaient les Quatre-Tours, qu'on a démolies pour faire la place de ce nom ; les Riqueti Mirabeau avaient eu la belle maison qui vient d'être renversée place de Lenche ; au XVIII° siècle, elle appartenait aux de Maurellet ; les Forbin d'Oppède étaient à la Grand'Rue ; leur élégant hôtel a été démoli, il y a seulement quelques années.

Les agrandissements de la ville avaient été l'occasion de constructions nouvelles, quelques-unes grandioses, entre autres l'hôtel Noailles, qui passa à François de Sabolin, et plus tard, au baron de la Tour d'Aigues ; tout auprès de l'hôtel de Vintimille où demeura Georges de Roux, l'hôtel de Saint-Jacques, rue Dauphine, aujourd'hui hôtel Badetty ; à la rue Saint-Ferréol l'hôtel de Borély et les maisons de plusieurs autres familles.

C'était, entre les membres de cette société opulente, un échange de fêtes, bals et réceptions brillantes. Il semble que déjà l'usage des jours de réception s'était établi ; on a gardé le souvenir de salons remplis par des visiteurs à magnifiques toilettes, relevées par l'apparat cérémonieux de l'époque.

Les repas étaient somptueux, un peu pantagruéliques. Les vins étaient servis à profusion, et les épices abondaient : poivre, cannelle, muscade, tous les produits exotiques que le commerce des Îles versait sur la place de Marseille. Les menus d'alors effraient par la profusion des mets ; nous les retrouvons soit dans la description des festins officiels, soit dans les livres de raison des particuliers. La vaisselle même, dont les débris sont maintenant si recherchés par les amateurs, démontre par ses dimensions la grosseur des plats. La vaisselle plate n'était pas rare ; après elle, le luxe admettait la vaisselle d'étain. Si la porcelaine était encore peu commune, Sèvres et la Saxe surtout en fournissaient cependant de magnifique ; on avait aussi ce vieux Chine et ce vieux Japon, dont les ouvriers de ces pays ont perdu le secret. Enfin, les faïences, les poteries même, communes par la matière, avaient des formes élégantes qu'aujourd'hui nous ne pouvons mieux faire qu'imiter.

Longtemps Marseille n'avait offert à ses habitants que des places un peu étroites, où la promenade n'était pas facile. Les quais du port étaient alors le rendez-vous général; les sociétés mondaines s'y rencontraient avec les classes inférieures, avec les ouvriers à leur travail et les marins de tout pays. La création du Cours fut une heureuse innovation; il parut si beau, qu'on disait qu'il n'y avait rien de pareil à Paris. Déjà Marseille se comparait à la capitale. Toute la population s'y porta. La fontaine des Méduses le partageait en deux portions à peu près égales; tandis que les gens modestes se promenaient des Méduses à Saint-Martin, la fashion envahissait l'autre partie, des Méduses à la Cannebière.

Favorisée par le beau ciel de Provence, la promenade attirait surtout vers le soir. La foule était alors si considérable, qu'on avait peine à circuler. « C'était, dit Aug. Fabre, le rendez-vous des beaux personnages à l'habit brodé, un imperceptible chapeau à claque sous le bras, une épée battant les hanches, une coiffure blanche comme neige, une longue et large bourse ou sac à cheveux qui se balançait sur l'épaule. On y venait pour voir et être vu. » A cette époque, en effet, les hommes étaient, autant que les femmes, sujets de la mode; ils portaient, tout autant qu'elles, nœuds de ruban, velours et dentelles.

Ces promenades se perpétuaient tout l'été, du jour de la Fête-Dieu au 15 septembre; le lendemain, plus personne: la mode le réglait ainsi.

Ce n'est pas à dire que les Marseillais d'alors restassent en ville pendant la saison chaude; tous ceux qui avaient quelque liberté prenaient leur vol vers la campagne.

Sans doute, il y avait alors moins de villas élégantes à prétentions architecturales: la plupart n'étaient que de simples bastides; mais les Marseillais avaient déjà pour ces bastides le goût qu'ils ont aujourd'hui pour de plus riches demeures. Quand on ne pouvait y habiter d'une façon durable, on s'y rendait pour des parties de plaisir. Les mémoires du chevalier de Tourville nous racontent que, de passage à Marseille, il fit bien sommairement la connaissance d'une famille du pays, à la sortie de la messe, aux Augustins ; aussitôt il fut invité à une partie de campagne, sur le bord de la mer, il y passa l'après-midi en élégante compagnie, et il eut peine à regagner sa frégate.

Au milieu de ces innombrables bastides, s'étaient élevés quelques beaux châteaux, avec bosquets, pelouses, et parfois parcs à la française. Nous pouvons voir encore la Floride, le château de Saint-Joseph, la Maguelonne, Belle Ombre, illustrée par le séjour de Madame de Sévigné, et surtout le magnifique château que construisit Nicolas de Borély, ancien échevin.

Dans plusieurs de ces habitations, les arts avaient, on le sait, une large place ; les tableaux, les statues, les urnes ciselées y abondaient. L'étude n'en était pas bannie, et il ne faut pas oublier que c'est dans la villégiature de la banlieue qu'a pris naissance l'Académie de Marseille.

L'éclat que jeta cette Académie, dès son origine, les prix que ses membres remportèrent dans maints concours littéraires de l'époque, donnent un démenti à ceux qui ont prétendu que la langue française était inconnue dans notre ville. Mais il est parfaitement vrai que ce n'était pas la langue usuelle ; la meilleure société parlait provençal et ne perdait rien de son charme à se servir de l'idiome local. On l'employait dans la rue, on l'employait dans les salons et c'est une langue assez riche en expressions, assez énergique, assez pittoresque pour faire honneur aux meilleures compagnies. Elle avait déjà une littérature et des œuvres importantes ; elle a fait voir depuis à quelles hauteurs elle peut s'élever, quand elle est maniée par des hommes de talent, par des hommes de génie, tels que ceux qu'a produits l'époque moderne. Au siècle dernier elle était donc la langue de tous, ce qui ne veut pas dire qu'on ne parlât pas le français à Marseille ; on y parlait le français et le provençal, comme autrefois on y avait parlé le latin et le grec.

Les bastides de notre banlieue étaient donc un asile pour

les arts et pour l'étude. Mais la campagne avait encore un autre attrait pour les Marseillais, attrait tout-puissant alors comme aujourd'hui ; c'était la chasse. Au XVIII° siècle, on ne chassait plus guère que les petits oiseaux, grives et ortolans ; mais le temps n'était pas loin où on avait eu plus beau gibier. Ruffi se plaint de la disparition des lièvres et des perdreaux ; mais il ne s'en étonne pas, telle est la passion cynégétique du peuple ; tous les dimanches matin, dit-il, 5000 chasseurs se mettent en campagne. Il n'y en a peut-être pas plus aujourd'hui.

Mais, si les Marseillais du dernier siècle étaient amis du plaisir et ne négligeaient aucune occasion de se le procurer, il ne s'ensuit pas qu'ils fussent ennemis du travail. Bien loin de là ; le commerce était laborieux, et on a même accusé nos pères d'être aussi âpres au gain qu'enclins à dépenser largement et avec ostentation. Dans les classes inférieures, les artisans étaient sectionnés en corps de métiers, et ces communautés, quelques-unes puissantes, avaient leurs règlements et aussi leurs usages, qui leur tenaient fort à cœur. Elles avaient leurs fêtes, qu'elles célébraient solennellement, d'abord par l'assistance à la messe, fidèles au vieil esprit religieux dans lequel elles avaient été fondées, ensuite par des banquets où régnait une franche gaîté.

Les patrons des diverses corporations avaient été choisis souvent pour des motifs sérieux, ayant exercé de leur vivant la profession qui s'était placée sous leur bannière. D'autres fois un jeu de mot, ou tout autre motif aussi puéril avait déterminé le choix. Parcourons le calendrier.

Les lanterniers, les verriers et aussi les tailleurs fêtaient saint Clair ; les ciriers, sainte Geneviève, nous ne savons trop pourquoi. Les enterre-morts avaient pris saint Maur. Ils allaient entendre la messe aux Grands Carmes. Les vignerons allaient dans l'église des Frères Prêcheurs pour la Saint-Vincent.

Les notaires chômaient la Chandeleur. Ils allaient dans

l'église inférieure des Accoules et faisaient une procession dans les alentours du Palais de Justice. Ils avaient aussi un banc à eux dans l'église de la Major, comme prieurs de saint Lazare. On sait qu'ils faisaient d'abondantes aumônes et distribuaient du pain aux pauvres.

Les caissiers et les menuisiers fêtaient saint Joseph ; les merciers et les marchands drapiers, l'Annonciation de la sainte Vierge, dans l'église des Prêcheurs.

Aux Prêcheurs aussi se rendaient les chapeliers, le 30 avril, jour de Sainte-Catherine. Leur règlement leur interdisait de fabriquer plus de deux chapeaux par jour, parce qu'on ne pouvait en faire davantage sans malfaçon.

Aux Grands Carmes, les bergers honoraient Notre-Dame de Vie. Dans la procession qu'ils faisaient, ils portaient des corbeilles de fromages frais.

Les fripiers célébraient saint Pie V, aux Prêcheurs ; les boulangers, saint Honoré, aux Augustins ; les avocats, saint Yves, aux Prêcheurs ; les maçons, l'Ascension.

Les capitaines marins faisaient la Saint-Elme, à Saint-Laurent. Cette corporation importante avait une caisse de retraite pour les vieillards, les veuves et les orphelins ; elle possédait un lit à l'hôpital des Incurables. Les marins ont toujours senti le besoin de la protection divine ; ils allaient autrefois en pèlerinage à Notre-Dame de la Mer, dans l'église de Notre-Dame du Mont ; ils adoptèrent ensuite Notre-Dame de la Garde.

Les portefaix ont toujours été une puissance à Marseille. Ils célébraient la Saint-Pierre, aux Augustins, et s'y rendaient pour entendre la grand'messe, par les rues richement pavoisées. Le jour de la Saint-Louis, 25 août, ils faisaient dire une messe pour le Roi et toute la famille royale. Le portefaix n'est pas un ouvrier, c'est un contre-maître, mieux c'est l'homme de confiance de l'armateur, avec lequel il a des relations continuelles ; il est consulté, sinon sur l'opportunité d'une affaire, au moins sur la valeur et la qualité de la marchandise. Il a un comptoir, appelé Chambre, où viennent chercher des ordres les hommes qu'il occupe et qu'il envoie dans toutes les directions pour le chargement et le déchargement des navires. Outre ces hommes, qui forment son clan, il emploie, dans les moments de presse, des journaliers qu'il recrute sur les quais. Le portefaix a de l'éducation, il jouit de l'estime publique qu'il doit à son honorabilité, en même temps que, par son travail, il arrive à vivre dans une aisance qui est presque de la richesse.

Les cabaretiers et hôteliers, corporation bien moindre, étaient placés sous le patronage de sainte Marthe, parce qu'elle fut l'hôtesse de Notre-Seigneur ; les serruriers sous celui de saint Pierre ès liens ; les couteliers fêtaient, aux Carmes, la Décollation de saint Jean-Baptiste.

Les calfats honoraient, à Saint-Laurent, Notre-Dame de Pitié. C'est là une des plus anciennes et des plus importantes corporations. Ils cessaient leur travail le samedi, l'après-midi, dès l'heure des vêpres, et tenaient tellement à ce point de leur règlement, qu'ils avaient un batelier chargé d'aller de chantier en chantier s'assurer que personne n'y contrevenait. Les délinquants étaient punis d'une amende de 1 à 5 livres, applicable au luminaire de Notre-Dame de Pitié. Seul le service du Roi, les réparations à faire à la carène des galères, pouvaient permettre de continuer le travail. Pendant la peste de 1720, les calfats donnèrent des preuves non équivoques de courage et de dévouement. Mgr de Belsunce, en témoignage de son estime, leur accorda le privilège de marcher devant le Saint-Sacrement, aux processions générales, en portant des flambeaux de cire ornés de panonceaux.

Les prud'hommes pêcheurs, qui faisaient la fête de Saint-Pierre, à Saint-Laurent, avaient aussi l'habitude d'aller en pèlerinage, le 29 septembre, à l'ermitage de Saint-Michel d'eau douce, grotte rocailleuse, perdue dans les montagnes qui dominent la mer du coté de Montredon et des Goudes. Ce pèlerinage attirait une grande foule ; pour solder les frais divers, les prud'hommes mettaient en loterie une chaîne d'argent pour ciseaux de femme, et la faisaient porter par les rues pendant plusieurs jours, avec cortège de tambourins et de galoubets.

Le 25 novembre est la fête de Sainte-Catherine d'Alexandrie ; les pénitents blancs la célébraient à Saint-Laurent. Leurs confrères de Tourves avaient fait vœu de venir en procession de leur village à Marseille, en l'honneur du saint évêque Jean-Baptiste Gault, que nous espérons voir bientôt honoré sur les autels.

Les rôtisseurs fêtaient la Saint-Étienne. A cette époque, les broches étaient mises en mouvement par de malheureux chiens enfermés dans des roues tournant sur leur axe. Le Parlement, devançant la loi Grammont, prit les pauvres bêtes en pitié ; par un arrêt du 5 juillet 1769, il interdit aux rôtisseurs de les employer à ce pénible travail et leur ordonna de se pourvoir de tourne-broches.

Nous avons négligé, dans cette énumération, bon nombre de corporations. Elles étaient assez nombreuses pour qu'un auteur consciencieux, M. de Régis de la Colombière, ait pu écrire un volume sur leurs usages.

Sans doute, cette société marseillaise, brillante, éclairée, amie des fêtes et du plaisir et aussi du travail, avait ses défauts et ces défauts étaient graves. Mais, si elle avait les mœurs trop faciles de son siècle, du moins elle avait conservé un fonds religieux plus solide qu'on ne l'aurait cru en la jugeant d'après ses actes. On a dit que la société actuelle ne vit que par ce qui lui reste de christianisme. C'est absolument vrai. Le XVIIIe siècle, malgré ses tristes faiblesses, était, au moins en province, en Provence particulièrement, plus riche en principes religieux que nous ne le sommes aujourd'hui. Combien de lambeaux de notre vieil esprit chrétien n'avons-nous pas, depuis lors, abandonnés le long de notre route ! Ces principes étaient l'héritage de longs siècles de foi, et ils se manifestaient par de pieuses coutumes qui remontaient haut dans notre vie populaire.

Les fêtes de l'Église étaient les fêtes de la famille et tenaient une grande place dans les mœurs. Elles avaient été autrefois célébrées avec tant de dévotion, dans Marseille, que, pour bannir toute distraction venue du dehors, les portes de la ville restaient fermées pendant les solennités religieuses. Cette coutume se perpétua jusqu'au XVIIe siècle.

La fête de Noël, attendue avec impatience, annoncée par des chants et des aubades par les rues, était précédée par la réconciliation de ceux qu'avaient divisés l'orgueil ou les intérêts. Toute brouille, toute inimitié cessait. Les hommes les plus irrités les uns contre les autres se visitaient, se pardonnaient, s'embrassaient, et quand, au soir de la vigile, le chef de la famille réunissait tous les siens à une même table, il n'avait autour de lui que des frères et des amis.

Alors, comme aujourd'hui, les paroisses, les chapelles, les couvents, même toutes les maisons particulières, construisaient des crèches à l'image de l'étable de Bethléem ; les fidèles, à l'église, les enfants auprès du foyer, se réunissaient pour vénérer le Dieu sauveur et le saluaient de ces pieux cantiques que nous répétons encore. On dit ces constructions pieuses inaugurées en Italie par saint François d'Assise ; elles furent introduites à Marseille, s'il faut en croire Marchetti, par les Pères de l'Oratoire.

Après avoir sanctifié par la charité et la prière les trois jours de Noël, l'année finie, une année nouvelle commencée dans des fêtes religieuses et profanes, les Marseillais tombaient bientôt dans les folies du carnaval, folies qui dépassaient autrefois dans notre ville ce qui se fait encore en Italie. Les rues se remplissaient de masques, déguisés en satyres, cachés sous des peaux de bêtes. La foule enivrée se plongeait dans le tourbillon du plaisir. Mais, dès le jour des Cendres, un carême rigoureux ramenait la sagesse ; pendant quarante jours, le maigre était la seule nourriture ; les églises se remplissaient et tous se préparaient par la pénitence et la prière à remplir le devoir pascal. Le vendredi-saint, le peuple se portait en foule à l'abbaye de Saint-Victor, descendait dans la crypte et y passait de longues heures en méditation.

En ce jour, dans toute l'Eglise, seul le prêtre qui officie communie ; mais il n'en a pas toujours été ainsi : dans les premiers siècles, tous les prêtres, les clercs et même les laïcs étaient admis à la communion, au jour du vendredi-saint. Les moines de Saint-Victor avaient conservé la coutume primitive, et tous communiaient à l'office qui se célébrait dans la basilique supérieure. Les religieux seuls avaient ce privilège ; les fidèles ne pouvaient y participer.

Marseille, d'ailleurs, s'est toujours distinguée par son amour de l'Eucharistie et a toujours célébré avec une grande solennité les fêtes instituées en son honneur. Les processions de la Fête-Dieu étaient un véritable triomphe pour le Saint-Sacrement, et telles que nous les avons vues jusqu'à nos temps malheureux. Celle du *Corpus Domini* avait déjà le caractère sévère qui en fait une manifestation officielle de notre foi. Les hommes seuls la composaient ; les membres des Ordres religieux et du clergé faisaient escorte d'honneur à Notre-Seigneur. Derrière le dais marchait le Gouverneur, suivi de sa garde ; puis venaient les magistrats en robe rouge, et enfin la foule du peuple.

Anciennement, et par une coutume un peu bizarre, des enfants mal vêtus, portant des queues, et armés de fourches et de crocs, couraient en désordre devant la procession. Ils représentaient les démons, fuyant épouvantés à l'approche du Dieu rédempteur.

Cet usage fut aboli comme peu convenable ; mais, si les démons furent exclus des processions, on y conserva pendant longtemps encore la représentation de quelques mystères et des légendes de la vie des saints. Des jeunes filles, de 10 à 15 ans, habillées richement, un grand voile sur la tête et par-dessus une couronne, représentaient la Sainte Vierge. Elles avaient en main, dit Grosson, un livre d'heures qu'elles faisaient passer rapidement d'une main dans l'autre, en récitant une paraphrase de l'*Ave Maria* due à quelque poète populaire. Il y avait souvent dans une procession un grand nombre de ces Saintes Vierges. On y voyait aussi beaucoup de tout petits enfants, habillés de peaux de mouton et chaussés de sandales, qui d'une main conduisaient un agneau, et de l'autre portaient une petite croix ornée d'une banderole ; c'étaient des saints Jean-Baptiste. Les saintes Magdeleine ne manquaient pas non plus. Il y avait même des Geneviève de Brabant. Une jeune fille habillée et coiffée comme les paysannes provençales, corset blanc, jupe blanche, chapeau gris, portait dans une couverture de luxe une poupée emmaillotée. C'était Geneviève. A ses côtés deux jeunes garçons, en jupon de soie, le chapeau retroussé, portaient l'un un petit chien, l'autre un coutelas. C'étaient les bourreaux, qui épargnèrent, dit la légende, la malheureuse comtesse. Ils marchaient en répétant la chanson populaire de Geneviève de Brabant. Enfin, la fuite en Egypte était représentée par une jeune fille montée sur un âne et portant un enfant entre ses bras. Un homme, ayant un lis à la main, conduisait l'âne.

Ces petites représentations scéniques n'étaient pas que des sujets d'édification ; elles tournaient trop souvent au grotesque et à l'inconvenance. Aussi les évêques s'efforcèrent-ils de les abolir ; Mgr de Belsunce y mit toute son énergie. Mais ils eurent affaire à forte partie, et ces abus invétérés résistèrent longtemps à leurs efforts ; les petits saints Jean-Baptiste ont persisté jusqu'à nos jours ; c'étaient les plus innocents de ces divers personnages.

Après la grande procession du *Corpus Domini* venaient les processions de l'Octave. Il y en avait bien d'autres :

Procession générale pour la Saint-Marc, avec station aux Accoules ;

Procession générale le mercredi des Rogations, station et messe à Notre-Dame du Mont ;

Procession générale le jour de l'Ascension ; la Sénéchaussée y assistait ;

Procession générale pour le Sacré-Cœur ; les échevins y assistaient ;

Procession le jour de l'Assomption ; assistance de la Sénéchaussée ;

Procession générale le jour de Saint-Lazare ; assistance des échevins.

La plus brillante des fêtes marseillaises était celle de Saint-Victor ; elle attirait un concours considérable de toutes les villes de Provence. C'était une fête moitié religieuse, moitié municipale. Ruffi en a parlé ; Marchetti nous en a laissé la description.

Dès la veille au soir, un cortège historique parcourait les rues. C'étaient d'abord les quatre compagnies des quatre quartiers de la ville, commandées par leurs capitaines. Derrière cette milice venait une troupe de gentilshommes de Provence, richement habillés et montés sur de superbes chevaux. Chaque cavalier était accompagné de deux pages, portant ses couleurs, qui tenaient des flambeaux de cire blanche.

Le chef de ce brillant cortège était connu sous le nom de *Cavalier de Saint-Victor*. Il marchait à la tête des autres, escorté par six pages avec des flambeaux. Le caraçapon de son cheval, qui pendait jusqu'à terre, était de damas blanc, semé de croix de taffetas bleu, avec le blason de l'abbaye. Ce cavalier, armé de toutes pièces, tenait de la main droite sa lance appuyée sur la cuisse ; au fer de la lance flottait la bannière de Saint-Victor, c'est-à-dire un panonceau rouge cramoisi, coupé en pointe à double queue. Ce panonceau est appelé, dans un titre de l'an 1527, *l'estendar de la cioutat de Marseilho*.

Dès les temps les plus anciens, l'abbaye de Saint-Victor avait sa bannière ; il en est parlé dans les titres du XIe siècle, et on la voit, à cette époque, confiée aux mains des vicomtes de Marseille eux-mêmes. Dans la suite, et au jour de la fête du saint, cette bannière fut toujours portée par les gentilshommes du plus haut rang, les Vivaux, les

Vento, les d'Albertas, les Altovitis, les Montolieu, les Boniface. Il en fut ainsi jusqu'au commencement du XVII⁰ siècle, où ces usages tombèrent en désuétude ; la fête se borna alors à une cavalcade que faisait, par la ville, un valet des consuls costumé en cavalier.

Mais, antérieurement à cette époque, au matin de la fête, dès sept heures, le cavalier de Saint-Victor montait à cheval et se rendait à la chapelle de Saint-Ferréol, d'où il partait bride abattue et courait jusqu'à la chapelle Sainte-Catherine, là où, depuis, a été creusé le canal. De Sainte-Catherine, il allait au petit pas jusqu'à la rue des Nobles, où il faisait une seconde course, et s'arrêtait au couvent des Frères Prêcheurs. Puis il entrait dans la Grand'Rue magnifiquement pavoisée et courait jusqu'à la chapelle de Saint-Victor, aux Quatre-Coins. Enfin, il allait fournir carrière une dernière fois dans la rue de la Loge, où était l'Hôtel-de-Ville. De là, il gagnait le fort Saint-Jean, au pas.

Au fort Saint-Jean, les prud'hommes pêcheurs avaient fait construire un pont de bateaux, qui joignait la ville avec l'autre côté du pont, vers la pointe Saint-Nicolas. Ce pont était couvert de tapis de Turquie et de riches étoffes. Le cavalier le traversait et allait se reposer à Saint-Victor.

A dix heures, la procession sortait de l'abbaye.

Les moines marchaient les premiers, deux à deux et en chape. Derrière eux était le cavalier de Saint-Victor. Puis venaient les reliques dans un buste d'or rehaussé de pierreries ; elles étaient portées sur un brancard, par douze diacres en aube et dalmatique, couronnés de fleurs et s'appuyant sur des palmes. Les consuls, en robe rouge, suivaient la châsse, et avec eux une foule immense d'hommes et de femmes.

Dès que le reliquaire paraissait à la porte de l'église, la ville entière, l'apercevant, l'accueillait par des acclamations, des fanfares de trompettes, des batteries de tambours et coups de canon. Il descendait sur le quai, où les prud'hommes pêcheurs, en grand costume, le saluaient avec leurs longues et larges épées et le recevaient sur le pont. Au milieu du pont avait été dressé un trône où les reliques étaient déposées pendant quelques moments; et alors tous les navires, toutes les galères qui étaient dans le port envoyaient de longues salves d'artillerie. Après ce salut, la procession continuait sa marche, entrait en ville et parcourait les rues au milieu d'une foule énorme. Le sol était jonché de verdure et, des fenêtres, les dames inondaient le reliquaire de fleurs.

La procession sortait de la ville par la porte Royale, qui était à peu près là où se trouve aujourd'hui la place Marone, et elle retournait à l'abbaye par la chapelle Sainte-Catherine. La fête se terminait par un grand banquet que les moines de Saint-Victor offraient aux consuls et aux principaux personnages de leur suite.

A la fête de saint Cannat se faisait aussi, par les rues, une procession, moins solennelle sans doute, mais qui ne manquait pas de caractère. Les enfants y portaient des roseaux avec leur feuillage, en souvenir du bâton de ce saint que Dieu fit reverdir et germer, quand, se défendant d'accepter l'épiscopat, il disait aux ambassadeurs de Marseille : « Ce bâton desséché portera feuilles et fleurs avant que je consente à devenir votre évêque. »

Pour saint Suffren, abbé de Saint-Victor, point de procession, mais affluence considérable de fidèles au pied de son autel.

Saint Suffren avait une chapelle située près de la place actuelle de Castellane, sur un chemin public que l'on reconnaît dans la rue qui porte son nom. Cette chapelle était un prieuré rural dépendant de l'abbaye; elle a été, au Moyen Age, sous le titre de Notre-Dame de Solombre. Jusqu'au siècle dernier, il y avait grand concours de pèlerins en ce lieu, au jour de la fête patronale. Marchetti nous dit que les femmes surtout avaient dévotion à ce petit sanctuaire; elles en rapportaient des couronnes d'épines, qui étaient considérées comme propres à calmer les agitations du sang après une grande colère, si on se les posait sur la tête en invoquant le saint abbé. De cette croyance viendrait, d'après notre auteur, la locution provençale encore si usitée : « *Mi faras veni lou sant Suffren* », pour dire : « Tu me mettras en colère, et tu m'obligeras à porter la couronne de saint Suffren pour me guérir. »

Mais la plus populaire des dévotions était l'amour de la Sainte Vierge. Cet amour, les vieux Marseillais l'avaient au plus intime de leurs cœurs, et, libres de le manifester par des actes publics, ils s'étaient voués à la Mère de Dieu et ne perdaient aucune occasion d'affirmer sa souveraineté. La veille de ses fêtes, beaucoup jeûnaient et faisaient abstinence, beaucoup portaient au bras des chaînes d'argent pour marquer qu'ils s'étaient faits ses esclaves. L'image de Marie était exposée à la Loge, c'est-à-dire à la Bourse, et elle présidait aux transactions commerciales. Dans l'Hôtel-de-Ville elle avait une chapelle, où elle était représentée ayant à ses côtés saint Lazare et saint Victor, les autres patrons de la cité. Les magistrats municipaux faisaient dire la messe tous les jours, dans cette chapelle, par les religieux Augustins.

Toutes les paroisses de la ville, toutes les églises honoraient la Sainte Vierge, sous des vocables particuliers. C'était, à Saint-Victor, Notre-Dame de Confession ; à la Major, Notre-Dame de Grâce ; aux Accoules, Notre-Dame de Miséricorde ; à Saint-Martin, Notre-Dame d'Espérance ; chez les Trinitaires, Notre-Dame de Remède ; chez les Carmes, Notre-Dame de Liesse ; chez les Carmélites, Notre-Dame de Patience, et beaucoup d'autres. Elle avait aussi une infinité de lieux de pèlerinage dans les environs de Marseille ; nous ne nommerons que Notre-Dame de la Garde, Notre-Dame du Mont, Notre-Dame du Rouet, Notre-Dame des Anges.

A cette époque de foi, la religion présidait à toutes les manifestations de la vie publique ; les magistrats comprenaient que c'est de Dieu qu'ils tiennent leur autorité. Au

1er janvier, les échevins nouveaux, à peine installés, se rendaient à la Major pour entendre la grand'messe. Ils étaient accompagnés par un cortège de tambours, violons et cors de chasse. Ils faisaient ensuite visite à l'Evêque. Dans la journée, ils se rendaient à l'Hôtel-Dieu, parcouraient les salles des malades et leur distribuaient des aumônes. Ils accompagnaient solennellement le saint viatique porté aux malades et assistaient aux vêpres, à Saint-Jaume, en robe et chaperon.

Le jour de la Chandeleur, ils se rendaient à l'abbaye de Saint-Victor et assistaient à la procession de la Vierge noire, portant des cierges verts.

Par un usage assez original, ils allaient, le dimanche de la Quinquagésime, présenter leurs respects au lieutenant général, commandant la ville pour le Roi, et lui souhaiter bon Carême.

Au dimanche des Rameaux, ils recevaient les palmes dans la chapelle de l'Hôtel-de-Ville, des mains de l'aumônier. Le mercredi-saint, ils assistaient à l'office à l'Observance, en chaperon ; le jeudi-saint, aux Accoules, et portaient le dais à la procession ; le vendredi-saint ils retournaient aux Accoules ; le samedi-saint, ils étaient à la Major.

Le jour de Pâques, dès le matin, ils allaient à la chapelle de l'Hôtel-de-Ville, en robe de damas et en chaperon, et se confessaient ; un peu plus tard, ils se rendaient à la Major pour entendre la grand'messe, et ils y accomplissaient le devoir pascal.

Le soir de ce jour, le clergé se rendait solennellement à la chapelle de Sainte-Magdeleine, située près de la place des Treize-Cantons, et on y chantait la cantilène de sainte Magdeleine. Les vingt-trois couplets de ce cantique provençal ne peuvent pas passer pour une œuvre littéraire bien remarquable ; cependant, elle a, avec le ton de la complainte, un caractère de simplicité, presque de grâce, qui fait une agréable impression. Ceux qui désireraient la connaître la trouveront dans l'*Almanach historique de Grosson* pour l'année 1773.

A la seconde et à la troisième journée de Pâques, les échevins assistaient aux offices aux Accoules, en chaperon; le dimanche de Quasimodo, à Saint-Ferréol; et, après la messe, ils accompagnaient le saint viatique chez les malades.

Le 24 août, veille de la Saint-Louis, un grand feu de joie était préparé sur la place qui porte ce nom, non loin de la porte Royale. Les échevins l'allumaient eux-mêmes, en chaperon, pendant que les violons et les tambours faisaient rage et que retentissaient les salves de boîte. Autour d'eux se tenaient douze valets de ville portant des flambeaux de cire blanche, et les capitaines de quartier faisaient escorte d'honneur, avec leurs sergents armés de hallebardes. Le lendemain, ils assistaient à la messe aux Capucins, et faisaient aumône au couvent de riz et de poissons.

Nous n'irons pas plus loin, et nous bornerons ici ce rapide aperçu des usages et des coutumes de Marseille encore en vigueur à la veille de la Révolution.

Nous y ajouterons seulement l'énumération des fêtes qui étaient alors de commandement dans notre diocèse; c'étaient :

La Circoncision;
L'Epiphanie;
La Chandeleur;
Les trois jours de Pâques;
L'Annonciation;
L'Ascension;
Les trois jours de Pentecôte;
La Fête-Dieu;
Le Sacré-Cœur de Jésus;
La Nativité de saint Jean-Baptiste;
Saint Pierre et saint Paul;
Saint Victor;

Sainte Magdeleine ;
Saint Laurent ;
L'Assomption de la Sainte Vierge ;
Saint Roch ;
Saint Lazare ;
La Nativité de la Sainte Vierge ;
La Toussaint ;
L'Immaculée Conception ;
Noël ;
Saint Etienne ;
Saint Jean l'évangéliste.

Aujourd'hui, les fêtes de l'Eglise sont réduites, les manifestations publiques de la piété sont interdites, beaucoup d'hommes sont hostiles aux idées religieuses ; mais tous n'ont pas répudié l'héritage de foi que nous ont légué nos pères, et les sentiments, pour être renfermés dans les cœurs, n'en sont pas moins fidèles et moins ardents.

G. DE R.

TABLE DES NOMS

des Ecclésiastiques, Supérieurs de Communautés,
Directeurs d'œuvres, Fonctionnaires,
Officiers, Possédants-fief, Magistrats, Hommes de loi,
Professeurs,
Membres des Sociétés savantes, Agents,
Représentants et Députés, cités dans l'Ouvrage,
En titre, charge ou fonctions en 1789

A

Achard aîné, 100.
Achard fils aîné, 79.
Achard (Bernard), 64.
Achard (Claude-François), 97, 386, 392.
Achard (Abbé J.-B.), 53.
Agarrat (Honoré), 55, 97, 100, 106.
Agathange (le Père), 58.
Agay (M** d'), 62.
Ageville (Claude d'), 366, 368, 391, 392.
Agnel (Augustin), 449.
Agnel (Marc-Jean-Bapt.), 81.
Aicard, 403.
Aillaud (Antoine), 353, 354, 408.
Aillaud (Balthazar), 519.
Aillaud (Abbé Gaspard), 53, 64, 99.
Aillaud (Jean-Joseph), 116, 264, 265.
Aillaud, maître grammairien, 303.
Aillaud de Caseneuve (Nicolas-Antoine), 65.
Albertas (Marquis d') père, 394, 399.
Albertas (Marquis d') fils, 400.
Albertas (Le chevalier d'), 79, 89, 91.
Albertas-Vellau (D'), 79.
Albon (Comte d'), 389.
Albouis (Jean-Baptiste), 81, 118.
Alègre (D'), 147.
Allemand, 401.
Alléon, 119.
Allès (Vicomte d'), 388.
Allignan (Abbé Simon), 54, 65, 119.

Alouet (Dom), 60.
Amalric, 151.
Amic, 100.
Amic (Abbé), 57.
Amphoux (Claude), 120.
Amphoux (Abbé Jean-Jacques), 53, 54, 63.
Amy (J.-P.), 455.
Andravy (Abbé Antoine), 56, 101, 303.
André (D'), 112, 118, 137.
André (Ant.-J.-B.), 455.
André (Jean-J.), 455.
André (Jos.-Math.), 455.
Anfonsy (D'), 151.
Anfossy (D'), 146.
Angivillers (Ch.-Cl. de Flanaut de la Billarderie, comte d'), 397, 398.
Angleys aîné, 100.
Angleys (Augustin), 248.
Anjou (D'), 100, 377, 400.
Antelmi (Louis) aîné, 101, 116.
Antelmy (François-Michel) cadet, 64, 76, 101.
Anthoine (Antoine d'), 96, 116, 434.
Antoine (Le Père), 59.
Arbaud (Louis), 97.
Arbaud de Château-Vieux (Abbé Ant.-Gaspard d'), 55.
Armand (Jean-J.-Nic.), 105.
Arnaud (Le Père), 58, 88.
Arnaud (Alexandre), 119.
Arnaud (Bruno), 258.
Arnaud (Claude-Jos.), 256.
Arnaud (Abbé François-Sylvestre), 52, 223, 301.
Arnaud (J.-Urb.), 455.

Arnaud (Jean-François), 84, 264, 265.
Arnaud (Joseph), 264.
Arnaud, maître grammairien, 303.
Arnaud (Abbé), prêtre auxiliaire, 53.
Arnoult (D'), 388.
Arnoux (Antoine), 119.
Arnoux (Abbé Ant.-Et.), 84.
Arnoux (Abbé), directeur des Carmélites, 61.
Arnoux (M.-Ant.), 455.
Arnoux (Abbé Noël-Joseph), 55.
Artaud (Alexis-Victor), 400, 442.
Artaud (André-Philippe), 121.
Assailly, 401.
Astier (Abbé), 303.
Aubanel (Abbé), 303.
Aubert (Fr.-Antoine), 84.
Aubert (Jean-Jacques), 264, 265.
Aubert (Joseph), 65.
Aubert (Abbé Louis), 53.
Aubert (Abbé Pierre), 54.
Aubert (Abbé), sous-diacre, 53.
Auberti (Abbé Louis-Marseille), 55.
Aubin (Abbé Balthazar), 335.
Aubin (Abbé Charles-Antoine), 54.
Aubran (Pierre), 89.
Auda (Antoine-André-Marie-Gaspard), 248.
Auda (Gaspard-François), 61, 95.

Aude (Abbé Jean), 56.
Audemar (Joseph), 519.
Audibert, 100.
Audibert (Charles-Honoré), 65.
Audibert (Dominique), 118, 120, 385.
Audibert (Jacques-Antoine), 119.
Audibert (Jean-Antoine), 519.
Audibert (Jean-Bapt.), 256.
Audibert (Léon), 76.
Audiffren (Abbé), 53.
Audigier (Abbé Michel), 52, 53.
Audouin (Jean-François), 118.
Auffray, 388.
Auger, 449.
Augier (Jean-Joseph), 218.
Auzet (François), 121.
Aycard, 100.
Aynaud, 259.
Azémar, 486.

B

Bachelier (Le peintre J.-J.), 365, 398.
Bagarry (Pierre), 54, 77, 90, 106, 121, 283.
Bahin (Pierre), 118, 449.
Baille aîné, 303.
Baille cadet, 303.
Baille (Abbé Pierre-Bernard), 53.
Balatry (J.), 481.
Ballon-Lacombe, 151.
Barbarin (De) aîné, 100.
Barbarin (Jean-Mathieu), 91.
Barbarin (Joseph), 104, 374.
Barbarin (Mathieu-Paulin), 104.
Barbaroux (Charles), 250.
Barbaroux (Gabriel), 519.
Barbaroux (Louis-Antoine), 118.
Barbier de Crainvillier, 391.
Bardon, 386.
Bardon (Balthazar-Marseille), 85.
Bargème, 303.
Barles (Jean-Jacques-Rodolphe), 354.
Baron (Abbé), 331.
Barras-Mélan (Abbé de), 56.
Barras de Vallecriche (Abbé Paul-Ambroise de), 55.
Barre (Abbé Pierre-Luc), 331.
Barron, 303.
Barry (Augustin), 81.
Barthélemi (Abbé), desservant, 56.
Barthélemy, 61.
Barthélemy (Abbé), aumônier, 79.
Barthélemy (Louis), 100, 479.
Barthélemy, maître grammairien, 303.
Bas (Xavier), 65.
Bastide (M**), 62.
Bastide (Jean-François de), 391, 402.
Bastien, 151.
Baude (Le Père), 59.
Baudin (Jean-B.), 455.
Baudin (Abbé Louis), 55.
Baudoin (Ant.), 455.
Bausset (Le major de), 144, 145.

Bausset-Roquefort (Abbé de), 55, 118, 201, 202.
Bausset-Roquefort (M⁹r Emmanuel-François de), 56.
Bayon, 408.
Beauchier, 470.
Beaugeard, 421-423.
Beaujan, 452.
Beaume (Abbé Hippolyte), 56.
Beaumont de la Garde (De), 326.
Beaupré (M⁻⁻), 61.
Beaupré (M⁻⁻ de), 60.
Beaussier, 100.
Beauvau (Charles-Just, Prince de), 128, 133, 134, 411.
Bègue (Fr.-Zacharie), 419.
Béguillet, 388.
Belier, 450.
Bellenet (Le Père), 60.
Belleville (Nicolas), 64.
Bellon, 139.
Belloy (M⁹r J.-B. de), 36, 51, 56, 91, 117, 136, 296 et s., 332, 385, 399.
Benard, 403, 412.
Benoît-Brard (M⁻⁻ Françoise), 401.
Bérard (Abbé), 55.
Béraud (Abbé Jean-Jacques), 326, 390, 501.
Béraud cadet, de l'Oratoire, 326.
Béraud, maître grammairien, 303.
Bérenger (Antoine), 99.
Bérenger (Honoré), 450.
Bérenger (Pierre), 99.
Bérenger (Pierre-Laurent), 389.

Bérenger de la Baume, 106.
Bérengier (Jean-Baptiste-Augustin-Marie), 65, 261.
Bergasse, 118.
Berluc (Abbé Augustin), 53.
Bermond, 452.
Bernard (Augustin), 119.
Bernard (Abbé Hyacinthe), 56.
Bernard (Joseph), 385, 502-504, 509.
Bernard (Abbé Joseph-Bernard), 53.
Bernard, maître écrivain, 303.
Bernard (Pierre), 118.
Bernard (Thomas), 455.
Bernard, trésorier de la Marine, 151.
Bernard (M⁻⁻), 61.
Bernard-Dauphin (M⁻⁻ Françoise), 64.
Bernardi (Joseph-Elzéar-Dominique), 390.
Bernardy de Sigoyer (Abbé), 56.
Bernis (Cardinal Fr.-J. de Pierres de), 381.
Bernouilli (Jean de), 377, 383, 391, 419.
Berrin (François), 105, 116, 247.
Bertet (Achille-Barthélemy), 197.
Berthe (Abbé Jean-B.), 51.
Bertholon (Abbé), 389.
Bertin (Le Père), 59.
Bertrand (Abbé Barthélemy-François), 51.
Bertrand, contrôleur des Fermes, 452.

Bertrand (Dominique), 386, 447.
Bertrand (Jacq.-Claude), 99.
Bertrand (Jos.-Paul), 90, 282.
Bertrand, sculpteur, 359, 366.
Besson, député des chapeliers, 475.
Besson (Jean), 118.
Besson (Jean-Louis), 261.
Besson (Pierre), 387.
Beyres (De), 151.
Bieulle (Joseph), 80.
Billon (Jean-François), 101, 106.
Bissy (Comte de), 390.
Blanc (Charles-Esprit), 81.
Blanc (Simon), 119, 519.
Blanc (M**), 62.
Blancard (Louis), 119.
Blanchard (Claude), 77, 97, 116.
Blanchard, directeur de l'Hôpital Saint-Esprit, 76.
Blanchard-Veyrier, 100.
Blanpain (Pierre), 450.
Bleyard-Gilles (M**), 64.
Blin (Jean-Pierre), 222.
Blondel fils, architecte, 402.
Blondel (Franç.-Blaise de), 91.
Blondel d'Azaincourt, 399.
Blondel de Jouvancourt, 100, 105.
Boades (M** de), 64.
Bœuf (Jean-Joseph), 455.
Boisgelin de Cucé (M** de), 388.
Boisselier, 408.
Boisselier (M**), 88.
Boissière (Abbé), 56.

Boisson (Abbé Honoré), 53.
Boisson (Joseph-Marie), 106, 218.
Boisson, organiste, 54.
Bompard (De), 54.
Bon (Dominique), 95.
Bon (Sébastien), 99.
Bonin (Jean-Baptiste), 450.
Bonnardel (Pierre), 54.
Bonnefoi (Jean), 56.
Bonnefoy, de Rive-Neuve, 100.
Bonnefoy, fabricant de faïence, 483.
Bonsignour (Jean-Joseph), 85, 264.
Bontemps (Antoine), 519.
Bordelières (Des), 458.
Borély (Jacques), 89, 118, 120, 400.
Borély (Honoré de), 77, 79, 89, 374, 402.
Borély-Telmont, 91.
Borie (Abbé Joseph), 54, 60.
Borrelly (Jean-Antoine), 391.
Bosquet, 151.
Bouche (Charles-François), 390, 518.
Boués (Jean), 56.
Bouge (D'), 76.
Bouisset (Sœur Louise), 90, 283.
Boule (Abbé Jean-Elie), 56.
Boulogne (Pierre de), 387.
Boulongne (De), 399.
Boulouard (Jean-Bapt.), 119.
Bourguignon (Fr.-Claude), 450.
Bourguignon (Marc-Antoine de), 408, 412.

Bournissac (De Sanchon de), 140, 141.
Bourre (Guillaume), 124, 403.
Bourrely, 450.
Bourrier (Jean-Baptiste), 91.
Bouteille (D'), 391.
Bouvier, 140.
Bouzige, 519.
Boyer aîné, 99.
Boyer (Honoré), 121.
Boyer de Fonscolombe, conseiller au Parlement, 401.
Brancas-Céreste (L.-Paul, duc de), 134.
Brard, peintre, 368, 403.
Bregany (Gabriel), 455.
Brémond (Jean-Ant.), 354.
Brémond (Abbé Maximin), 55.
Brès (Jacques), 116.
Bressan (Jean-Joseph), 99.
Bressan (Joseph-Honoré), 99.
Brieu (Jean-Louis), 258.
Brieu, maître écrivain, 303.
Brignol (Le Père), 64.
Bronde (Joseph), 53, 99.
Broquery (Alexandre de), 120, 149.
Brousset (Jean-Joseph), 99.
Bruce de Kinnaird (James), 391, 400.
Brun, architecte, 403.
Brun (Abbé Jean-Bapt.), 91.
Brunet, 151.
Bruny de La Tour d'Aigues (Le président de), 389, 399, 521.
Bruzetin (Dom), 59, 400.
Bucelles (Abbé), 76.
Bugnot, consul, 400.

Buigne (De), graveur, 403.
Burle, 258.
Butot (Abbé), 53.
Buxtorf (J.-A.), 391.

C

Cabasson (Jean), 455.
Cablat (Jean-Franç.), 64, 91.
Cadenel (Victor), 208.
Cadière, 79.
Cadière (Abbé Fr.), 56.
Caffarel (Abbé Louis), 54.
Cailhol (Etienne), 519.
Cailhol (François), 519.
Cailhol (Gaspard), 519.
Cailhol (Pierre), 519.
Caille, 151.
Caillol (Henri), 119, 519.
Caillol (Abbé Jean-J.), 97.
Caire du Lausel (Comte de), 106, 400.
Calvet (De), 141.
Calviac, 303.
Calvy (Dominique), 450.
Cameau, 475.
Camelin, 452.
Camoin, archer, 151.
Camoin (Augustin), 326.
Camoin, contrôleur, 452.
Campou (François-Lazare), 64, 77, 91, 104, 105.
Candole (Marquis de), 106.
Cannis-Reynaud (André), 95.
Canonge (Benoît-Innocent de), 89, 91.
Canton (Abbé Pierre-Melchior), 53.
Capeligue (Raymond), 100.
Capry (Ange), 99.

Capus (Joseph), 106, 115, 247, 385, 400.
Capus fils, 106.
Caraman (Victor-Maurice de Riquet, comte de), 33, 117, 118, 134-137, 149.
Carbonel (César-Alexandre), 247, 253.
Cariane (Antoine), 119.
Carle (Ambroise), 519.
Carle (Joseph), 455.
Carles (Jean-Pierre), 105, 119.
Carraire, 120.
Carrier, 303.
Carvin, 450.
Casati, peintre, 403.
Cassard (Louis-Hilarion), 85.
Castanet (Abbé), 88.
Castelan (Abbé), 79.
Castelan, de St-Ferréol, 100.
Castelan, de St-Laurent, 100.
Castelanet (Antoine), 113, 264-266.
Castelin (Joseph), 455.
Castillon (Abbé de), 389.
Castillon (Jean-Bapt.-Prosper-Claude-François Le Blanc de), 402.
Castillon (Jean-François-André Le Blanc de), 202, 272, 387, 401.
Castinel (Abbé Jean-B.), 51.
Castries (Maréchal de), 384.
Catalan (Étienne), 56.
Catelin (De), 100, 400.
Cathalan fils, 100.
Caudière (Abbé Gaspard), 55.
Cauvin (Jean), 455.
Cauvin (Jean-Baptiste), 455.
Cauvin (Simon), 455.

Cavalier (Pierre), 450.
Cayras (Abbé Jean-Bap.), 54.
Cayras (Le Père Norbert), 60.
Cezan (Joseph-Claude), 89.
Chabanon (De), 389.
Chabert, 220.
Chabrand (Abbé Jean), 54.
Chabrery, député des chapeliers, 475.
Chabréry (Joseph-Ant.), 95.
Chabriès (Abbé), 303.
Chaix, 63.
Chaix (Jean-Louis), 94.
Chaix (L.), peintre, 364, 403.
Chaix (Mich.-Balthazar), 80.
Chaix (Pierre), 247.
Chalve (Abbé), 303.
Chalvet (Jean), 250, 256.
Chamfort (De), de l'Académie française, 380, 381, 389.
Champsaur (J.-J.), 455.
Champsaur (Joseph), 455.
Chanteduc, 468.
Chapoul (Marc), 455.
Chapus (Abbé), 388.
Charbonnier (Antoine-Paul), 79, 89, 91, 100, 106.
Charc'igny, 401.
Chardon (Daniel-Marc-Antoine), 389, 401.
Charlier, 368, 401.
Charpentier, 401.
Charrier (Jean-Bapt.), 519.
Charvas (Le Père), 60.
Chassagne (M**), 88.
Chassaigne (Abbé), 62.
Chastras, 100.
Chataud (Xavier), 248.
Chaudon, 116.
Chaulan (Jean-Bapt.), 119.

35

Chaulan (Victor), 56.
Chaussier, 390.
Chauvot (Claude), 450.
Cherisey (De), 141.
Chéry (Jean-François), 106, 248.
Chevalier (Abbé Jean-Antoine), 53.
Chevalier (Lambert), 97.
Chevalier (M""), 88.
Chevignot (De), 146.
Chinon, 141.
Chomel, avocat, 99, 217.
Chomel (Jean-Pierre de), 197, 199, 200.
Chompré (Etienne), 119, 275.
Christophe (Joseph), 65, 84, 106, 217.
Cipières (Marquis de), 100, 113, 400.
Cipières (Le chevalier de), 116.
Clapier (Jean-Joseph), 85.
Clapiers (Abbé André-Elzéar-Alexandre de), 56.
Clapiers Saint-Jean (Abbé de), 56.
Clary (Jean-François), 91.
Clary (Nicolas) fils, 85.
Clastrier (Jean-Louis), 450.
Clément (M"" Marie), 89.
Clergue (Jean), 97.
Cluny, 118.
Colla de Pradine (Abbé), 61.
Collavier (Jean-Bapt.), 450.
Collé (César), 386.
Collomp (Abbé Jean), 53.
Collot, 151.
Colomb (J.-A.), 63.
Combat (Jean-D.), 455.

Combis (Jean-Baptiste-Fr. de), 106.
Combis (Le chevalier de), major des vaisseaux, 119.
Comps (François), 100, 119.
Comps (M""), 61.
Conclerc (Nicolas), 118, 400.
Conil (François), 415.
Constans (Le Père), 59.
Constantin (Jean-Baptiste-François), 84, 91, 100, 106, 116, 268.
Coquet (Jean-Claude), 119, 217.
Corail (Jean-Joseph), 51, 85.
Cordeau (Victor), 208.
Correa de Serra (Abbé J.), 392.
Corréard (Barthélemy de), 65, 100, 105, 197, 198.
Corriol, 303.
Cortés, 106.
Cotta (Abbé Pierre), 56.
Cotton (Claude), 76.
Coulomb, 303.
Coupin (Jean-Baptiste), 519.
Courbeau aîné, 80.
Courbeau (Gaspard) cadet, 65.
Courbière, 61, 419.
Courmes (Antoine-Paul-Joseph), 248.
Court (François-Honoré-Noël), 256.
Cousin-Despréaux, 391.
Cousinery (Joseph), 450.
Cousinery (Marie-Michel-Denis), 93, 106, 264, 265.
Couturier (Lazare), 76, 116, 408.

Cravy (Abbé), 54, 99, 100, 106.
Créqui (Marquis de), 222.
Cresp (Jean-Baptiste), 116, 220, 247, 268.
Croze-Magnan (Jean-B.), 81.
Croze-Magnan (J.-J.), 80.
Crozet (Simon-Jos.), 91, 99.
Crudère (Jean-François), 90, 282, 400.
Crudère fils, 64, 450.
Cubières (Le chevalier de), 390.

D

Dageville ou d'Ageville (Gabriel-Jacques), 106, 233, 247, 401.
Dageville (Gabriel-Franç.), 264.
Dagnan (Nicolas-Alphonse), 116.
Dallest (Jean-Joseph), 445.
Dallet (André), 64, 104.
Dallet (Fr. Robert), 450.
Dallet (Jean-Joseph-Frédéric), 96.
Dallet de Careffe, 64, 116.
Dalmas (François), 450.
Damian (Abbé Fr.-Jos. de), 55, 408.
Dandreis (Fr.), 455.
Dandreis (J.-Fr.), 455.
Daniel (Jean-Baptiste), 64, 106.
Danthoine, de Manosque, 390.
Dantoine (Etienne), 91.
Darentière (Martin), 150.
Daumas (Antoine), 264.

Daumas (Jean-Baptiste), 455.
Daumas (Abbé Jean-Jos.), 56.
Daumas (Louis), 65, 197.
Daumas (Mathieu), 455.
Daumas (Abbé), prêtre de La Major, 53.
Daumergue (P.-F.), 455.
Daumont, 303.
Dauphin de Trébillane, 399.
Dauron (Balthazar), 258.
Dauvergne, 100.
David (Jean-Baptiste), 387.
David, peintre paysagiste, 359, 366.
Davin, Barthélemy), 455.
Davin (Abbé Henri), 53, 113.
Davin (Joseph), 116, 120.
Debout (Athanase), 222.
Decabrières, 248.
Decormis, avocat, 247.
Decormis, notaire, 264.
Decormis (Joseph), 81.
Decroizet (Abbé Antoine), 56.
Degaye, 100, 450.
Deidier, 99.
Deidier (Abbé Marc-Antoine), 52, 85.
Deiglun, 116.
Dejean (Antoine), 264, 265.
Delabat, 113.
Delaval, 451.
Deleuze, 477.
Deleuze du Chaila, 141.
Delone (Abbé Joseph), 54.
Deluil (J.-H.), 455.
Demandolx (Dominique de), 31, 32, 105, 197, 198, 201, 202, 385, 392.
Demandolx (Abbé Jean-Fr. de), 52.

Demandolx (Raymond de), 116.
Demours (Pierre), 389.
Denans (Pierre-Balthazar), 80.
Denans, lieutenant du port, 150.
Depieds (Joseph), 415.
Deschamps (M**), 62.
Devieux, 100.
Deville, 65.
Devillers (Charles), 389.
Devillier de Saint-Savournin (Jean-Baptiste-Augustin de), 88, 105, 197, 201, 401.
Devillier de Saint-Savournin fils, 106.
Devoulx (Alphonse), 76, 100.
Devoulx (François-Simon), 51, 90, 93, 101, 106, 282.
Devoulx (Pierre-Honoré) aîné, 61, 90, 100, 116, 282.
Deydier (Jean-Baptiste), 116.
Dianous, 140.
Didier (Le Père), 59.
Dieudé, 105.
Donat (Abbé Jacques), 52.
Donnadieu (Paul), 89, 118.
Dozol (François), 408.
Dragon (Antoine-Michel), 76.
Dray (M**), 83.
Dreveton père, 124.
Dreveton (Louis) fils, 403.
Drougnon (Blaise), 455.
Dubosc (Pierre-Marie), 451.
Dubu (Fréd.-Maurice), 387.
Dudemaine (Jean-Baptiste), 53, 61.
Dudemaine-Girard aîné, 89.
Dudemaine-Girard (Abbé Thomas-Malo), 52.
Dufourneau, 151.
Dulard, 106.
Duluc (M**), 61.
Duperet, 99.
Duplessy, 367.
Dupuy, 143.
Durand (André), 119.
Durand (J.), 476.
Durand (Jos.-Ant.), 455.
Durand, officier des classes, 151.
Durand de Lafont (Jean-François), 114, 115, 121.
Durandy (Abbé), 53.
Durbec (Dominique), 119, 519.
Durbec (Jacques), 119.
Duroure (Pierre), 197.
Duvaublin (Abbé), 326.

E

Ellis (Henri), 391.
Embry, 403, 500.
Emeric (Abbé Alexandre), 56.
Emerigon (Antoine-Alexandre-Marie), 100, 106, 256.
Escalon (Ant.-Etienne), 450.
Escrivan (Abbé Joseph d'), 58.
Esménard (Dominique-Etienne-François), 256-258.
Espanet, bourgeois, 116.
Espanet (Guillaume), 442.
Estaquier, 452.
Estelle (Jean-Bapt.-Joseph), 256.
Estelle (Joseph-André), 81.

Estienne (André d'), 97, 99.
Estieu aîné, 116, 121.
Estubi (Bonaventure), 106, 119, 256, 257, 258.
Estubi (Jean-Pierre), 106, 264, 265.
Eustache (Abbé), 60.
Eustache (Le Père Joseph), 60.
Eymar (Abbé Fr.-Ange d'), 387.
Eymin (Abbé Noël), 57, 334.
Eyssautier, 100.

F

Fabre, ingénieur, 390.
Fabre, professeur, 326.
Fabre (André), 120, 149.
Fabre (Jean-Baptiste), 119, 475.
Fabre (Jean-Franç.), 77, 97.
Fabre (Louis-Ignace), 77.
Fabre (Philibert), 118.
Fabre de la Garde (Jacques), 519.
Fabre de Mazan (Abbé Augustin de), 55.
Fabrissy, 450.
Fabron de Chaudelle (De), 100.
Fabry (Abbé Blaise), 90, 283.
Fach (Joseph), 519.
Faivre (Le Père), 58.
Famin, 377.
Fanton de Thorenc, 139.
Fau (Abbé Bonaventure), 51.
Faubet (Abbé Pierre), 51.
Fauchier (Abbé Jean-Gaspard), 51, 106.

Faucon, 218.
Faucras (Gaspard), 451.
Faure (Abbé Franç.), 53, 76.
Fauris de Saint-Vincent (Le président de), 272, 388.
Favet (Abbé Pierre), 53.
Félix du Muy (Marie-Anne de), marquise de Créqui, 222.
Féraud, huissier, 258.
Féraud (Abbé Jean-André), 53, 62.
Féraud (Jean-Honoré), 119.
Féraud (Louis), 455.
Ferrandy (Jean-Baptiste), 90, 100, 121, 282.
Ferrary aîné, 79, 120.
Ferrary (Jean-Baptiste), 450.
Ferrary (Lazare), 65, 77, 89, 91, 101, 301, 400.
Ferrary (M**), 88.
Ferre-Lagrange (Henri de), 85.
Ferréol (Honoré), 91.
Fiastre, 51.
Figon (Abbé Louis), 57, 317.
Figuière (Jean-Joseph), 81.
Figuières (Ant.-Henri), 218.
Filassier (Abbé), 389.
Flamenc, 151.
Floret (Jacques), 387.
Flory (Jean-Joseph), 450.
Flory (Louis-Thomas), 354.
Flotte (Comte de), 119.
Fontainieu (De Barrigue de), 79, 377, 399.
Forbin-Gardanne (Marquis Gaspard-Anne de), 197.
Forbin la Barben (Abbé Melchior de), 55.

Forcade (Abbé Joseph-Marie), 56.
Foresta (Bailli de), 58.
Foresta-Collongue (De), 89, 99.
Fortia de Pilles (Marquis Toussaint-Alphonse de), 112, 138, 387, 399.
Fortia de Pilles (Comte de), gouverneur adjoint, 112, 139.
Fortia de Pilles (Comte de), gouverneur en survivance, 112, 139.
Fouque (Jean-Antoine), 258.
Fournier (Dom), 59.
Fournier, greffier, 208.
Fourrat (Martin), 100.
Franc, 466.
François de Jésus (Le Frère), 337.
François de Neufchâteau, 380, 388.
Francou (Jean-J.), 455.
Francoul (Jean-Franç.), 208, 214, 217, 253.
Franque, 401.
Fremendity (Jean-Marie-Théodore), 84.
Fremendity (M""), 88.

G

Gabriel (Abbé), 388.
Gaillard, avocat, 248.
Gaillard (G.-H), de l'Académie française, 381, 388.
Gaillard (Antoine-Joachim-Gabriel, marquis de), 100, 114, 268.
Gaillard (Bailli de), 401.
Galicy (Gasp.-Hon.), 450.
Gallois de La Tour (Marquis Charles-Jean-Bapt. des), 9, 109, 120, 128, 272, 388, 391, 399.
Gambini (Abbé), 57.
Gandy (Jean), 97.
Gannivet (Ange), 119.
Gantel-Guitton de Mazargues (Joachim-Elzéar de), 79, 91, 213-217, 301, 399.
Gantel-Guitton (Nicol.-Jean-Joachim-Joseph de), 215-217, 400.
Garcin (Antoine), 76.
Garcin (Abbé Dominique), 51.
Garcin (Marguerite-Justin), 89.
Gardane (D'), 388.
Garnier (Elzéar), 450.
Garnier (Urbain), 450.
Gassin (Abbé Jean-Bapt.), 51.
Gastinel (Abbé), 53.
Gastinel, greffier, 211, 233.
Gaudemar (Claude de), 232.
Gautier (Abbé), 53.
Gautier (Dom), 60.
Gautier (François-Jules), 403, 450.
Gay (M""), 62.
Gayet (Charles), 519.
Gayet (Étienne), 455.
Gayet (P.-Marie), 455.
Gayon (Abbé Henri-Michel), 51.
Gazan, 100.
Gazan (Le Père), 58.
Gazan (Honoré), 91, 101, 119.
Gazelle (Pierre-Et.), 455.
Geffrier, 56, 401.

Genier (Le Père), 61.
Genoyer, 56.
Geoffroy, graveur, 403.
Georges d'Ollières, 79, 89.
Georges d'Ollières de Luminy (Abbé Louis-François de), 52, 89, 223, 385.
Gérard (D' Louis), 389.
Gérard, fondeur, 119.
Gérard, maître écrivain, 303.
Gérard (De), 89, 100.
Gérin (De), 408.
Gervais (Jean-Baptiste-Joachim de), 197.
Gibelin (Esprit-Antoine), 364, 401.
Gibelin (Jacques), 390.
Gibert, sculpteur, 402.
Gide (Abbé Jean-Jacques-Joseph), 53.
Gignoux (Pierre-Simon), 89, 247, 249, 250, 253.
Gilly (Alexandre), 455.
Gilly (Louis), 64, 100, 116.
Gilly (Louis-Fabien), 61, 91, 100, 106.
Gimon (Jean-Baptiste), 80.
Gimon (Jean-Nicolas), 91, 100, 116.
Gimon (Louis-Michel), 90, 100, 283.
Girard (Abbé Jean-André), 52.
Girard du Demaine, 119.
Girard du Demaine (De) aîné, 116.
Girard-Dudemaine (Augustin), 76.
Girard du Demaine (Joseph-Esprit), 141.

Giraud (Charles), 455.
Giraud (Gaspard-Aloys), 119.
Giraud (Jacques), 119.
Giraud (J.-François) cadet, 354.
Glandevès (Abbé Joseph de), 55.
Glandevès (Commandant de), 150.
Godet-Duperet (De), 88.
Gontran (Le Frère), 60, 308.
Gotho, capitaine, 140.
Goudar, 303.
Gougenot de Croissy, 398.
Gougenot de Croissy fils, 402.
Gouiran (Jean-Paul), 65, 90, 99, 119, 121, 282.
Goullet (Charles), 119.
Granet, lieutenant général civil, 389.
Granet (François-Omer), 275.
Granet (Laurent) aîné, 118, 479.
Granier (Jean-Gabriel), 258.
Gras (Aimé), 455.
Gras (Abbé François), 56, 57.
Gras (Pascal), 256.
Gras-Sallieis (Jean-Honoré-Michel), 247.
Gravier (Laurent-François), 91, 101, 105, 374.
Gravier (Jean-Laurent) fils, 101.
Gravier (Paul-Nicolas), 90, 101, 283.
Greling (Justinien de), 100, 116.
Greling (Michel-Ignace), 89.
Grenier, 54.
Grenier, compositeur, 401.

Grimaud, 100.
Grimaud (Jean-Bapt.), 120.
Grimaud (Jean-Joseph-Gabriel), 76.
Grimod de La Reynière, 390.
Grissol, lieutenant, 140.
Gros (Louis-Bruno), 76.
Grosson (Jean-Baptiste-Bernard), 9, 264, 377, 386, 400, 423.
Grosson (Gautier-Joseph-André de), 197.
Grosson (Pierre-Barthélemy de), 91, 105, 197, 198, 401.
Grosson de Truc (Lazare-Marie-Bernard), 218.
Guairand (J.-B.) notaire, 80, 264.
Gudin de la Brenellerie, 389.
Guerce (Laurent), 118.
Guérin (Pierre-Auguste-Marie), 85.
Guérin, avocat à Sault, 390.
Gués (Abbé), 63.
Gués, receveur, 452.
Gueydan (Commandeur de), 114.
Guichard (M**), 62.
Guieu (Abbé), 63, 76.
Guieu (Pierre), 119.
Guignard Saint-Priest (Charles-Antoine-Fulcrand-Emmanuel-Languedoc de), 401.
Guignon (Claude), 258.
Guigou (Jean-Antoine), 116.
Guillaume de Jésus (Le Frère), 336.
Guillermy (Laur.-Et.), 450.
Guirand (Nicolas), 450.

Guys (Hyacinthe-Constantin), 401.
Guys (Marie-Joseph-Fr.-David), 401.
Guys (Pierre-Alphonse), 401.
Guys (Pierre-Augustin), 385.
Guys de Saint-Charles (Gabriel-Augustin), 401.

H

Hardouin, 100.
Hastig (Comte d'), 391.
Hautefort (Comte d'), 389.
Helliés (Antoine), 97.
Hémery (A.-Fr.), graveur, 403.
Hémery de Lingée (M**), 404.
Henri (Jean-André), 96.
Henry (Le Père Genest), 59.
Henry (Jean-Antoine), 301, 400.
Henry (Joseph), 326.
Henry (Michel), 365, 367.
Héraud (Louis-Gaspard), 469.
Herculés (D'), 61, 81, 90, 106, 282, 408.
Herculés (M** d'), 88.
Hermite fils, architecte, 403.
Hivert (Le Père), 76.
Hivert (Pierre), 121.
Hostager (Abbé Jean-Antoine d'), 55, 400.
Hugues (Jacques), 118.
Hugues de La Garde (Le président J.), 390, 40.
Hutte (A.-Jos.-Mat.), 450.

I

Icard, 99, 100.
Icard (Abbé), 80.

Icard (Lazare), 90, 282.
Icard (Louis-Jean-François), 89.
Icard (Vincent), 455.
Icard (D') aîné, 100.
Icard (D') cadet, 100.
Imbert (Antoine), 120, 149.
Imbert (Abbé Blaise), 53.
Imbert (Claude), 91.
Imbert (J.-J.), 455.
Imbert (Jean-L.), 455.
Isnard, 151.
Isnard, archiviste, 120, 399, 417.
Isnard (Joseph), 401.
Isnard (Jean-Pierre d'), 85, 91, 116, 402.
Isnardon (Abbé J.-Et.), 53.
Isoard (Joseph-Barthélemy), 258.
Itasse (Jean-L.), 455.
Izoard (Jean-Paul), 105.

J

Jacomet (Abbé), 303.
Jacques (Etienne), 258.
Jacquet (François), 56.
Jardin, architecte, 402.
Jarente (Le commandeur de), 77.
Jarente (Le chevalier de), 146.
Jarente la Bruyère (Abbé Lazare-Victor de), 52, 55, 391, 399.
Jaubert (Le Père) aîné, 59.
Jaubert (Le Père) cadet, 59.
Jaubert (Fr.), 455.
Jaubert (Abbé François-Lazare), 53.
Jaubert (Abbé Jacques-Philippe), 53.
Jauffret, aubergiste, 118.
Jauffret (Jean-Joseph-Lazare), 81.
Jauffroy, 259.
Jauvas (François), 51.
Jauvas (Le Père), 59.
Jean (Jean-Baptiste), 481.
Jean-Joseph (Le Père), 58.
Jeanteau, peintre, 403.
Jeune (Le Père), 59.
Joachim (Le Père), 59.
Jobelot (Pierre), 402.
Joblot (De), 91, 100.
Jonquier (Antoine), 477.
Jougant (Lambert), 519.
Jouine de Fonsboutines, 451.
Jouque, 63.
Jourdan, 63, 100.
Jourdan (Dominique), 76.
Jourdan (François), 79, 89, 106.
Jourdan de Sérane, 61.
Journu de Montagny (Louis), 387.
Jouve (Sœur), 61.
Jovion (Abbé), 303.
Joyeuse, médecin, 151, 355, 386, 392.
Jubelin (Jean-P.), 455.
Julien (Balthazar-François), 95.
Julien, député des agriculteurs, 519.
Julien (Abbé François), 53.
Jullien, 100.
Jullien (M**), 60.
Jullien (Balthazar), 95.
Jullien (Esprit), 116.

Jullien (Jean-François), 65, 106.
Jullien (Maurice), 79, 99, 106.
Justinien (Le Père), 59.

K

Kapeller fils, peintre, 396.
Kern, peintre, 401.
Kick, consul, 400.

L

Laberge, 140.
Labretonnière, 451.
La Coste, professeur, 326.
Ladouce (Nicolas), 469.
Laflèche (Simon), 51, 90, 115, 117, 282.
Lafont (Barthélemy), 450.
Lafontaine, contrôleur, 452.
Laforêt (Et.-Noël), 450.
Laget (Jean-Baptiste-Joseph), 233, 247, 253.
Laget (Le Père), 58.
La Grange, 326.
La Gravière (De), 140.
La Haye (M** de), 402.
L'Aigle, 415.
La Lauzière (Jean-François de Noble de), 391.
Lambert (Jean-Bapt.), 415.
Lambert (Abbé Jean-Jos.), 53.
Landrieux, 452.
Langeac (De), 390.
Lantelme (D.-L.), 455.
Lantier (Antoine), 91.
Lantier (Etienne-François), 276, 329, 390.
Laplane (Abbé Jean), 53, 88, 105.
Laporte, 408.

Laporterie-Lagarrigue (De), 120.
Larguier (Henri), 256, 258.
Laroque (J.-B.), 468.
La Roque (Le major de), 143.
Lasalle (Ant.-Nicol.), 450.
La Selle (De), 89, 99.
Latil (Abbé Jean-Pierre), 53.
Latil (Louis-Joseph), 91.
La Touche (Jacques-Ignace de), 387.
Latour, 100.
Latour (M**), 88.
Latour (Abbé Jean-Rosalie), 51, 65.
Laugier de Beaucouse (Abbé Louis-Joseph de), 55.
Laurency cadet, 99.
Laurency-Martin (M**), 88.
Laurency-Vivian, 106.
Laurensy (Cyprien), 116.
Laurent (Pierre), 361, 403.
Lauris (Baron de), 399.
Lavabre (Joseph), avocat, 105, 236, 247, 248, 249, 253, 254.
Lavabre (J.-Joseph), courtier, 450.
Lebat (Abbé), 53.
Leblond, 390.
Lebrun, trésorier de France, 400.
Leclerc, receveur des postes, 458.
Léglise (Joseph), 471.
Legrand, maître de musique, 407, 408.
Le Hoc, 390.
Lejeans (Louis), 55, 100, 113, 120.

Lejourdan (Jean-Maximin), 119.
Lejourdan (Etienne-Jean), 116, 232, 247, 249, 253, 374.
Le Maître de Beaumont (Nicolas-Jean-André-Marquis), 211, 268, 408.
Lemasson (D'), 97, 374.
Lenfant (Dom), 59.
Lenoir (Philibert), 55, 100.
L'Epine (J.-F.), 485.
Le Poitevin, contrôleur, 451.
Leroy d'Ambleville (Ambroise), 119.
Lesbros (Alexandre), 91.
Levesy (Abbé Raymond), 54, 119.
Levezy (Abbé Elige), 53.
Lieutard (Jacques-Jos.), 118.
Lieutaud (Honoré), 97, 118.
Lieutaud (Jean-François), 118.
Lieutaud (Lazare), 105.
Lion (Pierre-Joseph), 84.
Lioney (Jean-Baptiste-Vincent), 65.
Lioney (Vincent), 76.
Liotard (Abbé François), 85.
Liquier (André), 113, 120, 386, 400.
Lisle de La Vérune (De), 400.
Lisle de Roussillon (De), 399.
Livon (Thomas), 455.
Lombard (De), 400.
Lombardon (Mathieu), 65, 89.
Lombardon (De) fils, 408.
Long (Etienne), 118, 450.
Long (Abbé Joseph), 53, 99, 223.
Long (M**), 62.

Long-Roussier (M**), 88.
Louit (De), 326.
Luchesy (Ferdinand), 403.
Luchet (Marquis de), 391.
Lyard, officier d'artillerie, 145.
Lyon (Elzéar), 99.
Lyoncy, 99.

M

Macaire (Le Frère), 60, 337.
Madon (Jean), 450.
Madon (Michel), 469.
Magnan fils aîné, 118.
Magnan (Joseph), 377, 403.
Magnan (Victor-Amédée), 387.
Magnan-Eydin (Marguerite), 97.
Magy (Pierre), 91.
Maillet aîné, 303.
Maillet cadet, 303.
Majastre (François), 65.
Malaval (André-Antoine-Marie), 104.
Malaval, bourgeois, 119.
Mallet, 100.
Mallet (Abbé François), 53.
Mallet, maître écrivain, 303.
Malouet (Victor-Pierre de), 150, 381, 385, 401.
Malvillan (Franç.-Marius), 80.
Manent (Georges), 84.
Mangin, receveur, 452.
Maquan (Antoine-Joseph), 256.
Marchand (Jean-Antoine-Joseph), 118.
Marengo (De), 143.

Margotti (Abbé-Jérôme-Emmanuel), 54.
Mariage (Robert-Prosper) aîné, 106.
Marie (Abbé Joseph-François), 389.
Marie-Angélique (La Mère), 61.
Marie de l'Enfant Jésus (La Mère), 61.
Marie de Saint-Joseph (La Mère), 61.
Marié (Barthélemy-Antoine), 261.
Marin, 100.
Marin (François-Louis-Claude), 386, 418.
Marion, aide-major, 143.
Marnezia (Marquis de), 390.
Marron, peintre, 403.
Marteau, 143.
Martelly (Le Père), 58.
Martichou (Ant.-Jos.), 256.
Martin, 100.
Martin (Abbé André), 52.
Martin (Abbé André-Pierre), 52, 95.
Martin (Abbé Charles-Marc), 52.
Martin (Etienne), 116.
Martin (Abbé François), 53.
Martin (Abbé François-Xavier), 52.
Martin (Abbé Henri), 53.
Martin (Abbé Jacques-Augustin), 52, 386.
Martin (Jean-François), procureur, 256.
Martin (Jean-François) fils de César, 90, 227, 282.

Martin (Abbé Joseph-Bonaventure), 55, 61.
Martin (Le Père Martin), 59.
Martin (Pierre), 455.
Martin (Xavier), 450.
Martin (M**), 60.
Martinet, 303.
Martini, receveur, 452.
Marzy (De), maréchal de camp, 139.
Massel (Joseph), 247.
Massol, professeur, 326.
Mathieu (Guillaume), 247.
Maubert, ingénieur, 403.
Maunier (Le Père), 58.
Mauras (Pierre), 95.
Maurel, 100.
Maurel (Etienne), 119.
Maurin, secrétaire de l'Ordre de Malte, 58.
Maurin (Abbé Jean-Joseph), 335.
Maurin (Jean-Marie), 97.
Maximin (Le Père), 59.
Mazenod (Abbé Charles-Auguste-André de), 51, 52, 113.
Mazet (Vincent), 99.
Mazières aîné, 99.
Mazoillier (Joseph-François), 118.
Meffre (Jean), 95.
Mégy (Abbé Philippe), 56.
Meifredy (Abbé Jean-Joseph), 54.
Meistre (L.-H.), 455.
Méliey (Pierre), 76, 367.
Mene (Le Père Paul-Antoine), 386, 392.
Méolan (Pons), 445.

Mercurin (Pierre-Marie), 97.
Merle (Jean-Gabriel), 116, 268, 408.
Mersanne, commis aux expéditions, 451.
Mersanne, contrôleur, 451.
Mersanne, marchand, 116.
Messan (Côme-L.), 455.
Messan (J.-B.-L.), 455.
Mestre (Nicolas), 467.
Mestre d'Aygalade (Jean-Antoine), 61, 91, 205.
Meyer (François) fils, 450.
Meyffred (Le Père), 89.
Meynier (Claude), 258.
Meynier (Pierre), 258.
Meynier, receveur du Tabac, 452.
Micaly (Abbé Pierre), 52.
Michel (Dom), 59.
Michel (André), 91, 106.
Michel (Jean-Joseph), 119.
Michel (Jos.-Ant.), 455.
Michel de Léon (François), 61, 81, 90, 100, 101, 105, 283, 374, 377, 399.
Michel de Léon (Pierre-François-Marie de), 85.
Michel de Léon fils, avocat, 401.
Michon, inspecteur, 451, 454.
Mille (Balthazar), 89.
Mille (Abbé Vincent), 53.
Millot (André-Hilarion), 61.
Millot (Jean-Louis) aîné, 91.
Miolis (Jean-Baptiste-Jos.), 248, 253.
Mirabeau (Victor de Riqueti, marquis de), 387.
Miraillet (Jean-Joseph), 118.

Miraillet (Joseph), 91.
Miran (Joseph-Roger de Verdusan, marquis de), 137.
Moissonnier (Abbé Jean-Baptiste), 57, 347.
Monet (Le Père), 58.
Mongins, 140.
Monier, 478.
Monjardin (Christophe), 56.
Montagnier, médecin, 84.
Montaud (Jean-Bapt.), 256.
Montazet (De Malvin de), 143.
Montblanc (De), 151.
Montgrand (Le chevalier de), 116.
Monthion (Ant.-J.-B.-Robert Auget, baron de), 388.
Montlezun (De), 143.
Montmirel (De), 139.
Montmurat (Abbé Jean-Joseph-Michel de), 52.
Montolon (Abbé François de), 52.
Montucla (De), 400.
Morel (Abbé), 391.
Morel, maître grammairien, 303.
Morel (Pierre), 450.
Morel (M**), 60.
Moréri (Le Père), 62.
Moréri (Jean-Baptiste), 61.
Mortuel (Joseph), 116.
Mottet (Abbé Gabriel-Joseph), 53.
Moulard (Fr.), médecin, 76, 97, 408.
Moulard (Abbé Joseph), 51.
Moulet (Joseph), 56.
Moulinneuf (Etienne), 366.

Moultou (M••), 88.
Mouraille (Jean-Jacques), 119.
Mourardou (Jean), 519.
Mouren (J.-François), 450.
Mouret, huissier, 259.
Mouret (Joseph-Nicolas), 256.
Mourgues, 121.
Mourraille (Jean-Raymond), 253, 387.
Mourre (J.-P.-M.), 455.
Moutte (Abbé Félix), 58.
Mouttet, 100.
Muraire, chirurgien, 81.
Muraire (Louis), 53, 95, 99.
Murris (Abbé Fr.), 55.

N

Naguan (Abbé), 53.
Napollon (Pierre-Louis), 301, 400.
Nardy (M••), 88.
Natte (André-Victor), 80.
Naud, 100.
Navarre, 458.
Necker de Germany (Louis), 388.
Nègrin (Paul), 220.
Nicolas (Abbé Antoine), 53.
Nicolas (Abbé Antoine-Benoît), 51.
Nicolas (Christ.), 455.
Nicolas, constructeur, 367.
Nicolas, député des saleurs, 471.
Nicolas (Jean-Théodore), 256.
Nicolas, officier des classes, 151.
Nicolas, sculpteur, 359, 360.
Nitard (Louis), 80.

Nogaret (Félix de), 388.
Noguier de Malijay (Louis-Maximil.-Toussaint), 386.
Nouvel (Antoine-Noël), 97.
Nouvel de Ferréol, 64.

O

Obligie, courtier, 450.
Odemar (Joseph), 119.
Odin (Joseph), 261.
Olive, 100.
Olive (Joseph), 519.
Olive (J.-François), 450.
Olive (Louis), 89, 101.
Olive (Louis), député des agriculteurs, 519.
Olive (Abbé Mathieu), 39, 55, 105.
Olive (Noël-Etienne), 81.
Olive (Pierre), 81.
Olive (Pierre), courtier, 450.
Olivier (Dr), 391.
Olivier (Abbé Joseph-Antoine), 53.
Olivier (Abbé), prêtre de St-Victor, 56.
Olivier (Paul), 247.
Ollion, chirurgien-oculiste, 97, 389.
Ollivier (Abbé François), 53, 118.
Ollivier du Puget, 106, 399.
Orbessan (Le président d'), 399.
Ortigue (D'), 106.
Ozanne, dessinateur, 402.

P

Pacquier (Le Père), 61.
Pagliano (Bernard), 450.

Pains (Jean-B.-L.), 455.
Palasse, peintre, 402.
Palissot de Montenoi (Charles), 388.
Papon (Christophe), 455.
Papon (Abbé J.-P.), historien, 387.
Paris (Honoré-Genest), 389.
Paroy (Comte de), 399.
Parraire (Guillaume), 85.
Parrot cadet, 118.
Parrot, courtier, 450.
Pascal (Alexis), 55, 81, 118.
Pascal (Jacques-André), 118.
Pascal (Abbé Joseph), 56.
Pastoret (Antoine-Joseph) fils, 217.
Pastoret (Claude-Emmanuel-Joseph-Pierre de), 106, 219, 389, 402.
Pastoret (Jean-Baptiste), 90, 105, 207, 211, 232, 233, 247, 282, 402.
Pastoret (Abbé Joseph), 51, 106.
Pastoret (Joseph), 247, 402.
Patot (Antoine), 51, 85, 93, 119.
Paul (François), 211.
Paul (Guillaume de), 197, 199, 376, 385, 399.
Paul (Jean-François) aîné, 63, 64, 85, 93, 100.
Paul (Joseph), 122.
Paul (Jos.-P.), 455.
Paul (Abbé), de Saint-Chamas, 389.
Paupiac (J.-B.-Cass.), 455.
Payan (Abbé), 76.
Payan (Jean-Baptiste), 63.

Pazery, professeur de droit, 389.
Pèbre (Abbé Jacques), 56, 101.
Pecoul (Antoine), 258.
Peirache (Fr.), 455.
Peirier (Lazare), 399.
Peiron (Abbé Antoine), 52.
Peiron (Abbé Pierre-André), 53.
Peise, avocat, 399.
Peisson (Toussaint-Balthazar—Marseille), 56.
Pélicot (M**), 88.
Pelissier (J.-B.), 455.
Pélissier (V.), orfèvre, 481.
Pellegrin (Jean), 91.
Pellenq (Cl.-Et.-Bon.), 455.
Pellenq (Etienne), 455.
Pellet (Abbé Antoine-Bonaventure), 51.
Pellicot (Etienne-Franç.), 85.
Pellicot (M**), 62.
Pellissier de Pierrefeu (Dominique-Pamphile), 208.
Penelon, 478.
Peragallo (Barthélemy), 64, 81.
Perreymond (Alexandre), 150.
Perrin (Abbé Gaspard), 58, 93.
Pertuisot de Vivier, 151.
Petit (Antoine), 248.
Peyre (M** Marguerite), 64.
Peyronnet (Le Père Michel), 58.
Peyssonnel (Charles-Claude de), 388.
Philip (Joseph-Laurent) aîné, 64.

Philip de Rambert (François), 248.
Pierre, peintre du Roi, 365.
Pierron (Le colonel de), 123, 140, 401.
Pieuzin (Antoine), 63.
Pin (Antoine), 116, 261.
Pinatel (Abbé Jean-Bapt.), 52, 99.
Pinatel (Sœur), 61.
Piolene (M** de), 60.
Piolle (Elzéar-Barth.), 450.
Piquet (Abbé Joseph-Véran), 56.
Piquet (M**), 61.
Pise père, peintre, 403.
Pise (Mlle Reine), 404.
Pissarello (Nicolas), 450.
Pistoye (De), 139.
Pleville Le Pelley, 150.
Ployard (Dominique), 400.
Plumier (Abbé François), 53.
Poge aîné, 116.
Poitevin, professeur, 357.
Poitevin (P.-Pascal), 455.
Polenceau (De), 100.
Polignac (Comte de), 402.
Polvarel, 303.
Ponce, graveur, 403.
Pons (Jean-Baptiste), 261.
Pons (M**), 62.
Ponsard (Jean-François), 261.
Ponsard (Jacques-Joseph-Symphorien) fils, 118.
Pontevès (Abbé Alphonse-Constance de), 55, 56.
Pontevès-Gien (Abbé de), 56.
Porcelli (André), 118.
Porry (Jean-Ant.), 450.
Porte-Tassy (Antoine), 261.

Poulard, 119.
Poullion, 452.
Poussole (Fr.-Claude), 450.
Pouvarel (Jos.), 155.
Pouwnall, 391.
Pradère (Vital), 91.
Prat (Joseph), 65.
Prévost de Lumian, 139.
Preyre, 451.
Priou, 471.
Puget (Du), 54.

R

Rabasse, 303.
Raimbault, verrier, 482.
Ramadier (Antoine-Alexandre), 90, 282.
Rambaud (Ange), 76, 121.
Rambaud (Abbé Jacques-Thomas), 52.
Rampal (Pierre-Ange-Guillaume), 248.
Raousset-Seilhon (Abbé Guillaume-Charles de), 56.
Raphel (Fr.-Noël), 450.
Raud (M**), 61.
Raup de Baptestain, 389.
Raut, 61.
Ravel des Crottes (Jeanne-Catherine), 402.
Rayberty (Abbé de), 57.
Raymond fils aîné, 481.
Raymond (M**), 88.
Raynaud-Pourrières (Pierre), 61, 79, 90, 283.
Rebec (Jean-Joseph), 258.
Rebec (Pierre), 99.
Reboul aîné, 93.
Reboul, avocat, 389.
Reboul fils, courtier, 450.

Reboul (Gaspard), 415.
Reboul (Joseph-Jacques-Denis), 415.
Rebuffel, agent des Fermes, 117.
Rebuty (Abbé Augustin), 52.
Régis de la Colombière, officier des classes, 151.
Reissolet (Jean), 79.
Reissolet, négociant, 119.
Remuzat, directeur de la manufacture de corail, 483.
Remuzat (Abbé Hyacinthe-Marie), 52.
Remuzat (Jean-Joseph), 90, 105, 289.
Renaud (Alexandre), 147, 368, 403.
Renaud, maître écrivain, 303.
Rességuier (Le bailli de), 57, 114, 388.
Revelly (Honoré), 367.
Rey (Balthazar-Antoine de), 91, 100.
Rey (Etienne), 65.
Rey (François-Antoine), 222.
Rey (Hilarion), 61.
Rey, visiteur du Domaine d'Occident, 451.
Rey, voiturier, 480.
Rey-Vielh, peintre, 367.
Reynaud, 56.
Reynaud, 63.
Reynaud, contrôleur des Fermes, 452.
Reynaud, fabricant d'amidon, 119, 480.
Reynaud (Jacques), 80.
Reynaud (Martin-Nicolas), 89, 90, 282.

Reynaud (Pierre), 91.
Reynaud (Abbé Vincent-Etienne), 53.
Reynaud (Xavier), 89.
Reynaud de Becary (Jean-Pierre-Melchior), 264.
Reynaud de Trets (Pierre), 89, 101.
Reynier (Abbé), 53.
Reynier (Victor-Maximin), 258.
Reynier-Manoly (Antoine), 301, 400.
Reynier-Manoly (Jean-Fr.), 91.
Rians (De), 79, 100, 116.
Ricard-Gérin (Joseph de), 232, 233.
Ricard-Gérin (Lazare de), 232.
Ricaud (Honoré-César), 91, 387.
Ricaud cadet, 101, 401.
Ricaud (Abbé Joseph-Innocent), 57, 335.
Richard (Gabriel-Antoine), 80, 106, 214, 220, 233, 247.
Richaud (Antoine), 450.
Richaud (Abbé J.-E.), 56.
Richaud (Le Père), 58.
Richelme (Dom), 59.
Richerme (M**), 88.
Ricord (Franç.-Emmanuel), 247.
Rigordy (H.-Jean-François), 353, 354.
Rigordy (Joseph), 106, 250.
Rimbaud (Barthélemy), 119.
Rimbaud (Abbé Jean-François), 53.
Rivar (Pierre-Robert), 119.

Robert, fabricant de faïence, 483.
Robert (Jean-Louis), 81.
Robert (Joseph-Louis), 121.
Robineau de Beaulieu (Abbé Joseph-Balthazar de), 52, 385, 392.
Rochas (Abbé Jean-Franç.), 51.
Rogiers (Abbé Toussaint), 57, 61, 91, 333, 331.
Rohan-Chabot (Duc de), 389, 392.
Rohan-Chabot (Alexandre-Louis-Auguste de), maréchal de camp, 401.
Rohan - Guéméné (Prince de), 402.
Roland (Jean-Louis), 116.
Roland (Simon), 91.
Roland de la Platière, 390.
Rolland (Jean-Joseph), 258.
Rolland (Paul), 106, 256.
Roman (Pierre-Gaspard), 90, 283.
Romegas (Jean-Bapt.), 389.
Romegas (De), 389.
Roqueplane, 452.
Rosoy (M** de), 61.
Rostagny, conseiller d'État, 120.
Rostan, 53.
Rostan (Jean-François), 55, 227.
Rostan (Pierre-Joseph), 51, 247.
Roubaud (Étienne), 118.
Roubaud (François), 519.
Roubaud (Honoré-Joseph-Maximin), 248.

Roubin, 151.
Rouget (J.-Pierre), 455.
Rougier (Le Père), 59.
Rougier (Louis-Barthélemy), 81.
Rousseau, 151.
Rousset (Jean-André), 119.
Roussier (Michel), 113.
Roussier, receveur général, 452.
Roussier (M**), 61.
Roustan (Jos.-Ant.), notaire, 261.
Roustan (Joseph), courtier, 454.
Routier, receveur, 415.
Rouvière, gouverneur de Vence, 409.
Rouvière (Étienne), 455.
Roux (Abbé), 61.
Roux aîné, 99.
Roux (Antoine), 455.
Roux (Ant.-F.), 450.
Roux (François-Marie), 65, 89, 120.
Roux (Georges de), 88, 521.
Roux (Jacques-Fr.), 97.
Roux (Jean-Baptiste-Ignace), 77, 81, 91, 409.
Roux (Jean-Honoré), 65.
Roux (Louis-Honoré), 97.
Roux (Toussaint), 455.
Roux-Mille (M**), 88.
Rozan, 79.
Rozan, fabricant de bonnets, 476.
Rozier (Abbé), 388, 504.

S

Sabatier (Scipion), 105.
Sabatier de Cabres, conseiller d'État, 389.
Sabran (Abbé Balthazar de), 55.
Sade (Abbé Charles de), 52, 55.
Saint-Bernard (Sœur), 62.
Saint - Charles Malachance (Sœur), 62.
Saint - Jacques - Sylvabelle (Etienne de), 91.
Saint - Jacques - Sylvabelle (Guillaume de), 105, 151, 383, 385.
Saint-Laurent (Sœur), 62.
Saint-Paul (Amédée), 119.
Saint-Régis Rouvière (Mme de), 62.
Salade (M**), 61.
Salles (Charles), 96.
Salles (Louis), 81.
Salva (Jean-Jacques), 91.
Salze (Joseph-Mathieu), 111, 385.
Samatan (Basile de), fils aîné, 95, 118, 308.
Samatan (Nicolas), ancien échevin, 121, 389.
Samatan (Nicolas-Joseph-Marie), 76, 105, 217.
Samoilowitz (Dr de), 391.
Sard (Laurent), 9, 274.
Sard (Louis-Pascal-Marie), 218, 253.
Sardou (Abbé), 55.
Sardou (Bernard-Lazare), 233.

Sarnet (Abbé Jacques), 53, 99, 223.
Sarraire (Le Père), 59.
Sarrazin, peintre, 397.
Sarrebourse de Pontlerot (Abbé Jacques de), 52.
Saussure (De), 391.
Sauvaire (Barthélemy), 89.
Sauveur (Le Père), 95.
Sauze (Jean-Baptiste), 119.
Savornan (Seris), 519.
Savournin, 119.
Savy (Honoré), 65.
Savy, fabricant de faïence, 403.
Saxe-Gotha (Duc de), 391.
Sayras (Pierre), 91, 118.
Secy - Montbéliard (Comte de), 117.
Second (Honoré), 97.
Segond (Joseph), 95.
Segond (M**), 62.
Séguier (Louis-Franç.), 258.
Séguier (De), 100.
Séjourné (Jean-Arsène), 118.
Sellon (Pierre-Paul), 258.
Sénac de Meilhan, Intendant, 271, 400.
Serre (Abbé), 53.
Seymandi (Jacques de), 385, 402.
Seyras, 100.
Seytres (Etienne), 218, 253, 258.
Seytres (Jean-François), 151, 261, 265.
Seytres (Louis), 256.
Siau (Pierre), 90, 105, 227, 282.
Sibilly (Jean-Laurent), 56.

Sibon (Abbé), 62.
Sicard (Jean-Louis), 61.
Sicardy (Dominique), 85.
Sidolle (Fr.), 455.
Signoret (Charles), 65, 85.
Silvestre (Antoine), 476.
Silvy (Jean-Antoine-Joseph), 105, 197.
Silvy, négociant, 118.
Siméonis aîné, 99.
Siméonis cadet, 116.
Simian fils aîné, maître écrivain, 303.
Simian fils cadet, maître écrivain, 303.
Simon (Abbé), aumônier, 63.
Simon (Abbé Joseph), 53.
Simon (Abbé Vincent), 53, 99.
Sinéty (André-Louis-Esprit de), 55, 113, 499.
Sinéty (M⁻ de), 60.
Siry-Tourrel (Jacques), 455.
Smith (Frédéric-Sam.), 391.
Solliers (Pierre-Antoine), 119, 121.
Solms (Comte de), 401.
Solomé (Joseph), 9, 227, 264.
Somis (De), capitaine, 140, 401.
Soulavie (Abbé Giraud de), 390.
Straforello (Barthélemy), 85.
Suarez d'Aulan (M⁻ de), 60.
Suchet (Jean-Baptiste), 465.
Sudre, receveur, 452.
Suffise de la Croix (Abbé Jacques de), 57.
Suffren (Abbé de), 56.
Suffren de Saint-Tropez (M⁻ Louis-Jérôme de), 56, 387.

Sufret (M⁻ de), 61.
Surand, 303.
Surian (Jean-Joachim), 96.
Surian de Bras (De), 116.

T

Taravelle (Justin), 258.
Tardieu (Laurent), 97.
Targioni (D'), 391.
Tarlet (Le Père), 58.
Tarteiron (Laurent-Franç.), 118.
Tassy (Antoine), 455.
Tassy (Louis), 401.
Taurel (M⁻), 88.
Tavernier (Abbé Pierre-Genès), 57, 62, 331, 335.
Teissère (Alexandre), 455.
Teissère (Jean-Fr.), 450.
Teissier (Jean-Baptiste), 233.
Tende (Abbé de), 57.
Terris père, avocat, 248.
Terris (Basile-Hilarion), procureur, 256.
Testar (Pierre-Nicolas), 77, 90, 96, 282.
Textoris (Abbé Etienne), 51.
Teyssère (Abbé Esprit), 51.
Théodose (Le Père), 61.
Thiard de Bissy (Comte Henri-Charles de), 135, 390, 402.
Thiers (Louis-Charles), 121, 181, 247, 254, 400.
Thiret, 151.
Thomas de Gignac (Abbé de), 56.
Thomassin de Peynier (Abbé Jacques-Louis-Auguste de), 52, 55, 385.

Thulis (Jacques), 381, 386, 392.
Thulis (Jean-Bapt.-André), 115, 117, 120, 121.
Thulis (Joseph), 91.
Thurbet aîné, 76, 119.
Thurbet (Joachim-Luc), 85.
Tiran (Joseph-Antoine), 121.
Tolozan (Abbé Joseph), 51.
Topin (Le Père), 58.
Touache (Abbé Jean-Antoine), 55.
Toucas (Jean-Baptiste), 455.
Tournesy (Joseph-Luc), 259.
Trabuc (M**), 62.
Trestour (Jean-Henri), 118.
Tric (Jean-Franç.), 116, 261.
Tronc (Le Père), 59.
Trophe, 147.
Trounc (J.-L.), 455.
Truc (Lazare-André), 450.
Ture, professeur, 326.
Tureau, 303.
Turenne (Louis-H.), 455.
Turpin de Crissé (Comte), 389.
Turrier (Abbé Joseph), 51.
Turrier (Le Père Thomas), 77.

V

Vachen (Gaspard), 451.
Vague (Jean-Joseph), 65.
Vaille (Augustin), 65, 96, 99.
Vaille (Etienne), 56.
Vaille (Jean), 80, 99.
Valentin (Louis), 56.
Valeton (Le Père), 59.
Valette (Guillaume), 450.
Vanhöpken (Baron de), 391.

Vanwik, peintre, 367.
Vaudreuil (Joseph-Hyacinthe-François de Paule de Rigaud, comte de), 402.
Vaudricourt, contrôleur, 452.
Vento des Pennes (Marquis Louis-Nicolas de), 385.
Vento des Pennes (Le bailli de), 400.
Vento des Pennes (Le chevalier Henri de), 400.
Venture (J.-Jacques), 455.
Venture, commis de marine, 151.
Verbert (Abbé Marie-Charles-Emmanuel), 317.
Verdiguier, sculpteur, 358, 360, 362, 365.
Verdilhon (Victor-Joseph), 91, 100, 115, 121.
Verdilhon-Corréard, 64, 116.
Vernet (Jacques), 118.
Vernet (Jean), 118.
Vernet (Joseph), peintre ordinaire du Roi, 199, 402.
Verrier, ingénieur, 400.
Veyrier (Du), 147.
Vialis (De), 140.
Vidal (Barthélemy), 80, 381.
Vidal (M**), 62.
Viel de Saint-Maux, 403.
Vielle des Ambiers, 151.
Viguier (De), 116.
Ville (Abbé Pierre), 53.
Villecrose (Pierre-Noël), 95, 106, 247, 249.
Villeneuve (Gabriel de), 141, 385.
Villeneuve-Bargemon (Abbé Barthél.-Jos. de), 55, 113.

Villeneuve d'Esclapon (Abbé de), 56.
Villeneuve St-Auban (Abbé Jean-Paul de), 55.
Villeneuve-Tourrette (Abbé Claude - François - Romée de), 55, 402.
Villeneuve-Tourrette (Comte de), maître de camp, 402.

Villet (Antoine), 387.
Villoison (D'Ansse de), 388.
Vitalis (Joseph), 106, 111, 185, 217, 401.
Volaire, peintre, 367.
Voulonne (Abbé), 62.

Z

Zach (François de), 391.

TABLE DES MATIÈRES

	Pages
AVANT-PROPOS	VII
CHAPITRE PRÉLIMINAIRE. — Situation géographique. — Le Port. — La Ville. — Le Terroir. — Population	1
§ 1er. — *Situation géographique*	2
§ 2. — *Le Port*	6
§ 3. — *La Ville*	15
§ 4. — *Le Territoire communal*	20
§ 5. — *Population*	27
CHAPITRE PREMIER. — Tableau religieux de Marseille à la fin de l'Ancien Régime	35
§ 1er, 2 et 3. — *Les Églises et les Couvents*	35
§ 4. — *Les Confréries, les Tiers-Ordres, les Congrégations*	43
§ 5. — *La Charité à Marseille*	45
§ 6. — *Les Établissements d'enseignement*	47
§ 7. — *État de la religion et des mœurs*	48
CHAPITRE II. — Le Clergé. — Les Supérieurs des Communautés. — Les Directeurs d'Associations	51
Évêché, 51. — Paroisses de la Ville, 52. — La très-insigne, noble, abbatiale, collégiale église de Saint-Victor-lès-Marseille, 55. — Églises et Chapelles, 56. — Séminaires, 57. — Congrégations séculières, 57. — Ordres religieux d'hommes, 57. — Communautés de femmes, 60. — Confréries de Pénitents, 63. — Autres associations pieuses	64

	Pages

CHAPITRE III. — L'Assistance publique 66

§ 1ᵉʳ. — *Hôpitaux destinés aux malades.* — Hôtel-Dieu, 68. — Hôpital Saint-Eutrope, 76. — Hôpital du Sauveur, 76. — Hôpital de l'Arsenal des Galères, 77. — Hôpital des Pauvres Paralytiques et Incurables, 78. — Hôpital Saint-Lazare, 79. — Lazaret 80

§ 2. — *Hôpitaux où l'on recueillait les malheureux.* — Hôpital général de la Charité, 82. — Hôpital général des Pauvres Enfants Abandonnés et Orphelins, 85. — Hôpital des Convalescents et des Pauvres Passants, 86. — Maison des Filles Grises, 87. — Maison des Filles Orphelines, 87. — Maison des Filles de la Providence, 88. — Hôpital des Servantes, 89. — Maison du Refuge, 89. — Les Repenties 90

§ 3. — *Œuvres de charité.* — Œuvre de la Rédemption des Esclaves, Œuvre des Religieux de la Merci, 92. — Œuvre de l'Association de la Pénitence, 93. — Hôpital général de la Grande Miséricorde ou de Notre-Dame de Miséricorde, 95. — Œuvres de la Petite Miséricorde pour le soulagement des pauvres honteux, 97. — Œuvres diverses, 101. — Mont-de-Piété, 103. — Bureau charitable pour les Pauvres Prisonniers et Oppressés. 101

CHAPITRE IV. — L'Administration civile 108

§ 1ᵉʳ. — *Autorités constituées, personnel, attributions.* — AGENTS DU POUVOIR ROYAL. — L'Intendant de Provence, 108. — Subdélégués de l'Intendant, 110. — Capitaine-Gouverneur-Viguier de Marseille, 111. — DÉPUTÉS AUX DIVERSES ASSEMBLÉES. — Députés aux États généraux, 112. — Députés aux États de Provence, 113. — MAGISTRATS MUNICIPAUX. — Maire de Marseille, 114. — Échevins, 115. — L'Assesseur, 115. — Conseil municipal, 115. — ADMINISTRATIONS SPÉCIALES. — Chambre de Commerce, 120. — Intendants de la Santé, 120. — Bureau d'abondance 121

	Pages
§ 2. — *Budget*..	121
§ 3. — *Travaux publics*...	123
§ 4. — *Police de la ville, le Guet*..........................	124
§ 5. — *Hygiène*. — Le Lazaret, 125. — Entretien du Port, 126. — Régime des eaux, 126. — Nettoiement des voies publiques.................................	127
Note appendice : Le budget de la ville, en 1789......	129

CHAPITRE V. — Les Forces publiques............... 133

§ 1er. — *Régime militaire*. — AUTORITÉS MILITAIRES. — Gouverneur de la Province, 133. — Lieutenant-général, 134. — Commandant en chef pour le Roi, 134. — Commandant en second, 137. — Gouverneur particulier de Marseille et lieutenant de Roi, 138. — Gouverneur adjoint en absence, 139. — Corps royal d'artillerie, 139. — Corps royal du génie, 140. — Maréchaussée de France, 140. — Commissariat des guerres du département de Marseille, 141. — Gardes-côtes, 142. — RECRUTEMENT DES TROUPES... 142

§ 2. — *Forts et Casernes*. — Citadelle ou fort Saint-Nicolas, son état-major en 1789, sa garnison, 142. — Fort Saint-Jean, son état-major, sa garnison, 144. — Fort Notre-Dame de la Garde, son état-major, sa garnison, 145. — Château-d'If et Îles de Marseille, état-major, garnison................... 147

§ 3. — *Milice municipale, son ancienne organisation, sa transformation en garde nationale*... 148

§ 4. — *Marine militaire*. — AUTORITÉS. — Commandant de la Marine, 150. — Bureau de Port, 150. — Administration de la Marine, 150. — Officiers des Classes, 151. — ARSENAL DES GALÈRES......... 151

CHAPITRE VI. — Le Vieux Droit marseillais, ses origines, ses principales dispositions, sa transformation... 154

§ 1er. — *Origines*.. 154
§ 2. — *Droit civil*.. 156

	Pages
§ 3. — *Procédure civile*...............................	161
§ 4. — *Droit commercial*.............................	165
§ 5. — *Procédure criminelle*........................	168
§ 6. — *Droit pénal*....................................	170
§ 7. — *Droit international*..........................	174
§ 8. — *Transformation du vieux droit*............	176

CHAPITRE VII. — **Les Tribunaux**..................... 183

§ 1er. — *Tribunal de Police*........................... 184
§ 2. — *Tribunal de la Sénéchaussée*............... 186
§ 3. — *Justices seigneuriales*. — Les Aygalades, 203. — Pierrefeu, 207. — Beaumont, 208. — Mazargues, 211. — Saint-Marcel, 217. — La Reynarde....... 221
§ 4. — *Tribunaux d'exception*. — Officialité diocésaine, 223. — Officialité de Saint-Victor, 224. — Juridiction consulaire, 224. — Tribunal de l'Amirauté, 228. — Maîtrise générale des Ports, 233. — Tribunal des Prud'hommes pêcheurs............ 234

CHAPITRE VIII. — **Les Hommes de loi**............ 240

§ 1er. — *Ordre des Avocats*.......................... 241
§ 2. — *Communauté des Procureurs*............... 254
§ 3. — *Huissiers et Sergents*........................ 258
§ 4. — *Collège des Notaires*......................... 260

CHAPITRE IX. — **Les Prisons, le Bagne**.......... 267

§ 1er. — *Les Prisons*. — Prison de la Police, 267. — Prisons du Palais, 267. — Prisons seigneuriales, 269. — Château-d'If, 270. — Fort de Notre-Dame de la Garde, 276. — Fort Saint-Jean, 277. — Citadelle Saint-Nicolas, 279. — Maison de Saint-Joseph ou du Refuge................................ 280
§ 2. — *Le Bagne*.. 283

CHAPITRE X. — **Les Ecoles élémentaires**........ 288

§ 1er. — *Les Petites Ecoles, Corps des maîtres, règlements*... 288
§ 2. — *Ecoles des Frères*............................. 303
§ 3. — *Ecoles charitables de Filles*................ 308

	Pages
CHAPITRE XI. — Les Collèges, le Petit Séminaire, les Pensionnats...	311
§ 1ᵉʳ. — *Collège de la Ville*...........................	311
§ 2. — *Collège Belsunce*...............................	326
§ 3. — *Petit Séminaire du Sacré-Cœur*.............	332
§ 4. — *Pensionnat des Frères*........................	336
§ 5. — *Pensionnats de jeunes filles tenus par les Communautés religieuses.* — Premier Monastère de la Visitation, 339. — Second Monastère de la Visitation, 339. — Ursulines Augustines, 340. — Bernardines, 340. — Dominicaines, 340. — Religieuses de la Miséricorde, 341. — Présentines, 341. — Elisabéthines ou Lyonnaises, 341. — Religieuses du Saint-Sacrement.................................	341
CHAPITRE XII. — L'Enseignement spécial..........	342
§ 1ᵉʳ. — *Grand Séminaire de la Mission*...........	342
§ 2. — *Grand Séminaire du Saint-Sacrement*.....	348
§ 3. — *Ecole Saint-Thomas*...........................	349
§ 4. — *Ecole de Théologie des Jésuites*............	351
§ 5. — *Ecole de Chirurgie*.............................	352
§ 6. — *Ecole des Chirurgiens naviguants*..........	355
§ 7. — *Ecole d'Hydrographie*........................	355
§ 8. — *Ecole de Peinture, Sculpture et Architecture.*	358
CHAPITRE XIII. — Lettres et Arts...................	369
§ 1ᵉʳ. — *Bibliothèques monastiques et particulières.*	371
§ 2. — *Les Collections artistiques, publiques et particulières*..	375
§ 3. — *Les Académies.* — Académie des Belles-Lettres, Sciences et Arts, 380. — Académie de Peinture, Sculpture et Architecture civile et navale, 393. — Académie de Musique........................	405
§ 4. — *Théâtres*..	409
§ 5. — *Imprimerie, librairie*.........................	416
§ 6. — *Journaux de Marseille*.......................	420

	Pages
CHAPITRE XIV. — Le Commerce.................	425
§ 1er. — *La Franchise du Port*.................	426
§ 2. — *Importations et Exportations*...........	431
§ 3. — *La Chambre de Commerce*	440
§ 4. — *Compagnie royale d'Afrique*............	446
§ 5. — *Assureurs maritimes et Courtiers*. — Assureurs maritimes, 447. — Courtiers.............	448
§ 6. — *Droits d'entrée*. — Bureau du Domaine d'Occident, 451. — Bureaux des Fermes, 451. — Bureau des Chairs et Poissons salés, 452. — Bureau des Gabelles, 453. — Bureau des Tabacs, 453. — Bureau du Poids et Casse	453
§ 7. — *Bureau du Vin*........................	454
§ 8. — *Peseurs publics*.......................	454
§ 9. — *Poids et Mesures*.....................	455
§ 10. — *Poste aux lettres*....................	456
§ 11. — *Commerce local*	459
CHAPITRE XV. — L'Industrie	461
§ 1er. — *L'Industrie marseillaise, son importance, causes principales de son expansion*..........	461
§ 2. — *Principales Industries*. — Savonneries, 463. — Liqueurs, 465. — Bière, 465. — Cire, 465. — Chandelles, 465. — Caissiers, 466. — Constructeurs, Charpentiers, Remolats, Poulieurs, 466. — Apothicaires, 467. — Calfats, 468. — Cordiers d'auffes, 469. — Cordiers à chanvre, 470. — Saleurs, 471. — Charcutiers, 471. — Raffinage du sucre, 471.—Chapellerie, 473.—Bonnets de laine, 476. — Bas, 476. — Indiennes, 476. — Tisserands et Cotonniers, 477. — Teinturerie, 478. — Vins, 478. — Huile, 479.—Tonneliers et Barillats, 479. — Amidon, 479. — Papeterie, 480. — Cartes à jouer, 481. — Tanneries, 481. — Raffineries de soufre, 482. — Verrerie, 482. — Tuiles et briques, 482. — Marbres, 482. — Faïence et poterie, 483. — Fabrication du corail, 483. — Orfè-	

vres, 483. — Monnaies, 484. — Huile de vitriol, 484. — Blanc de céruse, 484. — Tabacs, 485. — Fer, 485. — Chaudronniers, 485. — Fabricants de grenailles, 486. — Voituriers, 486. — Autres industries 487

§ 3. — *Vœux exprimés par la majorité des doléants.* 487

§ 4. — *Les Corporations* 489

CHAPITRE XVI. — **L'Agriculture** 491

§ 1ᵉʳ. — *Principales cultures.* — La Vigne, 491. — Les Céréales, 496. — L'Olivier, 497. — Arbres et arbustes à fruits, 498. — Légumes et culture potagère, 499. — Les fleurs et les arbres d'agrément. 499

§ 2. — *Agronomie* 500

§ 3. — *Canaux d'irrigation* 501

§ 4. — *Les Intempéries* 508

§ 5. — *Difficultés d'ordre économique* 509

§ 6. — *Doléances* 512

CHAPITRE XVII. — **Usages et Coutumes** 520

TABLE DES NOMS des Ecclésiastiques, Supérieurs de Communautés, Directeurs d'œuvres, Fonctionnaires, Officiers, Possédants-fief, Magistrats, Hommes de loi, Professeurs, Membres des Sociétés savantes, Agents, Représentants et Députés, cités dans l'Ouvrage, en titre, charge ou fonctions en 1789 539

ERRATA

Page 34, ligne 21, au lieu de : le dénombrement qui s'est effectué du 11 au 12 avril dernier vient de le fixer, — lire : le dénombrement qui s'est effectué du 11 au 12 avril 1891 l'a fixé.

— 55, — 27, — Charles-François-Romée, — lire : Claude-François-Romée.
— 76, — 16, — Pierre Milley, — lire : Pierre Méley.
— 81, — 9, — fort St-Jean, — lire : fort St-Nicolas.
— 85, — 33, rétablir le texte comme il suit : Aumônier. — Messire François Liotard.
— 91, — 3, au lieu de : Toussaint Rougier, — lire : Toussaint Rogiers.
— 100, — 29 — Barthélemy-Ant. de Rey, — lire : Balthazar-Antoine de Rey.
— 112, — 12, — son petit-fils, le marquis, — lire : son petit-fils, le comte.
— 116, — 22, — Joseph Lejourdan, — lire : Joseph Rostan.
— 119, — 18, — André Dusaud, — lire : André Durand.
— 120, note 1, — op. cit., — lire : Almanach... pour 1789.
— 120, — 2, — p. 225, — lire : pp. 229-232.
— 121, ligne 1, — André Philip; Artaud, — lire : André-Philippe Artaud.
— 121, — 2, — Ange Rimbaud, — lire : Ange Rambaud.
— 121, — 15, — M. Olivert, — lire : M. Pierre Hivert.
— 121, note 1, — op. cit., p. 224, — lire : Almanach historique pour 1790, p. 229.
— 122, — 3, — op. cit. — lire : Alm. hist. pour 1789.
— 137, — 1, — 1789, — lire : 1790.
— 149, ligne 17, — Claude Alphonse, — lire : Claude Amphoux.
— 399, note 1, rétablir le commencement de la note comme il suit : Joseph-Marc-Roch de Barrigue de Fontainieu, l'amateur de tableaux cité plus haut ; il était le père de Prosper-François de Barrigue de Fontainieu, etc.

MARSEILLE. — IMPRIMERIE MARSEILLAISE, RUE SAINTE, 39.

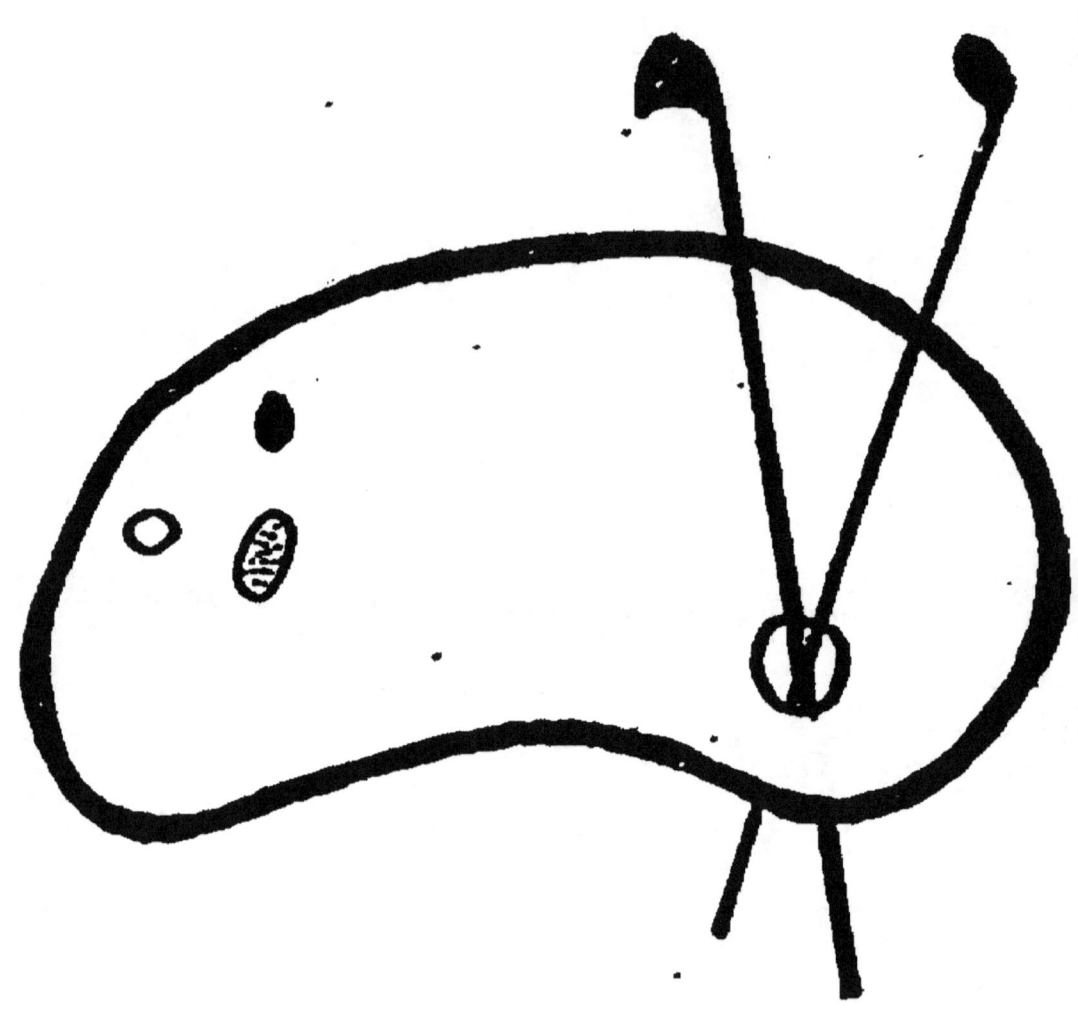

ORIGINAL EN COULEUR
N° Z 43-120-8

www.ingramcontent.com/pod-product-compliance
Lightning Source LLC
Chambersburg PA
CBHW070327240426
43665CB00045B/1207